INFRAÇÕES ADMINISTRATIVAS AMBIENTAIS

LUIZ CLÁUDIO ARAUJO SCHNEIDER

INFRAÇÕES ADMINISTRATIVAS AMBIENTAIS

Belo Horizonte

2023

© 2023 Editora Fórum Ltda.

É proibida a reprodução total ou parcial desta obra, por qualquer meio eletrônico, inclusive por processos xerográficos, sem autorização expressa do Editor.

Conselho Editorial

Adilson Abreu Dallari	Floriano de Azevedo Marques Neto
Alécia Paolucci Nogueira Bicalho	Gustavo Justino de Oliveira
Alexandre Coutinho Pagliarini	Inês Virgínia Prado Soares
André Ramos Tavares	Jorge Ulisses Jacoby Fernandes
Carlos Ayres Britto	Juarez Freitas
Carlos Mário da Silva Velloso	Luciano Ferraz
Cármen Lúcia Antunes Rocha	Lúcio Delfino
Cesar Augusto Guimarães Pereira	Marcia Carla Pereira Ribeiro
Clovis Beznos	Márcio Cammarosano
Cristiana Fortini	Marcos Ehrhardt Jr.
Dinorá Adelaide Musetti Grotti	Maria Sylvia Zanella Di Pietro
Diogo de Figueiredo Moreira Neto (*in memoriam*)	Ney José de Freitas
Egon Bockmann Moreira	Oswaldo Othon de Pontes Saraiva Filho
Emerson Gabardo	Paulo Modesto
Fabrício Motta	Romeu Felipe Bacellar Filho
Fernando Rossi	Sérgio Guerra
Flávio Henrique Unes Pereira	Walber de Moura Agra

Luís Cláudio Rodrigues Ferreira
Presidente e Editor

Coordenação editorial: Leonardo Eustáquio Siqueira Araújo
Aline Sobreira de Oliveira

Conselho de apoio, estruturação e organização: Caio Victor Ribeiro dos Santos / Frederico Carvalho Dias

Rua Paulo Ribeiro Bastos, 211 – Jardim Atlântico – CEP 31710-430
Belo Horizonte – Minas Gerais – Tel.: (31) 99412.0131
www.editoraforum.com.br – editoraforum@editoraforum.com.br

Técnica. Empenho. Zelo. Esses foram alguns dos cuidados aplicados na edição desta obra. No entanto, podem ocorrer erros de impressão, digitação ou mesmo restar alguma dúvida conceitual. Caso se constate algo assim, solicitamos a gentileza de nos comunicar através do *e-mail* editorial@editoraforum.com.br para que possamos esclarecer, no que couber. A sua contribuição é muito importante para mantermos a excelência editorial. A Editora Fórum agradece a sua contribuição.

Dados Internacionais de Catalogação na Publicação (CIP) de acordo com ISBD

S358i	Schneider, Luiz Cláudio Araujo
	Infrações administrativas ambientais / Luiz Cláudio Araujo Schneider. - Belo Horizonte : Fórum, 2023.
	348 p. ; 17cm x 24cm.
	Inclui bibliografia.
	ISBN: 978-65-5518-383-2
	1. Direito. 2. Direito Ambiental. 3. Direito Administrativo. 4. Direito Penal. 5. Direito Constitucional. I. Título.
2022-1331	CDD: 341.347
	CDU: 34:502.7

Elaborado por Vagner Rodolfo da Silva – CRB-8/9410

Informação bibliográfica deste livro, conforme a NBR 6023:2018 da Associação Brasileira de Normas Técnicas (ABNT):
Araujo, Schneider, Luiz Cláudio. *Infrações administrativas ambientais*. Belo Horizonte: Fórum, 2023. 348 p. ISBN 978-65-5518-383-2

Aos meus pais, Carlos e Rozita (*in memoriam*), registro a minha eterna gratidão pelos ensinamentos de vida, os quais contribuíram para minha formação, como filho e cidadão.
À minha esposa, Neusa, e meu filho, Luiz Gustavo, pelo amor, confiança e por estarem sempre ao meu lado, principalmente nos momentos mais difíceis.

A todos os profissionais que labutam diuturnamente em defesa do meio ambiente, que merecem sempre serem lembrados, e que de forma direta ou indireta contribuíram para a construção desta obra.

*(...) o método do conhecimento científico é o método
crítico: o método da busca por erros e da eliminação de
erros a serviço da busca da verdade, a serviço da verdade.*
(Karl Popper, 1902-1994)

SUMÁRIO

CAPÍTULO I 19

1	Das considerações iniciais	19
1.1	A formação da legislação ambiental no Brasil	19
1.2	O direito ambiental e as Constituições brasileiras	24
1.3	Direito ambiental	28
1.4	Meio Ambiente	29

CAPÍTULO II

1	Da caracterização do dano e da responsabilidade	31
1.1	Dano ambiental	31
1.2	Dano ambiental nas infrações penais	32
1.3	Dano ambiental na esfera cível	34
1.4	Dano ambiental na esfera administrativa	35
2	Da responsabilidade ambiental	36
2.1	Da responsabilidade penal ambiental	37
2.1.1	Responsabilidade penal ambiental da pessoa física	46
2.1.2	Responsabilidade penal ambiental da pessoa jurídica	52
2.2	Da responsabilidade civil ambiental	61
2.3	Da responsabilidade administrativa ambiental	69

CAPÍTULO III 79

1	Da Competência Administrativa Sancionatória	79
2	Poder normativo (ou regulamentar)	80
3	Poder de Polícia	81
3.1	Conceito de poder de polícia	83
3.2	Fundamento e características do poder de polícia	86
3.3	As quatro fases do poder de polícia	86
3.4	Poder de polícia ambiental	87
3.5	Medidas de polícia	88
3.6	Ordem pública ambiental	89
3.7	O exercício do poder de polícia ambiental	91
4	A fiscalização ambiental	93
5	Os órgãos ambientais de fiscalização	96
6	Da preparação para fiscalizar	101
7	Fiscalização e produção de provas	103

CAPÍTULO IV 105

1	Das infrações administrativas e suas medidas	105

2	Fiscalização de atividades voltadas à proteção a fauna	108
2.1	Das infrações contra a fauna	118
2.1.1	Matar, perseguir, caçar, apanhar, coletar, utilizar espécimes da fauna silvestre, nativos ou em rota migratória, sem a devida permissão, licença ou autorização da autoridade competente, ou em desacordo com a obtida	126
2.1.2	Quem impede a procriação da fauna, sem licença, autorização ou em desacordo com a obtida	128
2.1.3	Quem modifica, danifica ou destrói ninho, abrigo ou criadouro natural	129
2.1.4	Quem vende, expõe à venda, exporta ou adquire, guarda, tem em cativeiro ou depósito, utiliza ou transporta ovos, larvas ou espécimes da fauna silvestre, nativa ou em rota migratória, bem como produtos e objetos dela oriundos, provenientes de criadouros não autorizados, sem a devida permissão, licença ou autorização da autoridade ambiental competente ou em desacordo com a obtida	130
2.1.5	Introduzir espécime animal silvestre, nativo ou exótico, no País ou fora de sua área de distribuição natural, sem parecer técnico oficial favorável e licença expedida pela autoridade ambiental competente, quando exigível	135
2.1.6	Reintroduzir na natureza espécime da fauna silvestre sem parecer técnico oficial favorável e licença expedida pela autoridade ambiental competente, quando exigível	138
2.1.7	Exportar peles e couros de anfíbios e répteis em bruto, sem autorização da autoridade competente	139
2.1.8	Praticar caça profissional no País	140
2.1.9	Comercializar produtos, instrumentos e objetos que impliquem a caça, perseguição, destruição ou apanha de espécimes da fauna silvestre	142
2.1.10	Praticar ato de abuso, maus-tratos, ferir ou mutilar animais silvestres, domésticos ou domesticados, nativos ou exóticos	142
2.1.11	Molestar de forma intencional qualquer espécie de cetáceo, pinípede ou sirênio em águas jurisdicionais brasileiras	149
2.1.12	Deixar o jardim zoológico e os criadouros autorizados de ter o livro de registro do acervo faunístico ou mantê-lo de forma irregular; e deixar de manter registro de acervo faunístico e movimentação de plantel em sistemas informatizados de controle de fauna ou fornecer dados inconsistentes ou fraudados	152
2.1.13	Deixar, o comerciante, de apresentar declaração de estoque e valores oriundos de comércio de animais silvestres	155
2.1.14	Explorar ou fazer uso comercial de imagem de animal silvestre mantido irregularmente em cativeiro ou em situação de abuso ou maus-tratos	157
3	Fiscalização das atividades aquáticas, marinhas e continentais	158
3.1	Das infrações administrativas ambientais lesivas às atividades de pesca aquática, marinha e continental	164
3.1.1	Causar degradação em viveiros, açudes ou estação de aquicultura de domínio público	164
3.1.2	Pescar em período ou local no qual a pesca seja proibida	165
3.1.3	Pescar espécies que devam ser preservadas ou espécimes com tamanhos inferiores aos permitidos	169
3.1.4	Pescar quantidades superiores às permitidas ou mediante a utilização de aparelhos, petrechos, técnicas e métodos não permitidos	171

3.1.5 Transportar, comercializar, beneficiar ou industrializar espécimes provenientes da coleta, apanha e pesca proibida.. 174

3.1.6 Transportar, conservar, beneficiar, descaracterizar, industrializar ou comercializar pescados ou produtos originados da pesca, sem comprovante de origem ou autorização do órgão competente.. 177

3.1.7 Capturar, extrair, coletar, transportar, comercializar ou exportar espécimes de espécies ornamentais oriundos da pesca, sem autorização do órgão competente ou em desacordo com a obtida.. 178

3.1.8 Deixar de apresentar declaração de estoque 180

3.1.9 Pescar mediante a utilização de explosivos ou substâncias que, em contato com a água, produzam efeitos semelhantes, ou substâncias tóxicas, ou ainda, por outro meio proibido pela autoridade competente.................................. 182

3.1.10 Exercer a pesca sem prévio cadastro, inscrição, autorização, licença, permissão ou registro do órgão competente, ou em desacordo com o obtido.. 185

3.1.11 Importar ou exportar quaisquer espécies aquáticas, em qualquer estágio de desenvolvimento, bem como introduzir espécies nativas, exóticas ou não autóctones em águas jurisdicionais brasileiras, sem autorização ou licença do órgão competente, ou em desacordo com a obtida 187

3.1.12 Introduzir espécies nativas ou exóticas em águas jurisdicionais brasileiras, sem autorização do órgão competente, ou em desacordo com a obtida 188

3.1.13 Explorar campos naturais de invertebrados aquáticos e algas, bem como recifes de coral sem autorização do órgão ambiental competente ou em desacordo com a obtida; utiliza, comercializa ou armazena invertebrados aquáticos, algas, ou recifes de coral ou subprodutos destes sem autorização do órgão competente ou em desacordo com a obtida; ou, fundeia embarcações ou lança detritos de qualquer natureza sobre bancos de moluscos ou corais, devidamente demarcados em carta náutica...................... 190

3.1.14 Deixar, os comandantes de embarcações destinadas à pesca, de preencher e entregar, ao fim de cada viagem ou semanalmente, os mapas fornecidos pelo órgão competente 193

4 Fiscalização de atividades voltadas à proteção a flora............................ 194

4.1 Conceituação 194

4.2 A fragmentação da floresta e seus impactos na biodiversidade....................... 196

4.3 A ordem econômica e a função social da propriedade 197

4.4 Normas de uso e proteção da flora 200

4.5 A lei de proteção ao Bioma Mata Atlântica... 204

4.6 Das áreas de preservação permanente 208

4.7 Das espécies protegidas... 216

4.8 Medição de produtos da flora nativa... 217

4.8.1 Método geométrico.. 218

4.8.2 Método Frankon ou cubagem ao quarto... 220

4.8.3 Cubagem de madeira serrada ou laminada.. 220

4.8.4 Cubagem de lenha 221

5 Das infrações contra a flora 222

5.1 Das infrações administrativas contra a flora em espécie 226

5.1.1 Destruir ou danificar florestas ou demais formas de vegetação natural ou utilizá-las com infringência das normas de proteção em área considerada

	de preservação permanente, sem autorização do órgão competente, quando exigível, ou em desacordo com a obtida	226
5.1.2	Cortar árvores em área considerada de preservação permanente ou cuja espécie seja especialmente protegida, sem permissão da autoridade competente	228
5.1.3	Extrair de florestas de domínio público ou áreas de preservação permanente, sem prévia autorização, pedra, areia, cal ou qualquer espécie de minerais	230
5.1.4	Transformar madeira oriunda de floresta ou demais formas de vegetação nativa em carvão, para fins industriais, energéticos ou para qualquer outra exploração, econômica ou não, sem licença ou em desacordo com as determinações legais	231
5.1.5	Receber ou adquirir, para fins comerciais ou industriais, madeira serrada ou em tora, lenha, carvão ou outros produtos de origem vegetal, sem exigir a exibição de licença do vendedor, outorgada pela autoridade competente, e sem munir-se da via que deverá acompanhar o produto até final beneficiamento	237
5.1.6	Impedir ou dificultar a regeneração natural de florestas ou demais formas de vegetação nativa em unidades de conservação ou outras áreas especialmente protegidas, quando couber, área de preservação permanente, reserva legal ou demais locais cuja regeneração tenha sido indicada pela autoridade ambiental competente	245
5.1.7	Destruir ou danificar florestas ou qualquer tipo de vegetação nativa, objeto de especial preservação, não passíveis de autorização para exploração ou supressão	246
5.1.8	Destruir ou danificar florestas ou qualquer tipo de vegetação nativa ou de espécies nativas plantadas, objeto de especial preservação, sem autorização ou licença da autoridade ambiental competente	250
5.1.9	Destruir, desmatar, danificar ou explorar floresta ou qualquer tipo de vegetação nativa ou de espécies nativas plantadas, em área de reserva legal ou servidão florestal, de domínio público ou privado, sem autorização prévia do órgão ambiental competente ou em desacordo com a concedida	254
5.1.10	Executar manejo florestal sem autorização prévia do órgão ambiental competente, sem observar os requisitos técnicos estabelecidos em PMFS ou em desacordo com a autorização concedida	256
5.1.11	Desmatar, a corte raso, florestas ou demais formações nativas, fora da reserva legal, sem autorização da autoridade competente	257
5.1.12	Explorar ou danificar floresta ou qualquer tipo de vegetação nativa ou de espécies nativas plantadas, localizada fora de área de reserva legal averbada, de domínio público ou privado, sem aprovação prévia do órgão ambiental competente ou em desacordo com a concedida; ou deixar de cumprir a reposição florestal obrigatória	259
5.1.13	Adquirir, intermediar, transportar ou comercializar produto ou subproduto de origem animal ou vegetal produzido sobre área objeto de embargo	261
5.1.14	Deixar de averbar a reserva legal	262
5.1.15	Destruir, danificar, lesar ou maltratar, por qualquer modo ou meio, plantas de ornamentação de logradouros públicos ou em propriedade privada alheia	263
5.1.16	Comercializar, portar ou utilizar em floresta ou demais formas de vegetação, motosserra sem licença ou registro da autoridade ambiental competente	266

5.1.17	Fazer uso de fogo em áreas agropastoris sem autorização do órgão competente ou em desacordo com a obtida	268
5.1.18	Fabricar, vender, transportar ou soltar balões que possam provocar incêndios nas florestas e demais formas de vegetação, em áreas urbanas ou qualquer tipo de assentamento humano	274
6	Das infrações relativas à poluição e outras infrações ambientais	276
6.1	Causar poluição de qualquer natureza em níveis tais que resultem ou possam resultar em danos à saúde humana, ou que provoquem a mortandade de animais ou a destruição significativa da biodiversidade	277
6.2	Tornar uma área, urbana ou rural, imprópria para ocupação humana; ou causar poluição atmosférica que provoque a retirada, ainda que momentânea, dos habitantes das áreas afetadas ou que provoque, de forma recorrente, significativo desconforto respiratório ou olfativo devidamente atestado pelo agente autuante; ou causar poluição hídrica que torne necessária a interrupção do abastecimento público de água de uma comunidade; ou dificultar ou impedir o uso público das praias pelo lançamento de substâncias, efluentes, carreamento de materiais ou uso indevido dos recursos naturais; ou lançar resíduos sólidos, líquidos ou gasosos ou detritos, óleos ou substâncias oleosas em desacordo com as exigências estabelecidas em leis ou atos normativos; ou deixar, aquele que tem obrigação, de dar destinação ambientalmente adequada a produtos, subprodutos, embalagens, resíduos ou substâncias quando assim determinar a lei ou ato normativo; ou deixar de adotar, quando assim o exigir a autoridade competente, medidas de precaução ou contenção em caso de risco ou de dano ambiental grave ou irreversível; ou provocar pela emissão de efluentes ou carreamento de materiais o perecimento de espécimes da biodiversidade; ou lançar resíduos sólidos ou rejeitos em praias, no mar ou em quaisquer recursos hídricos; ou lançar resíduos sólidos ou rejeitos *in natura* a céu aberto, excetuados os resíduos de mineração, ou depositá-los em unidades inadequadas, não licenciadas para a atividade; ou queimar resíduos sólidos ou rejeitos a céu aberto ou em recipientes, instalações e equipamentos não licenciados para a atividade; ou descumprir obrigação prevista no sistema de logística reversa implementado nos termos do disposto na Lei nº 12.305, de 2010, em conformidade com as responsabilidades específicas estabelecidas para o referido sistema; ou deixar de segregar resíduos sólidos na forma estabelecida para a coleta seletiva, quando a referida coleta for instituída pelo titular do serviço público de limpeza urbana e manejo de resíduos sólidos; ou destinar resíduos sólidos urbanos à recuperação energética em desconformidade com o disposto no §1º do art. 9º da Lei nº 12.305, de 2010, e no seu regulamento; ou deixar de atualizar e disponibilizar ao órgão municipal competente e a outras autoridades informações completas sobre a execução das ações do sistema de logística reversa sobre sua responsabilidade; ou deixar de atualizar e disponibilizar ao órgão municipal competente, ao órgão licenciador do Sisnama e a outras autoridades informações completas sobre a implementação e a operacionalização do plano de gerenciamento de resíduos sólidos sob a sua responsabilidade; ou deixar de cumprir as regras sobre registro, gerenciamento e informação de que trata o §2º do art. 39 da Lei nº 12.305, de 2010	280

6.3	Executar pesquisa, lavra ou extração de minerais sem a competente autorização, permissão, concessão ou licença da autoridade ambiental competente ou em desacordo com a obtida	283
6.4	Produzir, processar, embalar, importar, exportar, comercializar, fornecer, transportar, armazenar, guardar, ter em depósito ou usar produto ou substância tóxica, perigosa ou nociva à saúde humana ou ao meio ambiente, em desacordo com as exigências estabelecidas em leis ou em seus regulamentos	288
6.5	Deixar, o fabricante de veículos ou motores, de cumprir os requisitos de garantia ao atendimento dos limites vigentes de emissão de poluentes atmosféricos e de ruído, durante os prazos e quilometragens previstos na legislação	292
6.6	Construir, reformar, ampliar, instalar ou fazer funcionar estabelecimentos, atividades, obras ou serviços utilizadores de recursos ambientais, considerados efetiva ou potencialmente poluidores, sem licença ou autorização dos órgãos ambientais competentes, em desacordo com a licença obtida ou contrariando as normas legais e regulamentos pertinentes	294
6.7	Disseminar doença ou praga ou espécies que possam causar dano à fauna, à flora ou aos ecossistemas	299
6.8	Conduzir, permitir ou autorizar a condução de veículo automotor em desacordo com os limites e exigências ambientais previstos na legislação	300
6.9	Importar ou comercializar veículo automotor sem Licença para Uso da Configuração de Veículos ou Motor – LCVM expedida pela autoridade competente	301
6.10	Importar pneu usado ou reformado em desacordo com a legislação	302
6.11	Alterar ou promover a conversão de qualquer item em veículos ou motores novos ou usados que provoque alterações nos limites e exigências ambientais previstas na legislação	303
6.12	Importar resíduos sólidos perigosos e rejeitos, bem como resíduos sólidos cujas características causem dano ao meio ambiente, à saúde pública e animal e à sanidade vegetal, ainda que para tratamento, reforma, reúso, reutilização ou recuperação	304
7	Das infrações administrativas ambientais contra o ordenamento urbano e o patrimônio cultural	305
7.1	Destruir, inutilizar ou deteriorar bem especialmente protegido por lei, ato administrativo ou decisão judicial; ou arquivo, registro, museu, biblioteca, pinacoteca, instalação científica ou similar protegido por lei, ato administrativo ou decisão judicial	307
7.2	Alterar o aspecto ou estrutura de edificação ou local especialmente protegido por lei, ato administrativo ou decisão judicial, em razão de seu valor paisagístico, ecológico, turístico, artístico, histórico, cultural, religioso, arqueológico, etnográfico ou monumental, sem autorização da autoridade competente ou em desacordo com a concedida	309
7.3	Promover construção em solo não edificável, ou no seu entorno, assim considerado em razão de seu valor paisagístico, ecológico, artístico, turístico, histórico, cultural, religioso, arqueológico, etnográfico ou monumental, sem autorização da autoridade competente ou em desacordo com a concedida	311
7.4	Pichar, grafitar ou por outro meio conspurcar edificação alheia ou monumento urbano	314

8	Das infrações administrativas ambientais contra a administração ambiental...	315
8.1	Deixar de inscrever-se no Cadastro Técnico Federal de que trata o art. 17 da Lei 6.938, de 1981	316
8.2	Obstar ou dificultar a ação do Poder Público no exercício de atividades de fiscalização ambiental	317
8.3	Obstar ou dificultar a ação do órgão ambiental, ou de terceiro por ele encarregado, na coleta de dados para a execução de georreferenciamento de imóveis rurais para fins de fiscalização	319
8.4	Descumprir embargo de obra ou atividade e suas respectivas áreas	320
8.5	Deixar de atender a exigências legais ou regulamentares quando devidamente notificado pela autoridade ambiental competente no prazo concedido, visando à regularização, correção ou adoção de medidas de controle para cessar a degradação ambiental	323
8.6	Deixar de apresentar relatórios ou informações ambientais nos prazos exigidos pela legislação ou, quando aplicável, naquele determinado pela autoridade ambiental	324
8.7	Elaborar ou apresentar informação, estudo, laudo ou relatório ambiental total ou parcialmente falso, enganoso ou omisso, seja nos sistemas oficiais de controle, seja no licenciamento, na concessão florestal ou em qualquer outro procedimento administrativo ambiental	325
8.8	Deixar de cumprir compensação ambiental determinada por lei, na forma e no prazo exigidos pela autoridade ambiental	327
9	Das infrações administrativas ambientais cometidas exclusivamente em Unidades de Conservação	329
9.1	Introduzir em unidade de conservação espécies alóctones	331
9.2	Violar as limitações administrativas provisórias impostas às atividades efetiva ou potencialmente causadoras de degradação ambiental nas áreas delimitadas para realização de estudos com vistas à criação de unidade de conservação; ou explorar a corte raso a floresta ou outras formas de vegetação nativa nas áreas definidas neste caso	332
9.3	Realizar pesquisa científica, envolvendo ou não coleta de material biológico, em unidade de conservação sem a devida autorização, quando esta for exigível	333
9.4	Explorar comercialmente produtos ou subprodutos não madeireiros, ou ainda serviços obtidos ou desenvolvidos a partir de recursos naturais, biológicos, cênicos ou culturais em unidade de conservação sem autorização ou permissão do órgão gestor da unidade ou em desacordo com a obtida, quando esta for exigível	335
9.5	Explorar ou fazer uso comercial de imagem de unidade de conservação sem autorização do órgão gestor da unidade ou em desacordo com a recebida	337
9.6	Realizar liberação planejada ou cultivo de organismos geneticamente modificados em áreas de proteção ambiental, ou zonas de amortecimento das demais categorias de unidades de conservação, em desacordo com o estabelecido em seus respectivos planos de manejo, regulamentos ou recomendações da Comissão Técnica Nacional de Biossegurança – CTNBio...	338
9.7	Realizar quaisquer atividades ou adotar conduta em desacordo com os objetivos da unidade de conservação, o seu plano de manejo e regulamentos.	339
9.8	Causar dano à unidade de conservação	340

9.9 Penetrar em unidade de conservação conduzindo substâncias ou instrumentos próprios para caça, pesca ou para exploração de produtos ou subprodutos florestais e minerais, sem licença da autoridade competente, quando esta for exigível 342

REFERÊNCIAS 345

CAPÍTULO I

1 Das considerações iniciais

1.1 A formação da legislação ambiental no Brasil

A sociedade brasileira em sua evolução aprendeu a reconhecer a importância dos ecossistemas, através da escassez dos recursos naturais exauridos pelo próprio homem ou pelo desequilíbrio da cadeia alimentar provocado por ações naturais, como a seca ou as inundações fora de época.

Ao verificarmos o modelo extrativista brasileiro, desde a sua colonização, a busca incessante por pau-brasil e ouro, cujos produtos foram os mais importantes economicamente para a Coroa, observamos que a legislação ambiental era a aplicação das Ordenações do Reino.

Nesse cenário por muito tempo predominou a falta de proteção dos recursos naturais, pois não havia norma alguma que coibisse a devastação das florestas e o esgotamento das terras, conforme explica o professor José Afonso da Silva (2013).[1] Assim, junto com a efetivação da colônia introduziram-se as primeiras legislações no país através de cartas régias, alvarás, provisões e regimentos que, além de outros assuntos, tutelavam os recursos naturais de sua colônia tão preciosa para a Coroa portuguesa. É bom destacar que as normas portuguesas tinham essência comercial, as quais regravam as economias lusitanas, protegendo os interesses da coroa e não o meio ambiente. O que interessava era proteger as riquezas naturais brasileiras para manutenção do monopólio da metrópole, com destaque para a primeira fase de grande exploração dos recursos naturais do pau-brasil e de outras madeiras nobres, que deram vazão ao crescente mercado das navegações, e posteriormente regularam o desenvolvimento dos ciclos econômicos da cana-de-açúcar, mineração e do café, muito bem explicitada na obra de Ann Helen Wainer (1993).[2]

Para fazer um resgate dessa importante fase das normas primárias do Brasil, é necessário recorrer ao período colonial. Regredindo um pouco mais em relação ao descobrimento do Brasil, vigia em Portugal o primeiro Código Legal europeu, denominado de Ordenações Afonsinas.

O rei D. João I (reinou de 1385 a 1433) determinou uma codificação das leis do reino. A elaboração atravessou o reinado de D. Duarte, a regência de D. Leonor, sendo promulgadas (em 1446) pelo recém-coroado D. Afonso V, que apesar de não ter contribuído com nada para a codificação, deu-lhe o nome "Ordenações Afonsinas", descrito por Luiz Viana Queiroz (2002).[3] As Ordenações Afonsinas vigoraram de 1446

---

[1] SILVA, José Afonso da. *Direito ambiental constitucional.* 10. ed. atual. São Paulo: Malheiros, 2013. p. 38.

[2] WAINER, Ann Helen. Legislação ambiental brasileira: evolução histórica do direito ambiental. *Revista de Informação Legislativa,* v. 30, n. 118, p. 191-206, abr./jun. 1993.

[3] QUEIROZ, Luiz Viana. O direito no Brasil colônia. *Revista Jurídica da Unifacs,* maio 2002.

(no reino de Portugal, incluindo suas colônias) até 1521. As Ordenações eram compostas de cinco livros, sendo que o IV tratava de direito civil e o Livro V de direito penal.

Ao analisar as normas contidas nos respectivos livros, verifica-se a preocupação do reino com a falta de alimentos, principalmente cereais, ficando estabelecido por D. Afonso III que o pão e a farinha não poderiam ser levados para fora do reino e os infratores eram punidos com a pena "dos corpos e dos averes". Em relação à fauna, em 1326, o rei D. Diniz equiparou o furto de aves a qualquer outra espécie furtada, prevendo uma reparação do dano causado aos infratores, através do pagamento de "*um quantum*". Em se tratando do corte deliberado de árvores frutíferas, era proibido, sendo as infrações consideradas como injúrias ao rei.

No reinado de D. Fernando I foram criadas as sesmarias,[4] através de uma lei em 1375, objetivando aumentar o cultivo do maior número de terras, haja vista a escassez de alimento em Portugal (WAINER, 1993).[5] Ordenava o rei que os proprietários das glebas de terras deveriam promover o cultivo lavrando e semeando suas terras, sob pena de perdê-las.

Com a assunção ao trono do rei D. Manoel, novas normas lusitanas foram editadas, as quais passaram a se denominar Ordenações do Senhor Rey Dom Manoel, compiladas em 1521 e vigorando até 1603. A mencionada obra foi fruto da revisão das Ordenações Afonsinas e da recompilação das leis extravagantes. Todavia, as Ordenações Manoelinas pouco diferem das Ordenações Afonsinas, permanecendo a compilação em cinco livros (QUEIROZ, 2002).[6] Porém, em relação às questões ambientais, houve avanços pontuais, adequando-se a evolução social e econômica do período; exemplo de mudanças foram as sesmarias, descritas no Livro IV, que versava sobre direito civil, voltando-se ao planejamento urbano, mesmo que incipiente, deixando de se preocupar somente com a agricultura.

Novamente inovando, nas Ordenações Manoelinas conceitua-se zoneamento ambiental, estabelecendo a proibição de construção em determinados locais, juntamente com a previsão do período de defeso, visando a perpetuação de espécies animais (WAINER, 1993).[7] Outra mudança foi no direito penal (descrito no Livro V), onde foi proibida a caça de determinados animais com instrumentos capazes de causar-lhes a morte com dor e sofrimento, cuja proibição está prevista na Constituição Federal de 1988.

---

[4] "Derivado de *sesma*, oriundo do latim *sex*, é a expressão usado no Direito para designar as *datas de terras* que, outrora, se davam para que fossem libertas das ervas daninhas e plantas infrutíferas e depois cultivadas. E se dizia *sesmaria*, de sexta parte de alguma coisa, porque o concessionário ficava na obrigação de lavrar essas terras incultas, mediante a *sexta parte dos frutos*. Originalmente, as sesmarias recaíram sobre terras cujos senhorios não as cultivavam, deixando-as ao abandono, desaproveitadas e em ruína. Avisados para as aproveitar e valer, não o fazendo, sofriam, então, a distribuição das terras, sob o *foro* ou *pensão de sexto* ou de *seis um*. No Brasil, no entanto, embora em se tratando de terras sem senhorio, as *cartas dadas*, ou as *dadas de terra*, distribuídas para cultura, ou lavoura, passaram a ter igual denominação: sesmaria. Mas, em realidade, importava em começo, na doação de terras devolutas e públicas, com a finalidade exclusiva de serem cultivadas, e cuja venda foi posteriormente autorizada por lei" (DE PLÁCIDO E SILVA. *Vocábulo jurídico conciso*. Atual. Nagib Slaibi e Gláucia Carvalho. 2. ed. Rio de Janeiro: Forense, 2010. p. 687).

[5] WAINER, Ann Helen. Legislação ambiental brasileira: evolução histórica do direito ambiental. *Revista de Informação Legislativa*, v. 30, n. 118, p. 191-206, abr./jun. 1993.

[6] QUEIROZ, Luiz Viana. O direito no Brasil colônia. *Revista Jurídica da Unifacs*, maio 2002.

[7] WAINER, Ann Helen. Legislação ambiental brasileira: evolução histórica do direito ambiental. *Revista de Informação Legislativa*, v. 30, n. 118, p. 191-206, abr./jun. 1993.

Posteriormente surgem as Ordenações Filipinas, as quais resultaram da reforma encomendada pelo rei Felipe II da Espanha (coroado rei Felipe I de Portugal), concluída em 1595, porém impressa somente em 1605, denominada Ordenações Filipinas (QUEIROZ, 2002).[8] Em Portugal continuou vigendo mesmo após o final da União Ibérica, por determinação do rei D. João IV e no Brasil até a promulgação do primeiro Código Civil brasileiro, em 1916. Destaca-se que, na seara ambiental, nesse compêndio, a fauna e a flora ainda continuavam sendo protegidas, pois a tipificação do corte de árvores frutíferas como crime foi mantida, prevendo-se para o infrator o cumprimento de pena de degrado definitivo para o Brasil (então Colônia).

Extrai-se, ainda, das Ordenações Filipinas (WAINER, 1993)[9] especificamente: a) o incentivo para o plantio de árvores em terrenos baldios (previsão existente até hoje em alguns Códigos de Posturas municipais); b) a delimitação de áreas de matas no Brasil, que deveriam ser preservadas (existente no Código Florestal atual e outras legislações limitadoras do uso do solo urbano ou rural); c) a proteção de olivais e pomares do dano causado pelo pasto de animais vizinhos, estabelecendo multas e penas que variavam desde o açoite ao pagamento de multas e perda dos animais (previsão de crime no Código Penal e ato ilícito no Código Civil); e d) proibição de jogar material para matar peixes e criação, ou sujar águas dos rios e lagoas, previsto em Códigos de Posturas municipais e na Lei de Crimes Ambientais e outras leis esparsas.

No mesmo sentido, ainda se tratando dos recursos naturais, foram criadas outras normas chamadas de: cartas régias, regimentos, alvarás, provisões, cartas de leis e avisos reais, as quais tinham o escopo de regulamentar a exploração e o comércio das riquezas naturais. Em relação a exploração do pau-brasil, em 1605, foi editado o "Regimento sobre o pau-brasil", o qual continha penas severas para aqueles que cortassem madeira sem expressa licença real ou do provedor-mor da Fazenda da Capitania (WAINER, 1993).[10]

O Regimento da Relação e Casa do Brasil, de março de 1609, foi inserido em face da constante preocupação com os desmatamentos, coibindo o corte deliberado de madeiras. No mesmo sentido foi vedado o uso de fogo nas lenhas de roças, considerando a escassez de madeira e lenha para a confecção de engenhos (situação prevista no Código Florestal Brasileiro, na Lei de Crimes Ambientais e outras normas referentes ao tema). O Alvará de 1675 proibiu as sesmarias nas terras litorâneas, onde havia madeiras (SIRVINSKAS, 2017).[11]

Ainda sobre a proteção da flora nativa, em maio de 1773, a Carta Régia ordenada por D. Maria I ao vice-rei do Brasil garante a proteção da madeira e da mata. Em março de 1797, outra importante Carta Régia redobra os cuidados na conservação das matas e arvoredos, especialmente naquelas com predominância do valioso pau-brasil, onde determinou a proteção das florestas, matas, arvoredos localizados nas proximidades dos rios, nascentes e encostas, declaradas propriedade da Coroa (SIRVINSKAS, 2017);[12]

---

[8] QUEIROZ, Luiz Viana. O direito no Brasil colônia. *Revista Jurídica da Unifacs*, maio 2002.

[9] WAINER, Ann Helen. Legislação ambiental brasileira: evolução histórica do direito ambiental. *Revista de Informação Legislativa*, v. 30, n. 118, p. 191-206, abr./jun. 1993.

[10] WAINER, Ann Helen. Legislação ambiental brasileira: evolução histórica do direito ambiental. *Revista de Informação Legislativa*, v. 30, n. 118, p. 191-206, abr./jun. 1993.

[11] SIRVINSKAS, Luís Paulo. *Manual de direito ambiental*. 15. ed. São Paulo: Saraiva, 2017. p. 78.

[12] Idem, p. 78.

proteção das matas mantida no Código Florestal Brasileiro, na Lei de Crimes Ambientais e outras normas referentes ao tema. Com base nessa norma surge a expressão "madeira de lei" utilizada por largo tempo, porém em desuso jurídico atualmente, em face da falta de regulamentação do conceito.

Como um primeiro modelo dos juizados especiais foi instituído o primeiro e único Juizado da Conservadoria das Matas, instalado nas Comarcas de Alagoas (Capitania de Pernambuco) e Ilhéus (Bahia), em 11 de julho de 1798, através de um Alvará (em complemento à Carta Régia de 1773), tendo como competência julgar litígios atrelados à medição, derrubadas e reflorestamento das matas.

Mais tarde, após a Independência do Brasil, em 1822, ainda se aplicaram as Ordenações Filipinas em virtude da ausência de normas próprias. Buscou-se corrigir esse grave erro normativo com a Constituição Imperial do Brasil, outorgada em 25 de março de 1824,[13] prevendo a criação de um Código Civil e Criminal, conforme o artigo 179, inciso XVIII. Todavia, a Constituição de 1824 limitou-se a isso, não fazendo referência aos recursos naturais.

É de se destacar que na ocasião da outorga da Constituição de 1824 o país era essencialmente exportador de produtos primários não manufaturados e, portanto, inteiramente dependente dos bens naturais. Por isso Paulo de Bessa Antunes (2017)[14] enfatiza que a concepção predominante, no entanto, era a de que o Estado não deveria se imiscuir nas atividades econômicas, havendo uma menção às Câmaras Municipais (art. 169), determinando que lei decretasse suas competências para a "formação das posturas policiais" e "todas as suas particulares e úteis atribuições".

Dessa forma, atendendo previsão da Constituição de 1824, como norma infraconstitucional, em 1º de outubro de 1828, o imperador D. Pedro I edita as Posturas Municipais, objetivando a proteção ambiental, versando sobre a limpeza e conservação das fontes, aquedutos e águas infectadas, em benefício comum dos habitantes (questões tratadas até hoje na Constituição Federal como função social da propriedade urbana e nos Códigos de Posturas Municipais no trato de higiene e controle de zoonoses).

A fim de se evitar os crescentes abusos na exploração e contrabando do pau-brasil, em 1850 foi promulgada a Lei Imperial nº 601, que também normatizava a aquisição e posse das terras devolutas, penalizando quem se apossasse de tais terras e procedessem derrubadas de matas. A inovação da referida norma tratou do uso do solo, disciplinando a ocupação do território, atenta às invasões, aos desmatamentos e aos incêndios criminosos, entre outros ilícitos, lembra Édis Milaré (2015).[15] E a Lei nº 3.311, de 14 de outubro de 1886, o incêndio foi considerado crime especial (ambos os temas tratados na Lei de Crimes Ambientais).

---

[13] BRASIL. *Constituição (1824). Constituição Política do Império do Brazil (de 24 de março de 1824).* Registrada na Secretaria de Estado dos Negocios do Imperio do Brazil a fls. 17 do Liv. 4º de Leis, Alvarás e Cartas Imperiaes. Rio de Janeiro em 22 de abril de 1824.

[14] ANTUNES, Paulo de Bessa. *Direito ambiental.* 19. ed. rev. e atual. São Paulo: Atlas, 2017. p. 45.

[15] MILARÉ, Édis. *Direito do ambiente.* 10. ed. rev., atual. e ampl. São Paulo: Editora Revista dos Tribunais, 2015. p. 238.

O Código Comercial de 1850 (BRASIL, 1850)[16] passou a regular o comércio, incluindo-se os produtos e recursos naturais (tema tratado em leis específicas atualmente, em face das questões sanitárias e procedência lícita dos produtos).

Num período mais recente da história do Brasil (Brasil República), diante das inovações tecnológicas promovidas pela Revolução Industrial, o país continuou fornecedor de matéria-prima para a indústria de transformação, não havendo uma preocupação maior no tocante à reposição de determinados recursos naturais.

Com a promulgação do Código Civil de 1916 (BRASIL, 1916)[17] revogou-se expressamente as ordenações, alvarás, leis, decretos, resoluções, usos e costumes concernentes às matérias de direito civil nele reguladas (artigo 1.807). Todavia, temas tratados nas Ordenações, como o conflito de vizinhança (uso do terreno e da água), em seu artigo 554, atribuía ao proprietário ou inquilino o direito de impedir que o mau uso da propriedade vizinha pudesse prejudicar a segurança, o sossego e a saúde dos que nele o habitam. Essa previsão legal possibilitou sólida construção jurisprudencial ampliativa do conceito de vizinhança, que passou a significar a zona ou área dentro da qual era sentido o efeito nocivo (SILVA, 2013).[18] O primeiro Código Florestal, de 23 de janeiro de 1934, instituído pelo Decreto nº 23.793, distinguiu as infrações penais em crimes e contravenções (BRASIL, 1934).[19]

Posteriormente, na década de 1960, temos a edição da Lei nº 4.504, de 30 de novembro de 1964, a qual institui o Estatuto da Terra (BRASIL, 1964),[20] definindo uma política básica na questão da propriedade da terra, visando a conservação racional dos recursos naturais nela existentes. Ainda tivemos a edição do Código Florestal, mediante a Lei nº 4.771 de 15 de setembro de 1965 (BRASIL, 1965),[21] revogando o Código de 1934, onde se estabeleceu regras para a exploração de florestas nativas e proteção das matas ciliares. Essa lei foi revogada pela Lei nº 12.651, de 25 de maio de 2012, a qual versa sobre o novo Código Florestal (BRASIL, 2012).[22] E a Lei nº 6.902, de 27 de abril de 1981, dispõe sobre a criação de Estações Ecológicas, Áreas de Proteção Ambiental e dá outras providências (BRASIL, 1981).[23]

Ainda se tratando de normas ambientais recentes, a Política Nacional do Meio Ambiente, instituída pela Lei nº 6.938, de 31 de agosto de 1981 (BRASIL, 1981),[24] constitui

---

[16] BRASIL. *Código Comercial. Lei nº 556, de 25 de junho de 1850*. Rio de Janeiro: Coleções de Leis do Brasil, 1850.

[17] BRASIL. *Lei nº 3.071, de 1º de janeiro de 1916*. Código Civil dos Estados Unidos do Brasil. Rio de Janeiro: Diário Oficial da União, 1916.

[18] SILVA, José Afonso da. *Direito ambiental constitucional*. 10. ed. atual. São Paulo: Malheiros, 2013. p. 38.

[19] BRASIL. *Decreto nº 23.793, de 23 de janeiro de 1934*. Approva o codigo florestal que com este baixa. Rio de Janeiro: Diário Oficial da União, 1934.

[20] BRASIL. *Lei nº 4.504, de 30 de novembro de 1964*. Dispõe sobre o Estatuto da Terra, e dá outras providências. Brasília: Diário Oficial da União, 1964.

[21] BRASIL. *Lei nº 4.771, de 15 de setembro de 1965*. Institui o novo Código Florestal. Brasília: Diário Oficial da União, 1965.

[22] BRASIL. *Lei nº 12.651, de 25 de maio de 2012*. Dispõe sobre a proteção da vegetação nativa; altera as Leis nºs 6.938, de 31 de agosto de 1981, 9.393, de 19 de dezembro de 1996, e 11.428, de 22 de dezembro de 2006; revoga as Leis nºs 4.771, de 15 de setembro de 1965, e 7.754, de 14 de abril de 1989, e a Medida Provisória nº 2.166-67, de 24 de agosto de 2001; e dá outras providências. Brasília: Diário Oficial da União, 2012.

[23] BRASIL. *Lei nº 6.902, de 27 de abril de 1981*. Dispõe sobre a criação de Estações Ecológicas, Áreas de Proteção Ambiental e dá outras providências. Brasília: Diário Oficial da União, 1981.

[24] BRASIL. *Lei nº 6.938, de 31 de agosto de 1981*. Dispõe sobre a Política Nacional do Meio Ambiente, seus fins e mecanismos de formulação e aplicação, e dá outras providências. Brasília: Diário Oficial da União, 1981.

um marco para as diretrizes nacionais voltadas à proteção ambiental, sendo considerado por doutrinadores um divisor d'águas na história da tutela ambiental do país. Pois, nesse momento passou-se a se ter uma unidade política necessária às implementações de políticas públicas voltadas a proteção ao meio ambiente, cuja disposição passou a orientar uma normatividade mais ampla e sistematizada (SILVA, 2013).[25]

Mais recentemente, temos uma das principais leis, a qual versa sobre os crimes ambientais, previstos na Lei nº 9.605, de 12 de fevereiro de 1998, a qual dispõe sobre as sanções penais e administrativas derivadas de condutas e atividades lesivas ao meio ambiente, e dá outras providências (BRASIL, 1998).[26]

Com isso, nota-se que houve uma evolução considerável por parte da sociedade e do Poder Público em relação à proteção dos recursos naturais ao longo dos anos. Essa evolução ocorreu em grande parte devido à necessidade de se conservar os escassos recursos naturais voltados ao interesse econômico, e também a uma nova tendência conservacionista de que os recursos naturais são finitos, necessitando mantê-los às gerações futuras.

1.2 O direito ambiental e as Constituições brasileiras

Após a Independência do Brasil, em 1822, a jovem nação ainda carecia de leis próprias. Assim, em 1823 foi instalada a Assembleia Constituinte, a qual tinha a atribuição de elaborar uma Constituição para o "Império do Brazil". Após alguns meses de acalorados discursos e propostas, o imperador D. Pedro I, descontente com os resultados, fez a dissolução da assembleia e nomeou alguns poucos conselheiros de confiança e então elaborou uma Constituição a sua feição, como explica Octaciano Nogueira (2012):[27]

> Quando examinamos a Constituição de 1824, como primeiro texto de nossa história constitucional, não podemos nos esquecer de que ela é fruto da frustração da dissolução da Constituinte de 1823, que não apenas começou a gerar o divórcio entre a Coroa e a opinião pública, mas manchou de sangue o governo de D. Pedro I, com a reação pernambucana de 1824, vincando de forma indelével a vocação autoritária do Monarca.

Como já descrito anteriormente, a Constituição de 1824 não fez referências aos recursos naturais, pois a preocupação era estruturar o Estado com uma Carta personalizada, com desapego a Portugal, e em face da larga necessidade de estabelecer diretrizes para a nova nação, as prioridades eram outras. Em que pese, tenhamos críticas a outorga daquela Constituição, ela marcou o início da institucionalização da monarquia constitucional. E, a partir daí, instituiu os Poderes do Estado, garantiu os direitos e conteve os abusos, como bem lembra Nogueira (2012).[28]

---

[25] SILVA, José Afonso da. *Direito ambiental constitucional.* 10 ed. atual. São Paulo: Malheiros, 2013. p. 43.

[26] BRASIL. *Lei nº 9.605,* de 12 de fevereiro de 1998. Dispõe sobre as sanções penais e administrativas derivadas de condutas e atividades lesivas ao meio ambiente, e dá outras providências. Brasília: Diário Oficial da União, 1998.

[27] NOGUEIRA, Octaciano. *Coleção*: Constituições brasileiras, 1824. 3. ed. Brasília: Senado Federal, Subsecretaria de Edições Técnicas, 2012. p. 12. (Coleção Constituições brasileiras, v. 1).

[28] Idem, p. 12.

A Constituição de 24 de fevereiro de 1891 era vazada em 91 artigos e mais oito das Disposições Transitórias e, por isso, caracteriza-se como a mais concisa das seis Constituições da República. Dividia-se em cinco Títulos, subdivididos em Seções e estas, em Capítulos. O art. 72 trazia um longo e solene rol dos direitos e garantias assegurados aos brasileiros e estrangeiros residentes no País – não muito diversos dos que estavam inscritos na Carta de 1824, como muito bem consignado por Aliomar Baleeiro (2012).[29] Todavia, em nada abordava sobre as questões ambientais ante a urgência da estruturação de um modelo para a nova nação republicana.

Ao alcançar a Constituição de 1934, nota-se que o Brasil passava, novamente, por uma ebulição política, social e econômica, com grandes influências pós-guerra (Primeira Guerra Mundial), como se observa na narrativa de Ronaldo Peletti (2012):[30]

> O mundo vinha de grandes transformações. O século XX nascera em meio ao otimismo da técnica e da ciência. Colocados de lado os valores da Cultura e da Filosofia, não tardou que a Primeira Grande Guerra, e suas terríveis consequências, deitassem por terra as esperanças do cientificismo. O mundo do Estado Liberal começara a ruir. A Constituição de Weimar institucionalizara a social-democracia, procurando conciliar a liberdade individual com a necessidade de um Estado, cuja função não ficaria restrita à produção das normas jurídicas, mas estenderia a sua atuação de maneira que se transformasse num Estado não meramente de direito, mas também um estado político e administrativo. A Revolução soviética, por sua vez, impusera a presença organizada da massa de trabalhadores no poder, através de um partido disciplinado e coeso na sua doutrina ideológica, o qual, tomando posse da máquina estatal, seria fiel aos desígnios de planejamento total em matéria de economia e aos de vivenciar, a seu favor, os defeitos que apontava no mesmo Estado, quando em poder da burguesia e dócil às determinações da estrutura capitalista de produção. De repente, o mundo tomara consciência de situações dramáticas que iriam pôr em risco a felicidade imaginada por abstrações liberais.

Em que pese, novamente, as questões ambientais tenham passado ao largo, manteve a previsão já contida na Constituição de 1891, sobre o direito de propriedade com o seu limite na lei e sua função social, não podendo ser exercida contra o interesse coletivo (art. 113, 17).

Passados apenas quatro anos o Brasil se viu envolvido em graves problemas políticos, sociais e econômicos, e como forma de solução, em 10 de novembro de 1937, o presidente Getúlio Vargas outorga uma nova Constituição. Com o discurso da pacificação e da criação de um modelo de nação fiel as suas raízes, a nova Carta foi imposta, que na realidade buscou resolver apenas os interesses do próprio presidente, visando uma reconstrução (PORTO, 2012):[31]

---

[29] BALEEIRO, Aliomar. *Coleção*: Constituições brasileiras, 1891. 3. ed. Brasília: Senado Federal, Subsecretaria de Edições Técnicas, 2012. p. 34. (Coleção Constituições brasileiras, v. 2).

[30] PELETTI, Ronaldo. *Coleção*: Constituições brasileiras, 1934. 3. ed. Brasília: Senado Federal, Subsecretaria de Edições Técnicas, 2012. p. 11. (Coleção Constituições brasileiras, v. 3).

[31] PORTO, Walter Costa. *Coleção*: Constituições brasileiras, 1937. 3. ed. Brasília: Senado Federal, Subsecretaria de Edições Técnicas, 2012. p. 14. (Coleção Constituições brasileiras, v. 4).

A Constituição de 1937 fora, segundo Francisco Campos, outorgada em um momento de crise de ordem e de autoridade em todo o mundo. A disputa política ultrapassara os moldes de uma luta dentro dos quadros clássicos da democracia liberal. Os atores, nesse conflito, tinham, como objetivo explícito, a destruição tradicional não somente no domínio político como no domínio social e econômico.

Em face dos problemas apontados, as questões de ordem ambiental não eram pauta para debates. O meio ambiente na década de 1930 também não era tema recorrente, não só no Brasil, como também em outros países, diante da reconstrução de nações assoladas pela Primeira Guerra Mundial e o crescente receio de uma segunda batalha em escala continental.

Ao fim da Segunda Grande Guerra, vários governos encerram ciclos de poder, incluindo-se o de Getúlio Vargas, e se fez necessária a construção de uma nova Constituição. A nova Carta foi muito bem debatida, como descrevem Baleeiro e Barbosa Lima Sobrinho (2012):[32]

> Literalmente tão bem redigida quanto a de 1891, a Constituição de 1946 possuía 218 artigos, além de um "Ato das Disposições Transitórias" com mais 36 artigos. Dividia-se em nove títulos, que se subdividiam em capítulos e estes em seções. A estrutura e as linhas gerais assemelham-se às da Constituição de 1891, mas sem a rigidez presidencialista desta, pois foram conservados os dispositivos que permitiam a convocação ou o comparecimento espontâneo dos Ministros ao Pleno; as Comissões de Inquérito parlamentar por iniciativa de 1/5 dos membros de cada Câmara; a possibilidade de o congressista aceitar ministério sem perder o mandato etc.

Então a Constituição de 1946 define diretrizes gerais e orientações protecionistas sobre proteção da saúde e a competência da União para legislar sobre (art. 5º, inciso XV): água, florestas, caça e pesca, que possibilitaram a elaboração de leis protetoras como o Código Florestal e os Códigos de Saúde Pública, de Água e de Pesca (SILVA, 2013).[33]

A década de 1960 para o Brasil foi um período de grande apreensão, política, social e econômica, envoltos na bipolaridade hegemônica das duas grandes potências (Estados Unidos da América e União Soviética), cujo reflexo atingiu o cotidiano local. Esse panorama contribui diretamente para os acontecimentos de 31 de março de 1964, com a instalação de um novo governo. Por consequência, em 1967 o presidente Marechal Castello Branco buscou uma nova Constituição a fim de ratificar suas ações.

No campo do direito ambiental pouco se fez, mantendo-se as competências da União já descritas na Constituição anterior, em nada se inovando em matéria ambiental. No campo político, todavia, foi extremamente conservadora, como se denota:[34]

---

[32] BALEEIRO, Aliomar; SOBRINHO, Barbosa Lima. *Coleção*: Constituições brasileiras, 1946. 3. ed. Brasília: Senado Federal, Subsecretaria de Edições Técnicas, 2012. p. 11. (Coleção Constituições brasileiras, v. 5).

[33] SILVA, José Afonso da. *Direito ambiental constitucional*. 10. ed. atual. São Paulo: Malheiros, 2013. p. 49.

[34] CAVALCANTI, Themístocles Brandão; BRITO, Luiz Navarro de; BALEEIRO, Aliomar. *Coleção*: Constituições brasileiras, 196. 3. ed. Brasília: Senado Federal, Subsecretaria de Edições Técnicas, 2012. p. 31 e 32. (Coleção Constituições brasileiras, v. 6).

(...) na Constituição brasileira de 1967, esta consciência conservadora encontra-se perfeitamente delineada na distribuição e integração do poder entre vários grupos político-territoriais que enformam o Estado; em outras palavras, no sistema federativo vários mecanismos institucionais de controle garantem a composição política existente. Mas eles sobretudo revelam as contradições de uma sociedade em crise de desenvolvimento. De fato, a conformação e relações entre esferas de governo nacional, estaduais e municipais, ao tempo em que ratificam o condomínio de elites dominantes, também acasalam os reagentes internos ou exteriores a esse acordo. Portanto, de sua estrutura federativa emerge a coexistência de elementos antagônicos na Constituição de 1967.

A Constituição de 1988 (BRASIL, 1988)[35] foi a primeira Carta Magna a tratar deliberadamente da questão ambiental, e com ela temos um capítulo exclusivo para o Meio Ambiente. O Capítulo VI, da Constituição da República Federativa do Brasil, traz somente um artigo (225), tamanho o seu grau de importância. Como visto, a importância da inserção desse capítulo foi reflexo de uma consciência de preservação, em decorrência dos problemas ambientais emergentes e das pressões populares que se iniciaram a partir da década de 1970 (GOMES, 2008),[36] sensibilizando a Assembleia Nacional Constituinte a tratar o tema no âmbito constitucional.

Todavia, em seu único artigo apresenta-se três conjuntos de normas: a) norma-princípio ou norma-matriz: é o meio ambiente ecologicamente equilibrado contido no *caput* do dispositivo; b) normas-instrumentos: são os instrumentos inseridos no §1º, incisos I a VII, colocados à disposição do Poder Público para dar cumprimento à norma-matriz; e c) conjunto de determinações particulares: relaciona-se a objetos e setores, referidos nos §§2º a 6º, notadamente no §4º, dado que são elementos sensíveis que requerem imediata proteção e direta regulamentação constitucional (SIRVINSKAS, 2017).[37]

Ao tratar do direito ao meio ambiente ecologicamente equilibrado essa concepção deve abranger, além do campo ecológico, o ser humano, visando à dignidade da pessoa humana (SILVA, 2007).[38] Nesse sentido, o artigo 225 define que o meio ambiente ecologicamente equilibrado é bem de uso comum do povo e essencial à sadia qualidade de vida, visando, *assim*, a dignidade da pessoa humana. Assim, antevendo eventuais problemas de ordem econômica e social, o legislador constituinte se antecipou em resguardar esse direito sagrado ao cidadão, visando à dignidade da pessoa humana.

Noutro aspecto, quando a Constituição de 1988 impõe ao Poder Público e à coletividade o dever de defender e preservar o meio ambiente para as presentes e futuras gerações, está dando um sinal muito claro de que todos são responsáveis para buscar soluções voltadas a sustentabilidade (SILVA, 2007).[39]

---

[35] BRASIL. *Constituição (1988). Constituição da República Federativa do Brasil*. Brasília, DF: Diário Oficial da União, 1988.

[36] GOMES, Alessandro. Legislação ambiental e direito: um olhar sobre o artigo 225 da constituição da república federativa do Brasil. *Revista Científica Eletrônica de Administração*, v. 14, 2008.

[37] SIRVINSKAS, Luís Paulo. *Manual de direito ambiental*. 15. ed. São Paulo: Saraiva, 2017. p. 160.

[38] SILVA, Solange Teles da. Direito fundamental ao meio ambiente ecologicamente equilibrado avanços e desafios. *Cadernos do Programa de Pós-Graduação em Direito–PPGDir./UFRGS*, n. 6, 2007.

[39] Idem.

1.3 Direito ambiental

A Carta Magna de 1988 assegurou ao cidadão brasileiro o "(...) *direito ao meio ambiente ecologicamente equilibrado, bem de uso comum do povo e essencial à sadia qualidade de vida, impondo-se ao poder público e à coletividade o dever de defendê-lo e preservá-lo para as presentes e futuras gerações"* (art. 225, *caput*).

Todavia, para que possamos alcançar essa proteção, se faz necessário compreendermos dois conceitos essenciais: direito ambiental e meio ambiente (ou ambiente).

O direito ambiental é uma disciplina nova no direito brasileiro. O direito ambiental era um apêndice do direito administrativo e do direito urbanístico, no ensinamento de Luís Paulo Sirvinskas (2017)[40] e só adquiriu a sua autonomia com base na legislação vigente, em especial após a lei que trata da Política Nacional do Meio Ambiente (Lei nº 6.938/81).

Em face disso, o conceito de direito ambiental passou por vários estágios de debates, onde surgiram alargadas formulações para uma concepção conceitual sintetizada. Para Sirvinskas (2017)[41] direito ambiental é a ciência jurídica que estuda, analisa e discute as questões e os problemas ambientais e sua relação com o ser humano, tendo por finalidade a proteção do meio ambiente e a melhoria das condições de vida no planeta.

Para Milaré (2015)[42] considera-se direito do ambiente o complexo de princípios e normas coercitivas reguladoras das atividades humanas que, direta ou indiretamente, possam afetar a sanidade do ambiente em sua dimensão global, visando à sua sustentabilidade para as presentes e futuras gerações.

E, como disciplina Silva (2013),[43] como todo o ramo do direito, também o direito ambiental deve ser considerado sob dois aspectos: "a) Direito Ambiental objetivo, que consiste no conjunto de normas jurídicas disciplinadoras da proteção da qualidade do meio ambiente; b) Direito Ambiental como ciência, que busca o reconhecimento sistematizado das normas e princípios ordenadores da qualidade do meio ambiente".

Depreende-se, então, que direito ambiental é o ramo da Ciência Jurídica que disciplina as atividades humanas efetiva ou potencialmente causadoras de impacto sobre o meio ambiente, com o intuito de defendê-lo, melhorá-lo e de preservá-lo para as gerações presentes e futuras (FARIAS; COUTINHO; MELO, 2015).[44]

Em remate, Paulo Affonso Leme Machado (2017)[45] sintetiza que o direito ambiental é um direito sistematizador, que faz a articulação da legislação, da doutrina e da jurisprudência concernentes aos elementos que integram o ambiente.

---

[40] SIRVINSKAS, Luís Paulo. *Manual de direito ambiental*. 15. ed. São Paulo: Saraiva, 2017. p. 107.

[41] Idem, p. 108.

[42] MILARÉ, Édis. *Direito do ambiente*. 10. ed. rev., atual. e ampl. São Paulo: Editora Revista dos Tribunais, 2015. p. 256.

[43] SILVA, José Afonso da. *Direito ambiental constitucional*. 10. ed. atual. São Paulo: Malheiros, 2013. p. 45.

[44] FARIAS, Talden; COUTINHO, Francisco Seráphico da Nóbrega; MELO, Geórgia Karênia R. M. M. *Direito ambiental*. 3. ed. rev. ampl. e atual. Salvador: Juspodivm, 2015. p. 17. (Coleção Sinopses para concurso).

[45] MACHADO, Paulo Affonso Leme. *Direito ambiental brasileiro*. 25. ed. rev. ampl. e atual. São Paulo: Malheiros, 2017. p. 52.

Para Herman Benjamin (1998, t. 2, p. 397 *apud* MILARÉ; COSTA JR.; COSTA, 2013),[46] o direito ambiental tem natureza profundamente preventiva. Deverá abarcar também os riscos e não somente os danos, pois o prejuízo ambiental é, comumente, de difícil identificação, de larga dimensão e irreparável.

É de se considerar, também, a didática de Antunes (2017)[47] quando descreve Miguel Reale (1993)[48], em conhecida formulação, onde aduz que o Direito é a interação tridimensional de norma, fato e valor. "A integração de três elementos na experiência jurídica (o axiológico, o fático e o técnico-formal) revela-nos a precariedade de qualquer compreensão do Direito isoladamente como fato, como valor ou como norma, e, de maneira especial, o equívoco de uma compreensão do Direito como pura forma, suscetível de albergar, com total indiferença, as infinitas e conflitantes possibilidades dos interesses humanos" (REALE, 1993, p. 701-702).

Nesse aspecto, o fato que se encontra à base do direito ambiental é a própria vida humana, que necessita de recursos ambientais para a sua reprodução. Agora, alcançar o equilíbrio entre a necessidade de utilizar os recursos naturais para a própria sobrevivência humana no presente e a conservação daqueles para a garantia das futuras gerações é o dilema que se apresenta.

Inegável é o reconhecimento da interdisciplinaridade do direito ambiental, pois não se pode pensar na proteção jurídica do meio ambiente sem se considerar as informações e os dados fornecidos ao aplicador do direito por outras áreas do conhecimento humano. Por isso se faz necessário entendermos o conceito de *meio ambiente* e conceder a ele o *status* de bem da vida.

1.4 Meio Ambiente

Apressadamente podemos buscar o conceito de meio ambiente na Lei nº 6.938/81, como se vê a seguir:

"Art. 3º – Para os fins previstos nesta Lei, entende-se por: I – **meio ambiente**, o conjunto de condições, leis, influências e interações de ordem física, química e biológica, que permite, abriga e rege a vida em todas as suas formas;" (grifei)

Ainda que tenhamos um conceito normativo para meio ambiente, não afasta o interesse da doutrina em analisar com maior profundidade o tema. Em que pese tenhamos uma redundância na expressão "meio ambiente". Como explicita Silva (2013)[49] "*o ambiente integra-se, realmente, de um conjunto de elementos naturais e culturais, cuja interação constitui e condiciona o meio em que se vive. Daí porque a expressão 'meio ambiente' se manifesta mais rica de sentido (como conexão de valores) do que a simples palavra 'ambiente'*".

Na mesma toada, Sirvinskas (2017)[50] salienta: "*para melhor compreender o significado de meio ambiente, é necessário considerar os aspectos políticos, éticos, econômicos, sociais,*

---

[46] MILARÉ, Édis; COSTA JR., Paulo José da; COSTA, Fernando José da. *Direito penal ambiental*. 2. ed. rev., atual. e ampl. São Paulo: Revista dos Tribunais, 2013. p. 23.

[47] ANTUNES, Paulo de Bessa. *Direito ambiental*. 19. ed. rev. e atual. São Paulo: Atlas, 2017. p. 3.

[48] REALE, Miguel. *Filosofia do direito*. 15. ed. São Paulo: Saraiva, 1993. p. 701-702.

[49] SILVA, José Afonso da. *Direito ambiental constitucional*. 10. ed. atual. São Paulo: Malheiros, 2013. p. 20.

[50] SIRVINSKAS, Luís Paulo. *Manual de direito ambiental*. 15. ed. São Paulo: Saraiva, 2017. p. 128.

ecológicos, culturais etc. (...) Há a necessidade de uma visão global da questão ambiental e das suas alternativas e soluções".

O conceito, portanto, torna-se mais claro à medida que lançamos nossos olhos para uma linha além do horizonte, observando o que há e o que virá em relação ao uso e proteção dos recursos naturais. Concordamos, portanto, que o meio ambiente é o conjunto de relações entre o mundo natural e o homem, que influem sobremodo em sua vida e comportamento (MILARÉ; COSTA JR.; COSTA, 2013).[51]

Percebe-se o quão complexo é determinar uma exata definição para meio ambiente. Assim, a doutrina ainda define três aspectos do meio ambiente: meio ambiente artificial, meio ambiente cultural e meio ambiente natural. Para Silva (2013)[52] meio ambiente artificial é constituído pelo espaço urbano construído, consubstanciado no conjunto de edificações (espaço urbano fechado) e dos equipamentos públicos (ruas, praças, áreas verdes, espaços livres em geral: espaço urbano aberto); o meio ambiente cultural é integrado pelo patrimônio histórico, artístico, arqueológico, paisagístico, turístico, que, embora artificial, em regra, como obra do Homem, difere do anterior (que também é cultural) pelo sentido de valor especial que adquiriu ou de que se impregnou; e meio ambiente natural, ou físico, é constituído pelo solo, a água, o ar atmosférico, a flora; enfim, pela interação dos seres vivos e seu meio, onde se dá a correlação recíproca entre as espécies e as relações destas com o ambiente físico que ocupam.

Complementando a ideia, para Celso Antonio Pacheco Fiorillo (2017)[53] o meio ambiente natural concentra o fenômeno da homeostase, consistente no equilíbrio dinâmico entre os seres vivos e o meio em que vivem. Sinaliza, ainda, que o meio ambiente artificial está diretamente relacionado ao conceito de cidade. E conclui afirmando que o bem que compõe o chamado patrimônio cultural traduz a história de um povo, a sua formação, cultura e, portanto, os próprios elementos identificadores de sua cidadania, que constitui princípio fundamental norteador da Carta Magna.

Com a mesma preocupação, não podemos olvidar do meio ambiente do trabalho, como local em que se desenrola boa parte da vida do trabalhador, cuja qualidade de vida está intimamente dependente da qualidade daquele ambiente. Nesse sentido, Silva (2013)[54] ressalta que a questão é mais complexa do ponto de vista da proteção ambiental, porque o ambiente do trabalho é um complexo de bens imóveis e móveis de uma empresa e de uma sociedade, objeto de direitos subjetivos privados e de direitos invioláveis da saúde e da integridade física dos trabalhadores que o frequentam. Pois, o meio ambiente do trabalho, conforme Fiorillo (2017)[55] é o local onde as pessoas desempenham suas atividades laborais relacionados à sua saúde, sejam remuneradas ou não, cujo equilíbrio está baseado na salubridade do meio e na ausência de agentes que comprometam a incolumidade físico-psíquica dos trabalhadores, independente da condição que ostentem (homens ou mulheres, maiores ou menores de idade, celetistas, servidores públicos, autônomos etc.).

---

[51] MILARÉ, Édis; COSTA JR., Paulo José da; COSTA, Fernando José da. *Direito penal ambiental*. 2. ed. rev., atual. e ampl. São Paulo: Revista dos Tribunais, 2013. p. 26.

[52] SILVA, José Afonso da. *Direito ambiental constitucional*. 10. ed. atual. São Paulo: Malheiros, 2013. p. 21.

[53] FIORILLO, Celso Antonio Pacheco. *Curso de direito ambiental brasileiro*. 17. ed. São Paulo: Saraiva, 2017. p. 57 a 59.

[54] SILVA, José Afonso da. *Direito ambiental constitucional*. 10. ed. atual. São Paulo: Malheiros, 2013. p. 24.

[55] FIORILLO, Celso Antonio Pacheco. *Curso de direito ambiental brasileiro*. 17. ed. São Paulo: Saraiva, 2017. p. 61.

CAPÍTULO II

1 Da caracterização do dano e da responsabilidade

1.1 Dano ambiental

O meio ambiente como bem da vida tutelado necessita de normas cogentes rígidas que assegurem a efetividade desse direito. Dessa forma os flagrantes de desconformidade da norma podem ensejar ao responsável pela infração a aplicação de sanções previstas, sejam penais e/ou administrativas, além da obrigação de reparar o dano.

Muitas infrações podem resultar danos ao meio ambiente. E atentos a isso, buscamos compreender a caracterização do dano ambiental. A discussão sobre a caracterização do dano ambiental é muito salutar, pois se relacionada com a própria caracterização da infração ambiental e a sua reparação.

Desde a existência do homem, o meio ambiente vem sofrendo alterações em face da sua existência e, em grande parte, da necessidade de se alterar o meio para a sua sobrevivência. Como vimos anteriormente no conceito de meio ambiente, devemos observar as inúmeras e intrincadas correlações existentes entre o homem, o lugar e os demais seres envolvidos a fim de determinar um ponto de equilíbrio para todos. Por isso que as normas regulatórias preveem níveis toleráveis de dano ou até degradação dos recursos naturais em face da necessidade do desenvolvimento sustentável.

Todavia, ocorrendo situações que não encontrem amparo na norma ambiental, o autor estará sujeito a uma reprimenda e, como consequência, à regularidade da atividade (submetido a exigência de cessar ou corrigir a irregularidade), que pode, em alguns casos, não gerar dano.

Depreende-se, então, do §3º, do art. 225, da CRFB/88 o mandamento central: "As condutas e atividades consideradas lesivas ao meio ambiente sujeitarão os infratores, pessoas físicas ou jurídicas, a sanções penais e administrativas, independentemente da obrigação de reparar os danos causados".

O critério adotado pelo legislador constituinte foi definir uma base. E a linha inicial escolhida foi a previsão da existência prévia de condutas e atividades consideradas lesivas ao meio ambiente. Interessante abordagem, pois o dano ao meio ambiente terá reflexos diferentes nas esferas penal, administrativa e civil. Pois, enquanto na esfera penal e administrativa o responsável sofrerá sanções pelo dano causado, na esfera civil ele terá a obrigação de reparar o dano.

Para Antunes (2017),[56] dano ambiental é a ação ou omissão que prejudique as diversas condições, leis, influências e alterações de ordem física, química e biológica que permita, abrigue e reja a vida, em quaisquer de suas formas.

No tocante ao dano ambiental, não há o que falar em dano presumido, muito pelo contrário, há necessidade de comprovação do dano, conforme manifesta decisão dos tribunais como se observa na Apelação Cível nº 88.556.787, do extinto Tribunal Federal de Recursos: *"A simples alegação de Dano ao meio ambiente não autoriza a concessão de liminar suspensiva de obras e serviços públicos prioritários e regularmente aprovados pelos órgãos técnicos competentes"*.

Mesmo sentido foi adotado pelo Superior Tribunal de Justiça em decisão subscrita pela Ministra Eliane Calmon, onde afirma que o mero descumprimento de norma não configura dano ambiental:

> 1. Não ocorre ofensa ao art. 535, II, do CPC, se o Tribunal de origem decide, fundamentadamente, as questões essenciais ao julgamento da lide. 2. A responsabilidade civil objetiva por dano ambiental não exclui a comprovação da efetiva ocorrência de dano e do nexo de causalidade com a conduta do agente, pois estes são elementos essenciais ao reconhecimento do direito de reparação. 3. Em regra, o descumprimento de norma administrativa não configura dano ambiental presumido. 4. Ressalva-se a possibilidade de se manejar ação própria para condenar o particular nas sanções por desatendimento de exigências administrativas, ou eventual cometimento de infração penal ambiental. 5. Recurso especial não provido. [REsp. nº 1.140.549– MG (2009/0175248-6), 2ª Turma, Rel. Min. Eliana Calmon]

Em interpretação divergente, Milaré (2015)[57] reforça a dificuldade em se definir dano ambiental.

1.2 Dano ambiental nas infrações penais

Na esfera penal, há de se considerar a classificação das infrações penais, pois os crimes ambientais também fazem parte desta análise doutrinária. Então, precisamos analisar os tipos penais e verificar se a infração penal se refere a um crime material, formal ou de mera conduta. Antecipo que não tenho aqui a pretensão de discorrer sobre todos os tipos penais ambientais e classificá-los sob a ótica da doutrina, para não ser prolixo. Importa neste momento é correlacionar a classificação do delito com a necessidade de se produzir a prova adequada para a caracterização da conduta descrita como crime ambiental.

Neste contexto, consideram-se **crimes materiais** (ou de resultado) aqueles em que o tipo pena descreve um comportamento cuja consumação (entendida como completa realização dos elementos do tipo) somente ocorre com a produção do resultado nele previsto.[58] Exemplo a ser considerado é o crime previsto no artigo 38, da Lei nº 9.605/98: *"Destruir ou danificar floresta considerada de preservação permanente, mesmo que em formação,*

---

[56] ANTUNES, Paulo de Bessa. *Direito ambiental*. 19. ed. rev. e atual. São Paulo: Atlas, 2017. p. 553.

[57] MILARÉ, Édis. *Direito do ambiente*. 10. ed. rev., atual. e ampl. São Paulo: Editora Revista dos Tribunais, 2015. p. 319.

[58] QUEIROZ, Paulo. *Curso de direito penal*: Parte geral. 10. ed. rev. amp. e atual. Salvador: Juspodivm, 2014. p. 210.

ou utilizá-la com infringência das normas de proteção". Neste caso, temos dois verbos que são elementos do tipo, sendo requisito a comprovação da "destruição" ou do "dano" contra a floresta considerada de preservação permanente praticado pelo agente, para que a conduta se amolde ao tipo penal descrito.

Para os **crimes formais** (ou de consumação antecipada) são aqueles cuja consumação ocorre com a realização da ação descrita no tipo, pouco importando o resultado, e assim se constitui, em consequência, no mero exaurimento de um crime já perfeitamente consumado.[59] Podemos citar como exemplo, neste caso, algumas condutas tipificadas no artigo 29, da Lei nº 9.605/98: *"Matar, perseguir, caçar, apanhar, utilizar espécimes da fauna silvestre, nativos ou em rota migratória, sem a devida permissão, licença ou autorização da autoridade competente, ou em desacordo com a obtida"*. Será crime **material** nas modalidades *matar, caçar* e *apanhar*, contudo, **formal** nas modalidades *perseguir* e *utilizar*.[60]

Ao tratarmos os **crimes de mera conduta** (crimes sem resultado), o tipo refere apenas uma ação (positiva ou negativa), sem aludir a qualquer resultado, de modo que a consumação se dá com a prática da ação ou omissão nele previstos.[61] As condutas previstas no parágrafo único do artigo 46 da Lei nº 9.605/98 tipifica: *"Incorre nas mesmas penas quem vende, expõe à venda, tem em depósito, transporta ou guarda madeira, lenha, carvão e outros produtos de origem vegetal, sem licença válida para todo o tempo da viagem ou do armazenamento, outorgada pela autoridade competente"*. O crime será de **mera conduta** a ação de *expor à venda, ter em depósito, transportar* ou *guardar*.[62]

Quanto ao **resultado**, podem ainda os crimes ser divididos em duas espécies: *os crimes de dano* e *os crimes de perigo*. Será de **dano** quando se consumam com a efetiva lesão do bem jurídico visado, exigindo-se, portanto, a comprovação da lesão. Enquanto que, nos crimes de **perigo**, o delito se consuma com o simples perigo criado para o bem jurídico.[63]

Nota-se, portanto, que as infrações penais ambientais previstas na Lei nº 9.605/98 e em outras leis esparsas tipificam as condutas e que caberá à autoridade policial analisar o caso em concreto e verificar a necessidade do tipo de prova a ser produzida para fins de comprovação do delito, e dessa forma apontar o dano ambiental gerado pela infração.

Por esse aspecto, evidencia-se que no âmbito penal a caracterização do dano ambiental se fará necessário a depender do caso em concreto, analisando-se a conduta praticada e do tipo penal previsto. Como visto, nem todos os tipos penais exigem o resultado ou dano. Porém, quando o exigirem, deverá ser produzida a prova adequada com a caracterização do dano ambiental causado ao bem jurídico ofendido. Lembrar que nos termos da Lei nº 9.605/98, na fase de aplicação da pena, o juiz analisará o laudo de reparação do dano ambiental (art. 17),[64] com a descrição do dano ambiental,

---

[59] Idem, p. 210.

[60] MARCÃO, Renato. *Crimes ambientais* (Anotações e interpretação jurisprudencial da parte criminal da Lei n. 9.605, de 12-2-1998). 3. ed. rev. e atual. de acordo com a Lei n. 13.052/2014. São Paulo: Saraiva, 2015. p. 18.

[61] QUEIROZ, Paulo. *Curso de direito penal*: Parte geral. 10. ed. rev. amp. e atual. Salvador: Juspodivm, 2014. p. 210.

[62] MARCÃO, Renato. *Crimes ambientais* (Anotações e interpretação jurisprudencial da parte criminal da Lei n. 9.605, de 12-2-1998). 3. ed. rev. e atual. de acordo com a Lei n. 13.052/2014. São Paulo: Saraiva, 2015. p. 302.

[63] QUEIROZ, Paulo. *Curso de direito penal*: Parte geral. 10. ed. rev. amp. e atual. Salvador: Juspodivm, 2014. p. 216.

[64] Art. 17. A verificação da reparação a que se refere o §2º do art. 78 do Código Penal será feita mediante laudo de reparação do dano ambiental, e as condições a serem impostas pelo juiz deverão relacionar-se com a proteção ao meio ambiente.

e sempre que possível a perícia de constatação do dano ambiental deverá valorar o dano causado (art. 19).[65]

1.3 Dano ambiental na esfera cível

Ao abordarmos o dano ambiental na esfera cível, encontramos aqui, também, certa dificuldade em estabelecer parâmetros para a definição de dano ambiental. Pois, como vimos, não basta violar a norma, há necessidade desta violação causar prejuízo ao meio ambiente e estar devidamente caracterizado e quantificado para que se aponte com clareza o nível do dano causado.

Todavia, alguns doutrinadores adotaram a premissa de que haverá dano pela simples violação da norma, como podemos observar nas palavras de Sirvinskas (2017),[66] quando este afirma que *"entende-se por dano toda lesão a um bem jurídico tutelado. Dano ambiental, por sua vez, é toda agressão contra o meio ambiente causada por atividade econômica potencialmente poluidora, por ato comissivo praticado por qualquer pessoa ou por omissão voluntária de corrente de negligência"*.

Na mesma concepção, Silva (2013)[67] define que o dano ecológico é qualquer lesão ao meio ambiente causada por condutas ou atividades de pessoa física ou jurídica de direito público ou de direito privado. Ou seja, basta violar a norma para causar dano ambiental.

Para melhorar nossa compreensão, a Lei nº 6.938/81 define **degradação da qualidade ambiental** como sendo *"a alteração adversa das características do meio ambiente"*, (art. 3º, inciso II).

A lei da Política Nacional do Meio Ambiente conceituou **poluição** como *"a degradação da qualidade ambiental resultante de atividades que direta ou indiretamente: a) prejudiquem a saúde, a segurança e o bem-estar da população; b) criem condições adversas às atividades sociais e econômicas; c) afetem desfavoravelmente a biota; d) afetem as condições estéticas ou sanitárias do meio ambiente; e) lancem matérias ou energia em desacordo com os padrões ambientais estabelecidos"*, (art. 3º, inciso III).

Conceituou ainda **poluidor** como sendo *"a pessoa física ou jurídica, de direito público ou privado, responsável, direta ou indiretamente, por atividade causadora de degradação ambiental"*, (art. 3º, inciso IV). E **recursos ambientais**, *"a atmosfera, as águas interiores, superficiais e subterrâneas, os estuários, o mar territorial, o solo, o subsolo, os elementos da biosfera, a fauna e a flora"*, (art. 3º, inciso V).

O legislador não ousou conceituar o *dano ambiental*. Ao contrário, buscou definir o conceito de *degradação ambiental* e de *poluição*, e com isso entendeu satisfazer a materialidade de algumas infrações ambientais para a consequente responsabilidade.

Para Antunes (2017)[68] o *dano ambiental "é a ação ou omissão que prejudique as diversas condições, leis, influências e interações de ordem física, química e biológica que permita, abrigue e*

---

[65] Art. 19. A perícia de constatação do dano ambiental, sempre que possível, fixará o montante do prejuízo causado para efeitos de prestação de fiança e cálculo de multa.

[66] SIRVINSKAS, Luís Paulo. *Manual de direito ambiental.* 15. ed. São Paulo: Saraiva, 2017. p. 267.

[67] SILVA, José Afonso da. *Direito ambiental constitucional.* 10. ed. atual. São Paulo: Malheiros, 2013. p. 323.

[68] ANTUNES, Paulo de Bessa. *Direito ambiental.* 19. ed. rev. e atual. São Paulo: Atlas, 2017. p. 553.

reja a vida, em quaisquer de suas formas". E Antunes (2015)[69] complementa, dano ambiental é *"a poluição, que ultrapassando os limites do desprezível, causa alterações adversas no ambiente, juridicamente classificada como degradação ambiental. Porém, o fato de que ela seja capaz de provocar um desvalor ambiental merece reflexão. O dano ambiental, isto é, a consequência gravosa ao meio ambiente de um ato lícito ou ilícito, não é juridicamente simples, pois em várias situações alterações ambientais adversas são legalmente admitidas, mediante determinados critérios"*.

Para Milaré (2015)[70] há de fato a ausência conceitual na norma, gerando certa dúvida em relação a essa questão. Todavia, ele discorre que *"apesar do vínculo indissociável entre degradação da qualidade ambiental e poluição, estabeleceu o legislador sutil diferença entre ambas as noções, ao dizer que a primeira é qualquer alteração adversa das características do meio ambiente, enquanto a segunda encerra conceito mais restrito, por cingir-se apenas à degradação tipificada pelo resultado danoso, provocada por uma atividade, isto é, por um comportamento humano direcionado a determinado fim"*.

Dessa forma dano ambiental, para Antunes (2015),[71] é assim como a poluição, uma categoria geral dentro da qual se inserem diversas outras. Uma primeira classe de danos ambientais é constituída pelo: (i) dano ecológico, que é a alteração adversa da biota, como resultado da intervenção humana. Existem, ainda, outros tais como os danos: (ii) à saúde, (iii) às atividades produtivas, (iv) à segurança, (v) ao bem-estar e tantos outros que atinjam bens que, integrando o conceito de meio ambiente, não se reduzem à flora, fauna e minerais.

Podemos concluir com as palavras de Milaré (2015)[72] que *"é dano ambiental toda interferência antrópica infligida ao patrimônio ambiental (natural, cultural, artificial), capaz de desencadear, imediata ou potencialmente, perturbações desfavoráveis (in pejus) ao equilíbrio ecológico, à sadia qualidade de vida, ou a quaisquer outros valores coletivos ou de pessoas"*.

Em que pese possamos compreender o conceito de dano ambiental e sua complexa análise, não dispensa de forma alguma de sua caracterização no caso em concreto e sua valoração, pois em razão disso é que se demandará a responsabilidade dos responsáveis. No direito não basta alegar, precisamos provar o real dano ao meio ambiente.

1.4 Dano ambiental na esfera administrativa

O dano ambiental na esfera administrativa nos parece adequar-se às regras exigidas para a sua caracterização na esfera penal. Ou seja, a infração administrativa prevista em lei ou em decreto regulamentador (a exemplo do Decreto Federal nº 6.514/08) em sua tipificação exigirá a caracterização do dano ambiental ou não.

Como vimos anteriormente, nem todas as infrações têm necessidade de ter resultado, basta, em alguns casos, a ação ou omissão para a violação da norma. Porém, quando a infração tipificada exigir, deverá ser comprovado o dano.

---

[69]   ANTUNES, Paulo de Bessa. *Dano ambiental*: uma abordagem conceitual. 2. ed. São Paulo: Atlas, 2015. p. 126.
[70]   MILARÉ, Édis. *Direito do ambiente*. 10. ed. rev., atual. e ampl. São Paulo: Editora Revista dos Tribunais, 2015. p. 318.
[71]   ANTUNES, Paulo de Bessa. *Dano ambiental*: uma abordagem conceitual. 2. ed. São Paulo: Atlas, 2015. p. 126.
[72]   MILARÉ, Édis. *Direito do ambiente*. 10. ed. rev., atual. e ampl. São Paulo: Editora Revista dos Tribunais, 2015. p. 319.

Como exemplo dessa exigência, encontramos artigo 49, do Decreto nº 6.514/08: "*Art. 49. Destruir ou danificar florestas ou qualquer tipo de vegetação nativa, objeto de especial preservação, não passíveis de autorização para exploração ou supressão*".

Destaca-se que os dois verbos (*destruir* ou *danificar*) são elementos do tipo, sendo requisito a comprovação da "destruição" ou do "dano" contra a floresta praticado pelo agente, para que a conduta se amolde ao tipo da infração administrativa prevista.

Noutro norte, outras infrações administrativas, de igual forma, se consumam com a realização da ação descrita no tipo, pouco importando o resultado, e assim se constitui, em consequência, no mero exaurimento da infração prevista. Podemos citar como exemplo, neste caso, algumas condutas tipificadas no artigo 24, do Decreto nº 6.514/08:

> *Matar, perseguir, caçar, apanhar, coletar, utilizar espécimes da fauna silvestre, nativos ou em rota migratória, sem a devida permissão, licença ou autorização da autoridade competente, ou em desacordo com a obtida.* A infração administrativa se consuma com a simples ação do agente, em *perseguir* e *utilizar* espécimes da fauna silvestre (...).

Do mesmo modo, temos infrações administrativas que descrevem apenas ação (positiva ou negativa), sem exigir qualquer resultado danoso. Assim, a consumação da infração se dá com a prática da ação ou omissão da conduta prevista no tipo da infração administrativa. Como exemplo, as condutas previstas no §1º, do artigo 47, do Decreto nº 6.514/08, a saber:

> *Incorre nas mesmas multas quem vende, expõe à venda, tem em depósito, transporta ou guarda madeira, lenha, carvão ou outros produtos de origem vegetal, sem licença válida para todo o tempo da viagem ou do armazenamento, outorgada pela autoridade competente ou em desacordo com a obtida.*

Configura-se infração administrativa a simples ação do agente em *expor à venda, ter em depósito, transportar* ou *guardar* produtos de origem vegetal (...).

Pode-se concluir, com muita tranquilidade, que para a caracterização de determinadas infrações administrativas deverão acompanhá-las o respectivo auto de avaliação, constatação ou pericial, contendo a descrição do dano e, se possível, a sua valoração para fins de responsabilidade e posterior reparação.

2 Da responsabilidade ambiental

Ao abordarmos esse assunto inevitavelmente devemos separá-lo em três situações: a responsabilidade penal, a responsabilidade administrativa e a responsabilidade civil ambiental.

Não esqueçamos que a Constituição Federal de 1988 definiu a tríplice responsabilização a ser aplicada aos causadores de danos ambientais, conforme se depreende do §3º, do art. 225, a seguir:

> §3º As condutas e atividades consideradas lesivas ao meio ambiente sujeitarão os infratores, pessoas físicas ou jurídicas, a sanções penais e administrativas, independentemente da obrigação de reparar os danos causados.

A responsabilidade estabelecida pela Carta Magna abrange as pessoas físicas e/ou jurídicas, além de subdividir-se em penal, administrativa e civil. Após essa análise, algumas indagações surgem a fim de compreendermos o complexo sistema de responsabilidades nessas três esferas, conforme se observará na sequência.

A Constituição Federal não definiu o regime de responsabilidade a ser aplicado, se objetivo ou subjetivo. Todavia, lembra Antunes (2017),[73] a Lei da Política Nacional do Meio Ambiente definiu como sendo o regime de responsabilidade objetiva e, portanto, independente de culpa, como se depreende do §1º, do art. 14, da Lei nº 6.938/81, a seguir descrito:

> Sem obstar a aplicação das penalidades previstas neste artigo, é o poluidor obrigado, independentemente da existência de culpa, a indenizar ou reparar os danos causados ao meio ambiente e a terceiros, afetados por sua atividade. O Ministério Público da União e dos Estados terá legitimidade para propor ação de responsabilidade civil e criminal, por danos causados ao meio ambiente.

Podemos destacar a Declaração do Rio, que em seu Princípio 13 determina que, no âmbito internacional, os Estados devem estabelecer critérios de responsabilidade aos infratores ambientais, como se vê:

> Os Estados irão desenvolver legislação nacional relativa à responsabilidade e à indenização das vítimas de poluição e de outros danos ambientais. Os Estados irão também cooperar, de maneira expedita e mais determinada, no desenvolvimento do direito internacional no que se refere à responsabilidade e à indenização por efeitos adversos dos danos ambientais causados, em áreas fora de sua jurisdição, por atividades dentro de sua jurisdição ou sob seu controle.

Sem receio, podemos afirmar que o direito brasileiro assegurou meios de responsabilizar os infratores ambientais, utilizando-se da tríplice responsabilização, não imune a severas críticas por parte de alguns doutrinadores.

2.1 Da responsabilidade penal ambiental

Importante indagação a ser feita sobre a responsabilidade penal ambiental da pessoa física ou jurídica. Todavia, a tutela penal é sempre o recurso extremo de que se vale o Estado para coibir as ações ilícitas. Muito apropriada a lição de Magalhães Noronha (FREITAS; FREITAS, 2014)[74] quando diz: "incumbe ao Direito Penal, em regra, tutelar os valores mais elevados ou preciosos, ou, se quiser, ele atua somente onde há transgressão de valores mais importantes ou fundamentais para a sociedade".

No mesmo sentido caminha Romeu Silva e Leonardo Garcia (2015)[75] no tocante à aplicação do princípio da intervenção mínima do direito penal, pois o direito penal

---

[73] ANTUNES, Paulo de Bessa. *Direito ambiental*. 19. ed. rev. e atual. São Paulo: Atlas, 2017. p. 498.

[74] FREITAS, Vladimir Passos de; FREITAS, Mariana Almeida Passos de. *Direito administrativo e meio ambiente*. 5. ed. rev. e ampl. Curitiba: Juruá Editora, 2014. p. 28 e 29.

[75] SILVA, Romeu Faria Thomé da; GARCIA, Leonardo de Medeiros. *Direito ambiental*: princípios e competências constitucionais. 8. ed. rev., amp. e atual. Salvador: Juspodivm, 2015. p. 384.

deve incidir somente quando as demais instâncias (civil e administrativa) se mostrem insuficientes para coibir a conduta infracional.

Seguindo esse propósito, Fiorillo (2017)[76] argumenta que tendo em vista a falta de instrumentos compatíveis com a finalidade da sanção penal, tem o Estado procurado intervir apenas em situações que envolvam, em regra, ofensas de maior vulto à segurança de toda coletividade. E ressalta, trata-se do princípio da intervenção mínima do Estado. Apresentando-se a sanção civil eficaz para a proteção da ordem legal, desnecessário que ele intervenha, de modo a estabelecer através do legislador a aplicação da sanção penal.

Aproveitamos para trazer o entendimento do Superior Tribunal de Justiça sobre a intervenção mínima do direito penal ambiental:

> 1. O princípio da insignificância surge como instrumento de interpretação restritiva do tipo penal que, de acordo com a dogmática moderna, não deve ser considerado apenas em seu aspecto formal, de subsunção do fato à norma, mas, primordialmente, em seu conteúdo material, de cunho valorativo, no sentido da sua efetiva lesividade ao bem jurídico tutelado pela norma penal, consagrando os postulados da fragmentariedade e da intervenção mínima. (STJ, HC 86913 / PR, Rel. Min. Arnaldo Esteves Lima, DJ 04/08/2008)

Ainda no âmbito do Superior Tribunal de Justiça, a aplicação do princípio da insignificância nas infrações penais ambientais é de se levar em consideração, como podemos acompanhar a seguir:

> 3. A Lei 9.605/98 objetiva concretizar o direito dos cidadãos ao meio ambiente ecologicamente equilibrado e preservado para as futuras gerações, referido no art. 225, caput da Constituição Federal, que, em seu §1o., inciso VII, dispõe ser dever do Poder Público, para assegurar a efetividade desse direito, proteger a fauna e a flora, vedadas, na forma da Lei, as práticas que coloquem em risco sua função ecológica, provoquem a extinção de espécies ou submetam os animais a crueldade. 4. Dessa forma, para incidir a norma penal incriminadora, é indispensável que a guarda, a manutenção em cativeiro ou em depósito de animais silvestres, possa, efetivamente, causar risco às espécies ou ao ecossistema, o que não se verifica no caso concreto, razão pela qual é plenamente aplicável, à hipótese, o princípio da insignificância penal. (STJ, HC 72234 / PE, Min. Napoleão Nunes Maia Filho, DJ 05/11/2007)

E o Superior Tribunal de Justiça continua:

> Consta da denúncia que o paciente foi flagrado ao pescar em represa mediante a utilização de uma rede de *nylon*, apetrecho de uso proibido. Vem daí a imputação do crime previsto no art. 34, parágrafo único, II, da Lei n. 9.605/1998. Anote-se que foram encontrados com ele apenas dois quilos de peixes de variadas espécies. Quanto a isso, vê-se da norma incriminadora que se trata de crime formal (crime de perigo abstrato), delito que prescinde de resultado danoso específico (no caso, ao meio ambiente). Porém, apesar de não se desconhecer que o enquadramento da lei de crimes ambientais no ordenamento jurídico brasileiro ainda é tema tormentoso a causar inúmeras discussões jurídicas, sobretudo quanto à configuração dos delitos penais nela insculpidos, chegando alguns a entender até que os princípios nela

---

[76] FIORILLO, Celso Antonio Pacheco. *Curso de direito ambiental brasileiro.* 17. ed. São Paulo: Saraiva, 2017. p. 112.

edificados, tais como os da prevenção e da precaução, sobrepõem-se aos próprios princípios penais de garantia ao cidadão, destaca-se que a hipótese em apreço resolve-se mesmo pela pouca invasão naquilo que a sociedade, mediante o ordenamento jurídico, espera quanto à proteção de sua existência, visto que há um mínimo de probabilidade de a conduta do paciente atingir o bem jurídico tutelado na espécie, a fauna aquática. Daí não se hesitar em consignar a presença da insignificância a ponto de, ao reconhecer a atipicidade material da conduta, conceder a ordem para trancar a ação penal por falta de justa causa. HC 93.859-SP, Rel. Min. Maria Thereza de Assis Moura, julgado em 13/8/2009. (Informativo 402– Período: 10 a 14 de agosto de 2009)

Posicionamento acompanhado pelo Supremo Tribunal Federal:

Crime ambiental. Pescador flagrado com doze camarões e rede de pesca, em desacordo com a Portaria 84/02, do IBAMA. Art. 34, parágrafo único, II, da Lei nº 9.605/98. *Res furtivae* de valor insignificante. Periculosidade não considerável do agente. Crime de bagatela. Caracterização. Aplicação do princípio da insignificância. Atipicidade reconhecida. Absolvição decretada. HC concedido para esse fim. Voto vencido. Verificada a objetiva insignificância jurídica do ato tido por delituoso, à luz das suas circunstâncias, deve o réu, em recurso ou habeas corpus, ser absolvido por atipicidade do comportamento. (STF, HC N. 112.563-SC. Red. p/o Acórdão: Min. Cezar Peluso. [Informativo 692 STF. Dezembro 2012])

Portanto, admite-se a aplicação do princípio da insignificância em sede de matéria ambiental. Reforça esse entendimento Guilherme de Souza Nucci (2016)[77] quando afirma que não há dúvida de que a proteção ao meio ambiente é de interesse geral da coletividade, porém, tal perspectiva não elide a possibilidade de se encontrar uma infração penal de ínfimo potencial ofensivo, cujo alcance é estreito e limitado.

Com muita propriedade Luiz Regis Prado (2016)[78] nos esclarece que a jurisprudência tem buscado a delimitação do princípio da insignificância, exigindo para aplicá-lo a conjugação dos seguintes aspectos: (i) mínima ofensividade da conduta do agente; (ii) nenhuma periculosidade social da ação; (iii) reduzidíssimo grau de reprovabilidade do comportamento; e (iv) inexpressividade da lesão jurídica provocada.

Nessa mesma linha, o Ministério Público de São Paulo editou a Súmula 29 do Conselho Superior do Ministério Público de São Paulo:

"O Conselho Superior homologará arquivamento de inquéritos civis ou assemelhados que tenham por objeto a supressão de vegetação em área rural praticada de forma não continuada, em extensão não superior a 0,10 ha., desde que não haja impacto significativo ao meio ambiente." Fundamento: O Ministério Público, de uns tempos a esta parte, vem sendo o destinatário de inúmeros autos de infração lavrados pelos órgãos ambientais, compostos, em grande parte, por danos ambientais de pequena monta. Isto vem gerando grande sobrecarga de trabalho, inviabilizando que os Promotores de Justiça se dediquem a perseguir maiores infratores. Mostra-se inevitável a racionalização do serviço. A proposta

---

[77] NUCCI, Guilherme de Souza. *Leis penais e processuais penais comentadas*. 9. ed. rev., atual. e ampl. Rio de Janeiro: Forense, 2016. p. 554. v. 2.

[78] PRADO, Luiz Regis. *Direito penal do ambiente*. 6. ed. rev., atual. e ampl. São Paulo: Editora Revista dos Tribunais, 2016. p. 135.

ora apresentada tem esta finalidade. O desejável seria que nossa estrutura permitisse a apuração de todo e qualquer dano ambiental. Todavia, a realidade demonstra não ser isto possível no momento. Havendo que se traçar os caminhos prioritários na área, entende-se que a proposta constituirá em instrumento para que se inicie a racionalização, buscando que a atividade ministerial tenha maior eficácia. Ressalte-se que o Poder Público também tem legitimidade para tomar compromisso de ajustamento de conduta e ajuizar ação civil pública, além de contar com poder de polícia que, por vezes, é suficiente para evitar o dano. Assim, as hipóteses contempladas nas súmulas podem, sem prejuízo do interesse difuso, comportar a solução ora preconizada. Consigno que a vocação dos Colegas na matéria será suficiente para analisar se o objeto da infração, embora pequeno, tenha impacto significativo no meio ambiente ou constitua continuidade de outra, pequena ou não, cuja soma exceda a área constante da súmula. A súmula se dirige apenas aos infratores eventuais que tenham praticado mínima interferência no meio ambiente.

Logicamente essa avaliação caberá ao representante do Ministério Público a fazê-lo e ainda, se entender cabível, ao Magistrado. Em primeira mão, esse juízo de valor não caberá a autoridade policial ou a seus agentes.

A razão para essa aplicação se justifica, tendo em vista que a reparação do dano será exigida na esfera administrativa ou cível, também. E, em muitos casos, se sobrepõem decisões conflitantes a respeito da técnica a ser empregada na recuperação do dano. Dessa forma, percebe-se que ao declinar de acionar o aparato estatal na esfera penal, para questões de ínfima insignificância, abre-se um elevado grau de maturidade por parte dos órgãos de proteção ambiental, do Mistério Público e do Poder Judiciário, cuja tendência é formar jurisprudência sólida nesse sentido.

Noutro vértice, se faz necessário relembrar que a responsabilidade penal do indivíduo está diretamente ligada ao princípio da culpabilidade. Em que pese não seja objeto desta obra aprofundar-se sobre a responsabilidade penal ambiental, é de suma importância trazer à baila as questões da culpabilidade sob o ponto de vista do estudo analítico do crime.

Devemos ter cuidado, pois a palavra *culpabilidade* é utilizada em múltiplos sentidos e contextos, ressalta Queiroz (2014),[79] a exemplo de: princípio da culpabilidade; princípio da não culpabilidade; crime culposo; culpabilidade como circunstância judicial; culpabilidade como elemento do conceito analítico de crime.

A *priori* voltaremos nossa atenção ao *princípio da culpabilidade*, pois o conceito é empregado como sinônimo de princípio da responsabilidade penal pessoal/subjetiva, significando que nenhuma pena passará da pessoa do agente do crime, motivo pelo qual só deve responder pela infração penal o seu respectivo autor, coautor ou partícipe. Conceitua-se a culpabilidade, no ensinamento de Rogério Sanches Cunha (2019),[80] como *o juízo de reprovação que recai na conduta típica e ilícita que o agente se propõe a realizar. Trata-se de um juízo relativo à necessidade de aplicação da sanção penal.*

De acordo com a doutrina a culpabilidade pressupõe: (i) imputabilidade; (ii) conhecimento (potencial) da ilicitude do fato; e (iii) exigibilidade de conduta diversa.

---

[79] QUEIROZ, Paulo. *Curso de direito penal*: parte geral. 10. ed. rev. amp. e atual. Salvador: Juspodivm, 2014. p. 361.
[80] CUNHA, Rogério Sanches. *Manual de direito penal*: parte geral (arts. 1º ao 120). 7. ed. rev., ampl. e atual. Salvador: Juspodivm, 2019. p. 329.

Nesse sentido, destacam Julio Fabbrini Mirabete e Renato Fabbrini (2011),[81] que é preciso estabelecer se o sujeito tem certo grau de capacidade psíquica que lhe permita ter consciência e vontade dentro do que se denomina autodeterminação (imputabilidade). Cunha (2019)[82] complementa: *Imputabilidade é capacidade de imputação, ou seja, possibilidade de se atribuir a alguém a responsabilidade pela prática de uma infração penal. A imputabilidade é elemento sem o qual "entende-se que o sujeito carece de liberdade e de faculdade para comportar-se de outro modo, como o que não é capaz de culpabilidade, sendo, portanto, inculpável".*

Todavia, não basta a imputabilidade, é indispensável, para o juízo de reprovação, que o sujeito possa conhecer a antijuridicidade de sua conduta. É imprescindível apurar se o sujeito conhecia a ilicitude do fato ou se podia conhecê-la (chamado conhecimento da ilicitude do fato). A causa excludente da potencial consciência da ilicitude é o erro de proibição, previsto no artigo 21, do Código Penal, como se vê à frente:

Art. 21– O desconhecimento da lei é inescusável. O erro sobre a ilicitude do fato, se inevitável, isenta de pena; se evitável, poderá diminuí-la de um sexto a um terço. Parágrafo único – Considera-se evitável o erro se o agente atua ou se omite sem a consciência da ilicitude do fato, quando lhe era possível, nas circunstâncias, ter ou atingir essa consciência.

Por fim, para que a conduta seja reprovável será necessário que, nas circunstâncias do fato, fosse possível exigir do sujeito um comportamento diverso daquele que tomou ao praticar o fato típico e antijurídico, pois há circunstâncias ou motivos pessoais que tornam inexigível conduta diversas do agente (exigibilidade de conduta diversa). Nesse passo, Fernando de Almeida Pedroso, citado por Cunha (2019),[83] descreve: *O cometimento de fato típico e antijurídico, por agente imputável que procedeu com dolo ou culpa, de nada vale em termos penais se dele não era exigível, nas circunstâncias em que atuou, comportamento diferente. Não se pode formular um juízo de censura ou reprovação, destarte, se do sujeito ativo era inviável requestar outra conduta.*

Dessa forma, nos termos do artigo 22 do Código Penal *se o fato é cometido sob coação irresistível ou em estrita obediência a ordem, não manifestamente ilegal, de superior hierárquico, só é punível o autor da coação ou da ordem.* As figuras da coação irresistível e obediência hierárquica são excludentes desse elemento de culpabilidade.

Após essa abordagem, podemos analisar que a responsabilidade penal dependerá da comprovação de certos elementos que serão essenciais à caracterização da culpabilidade do agente. Assim, no âmbito ambiental, não será diferente e a conduta do agente deverá ser muito bem analisada e descrita, a fim de se comprovar se ele era, ao tempo da ação, imputável, tinha conhecimento da ilicitude do fato e se era possível exigir um comportamento diverso.

O regime da responsabilidade penal ambiental é o subjetivo, não se admitindo a responsabilização do agente se na conduta não se puder comprovar o dolo ou a culpa. E

---

[81] MIRABETE, Julio Fabbrini; FABBRINI, Renato N. *Manual de direito penal, volume 1:* parte geral, arts. 1º a 120 do CP. 27. ed. rev. e atual. até 4 de janeiro de 2011. São Paulo: Atlas, 2011. p. 183.

[82] CUNHA, Rogério Sanches. *Manual de direito penal*: parte geral (arts. 1º ao 120). 7. ed. rev., ampl. e atual. Salvador: Juspodivm, 2019. p. 335.

[83] CUNHA, Rogério Sanches. *Manual de direito penal*: parte geral (arts. 1º ao 120). 7. ed. rev., ampl. e atual. Salvador: Juspodivm, 2019. p. 351.

a responsabilidade criminal emana do cometimento de crime ou contravenção, ficando o agente sujeito às penas previstas para cada delito em específico, conforme destaca José Afonso da Silva (2013).[84]

Em relação ao elemento subjetivo do tipo (dolo ou culpa), é imprescindível discutir essa questão, pois o parágrafo único do artigo 18, do Código Penal, define que *"salvo os casos expressos em lei, ninguém pode ser punido por fato previsto como crime, senão quando o pratica dolosamente"*. Portanto, **dolo**, como nos ensina Damásio de Jesus (2011)[85] *de acordo com a teoria finalista da ação, que passamos a adotar, é elemento subjetivo do tipo. Integra a conduta, pelo que a ação e a omissão não constituem simples formas naturalísticas de comportamento, mas ações ou omissões dolosas.* O Código Penal em seu artigo 18, inciso I, define que o crime será doloso *quando o agente quis o resultado ou assumiu o risco de produzi-lo.* Assim, **dolo**, esclarece Cunha (2019)[86], *pode ser conceituado como a vontade consciente dirigida a realizar (ou aceitar realizar) a conduta prevista no tipo penal incriminador.*

De outro modo, **o crime será culposo** quando o agente que deu causa ao resultado agir por imprudência, negligência ou imperícia, nos termos do artigo 18, inciso II, do Código Penal. Todavia, como observa Queiroz (2014)[87], *do ponto de vista do resultado, tais delitos não diferem, inclusive, dos dolosos, porque, tanto quanto o doloso, o homicídio culposo produz a morte de alguém. A distinção reside, pois, no desvalor da ação, que é maior nos crimes dolosos.*

Agora, como compreender se o agente agiu com culpa? Para entendermos, buscamos nas palavras de Damásio de Jesus (2011)[88] uma explicação fundamental, pois *quando se diz que a culpa é elemento do tipo, faz-se referência à inobservância do dever de diligência. Explicando. A todos, no convívio social, é determinada a obrigação de realizar condutas de forma a não produzir danos a terceiros. É o denominado cuidado objetivo. A inobservância do cuidado necessário objetivo é elemento do tipo.* Então, para apurar se houve (ou não) violação do dever de diligência (cuidado), deve o operador, considerando as circunstâncias do caso concreto, pesquisar se uma pessoa de inteligência média, prudente e responsável, teria condições de conhecer e, portanto, evitar o perigo decorrente da conduta (CUNHA, 2019).[89] Nota-se, portanto, que nessas condições, a violação das regras de cuidado pelo homem médio será por culpa, manifestada pela imprudência, negligência ou imperícia.

Imprudência, negligência e imperícia são modalidades de culpa em sentido estrito. Assim, agindo com **imprudência** o agente atua com precipitação, afoiteza, sem os cuidados que o caso requer. Como explana Cunha (2019)[90], *é a forma positiva da culpa (in agendo) que se manifesta concomitantemente à ação, ou seja, está presente no decorrer da conduta que culmina no resultado involuntário.* Queiroz (2014)[91] complementa, *não por acaso, a doutrina*

---

[84] SILVA, José Afonso da. *Direito ambiental constitucional*. 10. ed. atual. São Paulo: Malheiros, 2013. p. 329.

[85] JESUS, Damásio de. *Direito penal, volume 1*: parte geral. 32. ed. São Paulo: Saraiva, 2011. p. 327.

[86] CUNHA, Rogério Sanches. *Manual de direito penal*: parte geral (arts. 1º ao 120). 7. ed. rev., ampl. e atual. Salvador: Juspodivm, 2019. p. 236.

[87] QUEIROZ, Paulo. *Curso de direito penal*: parte geral. 10. ed. rev. amp. e atual. Salvador: Juspodivm, 2014. p. 285.

[88] JESUS, Damásio de. *Direito penal, volume 1*: parte geral. 32. ed. São Paulo: Saraiva, 2011. p. 337.

[89] CUNHA, Rogério Sanches. *Manual de direito penal*: parte geral (arts. 1º ao 120). 7. ed. rev., ampl. e atual. Salvador: Juspodivm, 2019. p. 243.

[90] Idem, p. 243.

[91] QUEIROZ, Paulo. *Curso de direito penal*: Parte geral. 10. ed. rev. amp. e atual. Salvador: Juspodivm, 2014. p. 293.

estrangeira, em especial a espanhola, prefere chamar o crime culposo de "crime imprudente" e a culpa de "imprudência". O exemplo clássico dado pela doutrina é o motorista que anda em alta velocidade em dia de chuva.

Por outro lado, a **negligência** é a ausência de precaução. Cunha (2019)[92] explica *que diferentemente da imprudência (ação positiva), a negligência é negativa– omissão (culpa in omitendo). Revela-se a negligência antes de se iniciar a conduta; o agente não adota a ação cuidadosa que se exige no caso concreto, daí advindo o resultado lesivo.* Como salienta Damásio de Jesus (2011),[93] é a ausência de precaução ou indiferença em relação ao ato realizado. Exemplos de negligência são o motorista que conduz o veículo com os pneus excessivamente gastos, ou alguém que deixa uma arma de fogo ao alcance de uma criança.

Por fim, ainda em se tratando de culpa, temos a **imperícia**, que Queiroz (2014)[94] explica como sendo a *inobservância, por despreparo prático ou insuficiente de conhecimentos técnicos, das cautelas específicas no exercício de uma arte, ofício ou profissão.* Importante esclarecimento de Damásio de Jesus (2011)[95] a respeito do tema: *O químico, o eletricista, o motorista, o médico, o engenheiro, o farmacêutico etc. necessitam de aptidão teórica e prática para o exercício de suas atividades. É possível que, em face de ausência de conhecimento técnico ou de prática, essas pessoas, no desempenho de suas atividades, venham a causar dano a interesses jurídicos de terceiros. Fala-se, então, em imperícia. De observar que se o sujeito realiza uma conduta fora de sua arte, ofício, profissão, não se fala em imperícia, mas em imprudência ou negligência.*

Dessa forma, além dos crimes dolosos, nos casos expressamente previstos na lei, há a possibilidade se punir o agente pela culpa (ante a imprudência, negligência ou imperícia).

Em relação às normas penais ambientais, estas são classificadas como normas penais em branco. A expressão "lei penal em branco" foi alcunhada por Binding, ao assinalar a existência de leis penais nas quais o preceito é incompleto e que são "como corpos errantes à procura de uma alma" (MILARÉ, 2015).[96]

São três as formas apresentadas para o preenchimento ou a colmatação da lacuna constante da norma penal em branco, no ensinamento de Prado (2016):[97] (i) o complemento se acha contido na mesma lei (refere-se mais a um problema de técnica legislativa deficiente, em geral); (ii) o complemento se acha contido em outra lei, mas emana do mesmo poder; (iii) o complemento se acha contido em disposição normativa de outro poder (estas seriam as leis penais em branco em sentido estrito). Tal prática, como justifica Milaré (2015),[98] decorre do caráter complexo, técnico e multidisciplinar das questões relativas ao meio ambiente e à estreita relação com a legislação administrativa.

---

[92] CUNHA, Rogério Sanches. *Manual de direito penal*: parte geral (arts. 1º ao 120). 7. ed. rev., ampl. e atual. Salvador: Juspodivm, 2019. p. 243.

[93] JESUS, Damásio de. *Direito penal, volume 1*: parte geral. 32. ed. São Paulo: Saraiva, 2011. p. 342.

[94] QUEIROZ, Paulo. *Curso de direito penal*: parte geral. 10. ed. rev. amp. e atual. Salvador: Juspodivm, 2014. p. 294.

[95] JESUS, Damásio de. *Direito penal, volume 1*: parte geral. 32. ed. São Paulo: Saraiva, 2011. p. 342.

[96] MILARÉ, Édis. *Direito do ambiente*. 10. ed. rev., atual. e ampl. São Paulo: Editora Revista dos Tribunais, 2015. p. 464.

[97] PRADO, Luiz Regis. *Direito penal do ambiente*. 6. ed. rev., atual. e ampl. São Paulo: Editora Revista dos Tribunais, 2016. p. 98.

[98] MILARÉ, Édis. *Direito do ambiente*. 10. ed. rev., atual. e ampl. São Paulo: Editora Revista dos Tribunais, 2015. p. 464.

Por sua vez, os crimes tipos penais ambientais se apresentam como de *dano* ou de *perigo*. Sendo que se enquadram no primeiro (de dano), as infrações penais ambientais, que se consumam com a produção de um dano ao bem jurídico tutelado pelo respectivo tipo. E se amoldam à segunda classificação (de perigo) as infrações penais ambientais que se consumam com a simples produção de um perigo juridicamente relevante, como se depreende da explanação de Queiroz (2014).[99]

Ainda, dentre os crimes de perigo, estão os crimes de perigo concreto e o perigo abstrato. Nos crimes de perigo concreto, é necessária a comprovação da situação de risco à qual se submeteu o bem jurídico. Já nos crimes de perigo abstrato, a probabilidade de dano ambiental é suficiente para qualificar a conduta como crime (FARIAS; COUTINHO; MELO, 2015).[100] O crime de perigo consubstancia-se na mera expectativa de dano, reprime-se para evitar o dano. Como ensina Sirvinskas (2017),[101] são os crimes de perigo abstrato que marcam os tipos penais ambientais na moderna tutela penal. Procura-se antecipar a proteção penal, reprimindo-se as condutas preparatórias. Importante menção a se fazer no tocante à reparação, pois somente o dano efetivo poderá ser objeto de reparação na esfera civil e não o mero perigo abstrato ou presumido. Observa-se, portanto, que o direito penal ambiental visa, sobretudo, prevenir os danos, e não os remediar. Dessa forma, se preocupa com os riscos e não somente com os danos; ou seja, em alguns momentos a Lei 9.065/98 estipulou como infração a mera probabilidade de dano.[102]

Nesse aspecto, o Superior Tribunal de Justiça se manifestou:

I. Os princípios do desenvolvimento sustentável e da prevenção, previstos no art. 225, da Constituição da República, devem orientar a interpretação das leis, tanto no direito ambiental, no que tange à matéria administrativa, quanto no direito penal, porquanto o meio ambiente é um patrimônio para essa geração e para as futuras, bem como direito fundamental, ensejando a adoção de condutas cautelosas, que evitem ao máximo possível o risco de dano, ainda que potencial, ao meio ambiente. II. A Lei n. 9.605/1998, ao dispor sobre as sanções penais e administrativas derivadas de condutas e atividades lesivas ao meio ambiente e dar outras providências, constitui um divisor de águas em matéria de repressão a ilícitos ambientais. Isto porque ela trouxe um outro viés, um outro padrão de punibilidade em matéria de crimes ambientais, trazendo a figura do crime de perigo. III. O delito previsto na primeira parte do art. 54, da Lei n. 9.605/1998, possui natureza formal, porquanto o risco, a potencialidade de dano à saúde humana, é suficiente para configurar a conduta delitiva, não se exigindo, portanto, resultado naturalístico. Precedente. IV. A Lei de Crimes Ambientais deve ser interpretada à luz dos princípios do desenvolvimento sustentável e da prevenção, indicando o acerto da análise que a doutrina e a jurisprudência tem conferido à parte inicial do artigo 54, da Lei n. 9.605/1998, de que a mera possibilidade de causar dano à saúde humana é idônea a configurar o crime de poluição, evidenciada sua natureza formal ou, ainda, de perigo abstrato. V. Configurado o crime de poluição,

---

[99] QUEIROZ, Paulo. *Curso de direito penal*: parte geral. 10. ed. rev. amp. e atual. Salvador: Juspodivm, 2014. p. 216.

[100] FARIAS, Talden; COUTINHO, Francisco Seráphico da Nóbrega; MELO, Geórgia Karênia R. M. M. *Direito ambienta*. 3. ed. rev., amp. e atual. Salvador: Juspodivm, 2015. p. 271. (Coleção Sinopses para concurso).

[101] SIRVINSKAS, Luís Paulo. *Manual de direito ambiental*. 15. ed. São Paulo: Saraiva, 2017. p. 900.

[102] SILVA, Romeu Faria Thomé da; GARCIA, Leonardo de Medeiros. *Direito ambiental*: princípios e competências constitucionais. 8. ed. rev., amp. e atual. Salvador: Juspodivm, 2015. p. 385.

consistente no lançamento de dejetos provenientes da criação de cerca de dois mil suínos em sistema de confinamento em 3 (três) pocilgas verticais, despejados a céu aberto, correndo por uma vala que os levava até às margens do Rio do Peixe, situado em área de preservação permanente, sendo a atividade notoriamente de alto potencial poluidor, desenvolvida sem o devido licenciamento ambiental, evidenciando a potencialidade do risco à saúde humana. VI. Agravo regimental provido e recurso especial improvido, restabelecendo-se o acórdão recorrido. (STJ, AgRg no REsp 1418795 / SC. Rel. Min. Marco Aurélio Bellizze. Public. *DJe* 07/08/2014)

Portanto, é de suma importância a observância das regras de uso, armazenamento, transporte, manipulação etc., de determinados produtos, sob pena de colocar em risco a saúde humana e o meio ambiente, sujeitando-se, o infrator, às penalidades legais previstas.

Noutro vértice, é de se destacar a necessidade de se observar o **elemento normativo do tipo** penal, pois em grande parte dos tipos penais ambientais exige-se um elemento normativo. Para entendermos, buscamos o esclarecimento de Cunha (2019)[103] em relação ao tipo penal, pois o *tipo penal retrata modelo de conduta proibida pelo ordenamento jurídico-penal. Na descrição do comportamento típico, vale-se o legislador de elementos objetivos e subjetivos. Os primeiros estão relacionados aos aspectos materiais e normativos do delito, enquanto os segundos, relacionados à finalidade especial que anima o agente.*

Em sua classificação Cunha (2019)[104] subdivide os elementos objetivos do tipo penal em: *elementos objetivos descritivos, elementos objetivos normativos e elementos objetivos científicos. Sendo que os elementos objetivos normativos são caracterizados como elementos cuja compreensão passa pela realização de um juízo de valor. Nesse sentido, expressões como "funcionário público", "documento" e "coisa alheia", "decoro" e "pudor", presentes em vários tipos penais, demandam do intérprete valoração para serem apreendidas e aplicadas.*

Então, seguindo as palavras de Sirvinskas (2017)[105] não há que se falar em crime se o agente previamente apresenta a **permissão, licença ou autorização concedida pela autoridade competente**: para matar, perseguir, caçar, apanhar, utilizar espécimes da fauna silvestre (art. 29, *caput*); vender, expor à venda, exportar ou adquirir, guardar, ter em cativeiro ou depósito, utilizar ou transportar ovos, larvas ou espécimes da fauna silvestre (art. 29, §1º, III); exportar para o exterior peles e couros de anfíbios e répteis em bruto (art. 30); introduzir espécime animal no País, com parecer técnico oficial favorável (art. 31); e cortar árvores em floresta considerada de preservação permanente (art. 39). Porém, será crime se o agente extrair de florestas de domínio público ou consideradas de preservação permanente, **sem prévia autorização, pedra, areia, cal ou qualquer espécie de minerais** (art. 44). Ainda será crime receber ou adquirir, para fins comerciais ou industriais, madeira, lenha, carvão e outros produtos de origem vegetal, **sem exigir a exibição de licença do vendedor, outorgada pela autoridade competente** (art. 46, *caput*); vender, expor à venda, ter em depósito, transportar ou guardar madeira, lenha, carvão e outros produtos de origem vegetal (art. 46, parágrafo único); comercializar motosserra

---

[103] CUNHA, Rogério Sanches. *Manual de direito penal*: parte geral (arts. 1º ao 120). 7. ed. rev., ampl. e atual. Salvador: Juspodivm, 2019. p. 293.

[104] Idem, p. 294.

[105] SIRVINSKAS, Luís Paulo. *Manual de direito ambiental*. 15. ed. São Paulo: Saraiva, 2017. p. 901.

ou utilizá-la em florestas e nas demais formas de vegetação, **sem licença ou registro da autoridade competente** (art. 51); penetrar em Unidades de Conservação conduzindo substâncias ou instrumentos próprios para caça ou para exploração de produtos ou subprodutos florestais, **sem licença da autoridade competente** (art. 52). Também será crime executar pesquisa, lavra ou extração de recursos minerais **sem a competente autorização, permissão, concessão ou licença, ou em desacordo com a obtida** (art. 55); produzir, processar, embalar, importar, exportar, comercializar, fornecer, transportar, armazenar, guardar, ter em depósito ou usar produto ou substância tóxica, perigosa ou nociva à saúde humana ou ao meio ambiente, **em desacordo com as exigências estabelecidas em leis ou nos seus regulamentos** (art. 56) e construir, reformar, ampliar, instalar ou fazer funcionar, em qualquer parte do território nacional, estabelecimentos, obras ou serviços potencialmente poluidores, **sem licença ou autorização dos órgãos ambientais competentes, ou contrariando as normas legais e regulamentares pertinentes** (art. 60), todas da Lei nº 9.605/98.

2.1.1 Responsabilidade penal ambiental da pessoa física

O sujeito ativo, nos crimes ambientais, pode ser qualquer pessoa física que pratique a infração penal. Aplica-se, neste caso, o princípio da culpabilidade, ou seja, que o agente seja imputável, tenha potencial consciência da ilicitude e exigibilidade de conduta diversa. Atrelado a isso, deve-se observar o elemento subjetivo do tipo (dolo ou culpa), sem os quais ficará inviável eventual responsabilização do indivíduo.

Ressalta-se, porém, que em alguns casos somente determinadas pessoas poderão cometer tais delitos (crimes próprios), como por exemplo, alguns crimes ambientais contra a administração ambiental (arts. 66 e 67, da Lei nº 9.605/98),[106] que se referem aos crimes praticados por funcionário público. Nesse caso, há um certo conflito de interpretação quanto a eventual concurso de agentes. Queiroz (2014)[107] sustenta que *no caso de concurso de agentes (coautoria e participação) é possível imputar crime especial a quem não tem a qualidade exigida pelo tipo, desde que o autor a detenha, hipótese em que haverá comunicação das circunstâncias de caráter pessoal.* Para Cunha (2019),[108] *estes crimes (crime próprio e de mão própria) admitem apenas a participação, refutando a coautoria porque, se apenas o agente referido no tipo penal pode cometê-los, torna-se possível, no âmbito do concurso de agentes, apenas que alguém instigue, induza ou auxilie outrem a fazê-lo, não que o faça em conjunto.*

Para tanto, será essencial observar o princípio da culpabilidade e o elemento subjetivo do tipo (dolo e culpa) para imputar ao agente a responsabilidade pela infração penal ambiental praticada.

---

[106] Art. 66. Fazer o funcionário público afirmação falsa ou enganosa, omitir a verdade, sonegar informações ou dados técnico-científicos em procedimentos de autorização ou de licenciamento ambiental: Pena - reclusão, de um a três anos, e multa. Art. 67. Conceder o funcionário público licença, autorização ou permissão em desacordo com as normas ambientais, para as atividades, obras ou serviços cuja realização depende de ato autorizativo do Poder Público: Pena - detenção, de um a três anos, e multa. Parágrafo único. Se o crime é culposo, a pena é de três meses a um ano de detenção, sem prejuízo da multa.

[107] QUEIROZ, Paulo. *Curso de direito penal*: parte geral. 10. ed. rev., ampl. e atual. Salvador: Editora Juspodivm, 2014. p. 212.

[108] CUNHA, Rogério Sanches. *Manual de direito penal*: parte geral (arts. 1º ao 120). 7. ed. rev., ampl. e atual. Salvador: Juspodivm, 2019. p. 201.

No tocante ao concurso de agentes, é interessante observar o artigo 2º, da Lei nº 9.605/98:

> Art. 2º Quem, de qualquer forma, concorre para a prática dos crimes previstos nesta Lei, incide nas penas a estes cominadas, na medida da sua culpabilidade, bem como o diretor, o administrador, o membro de conselho e de órgão técnico, o auditor, o gerente, o preposto ou mandatário de pessoa jurídica, que, sabendo da conduta criminosa de outrem, deixar de impedir a sua prática, quando podia agir para evitá-la.

Iniciamos com a crítica ao dispositivo externada por Nucci (2016):[109] *a primeira parte do artigo 2º é completamente irrelevante, pois se limita a reproduzir o que já existe no artigo 29 do Código Penal, aplicável, obviamente, a toda a legislação penal especial, à falta de disposição em sentido contrário.* Para Sidney Bittencourt (2016),[110] *o artigo diz respeito tanto à participação comissiva como omissiva nos crimes contra o meio ambiente. Tem-se, portanto, a coautoria, na medida de cada culpabilidade. Impede ressaltar que a coautoria difere da cumplicidade, de vez que os coautores (no caso, todos que concorreram para o crime) constituem os agentes principais, enquanto os cúmplices configuram os agentes secundários.*

Na segunda parte do artigo temos uma situação nova. Na leitura de Luiz Flávio Gomes e Silvio Maciel (2015)[111] *a segunda parte do art. 2º dispõe que os diretores, administradores, conselheiros, auditores, gerentes, prepostos, mandatários têm o dever de agir para evitar os crimes ambientais. Criou, assim, o dever jurídico de agir para essas pessoas, tornando, para eles, a omissão penalmente relevante (art. 13, §2º, a, do CP).*[112] *As pessoas enumeradas neste dispositivo respondem, pois, tanto por ação como por omissão nos crimes ambientais.* Portanto, complementa Nucci (2016),[113] *o diretor, o administrador, o membro de conselho e de órgão técnico, o auditor, o gerente, o preposto ou mandatário de pessoa jurídica, que tomando conhecimento da conduta criminosa de quem quer que seja, desde que possa agir (tenha poder para tanto) para evitá-la, deixar de fazê-lo, responderá como partícipe.*

Nota-se, neste caso, que a responsabilidade penal atinge integrante de pessoa jurídica que sabendo de conduta ilícita em sua empresa, omite-se. Como exemplo, toma conhecimento de um desmatamento irregular de floresta nativa, porém nada faz para cessar ou corrigir a degradação. Não adiantará, posteriormente, alegar que nada fez na execução do corte das árvores. Todavia, para buscar o liame das condutas, é de se provar o nexo causal entre a omissão do dirigente da pessoa jurídica e o resultado danoso contra o meio ambiente. Para tanto, o Supremo Tribunal Federal decidiu:

---

[109] NUCCI, Guilherme de Souza. *Leis penais e processuais penais comentadas.* 9. ed. rev., atual. e ampl. Rio de Janeiro: Forense, 2016. p. 557. v. 2.

[110] BITTENCOURT, Sidney. *Comentários à lei de crimes contra o meio ambiente e suas infrações administrativas.* 4. ed. Leme, SP: JH Mizuno, 2016. p. 37.

[111] GOMES, Luiz Flávio; MACIEL, Silvio Luiz. *Lei de crimes ambientais:* comentários à Lei 9.605/1998. 2. ed. rev., atual. e ampl. Rio de Janeiro: Forense; São Paulo: Método, 2015. p. 11 e 12.

[112] Art. 13 - O resultado, de que depende a existência do crime, somente é imputável a quem lhe deu causa. Considera-se causa a ação ou omissão sem a qual o resultado não teria ocorrido. §2º - A omissão é penalmente relevante quando o omitente devia e podia agir para evitar o resultado. O dever de agir incumbe a quem: a) tenha por lei obrigação de cuidado, proteção ou vigilância.

[113] NUCCI, Guilherme de Souza. *Leis penais e processuais penais comentadas.* 9. ed. rev., atual. e ampl. Rio de Janeiro: Forense, 2016. p. 557. v. 2.

Habeas corpus. 2. Responsabilidade penal objetiva. 3. Crime ambiental previsto no art. 2º da Lei nº 9.605/98. 4. Evento danoso: vazamento em oleoduto da Petrobrás 5. Ausência de nexo causal. 6. Responsabilidade pelo dano ao meio ambiente não-atribuível diretamente ao dirigente da Petrobrás. 7. Existência de instâncias gerenciais e de operação para fiscalizar o estado de conservação dos 14 mil quilômetros de oleodutos. 8. Não-configuração de relação de causalidade entre o fato imputado e o suposto agente criminoso. 8. Diferenças entre conduta dos dirigentes da empresa e atividades da própria empresa. 9. Problema da assinalagmaticidade em uma sociedade de risco. 10. Impossibilidade de se atribuir ao indivíduo e à pessoa jurídica os mesmos riscos. 11. Habeas Corpus concedido. (STF – HC: 83554 PR, Relator: Min. Gilmar Mendes, Data de Julgamento: 16/08/2005, Segunda Turma, Data de Publicação: DJ 28-10-2005 PP-00060 EMENT VOL-02211-01 PP-00155 LEXSTF v. 27, n. 324, 2005, p. 368-383)

Tratando-se da responsabilização criminal por omissão (participação por omissão) são necessários dois requisitos previstos no próprio artigo 2º, da Lei 9.605/98, como alertam Gomes e Maciel (2015):[114] *(i) ciência da conduta criminosa de outrem (conhecimento da existência do crime); (ii) poder de evitar a infração. Essas duas exigências impedem a responsabilidade penal objetiva (sem dolo ou culpa) dos sócios, gerentes, administradores etc. das pessoas jurídicas nos delitos ambientais.*

Por isso o cuidado na avaliação das condutas dos agentes envolvidos, para não se atribuir erroneamente uma responsabilidade da qual não deu causa ou não contribuiu. O simples fato de ser funcionário da empresa ou ser representante não induz que ele tenha responsabilidade pelo resultado danoso contra o meio ambiente, pois falta o liame de sua ação (dolo ou culpa) que deverá estar claramente caracterizada, ou seja, o nexo causal.

Sobre o nexo causal, uma breve abordagem se faz necessária. A relação de causalidade está prevista no artigo 13, do Código Penal, como se vê a seguir:

> Art. 13 – O resultado, de que depende a existência do crime, somente é imputável a quem lhe deu causa. Considera-se causa a ação ou omissão sem a qual o resultado não teria ocorrido.

Assim, como descreve Cunha (2019),[115] nexo causal *é o vínculo entre a conduta e resultado, ou, na precisa lição de Bento de Faria, é a "relação de produção entre a causa eficiente e o efeito ocasionado, pouco importando seja mediato ou imediato".*

O Supremo Tribunal Federal e o Superior Tribunal de Justiça têm recebido Recursos aos quais, ao final, estão considerando ineptas as denúncias genéricas que incluem como responsáveis pelo dano ambiental o agente apenas pelo fato de ser proprietário, gerente, sócio, etc. da pessoa jurídica atrelada ao ilícito ambiental, sem descrever qualquer fato concreto de sua conduta, o que prejudica seu direito ao contraditório e à ampla defesa.

Sobre a causa o Superior Tribunal de Justiça decidiu:

---

[114] GOMES, Luiz Flávio; MACIEL, Silvio Luiz. *Lei de crimes ambientais*: comentários à Lei 9.605/1998. 2. ed. rev., atual. e ampl. Rio de Janeiro: Forense; São Paulo: Método, 2015. p. 12.

[115] CUNHA, Rogério Sanches. *Manual de direito penal*: parte geral (arts. 1º ao 120). 7. ed. rev., ampl. e atual. Salvador: Juspodivm, 2019. p. 276.

1. A hipótese em apreço cuida de denúncia que narra supostos delitos praticados por intermédio de pessoa jurídica, a qual, por se tratar de sujeito de direitos e obrigações, e por não deter vontade própria, atua sempre por representação de uma ou mais pessoas naturais. 2. A tal peculiaridade deve estar atento o órgão acusatório, pois embora existam precedentes desta própria Corte Superior de Justiça admitindo a chamada denúncia genérica nos delitos de autoria coletiva e nos crimes societários, não lhe é dado eximir-se da responsabilidade de descrever, com um mínimo de concretude, como os imputados teriam agido, ou de que forma teriam contribuído para a prática da conduta narrada na peça acusatória. 3. No caso, olvidou-se o órgão acusatório de narrar qual conduta voluntária praticada pelos recorrentes teria dado ensejo à poluição noticiada, limitando-se a apontar que seriam os autores do delito simplesmente por se tratarem de sócios da sociedade empresária em questão, circunstância que, de fato, impede o exercício de suas defesas em juízo na amplitude que lhes é garantida pela Carta Magna. 4. Recurso provido para declarar a inépcia da denúncia ofertada na Ação Penal n. 0000068.36.2008.16.0102. (STJ, RHC 30.821/PR, rel. Min. Jorge Mussi, DJe 04.09.2013)

Em outro caso o Superior Tribunal de Justiça também decidiu:

2. É inepta a denúncia que não descreve a conduta criminosa praticada pelo paciente. A peça acusatória deve especificar, ao menos sucintamente, fatos concretos, de modo a possibilitar ao acusado a sua defesa, não podendo se limitar a afirmações de cunho vago. Necessário seria que estivesse descrito na denúncia, ainda que de forma breve, se a atuação do paciente, como administrador ou diretor da empresa denunciada, contribuiu para a prática do dano ambiental perpetrado. Denúncia genérica nesse aspecto. 3. Habeas corpus não conhecido. Ordem concedida de ofício para reconhecer a inépcia da denúncia e determinar o trancamento da ação penal, sem prejuízo de que o órgão ministerial ofereça nova peça acusatória, com a observância da regra do art. 41 do Código de Processo Penal. (STJ, HC 243450/SP, rel. Min. Sebastião Reis Junior, DJe 04.09.2013)

O Superior Tribunal de Justiça decidiu assim:

1. A mera condição de sócio, diretor ou administrador de determinada pessoa jurídica não enseja a responsabilização penal por crimes praticados no seu âmbito, sendo indispensável que o titular da ação penal demonstre uma mínima relação de causa e efeito entre a conduta do réu e os fatos narrados na denúncia, permitindo-lhe o exercício da ampla defesa e do contraditório. Doutrina. Jurisprudência. 2. No caso dos autos, da leitura da exordial acusatória percebe-se que ao paciente foi imputada a prática de crime contra o meio ambiente pelo simples fato de exercer o cargo de Diretor Presidente da Companhia Paranaense de Energia Elétrica – COPEL, não tendo o órgão ministerial demonstrado a mínima relação de causa e efeito entre os fatos que lhe foram assestados e a função por ele exercida na mencionada pessoa jurídica, pelo que se mostra imperioso o trancamento da ação penal contra ele instaurada. 3. Encerrado o processo criminal instaurado contra o paciente, tem-se o prejuízo do exame da alegada falta de comprovação da materialidade do delito, bem como da apontada ilegalidade do não oferecimento de proposta de suspensão condicional do processo. 4. Writ não conhecido. Ordem concedida de ofício para trancar a ação penal instaurada contra o paciente. (STJ, HC 232751/PR, rel. Min. Jorge Mussi, DJe 15.03.2013)

Mantendo o posicionamento, o Superior Tribunal de Justiça assentou:

I. Hipótese em que o Ministério imputou aos pacientes a suposta prática do crime previsto no art. 54, caput, da Lei 9.605/98, pois, na condição de proprietária e representante legal de empresa, teria lançado efluentes líquidos, sem o devido tratamento, em corpo d'água pertencente à bacia do Médio Tietê/Sorocaba-SP, causando poluição capaz de resultar em danos à saúde humana. II. O entendimento desta Corte – no sentido de que, nos crimes societários, em que a autoria nem sempre se mostra claramente comprovada, a fumaça do bom direito deve ser abrandada, não se exigindo a descrição pormenorizada da conduta de cada agente –, não significa que o órgão acusatório possa deixar de estabelecer qualquer vínculo entre o denunciado e a empreitada criminosa a ele imputada. III. O simples fato de ser sócio, gerente ou administrador de empresa não autoriza a instauração de processo criminal por crimes praticados no âmbito da sociedade, se não restar comprovado, ainda que com elementos a serem aprofundados no decorrer da ação penal, a mínima relação de causa e efeito entre as imputações e a sua função na empresa, sob pena de se reconhecer a responsabilidade penal objetiva. IV. A inexistência absoluta de elementos hábeis a descrever a relação entre os fatos delituosos e a autoria ofende o princípio constitucional da ampla defesa, tornando inepta a denúncia. V. Precedentes do STF e do STJ. VI. Deve ser declarada a inépcia da denúncia e determinada a anulação da ação penal nº 488/99 em relação à paciente, com extensão ao co-réu, nos termos do art. 580 do Código de Processo Penal. (STJ, HC 57.213/SP, rel. Min. Gilson Dipp, DJU 18.12.2006, p. 422)

Sobre a questão, o Supremo Tribunal Federal se posicionou:

1. Habeas Corpus. Crimes contra o Sistema Financeiro Nacional (Lei nº 7.492, de 1986). Crime societário. 2. Alegada inépcia da denúncia, por ausência de indicação da conduta individualizada dos acusados. 3. Mudança de orientação jurisprudencial, que, no caso de crimes societários, entendia ser apta a denúncia que não individualizasse as condutas de cada indiciado, bastando a indicação de que os acusados fossem de algum modo responsáveis pela condução da sociedade comercial sob a qual foram supostamente praticados os delitos. Precedentes: HC nº 86.294-SP, 2ª Turma, por maioria, de minha relatoria, DJ de 03.02.2006; HC nº 85.579-MA, 2ª Turma, unânime, de minha relatoria, DJ de 24.05.2005; HC nº 80.812-PA, 2ª Turma, por maioria, de minha relatoria p/ o acórdão, DJ de 05.03.2004/ HC nº 73.903-CE, 2ª Turma, unânime, Rel. Min. Francisco Rezek, DJ de 25.04.1997; e HC nº 74.791-RJ, 1ª Turma, unânime, Rel. Min. Ilmar Galvão, DJ de 09.05.1997. 4. Necessidade de individualização das respectivas condutas dos indiciados. 5. Observância dos princípios do devido processo legal (CF, art. 5º, LIV), da ampla defesa, contraditório (CF, art. 5º, LV) e da dignidade da pessoa humana (CF, art. 1º, III). Precedentes: HC nº 73.590-SP, 1ª Turma, unânime, Rel. Min. Celso de Mello, DJ de 13.12.1996; e HC nº 70.763-DF, 1ª Turma, unânime, Rel. Min. Celso de Mello, DJ de 23.09.1994. 6. No caso concreto, a denúncia é inepta porque não pormenorizou, de modo adequado e suficiente, a conduta do paciente. 7. Habeas corpus deferido. (STF, HC 86.879/SP, rel. Min. Joaquim Barbosa, DJU 16.06.2006, p. 28)

Importante destacar a distinção entre a denúncia geral e a denúncia genérica, muito bem descrita por Gomes e Maciel (2015)[116] que *o fato pode ser imputado a todos conjuntamente, mas desde que haja elementos mínimos de autoria ou participação em relação*

---

[116] GOMES, Luiz Flávio; MACIEL, Silvio Luiz. *Lei de crimes ambientais*: comentários à Lei 9.605/1998. 2. ed. rev., atual. e ampl. Rio de Janeiro: Forense; São Paulo: Método, 2015. p. 17.

a cada um dos denunciados. Só assim vislumbramos como válida a distinção entre denúncia genérica e denúncia geral.

A respeito da denúncia geral e denúncia genérica o Superior Tribunal de Justiça já se manifestou:

1. De nada adiantam os princípios constitucionais e processuais do contraditório, da ampla defesa, em suma, do devido processo legal na face substantiva e processual, das próprias regras do estado democrático de direito, se permitido for à acusação oferecer denúncia genérica, vaga, se não se permitir a individualização da conduta de cada réu, em crimes plurissubjetivos. 2. O simples fato de uma pessoa pertencer à diretoria de uma empresa, só por só, não significa que ela deva ser responsabilizada pelo crime ali praticado, sob pena de consagração da responsabilidade objetiva repudiada pelo nosso direito penal. 3. É possível atribuir aos denunciados a prática de um mesmo ato (denúncia geral), porquanto todos dele participaram, mas não é possível narrar vários atos sem dizer quem os praticou, atribuindo-os a todos, pois neste caso não se tem uma denúncia geral, mas genérica. 4. Recurso provido para declarar a inépcia da denúncia e a nulidade dos atos que lhe sucederam. (RHC 24.515/DF, rel. Min. Celso Limongi (Desembargador convocado do TJSP), DJe 16.03.2009)

O Superior Tribunal de Justiça enfrentou novamente a matéria:

1. A denúncia formalmente correta e capaz de ensejar o efetivo exercício da ampla defesa deve individualizar os atos praticados pelos denunciados e que contribuíram para o resultado criminoso. 2. O simples fato de uma pessoa pertencer à diretoria de uma empresa, por si só, não significa que ela deva ser responsabilizada pelo crime ali praticado, sob pena de consagração da responsabilidade penal objetiva, repudiada pelo nosso direito penal. Precedentes. 3. É possível atribuir a todos os denunciados a prática de uma mesma conduta (denúncia geral), desde que todos tenham dela participado, porém, é inadmissível a imputação de vários fatos a um acusado sem demonstrar, nem sequer em tese, sua contribuição (ação ou omissão) para seu resultado, pois neste caso não se tem uma denúncia geral, mas genérica. 4. Por outro lado, como a denúncia se limitou a afirmar ser o acusado (ora paciente) o "titular" da pessoa jurídica alvo das negociações fraudulentas, sem, contudo, pormenorizar sua conduta, restou inexistente a demonstração de sua correlação com os crimes que lhe foram atribuídos. 5. Ordem concedida para declarar a inépcia da denúncia oferecida contra o paciente, bem como a nulidade dos atos que sucederam seu recebimento. (HC 117.306/CE, rel. Min. Jane Silva (Desembargadora convocada do TJMG), DJe 16.02.2009)

E também:

1- É geral, e não genérica, a denúncia que atribui a mesma conduta a todos os denunciados, desde que seja impossível a delimitação dos atos praticados pelos envolvidos, isoladamente, e haja indícios de acordo de vontades para o mesmo fim. (RHC 22.593/SP, rel. Min. Jane Silva (Desembargadora convocada do TJMG), DJe 13.10.2008)

Não menos importante, ressalta-se que o Superior Tribunal de Justiça afastou a tese de que haveria a necessidade de conclusão do procedimento administrativo ambiental para a deflagração da ação penal, como se vê a seguir:

2. No caso dos autos, muito embora os crimes ambientais pelos quais o paciente foi acusado (artigos 39 e 40 da Lei 9.605/1998) sejam materiais, dependendo da ocorrência de dano para que possam se caracterizar, não há dúvidas de que o Ministério Público não precisa aguardar a conclusão do processo administrativo instaurado junto ao IBAMA para deflagrar a respectiva ação penal. (STJ, HC 160.525/RJ, rel. Min. Jorge Mussi, DJe 14.03.2013)

O Superior Tribunal de Justiça também decidiu:

1. A tramitação de processo administrativo não impede a instauração de ação penal quando constatada a suposta ocorrência de delito ambiental, dado o princípio da independência de instâncias que vigora no sistema jurídico pátrio. (STJ, RHC 31.948/MG, rel. Min. Jorge Mussi, DJe 12.03.2013)

Podemos concluir que para atribuir a responsabilidade penal ao diretor, ao administrador, ao membro de conselho e de órgão técnico, ao auditor, ao gerente, ao preposto ou ao mandatário de pessoa jurídica deve-se ter a certeza de sua ação ou omissão, comprovando-se, para tanto, o nexo de causalidade com o resultado. Ao mesmo tempo, descrever, pormenorizar a conduta deste agente para que ele possa exercer plenamente o contraditório e a ampla defesa sob pena de se ver uma denúncia inepta.

2.1.2 Responsabilidade penal ambiental da pessoa jurídica

A possibilidade de responsabilização da pessoa jurídica ainda encontra divergências doutrinárias nos dias atuais. Tratando-se de direito é perfeitamente compreensível, pois o direito está aí para adequar-se à realidade social e evoluir conforme a dinâmica do comportamento humano e precisamos aprofundar os estudos a respeito do tema. E ao final, os tribunais superiores, em especial o Superior Tribunal de Justiça e Supremo Tribunal Federal cumprirão o seu papel atribuído pela Constituição Federal para assentar a jurisprudência desses conflitos.

Muito se indaga o porquê de tal resistência em responsabilizar penalmente a pessoa jurídica, pois se há previsão constitucional para tal? Ressalta Queiroz (2014)[117] que *reinava absoluto até recentemente o princípio societas delinquere non potest (as sociedades não podem delinquir), contrário à possibilidade de responsabilização penal da pessoa jurídica.*

Buscamos entender esse posicionamento no sentido que o texto constitucional traz em seu artigo 5º, inciso XLV: *nenhuma pena passará da pessoa do condenado, podendo a obrigação de reparar o dano e a decretação do perdimento de bens ser, nos termos da lei, estendidas aos sucessores e contra eles executadas, até o limite do valor do patrimônio transferido.*

Conforme Milaré, Costa Jr. e Costa (2013)[118] *a doutrina tradicional acolheu somente a responsabilidade penal da pessoa física, calcada no princípio da responsabilidade penal e na máxima societas delinquere non potest. De acordo com o citado entendimento, somente a pessoa física poderá ser sujeito ativo do crime. Dessa forma, poderão ser responsabilizados o administrador,*

---

[117] QUEIROZ, Paulo. *Curso de direito penal*: parte geral. 10. ed. rev., amp. e atual. Salvador: Juspodivm, 2014. p. 170.

[118] MILARÉ, Édis; COSTA JR., Paulo José da; COSTA, Fernando José da. *Direito penal ambiental*. 2. ed. rev., atual. e ampl. São Paulo: Revista dos Tribunais, 2013. p. 29.

o diretor e o gerente da pessoa jurídica. Mas jamais será responsabilizada penalmente a pessoa jurídica.

Em que pese a Carta Magna tenha estabelecido em seu artigo 225, §3º, que *"as condutas e atividades consideradas lesivas ao meio ambiente sujeitarão os infratores, pessoas físicas ou jurídicas, a sanções penais e administrativas, independentemente da obrigação de reparar os danos causados"*, não foi suficiente para dirimir as controvérsias instaladas. Em complemento a Lei nº 9.605/98, em seu artigo 3º, teve o condão de afastar qualquer dúvida a respeito do receio quanto à responsabilização penal da pessoa jurídica. Todavia, não foi suficiente.

Para a doutrina, como explicam Gomes e Maciel (2015),[119] existem três correntes de pensamento sobre a questão:

(i) a primeira, afirma que a Constituição Federal de 1988 não criou a responsabilidade da pessoa jurídica. Justifica-se esse posicionamento em face da interpretação do §3º, do art. 225, o qual não indica possibilidade de responsabilidade penal da pessoa jurídica. Pois, o dispositivo constitucional utiliza a expressão "condutas", referindo-se às pessoas físicas, sujeitas às sanções penais; e a expressão "atividades", referindo-se às pessoas jurídicas, sujeitas a sanções administrativas. Infere-se, então, que o dispositivo nada mais fez, portanto, do que atribuir responsabilidade criminal para pessoas físicas que praticarem condutas (crimes) lesivas ao meio ambiente e responsabilidade administrativa para pessoas jurídicas que exercerem atividades ofensivas ao meio ambiente.

Além disso, o art. 5º, XLV, que traz o princípio da pessoalidade da pena, impede que a responsabilidade penal recaia sobre a pessoa jurídica. A responsabilidade penal tem de recair exclusivamente sobre a pessoa física, autora da conduta criminosa, não podendo estender-se (transmitir-se) à pessoa jurídica. São renomados intérpretes dessa corrente: José Antonio Paganella Boschi, Luiz Regis Prado, Miguel Reale Junior, René Ariel Dotti, Cezar Roberto Bitencourt, José Henrique Pierangeli e Luiz Vicente Cernicchiaro.

(ii) a segunda corrente sustenta que a pessoa jurídica não pode cometer crimes (*societas delinquere non potest*). É o entendimento amplamente majoritário na doutrina e adotam esse posicionamento: Luiz Flávio Gomes, José Henrique Pierangeli, Eugenio Raúl Zaffaroni, René Ariel Dotti, Luiz Regis Prado, Alberto Silva Franco, Fernando da Costa Tourinho Filho, Luiz Vicente Cernicchiaro, Roberto Delmanto, Roberto Delmanto Junior e Fábio M. de Almeida Delmanto, Giulio Bataglini, João Mestieri, Francisco de Assis Toledo, Cezar Roberto Bitencourt, Luiz Luisi, Rodrigo Sánches Rios, Sheila Jorge Elim de Sales, Julio Fabbrini Mirabete, Jesús-Marías Silva Sánches, Luis Gracia Martín, Raúl Cervini, Giuseppe Maggiore, Clóvis Bevilaqua, Paulo José da Costa Junior, Rogério Greco, dentre outros.

Conforme Sirvinskas (2017)[120] essa *doutrina majoritária não admite a responsabilidade penal da pessoa jurídica, mas a tendência no direito penal moderno é romper com o clássico princípio societas delinquere non potest. É claro que a pessoa jurídica não pode ser vista com os olhos do conceito da doutrina clássica.*

---

[119] GOMES, Luiz Flávio; MACIEL, Silvio Luiz. *Lei de crimes ambientais*: comentários à Lei 9.605/1998. 2. ed. rev., atual. e ampl. Rio de Janeiro: Forense; São Paulo: Método, 2015. p. 18 a 33.

[120] SIRVINSKAS, Luís Paulo. *Manual de direito ambiental*. 15. ed. São Paulo: Saraiva, 2017. p. 898.

Para elucidar essa questão, abrem-se discussões sobre duas teorias que abordam o tema: *a teoria da ficção* e a *teoria da realidade*.

Na explicação de Luiz Regis Prado (2016),[121] *a teoria, criada por Savigny, afirma que as pessoas jurídicas têm existência fictícia, irreal ou de pura abstração – devido a um privilégio lícito da autoridade soberana – sendo, portanto, incapazes de delinquir (carecem de vontade e de ação).* E Damásio de Jesus (2011)[122] complementa explicando que, de acordo com essa teoria, *a personalidade natural não é uma criação do Direito, sendo que este a recebe das mãos da natureza, já formada, e limita-se a reconhecê-la. A personalidade jurídica, ao contrário, somente existe por determinação da lei e dentro dos limites por esta fixados. Faltam-lhe os requisitos psíquicos da imputabilidade. Não tem consciência e vontade próprias. É uma ficção legal. Assim, não tem capacidade penal e, por conseguinte, não pode cometer crimes. Quem por ela atua são seus membros diretores, seus representantes. Estes sim são penalmente responsáveis pelos crimes cometidos em nome dela.* Chama-se a esta de **teoria da ficção**, a qual Damásio justifica que, *fora do homem, não se concebe crime. Só ele possui a faculdade de querer. E, como as pessoas jurídicas só podem praticar atos por meio de seus representantes, para sustentar sua capacidade penal, dever-se-ia reconhecer consciência e vontade com referência ao ente representado.*

Ainda, Nucci (2016)[123] esclarece que *as principais objeções à responsabilidade penal da pessoa jurídica são as seguintes: a) a pessoa jurídica não tem vontade, suscetível de configurar o dolo e a culpa, indispensáveis presenças para o direito penal moderno e democrático, que é o direito penal da culpabilidade (não há crime sem dolo e sem culpa, ou nullum crimen sine culpa); b) a Constituição Federal não autorizaria, expressamente, a responsabilidade penal e o disposto no art. 225, §3º, seria uma mera declaração do óbvio. Assim, à pessoa jurídica reservam-se as sanções civis e administrativas e, unicamente, à pessoa física podem-se aplicar as sanções penais. (...); d) as penas são personalíssimas, de forma que a punição a uma pessoa jurídica, certamente, atingirá o sócio inocente, que não tomou parte na decisão geradora do crime.*

(iii) a terceira corrente afirma que a pessoa jurídica pode cometer crimes e sofrer penas (*societas delinquere potest*). Gomes e Maciel (2015),[124] citando Christiano Souza Neto, mencionam os adeptos dessa corrente e admitem a responsabilidade da pessoa jurídica: Antonio Evaristo de Moraes Filho, Paulo Afonso Leme Machado, Celso Ribeiro Bastos, Édis Milaré, Ada Pellegrini Grinover, Ivete Senise Ferreira, Gilberto e Vladimir Passos de Freitas, Herman Benjamin, Roque de Brito Alves, além de Sérgio Salomão Shecaira, Damásio E. de Jesus, Walter Claudius Rothenburg e Eládio Lecey.

Essa corrente defende a **teoria da realidade**, também chamada **teoria organicista**. Para Prado (2016),[125] *a teoria da realidade, da personalidade real ou orgânica, cujo precursor mais ilustre foi Otto Gierke, baseia-se em pressupostos totalmente diversos. A pessoa moral não é um ser artificial, criado pelo Estado, mas sim um ente real (vivo e ativo), independente dos*

---

[121] PRADO, Luiz Regis. *Direito penal do ambiente.* 6. ed. rev., atual. e ampl. São Paulo: Editora Revista dos Tribunais, 2016. p. 144.

[122] JESUS, Damásio de. *Direito penal, volume 1*: parte geral. 32. ed. São Paulo: Saraiva, 2011. p. 210.

[123] NUCCI, Guilherme de Souza. *Leis penais e processuais penais comentadas.* 9. ed. rev., atual. e ampl. Rio de Janeiro: Forense, 2016. p. 558 e 559. v. 2.

[124] GOMES, Luiz Flávio; MACIEL, Silvio Luiz. *Lei de crimes ambientais*: comentários à Lei 9.605/1998. 2. ed. rev., atual. e ampl. Rio de Janeiro: Forense; São Paulo: Método, 2015. p. 23-24.

[125] PRADO, Luiz Regis. *Direito penal do ambiente.* 6. ed. rev., atual. e ampl. São Paulo: Editora Revista dos Tribunais, 2016. p. 144.

indivíduos que a compõem. Do mesmo modo que uma pessoa física, "atua como o indivíduo, ainda que mediante procedimentos diferentes, e pode, por conseguinte, atuar mal, delinquir e ser punida".

Damásio (2011)[126] afirma que a teoria da realidade *vê na pessoa jurídica um ser real, um verdadeiro organismo, tendo vontade que não é, simplesmente, a soma das vontades dos associados, nem o querer dos administradores. Assim, pode a pessoa jurídica delinquir. Além disso, apresenta tendência criminológica especial, pelos poderosos meios e recursos que pode mobilizar.*

Para firmar um consenso sobre a possibilidade de se responsabilizar penalmente a pessoa jurídica Silva e Garcia (2015)[127] lançam os principais argumentos da teoria da realidade:

I. as pessoas jurídicas são entes reais com capacidade e vontade próprias. Portanto, não há que se falar em responsabilidade penal objetiva ao puni-la.

II. a pessoa jurídica tem capacidade de culpabilidade e de sanção penal: essas pessoas sofrem de culpabilidade social, também chamada de culpa coletiva (vide decisão do STJ: Resp 610114/RN, DJ 19/12/2005). A culpabilidade, no conceito moderno, é a responsabilidade social, e a culpabilidade da pessoa jurídica, neste contexto, está relacionada à vontade do administrador.

III. Pessoa jurídica tem capacidade de pena. Não há violação ao princípio da personalidade da pena, pois a responsabilidade penal recai sobre o autor do crime, pessoa jurídica, que efetivamente comete crimes. A responsabilização penal da pessoa jurídica não ofende, portanto, os princípios da personalidade e individualização da pena. Sobre a inadequabilidade de algumas sanções penais às pessoas jurídicas (ex: pena privativa de liberdade), a teoria da realidade rebate argumentando que o ordenamento penal brasileiro prevê outras sanções para as pessoas jurídicas.

IV. Há previsão constitucional da responsabilidade penal da pessoa jurídica: art. 225, §32, da Constituição. Além disso, o art. 32, da Lei de Crimes Ambientais também a prevê expressamente.

Sobre o posicionamento daqueles que defendem a possibilidade de a pessoa jurídica responder pelo delito, Nucci (2016, *apud* SHECAIRA, Sérgio Salomão *Responsabilidade penal da pessoa jurídica*, p. 148; ver, ainda, p. 94-95)[128] pontua os seguintes argumentos: *a) a pessoa jurídica possui vontade, não somente porque tem existência real, não constituindo um mito, mas porque "elas fazem com que se reconheça, modernamente, sua vontade, não no sentido próprio que se atribui ao ser humano, resultante da própria existência natural, mas em um plano pragmático-sociológico, reconhecível socialmente. Essa perspectiva permite a criação de um conceito novo denominado 'ação delituosa institucional', ao lado das ações humanas individuais"; b) ainda que não tivesse vontade própria, passível de reconhecimento através do dolo e da culpa, é preciso destacar existirem casos de responsabilidade objetiva, no direito penal, inclusive de pessoa física, como se dá no contexto da embriaguez voluntária, mas não preordenada (...); c) as penas privativas de liberdade não constituem, atualmente, a meta principal a ser alcançada*

---

[126] JESUS, Damásio de. *Direito penal, volume 1*: parte geral. 32. ed. São Paulo: Saraiva, 2011. p. 210.

[127] SILVA, Romeu Faria Thomé da; GARCIA, Leonardo de Medeiros. *Direito ambiental*: princípios e competências constitucionais. 8. ed. rev., amp., e atual. Salvador: Juspodivm, 2015. p. 392.

[128] NUCCI, Guilherme de Souza. *Leis penais e processuais penais comentadas*. 9. ed. rev., atual. e ampl. Rio de Janeiro: Forense, 2016. p. 559. v. 2.

pelo Direito Penal, inclusive para a pessoa física, defendendo-se, cada vez mais, a aplicação de penas alternativas (restritivas de direitos) ou penas pecuniárias, buscando-se evitar os males do encarceramento; d) o artigo 225, §3º, da Constituição Federal é, sim, expresso ao admitir a responsabilidade penal da pessoa jurídica, não se podendo fazer uma leitura capciosa do seu conteúdo; e) no tocante às penas serem personalíssimas, o que não se nega, é preciso destacar que a sanção incidirá sobre a pessoa jurídica, e não sobre o sócio. Como complementa Bittencourt (2016),[129] *este artigo 3º – que se constitui, diga-se de passagem, numa auspiciosa inovação no ordenamento jurídico-penal brasileiro – prevê a responsabilização penal das pessoas jurídicas, atendendo, finalmente, aos ditames do artigo 225, §3º, da Constituição Federal.*

Como vimos, a responsabilização penal da pessoa jurídica não é uma questão pacífica na doutrina. O Superior Tribunal de Justiça enfrentou o problema e decidiu a respeito, admitindo a responsabilização criminal da pessoa jurídica nos delitos ambientais por aplicação da teoria da dupla imputação, ou seja, quando o seu gestor também é responsabilizado, por entender que, nessas hipóteses, a pessoa jurídica não pode ter sua responsabilidade dissociada da pessoa física, isto é, a responsabilidade da pessoa jurídica ficará condicionada à prática de um fato típico pela pessoa física. Essa teoria é também denominada de "responsabilidade penal por ricochete" (FARIAS; COUTINHO, 2015),[130] como se vê a seguir:

I. A Lei ambiental, regulamentando preceito constitucional, passou a prever, de forma inequívoca, a possibilidade de penalização criminal das pessoas jurídicas por danos ao meio-ambiente. III. A responsabilização penal da pessoa jurídica pela prática de delitos ambientais advém de uma escolha política, como forma não apenas de punição das condutas lesivas ao meio-ambiente, mas como forma mesmo de prevenção geral e especial. IV. A imputação penal às pessoas jurídicas encontra barreiras na suposta incapacidade de praticarem uma ação de relevância penal, de serem culpáveis e de sofrerem penalidades. V. Se a pessoa jurídica tem existência própria no ordenamento jurídico e pratica atos no meio social através da atuação de seus administradores, poderá vir a praticar condutas típicas e, portanto, ser passível de responsabilização penal. VI. A culpabilidade, no conceito moderno, é a responsabilidade social, e a culpabilidade da pessoa jurídica, neste contexto, limita-se à vontade do seu administrador ao agir em seu nome e proveito. VII. A pessoa jurídica só pode ser responsabilizada quando houver intervenção de uma pessoa física, que atua em nome e em benefício do ente moral. VIII. "De qualquer modo, a pessoa jurídica deve ser beneficiária direta ou indiretamente pela conduta praticada por decisão do seu representante legal ou contratual ou de seu órgão colegiado." IX. A Lei Ambiental previu para as pessoas jurídicas penas autônomas de multas, de prestação de serviços à comunidade, restritivas de direitos, liquidação forçada e desconsideração da pessoa jurídica, todas adaptadas à sua natureza jurídica. X. Não há ofensa ao princípio constitucional de que "nenhuma pena passará da pessoa do condenado...", pois é incontroversa a existência de duas pessoas distintas: uma física – que de qualquer forma contribui para a prática do delito – e uma jurídica, cada qual recebendo a punição de forma individualizada, decorrente de sua atividade lesiva. XI. Há legitimidade da pessoa jurídica para figurar no pólo passivo da relação processual-penal.

---

[129] BITTENCOURT, Sidney. *Comentários à lei de crimes contra o meio ambiente e suas infrações administrativas*. 4. ed. Leme, SP: JH Mizuno, 2016. p. 40.

[130] FARIAS, Talden; COUTINHO, Francisco Seráphico da Nóbrega; MELO, Geórgia Karênia R. M. M. *Direito ambiental*. 3. ed. rev. amp. e atual. Salvador: Juspodivm, 2015. p. 274 e 275. (Coleção Sinopses para concurso).

XII. Hipótese em que pessoa jurídica de direito privado foi denunciada isoladamente por crime ambiental porque, em decorrência de lançamento de elementos residuais nos mananciais dos Rios do Carmo e Mossoró, foram constatadas, em extensão aproximada de 5 quilômetros, a salinização de suas águas, bem como a degradação das respectivas faunas e floras aquáticas e silvestres. XIII. A pessoa jurídica só pode ser responsabilizada quando houver intervenção de uma pessoa física, que atua em nome e em benefício do ente moral. XIV. A atuação do colegiado em nome e proveito da pessoa jurídica é a própria vontade da empresa. XV. A ausência de identificação das pessoas físicas que, atuando em nome e proveito da pessoa jurídica, participaram do evento delituoso, inviabiliza o recebimento da exordial acusatória. XVI. Recurso desprovido." (REsp nº 610.114/RN, Rel. Min. Gilson Dipp, DJU de 19/12/2005)

1. Admitida a responsabilização penal da pessoa jurídica, por força de sua previsão constitucional, requisita a actio poenalis, para a sua possibilidade, a imputação simultânea da pessoa moral e da pessoa física que, mediata ou imediatamente, no exercício de sua qualidade ou atribuição conferida pelo estatuto social, pratique o fato-crime, atendendo-se, assim, ao princípio do nullum crimen sine actio humana. 2. Excluída a imputação aos dirigentes responsáveis pelas condutas incriminadas, o trancamento da ação penal, relativamente à pessoa jurídica, é de rigor. 3. Recurso provido. Ordem de habeas corpus concedida de ofício. (STJ, RMS 16.696/PR, Rel. Min. MINISTRO HAMILTON CARVALHIDO, DJU 13.03.06)

Admite-se a responsabilidade penal da pessoa jurídica em crimes ambientais desde que haja a imputação simultânea do ente moral e da pessoa física que atua em seu nome ou em seu benefício, uma vez que *"não se pode compreender a responsabilização do ente moral dissociada da atuação de uma pessoa física, que age com elemento subjetivo próprio"* cf. Resp nº 564960/SC, 5ª Turma, Rel. Ministro Gilson Dipp, DJ de 13/06/2005 (Precedentes). Recurso especial provido. (STJ, REsp. 889.528/SC, Rel. Min. FELIX FISCHER, DJU 18.06.07)

1. Para a validade da tramitação de feito criminal em que se apura o cometimento de delito ambiental, na peça exordial devem ser denunciados tanto a pessoa jurídica como a pessoa física (sistema ou teoria da dupla imputação). Isso porque a responsabilização penal da pessoa jurídica não pode ser desassociada da pessoa física – quem pratica a conduta com elemento subjetivo próprio. 2. Oferecida denúncia somente contra a pessoa jurídica, falta pressuposto para que o processo-crime desenvolva-se corretamente. 3. Recurso ordinário provido, para declarar a inépcia da denúncia e trancar, consequentemente, o processo-crime instaurado contra a Empresa Recorrente, sem prejuízo de que seja oferecida outra exordial, válida. Pedidos alternativos prejudicados. (STJ, RMS 37.293/SP, 5ª T. j. 02.05.2013, rel. Min Laurita Vaz, DJe, 09.05.2013)

O Supremo Tribunal Federal estava seguindo na mesma linha e procedeu ao julgamento do Agravo Regimental em Recurso Extraordinário (RE / 548.181 – PR), assim decidindo:

Tese do condicionamento da responsabilização penal da pessoa jurídica à simultânea identificação e persecução penal da pessoa física responsável, que envolve, à luz do art. 225, §3º, da Carta Política, questão constitucional merecedora de exame por esta Suprema Corte. Agravo regimental conhecido e provido. (STF, RE / 548.181 – AgR – PR, Rel. Min. ROSA WEBER, DJU 14.05.13)

Para Queiroz (2014)[131] *a exigência da dupla imputação é infundada, porque: 1) a lei não a requer, expressa ou tacitamente; 2) a responsabilidade penal da pessoa jurídica é distinta e autônoma da responsabilidade de seus agentes; 3) quem age em favor da empresa, não atua em nome próprio; 4) isentar a empresa de responsabilidade penal por crime praticado em seu benefício seria exculpar o principal responsável e, mais condicionar sua punibilidade à ação acessória (pessoa física); 5) isentar a empresa de culpa implica legitimar, direta ou indiretamente, a arbitrária seletividade do sistema penal, de modo a recrutar sua clientela sempre entre os mais fracos (pessoa física), com violação ao princípio da isonomia/igualdade; 6) quer do ponto de vista da prevenção geral, quer do ponto de vista da prevenção especial, é mais justo e eficaz intervir sobre a empresa, inclusive porque seus membros (pessoa física) são facilmente substituíveis, sem que a situação da empresa sofra alteração relevante.*

Posteriormente, ao julgar o Recurso Extraordinário (548.181 – PR) o Supremo Tribunal Federal rediscutiu a matéria, mudando a sua interpretação, e assim de posicionou:

> 1. O art. 225, §3º, da Constituição Federal não condiciona a responsabilização penal da pessoa jurídica por crimes ambientais à simultânea persecução penal da pessoa física em tese responsável no âmbito da empresa. A norma constitucional não impõe a necessária dupla imputação. 2. As organizações corporativas complexas da atualidade se caracterizam pela descentralização e distribuição de atribuições e responsabilidades, sendo inerentes, a esta realidade, as dificuldades para imputar o fato ilícito a uma pessoa concreta. 3. Condicionar a aplicação do art. 225, §3º, da Carta Política a uma concreta imputação também a pessoa física implica indevida restrição da norma constitucional, expressa a intenção do constituinte originário não apenas de ampliar o alcance das sanções penais, mas também de evitar a impunidade pelos crimes ambientais frente às imensas dificuldades de individualização dos responsáveis internamente às corporações, além de reforçar a tutela do bem jurídico ambiental. 4. A identificação dos setores e agentes internos da empresa determinantes da produção do fato ilícito tem relevância e deve ser buscada no caso concreto como forma de esclarecer se esses indivíduos ou órgãos atuaram ou deliberaram no exercício regular de suas atribuições internas à sociedade, e ainda para verificar se a atuação se deu no interesse ou em benefício da entidade coletiva. Tal esclarecimento, relevante para fins de imputar determinado delito à pessoa jurídica, não se confunde, todavia, com subordinar a responsabilização da pessoa jurídica à responsabilização conjunta e cumulativa das pessoas físicas envolvidas. Em não raras oportunidades, as responsabilidades internas pelo fato estarão diluídas ou parcializadas de tal modo que não permitirão a imputação de responsabilidade penal individual. 5. Recurso Extraordinário parcialmente conhecido e, na parte conhecida, provido." (STF, RE 548181 / PR, Relator(a): Min. ROSA WEBER, 06/08/2013)

Após esse julgado, o Supremo Tribunal Federal se posicionou no sentido da possibilidade de responsabilizar penalmente a pessoa jurídica, afastando a teoria da dupla imputação, até então seguida pelo Supremo Tribunal de Justiça. Em que pese tenha sido o posicionamento inovador da Primeira Turma do Supremo Tribunal de

---

[131] QUEIROZ, Paulo. *Curso de direito penal*: parte geral. 10. ed. rev. ampl. e atual. Salvador: Juspodivm, 2014. p. 176 e 177.

Justiça, se faz necessário acompanhar os julgamentos futuros, a fim de verificar se haverá pacificação desse entendimento.

Todavia, antecipando-se, o Superior Tribunal de Justiça já adequou seu posicionamento ao do Supremo Tribunal Federal, como é possível verificar nas decisões abaixo:

> 1. O trancamento da ação penal em sede de habeas corpus é medida excepcional, somente se justificando se demonstrada, inequivocamente, a absoluta falta de provas, a atipicidade da conduta ou a existência de causa extintiva da punibilidade. 2. O exame de parte das alegações defensivas, inclusive a relativa ao local da extração do calcário – se dentro da área de mineração da empresa ou em área de preservação ambiental – demandaria o aprofundamento das provas, inviável nesta sede. 3. Quanto ao sujeito passivo constante da denúncia, igualmente não há constrangimento ilegal. De acordo com a jurisprudência desta Corte, para que se admita a denúncia de pessoa jurídica, exige-se a imputação, também, da pessoa física correspondente. O contrário, contudo, não é verdadeiro, ao contrário do sustentado na petição recursal. 4. In casu, o órgão acusatório descreveu adequadamente a suposta conduta criminosa do recorrente, deixando certa a tipicidade do fato e possibilitando o exercício do direito de defesa. Não se exigia que fosse denunciada, também, a pessoa jurídica, cabendo destacar que, de acordo com o contrato social, a ele cabia a gerência exclusiva da empresa. Não há falar, pois, em inépcia da denúncia ou em narração genérica. 5. Recurso ordinário a que se nega provimento. (STJ, RHC 28827/MT, rel. Min. Maria Thereza Assis Moura, DJe 19.09.2013)
>
> 1. Conforme orientação da 1ª Turma do STF, "O art. 225, §3º, da Constituição Federal não condiciona a responsabilização penal da pessoa jurídica por crimes ambientais à simultânea persecução penal da pessoa física em tese responsável no âmbito da empresa. A norma constitucional não impõe a necessária dupla imputação." (RE 548181, Relatora Min. ROSA WEBER, Primeira Turma, julgado em 6/8/2013, acórdão eletrônico DJe-213, divulg. 29/10/2014, public. 30/10/2014). 2. Tem-se, assim, que é possível a responsabilização penal da pessoa jurídica por delitos ambientais independentemente da responsabilização concomitante da pessoa física que agia em seu nome. Precedentes desta Corte. 3. A personalidade fictícia atribuída à pessoa jurídica não pode servir de artifício para a prática de condutas espúrias por parte das pessoas naturais responsáveis pela sua condução. 4. Recurso ordinário a que se nega provimento. (STJ. RMS 39173/BA. Rei. Min. Reynaldo Soares da Fonseca. Quinta Turma. Publ. DJe 13/08/2015)

Muito antes, os Tribunais Regionais Federais já vinham admitindo a responsabilidade penal da pessoa jurídica:

> O crime ambiental está sujeito também à ação da pessoa jurídica, posto que não somente a pessoa natural pode ser sujeito ativo de um delito ambiental, mas também a pessoa moral, nos moldes do disposto no §3º, do art. 225, da Constituição Federal, bem como no art. 3º da Lei 9.605/98. O crime previsto no art. 48 da Lei 9.605/98, por ser cometido tanto pela pessoa moral como também pela pessoa natural, esta a revelar que, poderia, em tese, o paciente, como sócio da aludida associação civil, perpetrar o delito em questão, sem prejuízo de eventual responsabilidade da entidade. (TRF-3.a Reg., HC 2005.61.24.001182-9, rel. Juíza Suzana Camargo, DJU 23.05.2007, p. 735).
>
> É possível imputação penal a pessoa jurídica no que respeita a delitos ambientais, nos devidos termos do art. 3º da Lei 9.605/98, previsto no art. 225, §3º, da Constituição Federal.

Nesta senda, cumpre referir que a orientação resta sedimentada na doutrina, assim como na jurisprudência deste Tribunal Regional. (TRF-4.a Reg., MS 2007.04.00.026624-9, rel. Des. Tadaaqui Hirose, DE 31.08.2007).

A pessoa jurídica, através de seu centro de decisão formado pelos administradores, é capaz de desacatar, conscientemente, normas penais. Recebe a pena como prevenção especial, a fim de que não volte a delinquir, para que adapte o desenvolvimento das atividades aos bens sociais objeto de tutela. Com efeito, a pena visa a prevenir o crime, não a castigar ou remendar o defeito psicológico ou moral. E, portanto, pode ser aplicada tanto a pessoas naturais como a pessoas jurídicas. (TRF-4.a Reg., MS 2008.04.00.005931-5, rel. Des. Federal Paulo Afonso Brum Vaz, DE 27.03.2008)

O §3º do art. 225 da Constituição Federal de 1988 previu, em razão de opção política do legislador, a possibilidade de responsabilização penal das pessoas jurídicas por crimes ambientais. O art. 3º da Lei 9.605/98, que cuida dos crimes contra o meio ambiente, regulamentou o preceito constitucional em referência, dando-lhe a densidade necessária. Não há qualquer inconstitucionalidade no §3º do art. 225 da Constituição Federal, fruto de uma escolha política do legislador, que atende às expectativas por prevenção e proteção de condutas atentatórias ao meio ambiente, bem jurídico de espectro coletivo, de enorme relevância para o ser humano na atualidade. (TRF-1ª. Reg., RSE 2007.41.00.006063-4/RO, rel. Des. Tourinho Neto, e-DJF1 18.04.2008, p. 103)

Podemos observar, então, que está havendo uma sintonia no posicionamento dos tribunais superiores no sentido de sedimentar o entendimento da responsabilização penal da pessoa jurídica por crimes ambientais, sem necessidade de se aplicar a dupla imputação.

Outro ponto importante a se questionar é a respeito da **responsabilidade penal das pessoas jurídicas de direito público**, tema também controverso na doutrina. A doutrina que argumenta favorável à responsabilização sustenta que a Carta Magna de 1988 (art. 225, §3º) e a Lei de Crimes Ambientais (art. 3º) em momento algum estabelecem que suas prescrições não seriam aplicáveis às pessoas jurídicas de direito público. Assim, tanto as pessoas jurídicas de direito privado como as de direito público podem integrar o polo passivo de uma relação jurídica processual penal (SILVA; GARCIA, 2015).[132]

Por outro lado, os argumentos contrários à responsabilização das pessoas jurídicas de direito privado e de direito público são bem distintos em sua natureza jurídica, objetivos e elementos, devendo ser tratadas de forma desigual. Além disso, a aplicação de sanções criminais às pessoas jurídicas de direito público poderá trazer maiores prejuízos à própria coletividade, que é representada pelo Estado (SANTOS, 2001).[133] Seguem essa linha, descrevem Gomes e Maciel (2015),[134] Luiz Flávio Gomes, Silvana Bacigalupo, Walter Rothenburg, Guilherme de Souza Nucci, Paulo Afonso Leme Machado. Ao contrário, entendem que não é possível responsabilizar penalmente as pessoas jurídicas de direito público: Sérgio Salomão Shecaira, Fernando da Costa

---

[132] SILVA, Romeu Faria Thomé da; GARCIA, Leonardo de Medeiros. *Direito ambiental*: princípios e competências constitucionais. 8. ed. rev., ampl. e atual. Salvador: Juspodivm, 2015. p. 397 e 398.

[133] SANTOS, Marcos André Couto. Responsabilidade penal das pessoas jurídicas de direito público por dano ambiental. *Revista de Direito Ambiental*. São Paulo: Revista dos Tribunais, v. 24, 2001. p. 130.

[134] GOMES, Luiz Flávio; MACIEL, Silvio Luiz. *Lei de crimes ambientais*: comentários à Lei 9.605/1998. 2. ed. rev., atual. e ampl. Rio de Janeiro: Forense; São Paulo: Método, 2015. p. 34 e 35.

Tourinho Filho, Vladimir e Gilberto Passos de Freitas, Édis Milaré, Guilherme José Purvin de Figueiredo e Solange Teles da Silva.

Em conclusão, para que a pessoa jurídica seja responsabilizada por crime ambiental é necessário o atendimento de dois requisitos (art. 3º, da Lei nº 9.605/98): (i) que a infração seja cometida por decisão do seu representante legal ou de seu órgão colegiado, ou seja, de quem tenha poder de gestão; e (ii) que a infração penal seja cometida no interesse ou benefício da pessoa jurídica.

Como salientam Gomes e Maciel (2015)[135] *não haverá, portanto, possibilidade de responsabilização da pessoa jurídica, se o crime for praticado por pessoa ou órgão diverso daqueles indicados no art. 3º, ou mesmo se o delito for praticado por decisão de uma dessas pessoas ou por órgão colegiado, mas não beneficiar ou atender aos interesses da empresa.*

Nesse passo, a denúncia oferecida contra a pessoa jurídica deve indicar, com clareza, sob pena de inépcia, qual foi a decisão do representante ou órgão colegiado que ensejou a infração penal e qual o interesse ou benefício da empresa com a prática delitiva. Os tribunais vêm adotando esse posicionamento:

> É inepta a denúncia que, ao responsabilizar pessoa jurídica por crime ambiental, não faz menção à decisão tomada pelo representante contratual da empresa, determinando a execução de conduta que, em tese, violaria o art. 38, caput, da Lei 9.605/98, ficando completamente desconhecido, nos autos, como se deu o processo decisório que culminou a prática descrita na exordial (TACRimSP, MS 413768/1, 12.a Câm., j. 21.10.2002, rel. Juiz Amador Pedroso)
>
> Em se tratando de crime ambiental, previsto na Lei 9.605/98, deve ser reconhecida a inépcia da denúncia que não permite concluir que o delito foi cometido por decisão de representante legal ou contratual, ou de órgão colegiado da empresa acusada, pois a inicial deve imputar os fatos à pessoa jurídica de forma completa e correta, de forma a permitir o exercício da ampla defesa (TACRimSP, MS 349440/8, j. 01.02.2000, rel. Juiz Fábio Gouvêa)

Caberá à autoridade policial e seus agentes, ao constatar a infração penal, descrevê-la com o maior número de detalhes, apontando a participação individual de cada envolvido e o interesse no resultado, para o caso das pessoas jurídicas. Tudo isso a fim de subsidiar o Ministério Público na denúncia, evitando-se com isso torná-la inepta.

2.1 Da responsabilidade civil ambiental

Com muito cuidado, se faz necessário comentar sobre a responsabilidade civil de forma geral. Em nosso ordenamento, a responsabilidade civil é a que impõe ao infrator a obrigação de ressarcir o prejuízo causado por sua conduta ou atividade (SILVA, 2013).[136] Em simples palavras, o senso de responsabilidade deriva de uma obrigação de cuidado para com as ações exercidas pelo comportamento humano. Sendo assim, se em razão de seu comportamento (ir)responsável vir a causar prejuízo a outrem, quem deu causa, deverá reparar.

---

[135] Idem, p. 36 e 37.

[136] SILVA, José Afonso da. *Direito ambiental constitucional*. 10. ed. atual. São Paulo: Malheiros, 2013. p. 336.

Em complemento, Paulo Affonso Leme Machado (2017)[137] explica que *a responsabilidade no campo civil é concretizada em cumprimento da obrigação de fazer ou de não fazer e no pagamento de condenação em dinheiro. Em geral, manifesta-se na aplicação desse dinheiro em atividade ou obra de prevenção ou de reparação do prejuízo.*

A responsabilidade civil, previsto no Código Civil (2002),[138] pode ser **contratual**, por fundamentar-se em um contrato, nos termos dos artigos 389 a 405, do CC/02, ou **extracontratual** (também chamada de aquiliana – *Lex Aquilia*),[139] por decorrer de exigência legal (responsabilidade legal) ou de ato ilícito (responsabilidade por ato ilícito), ou até mesmo por ato lícito (responsabilidade por risco), conforme artigos 927 a 954 do CC/02.

Importante destaque deve-se fazer sobre a evolução do Código Civil de 1916 para o Código Civil de 2002, pois o primeiro apresentava um regime único de responsabilidade, fundado na culpa. Já o Código Civil de 2002 inovou com um sistema dualista, o comportamento analisado ante a culpa (art. 186)[140] e a responsabilidade sem culpa, com base apenas no risco pelo desempenho de uma atividade (parágrafo único, do art. 927).[141]

Neste contexto, mesmo antes da vigência do atual Código Civil, tanto a doutrina quanto a jurisprudência já haviam consolidado a responsabilidade objetiva, segundo a qual aquele que cria risco de dano a terceiro deverá repará-lo, ainda que seu comportamento seja desprovido de culpa. Discute-se para a situação, objetivamente, o dano experimentado pela vítima e a relação de causa e efeito entre este e a conduta do agente. Dessa forma, independentemente da verificação da culpa, aquele que causar dano obriga-se a repará-lo, mas apenas nos casos expressamente previstos em lei, nos termos do parágrafo único, do artigo 927, do CC/02.

Em face dessa previsão, é impossível ao legislador definir todas as situações que possam se enquadrar no sistema de proteção, com potencial riscos aos demais. Só o caso em concreto permitirá ao magistrado uma análise sobre o eventual dano causado pela atividade desenvolvida pelo agente. O exercício de uma atividade que possa causar dano a outrem e por conseguinte tenha que indenizar diante do dano causado, por

---

[137] MACHADO, Paulo Affonso Leme. *Direito ambiental brasileiro*. 25. ed. rev. ampl. e atual. São Paulo: Malheiros, 2017. p. 410.

[138] Lei nº 10.406, de 10 de janeiro de 2002. Institui o Código Civil.

[139] "A Lei Aquília (286, d.C. Aproximadamente) tinha por finalidade básica a de definir as ações que o proprietário possuía contra aqueles que tivessem danificado seus escravos ou animais. As suas hipóteses de cabimento foram ampliadas pela interpretação dos juristas e pelos *ius honorarium* (CROOK, 1994, p. 162). Segundo Ulpiano, a Lei Aquília revogou a Lei das XII Tábuas e outras sobre o mesmo tema. De fato, ela substituiu a regulamentação puramente casuística por uma nova sistemática (KUNDEL, 1982, p. 40), a ser aplicada nos casos. Foi por meio dela que se inaugurou a responsabilidade extracontratual no direito romano, de conceito jurídico autônomo. A lei possuía três capítulos, sendo certo que somente dois tiveram vigência no direito romano-helênico, uma vez que, segundo Ulpiano, o segundo capítulo havia caído em desuso. Nos termos da Lei Aquília, o *damnum iniuria datum* somente se configura quando ocorressem as seguintes condições: (i) o dano fosse consequência de ato contrário ao direito; (ii) o dano fosse resultado de 'ato positivo do agente (não de simples omissão), praticado com dolo ou culpa no sentido estrito' (ALVES, 1997, p. 235); (iii) o dano fosse resultado de uma ação direta do agente. As sanções jurídicas eram obtidas mediante a *actio legis aquilia*, que poderia condenar o responsável ao pagamento do *lucruum cessans* e *damnuum emergens*" (ANTUNES, Paulo de Bessa. *Dano ambiental*: uma abordagem conceitual. 2. ed. São Paulo: Atlas, 2015. p. 64 e 65).

[140] Art. 186. Aquele que, por ação ou omissão voluntária, negligência ou imprudência, violar direito e causar dano a outrem, ainda que exclusivamente moral, comete ato ilícito.

[141] Art. 927. (…). Parágrafo único. Haverá obrigação de reparar o dano, independentemente de culpa, nos casos especificados em lei, ou quando a atividade normalmente desenvolvida pelo autor do dano implicar, por sua natureza, risco para os direitos de outrem.

violação de normas, se encaixa na teoria do risco, descrita por Milaré (2015),[142] como sendo aquela *fincada num sistema aberto, que entende a responsabilidade como decorrente do próprio fato emanado do risco da atividade desenvolvida, sem qualquer perquirição quanto a eventual negligência ou imprudência do seu explorador.*

Todavia, quando se trata de reparação civil ambiental devemos observar o seu próprio sistema, como destaca Álvaro Luiz Valery Mirra (*apud* MILARÉ, 2015),[143] pois *resulta de um sistema próprio e autônomo no contexto da responsabilidade civil, com regras especiais que se aplicam à matéria, em detrimento das normas gerais do Código Civil. Nesse sentido, a responsabilidade civil por danos ambientais está sujeita a um regime jurídico específico, instituído a partir de normas da Constituição Federal e da Lei da Política Nacional do Meio Ambiente, derrogatório do regime geral do Código Civil. Nessa matéria, portanto, como se pode perceber, o sistema de responsabilidade civil por danos ambientais configura um "microssistema" dentro do sistema geral da responsabilidade civil, com regras próprias e especiais sobre o assunto.*

Nesse passo, a Lei nº 6.938, de 31 de agosto de 1981,[144] prevê em seu artigo 14, parágrafo primeiro: *sem obstar a aplicação das penalidades previstas neste artigo, é o poluidor obrigado, **independentemente da existência de culpa**, a indenizar ou reparar os danos causados ao meio ambiente e a terceiros, afetados por sua atividade. O Ministério Público da União e dos Estados terá legitimidade para propor ação de responsabilidade civil e criminal, por danos causados ao meio ambiente* (grifei).

Contribui neste ponto Paulo Affonso Leme Machado (2017),[145] quando traz que *duas modificações foram feitas pelos parlamentares: adicionaram "a terceiros, afetados por sua atividade" – tornando claro que no meio ambiente estão incluídos todos os seres humanos que integram o próprio meio ambiente e que tenham sido afetados pela atividade degradadora; e, para o Ministério Público, os legisladores acrescentaram a legitimidade para propor a ação de responsabilidade "criminal", além da responsabilidade civil que se propunha. O Ministério Público tinha já a legitimidade para a ação de responsabilidade criminal, mas não foi demais incluir as duas legitimações no mesmo dispositivo, para que nenhuma dúvida pudesse surgir.*

Posteriormente, a responsabilidade objetiva na esfera ambiental foi recepcionada pela Carta Cidadã, no seu artigo 225, §3º: *as condutas e atividades consideradas lesivas ao meio ambiente sujeitarão os infratores, pessoas físicas ou jurídicas, a sanções penais e administrativas, independentemente da obrigação de reparar os danos causados.* Dessa forma, conforme salienta Sirvinskas (2017),[146] *não há, pela leitura do dispositivo constitucional, nenhuma incompatibilidade com a lei infraconstitucional (Lei n. 6.938/81). Essa teoria já está consagrada na doutrina e na jurisprudência. Adotou-se a teoria do risco integral. Assim, todo aquele que causar dano ao meio ambiente ou a terceiro será obrigado a ressarci-lo mesmo que a conduta culposa ou dolosa tenha sido praticada por terceiro.*

---

[142] MILARÉ, Édis. *Direito do ambiente*. 10. ed. rev., atual. e ampl. São Paulo: Editora Revista dos Tribunais, 2015. p. 420.

[143] Idem, p. 418.

[144] BRASIL. *Lei nº 6.938, de 31 de agosto de 1981*. Dispõe sobre a Política Nacional do Meio Ambiente, seus fins e mecanismos de formulação e aplicação, e dá outras providências. Brasília, DF: Diário Oficial da União, 1981.

[145] MACHADO, Paulo Affonso Leme. *Direito ambiental brasileiro*. 25. ed. rev. ampl. e atual. São Paulo: Malheiros, 2017. p. 415.

[146] SIRVINSKAS, Luís Paulo. *Manual de direito ambiental*. 15. ed. São Paulo: Saraiva, 2017. p. 273.

Então, como destacam Farias, Coutinho e Melo (2015),[147] *um dos motivos da introdução da responsabilidade objetiva nesta área foi exatamente a circunstância de que boa parte – senão a maioria – dos danos ambientais foi – e é – causada ou por grandes corporações econômicas ou pelo próprio Estado, o que torna quase impossível a comprovação da culpa desses agentes causadores de degradação ambiental.*

Não menos importante destacar as palavras de Freitas e Freitas (2014),[148] no quando assinalam que *a responsabilidade civil do causador do dano ao meio ambiente é objetiva. Para Sílvio Rodrigues, "na responsabilidade objetiva a atitude culposa ou dolosa do agente causador do dano é de menor relevância, pois, desde que exista relação de causalidade entre o dano experimentado pela vítima e o ato do agente, surge o dever de indenizar, quer tenha o último agido ou não culposamente".*

Oportuno trazer à baila que em se tratando de responsabilidade objetiva há duas teorias do risco, a do **risco integral** e do **risco criado**. Aos adeptos da *teoria do risco integral*, a responsabilidade civil por dano ambiental não só prescinde da investigação da culpa, como é irrelevante a licitude da atividade e são inaplicáveis as excludentes de ilicitude.

Noutra vertente temos os que defendem a *teoria do risco criado*. Para estes autores, a teoria da responsabilidade objetiva aplicada à área ambiental, como explicam Farias, Coutinho e Melo (2015),[149] *funda-se no risco criado e na reparação integral, compreendendo como risco criado aquele produzido por atividades e bens dos agentes que potencializam, aumentam ou multiplicam um dano ambiental. Assim, o agente responde pelo risco criado e não em razão de eventual culpa, motivo pelo qual deve recompor o dano ambiental em sua integralidade e não de forma limitada, ainda que possua autorização administrativa. Investiga-se a causa do dano ambiental, partindo-se de uma presunção de causalidade entre determinadas atividades poluidoras e o dano. Em todo caso, são admitidas excludentes de responsabilidade, por exemplo, o caso fortuito e a força maior, assim como a culpa exclusiva de terceiro, de modo que o empreendedor será considerado responsável se demonstrada a causalidade entre o evento danoso por ele provocado e o dano.*

Sobre a teoria do risco integral o Superior Tribunal de Justiça assim se manifestou:

1. Para fins da Lei nº 6.938, de 31 de agosto de 1981, art 3º, entende-se por: I – meio ambiente, o conjunto de condições, leis, influências e interações de ordem física, química e biológica, que permite, abriga e rege a vida em todas as suas formas; II – degradação da qualidade ambiental, a alteração adversa das características do meio ambiente; III – poluição, a degradação da qualidade ambiental resultante de atividades que direta ou indiretamente: a) prejudiquem a saúde, a segurança e o bem-estar da população; b) criem condições adversas às atividades sociais e econômicas; c) afetem desfavoravelmente a biota; d) afetem as condições estéticas ou sanitárias do meio ambiente; e) lancem matérias ou energia em desacordo com os padrões ambientais estabelecidos; 2. Destarte, é poluidor a pessoa física ou jurídica, de direito público ou privado, responsável, direta ou indiretamente, por atividade causadora de degradação ambiental; 3. O poluidor, por seu turno, com base na mesma legislação, art. 14 – "sem obstar a aplicação das penalidades administrativas" é obrigado,

---

[147] FARIAS, Talden; COUTINHO, Francisco Seráphico da Nóbrega; MELO, Geórgia Karênia R. M. M. *Direito ambiental.* 3. ed. rev. amp. e atual. Salvador: Juspodivm, 2015. p. 257. (Coleção Sinopses para concurso).

[148] FREITAS, Vladimir Passos de; FREITAS, Mariana Almeida Passos de. *Direito administrativo e meio ambiente.* 5. ed. rev. e ampl. Curitiba: Juruá Editora, 2014. p. 25 e 26.

[149] FARIAS, Talden; COUTINHO, Francisco Seráphico da Nóbrega; MELO, Geórgia Karênia R. M. M. *Direito ambiental.* 3. ed. rev. ampl. e atual. Salvador: Editora Juspodivm, 2015. p. 258. (Coleção Sinopses para concurso).

"independentemente da existência de culpa", a indenizar ou reparar os danos causados ao meio ambiente e a terceiros, "afetados por sua atividade". 4. Depreende-se do texto legal a sua responsabilidade pelo risco integral, por isso que em demanda infensa a administração, poderá, inter partes, discutir a culpa e o regresso pelo evento. 5. Considerando que a lei legitima o Ministério Público da União e do Estados terá legitimidade para propor ação de responsabilidade civil e criminal, por danos causados ao meio ambiente, é inequívoco que o Estado não pode inscrever sel-executing, sem acesso à justiça, quantum indenizatório, posto ser imprescindível ação de cognição, mesmo para imposição de indenização, o que não se confunde com a multa, em obediência aos cânones do devido processo legal e da inafastabilidade da jurisdição. 6. In casu, discute-se tão-somente a aplicação da multa, vedada a incursão na questão da responsabilidade fática por força da Súmula 07/STJ. 5. Recurso improvido. (REsp 442586/SP. Rel. Ministro LUIZ FUX, PRIMEIRA TURMA, julgado em 26/11/2002, DJ 24/02/2003, p. 196)

E também assim decidiu:

1. Inexiste violação do art. 535 do Código de Processo Civil se todas as questões jurídicas relevantes para a solução da controvérsia são apreciadas, de forma fundamentada, sobrevindo, porém, conclusão em sentido contrário ao almejado pela parte. 2. É firme a jurisprudência do STJ no sentido de que, nos danos ambientais, incide a teoria do risco integral, advindo daí o caráter objetivo da responsabilidade, com expressa previsão constitucional (art. 225, §3º, da CF) e legal (art. 14, §1º, da Lei n. 6.938/1981), sendo, por conseguinte, descabida a alegação de excludentes de responsabilidade, bastando, para tanto, a ocorrência de resultado prejudicial ao homem e ao ambiente advindo de uma ação ou omissão do responsável. 3. A premissa firmada pela Corte de origem, de existência de relação de causa e efeito entre a emissão do flúor na atmosfera e o resultado danoso na produção rural dos recorridos, é inafastável sem o reexame da matéria fática, procedimento vedado em recurso especial. Aplicação da Súmula 7/STJ. 4. É jurisprudência pacífica desta Corte o entendimento de que um mesmo dano ambiental pode atingir tanto a esfera moral individual como a esfera coletiva, acarretando a responsabilização do poluidor em ambas, até porque a reparação ambiental deve ser feita da forma mais completa possível. 5. Na hipótese, a leitura da exordial afasta qualquer dúvida no sentido de que os autores – em sua causa de pedir e pedido – pleiteiam, dentre outras, a indenização por danos extrapatrimoniais no contexto de suas esferas individuais, decorrentes do dano ambiental ocasionado pela recorrente, não havendo falar em violação ao princípio da adstrição, não tendo a sentença deixado de apreciar parcela do pedido (*citra petita*) nem ultrapassado daquilo que fora pedido (*ultra petita*). 6. A admissibilidade do recurso especial, na hipótese da alínea "c" do permissivo constitucional, exige a indicação das circunstâncias que identificam ou assemelham os casos confrontados, mediante o cotejo dos fundamentos da decisão recorrida com o acórdão paradigma, a fim de demonstrar a divergência jurisprudencial existente (arts. 541 do CPC e 255 do RISTJ). 7. Recurso especial a que se nega provimento. (REsp 1175907/MG-T4 – Rel.: Min. Luis Felipe Salomão – publicado no DJe em 25/09/2014)

Ressalta-se que a adoção da teoria do risco integral traz como consequências principais a facilitar o dever ressarcitório (MILARÉ, 2015):[150] *(a) a prescindibilidade de*

---

[150] MILARÉ, Édis. *Direito do ambiente*. 10. ed. rev., atual. e ampl. São Paulo: Editora Revista dos Tribunais, 2015. p. 434 e 435.

investigação de culpa; (b) a irrelevância da licitude da atividade; e (c) a inaplicabilidade de excludentes de causalidade.

Diante do que se viu, temos dois requisitos para a configuração do dever de indenizar em face do dano ambiental causado: a **existência do evento danoso** e do **nexo causal entre a atividade e o dano**.

Para a caracterização do dano é importante observarmos o conceito já descrito anteriormente, pois a sua caracterização em muitas vezes não será de fácil conclusão. Quanto o nexo causal, podemos definir que se trata da dedução de que a atividade do infrator contribuiu para o evento danoso, independentemente de culpa ou intenção de causar prejuízo ao ambiente. Conforme define Milaré (2015),[151] no contexto da responsabilidade objetiva, *para tornar efetiva a responsabilidade, basta a prova do dano e do vínculo causal deste com o desenvolvimento – ou mesmo a mera existência – de uma determinada atividade.*

Por certo, a sujeição ao indivíduo do regime da responsabilidade civil objetiva decorre da suposição de que ele se colocou numa posição de assumir os riscos inerentes à atividade a qual se propôs a executar, aceitando as consequências danosas dela advindas. Como destaca Milaré (2015),[152] *a ação, da qual a teoria da culpa faz depender a responsabilidade pelo resultado, é substituída, aqui, pela assunção do risco em provocá-lo.*

Todavia, não basta existir somente o risco para gerar o dever de indenizar, pois, de acordo com Sérgio Cavaileri Filho (2014),[153] *ninguém responde por coisa alguma só porque exerce atividade de risco, muitas vezes até socialmente necessária.*

Então será elementar que se busque o nexo causal, como outro elemento essencial a substanciar a responsabilidade civil ambiental do sujeito, tendo em vista que a Lei nº 6.938/81, em seu artigo 14, parágrafo primeiro dispensa indagações a respeito do dolo ou da culpa, porém não do nexo causal.

O órgão apurador do dano ambiental deverá estar muito atento a toda fonte que tenha potencial contribuição para o evento, levando em conta a atividade e o resultado danoso. Muito apropriadamente lembra Milaré (2015),[154] *o nexo de causalidade é, reconhecidamente, o tema onde se concentram os maiores problemas relativos à responsabilidade civil pelo dano ambiental, em virtude mesmo da complexidade inerente aos processos ecológicos, e, sobretudo, porque dificilmente tem uma única e linear fonte, podendo resultar de várias causas concorrentes – simultâneas ou sucessivas –, a justificar o que Herman Benjamin chamou de "império da dispersão do nexo causal".*

Em relação a eventuais excludentes de responsabilidade civil ambiental, em face da responsabilidade objetiva, inexistem. Ou seja, não se pode argumentar força maior, caso fortuito ou fato de terceiro no dano ambiental. Podemos observar o posicionamento da doutrina e da jurisprudência, como demonstra Sirvinskas (2017)[155] ao afirmar que *não se admite qualquer causa que possa eximir a responsabilidade do causador do dano. Trata-se de responsabilidade objetiva, como já dito, e nem sequer admite a intervenção de terceiros ou*

---

[151] Idem, p. 422.

[152] Idem, p. 428.

[153] CAVAILERI FILHO, Sérgio. *Programa de responsabilidade civil*. 11. ed. São Paulo: Atlas, 2014, p. 185.

[154] MILARÉ, Édis. *Direito do ambiente*. 10. ed. rev., atual. e ampl. São Paulo: Editora Revista dos Tribunais, 2015. p. 431.

[155] SIRVINSKAS, Luís Paulo. *Manual de direito ambiental*. 15. ed. São Paulo: Saraiva, 2017. p. 276 e 277.

qualquer causa excludente. E conclui, *ressalta-se, pois, que a força maior, o caso fortuito e o fato de terceiro não excluem a responsabilidade pelo dano ambiental. Só não haverá a obrigação de reparar o dano se a pessoa demonstrar que não ocorreu prejuízo ambiental ou que ele não decorreu direta ou indiretamente de sua atividade.*

Em relação a jurisprudência, destacam-se alguns julgados:

> Para o dano ambiental se aplica a teoria do risco integral, logo, é objetiva a responsabilidade e não se admite a incidência das excludentes de força maior, caso fortuito e fato de terceiro. – A indenização por dano moral deve ser fixada em valor suficiente para reparar o dano, como se extrai do art. 944, caput, do Código Civil. V.V.: EMENTA: APELAÇÃO – INDENIZAÇÃO – AUSÊNCIA DE NEXO CAUSAL – RESPONSABILIDADE – INEXISTÊNCIA. A ausência de comprovação de nexo causal entre a conduta e o dano afasta a responsabilidade civil. (TJMG – Apelação Cível 1.0439.11.006512-5/001, Relator(a): Des.(a) Amorim Siqueira, 9ª CÂMARA CÍVEL, julgamento em 26/11/2013, publicação da súmula em 02/12/2013)
>
> Para a teoria do risco integral basta que se comprove a ocorrência do dano, e o nexo de causalidade com a atividade desenvolvida. Ou seja, o dever de reparar é fundamentado pela só existência da atividade da qual adveio o prejuízo. Não se cogita das causas do infausto. Não se investiga a culpa do dono da atividade. Não são invocáveis as tradicionais excludentes da responsabilidade civil. – TJSP, AC 0003947-05.2007 –TJSP – Des. RENATO NALINI. (TJSP, Apelação Cível 9093350-74.2009.8.26.0000/SP. Rel. Des. Ricardo Dip. 1ª Câmara Extraordinária de Direito Público. Publicação: 16/05/2014)

Nesse passo, o Superior Tribunal de Justiça também já se manifestou:

> 1. A legislação de regência e os princípios jurídicos que devem nortear o raciocínio jurídico do julgador para a solução da lide encontram-se insculpidos não no códice civilista brasileiro, mas sim no art. 225, §3º, da CF e na Lei 6.938/81, art. 14, §1º, que adotou a teoria do risco integral, impondo ao poluidor ambiental responsabilidade objetiva integral. Isso implica o dever de reparar independentemente de a poluição causada ter-se dado em decorrência de ato ilícito ou não, não incidindo, nessa situação, nenhuma excludente de responsabilidade. (STJ, AgRg no Resp 1412664/SP. 4ª Turma. Rel. Min. Raul Araujo, DJe 11/03/2014)

Nota-se, portanto, que a responsabilidade civil ambiental pode atingir qualquer um que tenha dado causa, ou participado, direta ou indiretamente, como definiu o Superior Tribunal de Justiça:

> Qualquer que seja a qualificação jurídica do degradador, público ou privado, no Direito brasileiro a responsabilidade civil pelo dano ambiental é de natureza objetiva, solidária e ilimitada, sendo regida pelos princípios do poluidor-pagador, da reparação in integrum, da prioridade da reparação in natura, e do favor debilis, este último a legitimar uma série de técnicas de facilitação do acesso à Justiça, entre as quais se inclui a inversão do ônus da prova em favor da vítima ambiental. (…) Para o fim de apuração do nexo de causalidade no dano urbanístico-ambiental e de eventual solidariedade passiva, equiparam-se quem faz, quem não faz quando deveria fazer, quem não se importa que façam, quem cala quando lhe cabe denunciar, quem financia para que façam e quem se beneficia quando outros fazem. (STJ, REsp 1071741. Rel. Min. Herman Benjamin, 2ª Turma. DJe 16/12/2010)

Na medida em que a reparação exigir a corresponsabilidade, serão demandados tantos quantos forem aqueles que de forma direta ou indireta contribuíram para o evento danoso, nos termos do artigo 3º, inciso IV, da Lei nº 6.938/81. Pois, o Supremo Tribunal de Justiça assim se manifestou:

1. A ação civil pública ou coletiva por danos ambientais pode ser proposta contra poluidor, a pessoa física ou jurídica, de direito público ou privado, responsável, direta ou indiretamente, por atividade causadora de degradação ambiental (art. 3º, IV, da Lei 6.898/91), co-obrigados solidariamente à indenização, mediante a formação litisconsórcio facultativo, por isso que a sua ausência não tem o condão de acarretar a nulidade do processo. Precedentes da Corte: REsp 604.725/PR, DJ 22.08.2005; Resp 21.376/SP, DJ 15.04.1996 e REsp 37.354/SP, DJ 18.09.1995. 2. Recurso especial provido para determinar que o Tribunal local proceda ao exame de mérito do recurso de apelação. (STJ, REsp. 884.150/MT, 1ª T., rel. Min. Luiz Fux, DJe 07.08.2008)

1. Cuida-se, na origem, de Ação Civil Pública movida pelo Ministério Público do Estado de Santa Catarina com o fito de paralisar construção de loteamento residencial em área de proteção ambiental, especificamente a Bacia do Rio Ditinho, e obter reparação pelos danos ambientais causados pelas obras já realizadas. 2. O pedido foi julgado procedente pelo Juízo de 1º grau, tendo a sentença sido confirmada pelo Tribunal de Justiça. Após, em Embargos de Declaração, a recorrente argüiu nulidade processual por ausência de formação de litisconsórcio passivo necessário com a Fundação de Amparo à Tecnologia e ao Meio Ambiente – Fatma, órgão estadual que concedeu a licença de instalação do empreendimento, mas não obteve êxito. 3. A tese recursal não prospera, tendo em vista que a responsabilidade por danos ambientais é solidária entre o poluidor direto e o indireto, o que permite que a ação seja ajuizada contra qualquer um deles, sendo facultativo o litisconsórcio. Precedentes do STJ. 4. No caso, figuram no pólo passivo da lide o ente municipal e os particulares responsáveis pelo empreendimento. Embora a fundação estatal que concedeu indevida licença de instalação também pudesse ter sido acionada, a sua ausência não conduz à nulidade processual. 5. A alteração do entendimento do Tribunal de origem, de que o empreendimento é danoso ao meio ambiente, demandaria reexame dos elementos fático-probatórios dos autos. Incidência da Súmula 7/STJ. 6. Inviável a apreciação, em Recurso Especial, de matéria cuja análise dependa de interpretação de direito local. Súmula 280/STF. 7. Recurso Especial parcialmente conhecido e não provido. (STJ, REsp. 1.079.713/SC, 1ª T., rel. Min. Herman Benjamin, DJe 31.08.2009)

3 – A jurisprudência do Superior Tribunal de Justiça é firme no sentido de que, nas ações civis públicas por danos ambientais e urbanísticos, a regra geral é a do litisconsórcio facultativo. 4 – No caso dos autos, porém, a exordial da ação civil pública dá conta de que os supostos danos ambientais foram provocados, por mão própria, pelas empresas locatárias dos denominados "postos de praia". Dito por outro modo: de acordo com a petição inicial, as empresas locatárias são agentes diretos da relatada degradação ambiental. 5 – Ademais, a efetividade da prestação jurisdicional buscada pelas associações autoras da ação civil pública pressupõe a participação das empresas locatárias na lide. Com efeito, a relação jurídica em exame não comporta solução diferente em relação aos seus partícipes, pois será impossível determinar, às partes que até o presente momento ocupam o polo passivo da demanda, a adoção das providências pleiteadas na exordial sem afetar, diretamente, o patrimônio jurídico e material das empresas que efetivamente exploram os postos de praia (as locatárias). 6 – O acórdão recorrido, ao desconsiderar essas particularidades do caso e concluir pela não configuração do litisconsórcio necessário, acabou por violar o art. 47 do

CPC. 7 – Recurso especial conhecido em parte e, nessa extensão, provido para determinar que as associações autoras sejam intimadas a promover a citação das empresas locatárias que exploram os imóveis alegadamente causadores de danos ambientais, na forma e sob as cominações do art. 47 do CPC. (STJ, REsp. 1.383.707/SC, 1ª T., rel. Min. Sérgio Kukina, DJe 05.06.2014)

Em face do quadro apresentado Milaré (2015)[156] conclui que *inelutável a conclusão de que o dano ambiental, marcado pela responsabilidade civil objetiva e solidária, dá ensejo, como regra, no âmbito processual, ao litisconsórcio facultativo, salvo naqueles casos de afetação da esfera jurídico-patrimonial de terceiros, quando, então, se impõe a formação do litisconsórcio necessário.*

2.3 Da responsabilidade administrativa ambiental

Iniciamos nossa argumentação com observância no §3º, do art. 225, da Carta Magna, cuja descrição define que *as condutas e atividades consideradas lesivas ao meio ambiente sujeitarão os infratores, pessoas físicas ou jurídicas, a sanções penais e **administrativas**, independentemente da obrigação de reparar os danos causados* (grifei).

Lembramos que, muito embora tenhamos a Lei nº 9.605/98,[157] cuja ementa define que um de seus objetivos é dispor sobre as **sanções administrativas** derivadas de condutas e atividades lesivas ao meio ambiente, esta não é a única norma que trata de infrações administrativas ambientais.

Por escolha do legislador, foi definida a Lei de Crimes Ambientais como aquela que regulará os procedimentos penais e *administrativos* contra infratores ambientais. Todavia, temos outras normas que versam sobre proteção de algum bem ambiental, com previsão de infração administrativa de condutas consideradas lesivas ao meio ambiente, como se vê a seguir:

(i) Lei nº 6.938/81 (Dispõe sobre a Política Nacional do Meio Ambiente, seus fins e mecanismos de formulação e aplicação, e dá outras providências), em seu artigo 17-I;

(ii) Lei nº 9.433/97 (Institui a Política Nacional de Recursos Hídricos, cria o Sistema Nacional de Gerenciamento de Recursos Hídricos, regulamenta o inciso XIX do art. 21 da Constituição Federal, e altera o art. 1º da Lei nº 8.001, de 13 de março de 1990, que modificou a Lei nº 7.990, de 28 de dezembro de 1989),[158] em seus artigos 49 e 50;

(iii) Lei nº 9.966/2000 (Dispõe sobre a prevenção, o controle e a fiscalização da poluição causada por lançamento de óleo e outras substâncias nocivas ou perigosas em águas sob jurisdição nacional e dá outras providências),[159] em seus artigos 25 e 26;

---

[156] MILARÉ, Édis. *Direito do ambiente*. 10. ed. rev., atual. e ampl. São Paulo: Editora Revista dos Tribunais, 2015. p. 441.

[157] BRASIL. *Lei nº 9.605, de 12 de fevereiro de 1998*. Dispõe sobre as sanções penais e administrativas derivadas de condutas e atividades lesivas ao meio ambiente, e dá outras providências. Brasília, DF: Diário Oficial da União, 1998.

[158] BRASIL. *Lei nº 9.433, de 8 de janeiro de 1997*. Institui a Política Nacional de Recursos Hídricos, cria o Sistema Nacional de Gerenciamento de Recursos Hídricos, regulamenta o inciso XIX do art. 21 da Constituição Federal, e altera o art. 1º da Lei nº 8.001, de 13 de março de 1990, que modificou a Lei nº 7.990, de 28 de dezembro de 1989. Brasília, DF: Diário Oficial da União, 1997.

[159] BRASIL. *Lei nº 9.966, de 28 de abril de 2000*. Dispõe sobre a prevenção, o controle e a fiscalização da poluição causada por lançamento de óleo e outras substâncias nocivas ou perigosas em águas sob jurisdição nacional e dá outras providências. Brasília, DF: Diário Oficial da União, 2000.

(iv) Lei nº 9.985/2000 (Regulamenta o art. 225, §1º, incisos I, II, III e VII da Constituição Federal, institui o Sistema Nacional de Unidades de Conservação da Natureza e dá outras providências),[160] em seu artigo 38;

(v) Lei nº 11.105/05 (Regulamenta os incisos II, IV e V do §1º do art. 225 da Constituição Federal, estabelece normas de segurança e mecanismos de fiscalização de atividades que envolvam organismos geneticamente modificados – OGM e seus derivados, cria o Conselho Nacional de Biossegurança – CNBS, reestrutura a Comissão Técnica Nacional de Biossegurança – CTNBio, dispõe sobre a Política Nacional de Biossegurança – PNB, revoga a Lei nº 8.974, de 5 de janeiro de 1995, e a Medida Provisória nº 2.191-9, de 23 de agosto de 2001, e os arts. 5º, 6º, 7º, 8º, 9º, 10 e 16 da Lei nº 10.814, de 15 de dezembro de 2003, e dá outras providências),[161] em seus artigos 20 a 23; e

(vi) Lei nº 11.794/08 (Regulamenta o inciso VII do §1º do art. 225 da Constituição Federal, estabelecendo procedimentos para o uso científico de animais; revoga a Lei nº 6.638, de 8 de maio de 1979; e dá outras providências),[162] em seus artigos 17 a 21.

Observa-se, contudo, que a Lei nº 9.605/98 não tipificou as infrações administrativas contra o meio ambiente, restringindo-se apenas a criar um sistema geral para os procedimentos voltados à apuração das infrações administrativas, como se vê a seguir:

Art. 70. Considera-se infração administrativa ambiental toda ação ou omissão que viole as regras jurídicas de uso, gozo, promoção, proteção e recuperação do meio ambiente.

Buscando regulamentar a Lei de Crimes Ambientais, o Executivo editou o já revogado Decreto nº 3.179,[163] de 21 de setembro de 1999, o qual ficou vigente até 22 de julho de 2008, até a edição do Decreto nº 6.514,[164] de 22 de julho daquele ano (publicado em 23 de julho).[165]

Abrimos um ponto de destaque em relação a divergência de parte da doutrina em relação à legalidade da edição de norma infralegal (neste caso, por Decreto) para tipificação de infrações administrativas, criando um problema de segurança jurídica

---

[160] BRASIL. *Lei nº 9.985, de 18 de julho de 2000*. Regulamenta o art. 225, §1º, incisos I, II, III e VII da Constituição Federal, institui o Sistema Nacional de Unidades de Conservação da Natureza e dá outras providências. Brasília, DF: Diário Oficial da União, 2000.

[161] BRASIL. *Lei nº 11.105, de 24 de março de 2005*. Regulamenta os incisos II, IV e V do §1º do art. 225 da Constituição Federal, estabelece normas de segurança e mecanismos de fiscalização de atividades que envolvam organismos geneticamente modificados – OGM e seus derivados, cria o Conselho Nacional de Biossegurança – CNBS, reestrutura a Comissão Técnica Nacional de Biossegurança – CTNBio, dispõe sobre a Política Nacional de Biossegurança – PNB, revoga a Lei nº 8.974, de 5 de janeiro de 1995, e a Medida Provisória nº 2.191-9, de 23 de agosto de 2001, e os arts. 5º, 6º, 7º, 8º, 9º, 10 e 16 da Lei nº 10.814, de 15 de dezembro de 2003, e dá outras providências. Brasília, DF: Diário Oficial da União, 2005.

[162] BRASIL. *Lei nº 11.794, de 8 de outubro de 2008*. Regulamenta o inciso VII do §1º do art. 225 da Constituição Federal, estabelecendo procedimentos para o uso científico de animais; revoga a Lei nº 6.638, de 8 de maio de 1979; e dá outras providências. Brasília, DF: Diário Oficial da União, 2008.

[163] BRASIL. *Decreto nº 3.179, de 21 de setembro de 1999*. Dispõe sobre a especificação das sanções aplicáveis às condutas e atividades lesivas ao meio ambiente, e dá outras providências. Brasília, DF: Diário Oficial da União, 1999.

[164] BRASIL. *Decreto nº 6.514, de 22 de julho de 2008*. Dispõe sobre as infrações e sanções administrativas ao meio ambiente, estabelece o processo administrativo federal para apuração destas infrações, e dá outras providências. Brasília, DF: Diário Oficial da União, 2008.

[165] *Diário Oficial da União* - Seção 1 - 23/7/2008, Página 1.

ao intérprete. Nesse passo Antunes (2017)[166] salienta: *dado que a Lei nº 9.605, de 12 de fevereiro de 1998, não dispõe sobre tipos administrativos, o Decreto nº 6.514/08 assemelha-se em muitos aspectos aos chamados regulamentos autônomos. Como se sabe, quanto aos regulamentos autônomos, a competência do Executivo limita-se à auto-organização de seus serviços, desde que não importem em aumento de despesa pública (art. 84, VI, a, da CF), conforme Maria Sylvia Zanella Di Pietro (2008, p. 83-84).* O que sugere Antunes é que a Lei defina quais infrações (condutas) estarão sujeitas a uma reprimenda administrativa e as espécies de sanção.

Por este prisma, o Superior Tribunal de Justiça já se manifestou:

1. Os atos da Administração Pública devem sempre pautar-se por determinados princípios, dentre os quais está o da legalidade. Por esse princípio, todo e qualquer ato dos agentes administrativos deve estar em total conformidade com a lei e dentro dos limites por ela traçados. 2. A aplicação de sanções administrativas, decorrente do exercício do poder de polícia, somente se torna legítima quando o ato praticado pelo administrado estiver previamente definido pela lei como infração administrativa. 3. Hipótese em que a conduta praticada pela impetrante não se subsume às normas elencadas pelo Administrador para a imposição da pena de multa, na medida em que se limitou a exercer, dentro do prazo previsto no contrato, a prerrogativa expressamente contida nas Condições Gerais da Apólice (direito de não renovar o contrato). 4. "O procedimento administrativo pelo qual se impõe multa, no exercício do Poder de Polícia, em decorrência da infringência a norma de defesa do consumidor deve obediência ao princípio da legalidade. É descabida, assim, a aplicação de sanção administrativa à conduta que não está prevista como infração" (RMS 19.510/ GO, 1ª Turma, Rel. Min. Teori Albino Zavascki, DJ de 3.8.2006). 5. Recurso ordinário em mandado de segurança provido. (STJ, RMS 21.274/GO, Relatora Ministra Denise Arruda, 1ª Turma, DJU 16/10/2006, p. 292)

Destaca-se que o então Decreto nº 3.179/99 já havia sido objeto de controvérsia jurídica, levada até o Tribunal Regional Federal da 1ª Região, como se vê a seguir:

1. O art. 46 da Lei 9.605/98 tipifica crime cometido contra o meio ambiente e não infração administrativa a ser punida pelo IBAMA. Assim sendo, somente o Juiz criminal, após regular processo penal, poderia impor as penalidades nele previstas. 2. A infração administrativa prevista no art.14, da Lei nº 6.938/81, depende, para sua caracterização, do efetivo descumprimento de medida necessária à preservação do meio ambiente ou correção de degradação já realizada, medida esta que deve ter sido determinada pela autoridade ambiental competente, hipótese que não é a dos autos. 3. Portaria não é instrumento adequado para tipificar infrações e impor sanções administrativas. Somente a lei, em sentido formal e material, pode fazê-lo. 4. A invalidação da multa, sob o fundamento de que a infração tem natureza penal e não administrativa, não tem como consequência a devolução da mercadoria apreendida ao infrator, mas a sua entrega ao juízo criminal competente, para que lhe seja dado o destino previsto no art. 25, da Lei 9.605/98. Neste ponto, contudo, a remessa está prejudicada, porque a mercadoria é bastante perecível (carvão vegetal) e já foi devolvida à Impetrante há mais de dois anos. 5. Remessa a que se nega provimento. (TRF1, Remessa *Ex Officio* em MS nº 2000.39.00.000430-4/PA, Sexta Turma, Relatora: Des. Federal Maria Isabel Gallotti Rodrigues, DJ de 12/08/2003 – DIJUL 16-2A)

---

[166] ANTUNES, Paulo de Bessa. *Direito ambiental.* 19. ed. rev. e atual. São Paulo: Atlas, 2017. p. 245.

E Antunes (2017),[167] citando Heraldo Garcia Vitta (2003, p. 91),[168] conclui que *pouco valeria o princípio da legalidade se o administrador pudesse impor penalidades administrativas sem que houvessem sido definidos, com antecedência e de maneira exaustiva, os comportamentos que são pressupostos de sanções. Do mesmo modo, o referido princípio seria inócuo se, acaso, o administrador pudesse determinar as infrações por atos subalternos da lei, ficando ao Legislativo, apenas a enumeração das respectivas penalidades.*

Bom esclarecer que em momento algum desejamos que as condutas lesivas ao meio ambiente não sejam cercadas de regramento ou de sancionamento, pelo contrário. O que buscamos é apontar que as condutas tidas como infrações administrativas devam ser disciplinadas por Lei e não por Decreto ou outra norma infralegal (Portaria ou Instrução Normativa, muito menos), bem como o regramento do procedimento processual (a ser debatido em outro momento).

Todavia, afastadas as críticas ao sistema criado no âmbito federal de tipificação de infrações administrativas via Decreto, passamos a analisá-lo.

Em que pese o direito administrativo ambiental versar sobre regulamentação de atividades utilizadoras de recursos naturais, definindo parâmetro mínimos de segurança ao meio ambiente etc., essas normas servem para complementar tipos, ditos como normas penais em branco.

Assim, o direito administrativo está entrelaçado ao direito penal. Pois, o direito administrativo é quem vai criar as condições "ideais" de funcionamento para cada tipo de atividade ou serviço que se utilize de recursos naturais. Isso, por vezes, uma vez violado, poderá ensejar a responsabilidade penal em face das condutas previstas como crimes. Neste contexto, Prado (2016)[169] descreve com propriedade que *a tutela penal se apresenta em grande parte relativamente dependente da norma administrativa, em razão da peculiar estrutura do objeto, e da própria unicidade e coerência que regem o ordenamento jurídico. E continua, a administração pública tem papel decisivo na tutela do ambiente e se manifesta através de diversas formas de ação administrativa. É, assim, de bom alvitre enumerar algumas de suas principais funções nesse contexto: função normativa, que consiste na formulação de normas e diretrizes indispensáveis ao exercício da administração ambiental; função de controle, que significa gestão do ambiente vinculada aos interesses coletivos e exercida pelos órgãos administrativos, por meio de técnicas de polícia ou de controle; e função de fiscalização, que se realiza na fiscalização ou vigilância exercida em relação à evolução de determinados riscos autorizados ou não.*

Observa-se, portanto, que o direito administrativo tem condições de apurar as eventuais irregularidades lesivas contra o meio ambiente e aplicar os instrumentos legais para a reparação do dano. Desse modo, o direito penal seria, de fato, a *ultima ratio* evitando-se acionar o aparato estatal jurisdicional para demandar ações penais de pequena monta, em que grande parte a jurisprudência considera possível a aplicação do princípio da insignificância.

Outra questão a ser enfrentada diz respeito a duplicidade de sanções, no âmbito penal e administrativo, quando ambas as condutas possuem a mesma redação dos

---

[167] Idem, p. 247.

[168] VITTA, Heraldo Garcia. *A sanção no direito administrativo.* São Paulo: Malheiros, 2003. p. 91.

[169] PRADO, Luiz Regis. *Direito penal do ambiente.* 6. ed. rev., atual. e ampl. São Paulo: Editora Revista dos Tribunais, 2016. p. 102.

tipos infracionais. Vejam, o §3º, do artigo 225, da CRFB/88 define que as condutas e atividades consideradas lesivas ao meio ambiente sujeitarão os infratores a sanções penais, administrativas e cíveis. Não há dúvida ou controvérsia sobre esse ponto. O questionamento se deve ao fato da duplicidade de sancionamento sobre a mesma conduta, sob pena de violação ao princípio do *ne bis in idem*.

Por este prisma, Prado (2016)[170] alerta que *problema nodal surge quando os ilícitos penais e administrativos incidem sobre o mesmo fato, praticado pelo agente, e cujas consequências jurídicas têm fundamento. Evidencia-se, de plano, a intransponível barreira do princípio constitucional* ne bis in idem, *que veda a duplicidade sancionadora na hipótese acima mencionada. Como postulado garantista, decorrente dos princípios da legalidade (formal/material), segurança jurídica e proporcionalidade – inerentes ao Estado democrático de Direito –, sufraga direito fundamental e não submetido ao duplo sancionamento (= ser punido duas vezes pelo mesmo fato) na hipótese de concorrência de sanções penais e administrativas sobre um único fato, com mesmo fundamento e autor. Em resumo: no caso de identidade entre fato, sujeito e fundamento jurídico, a imposição de sanção penal e administrativa implica vilipêndio ao princípio* ne bis in idem, *sendo inconstitucional.*

Esclarece, ainda, Prado (2016) que *o princípio do* ne bis in idem *procura impedir a dupla punição individual, quando houver a tríplice identidade entre fato (identidade fática), sujeito (identidade subjetiva ou de agentes) e fundamento (quando o desvalor total do fato é abarcado por apenas um dos preceitos incriminadores).*

Bom trazer à baila que a maior parte da doutrina não segue essa tese. Destaca-se que não estamos a falar sobre a incidência de multa por entes federados diversos, mas sim de sanção penal e administrativa, cuja conduta possua mesma tipificação em ambas as esferas.

Um bom debate sem dúvida, pois nos faz buscar elementos para questionar um posicionamento ou outro. Nesse sentido, ao olharmos os princípios constitucionais não encontramos forma expressa para a vedação ao *bis in idem*. Esse princípio está previsto no Estatuto de Roma,[171] que criou o Tribunal Penal Internacional, a seguir:

> Artigo 20. Ne bis in idem. 1. Salvo disposição contrária do presente Estatuto, nenhuma pessoa poderá ser julgada pelo Tribunal por atos constitutivos de crimes pelos quais este já a tenha condenado ou absolvido. 2. Nenhuma pessoa poderá ser julgada por outro tribunal por um crime mencionado no artigo 5º, relativamente ao qual já tenha sido condenada ou absolvida pelo Tribunal. 3. O Tribunal não poderá julgar uma pessoa que já tenha sido julgada por outro tribunal, por atos também punidos pelos artigos 6º, 7º ou 8º, a menos que o processo nesse outro tribunal: a) Tenha tido por objetivo subtrair o acusado à sua responsabilidade criminal por crimes da competência do Tribunal; ou b) Não tenha sido conduzido de forma independente ou imparcial, em conformidade com as garantias de um processo eqüitativo reconhecidas pelo direito internacional, ou tenha sido conduzido de uma maneira que, no caso concreto, se revele incompatível com a intenção de submeter a pessoa à ação da justiça.

---

[170] Idem, p. 105.
[171] BRASIL. *Decreto nº 4.388, de 25 de setembro de 2002.* Promulga o Estatuto de Roma do Tribunal Penal Internacional (Estatuto de Roma do Tribunal Penal Internacional). Brasília, DF: Diário Oficial da União, 2002.

A doutrina majoritária entende que este princípio não é absoluto, conforme destaca Rogério Sanches Cunha (2019)[172] *o próprio Estatuto de Roma, em seu artigo 20, 3, prevê a possibilidade de julgamento por mesmo fato nos casos dos crimes de genocídio, crimes de guerra e crimes contra a humanidade, desde que o primeiro tribunal a realizar o julgamento tenha tentado subtrair a competência do Tribunal Internacional ou não tenha havido a imparcialidade necessária à ação da justiça.*

Como forma de verificar a incidência do princípio do *ne bis in idem*, Cunha (2019),[173] destaca três significados: (A) Processual: ninguém pode ser processado pela segunda vez pelo mesmo crime; (B) Material: ninguém pode ser condenado pela segunda vez em razão do mesmo fato; (C) Execucional: ninguém pode ser executado duas vezes por condenações relacionadas ao mesmo fato.

Este tema já foi objeto de questionamento no Superior Tribunal de Justiça por inúmeras vezes, onde analisaram cada caso em concreto, como se vê a seguir:

> Não obstante as nuances constantes dos decretos condenatórios relativamente aos bens subtraídos pelo paciente, é evidente que as condenações incidiram sobre o mesmo fato criminoso, implicando em indevido *bis in idem* em desfavor do paciente. (STJ, HC 285.589/MG, Min. Felix Fischer, DJe 17/9/2015)

E outros julgados referentes ao *ne bis in idem*, ainda no âmbito do Superior Tribunal de Justiça:

> HC 371.438/SP, DJe 28/10/2016; HC 364.866/SP, DJe 10/10/2016; HC 307.476/SP, DJe 17/10/2016; EDcl HC 335267/SC, DJe 1/10/2016; AgRg no AResp 877187/PA, DJe 19/10/2016; AgRg no AREsp 758821/PR, DJe 17/10/2016; HC 263.289/SP, DJe 17/10/2016; HC 363.352/SP, DJe 18/10/2016; HC 359.871/SP, DJe 10/10/2016; HC 362.726/SP, DJe 06/09/2016; HC 316139/DF, DJe 19/04/2016; RHC 49.719/PR, DJe 01/09/2015.

No mesmo sentido, o Supremo Tribunal Federal foi provocado por várias oportunidades:

> HC 129.555 AgR/PR, DJe 27/10/2016; HC 134.573/SP, DJe 30/09/2016; AP 971/RJ, DJe 11/10/2016; HC 126.346/ES, DJe 11/05/2016; RHC 129.946 AgR/SP, DJe 28/04/2016; HC 132.657/DF, DJe 16/02/2016; HC 128.446/PE, DJe 29/09/2015; ARE 896.843 AgR/MT, DJe 23/09/2015; HC 127.221/SP, DJe 09/09/2015; HC 125.586/SP, DJe 15/12/2015; RHC 124.292/PR, DJe 08/04/2015; RE 453.000/RS, DJe 03/10/2013; HC 113.413/SP, DJe 12/11/2012.

Dessa forma, ao ser considerada a vedação do *ne bis in idem,* passamos a aceitar a ideia de que não se poderá aplicar as sanções penais e administrativas pelo mesmo fato. Sustentando essa ideia, Rafael Munhos de Mello (2007)[174] descreve que esse princípio

---

[172] CUNHA, Rogério Sanches. *Manual de direito penal*: parte geral (arts. 1º ao 120). 7. ed. rev., ampl. e atual. Salvador: Juspodivm, 2019. p. 118.

[173] Idem, p. 118.

[174] MELLO, Rafael Munhoz de. *Princípios constitucionais de Direito Administrativo sancionador*: as sanções administrativas à luz da Constituição Federal de 1988. São Paulo: Malheiros, 2007. p. 210.

impede a Administração Pública de impor uma segunda sanção administrativa a quem já sofreu, pela prática da mesma conduta, uma primeira.

Noutro norte, temos a vertente que sustenta a possibilidade indiscutível de se aplicar concomitantemente sanções penais, administrativas e civis em face de conduta que viole as regras de proteção e uso dos recursos naturais.

A matéria é amplamente debatida na doutrina e ficou evidente que a jurisprudência analisa cada caso em concreto. No âmbito da jurisprudência, quando do julgamento do HC 73.372-7/DF, Rel. Min. Sydney Sanches, DJ 17/05/96, o Superior Tribunal Federal assim decidiu:

> Não procede a alegação de que, havendo sido, no Juízo cível, negada reparação por dano moral, porque não caracterizado ilícito civil, desaparecia o ilícito penal pelos mesmos fatos: seja porque não comprovado o trânsito em julgado do acórdão respectivo; seja porque a responsabilidade penal independe da civil, assim como esta daquela, excetuadas as hipóteses previstas nos artigos 65, 66 e 67 do Código de Processo Penal, inocorrentes no caso.

Em outra ocasião o Superior Tribunal Federal julgou o MS 22.728-1/PR, Rel. Min. Moreira Alves, DJ 13/11/98:

> Inexistência do "bis in idem" pela circunstância de pelos mesmos fatos, terem sido aplicadas a pena de multa pelo Tribunal de Contas da União e a pena de cassação da aposentadoria pela Administração. Independência das instâncias.

Nota-se, que, ao calor da discussão, o que se busca é segurança jurídica para o intérprete, ou seja, inegável a possibilidade de aplicar sanções em esferas autônomas, porém que estejam previstas em Lei. A sanção não pode ser criada por norma infralegal sob pena de violar o princípio da legalidade. Segue esse entendimento Paulo Queiroz (2014)[175] ao descrever que *não há bis in idem, porém, quando o fato é punível simultaneamente ou sucessivamente em âmbitos jurídicos distintos, visto que diversa é a fundamentação jurídica. Assim, por exemplo, o peculato (CP, art. 312) é legitimamente punível civil, administrativa e penalmente (respectivamente, reparação do dano, perda do cargo e prisão).*

Encontramos diversas leis com previsão de aplicação de sanção nas três esferas (penal, administrativa e civil), ao agente que viole o bem jurídico tutelado, a exemplo da Lei nº 8.666, de 21 de junho de 1993;[176] Lei nº 8.429, de 2 de junho de 1992,[177] que no seu artigo 12 traz claramente a previsão da cumulatividade das sanções.

Em contraponto, por certo a Lei nº 9.605/98 deveria ter tipificado as condutas passivas de sanções administrativas. Ao contrário, limitou-se apenas a definir as sanções a serem aplicadas ao infrator. No seu artigo 72 está previsto o rol de sanções administrativas, todavia, não há tipificação na lei das condutas consideradas infrações

---

[175] QUEIROZ, Paulo. *Curso de direito penal*: parte geral. 10. ed. rev. amp. e atual. Salvador: Juspodivm, 2014. p. 85.

[176] BRASIL. *Lei nº 8.666, de 21 de junho de 1993*. Regulamenta o art. 37, inciso XXI, da Constituição Federal, institui normas para licitações e contratos da Administração Pública e dá outras providências. Brasília, DF: Diário Oficial da União, 1993.

[177] BRASIL. *Lei nº 8.429, de 2 de junho de 1992*. Dispõe sobre as sanções aplicáveis aos agentes públicos nos casos de enriquecimento ilícito no exercício de mandato, cargo, emprego ou função na administração pública direta, indireta ou fundacional e dá outras providências. Brasília, DF: Diário Oficial da União, 1992.

administrativas sujeitas a tais reprimendas. Isso ficou relegado a um decreto, o que provoca inevitavelmente discussões acerca da legalidade de tal instrumento.

Noutro vértice, importante ressaltar que não há vedação de imputação de sanções em esferas diferentes pelo mesmo fato. Por ser matéria prevista no §3º, do artigo 225, da CF/88, não se cogita falar em inconstitucionalidade de tal previsão.

Reforçamos o pensamento de que as condutas consideradas infrações administrativas deveriam estar previstas em lei, e não em decreto, portaria ou instrução normativa, sob pena de violação ao princípio da legalidade e da segurança jurídica. Temos um ótimo exemplo na Lei nº 9.503/97 (que institui o Código de Trânsito Brasileiro),[178] que além de disciplinar as regras de trânsito e os crimes de trânsito, também tipifica as infrações administrativas, deixando apenas a regulamentação de determinadas questões para o CONTRAN ou o DENATRAN, o que seria ideal para o direito ambiental disposição semelhante.

Ao mesmo tempo que se discute o sancionamento em esferas distintas, é importante lembrar o que se refere a sanção. Para Miguel Reale (1999),[179] *a sanção é algo que se acrescenta à norma, para a garantia de seu adimplemento, tal como ocorre no mundo jurídico ou no mundo moral. Ela inexiste no mundo da natureza como tal, onde as consequências sobrevêm segundo nexos determinados ou determináveis.* Podemos complementar com as palavras de Ferraz Jr. (2019)[180] que *a sanção jurídica é considerada um elemento importante, e se aceita que, por característica, sempre vem prescrita por normas, embora nem todas prescrevam sanções. Isto é, postula-se que o direito não aceita sanções implícitas ou extranormativas como jurídicas.* E fechando com o pensamento de Miguel Reale (1999)[181] *sanção é toda consequência que se agrega, intencionalmente, a uma norma, visando ao seu cumprimento obrigatório.*

As sanções possuem várias espécies, com destaque para as penais, administrativas, civis, processuais etc. Lembrando que agora o que nos atrai é a sanção administrativa. E de imediato buscamos compreender a sanção administrativa através do conceito formulado por Fábio Medina Osório (2019):[182] *consiste a sanção administrativa, portanto, em um mal ou castigo, porque em efeitos aflitivos, com alcance geral e potencialmente pro futuro, imposto pela Administração Pública, materialmente considerada, pelo Judiciário ou por corporações de direito público, a um administrado, jurisdicionado, agente público, pessoa física ou jurídica, sujeitos ou não a especiais relações de sujeição com o Estado, como consequência de uma conduta ilegal, tipificada em norma proibitiva, com uma finalidade repressora ou disciplinar, no âmbito de aplicação formal e material do Direito Administrativo.*

Creio ser muito oportuno lembrar da distinção que a doutrina faz da sanção administrativa, cujas espécies possuem finalidades e efeitos distintos. Estamos falando da *sanção administrativa retributiva* e da *sanção administrativa ressarcitória*. Essa distinção é mencionada na obra de Mello (2009).[183]

---

[178] BRASIL. *Lei nº 9.503, de 23 de setembro de 1997*. Institui o Código de Trânsito Brasileiro. Brasília, DF: Diário Oficial da União, 1997.

[179] REALE, Miguel. *Filosofia do direito*. 19. ed. São Paulo: Saraiva, 1999. p. 250.

[180] FERRAZ JR., Tercio Sampaio. *Introdução ao estudo do direito*: técnica, decisão, dominação. 11. ed. São Paulo: Atlas, 2019. p. 90 e 91.

[181] REALE, Miguel. *Filosofia do direito*. 19. ed. São Paulo: Saraiva, 1999. p. 260.

[182] OSÓRIO, Fábio Medina. *Direito administrativo sancionador*. 6. ed. rev. e atual. São Paulo: Thompson Reuters Brasil, 2019. p. 105.

[183] MELLO, Rafael Munhoz de. *Princípios constitucionais de Direito Administrativo Sancionador*: as sanções administrativas à luz da Constituição Federal de 1988. São Paulo: Malheiros, 2007. p. 76.

De acordo com Mello (2009), *a sanção administrativa retributiva esgota-se na aplicação de um mal ao infrator. Trata-se de medida de simples retribuição pela prática da infração, sem qualquer pretensão de ressarcimento do dano causado pela conduta delituosa ou de restauração do status quo ante.* Já a sanção administrativa ressarcitória *não se esgota na imposição de um mal ao infrator, mas vai além: a medida aflitiva imposta pela Administração Pública altera a situação de fato existente, reparando o dano causado à vítima da infração. O ilícito consiste, aqui, na violação do dever geral de não causar danos a terceiros.*

A sanção *administrativa retributiva* possui natureza administrativa do procedimento. Enquanto que a sanção *administrativa ressarcitória* se submete ao regime jurídico de direito civil.

Inegável que a defesa do meio ambiente se desenvolve simultaneamente em três frentes, as quais possuem índole preventiva, reparatória e repressiva. Porém, um questionamento latente é qual a natureza jurídica da responsabilidade administrativa? Bem, essa controvérsia é demasiadamente debatida na doutrina inexistindo consenso.

Tentando trazer luz a essa questão, encontramos duas correntes divergentes sobre essa matéria, conforme explicitam Milaré, Costa Jr. e Costa (2013).[184] Dessa forma, destacam que *a primeira corrente, ancorada no mito da responsabilidade objetiva, pioneiramente defendida por Hely Lopes Meirelles, aduz que quando a Lei 9.605/1998 se referiu à infração administrativa como toda ação ou omissão que viole as regras jurídicas de uso, gozo, promoção, proteção e recuperação do meio ambiente, não a condicionando a uma voluntariedade do sujeito que as violou, acabou por estabelecer, como regra geral, a teoria da responsabilidade objetiva no âmbito administrativo-ambiental. A culpa será a exceção, nas hipóteses prefixadas no ordenamento.* Alinhados a esse entendimento Paulo Affonso Leme Machado, Vladimir Passos de Freitas, Joel Ilan Paciornik, Theo Marés, Flávio Dino e Nicolao Dino Neto.

Noutro vértice, Milaré, Costa Jr. e Costa (2013)[185] explicam que a outra corrente defende a responsabilidade subjetiva, sustentando a imprescindibilidade da culpa, *lato sensu*, como elemento necessário para a caracterização da infração administrativa, isso decorre das garantias expressas no art. 5º, incisos LV e LVII, da Constituição Federal, que asseguram aos litigantes, em processo judicial ou administrativo, e aos acusados em geral, o contraditório e ampla defesa, além da presunção de inocência. E admitir a responsabilidade objetiva do infrator é desconsiderar tais garantias. Nessa corrente se filiam Fábio Medina Osório, Heraldo Garcia Vitta, Ricardo Carneiro, Edilson Pereira Nobre Júnior, Daniel Ferreira e Regis Fernandes de Oliveira.

Tais dúvidas surgem ao analisarmos o disposto no artigo 72, *caput*, da Lei nº 9.605/98, quando da imposição de penalidade das infrações administrativas, cuja previsão é que serão punidas observando-se o disposto no art. 6º, da mesma lei, ou seja, considerando-se: **a) a gravidade do fato**, tendo em vista os motivos da infração e suas consequências para a saúde pública e para o meio ambiente; **b) os antecedentes do infrator** quanto ao cumprimento da legislação de interesse ambiental, e **c) a situação econômica do infrator**, no caso de multa.

---

[184] MILARÉ, Édis; COSTA JR., Paulo José da; COSTA, Fernando José da. *Direito penal ambiental*. 2. ed. rev., atual. e ampl. São Paulo: Revista dos Tribunais, 2013. p. 176.

[185] Idem, p. 176.

Então, forte é a presunção da aplicação da responsabilidade administrativa subjetiva, tendo em vista que a exigência da lei em observar o comportamento do infrator leva-se em conta a gravidade, os motivos e as consequências para o meio ambiente.

Por certo, esse debate não se encerra com a simples explanação, pois parte da doutrina apresenta fundamentos para divergir, justificando que a responsabilidade administrativa deveria ser objetiva.

Diante desse contexto, inegável a necessidade de se analisar a culpabilidade do infrator, como princípio básico em matéria de responsabilidade do agente perante o direito administrativo sancionador. Como explica Fábio Medina Osório (2019),[186] *para que alguém possa ser administrativamente sancionado, seja quando se trate de sanções aplicadas por autoridades judiciárias, seja quando se cogite de sanções impostas por autoridades administrativas, necessário que o agente se revele culpável.*

Ademais, a lei considera infração administrativa ambiental toda ação ou omissão que viole as regras jurídicas de uso, gozo, promoção, proteção e recuperação do meio ambiente. Então, para que a administração pública possa imputar responsabilidade ao infrator se exige dele uma ação ou omissão ilícita.

Para Fábio Medina Osório (2019)[187] *na ação, o agente viola deveres de abstenção. Nas omissões, viola deveres de ação. Porém, não há, a priori, uma escala hierárquica de valores a delimitar maior severidade nas ações ou nas omissões. A omissão há de significar uma violação de um dever de agir, estabelecendo-se uma relação de causalidade puramente normativa entre a conduta e o resultado. O agente se omite de uma conduta que lhe era juridicamente exigível. Essa omissão, em regra, pode ser culposa ou dolosa, mas depende do tipo sancionador essa escolha legítima.*

Não bastasse a doutrina majoritária adotar a responsabilidade subjetiva para as infrações administrativas, o Superior Tribunal de Justiça também já se manifestou a respeito, na decisão do Ministro Napoleão Nunes Maia Filho, ao relatar o Recurso em Mandado de Segurança (2007/0165377-1) sobre a submissão da ação administrativa sancionadora aos princípios do direito penal:

> Consoante precisas lições de eminentes doutrinadores e processualistas modernos, à atividade sancionatória ou disciplinar da Administração Pública se aplicam os princípios, garantias e normas que regem o Processo Penal comum, em respeito aos valores de proteção e defesa das liberdades individuais e da dignidade da pessoa humana, que se plasmaram no campo daquela disciplina. (STJ, Recurso em Mandado de Segurança nº 24.559 – 2007/0165377-1 – julgado em 3.12.2009 – DJe 01/02/2010)

Por fim, ao regulamentar o Capítulo VI da Lei nº 9.605/98, o Executivo editou o Decreto nº 6.514/08,[188] cujo disciplinamento serve de base material para subsidiar as ações de índole preventiva, reparatória e repressiva, a serem estudadas mais adiante.

---

[186] OSÓRIO, Fábio Medina. *Direito administrativo sancionador*. 6. ed. rev. e atual. São Paulo: Thompson Reuters Brasil, 2019. p. 363.

[187] Idem, p. 377.

[188] Decreto nº 6.514, de 22 de julho de 2008. Dispõe sobre as infrações e sanções administrativas ao meio ambiente, estabelece o processo administrativo federal para apuração destas infrações, e dá outras providências.

CAPÍTULO III

1 Da Competência Administrativa Sancionatória

Ao abordamos a respeito da competência administrativa sancionatária buscamos nas palavras de José Afonso da Silva (2013)[189] o qual ensina que *a responsabilidade administrativa fundamenta-se na capacidade que têm as pessoas jurídicas de Direito Público de impor condutas aos administrados. Esse poder administrativo é inerente à Administração de todas as entidades estatais – União, Estados, Distrito Federal e Municípios –, nos limites das respectivas competências institucionais.*

A Constituição Federal de 1988, em seu art. 23, atribuiu competência administrativa comum à União, aos Estados, ao Distrito Federal e aos Municípios para a proteção do ambiente e o controle da poluição. Dessa forma, em face dessa previsão constitucional, qualquer dos entes federativos pode legislar em defesa do meio ambiente, sem que um exclua o outro.

Sem sobressalto, o art. 24 da Carta Magna conferiu aos Estados competência concorrente com a União para legislar sobre várias matérias ligadas à área ambiental, em seus incisos VI, VII e VIII.[190] Depreende-se, ainda, que esta competência foi estendida aos Municípios, nos termos do art. 30, II, da Constituição Federal (compete aos Municípios suplementar a legislação federal e a estadual no que couber).

Após transitarmos pelas competências constitucionais, se faz necessário adentrarmos nos poderes da Administração Pública, no que se refere a competência para aplicar sanção ao administrado. Buscamos o ensinamento de Hely Lopes Meirelles (2010)[191] o qual destaca que *os poderes administrativos nascem com a Administração e se apresentam diversificados segundo as exigências do serviço público, o interesse da coletividade e os objetivos a que se dirigem.*

Dentre os Poderes da Administração daremos ênfase ao Poder Regulamentar (ou normativo) e ao Poder de Polícia. Em que pese a doutrina clássica considere o Poder Vinculado como um dos poderes da Administração, encontramos posicionamento mais recente entendendo que a vinculação não se trata de um poder, pelo contrário, é uma sujeição obrigatória da Administração ao império da lei. Como explica Irene Patrícia Nohara (2019),[192] *o ato administrativo vinculado é aquele cujos elementos (sujeito, objeto, forma, motivo e finalidade) são previamente determinados em lei, de modo que, se ocorrer o requisito*

---

[189] SILVA, José Afonso da. *Direito ambiental constitucional.* 10. ed. atual. São Paulo: Malheiros, 2013. p. 325.

[190] VI - florestas, caça, pesca, fauna, conservação da natureza, defesa do solo e dos recursos naturais, proteção do meio ambiente e controle da poluição; VII - proteção ao patrimônio histórico, cultural, artístico, turístico e paisagístico; VIII - responsabilidade por dano ao meio ambiente, ao consumidor, a bens e direitos de valor artístico, estético, histórico, turístico e paisagístico;

[191] MEIRELLES, Hely Lopes. *Direito administrativo brasileiro.* 36. ed. São Paulo: Malheiros, 2010. p. 119.

[192] NOHARA, Irene Patrícia. *Direito administrativo.* 9. ed. – São Paulo: Atlas, 2019. p. 118.

fático correspondente, não há opção senão a sua prática com as consequências previstas. Dessa forma, não há alternativa à Administração, senão atender os dispositivos da lei.

2 Poder normativo (ou regulamentar)

O poder normativo (ou regulamentar)[193] é aquele em função do qual a Administração edita atos com efeitos gerais e abstratos. Compreende a edição de decretos regulamentares, instruções normativas, regimentos, resoluções e deliberações.

Desta forma, o poder regulamentar é a faculdade de que dispõem os Chefes de Executivo (Presidente da República, Governadores e Prefeitos) de explicar a lei para sua correta execução, ou de expedir decretos autônomos sobre matéria de sua competência ainda não disciplinada por lei, como explica Mirelles (2010).[194]

Poder normativo, em *sentido amplo*, compreende a atribuição de toda a Administração para edição de atos normativos. Em *sentido estrito*, significa a competência dos chefes do Poder Executivo para a edição de decretos (Poder Regulamentar).[195]

Em complemento, Maria Sylvia Zanella Di Pietro (2019)[196] contribui: *os atos pelos quais a Administração exerce o seu poder normativo têm em comum com a lei o fato de emanarem normas, ou seja, atos com efeitos gerais e abstratos.*

Nesse passo, verificamos que o direito ambiental depende grande parte de sua eficácia do poder normativo da Administração. Os atos administrativos normativos têm por objetivo imediato explicitar a norma legal a ser observada pela Administração e pelos administrados.

Além do decreto, são também manifestações do poder normativo, conforme nos ensina Hely Lopes Meirelles citado por Nohara (2019):[197]

> a) **as instruções normativas**: atos expedidos pelos Ministros de Estado para a execução das leis, decretos e regulamentos (art. 87, parágrafo único, II, da CF/88); b) **os regimentos**: atos administrativos normativos de atuação interna que se destinam a reger o funcionamento de órgãos colegiados ou de corporações legislativas; c) **as resoluções**: atos administrativos normativos expedidos por altas autoridades do Executivo, à exceção do Chefe do Executivo, que edita decretos, ou pelos presidentes dos tribunais, órgãos legislativos ou colegiados administrativos, para disciplinar matéria de sua competência específica; d) **as deliberações**: atos administrativos normativos ou decisórios emanados de órgãos colegiados. (grifei)

---

[193] Doutrinadores mais tradicionais utilizam a expressão "Poder regulamentar" como a competência dos chefes do Poder Executivo para editar decretos. Contudo, Poder normativo é mais compatível para expressar toda a atribuição da Administração na complementação das leis. O Poder regulamentar não esgota toda a sua competência normativa. Atualmente, diversos órgãos e entidades têm competência de editar atos normativos visando disciplinar determinadas situações, com fundamento em lei anterior que autorize. É o que ocorre em relação às resoluções emanadas de agências reguladoras, disciplinando matérias que estão em seu âmbito de controle. [SCATOLINO, Gustavo; TRINDADE, João. *Manual didático de direito administrativo*. 7. ed. rev., ampl. e atual. – Salvador: Juspodivm, 2019. p. 418].

[194] MEIRELLES, Hely Lopes. *Direito administrativo brasileiro*. 36. ed. São Paulo: Malheiros, 2010. p. 130.

[195] SCATOLINO, Gustavo; TRINDADE, João. *Manual didático de direito administrativo*. 7. ed. rev., ampl. e atual. Salvador: Juspodivm, 2019. p. 418.

[196] DI PIETRO, Maria Sylvia Zanella. *Direito administrativo*. 32. ed. [2. reimpr.]. Rio de Janeiro: Forense, 2019. p. 118.

[197] NOHARA, Irene Patrícia. *Direito administrativo*. 9. ed. São Paulo: Atlas, 2019. p. 140.

Destaca-se que o poder normativo está diretamente vinculado a lei, não podendo se exceder além daquilo que está nela contida. Dessa forma, não poderá a Administração Pública inovar ou criar direitos e obrigações, por extrema violação ao princípio da legalidade.

Conforme já fixado pela doutrina, entende-se que o regulamento não pode ser, via de regra (NOHARA, 2019):[198] a) *ultra legem*: ir além, isto é, inovar a ordem jurídica, produzindo mais direitos e deveres do que os emanados da lei; no entanto, ele derroga regulamento anterior, neste sentido, inova as regras aplicáveis ao assunto disciplinado; b) *contra legem*: contrariar o sentido da lei; e, c) *citra legem*: suprimir direitos e obrigações contidos na lei a pretexto de regulamentá-la.

Nas situações em que o ato regulamentar violar diretamente a lei, extrapolando-a ou dispondo de modo diverso do previsto na norma primária, sofrerá o adequado controle judicial, pois se trata de uma "crise de legalidade", conforme expressão utilizada pelo Superior Tribunal Federal (SCATOLINO; TRINDADE, 2019):[199]

> Se a interpretação administrativa da lei, que vier a consubstanciar-se em decreto executivo, divergir do sentido e do conteúdo da norma legal que o ato secundário pretendeu regulamentar, quer porque tenha este se projetado ultra legem, quer porque tenha permanecido citra legem, quer, ainda, porque tenha investido contra legem, a questão caracteriza, sempre, típica crise de legalidade, e não de inconstitucionalidade, a inviabilizar, em consequência, a utilização do mecanismo da fiscalização normativa abstrata. – O eventual extravasamento, pelo ato regulamentar, dos limites a que a materialidade deve estar adstrito poderá configurar insubordinação executiva aos comandos da lei. Mesmo que, a partir desse vício jurídico, se possa vislumbrar, num desdobramento ulterior, uma potencial violação da Carta Magna, ainda assim estar-se-á em face de uma situação de inconstitucionalidade reflexa ou oblíqua, cuja apreciação não se revela possível em sede jurisdicional concentrada. (ADI 996 MC, Relator: Min. Celso de Mello, Tribunal Pleno, julgado em 11.03.1994, DJ 06.05.1994, PP-10468, Ement Vol-01743-02, PP-00221.)

Evidencia-se, portanto, que havendo excesso por parte da Administração no tocante à edição de normas fora do contido na lei, estará sujeita a um controle de legalidade por via judicial.

3 Poder de Polícia

Inicialmente é demasiadamente importante separar as palavras da expressão "poder de polícia", para compreendermos o sentido ao qual resulta esse poder conferido a Administração Pública. Como explica Nohara (2019),[200] *em sentido vulgar, a palavra polícia no Brasil é associada mais comumente à corporação encarregada de zelar pela preservação da ordem e da segurança pública. Contudo, do ponto de vista do Direito Administrativo, poder de polícia*

---

[198] Idem, p. 137.

[199] SCATOLINO, Gustavo; TRINDADE, João. *Manual didático de direito administrativo*. 7. ed. rev., ampl. e atual. Salvador: Juspodivm, 2019. p. 423.

[200] NOHARA, Irene Patrícia. *Direito administrativo*. 9. ed. São Paulo: Atlas, 2019. p. 140.

possui significado mais amplo, consistente na atividade de condicionar e restringir o exercício dos direitos individuais, tais como a propriedade e a liberdade, em benefício do interesse público.

Ao se analisar a etimologia da palavra **polícia**, verifica-se que o termo assumiu diferentes significados ao longo do tempo, mas que, de uma maneira geral, origina-se da palavra grega *politeia* e da palavra latina *politia*. Ambas derivam ainda da palavra *polis*, ou seja, cidade, nos ensina Jean-Claude Monet (2002).[201] E continua, *os romanos tomam de empréstimo aos gregos o termo **politeia** (que corresponde para eles a dois conceitos, o de **res publica**, a "coisa pública': e o de **civitas**, que designa os "negócios da cidade"), mas o latinizam para **politia**, derivado da palavra **polis**, que significa "cidade". Paralelamente, seus juristas dão um conteúdo e um lugar específicos à noção de "polícia": em construções teóricas que visam a justificar a soberania absoluta do Estado imperial sobre seus súditos. Nessa concepção, o **Imperium** constitui o fundamento último do poder coercitivo do Estado – a **potestas** – e aquele que se manifesta concretamente através da ação administrativa, judiciária e policial.*

Em complemento, Francisco da Silva Bueno (1988),[202] autor do *Grande dicionário etimológico-prosódico da língua portuguesa*, descreve: *"O termo polícia inicialmente designava a arte de governar os cidadãos e a ordem ou regulamento de governo para o bem público; posteriormente, passou a ser empregado no sentido de vigilância armada para a repressão de crimes e desmandos do povo".*

Juridicamente, De Plácido e Silva (2010)[203] entende que o termo, no seu sentido amplo, exprime a ordem pública, a disciplina política, a segurança pública. Num sentido estrito, designa o conjunto de instituições legalmente estabelecidas com o fim de exercer a vigilância para a manutenção da ordem pública, a saúde pública, assegurando-se o bem-estar da coletividade.

Buscamos no direito administrativo, em especial nos poderes do Estado, o conceito de **poder de polícia**.[204] Aqui, em particular o poder administrativo que a administração possui para poder executar seus atos.

Desta forma, Meirelles (2010),[205] nos traz o conceito de poder de polícia:

> Poder de polícia é a faculdade de que dispõe a Administração Pública para condicionar e restringir o uso e o gozo de bens, atividades e direitos individuais, em benefício da coletividade ou do próprio Estado. Em linguagem menos técnica, podemos dizer que o poder de polícia é o mecanismo de frenagem de que dispõe a Administração Pública para conter os abusos do direito individual.

---

[201] MONET, Jean-Claude. *Polícias e sociedades na Europa*. Tradução de Mary Amazonas Leite de Barros. 2. ed. São Paulo: Editora da Universidade de São Paulo, 2002. p. 20. (Polícia e Sociedade, n, 3).

[202] BUENO, Francisco da Silva. *Grande dicionário etimológico-prosódico da língua portuguesa*. São Paulo: Lisa S. A., 1988. V. 6. p. 3.104-3.105.

[203] DE PLÁCIDO E SILVA, Oscar Joseph. *Vocábulo jurídico conciso*. Atual. Nagib Slaibi e Gláucia Carvalho. 2. ed. Rio de Janeiro: Forense, 2010. p. 588.

[204] A expressão "poder de polícia", de origem jurisprudencial, teve nascimento no direito norte-americano, criada pelo Ministro Marshall, Presidente da Suprema Corte dos Estados Unidos, que, no ano de 1827, no julgamento do caso *Brown versus Maryland*, em que eram discutidos os limites do poder do Estado de tributar, empregou o termo "polícia". Somente em 1853, no caso *Commonwealth versus Alger*, julgado pelo juiz Shaw, da mesma corte, em que se discutia a relatividade dos direitos de propriedade, subordinados aos demais interesses particulares e coletivos, foi empregada, integralmente, a expressão "poder de polícia". Posteriormente, a expressão passou a ser aceita por juristas de todo o mundo (MARTINS, João Mário. *Instituição Policial Militar e Segurança Pública*: análise à luz da política jurídica. 2008. 138 f. Dissertação (Mestrado) – UNIVALI, Itajaí, 2008. p. 29).

[205] MEIRELLES, Hely Lopes. *Direito administrativo brasileiro*. 36. ed. São Paulo: Malheiros, 2010. p. 134.

Percebe-se que a administração pública dispõe de um importante instrumento para exercer o controle do efetivo cumprimento de seus atos, também limitando ou até intervindo no comportamento do cidadão quando este se coloca contra os interesses da coletividade.

3.1 Conceito de poder de polícia

O conceito de Poder de Polícia está positivado em nossa legislação, onde se encontra esculpido no Código Tributário Nacional[206] o qual dispõe:

> Art. 78. Considera-se poder de polícia a atividade da administração pública que, limitando ou disciplinando direito, interesse ou liberdade, regula a prática de ato ou abstenção de fato, em razão de interesse público concernente à segurança, à higiene, à ordem, aos costumes, à disciplina da produção e do mercado, ao exercício de atividades econômicas dependentes de concessão ou autorização do Poder Público, à tranquilidade pública ou ao respeito à propriedade e aos direitos individuais ou coletivos.

Resta configurado que o poder de polícia é prerrogativa da Administração, que legitima a intervenção na esfera jurídica do particular, em defesa de interesses maiores relevantes para a coletividade. O poder de polícia não decorre da hierarquia, pois entre Estado e particular não há propriamente uma relação hierárquica, e sim de supremacia. Portanto, para o Estado exercer o poder de polícia ele usa de seu poder de supremacia que detém em relação aos administrados (SCATOLINO; TRINDADE, 2019).[207]

Muitos órgãos governamentais possuem o poder de polícia, assim definido por Álvaro Lazzarini (1994).[208]

> (...) como poder administrativo (...) que legitima o poder da polícia e a própria razão de ela existir; é um conjunto de atribuições da Administração Pública, como poder público, indelegáveis aos entes particulares (...) tendentes ao controle dos direitos e liberdades das pessoas (...).

Paulo Bonavides (2000)[209] complementa, dizendo que sempre deve ser respeitado o princípio da proporcionalidade, segundo o qual:

> (...) proporcionalidade é a regra fundamental a que devem obedecer, tanto os que exercem quanto os que padecem o poder (...) se presumindo a existência de relação adequada entre um ou vários fins determinados e os meios com que são levados a cabo.

---

[206] BRASIL. *Lei nº 5.172, de 25 de outubro de 1966*. Dispõe sobre o Sistema Tributário Nacional e institui normas gerais de direito tributário aplicáveis à União, Estados e Municípios. Brasília, DF: Diário Oficial da União, 1965.

[207] SCATOLINO, Gustavo; TRINDADE, João. *Manual didático de direito administrativo*. 7. ed. rev., ampl. e atual. Salvador: Juspodivm, 2019. p. 426.

[208] LAZZARINI, Álvaro. Limites do poder de polícia. *Revista de Direito Administrativo*, Rio de Janeiro, n. 198, p. 74, out./dez. 1994.

[209] BONAVIDES, Paulo. *Curso de direito constitucional*. 9. ed. São Paulo: Melhoramentos, 2000. p. 357.

Sobre isso, é importante considerar serem impostas ao poder de polícia barreiras que, se ultrapassadas, levam ao exercício anormal desse poder administrativo. É o arbítrio, que, ao ser extrapolado, deve, obrigatoriamente, num estado de direito, levar o agente policial responsável às sanções legais, tanto de natureza administrativa, criminal e civil. Sendo o poder de polícia um poder administrativo, este vem a legitimar o poder da polícia e a própria razão de ela existir, cabendo tão somente ao Poder Público o controle dos direitos e liberdades das pessoas, naturais ou jurídicas.

Até mesmo as atividades policiais, que exercem o poder de polícia, requerem atenção e controle. Pois, em face de justamente lidar com a liberdade das pessoas, a polícia é alvo de uma observação constante por parte da sociedade como um todo. Por isso, mesmo o poder atribuído à polícia não é ilimitado, não se constituindo em carta branca para quem exerce tal atividade.

José Cretella Júnior (1978)[210] afirma que o limite consiste nas barreiras impostas pela norma legal, e que devem ser intransponíveis, já que a atividade policial é exercida por humanos, devendo ser, portanto, protegida essa atividade contra os desmandos dos governantes e administradores. As principais barreiras, ou limites, a se observarem são os direitos dos cidadãos; as prerrogativas individuais; as liberdades públicas garantidas pelas Constituições e pelas leis.

O exercício do poder de polícia está regulado por limites que o legitimam. A primeira condição de legalidade a ser observada é justamente a competência do agente. Considerando que, no direito administrativo, não há competência geral ou universal, a lei é que determina quando e como o representante da Administração Pública agirá no exercício do seu cargo.[211]

Há que distinguir **três sistemas de limites** ao exercício da discricionariedade no poder de polícia. Para tanto, Diogo de Figueiredo Moreira Neto (1990)[212] demonstra que tais limites decorrem dos princípios da legalidade, da realidade e da razoabilidade.

Se a **legalidade** se constitui como sendo o primeiro e o mais importante dos sistemas limitadores, ela somente não basta. A **realidade**, baseada na *praxis* (atividade prática, ação, exercício, uso), vem a ser o segundo e também importante sistema de limites. Se, na legalidade como limite, temos uma moldura normativa na qual se deve conter o exercício da polícia, é preciso que esteja diretamente observado o exercício do poder de polícia de segurança pública, bem como as suas consequências práticas.

Por fim, o terceiro sistema de limite ao poder de polícia evidenciado por Moreira Neto (1990)[213] vem a ser o da **razoabilidade**: *"De modo amplo, a razoabilidade é uma relação de coerência que se deve exigir entre a manifestação da vontade do Poder Público e a finalidade específica que a lei lhe adscreve"*.

Verifica-se, portanto, que a **discricionariedade** não é mais a liberdade de atuação limitada pela lei, tão-somente, mas a liberdade de atuação limitada pelo direito.

---

[210] CRETELLA JÚNIOR, José. *Dicionário de direito administrativo*. 3. ed. Rio de Janeiro: Forense, 1978.

[211] Como exemplo, somente um Delegado de Polícia poderá presidir um Inquérito Policial. Da mesma forma, somente um Oficial Militar (das FFAA ou Estadual) poderá presidir um Inquérito Policial Militar.

[212] MOREIRA NETO, Diogo de Figueiredo. Considerações sobre os limites da discricionariedade do poder de polícia de segurança pública. Intervenção em painel sobre o tema. CONGRESSO BRASILEIRO DE SEGURANÇA PÚBLICA, I., Fortaleza, maio 1990.

[213] Idem.

É importante ressaltar que a Constituição Federal, ao repartir as matérias que são da competência da União, Estados, Distrito Federal e Municípios, atribui-lhes o poder de legislar e, como consequência direta, o de fiscalizar. Nesta esteira, Vladimir Passos de Freitas e Mariana Almeida Passos de Freitas (2014)[214] destacam que *existem temas que são do interesse comum da União, dos Estados, Distrito Federal e Municípios. É o caso do trânsito ou da saúde. O meio ambiente se inclui nesta categoria excepcional. Nos termos do art. 23, incisos III, VI e VII, da Carta Magna, às referidas pessoas jurídicas de Direito Público cabe protegê-lo e combater a poluição em qualquer de suas formas. Em suma, o poder de fiscalizar em matéria ambiental é comum à União, Estados, Distrito Federal e Municípios.* A esse respeito o Superior Tribunal de Justiça já se manifestou:

> I – Cuida-se mandado de segurança impetrado contra o Superintendente do INSTITUTO BRASILEIRO DO MEIO AMBIENTE E DOS RECURSOS NATURAIS RENOVÁVEIS – IBAMA, com o objetivo de anular o Auto de Infração nº 247103-D, decorrente da apreensão de agrotóxicos originários do Paraguai, lavrado por Técnico Ambiental. Ordem concedida em razão da incompetência da autoridade que lavrou o auto. II – A Lei nº 9.605/1998 confere a todos os funcionários dos órgãos ambientais integrantes do SISNAMA, o poder para lavrar autos de infração e instaurar processos administrativos, desde que designados para as atividades de fiscalização, o que para a hipótese, ocorreu com a Portaria nº 1.273/1998. III – Este entendimento encontra-se em consonância com o teor da Lei nº 11.516/2007, que acrescentou o parágrafo único ao artigo 6º, da Lei nº 10.410/2002, referendando a atribuição do exercício das atividades de fiscalização aos titulares dos cargos de técnico ambiental IV – Recurso provido. (1ª T. – REsp. 1.057.292/PR – Rel. Min. Francisco Falcão – j. em 17.06.2008 – DJe 18.08.2008)

E em relação ao poder fiscalizatório dos quatro entes federados o Supremo Tribunal de Justiça decidiu:

> I – Cuida-se mandado de segurança impetrado contra o Superintendente do INSTITUTO BRASILEIRO DO MEIO AMBIENTE E DOS RECURSOS NATURAIS RENOVÁVEIS – IBAMA, com o objetivo de anular o Auto de Infração nº 247103-D, decorrente da apreensão de agrotóxicos originários do Paraguai, lavrado por Técnico Ambiental. Ordem concedida em razão da incompetência da autoridade que lavrou o auto. II – A Lei nº 9.605/1998 confere a todos os funcionários dos órgãos ambientais integrantes do SISNAMA, o poder para lavrar autos de infração e instaurar processos administrativos, desde que designados para as atividades de fiscalização, o que para a hipótese, ocorreu com a Portaria nº 1.273/1998. III – Este entendimento encontra-se em consonância com o teor da Lei nº 11.516/2007, que acrescentou o parágrafo único ao artigo 6º, da Lei nº 10.410/2002, referendando a atribuição do exercício das atividades de fiscalização aos titulares dos cargos de técnico ambiental IV – Recurso provido." (2ª T. – REsp. 1.326.138/SC – REsp. 2012/0112858-3 – Rel. Min. Humberto Martins – j. em 06.06.2013)

Evidencia-se que o poder de polícia é um instrumento de harmonização de direitos individuais, buscando cumprimento e respeito ao direito de terceiros. Todavia, a sua

---

[214] FREITAS, Vladimir Passos de; FREITAS, Mariana Almeida Passos de. *Direito administrativo e meio ambiente.* 5. ed. rev. e ampl. Curitiba: Juruá Editora, 2014. p. 122.

legitimidade depende de estrita observância das normas legais e regulamentares (princípio da legalidade), exigindo-se do agente da autoridade atuação dentro dos contornos estabelecidos pela regra de direito.

3.2 Fundamento e características do poder de polícia

O fundamento do poder de polícia é o interesse público. Com efeito, como destacam Scatolino e Trindade (2019)[215] a Administração, ao exercer o poder de polícia, tem por finalidade resguardar a coletividade, evitando que o uso indevido da liberdade e da propriedade possa causar danos a terceiros. E o poder de polícia decorre do poder extroverso do Estado, que é a imposição de obrigações de forma unilateral na esfera do administrado.

O poder de polícia é discricionário e vinculado, pois a discricionariedade reside no uso da liberdade legal de valoração das atividades a serem "policiadas", na gradação das sanções aplicáveis e no melhor momento de agir. O Poder Público possui certa liberdade para selecionar as atividades mais relevantes da sociedade e decidir quais medidas serão impostas, a fim de proteger o interesse público, e quando serão adotadas.

O poder de polícia possui autoexecutoriedade, tendo em vista que certos atos administrativos ensejam de imediata e direta execução pela própria Administração, independentemente de ordem judicial.

Embora autoexecutório, salienta Antunes (2018),[216] *o ato de polícia não pode ser exercido sem observância da legalidade e da proporcionalidade entre a infração eventualmente cometida e a sanção administrativa aplicada ao caso concreto. E complementa, a proporcionalidade é requisito essencial para a validade do ato de polícia (STF – ADI-MC 1976/DF. Min. Moreira Alves. Tribunal Pleno. DJU: 24.11.2000, p. 189). Assim, não pode a autoridade pública interditar toda uma fábrica se apenas um de seus fornos polui a atmosfera e a sua interdição é suficiente para fazer cessar a agressão ambiental.*

O poder de polícia possui coercibilidade, impondo coativamente as medidas adotadas. Por ser imperativo, o ato de polícia admite até mesmo o uso da força pública para seu cumprimento, quando resistido pelo administrado.

3.3 As quatro fases do poder de polícia

O poder de polícia age através de ordens e proibições, porém, sobretudo, por meio de normas limitadoras e sancionadoras, ou pela ordem de polícia, pelo consentimento de polícia, pela fiscalização de polícia e pela sanção de polícia, como bem destaca Paulo Affonso Leme Machado (2017).[217]

Para esclarecer quais são as quatro fases do Poder de Polícia, citaremos o entendimento contido no Parecer nº GM-25,[218] aprovado pelo Presidente da República em 10

---

[215] SCATOLINO, Gustavo; TRINDADE, João. *Manual didático de direito administrativo.* 7. ed. rev., ampl. e atual. Salvador: Juspodivm, 2019. p. 427-429.

[216] ANTUNES, Paulo de Bessa. *Direito ambiental.* 19. ed. rev. e atual. São Paulo: Atlas, 2017. p. 141.

[217] MACHADO, Paulo Affonso Leme. *Direito ambiental brasileiro.* 25. ed. rev., ampl. e atual. São Paulo: Malheiros, 2017. p. 393-394.

[218] Parecer nº GM-25, de 10 de agosto de 2001. As Forças Armadas, sua atuação, emergencial, temporária, na preservação da ordem pública. Aspectos relevantes e norteadores de tal atuação. Advocacia Geral da União.

de agosto de 2001. O Estado, quando atuando com o seu poder de polícia, o exerce em quatro fases: a ordem de polícia, o consentimento de polícia, a fiscalização de polícia e a sanção de polícia.

A **ordem** de polícia se contém num preceito, que, necessariamente, nasce da lei, pois se trata de uma reserva legal, e pode ser enriquecida discricionariamente, consoante as circunstâncias, pela Administração.

O **consentimento** de polícia, quando couber, será a anuência, vinculada ou discricionária, do Estado com a atividade submetida ao preceito vedativo relativo, sempre que satisfeitos os condicionamentos exigidos. A licença é um consentimento vinculado; a autorização é discricionária.

A **fiscalização** de polícia é uma forma ordinária e inafastável de atuação administrativa, por meio da qual se verifica o cumprimento da ordem de polícia ou a regularidade da atividade já consentida por uma licença ou autorização. A fiscalização pode ser *ex-officio* ou provocada. No caso das atividades da Polícia Militar, ela toma o nome de policiamento.

A **sanção** de polícia é a atuação administrativa autoexecutória, que se destina à repressão também de caráter autoexecutório no exercício do poder de polícia. Esgota-se no constrangimento pessoal, direto e imediato, na justa medida para restabelecer a ordem pública.

O poder de polícia seria inane e ineficiente se não fosse coercitivo e não estivesse aparelhado de sanções para os casos de desobediência à ordem legal da autoridade, explica Meirelles (2010).[219]

3.4 Poder de polícia ambiental

Após analisarmos o conceito e o fundamento do poder de polícia, é de extrema pertinência abordarmos sobre o poder de polícia ambiental. Buscamos, então, o ensinamento de Machado (2017)[220] o qual define que *poder de polícia ambiental é a atividade da Administração Pública que limita ou disciplina direito, interesse ou liberdade, regula a prática de ato ou a abstenção de fato em razão de interesse público concernente à saúde da população, à conservação dos ecossistemas, à disciplina da produção e do mercado, ao exercício de atividades econômicas ou de outras atividades dependentes de concessão, autorização/permissão ou licença do Poder Público de cujas atividades possam decorrer poluição ou agressão à natureza.*

O poder de polícia ambiental, em que pese estar compreendido no conceito de poder de polícia, em face de sua especificidade abarca uma enorme responsabilidade no que concerne a sua eficácia. Milaré (2015)[221] salienta que *o poder de polícia ambiental, em favor do Estado, definido como incumbência pelo art. 225, da CF/1988, e a ser exercido em*

(NOTA: A respeito deste parecer o Excelentíssimo Senhor Presidente da República exarou o seguinte despacho: "Aprovo." Em 10/8/2001. Publicado na íntegra no *Diário Oficial* Nº 154-E, de 13 de agosto de 2001. p. 6.)

[219] MEIRELLES, Hely Lopes. *Direito administrativo brasileiro*. 36. ed. São Paulo: Malheiros, 2010. p. 143.

[220] MACHADO, Paulo Affonso Leme. *Direito ambiental brasileiro*. 25. ed. rev. ampl. e atual. São Paulo: Malheiros, 2017. p. 393.

[221] MILARÉ, Édis. *Direito do ambiente*. 10. ed. rev., atual. e ampl. São Paulo: Editora Revista dos Tribunais, 2015. p. 341.

função dos requisitos da ação tutelar, é decorrência lógica e direta da competência para o exercício da tutela administrativa do ambiente.

Ao ser analisado o conceito positivado de poder de polícia previsto no Código Tributário Nacional, Sirvinskas (2017)[222] afirma que já é suficiente para abranger o conceito de poder de polícia ambiental, pois, segundo ele, *basta, para o nosso estudo, a definição legal prevista no art. 78 do CTN, que se enquadra perfeitamente ao poder de polícia ambiental.*

3.5 Medidas de polícia

Osório (2019)[223] chama atenção para a aparente confusão entre *sanção* e *medida de polícia* e explica, "*é certo que as medidas de polícia podem estar ligadas ao cometimento ou ao perigo de cometimento de um fato ilícito, mas tal circunstância não lhes confere um caráter punitivo, um enquadramento no conceito de sanções administrativas*".

Nesse ponto, o Tribunal de Justiça de Santa Catarina assim decidiu:

> Mandado de segurança. Apreensão sumária de carteira de habilitação. Ilegalidade. Inobservância do devido processo legal. Contra-razões de recurso firmadas pela própria autoridade coatora. Incapacidade postulatória. Recurso provido. A participação da autoridade coatora, na ação mandamental, restringe-se à apresentação de informações. Não pode ela subscrever petição recursal ou de contra-razões, por faltar-lhe capacidade postulatória, inerente apenas aos advogados (ACMS n. 5.547, de São Joaquim, rel. Des. Eder Graf). Embora passível de revisão o ato administrativo a todo o tempo, a apreensão sumária da carteira nacional de habilitação de motorista, por suposta fraude, sem oportunidade de defesa, com inobservância do devido processo legal, é ato ilegal, que viola direito líquido e certo, reparável pela via da ação mandamental. Para a validade das sanções administrativas, mesmo as de polícia, exigível o respeito à plenitude da defesa, só se admitindo sua aplicação sumária em casos de urgência, de sério risco à segurança ou saúde pública ou quando se cuide de infração instantânea, flagrantemente autuada (Hely Lopes Meirelles, *Direito Administrativo Brasileiro*, Ed. RT, 17ª ed., p. 121). (TJSC, Apelação Cível em Mandado de Segurança n. 1996.003550-8, de Concórdia, rel. Des. Pedro Manoel Abreu, Segunda Câmara de Direito Comercial, j. 17-10-1996)

Para concluir, Osório (2019)[224] esclarece que *as medidas de polícia, ademais, diferentemente do que ocorre com as sanções, podem ter um caráter preventivo, perseguindo o bem comum, a consecução da boa ordem no uso dos bens e serviços públicos, visando o exato cumprimento da lei e das disposições normativas pertinentes.*

Nesse passo, o Decreto nº 6.514/08 em seu art. 101 apresenta quais medidas poderão ser adotadas pelo agente no momento da fiscalização:

> Art. 101. Constatada a infração ambiental, o agente autuante, no uso do seu poder de polícia, poderá adotar as seguintes medidas administrativas: I – apreensão; II – embargo de obra

---

[222] SIRVINSKAS, Luís Paulo. *Manual de direito ambiental*. 15. ed. São Paulo: Saraiva, 2017. p. 878.

[223] OSÓRIO, Fábio Medina. *Direito administrativo sancionador*. 6. ed. rev. e atual. São Paulo: Thompson Reuters Brasil, 2019. p. 106.

[224] OSÓRIO, Fábio Medina. *Direito administrativo sancionador*. 6. ed. rev. e atual. São Paulo: Thompson Reuters Brasil, 2019. p. 107.

ou atividade e suas respectivas áreas; III – suspensão de venda ou fabricação de produto; IV – suspensão parcial ou total de atividades; V – destruição ou inutilização dos produtos, subprodutos e instrumentos da infração; e VI – demolição.

Evidencia-se, portanto, que as medidas policiais, apesar de ser objetos do poder de polícia, não se confundem com sanção. Pois a sanção só poderá ser aplicada pela autoridade administrativa que estiver investida de competência defina pela lei.

3.6 Ordem pública ambiental

O direito contemporâneo está incorporando novos conceitos, andando em sintonia com a evolução do Estado moderno e adaptando-se às necessidades da sociedade (positivando os direitos difusos e coletivos, e os direitos e garantias individuais). Nesse prisma, tratamos anteriormente do poder de polícia ambiental e observa-se que a doutrina traz uma nova concepção em relação a ordem pública, de modo mais específico a ordem de polícia ambiental.

Para que possamos compreender o conceito de ordem pública ambiental, necessitamos compreender os fundamentos da ordem pública previstos na Constituição Federal. Assim, quando da elaboração da Constituição Federal de 1988, o constituinte deu ao assunto a relevância que o caso requer. É por isso que vamos encontrar referências à Ordem Pública em vários dispositivos, como veremos:

> Art. 34. A União não intervirá nos Estados nem no Distrito Federal, exceto para: (…) III – pôr termo a grave comprometimento da ordem pública; (…) Art. 136. O Presidente da República pode, ouvidos o Conselho da República e o Conselho de Defesa Nacional, decretar estado de defesa para preservar ou prontamente restabelecer, em locais restritos e determinados, a ordem pública ou a paz social ameaçadas por grave e iminente instabilidade institucional ou atingidas por calamidades de grandes proporções na natureza. (…) Art. 144. A segurança pública, dever do Estado, direito e responsabilidade de todos, é exercida para a preservação da ordem pública e da incolumidade das pessoas e do patrimônio, através dos seguintes órgãos: I – polícia federal; II – polícia rodoviária federal; III – polícia ferroviária federal; IV – polícias civis; V – polícias militares e corpos de bombeiros militares.

Para que os dispositivos constitucionais possam ser entendidos e aplicados, também se torna necessário o conhecimento do conceito legal de Ordem Pública, constante no art. 2º, item 21 do Decreto Federal nº 88.777,[225] de 1983:

> 21) Ordem Pública – Conjunto de regras formais, que emanam do ordenamento jurídico da Nação, tendo por escopo regular as relações sociais de todos os níveis, do interesse público, estabelecendo um clima de convivência harmoniosa e pacífica, fiscalizado pelo poder de polícia, e constituindo uma situação ou condição que conduza ao bem comum.

---

[225] BRASIL. *Decreto nº 88.777, de 30 de setembro de 1983.* Aprova o regulamento para as polícias militares e corpos de bombeiros militares (R-200). Brasília, DF: Diário Oficial da União, 1983.

Amorim (2009)[226] chama atenção sobre o conceito positivado de ordem pública, quando descreve que *alguns autores, dentre eles Álvaro Lazzarini e Diogo de Figueiredo, discordam parcialmente do conceito positivado no Decreto 88.777 retro mencionado, haja vista não ser a "Ordem Pública" regras, mas o resultado apreciável de sua observância. É uma situação que se quer manter ou a que se quer chegar, se for alterada.*

Ainda sobre o conceito de Ordem Pública, Georges Vedel (1978),[227] ensina que:

(...) a noção de ordem pública é básica em direito administrativo, sendo constituída por um mínimo de condições essenciais a uma vida social conveniente. A segurança dos bens e das pessoas, a salubridade e a tranquilidade formam-lhe o fundamento.

Porém, para que o conceito de **Ordem Pública** esteja completo, vamos verificar que, no seu bojo, estão inseridos três elementos que a compõem, a saber (AMORIM, 2009):[228]

a) Segurança Pública: é um regime constante com a finalidade de proteger o cidadão, garantindo a estabilidade institucional para a manutenção da ordem interna no país, permitindo ainda uma convivência normal em sociedade e a busca da harmonia social.

b) Tranquilidade Pública: segundo Lazzarini (1999),[229] "exprime o estado de ânimo tranquilo, sossegado, sem preocupações nem incômodos, que traz às pessoas uma serenidade, ou uma paz de espírito. A tranquilidade pública, assim, revela a quietude, a ordem, o silêncio, a normalidade das coisas. (...) constitui, sem dúvida alguma, direito inerente a toda pessoa (...)."

c) Salubridade Pública: da mesma forma, Lazzarini (1999)[230] assim conceitua: "referindo-se às condições sanitárias de ordem pública, ou coletiva, a expressão salubridade pública designa também o estado de sanidade e de higiene de um lugar, em razão do qual se mostram propícias as condições de vida de seus habitantes".

De certo modo, pode concluir, então, que a ordem pública busca manter uma situação de normalidade para a sociedade, oportunidade em que o Estado se utilizará de medidas preventivas e repressivas, se for o caso, para o seu restabelecimento. Especificamente quando voltamos nossas atenções para o meio ambiente, as alterações decorrentes de ações humanas (ou até naturais) que afetem a qualidade de vida, requer uma ação imediata do Estado.

O Estado ao empregar o direito ambiental como ferramenta de fixação de parâmetros para a utilização dos recursos naturais, o faz buscando atender os princípios da sustentabilidade, evitando-se, com isso, eventuais danos para a saúde, os bens naturais e demais direitos de terceiros.

---

[226] AMORIM, Jorge Schorne de. *Sistema nacional de segurança pública: livro didático* / Jorge Schorne de Amorim; design instrucional Daniela Erani Monteiro Will, Silvana Souza da Cruz Clasen. Palhoça: UnisulVirtual, 2009. p. 68.

[227] VEDEL, Georges, *apud* CRETELLA JÚNIOR, José. *Dicionário de direito administrativo.* 3. ed. Rio de Janeiro: Forense, 1978. p. 370.

[228] AMORIM, Jorge Schorne de. *Sistema nacional de segurança pública:* livro didático / Jorge Schorne de Amorim; design instrucional Daniela Erani Monteiro Will, Silvana Souza da Cruz Clasen. Palhoça: UnisulVirtual, 2009. p. 69.

[229] LAZZARINI, Álvaro. *Estudos de direito administrativo.* 2. ed. São Paulo: Editora Revista dos Tribunais, 1999. p. 21.

[230] Idem, p. 21.

A ordem pública do meio ambiente, para Antunes (2017),[231] *é o respeito pelos cidadãos e pelas instituições públicas e privadas aos parâmetros estabelecidos pela norma ambiental. Se os níveis ambientais estará, em princípio, sendo cumprida. E destaca, assim, o respeito a ordem pública ambiental necessita de, no mínimo, dois requisitos: (i) adequação da atividade aos parâmetros normativamente fixados e (ii) inexistência de danos a terceiros ou ao ambiente.*

Portanto, o Estado tem o dever de manter a ordem pública ambiental, utilizando-se dos instrumentos definidos pela Política Nacional do Meio Ambiente e das demais ferramentas previstas em lei. E havendo a quebra dessa normalidade, deverá, também, agir fortemente e rapidamente para restabelecer o estágio inicial.

3.7 O exercício do poder de polícia ambiental

Inicialmente é prudente ressaltar a obediência ao princípio da legalidade, ou seja, a competência se origina na lei. A lei que confere a autoridade e seus agentes a atribuição para o exercício do poder de polícia. Seguimos a linha de pensamento de Machado (2017),[232] que cita Charles Debbasch, o qual afirma: *as autoridades de polícia são aquelas que, em virtude da Constituição ou de disposições legislativas, tenham recebido o poder de editar medidas de polícia administrativa. Nesse sentido, no que concerne o exercício do poder de polícia ambiental, lei expressa poderá atribuí-lo não só à Administração direta como à Administração indireta (empresa pública, sociedade de economia mista ou fundação).*

Dessa forma, já vimos que a Constituição Federal de 1988, em seu art. 23, atribuiu à União, aos Estados, ao Distrito Federal e aos Municípios, competência administrativa comum para a proteção do ambiente e o controle da poluição. Então, se lhes é dado a competência para legislar, também será atribuída a competência para fiscalizar.

Destaca-se que as palavras de Milaré (2015),[233] *como aos Municípios compete legislar sobre assuntos de interesse local, suplementando, neste particular, as legislações federal e estadual, cabe afirmar que a polícia ambiental pode (e deve) ser exercida cumulativamente por todos os entes federativos, genericamente referidos como Poder Público; isso aliás, decorre claramente do art. 225, caput, da Carta Magna.*

A Lei nº 9.605/98 definiu a competência para lavrar auto de infração ambiental e instaurar o processo administrativo, nos termos do art. 70, §1º:

> São autoridades competentes para lavrar auto de infração ambiental e instaurar processo administrativo os funcionários de órgãos ambientais integrantes do Sistema Nacional de Meio Ambiente – SISNAMA, designados para as atividades de fiscalização, bem como os agentes das Capitanias dos Portos, do Ministério da Marinha.

Ao se referir aos funcionários de órgãos ambientais integrantes do Sistema Nacional de Meio Ambiente – SISNAMA, devemos observar o art. 6º, da Lei nº 6.938/81, e encontraremos quais são esses órgãos:

---

[231] ANTUNES, Paulo de Bessa. *Direito ambiental*. 19. ed. rev. e atual. São Paulo: Atlas, 2017. p. 141.

[232] MACHADO, Paulo Affonso Leme. *Direito ambiental brasileiro*. 25. ed. rev. ampl. e atual. São Paulo: Malheiros, 2017. p. 395.

[233] MILARÉ, Édis. *Direito do ambiente*. 10. ed. rev., atual. e ampl. São Paulo: Editora Revista dos Tribunais, 2015. p. 344.

Art. 6º Os órgãos e entidades da União, dos Estados, do Distrito Federal, dos Territórios e dos Municípios, bem como as fundações instituídas pelo Poder Público, responsáveis pela proteção e melhoria da qualidade ambiental, constituirão o Sistema Nacional do Meio Ambiente – SISNAMA, assim estruturado: I – **órgão superior:** o Conselho de Governo, com a função de assessorar o Presidente da República na formulação da política nacional e nas diretrizes governamentais para o meio ambiente e os recursos ambientais; II – **órgão consultivo e deliberativo:** o Conselho Nacional do Meio Ambiente (CONAMA), com a finalidade de assessorar, estudar e propor ao Conselho de Governo, diretrizes de políticas governamentais para o meio ambiente e os recursos naturais e deliberar, no âmbito de sua competência, sobre normas e padrões compatíveis com o meio ambiente ecologicamente equilibrado e essencial à sadia qualidade de vida; III – **órgão central:** a Secretaria do Meio Ambiente da Presidência da República, com a finalidade de planejar, coordenar, supervisionar e controlar, como órgão federal, a política nacional e as diretrizes governamentais fixadas para o meio ambiente; IV – **órgãos executores:** o Instituto Brasileiro do Meio Ambiente e dos Recursos Naturais Renováveis – IBAMA e o Instituto Chico Mendes de Conservação da Biodiversidade – Instituto Chico Mendes, com a finalidade de executar e fazer executar a política e as diretrizes governamentais fixadas para o meio ambiente, de acordo com as respectivas competências; V – **Órgãos Seccionais:** os órgãos ou entidades estaduais responsáveis pela execução de programas, projetos e pelo controle e fiscalização de atividades capazes de provocar a degradação ambiental; VI – **Órgãos Locais:** os órgãos ou entidades municipais, responsáveis pelo controle e fiscalização dessas atividades, nas suas respectivas jurisdições. (grifei)

Destaca Antunes (2017)[234] que *o Sisnama é integrado por um órgão superior; por um órgão consultivo e deliberativo; por um órgão central; por dois órgãos executores; diversos órgãos seccionais e locais. Cada um desses órgãos possui atribuições próprias. Compete-lhes precipuamente o exercício do poder de polícia em matéria ambiental.*

Sirvinskas (2017)[235] também contribui informando que os órgãos executores (IBAMA e ICMBio), os órgãos setoriais (entidades da Administração Pública direta e indireta e fundacional voltadas à proteção do meio ambiente; Ministério da Agricultura, da Fazenda, da Marinha, das Minas e Energia, da Saúde, da Ciência e Tecnologia etc., ora descritos nos arts. 3º, V, e 13, do Decreto nº 99.274/1990); os órgãos seccionais (no Estado de São Paulo, tem-se: a Secretaria Estadual do Meio Ambiente – SMA, o Conselho Estadual do Meio Ambiente – CONSEMA, a Companhia Estadual de Tecnologia e de Saneamento Ambiental – CETESB, o Departamento Estadual de Proteção dos Recursos Naturais – DEPRN, e a Polícia Militar Ambiental); os órgãos locais (no Município de São Paulo, tem-se: a Secretaria Municipal do Verde e do Meio Ambiente, o Conselho Municipal de Preservação do Patrimônio Histórico, Cultural e Ambiental da Cidade de São Paulo – CONPRESP, e a Comissão de Proteção à Paisagem Urbana – CPPU, entre outros órgãos). E conclui, *esses são os órgãos responsáveis pela proteção do meio ambiente, os quais poderão aplicar sanções cabíveis e inclusive interditar ou fechar estabelecimentos industriais que não estejam cumprindo as determinações legais ou regulamentares. Tudo isso*

---

[234] ANTUNES, Paulo de Bessa. *Direito ambiental*. 19. ed. rev. e atual. São Paulo: Atlas, 2017. p. 110.

[235] SIRVINSKAS, Luís Paulo. *Manual de direito ambiental*. 15. ed. São Paulo: Saraiva, 2017. p. 261-262.

só é possível porque cada um dos órgãos possui o poder de polícia ambiental, indispensável para dar executoriedade às sanções aplicadas pelos fiscais na esfera administrativa (art. 78 do CTN).

No mesmo sentido, temos a Lei nº 11.105/2005, que ao estabelecer mecanismos de fiscalização de atividades que envolvam organismos geneticamente modificados – OGM, atribuiu competência aos órgãos e entidades de registro e fiscalização dos Ministérios da Saúde, da Agricultura, Pecuária e Abastecimento, do Meio Ambiente, e da Secretaria Especial de Aquicultura e Pesca da Presidência da República.

Por óbvio, em respeito ao princípio da autonomia dos entes federativos, cabe a cada um reconhecer, no caso concreto, o seu interesse em apurar ou não a responsabilidade administrativa do suposto infrator (MILARÉ; COSTA JR.; COSTA, 2013).[236]

4   A fiscalização ambiental

A fiscalização ambiental é o ato executório do poder de polícia, pois de nada adiantaria estabelecer diretrizes para sadia qualidade de vida e os padrões aceitáveis de qualidade ambiental, sem que o Estado verificasse a situação real.

Em respeito ao princípio da legalidade o agente fiscal deve estar investido de competência para tal. Ao contrário, a sua decisão poderá ser revista e o ato declarado nulo, sem excluir eventuais reparações.

Como lembra Antunes (2019)[237] *a fiscalização é uma das atividades mais relevantes para a proteção do meio ambiente, pois por meio dela que danos ambientais podem ser evitados e, se consumados, reprimidos. No entanto, nem sempre a fiscalização é exercida com a observância das normas próprias, do respeito ao cidadão e de forma isenta.*

Por muito tempo criou-se um imbróglio em relação a quem caberia fiscalizar determinada atividade passível de licenciamento ambiental. Ocorreram casos do administrado ser alvo de várias autuações por órgãos ambientais distintos, que visavam o mesmo objetivo, apurar a eventual infração administrativa e posteriormente aplicar a sanção correspondente.

Em algumas situações a controvérsia reside na competência para legislar sobre determinada matéria. E sendo assim, pode ocorrer de determinado ente da federação legislar, também, sobre algo que a União também já o tenha feito. Nasce, portanto, um conflito que se resolverá por via judicial, inevitavelmente, como se vê a seguir:

> 3. A lei em comento foi editada no exercício da competência supletiva conferida no parágrafo único do artigo 8º da CF/69 para os Estados legislarem sobre a proteção à saúde. Atribuição que permanece dividida entre Estados, Distrito Federal e a União (art. 24, XII da CF/88). 4. Os produtos em tela, além de potencialmente prejudiciais à saúde humana, podem causar lesão ao meio ambiente. O Estado do Rio Grande do Sul, portanto, ao fiscalizar a sua comercialização, também, desempenha competência outorgada nos artigos 23, VI e 24, VI da Constituição atual. 5. Recurso extraordinário conhecido e improvido. (RE 286789/RS, Rel. Min. Ellen Gracie, j. 8-3-2005, DJ, 8-4-2005)

---

[236] MILARÉ, Édis; COSTA JR., Paulo José da; COSTA, Fernando José da. *Direito penal ambiental*. 2. ed. rev., atual. e ampl. São Paulo: Revista dos Tribunais, 2013. p. 195.

[237] ANTUNES, Paulo de Bessa. *Direito ambiental*. 19. ed. rev. e atual. São Paulo: Atlas, 2017. p. 142.

16. À Capitania dos Portos, consoante o disposto no §4º, do art. 14, da Lei nº 6.938/81, então vigente à época do evento, competia aplicar outras penalidades, previstas na Lei nº 5.357/67, às embarcações estrangeiras ou nacionais que ocasionassem derramamento de óleo em águas brasileiras. 17. A competência da Capitania dos Portos não exclui, mas complementa, a legitimidade fiscalizatória e sancionadora dos órgãos estaduais de proteção ao meio ambiente." (STJ, REsp. 673.765/RJ, Rel. Min. Luiz Fux, j. 15-9-2005, DJ, 26-9-2005) 1. A partir da edição da Lei nº 9.605/98, os delitos contra o meio ambiente passaram a ter disciplina própria, não se definindo, contudo, a Justiça competente para conhecer das respectivas ações penais, certamente em decorrência do contido nos artigos 23 e 24 da Constituição Federal, que estabelecem ser da competência comum da União, Estados, Distrito Federal e Municípios proteger o meio ambiente, preservando a fauna, bem como legislar concorrentemente sobre essa matéria. 2. Impõe-se a verificação de ser o delito praticado em detrimento de bens, serviços ou interesse da União ou de suas entidades autárquicas ou empresas públicas, a teor do disposto no artigo 109, IV, da Carta Magna, de forma a firmar ou não a competência da Justiça Federal. 3. A APA do Anhatomirim foi criada pelo Decreto nº 528, de 20 de maio de 1992, evidenciando o interesse federal que a envolve, não havendo dúvida de que, se estivesse dentro da APA a construção, seria da Justiça Federal a competência para julgar o crime ambiental, independentemente de ser o IBAMA o responsável pela administração e fiscalização da área. 4. A proximidade da APA, por si só, não serve para determinar o interesse da União, visto que o Decreto nº 99.274/90 estabelece tão-somente que a atividade que possa causar dano na área situada num raio de 10 km da Unidade de Conservação ficará sujeita às normas editadas pelo CONAMA, o que não significa que a referida área será tratada como a própria Unidade de Conservação, tampouco que haverá interesse direto da União sobre ela. 5. O fato de o IBAMA ser responsável pela administração e a fiscalização da APA, conforme entendimento desta Corte Superior, não atrai, por si só, a competência da Justiça Federal, notadamente no caso, em que a edificação foi erguida fora da APA, sendo cancelado o enunciado nº 91/STJ, que dispunha que "compete à Justiça Federal processar e julgar os crimes praticados contra a fauna". 6. Não sendo o crime de que aqui se trata praticado em detrimento de bens, serviços ou interesse direto da União ou de suas entidades autárquicas ou empresas públicas, inexiste razão para que a respectiva ação penal tivesse tramitado perante a Justiça Federal. (STJ, HC 38.649, Processo: 200401389468 UF: SC Órgão Julgador: Sexta Turma, Rel. Min. Paulo Gallotti, DJ, 26-6-2006)

Os conflitos de competência que surgiram ao longo dos anos motivaram a elaboração de uma lei que definisse claramente a competência de cada ente da federação, vindo à baila a Lei Complementar nº 140, de 8 de dezembro de 2011.[238] Esclarece Terence Trennepohl (2019)[239] que *a falta de definição mais concreta da atribuição de cada um dos entes federados na defesa do meio ambiente e, principalmente, para licenciar as atividades capazes de causar degradação ambiental, resultava muitas vezes na necessidade de intervenção do Poder Judiciário para mediar conflitos positivos ou negativos de competência.*

---

[238] BRASIL. *Lei Complementar nº 140, de 8 de dezembro de 2011.* Fixa normas, nos termos dos incisos III, VI e VII do caput e do parágrafo único do art. 23 da Constituição Federal, para a cooperação entre a União, os Estados, o Distrito Federal e os Municípios nas ações administrativas decorrentes do exercício da competência comum relativas à proteção das paisagens naturais notáveis, à proteção do meio ambiente, ao combate à poluição em qualquer de suas formas e à preservação das florestas, da fauna e da flora; e altera a Lei nº 6.938, de 31 de agosto de 1981. Brasília, DF: Diário Oficial da União, 2011.

[239] TRENNEPOHL, Terence. *Manual de direito ambiental.* 7. ed. São Paulo: Saraiva Educação, 2019. p. 70.

Não raras foram as ações que chegaram às vias judiciais em face dos conflitos de competência, para se definir a quem competia licenciar tal atividade, como se observa:

1. Existem atividades e obras que terão importância ao mesmo tempo para a Nação e para os Estados e, nesse caso, pode até haver duplicidade de licenciamento. 2. O confronto entre o direito ao desenvolvimento e os princípios do direito ambiental deve receber solução em prol do último, haja vista a finalidade que este tem de preservar a qualidade da vida humana na face da terra. O seu objetivo central é proteger patrimônio pertencente às presentes e futuras gerações. 3. Não merece relevo a discussão sobre ser o Rio Itajaí-Açu estadual ou federal. A conservação do meio ambiente não se prende a situações geográficas ou referências históricas, extrapolando os limites impostos pelo homem. A natureza desconhece fronteiras políticas. Os bens ambientais são transnacionais. A preocupação que motiva a presente causa não é unicamente o rio, mas, principalmente, o mar territorial afetado. O impacto será considerável sobre o ecossistema marinho, o qual receberá milhões de toneladas de detritos. (STJ, REsp 588.022/SC, 1ª T., j. 17.02.2004, rel. Min. José Delgado, *DJ* 05.04.2004)

Desta forma, em análise a Lei Complementar nº 140/2011,[240] verifica-se que nos arts. 7º, 8º, 9º e 10, definiu as ações administrativas da União, dos Estados, dos Municípios e do Distrito Federal, respectivamente, com ênfase para o licenciamento, a autorização de supressão de vegetação nativa, para o exercício do controle das atividades pesqueiras e que envolvam a fauna silvestre e demais atividades sujeitas ao controle do Poder Público.

Dessa forma, como bem destaca Milaré (2015),[241] *a diretriz básica a ser observada, conjuntamente com a tipologia legal, é a da competência espacial, derivada da amplitude dos impactos: toda matéria* local *atrai a competência licenciatória do Município (art. 9º, XIV, a); a* microrregional *fica com o Estado (art. 8º, XIV, da LC 140/2011 c/c art. 25, §1º, da CF/1988); e a* supra estadual *clama pela interferência da União (art. 7º, XIV, e, da LC 140/2011).*

Outro ponto essencial foi a definição da competência do órgão responsável pelo licenciamento ou pela autorização da atividade para lavratura do auto de infração em caso de descumprimento das normas, previsto no art. 17, *caput*, da Lei Complementar nº 140/2011:

---

[240] Importante trazer a lume a observação de Paulo Affonso Leme Machado: A Constituição do Brasil determina no art. 23, parágrafo único: "Leis complementares fixarão normas para a cooperação entre a União e os Estados, o Distrito Federal e os Municípios, tendo em vista o equilíbrio do desenvolvimento e do bem-estar em âmbito nacional". Assim, as normas de cooperação entre os entes federativos devem ter "em vista o equilíbrio do desenvolvimento e do bem-estar em âmbito nacional". Desenvolvimento e bem-estar precisam estar contrabalançados, isto é, nem mais para um, nem mais para o outro. Os dois conceitos devem ter realmente peso na vida do País, pois são objetivos fundamentais da República "garantir o desenvolvimento nacional" e "promover o bem de todos" (art. 3º, II e IV da Constituição). O intérprete do parágrafo único necessita ampliar sua análise do texto para sair da letra e buscar seu espírito (*mens legis*). Textualmente nem todos os incisos do art. 23, da CF devem obrigatoriamente ser objeto de leis complementares. O parágrafo único mencionado está centrado nos seres humanos, isto é, no equilíbrio entre desenvolvimento e o bem-estar em âmbito nacional que deve ser visado através da cooperação nas matérias dos incisos VIII, IX e X do art. 23 da Constituição. Entretanto, louvável procurarem-se normas de cooperação entre os entes federados, visando a "ações administrativas decorrentes do exercício da competência comum relativas à proteção das paisagens naturais notáveis, à proteção do meio ambiente, ao combate à poluição em qualquer de suas formas e à proteção das florestas, da fauna e da flora", conforme consta da Ementa da Lei Complementar 140, de 8.12.2011 (MACHADO, Paulo Affonso Leme. *Direito ambiental brasileiro*. 25. ed. rev. ampl. e atual. São Paulo: Malheiros, 2017. p. 187-188).

[241] MILARÉ, Édis. *Direito do ambiente*. 10. ed. rev., atual. e ampl. São Paulo: Editora Revista dos Tribunais, 2015. p. 806.

Art. 17. Compete ao órgão responsável pelo licenciamento ou autorização, conforme o caso, de um empreendimento ou atividade, lavrar auto de infração ambiental e instaurar processo administrativo para a apuração de infrações à legislação ambiental cometidas pelo empreendimento ou atividade licenciada ou autorizada.

Importante observar o disposto no parágrafo segundo, do art. 17, o qual prevê que o ente federativo que tiver conhecimento do fato *deverá* determinar medidas para evitá-la, fazer cessá-la ou mitigá-la, comunicando imediatamente ao órgão competente para as providências cabíveis.

Outro ponto relevante da Lei Complementar nº 140/2011 está contido no parágrafo terceiro, do art. 17, onde define a competência para julgar e aplicar as sanções decorrentes da infração cometida, qual seja, do órgão que detenha a atribuição de licenciamento ou autorização da atividade ambiental fiscalizada.

5 Os órgãos ambientais de fiscalização

Na esteira de respeitar o princípio da legalidade, somente poderá exercer fiscalização o órgão que detiver essa atribuição por lei, como bem destaca Antunes (2017)[242] ao explicar que *qualquer atividade administrativa está submetida aos princípios e preceitos constitucionais, não podendo ser exercida ao arrepio da Lei Fundamental da República*. Ou seja, *a fiscalização deve agir dentro dos estreitos limites do respeito aos direitos e garantias individuais, inclusive daqueles referentes à privacidade do domicílio (artigo 5º, XI, da Constituição Federal).*

Nesse sentido, com base no princípio da legalidade verifica-se que Lei nº 6.938/1981, como visto anteriormente, definiu no seu art. 6º, incisos IV, V e VI, quais órgãos possuem competência para fiscalizar: órgãos executores, órgãos seccionais e órgãos locais.

Assim, no âmbito da União, já foram definidos os dois órgãos com competência para fiscalizar, ou seja, o IBAMA e o ICMBio.

No tocante à fiscalização do IBAMA, o referido órgão federal atende o previsto no Regulamento Interno da Fiscalização (RIF), aprovado pela Portaria nº 24, de 16 de agosto de 2016 (a qual revoga a Portaria nº 11, de 10 de junho de 2009), alterada pela Portaria nº 32, de 19 de outubro de 2016. Esse disciplinamento é fundamental, tanto para o órgão fiscalizador, quanto para o administrado. Pois, ambas as partes terão regras claras sobre os procedimentos a serem adotados e os limites de cada um.

Ao observar a previsão contida na Lei Complementar nº 140/2011, a Portaria nº 24/2016, do IBAMA estabelece:

Art. 7º São diretrizes gerais para a fiscalização ambiental: I – realizar a fiscalização ambiental em conformidade com a prevalência das competências estabelecidas pela Lei Complementar nº 140, de 8 de dezembro de 2011, e pelas demais normas vigentes sobre o assunto; II – realizar a fiscalização ambiental em caráter supletivo ou subsidiário, quando explicitado formalmente ou em situações emergenciais; III – realizar ações de fiscalização ambiental alinhadas às diretrizes e orientações estabelecidas pela Presidência do Ibama e pelo Ministério do Meio Ambiente (MMA), em consonância com a política nacional do

---

[242] ANTUNES, Paulo de Bessa. *Direito ambiental*. 19. ed. rev. e atual. São Paulo: Atlas, 2017. p. 144.

meio ambiente; IV – buscar obter a maior efetividade possível com a aplicação das sanções administrativas; V – desenvolver estratégias de fiscalização ambiental que possibilitem a redução dos ilícitos ambientais ou a sua prevenção; VI – empreender medidas que visem incapacitar economicamente os infratores para a prática de ilícitos ambientais; VII – desenvolver estratégias que minimizem a vantagem econômica auferida pelos infratores em decorrência da prática de ilícitos ambientais; VIII – implementar soluções logísticas voltadas para a execução das atividades de fiscalização ambiental; IX – realizar investigação administrativa para a apuração das infrações ambientais; X – empregar a atividade de inteligência como elemento estratégico para a produção de conhecimento e a obtenção de resultados relevantes; XI – estabelecer procedimentos uniformizados para a fiscalização ambiental; XII – primar pela excelência técnica na execução da fiscalização ambiental; XIII – desenvolver as competências funcionais e buscar a qualificação técnica contínua dos agentes ambientais federais e demais servidores relacionados à fiscalização ambiental, à apuração de infrações e à aplicação de sanções ambientais; XIV – promover a cooperação entre as unidades do Ibama para a execução das atividades de fiscalização ambiental, disponibilizando pessoal, informações, materiais, equipamentos, veículos e demais meios; XV – realizar ações de fiscalização ambiental de forma articulada com outras instituições visando otimizar resultados a partir da integração de esforços; XVI – promover e fortalecer as relações interinstitucionais visando à consecução de objetivos comuns; XVII – cooperar com os integrantes do Sistema Nacional de Meio Ambiente (Sisnama) para a execução de ações de interesse comum; e XVIII – empregar estratégias de comunicação social para aumentar a percepção, por parte da sociedade, da atuação da fiscalização ambiental visando promover a dissuasão dos ilícitos ambientais e a imagem positiva do Ibama.

Outro detalhe importante se refere ao servidor público competente para fiscalizar. Somente servidor público especial designado possui autoridade legal para lavrar autos de infração e demais documentos inerentes à ação fiscalizatória, bem como adotar as medidas administrativas decorrentes do seu poder de polícia, conforme se observa a previsão do art. 2º, do Regulamento Interno da Fiscalização: "Art. 2º O RIF aplica-se a todos os servidores designados para as atividades de fiscalização ambiental e demais servidores que atuam no processo administrativo sancionador".

O ICMBio também possui um Regulamento Interno da Fiscalização (RIF), previsto na Portaria nº 95, de 5 de setembro de 2012, o qual prevê:

Art. 4º – Compete à CGPRO, no que for compatível com o Regimento Interno do Instituto Chico Mendes: I – Apoiar, supervisionar e avaliar as ações de fiscalização promovidas pelas Unidades Descentralizadas; II – Analisar os planejamentos de fiscalização elaborados pelas Unidades Descentralizadas; III – Elaborar e apoiar a proposição de normas, orientações técnicas, formulários e demais instrumentos que regulamentam a atividade de fiscalização; IV – Assistir a Presidência do ICMBio na análise, em grau recursal, dos procedimentos para apuração de infrações administrativas por condutas e atividades lesivas ao meio ambiente; V – Apoiar e monitorar o controle e a distribuição dos materiais da fiscalização; VI – Confeccionar, controlar e distribuir as carteiras de fiscalização e portes de armas; VII – Conduzir os aspectos operacionais das avaliações psicológicas dos Agentes de Fiscalização para concessão de porte de armas, conforme necessidade; VIII – Promover, em parceria com a Coordenação Geral de Gestão de Pessoas – CGGP, capacitação na área de fiscalização ambiental, técnicas de abordagem e uso de equipamentos relacionados com a atividade; IX – Convocar agentes de fiscalização para participar de ações fiscalizatórias e de capacitação, devendo, necessariamente, ser ouvida a chefia imediata e, em caso de manifestação desfavorável à liberação, deverá o Coordenador Geral de Proteção ou quem o represente promover justificativa para a convocação; e X – Encaminhar ao setor competente as denúncias e informações de irregularidades quanto à conduta dos servidores envolvidos em ações de fiscalização para a devida apuração. Parágrafo único. Excepcionalmente, em caráter supletivo às Unidades Descentralizadas, a CGPRO poderá planejar, coordenar e executar ações de fiscalização.

Igual forma, o ICMBio prevê que os servidores com competência fiscalizatória deverão ser designados, nos termos do art. 3º, do Regulamento Interno da Fiscalização, aprovado pela Portaria nº 95/2012:

Art. 3º – Os servidores designados, mesmo que transitoriamente, para atuar na fiscalização, denominados neste regulamento de Agentes de Fiscalização, ficam sujeitos à estrita observância dos princípios e obrigações estabelecidas neste regulamento. §1º – Poderão ser designados Agentes de Fiscalização os servidores dos cargos efetivos, temporários ou em comissão do quadro de pessoal do ICMBio. §2º – A designação dos Agentes de Fiscalização consiste em ato discricionário da Presidência do Instituto, mediante aprovação em curso específico e demais avaliações definidas pela área competente.

Em regra, a fiscalização atribuída pela Lei nº 10.410, de 11 de janeiro de 2002 (a qual cria e disciplina a carreira de Especialista em Meio Ambiente)[243] é do Analista Ambiental, nos termos do art. 4º:

Art. 4º São atribuições dos ocupantes do cargo de Analista Ambiental o planejamento ambiental, organizacional e estratégico afetos à execução das políticas nacionais de meio ambiente formuladas no âmbito da União, em especial as que se relacionem com as seguintes atividades: I – regulação, controle, fiscalização, licenciamento e auditoria ambiental; II – monitoramento ambiental; III – gestão, proteção e controle da qualidade ambiental; IV – ordenamento dos recursos florestais e pesqueiros; V – conservação dos ecossistemas e das espécies neles inseridas, incluindo seu manejo e proteção; e VI – estímulo e difusão de tecnologias, informação e educação ambientais.

Todavia, excepcionalmente poderá ocorrer a designação de Técnico Ambiental pela autoridade ambiental para desempenhar as funções de fiscalização, conforme se observa no parágrafo único, do art. 6º, da mesma Lei:

Art. 6º São atribuições dos titulares do cargo de Técnico Ambiental: I – prestação de suporte e apoio técnico especializado às atividades dos Gestores e Analistas Ambientais; II – execução de atividades de coleta, seleção e tratamento de dados e informações especializadas voltadas para as atividades finalísticas; e III – orientação e controle de processos voltados às áreas de conservação, pesquisa, proteção e defesa ambiental. Parágrafo único. O exercício das atividades de fiscalização pelos titulares dos cargos de Técnico Ambiental deverá ser

---

[243] BRASIL. *Lei nº 10.410, de 11 de janeiro de 2002*. Cria e disciplina a carreira de Especialista em Meio Ambiente. Brasília, DF: Diário Oficial da União, 2002.

precedido de ato de designação próprio da autoridade ambiental à qual estejam vinculados e dar-se-á na forma de norma a ser baixada pelo Ibama ou pelo Instituto Chico Mendes de Conservação da Biodiversidade – Instituto Chico Mendes, conforme o Quadro de Pessoal a que pertencerem.

Como visto, a exceção será a designação de Técnicos Ambientais para as funções de fiscalização ambiental, tendo em vista que originalmente a fiscalização é atribuição do analista ambiental.

Noutro norte, quando passamos a analisar as atribuições dos órgãos seccionais e dos órgãos locais, previstos nos incisos V e VI do art. 6º, da Lei nº 6.938/81, teremos que analisar cada Unidade da Federal e as suas legislações atinentes a proteção do meio ambiente. Igual forma quando tratamos dos órgãos locais.

Nota-se que há sintonia com a Lei Complementar nº 140/2011, no tocante às competências dos entes da Federação. Pois, caberá aos Estados, Distrito Federal e aos municípios, se ainda não o fizeram, criar diretrizes estruturantes para o pleno exercício das competências a eles delegadas. A estruturação se inicia com uma boa base de legislação no que se refere a criação de órgãos com competência para esse fim, bem como sua estruturação humana e logística.

Em cada Unidade da Federação encontraremos órgãos ambientais com competência bem definida para fiscalizar as questões voltadas a proteção do meio ambiente. Sejam por Fundações, Institutos ou diretamente através das Secretarias de Estado do Meio Ambiente, esses órgãos visam cumprir os termos do art. 225, da Carta Constitucional, a qual prevê que caberá ao poder público assegurar a efetividade do direito ao meio ambiente ecologicamente equilibrado, bem de uso comum do povo e essencial à sadia qualidade de vida, com o dever de defendê-lo e preservá-lo para as presentes e futuras gerações.

Podemos encontrar, também, órgãos ambientais atuantes na seara ambiental com convênios firmados entre si. Um exemplo muito comum é o órgão ambiental do Estado conveniar com a Polícia Militar, cuja repartição especializada realizará a fiscalização ambiental, lavrando-se termos correlatos (autos de infração etc.), bem como adotar as medidas policiais necessárias para prevenir a ocorrência de novas infrações, resguardar a recuperação ambiental e garantir o resultado prático do processo administrativo.

Como vimos anteriormente, em respeito ao princípio da legalidade, caberá ao legislador definir quem deterá a competência para fiscalizar. Naturalmente o órgão que licencia algo assumirá o ônus pela fiscalização, tendo em vista do poder-dever da administração pública de verificar o cumprimento das regras impostas ao administrado.

Não há dúvida que o exercício do poder de polícia é inerente ao órgão que licencia. Porém, o legislador pode, também, atribuir a fiscalização simultânea a outros órgãos, os quais terão capacidade normativa para executar as ações de proteção do meio ambiente, cuja atribuição originária é do Estado, enquanto ente. E sendo assim, caberá a este ente definir se só um ou mais órgãos terão competência para fiscalizar o meio ambiente.

Ademais, em sentido lato a Lei nº 9.605/1998, no seu art. 70, §1º, definiu que "são autoridades competentes para lavrar auto de infração ambiental e instaurar processo administrativo os funcionários de órgãos ambientais integrantes do Sistema Nacional de Meio Ambiente – SISNAMA, designados para as atividades de fiscalização, bem como os agentes das Capitanias dos Portos, do Ministério da Marinha". Restou apenas aos entes da federação implementar essa disposição legal.

Como já abordamos anteriormente, os órgãos integrantes do SISNAMA previstos no art. 6º, em especial aqueles contidos nos incisos IV, V e VI, designados para as atividades de fiscalização, bem como, agora previstos, os agentes das Capitanias dos Portos, da Marinha do Brasil.

Observa-se, ainda, que o entendimento do Superior Tribunal de Justiça é de que a competência da Capitania dos Portos não exclui a competência do órgão estadual em fiscalizar e aplicar sanções a embarcações, como se vê:

> 6. Consectariamente, revela-se evidente que o §4º, do art. 14, da Lei nº 6.938/81, não exclui a competência fiscalizatória e sancionatória dos órgãos estaduais de proteção ao meio ambiente, mas, ao contrário, consoante o art. 2º, da Lei nº 5.357/67, reforçou-a. 7. A ratio do art. 14, da Lei nº 6.938/81 está em que a ofensa ao meio ambiente pode ser bifronte atingindo as diversas unidades da federação. 8. Premissas que impõem o afastamento da pretensa incompetência da autoridade estadual que lavrou o auto de infração e impôs multa administrativa à recorrente. (...) 16. À Capitania dos Portos, consoante o disposto no §4º, do art. 14, da Lei nº 6.938/81, então vigente à época do evento, competia aplicar outras penalidades, previstas na Lei nº 5.357/67, às embarcações estrangeiras ou nacionais que ocasionassem derramamento de óleo em águas brasileiras. 17. A competência da Capitania dos Portos não exclui, mas complementa, a legitimidade fiscalizatória e sancionadora dos órgãos estaduais de proteção ao meio ambiente. (STJ, REsp 673.765/ RJ (2004/0109031-2), 1ª T., j. 15.09.2005, rel. Luiz Fux, DJ: 26/09/2005)

Dessa forma o que se deve observar é se em decorrência da competência conferida ao órgão seccional ou local integrante do SISNAMA há legislação estadual ou municipal definindo a atuação do respectivo órgão ambiental, na fiscalização do meio ambiente.

Destaca-se que a competência para fiscalização pelo órgão ambiental pode não ser estendida para processar e julgar as infrações administrativas decorrentes da autuação inicial, pois esta competência deve estar prevista, também, na lei. Pois, poderá que um ente aja mediante convênio e dessa forma sua competência seria somente de fiscalizar e não de julgar e aplicar sanções. Ou ainda, a lei apenas pode lhe conferir a competência para fiscalizar, porém não atribuir competência para aplicar sanções. Nesse sentido, aproveitamos as palavras de Milaré, Costa Jr. e Costa (2013)[244] que apropriadamente explicam que, obviamente, em respeito ao princípio da autonomia dos entes federativos, cabe a cada um reconhecer, no caso concreto, o seu interesse em apurar ou não a responsabilidade administrativa do suposto infrator.

No tocante à instrução do processo, atendendo o disposto no art. 70, e seus parágrafos, dar-se-á abertura no processo administrativo, observando-se os princípios inerentes ao processo da ampla defesa e do contraditório.

No que tange especificamente ao processo, princípios, produção de provas e discussões acerca desta matéria, será objeto de um trabalho a ser apresentado mais

---

[244] MILARÉ, Édis; COSTA JR., Paulo José da; COSTA, Fernando José da. *Direito penal ambiental*. 2. ed. rev., atual. e ampl. São Paulo: Revista dos Tribunais, 2013. p. 195.

detalhado em outra obra. Justifica-se esta decisão, tendo em vista que neste momento a discussão poderia correr o risco de ficar um tanto quanto enfadonha.

Todavia, podemos adiantar que no âmbito federal o processo administrativo para apuração de infrações ambientais está regulado no art. 71, da Lei nº 9.605/98 e art. 94 e ss do Decreto nº 6.514/08. Em complemento, o IBAMA disciplinou a matéria através da Instrução Normativa nº 10, de 7 de dezembro de 2012 (a qual regula os procedimentos para apuração de infrações administrativas por condutas e atividades lesivas ao meio ambiente, a imposição das sanções, a defesa, o sistema recursal e a cobrança de multas no âmbito do IBAMA).

Já no âmbito do ICMBio a matéria foi disciplinada pela Instrução Normativa nº 6, de 1º de dezembro de 2009, a qual dispõe sobre o processo e os procedimentos para apuração de infrações administrativas por condutas e atividades lesivas ao meio ambiente. Esta Instrução Normativa possui complementos da Portaria nº 7, de 31 de janeiro de 2014, que regulamenta o art. 18 da Portaria nº 526, de 26 de agosto de 2013, da Procuradoria Geral Federal/AGU, dispõe sobre a elaboração e envio de consultas jurídicas à unidade da Procuradoria-Geral Federal/AGU junto ao Instituto Chico Mendes de Conservação da Biodiversidade, regulamenta os procedimentos relativos a processos judiciais e dá outras providências.

Da mesma forma, como bem sintetizam Milaré, Costa Jr. e Costa (2013),[245] porque a organização administrativa dos Estados, do Distrito Federal e dos Municípios é matéria de sua competência privativa, devem os mesmos assim proceder, cada um estabelecendo rito próprio ou se valendo da norma federal, integral ou subsidiariamente.

6   Da preparação para fiscalizar

A preparação para a fiscalização é de suma importância para se atender um dos princípios da administração pública, a eficiência. Ser eficiente é alcançar os objetivos do órgão ambiental em todos os sentidos, visando atender o máximo possível as demandas da sociedade, com o mínimo de dispêndio dos recursos públicos, visando o melhor interesse público.

Nesse sentido, os §§2º e 3º, do art. 70, da Lei nº 9.605/98 disciplinam que qualquer pessoa, constatando infração ambiental, poderá dirigir representação às autoridades relacionadas no parágrafo anterior, para efeito do exercício do seu poder de polícia; e a autoridade ambiental que tiver conhecimento de infração ambiental é obrigada a promover a sua apuração imediata, mediante processo administrativo próprio, sob pena de corresponsabilidade.

Temos, portanto, duas maneiras de se iniciar a apuração de uma infração administrativa ambiental, por meio de uma representação escrita à autoridade ambiental que tenha competência para apurá-la (art. 70, §1º, da Lei nº 9.605/98) ou de ofício, quando a própria autoridade tiver conhecimento do fato (art. 70, §2º, da Lei nº 9.605/98), e podemos entender que as fontes são por vias diversas (ouvidorias, net denúncias etc.).

---

[245] Idem, p. 201.

É importante lembrar que a Lei Complementar nº 140/2011 trata sobre a competência para fiscalizar e no §1º, do art. 17, prevê que **qualquer pessoa legalmente identificada** (grifei), ao constatar infração ambiental decorrente de empreendimento ou atividade utilizadores de recursos ambientais, efetiva ou potencialmente poluidores, pode dirigir representação ao órgão que detenha competência para licenciar e fiscalizar, para efeito do exercício de seu poder de polícia.

Sendo assim, não é demais apontar que a eventual denúncia anônima não prospera, pois a Lei Complementar exige a identificação da pessoa que por ventura se apresente à repartição ambiental para realizar sua representação.

Não vemos problemas nisso, pelo contrário, a fim de atender o princípio da eficiência, o órgão público buscará se certificar de que as representações protocoladas em sua repartição tenham o mínimo de indícios (de autoria e materialidade) que possam justificar o emprego dos recursos humanos e logísticos a campo.

Logicamente, o órgão ambiental pode realizar um planejamento, adequado a sua realidade e às demandas existentes, voltado a prevenção de determinados setores. Com o devido olhar para a fauna, a flora, as atividades de pesca etc. e que no transcorrer da operação possam flagrar alguma ação contrária às normas de proteção ambiental e sujeitando o infrator a se colocar no polo passivo do processo administrativo.

Essa obra não tem o condão de querer conduzir ou até ensinar como planejar e executar uma fiscalização. Pois, cada órgão integrante do SISNAMA possui recursos humanos e logísticos distintos, sendo que uns podem operar com maior e melhor capacidade de atuação do que outros. Ademais, as realidades regionais são diferentes umas das outras. E, portanto, o planejamento precisa estar adequado às peculiaridades e especificidades locais.

Porém, é importante citar novamente a Portaria nº 24, de 16 de agosto de 2016, do IBAMA, a qual aprova o Regulamento Interno de Fiscalização Ambiental (RIF) daquele órgão, que a fiscalização ambiental tem como um dos pressupostos o emprego da dissuasão como a principal forma de promover a mudança de comportamento social e prevenir a prática de ilícitos ambientais.

O IBAMA – Instituto Brasileiro do Meio Ambiente e dos Recursos Naturais Renováveis – utiliza-se de uma Ordem de Fiscalização para disciplinar as ações fiscalizatórias de seus agentes, como previsto no art. 43, do Regulamento Interno de Fiscalização Ambiental (RIF), emitida pela autoridade competente (podendo ser o diretor da Dipro – Diretoria de Normas e Habilitação de Produtos –, o coordenador-geral da CGFis – Coordenação-Geral de Fiscalização Direta –, o coordenador da Cofis – Coordenação de Orientação e Fiscalização –, o superintendente, o gerente-executivo, o chefe da Divisão Técnico-Ambiental, ou o chefe da unidade avançada). Outros órgãos possuem documentos com nomenclaturas diferentes, porém têm o mesmo objetivo.

As Ordens de Fiscalização do IBAMA contêm algumas informações essenciais (art. 45, do RIF), tais como: relação da equipe de fiscalização ambiental e as respectivas funções; identificação do coordenador operacional e, quando houver, dos chefes de equipe; tipo da ação fiscalizatória; nome da operação; período de execução; local da ação fiscalizatória; objetivo da fiscalização, motivação ou conveniência da ação fiscalizatória, atividades a serem realizadas e meta a ser cumprida; área de abrangência da ação fiscalizatória; equipamentos a serem empregados; veículos a serem empregados; e demais prescrições e observações.

No que concerne a segurança das equipes, quando na execução de uma ação fiscalizatória, esta deve ser constituída por no mínimo dois agentes (art. 53, do RIF).

Não restam dúvidas que as ações de fiscalização ambiental devam ser bem planejadas e sua execução bem estrutura visando alcançar o máximo de eficiência com resultados satisfatórios. Por isso reforço que cada órgão integrante do SISNAMA com missão de fiscalizar as ações danosas ao meio ambiente possui realidades diferentes e sabe muito bem conduzir as tarefas cotidianas de acordo com suas estruturas logísticas.

Ainda, o órgão ambiental integrante do SISNAMA responsável pela fiscalização ambiental deve assegurar aos seus agentes fiscais o conhecimento técnico suficiente para que, eles, possam fiscalizar e autuar com convicção, sem temores da ilegalidade.

No mesmo sentido, oferecer capacitação, treinamento e ensinamento técnico, preparando-o para a labuta diária de fiscalizar as atividades irregulares contrárias às normas legais no tocante à proteção ao meio ambiente.

De outro vértice, os agentes fiscais devem encarar suas limitações, com o fito de bem executar sua função como representante do Estado, na manutenção e na integridade dos bens de uso comum do povo, zelando pela segurança, saúde e bem-estar dos cidadãos e fazendo prevalecer à ordem social.

Pela especificidade da fiscalização, os agentes fiscais estarão constantemente em contato com pessoas de diversos níveis sociais, culturais e econômicos, e é fundamental que o modo de sua apresentação e aparência transmitam boa impressão, confiabilidade, segurança e respeito.

Nesse sentido, a conferência dos materiais, equipamentos e até armamentos (para os Policiais Militares Ambientais) a serem utilizados na fiscalização será de grande importância (Ex.: conferir fardamento, coletes balísticos, capas de chuva, pranchetas e papéis de rascunhos, máquina fotográfica digital, filmadora, formulários para lavratura do relatório da operação, formulários administrativos, GPS, rádio-telecomunicador, telefone celular, canetas, entre outros próprios).

7 Fiscalização e produção de provas

O parágrafo primeiro do art. 16, do Decreto nº 6.514/08 prevê que o agente autuante deverá colher todas as provas possíveis de autoria e materialidade, bem como da extensão do dano, apoiando-se em documentos, fotos e dados de localização, incluindo as coordenadas geográficas da área embargada, que deverão constar do respectivo auto de infração para posterior georreferenciamento.

O artigo trata das áreas irregularmente desmatadas ou queimadas. Todavia, no que se refere a produção de provas servirá de orientação para toda e qualquer fiscalização. A coleta de provas para formar a convicção sobre a autoria e materialidade da infração administrativa ambiental será fundamental para que a autoridade ambiental possa analisar o conteúdo dos autos e tomar a decisão correta.

Na execução da ação fiscalizatória lavrar os formulários de fiscalização, com atenção, de forma concisa e legível, circunstanciando os fatos averiguados com informações objetivas e enquadramento legal específico, evitando a perda do impresso ou provocando a nulidade da autuação. Guardar, rigorosamente, o sigilo das ações de fiscalização e abordar as pessoas de forma educada e formal, quando em ação de fiscalização, ficando atento para sua segurança e dos demais membros da equipe.

Caso a autoridade ambiental, na fase de saneamento do processo, necessite de mais elementos para formar sua convicção, poderá requisitar a produção de provas, bem como parecer técnico ou contradita do agente autuante, especificando o objeto a ser esclarecido (art. 119, do Dec. nº 6.514/08).

Como foi definido pela Portaria nº 24/2016, do IBAMA, no art. 64, do RIF, além dos demais documentos que fazem parte do processo, temos o Relatório de Fiscalização, cujo documento é destinado a descrever as causas e circunstâncias da infração ambiental, narrando em detalhes os fatos ocorridos para seu cometimento, o comportamento do autuado e dos demais envolvidos, os objetos, instrumentos e petrechos envolvidos, os elementos probatórios, o *modus operandi* e a indicação de eventuais atenuantes e/ou agravantes relevantes, com o objetivo de garantir as informações para a elucidação da acusação e auxiliar na decisão da autoridade julgadora acerca da infração ambiental.

Então, tudo o que for coletado, produzido ou observado pelos agentes fiscais na ação fiscalizatória deverá ser descrito no relatório de fiscalização, bem como descritos os documentos produzidos ou recolhidos.

O administrado poderá solicitar à autoridade julgadora a produção de provas que ele entender necessária para sua defesa. Contudo, se as provas propostas pelo autuado forem impertinentes, desnecessárias ou protelatórias, poderão ser recusadas, mediante decisão fundamentada da autoridade julgadora competente (art. 120, do Dec. nº 6.514/08).

CAPÍTULO IV

1 Das infrações administrativas e suas medidas

Este capítulo destina-se a facilitar a compreensão dos tipos descritos como infrações administrativas e as possíveis providências adotadas pelos agentes fiscais na execução das ações de fiscalização ambiental.

Dessa forma, como já estudado anteriormente, considera-se infração administrativa ambiental toda ação ou omissão que viole as regras jurídicas de uso, gozo, promoção, proteção e recuperação do meio ambiente (art. 70, *caput*, da Lei nº 9.605/98). Para tanto, constatada a ocorrência de infração administrativa ambiental, será lavrado auto de infração, do qual deverá ser dado ciência ao autuado, assegurando-se o contraditório e a ampla defesa (art. 96, do Dec. nº 6.514/08).

Então, o agente fiscal ao flagrar uma ação ou omissão que se enquadre como infração administrativa ambiental deverá de imediato lavrar auto de infração, dando azo para o início do processo administrativo que irá apurar os elementos comprobatórios da responsabilidade do administrado, assegurando a ampla defesa e o contraditório.

Como vimos, também, anteriormente há distinção entre sanção e medidas administrativas, as quais poderão ser utilizadas pelo agente fiscal na ação fiscalizatória. Essas medidas estão previstas no art. 101, do Dec. nº 6.514/08: *apreensão; embargo de obra ou atividade e suas respectivas áreas; suspensão de venda ou fabricação de produto; suspensão parcial ou total de atividades; destruição ou inutilização dos produtos, subprodutos e instrumentos da infração; e demolição.*

A regulamentação de tais medidas administrativas está prevista no Decreto nº 6.514/08, onde se busca o amparo para o seu uso. Assim, as medidas de que trata o art. 101, do Dec. nº 6.514/08, têm como objetivo prevenir a ocorrência de novas infrações, resguardar a recuperação ambiental e garantir o resultado prático do processo administrativo.

Os agentes fiscais ao aplicarem as medidas administrativas previstas deverão utilizar formulário próprio, sem emendas ou rasuras que comprometam sua validade, cujos formulários deverão conter, além da indicação dos respectivos dispositivos legais e regulamentares infringidos, os motivos que ensejaram o agente autuante a assim proceder, nos termos do parágrafo segundo do art. 101, do Dec. nº 6.514/08.

Ao realizar o embargo de obra ou atividade, o agente fiscal deverá restringir-se aos locais onde efetivamente caracterizou-se a infração ambiental, não alcançando as demais atividades realizadas em áreas não embargadas da propriedade ou posse ou não correlacionadas com a infração (art. 101, §2º, do Dec. 6.514/08). Ou seja, o agente fiscal deverá descrever exatamente o que ele está embargando, detalhando no termo de embargo a área ou atividade específica objeto da irregularidade, sob pena de incorrer na generalidade, o que levará a nulidade do ato.

Os animais, produtos, subprodutos, instrumentos, petrechos, veículos de qualquer natureza, utilizados na infração, serão objeto da apreensão, salvo impossibilidade justificada (art. 102, do Dec. 6.514/08).

As Unidades de Conservação de Proteção Integral tiveram uma atenção especial na fiscalização ambiental, pois estão previstas medidas administrativas para apreensão de animais domésticos e exóticos que forem encontrados no seu interior de unidade de conservação de proteção integral (art. 103, I, do Dec. 6.514/08).

No mesmo sentido, devem ser apreendidos animais domésticos e exóticos quando forem encontrados em área de preservação permanente ou quando impedirem a regeneração natural de vegetação em área cujo corte não tenha sido autorizado, desde que, em todos os casos, tenha havido prévio embargo (art. 103, II, do Dec. 6.514/08). Ressalta-se que nesta hipótese os proprietários deverão ser previamente notificados para que promovam a remoção dos animais do local no prazo assinalado pela autoridade competente. Todavia, os proprietários não serão previamente notificados pelo agente fiscal quando não for possível identificá-los.

O agente fiscal deve ficar atento, pois a medida de apreensão de animais domésticos e exóticos não será aplicada quando a atividade tenha sido caracterizada como de baixo impacto[246] e previamente autorizada, quando couber, nos termos da legislação em vigor.

O Dec. nº 6.514/08 prevê no seu art. 104 que a autoridade ambiental, mediante decisão fundamentada em que se demonstre a existência de interesse público relevante, poderá autorizar o uso do bem apreendido nas hipóteses em que não haja outro meio disponível para a consecução da respectiva ação fiscalizatória. Prevê, ainda, que os veículos de qualquer natureza que forem apreendidos poderão ser utilizados pela administração ambiental para fazer o deslocamento do material apreendido até local adequado ou para promover a recomposição do dano ambiental.

Quanto a guarda e depósito dos bens apreendidos, estes deverão ficar sob a guarda do órgão ou entidade responsável pela fiscalização, podendo, excepcionalmente, ser confiados a fiel depositário, até o julgamento do processo administrativo. A avaliação dos bens deve ser muito bem criteriosa, pois nos casos de anulação, cancelamento ou revogação da apreensão, o órgão ou a entidade ambiental responsável pela apreensão

---

[246] A Lei nº 12.651, de 25 de maio de 2012, traz o conceito de atividades eventuais ou de baixo impacto (art. 3º, inciso X): X - atividades eventuais ou de baixo impacto ambiental: a) abertura de pequenas vias de acesso interno e suas pontes e pontilhões, quando necessárias à travessia de um curso d'água, ao acesso de pessoas e animais para a obtenção de água ou à retirada de produtos oriundos das atividades de manejo agroflorestal sustentável; b) implantação de instalações necessárias à captação e condução de água e efluentes tratados, desde que comprovada a outorga do direito de uso da água, quando couber; c) implantação de trilhas para o desenvolvimento do ecoturismo; d) construção de rampa de lançamento de barcos e pequeno ancoradouro; e) construção de moradia de agricultores familiares, remanescentes de comunidades quilombolas e outras populações extrativistas e tradicionais em áreas rurais, onde o abastecimento de água se dê pelo esforço próprio dos moradores; f) construção e manutenção de cercas na propriedade; g) pesquisa científica relativa a recursos ambientais, respeitados outros requisitos previstos na legislação aplicável; h) coleta de produtos não madeireiros para fins de subsistência e produção de mudas, como sementes, castanhas e frutos, respeitada a legislação específica de acesso a recursos genéticos; i) plantio de espécies nativas produtoras de frutos, sementes, castanhas e outros produtos vegetais, desde que não implique supressão da vegetação existente nem prejudique a função ambiental da área; j) exploração agroflorestal e manejo florestal sustentável, comunitário e familiar, incluindo a extração de produtos florestais não madeireiros, desde que não descaracterizem a cobertura vegetal nativa existente nem prejudiquem a função ambiental da área; k) outras ações ou atividades similares, reconhecidas como eventuais e de baixo impacto ambiental em ato do Conselho Nacional do Meio Ambiente – CONAMA ou dos Conselhos Estaduais de Meio Ambiente.

restituirá o bem no estado em que se encontra ou, na impossibilidade de fazê-lo, indenizará o proprietário pelo valor de avaliação consignado no termo de apreensão.

Em face de circunstâncias pontuais, o depósito dos bens apreendidos, a critério da administração, poderá ser confiado a órgãos e entidades de caráter ambiental, beneficente, científico, cultural, educacional, hospitalar, penal e militar, ou ao próprio autuado, desde que a posse dos bens ou animais não traga risco de utilização em novas infrações. Em nenhuma hipótese os bens confiados em depósito poderão ser utilizados pelos depositários, salvo o uso lícito de veículos e embarcações pelo próprio autuado.

Ao deferir o depósito aos órgãos e entidades públicas a autoridade administrativa julgadora lhes dará preferência para serem contemplados no caso da destinação final do bem ser a doação.

O Decreto nº 6.514/08 prevê, também, que a entidade fiscalizadora poderá celebrar convênios ou acordos com os órgãos e entidades públicas para garantir, após a destinação final, o repasse de verbas de ressarcimento relativas aos custos do depósito (§3º, do art. 106).

Quando se tratar de embargo de obra ou atividade e suas respectivas áreas este tem por objetivo impedir a continuidade do dano ambiental, propiciar a regeneração do meio ambiente e dar viabilidade à recuperação da área degradada, devendo restringir-se exclusivamente ao local onde verificou-se a prática do ilícito.

No caso de descumprimento ou violação do embargo, a autoridade competente, além de adotar as medidas previstas nos arts. 18[247] e 79,[248] ambos do Decreto nº 6.514/08, deverá comunicar ao Ministério Público, no prazo máximo de setenta e duas horas, para que seja apurado o cometimento de infração penal.[249]

O agente fiscal deve, nos casos em que o responsável pela infração administrativa ou o detentor do imóvel onde foi praticada a infração for indeterminado, desconhecido ou de domicílio indefinido, realizar notificação da lavratura do termo de embargo mediante a publicação de seu extrato no *Diário Oficial da União* (§2º, do art. 108).

O art. 109, do Decreto nº 6.514/08, fundamenta que a suspensão de venda ou fabricação de produto constitui medida que visa a evitar a colocação no mercado de produtos e subprodutos oriundos de infração administrativa ao meio ambiente ou que tenha como objetivo interromper o uso contínuo de matéria-prima e subprodutos de origem ilegal. E o artigo 110 define que a suspensão parcial ou total de atividades constitui medida que visa a impedir a continuidade de processos produtivos em desacordo com a legislação ambiental.

Medida polêmica, em análise para revogação a previsão contida no art. 111, referente a destruição ou inutilização dos produtos, inclusive madeiras, subprodutos e instrumentos utilizados na prática da infração. Para tanto, o agente fiscal deverá

---

[247] Art. 18. O descumprimento total ou parcial de embargo, sem prejuízo do disposto no art. 79, ensejará a aplicação cumulativa das seguintes sanções: I - suspensão da atividade que originou a infração e da venda de produtos ou subprodutos criados ou produzidos na área ou local objeto do embargo infringido; e II - cancelamento de registros, licenças ou autorizações de funcionamento da atividade econômica junto aos órgãos ambientais e de fiscalização.

[248] Art. 79. Descumprir embargo de obra ou atividade e suas respectivas áreas: Multa de R$10.000,00 (dez mil reais) a R$1.000.000,00 (um milhão de reais).

[249] *Desobediência.* Desobedecer a ordem legal de funcionário público: Pena – detenção, de quinze dias a seis meses, e multa.

verificar se a medida for necessária para evitar o seu uso e aproveitamento indevidos nas situações em que o transporte e a guarda forem inviáveis em face das circunstâncias. Ou que possam expor o meio ambiente a riscos significativos ou comprometer a segurança da população e dos agentes públicos envolvidos na fiscalização. Detalhe, o termo de destruição ou inutilização deverá ser instruído com elementos que identifiquem as condições anteriores e posteriores à ação, bem como a avaliação dos bens destruídos.

Em relação a demolição de obra, edificação ou construção não habitada e utilizada diretamente para a infração ambiental dar-se-á excepcionalmente no ato da fiscalização nos casos em que se constatar que a ausência da demolição importa em iminente risco de agravamento do dano ambiental ou de graves riscos à saúde. Inevitável, a demolição poderá ser feita pelo agente autuante, por quem este autorizar ou pelo próprio infrator e deverá ser devidamente descrita e documentada, inclusive com fotografias. Sendo que as despesas para a realização da demolição correrão às custas do infrator. A ressalva prevista é que a demolição de obra, edificação ou construção não será realizada em edificações residenciais.

2 Fiscalização de atividades voltadas à proteção a fauna

Somente a título de curiosidade, Machado (2017),[250] citando Clóvis Beviláqua, explica que *o Direito Romano fazia distinção entre o **res nullius, res derelictae** e **res commubes omnium**. **Res nullius** são as coisas sem dono e que nunca foram apropriadas, **res derelictae** são as que o proprietário abandonou ou renunciou e **res communes omnium** são "aquelas coisas comuns que são suscetíveis de apropriação parcial, como quando alguém apanha um pouco d'água de um rio público"*. Portanto, conclui, as *espécies animais em relação ao homem tinham, no passado, repercussão jurídica não preponderante no concerne à conservação e defesa das espécies e de seus habitats, mas nos aspectos referentes aos modos pelos quais o homem poderia tornar-se proprietário ou como viria a perder a propriedade dos animais.*

Como se observa, a proteção à fauna é uma discussão antiga. A *Exposição de Motivos* à Lei de Proteção à Fauna[251] destaca:

> As intervenções do homem no equilíbrio da natureza têm sido sempre marcadas pelo insucesso, senão pelo desastre. A eliminação de espécies em determinadas áreas, a introdução de espécies em áreas onde não ocorrem naturalmente, são problemas que merecem o máximo de cuidado. Os casos de resultados imprevistos e incontroláveis são inúmeros. A praga dos coelhos na Austrália, do mangusto na Martinica, da abelha africana presente entre nós, são alguns exemplos. A frustrada tentativa de cultivo da seringueira em Fordlândia é recente e reveladora. Pelos motivos acima expostos, não pode ser considerado um direito do cidadão nem olhada com complacência a destruição de elementos vitais do equilíbrio biológico. A caça poder permitida como um esporte, mas nunca como uma fonte barata de indústria extrativa. A fauna silvestre é mais que um bem do Estado: é um fator de bem estar do homem na biosfera.

---

[250] MACHADO, Paulo Affonso Leme. *Direito ambiental brasileiro*. 25. ed. rev. ampl. e atual. São Paulo: Malheiros, 2017. p. 976-977.

[251] *Diário do Congresso Nacional* (quarta-feira). 31.8.1966, Seção 1, p. 5.515.

Em se tratando de fiscalização protetiva da fauna, a ação poderá desencadear outros desdobramentos. Pois a equipe de fiscalização poderá flagrar apenas o comércio de um animal silvestre ou se deparar com um grande criadouro de animais silvestres clandestino, sem nenhum registro ou sem autorização da autoridade competente para o seu funcionamento.

Quando ocorrer uma fiscalização predeterminada em criadouros clandestinos, sugere-se que esteja previsto na equipe um profissional (biólogo, veterinário ou especialista em animais) que possa identificar as espécies e atestar as condições em que os animais se encontravam no cativeiro.

O local, para onde os animais serão encaminhados em caso de apreensão, deverá estar predeterminado e o veículo de transporte conter compartimentos compatíveis com a quantidade e espécimes apreendidos, a fim de assegurar o bem-estar dos animais apreendidos, sob pena de incorrer em responsabilidade prevista nos §§1º e 2º, do art. 25, da Lei nº 9.605/08.[252] Encontrando animais mortos, se faz necessário também a apreensão e identificação das espécies, e se possível determinar a causa morte.

O agente fiscal deve ter muita atenção ao realizar a fiscalização, pois são inúmeras as formas de tentativas de burlar a vistoria, dentre as quais os infratores buscam: tirar o couro ou a carcaça do animal; moer a carne para dificultar a identificação da espécie; acondicionar os animais em tubos de PVC; colocar caixas de papelão embaixo dos bancos de veículos; colocar caixas ou tubos embaixo da carroceria de caminhões; sedar o animal e acondicionar em sacos, para eles não se debaterem ou não emitirem sons; entre outras formas.

Ressalta-se que, no âmbito administrativo, o conceito de espécimes da fauna silvestre, dado pelo Decreto nº 6.514/08, tem um significado mais abrangente do que o previsto na Lei nº 9.605/08 a ser observado:

> São espécimes da fauna silvestre, para os efeitos deste Decreto, todos os organismos incluídos no reino animal, pertencentes às espécies nativas, migratórias e quaisquer outras não exóticas, aquáticas ou terrestres, que tenham todo ou parte de seu ciclo original de vida ocorrendo dentro dos limites do território brasileiro ou em águas jurisdicionais brasileiras. (§7º, do art. 24, do Decreto nº 6.514/08)
>
> São espécimes da fauna silvestre todos aqueles pertencentes às espécies nativas, migratórias e quaisquer outras, aquáticas ou terrestres, que tenham todo ou parte de seu ciclo de vida ocorrendo dentro dos limites do território brasileiro, ou águas jurisdicionais brasileiras. (§3º, do art. 29, da Lei nº 9.605/08)

Nota-se que o conceito administrativo de espécimes da fauna é muito mais amplo, pois engloba os organismos incluídos no reino animal, o que não ocorre no âmbito penal.

Para separar os animais silvestres, nativos ou migratórios, dos domésticos, o IBAMA editou a Portaria IBAMA nº 93, de 7 de julho de 1998, a qual trata da importação

---

[252] Art. 25. Verificada a infração, serão apreendidos seus produtos e instrumentos, lavrando-se os respectivos autos. §1º Os animais serão prioritariamente libertados em seu habitat ou, sendo tal medida inviável ou não recomendável por questões sanitárias, entregues a jardins zoológicos, fundações ou entidades assemelhadas, para guarda e cuidados sob a responsabilidade de técnicos habilitados. §2º Até que os animais sejam entregues às instituições mencionadas no §1º deste artigo, o órgão autuante zelará para que eles sejam mantidos em condições adequadas de acondicionamento e transporte que garantam o seu bem-estar físico.

e exportação da fauna silvestre, conceitua fauna doméstica, como sendo *todos aqueles animais que através de processos tradicionais e sistematizados de manejo e/ou melhoramento zootécnico tornaram-se domésticas, apresentando características biológicas e comportamentais em estreita dependência do homem, podendo apresentar fenótipo variável, diferente da espécie silvestre que os originou* (art. 2º, inciso III).

Existe também a listagem de fauna considerada doméstica para fins de operacionalização do IBAMA, no seu Anexo 1, a saber: Abelhas, Alpaca, Avestruz, Bicho-da-seda, Búfalo, Cabra, Cachorro, Calopsita, Camelo, Camundongo, Canário-do-reino ou canário-belga, Cavalo, Chinchila, Cisne-negro, Cobaia ou porquinho-da-Índia, Codorna-chinesa, Coelho, Diamante-de-gould, Diamante-mandarim, Dromedário, Escargot, Faisão-de-coleira, Gado bovino, Gado zebuino, Galinha, Galinha-d'angola, Ganso, Ganso-canadense, Ganso-do-nilo, Gato, Hamster, Jumento, Lhama, Manon, Marreco, Minhoca, Ovelha, Pato-carolina, Pato-mandarim, Pavão, Perdiz-chucar, Periquito-australiano, Peru, Phaeton, Pomba-diamante, Pombo-doméstico, Porco, Ratazana, Rato, e Tadorna.

Chama-nos a atenção Celso Antonio Pacheco Fiorillo (2017)[253] ao salientar que *aceitar que a única fauna a ser tutelada é a silvestre é distanciar-se do comando constitucional, porque, se assim fosse, os animais domésticos não seriam objeto de tutela. Deve-se observar em relação a estes que, embora não possuam função ecológica e não corram risco de extinção (porquanto são domesticados), na condição de integrantes do coletivo fauna, devem ser protegidos contra as práticas que lhes sejam cruéis, de acordo com o senso da coletividade.*

Essa interpretação foi dada pelo Supremo Tribunal Federal ao analisar a questão, como se observa:

> A promoção *de briga de galos*, além de caracterizar prática criminosa tipificada na legislação ambiental, configura *conduta atentatória* à Constituição da República, que veda a submissão de animais a atos de crueldade, cuja natureza perversa, à semelhança *da "farra do boi"* (RE 153.531/SC), não permite sejam eles qualificados como *inocente* manifestação cultural, de caráter *meramente* folclórico. Precedentes. – A proteção *jurídico-constitucional* dispensada à fauna abrange *tanto* os animais silvestres *quanto* os domésticos ou domesticados, *nesta classe incluídos* os galos utilizados em rinhas, pois o texto da Lei Fundamental vedou, em cláusula genérica, *qualquer forma* de submissão de animais a atos de crueldade. – Essa especial tutela, que tem por fundamento legitimador a autoridade da Constituição da República, é motivada *pela necessidade de impedir* a ocorrência de situações de risco *que ameacem* ou *que façam periclitar* todas as formas de vida, *não só a do gênero humano*, mas, *também*, a própria vida animal, cuja integridade restaria comprometida, *não fora a vedação constitucional*, por práticas aviltantes, perversas e violentas contra os seres irracionais, *como os galos de briga* ("*gallus-gallus*"). Magistério da doutrina. ALEGAÇÃO DE INÉPCIA DA PETIÇÃO INICIAL. – Não se revela inepta a petição inicial, que, ao impugnar a validade constitucional de lei estadual, (a) indica, *de forma adequada*, a norma de parâmetro, cuja autoridade teria sido desrespeitada, (b) estabelece, *de maneira clara*, a relação de antagonismo entre essa legislação *de menor* positividade jurídica e o texto da Constituição da República, (c) fundamenta, *de modo inteligível*, as razões consubstanciadoras da pretensão de inconstitucionalidade deduzida pelo autor e (d) postula, *com objetividade*, o reconhecimento da procedência do

---

[253] FIORILLO, Celso Antonio Pacheco. *Curso de direito ambiental brasileiro*. 17. ed. São Paulo: Saraiva, 2017. p. 254.

pedido, com a conseqüente declaração *de ilegitimidade constitucional* da lei questionada em sede de controle normativo abstrato, delimitando, *assim*, o âmbito material do julgamento a ser proferido pelo Supremo Tribunal Federal. (STF, ADI 1856/RJ, Tribunal Pleno, Min. Celso de Mello, j. em 26-5-2011, *DJe* de 14-10-2011)

Ainda, tratando-se de conceitos, é importante trazer a lume o conceito de espécies migratórias, que significa *o conjunto da população ou qualquer parte geograficamente separada da população de qualquer espécie ou grupo taxonômico inferior de animais silvestres, cuja proporção significativa ultrapassa, ciclicamente e de maneira previsível, um ou mais limites de jurisdição nacional.* Conceito este definido pela Convenção sobre a Conservação das Espécies Migratórias de Animais Silvestres, de 23 de junho de 1979, aprovada pelo Decreto Legislativo nº 387, de 15 de outubro de 2013, e promulgado pelo Decreto nº 9.080, de 16 de junho de 2017.[254]

O convívio com a fauna no Brasil remonta ao seu descobrimento. E as práticas de caça para subsistência ou até comércio fizeram parte do ciclo de colonização e ocupação do nosso território. Sendo assim, culturalmente o hábito de consumo de carnes de caça está impregnado ainda no cotidiano, principalmente, das populações rurais. Tanto é verdade que foram editados vários regramentos a respeito da caça no Brasil, não só pela Ordenações do Reino, bem como pelo revogado Código de Caça (Decreto-Lei nº 5.894/1943).

Porém, esse disciplinamento ainda existe, agora, em partes, na Lei nº 5.197/67,[255] através da Lei de Proteção à Fauna. Então é importante esclarecer sobre alguns conceitos, como se pode observar a seguir:

Caça profissional – A caça profissional foi proibida pela Lei nº 5.197/1967, em seu art. 2º, conforme se extrai da Exposição de Motivos[256] da Lei:

A caça profissional deve ser rigorosamente proibida e, por outro lado, deve ser encorajado o estabelecimento de criadouros de animais silvestres. O caçador nativo e o caçador furtivo não causam uma fração do mal por que é responsável o caçador profissional que tudo dizima, visando o lucro fácil. Convém recordar, nesta oportunidade, que há 60 anos atrás a Guanabara abrigava uma fauna que hoje só se conhece através de exemplares preservados nas coleções científicas. Todos os grandes carnívoros foram exterminados, o que permitiu um aumento exagerado das populações de marsupiais carniceiros e dos pequenos carnívoros que tanto prejuízo causam aos sitiantes e habitantes das zonas rurais. Muitas espécies de aves ornamentais, como araras, tucanos e papagaios foram caçadas até o extermínio. Das 6 espécies de macacos da fauna carioca, 4 estão extintas. Não se perderam com isso apenas 4 espécies: perderam-se 4 elos da delicada cadeia biológica.

O revogado Código de Caça (Decreto-Lei nº 5.894/1943) definiu o conceito de caçador profissional, no seu Art. 12, parágrafo primeiro, alínea "a", considerando todo aquele que procura auferir lucros com o produto de sua atividade. Apesar da necessária

---

[254] BRASIL. *Decreto nº 9.080, de 16 de junho de 2017.* Promulga a Convenção sobre a Conservação das Espécies Migratórias de Animais Silvestres, de 23 de junho de 1979. Brasília, DF: Diário Oficial da União, 2017.

[255] BRASIL. *Lei nº 5.197, de 3 de janeiro de 1967.* Dispõe sobre a proteção à fauna e dá outras providências. Brasília, DF: Diário Oficial da União, 1965.

[256] *Diário do Congresso Nacional* – DCN (quarta-feira). 31.8.1966, Seção 1, p. 5.515.

proibição da caça profissional, a lei não esclareceu ao seu tempo o que se considera como caça profissional, o que torna as ações fiscalizatórias inseguras, do ponto de vista desse enquadramento. Pois, somente se configuraria caça profissional aquele que aufere lucro? A vida real nos mostra inúmeros casos em que o indivíduo pratica a caça profissionalmente, com tamanha técnica, armamento, petrechos, cachorros etc., empregando com extrema habilidade de um profissional. Porém, em face do anêmico conceito não se enquadraria como caçador profissional.

Caça sanguinária – Sanguinária é a caça praticada por puro prazer, deixando o animal morto no local sem nenhuma utilidade. Assim, como ressalta Sirvinskas (2017),[257] se a caça profissional é expressamente proibida, com maior razão também o é a caça sanguinária.

Caça de controle – O parágrafo segundo, do art. 3º, da Lei nº 5.197/67, prevê:

> Será permitida mediante licença da autoridade competente, a apanha de ovos, lavras e filhotes que se destinem aos estabelecimentos acima referidos, bem como a destruição de animais silvestres considerados nocivos à agricultura ou à saúde pública.

O IBAMA editou a Instrução Normativa nº 141, de 19 de dezembro de 2006 (D.O.U. de 20/12/2006), a qual regulamenta o controle e o manejo ambiental da fauna sinantrópica nociva. Para tanto, conceituou a fauna sinantrópica (art. 2º, IV e V), como sendo, populações animais de espécies silvestres nativas ou exóticas, que utilizam recursos de áreas antrópicas, de forma transitória em seu deslocamento, como via de passagem ou local de descanso; ou permanente, utilizando-as como área de vida. Na oportunidade, definiu que fauna sinantrópica nociva é a fauna sinantrópica que interage de forma negativa com a população humana, causando-lhe transtornos significativos de ordem econômica ou ambiental, ou que represente riscos à saúde pública.

Definiu que, observadas a legislação e as demais regulamentações vigentes, são espécies passíveis de controle por órgãos de governo da Saúde, da Agricultura e do Meio Ambiente, sem a necessidade de autorização por parte do IBAMA (art. 4º, §1º):

> i) **invertebrados de interesse epidemiológico**, previstos em programas e ações de governo, tal como: insetos hematófagos, (hemípteros e dípteros), ácaros, helmintos e moluscos de interesse epidemiológico, artrópodes peçonhentos e invertebrados classificados como pragas agrícolas pelo Ministério da Agricultura; ii) **artrópodes nocivos**: abelhas, cupins, formigas, pulgas, piolhos, mosquitos, moscas e demais espécies nocivas comuns ao ambiente antrópico, que impliquem transtornos sociais ambientais e econômicos significativos; iii) **animais domésticos ou de produção**, bem como quando estes se encontram em situação de abandono ou alçados (e.g. Columba livia, Canis familiaris, Felis catus) e roedores sinantrópicos comensais (e.g. Rattus rattus, Rattus norvegicus e Mus musculus); iv) **quirópteros em áreas urbanas e peri-urbanas e quirópteros hematófagos da espécie Desmodus rotundus** em regiões endêmicas para a raiva e em regiões consideradas de risco de ocorrência para a raiva, a serem caracterizadas e determinadas por órgãos de governo da Agricultura e da Saúde, de acordo com os respectivos planos e programas oficiais; v) **espécies exóticas invasoras** comprovadamente nocivas à agricultura, pecuária, saúde pública e ao meio ambiente. (grifei)

---

[257] SIRVINSKAS, Luís Paulo. *Manual de direito ambiental*. 15. ed. São Paulo: Saraiva, 2017. p. 635.

Em que pese não se tratar da fauna silvestre, porém, trata-se da atividade de caça, o IBAMA editou a Instrução Normativa nº 3, de 31 de janeiro de 2013 (publicada no D.O.U. de 1 de fevereiro de 2013, seção I, p. 88-89), a qual decreta a nocividade do javali e dispõe sobre o seu manejo e controle. A referida norma foi alterada posteriormente pela Instrução Normativa nº 12, de 25 de março de 2019 (publicada em: 04/04/2019. Edição: 65. Seção: 1. Página: 29). A Instrução Normativa nº 03/2013 declara a nocividade da espécie exótica invasora javali-europeu, de nome científico *Sus scrofa*, em todas as suas formas, linhagens, raças e diferentes graus de cruzamento com o porco doméstico, doravante denominados "javalis".

Ressalta Machado (2017),[258] citando Jehan de Malafosse, *o homem interfere pela caça de controle para reequilibrar as relações plantações ou florestas/animais em casos específicos. A permissão para esse tipo de atividade deverá ser expressamente motivada pela autoridade pública, indicando quais os perigos concretos ou iminentes, qual a área de abrangência, as espécies nocivas e a duração da atividade destruidora.*

Com esse mesmo viés, temos registros da literatura médica do aparecimento mais constante da febre maculosa no Brasil. A Febre Maculosa Brasileira (FMB) é uma doença infecciosa febril aguda, transmitida por carrapatos do gênero *Amblyomma* e causada pela *Rickettsia rickettsii*, uma bactéria Gram-negativa, parasita intracelular obrigatória, com tropismo por células endoteliais. Estão sendo pesquisadas várias áreas de notificação desta doença, pois está relacionada ao vetor carrapato estrela (*Amblyomma sculptum*) e à presença de capivaras e equídeos em regiões quentes. Portanto, em caso de constatação, o controle desse animal deverá seguir os protocolos de verificação, certificação e autorização de eventuais abates.

Caça amadorista – Como vimos anteriormente, a Lei nº 5.197/67 proibiu a caça profissional (art. 2º). Todavia, o legislador perdeu a oportunidade de estender a vedação ao caçador amadorista. Pois, ao contrário senso, a proibição expressa está prevista tão somente ao caçador profissional.

Da mesma forma que a Lei de Proteção à Fauna não conceituou "caça profissional", também não o fez em relação à "caça amadorista". Lembrar que o revogado Código de Caça previa o conceito de ambos:

> Art. 12. Caçador é tôda a pessoa que se entrega ao exercício da caça. §1º O caçador é considerado profissional ou amador: a) **profissional** é o que procura auferir lucros com o produto de sua atividade; b) **amador** é o que visa fim exclusivamente esportivo. (grifei)

A crítica se faz ao legislador porquanto da sua falta de técnica em poder prever claramente os conceitos de tudo aquilo que possa afetar o bem jurídico a ser protegido. Quando o legislador analisou o Projeto de Lei da nova norma de proteção à fauna, faltou perspicácia em aproveitar aquilo que estava muito bem escrito no Decreto-Lei nº 5.894/43, a exemplo do art. 12, onde se definia o que era caça profissional e amadora. Do mesmo modo que faltou definir o conceito de caça e a extensão dessa atividade, como estava previsto no artigo 3º e seu parágrafo único:

---

[258] MACHADO, Paulo Affonso Leme. *Direito ambiental brasileiro*. 25. ed. rev., ampl. e atual. São Paulo: Malheiros, 2017. p. 984.

Art. 3º **Caçar é** o ato de perseguir, surpreender ou atrair os animais silvestres, afim de apanhá-los vivos ou mortos. Parágrafo único. Os animais domésticos que, por abandono, se tornarem selvagens, poderão também ser objeto de caça. (grifei)

Tanto a Lei nº 5.197/67, quanto a Lei nº 9.605/98 não descrevem os conceitos comentados até então, tornando a apuração de eventual irregularidade insegura. Pois, caberá então ao intérprete buscas nas outras fontes do direito a resposta para sua indagação, preenchendo essa lacuna duvidosa. Ainda mais que é possível, na prática a caça de animais domésticos e exóticos. Todavia, por não estar prevista na Lei de Crimes Ambientais a tipicidade da conduta, o agente se vê amparado pela atipicidade, podendo, eventual, incorrer em outro delito, contudo não na prática da caça.

Caça de subsistência – A mesma crítica anterior se estende a caça de subsistência que não possui qualquer referência ou conceituação na norma de proteção à fauna ou na lei de crimes ambientais. A Lei nº 10.826/03 (Estatuto do Desarmamento)[259] faz referência, no parágrafo quinto, do art. 6º, aos residentes em áreas rurais, maiores de 25 (vinte e cinco) anos que comprovem depender do emprego de arma de fogo para **prover sua subsistência alimentar familiar** será concedido pela Polícia Federal o porte de arma de fogo, **na categoria caçador para subsistência**, de uma arma de uso permitido, de tiro simples, com 1 (um) ou 2 (dois) canos, de alma lisa e de calibre igual ou inferior a 16 (dezesseis), desde que o interessado comprove a efetiva necessidade em requerimento e apresente os documentos exigidos pela Lei.

E dessa forma, o Estatuto do Desarmamento define uma categoria de caçador de subsistência não regulamentada ou não prevista na lei de crimes ambientais ou na lei de proteção à fauna. Não há disciplinamento infralegal, por exemplo, em portaria ou instrução normativa definindo claramente o que se pode considerar por caçador de subsistência.

O Estatuto do Índio (Lei nº 6.001/73)[260] prevê que cumpre à União, aos Estados e aos Municípios, bem como aos órgãos das respectivas administrações indiretas, nos limites de sua competência, para a proteção das comunidades indígenas e a preservação dos seus direitos, inclusive, assegurar aos índios a possibilidade de livre escolha dos seus meios de vida e subsistência. Então, por essa disposição, está definido que os índios têm assegurado o direito de praticar a caça de subsistência, em face da sua forma de vida.

Um breve destaque abordado por Fiorillo (2017)[261] diz respeito à proteção à fauna, onde afirma que *os animais não são sujeitos de direitos, porquanto a proteção do meio ambiente existe para favorecer o próprio homem e, somente por via reflexa, as demais espécies.* E salienta que *em face do nosso sistema constitucional em vigor, devemos orientar nossa visão para a tutela da fauna sempre adaptada às necessidades da pessoa humana, aplicando inclusive para as hipóteses pertinentes o princípio da insignificância em matéria de crimes contra a fauna.*

---

[259] BRASIL. *Lei nº 10.826, de 22 de dezembro de 2003.* Dispõe sobre registro, posse e comercialização de armas de fogo e munição, sobre o Sistema Nacional de Armas – Sinarm, define crimes e dá outras providências. Brasília, DF: Diário Oficial da União, 2003.

[260] BRASIL. *Lei nº 6.001, de 19 de dezembro de 1973.* Dispõe sobre o Estatuto do Índio. Brasília, DF: Diário Oficial da União, 1973.

[261] FIORILLO, Celso Antonio Pacheco. *Curso de direito ambiental brasileiro.* 17. ed. São Paulo: Saraiva, 2017. p. 732 e 733.

Em contraponto, Curt, Terence e Natascha Trennepohl (2019)[262] dissertam que *a supressão de determinada espécie pode causar enorme impacto sobre outros componentes de um ecossistema, pois é certo que inúmeros seres vivos funcionam como dispersores de sementes, controladores naturais de pragas, além de desempenharem seu papel dentro da cadeia alimentar da fauna. Portanto, sem nenhum alarmismo, pode-se inferir que o abate de uma determinada espécie animal com certa regularidade, para saciar a fome do agente, irá resultar em prejuízo para muitas outras pessoas, atingidas no equilíbrio do meio ambiente necessário à sadia qualidade de vida.*

Caça científica – Ao se referir à caça científica, o legislador previu sabiamente a possibilidade, como se vê no art. 14, da Lei nº 5.197/67:

> Art. 14. Poderá ser concedida a cientistas, pertencentes a instituições científicas, oficiais ou oficializadas, ou por estas indicadas, licença especial para a coleta de material destinado a fins científicos, em qualquer época. §1º Quando se tratar de cientistas estrangeiros, devidamente credenciados pelo país de origem, deverá o pedido de licença ser aprovado e encaminhado ao órgão público federal competente, por intermedio de instituição científica oficial do país. §2º As instituições a que se refere este artigo, para efeito da renovação anual da licença, darão ciência ao órgão público federal competente das atividades dos cientistas licenciados no ano anterior. §3º As licenças referidas neste artigo não poderão ser utilizadas para fins comerciais ou esportivos. §4º Aos cientistas das instituições nacionais que tenham por Lei, a atribuição de coletar material zoológico, para fins científicos, serão concedidas licenças permanentes.

A caça científica está regulamentada pela Instrução Normativa nº 03, de 01 de setembro de 2014, e suas alterações, do Instituto Chico Mendes de Conservação da Biodiversidade, a qual fixa normas para a utilização do Sistema de Autorização e Informação em Biodiversidade – SISBio, na forma das diretrizes e condições previstas na referida Instrução Normativa, e regulamenta a disponibilização, o acesso e o uso de dados e informações recebidos pelo Instituto Chico Mendes de Conservação da Biodiversidade por meio do SISBio.

As atividades que envolverem licenciamento ambiental e precisarem de avaliação da fauna, o empreendedor deverá observar a Instrução Normativa nº 146, de 10 de janeiro de 2007, do IBAMA, a qual estabelece os critérios para procedimentos relativos ao manejo de fauna silvestre (levantamento, monitoramento, salvamento, resgate e destinação) em áreas de influência de empreendimentos e atividades consideradas efetiva ou potencialmente causadoras de impactos à fauna sujeitas ao licenciamento ambiental, como definido pela Lei nº 6.938/81 e pelas Resoluções Conama nº 001/86 e nº 237/97.

Proibições específicas para caça – Não é uma modalidade, mas é importante destacar as regras de proibição para caça específicas previstas em lei. Apesar de certas proibições não serem recentes, como se observa no Livro Quinto das Ordenações do Reino, Título 88, "Das caças, e Pescarias defesas",[263] previa "(...) *não mate, nem caçe*

---

[262] TRENNEPOHL, Curt; TRENNEPOHL, Terence; TRENNEPOHL, Natascha. *Infrações ambientais:* comentários ao Decreto 6.514/2008. 3. ed. rev., atual. e ampl. São Paulo: Thomson Reuters Brasil, 2019. p. 146.

[263] Ordenações, e leys do Reyno de Portugal, confirmadas, e estabelecidas pelo senhor Rey D. João IV. Novamente impressas, e accrescentadas com tres Collecções; a primeira, a de Leys Extravagantes; a segunda, de Decretos, e Cartas; e a terceira, de Assentos da Casa da Supplicação, e Relação do Porto, por Mandado do muito alto e

perdizes, lebres, coelhos, com boy, nem com dios de arame, nem com outros alguns, nem tóme, nem quebre ovos de perdizes, sob pena de pagar da cadêa dous mil reais de cada vez, que nisso for achado, ou lhe for provado dentro de dous mezes, e mais perderá as armadilhas".

A Lei nº 5.197/67 previu textualmente as seguintes proibições:

> Art. 10. A utilização, perseguição, destruição, caça ou apanha de espécimes da fauna silvestre são proibidas. a) com visgos, atiradeiras, fundas, bodoques, veneno, incêndio ou armadilhas que maltratem a caça; b) com armas a bala, a menos de três quilômetros de qualquer via térrea ou rodovia pública; c) com armas de calibre 22 para animais de porte superior ao tapiti (sylvilagus brasiliensis); d) com armadilhas, constituídas de armas de fogo; e) nas zonas urbanas, suburbanas, povoados e nas estâncias hidrominerais e climáticas; f) nos estabelecimentos oficiais e açudes do domínio público, bem como nos terrenos adjacentes, até a distância de cinco quilômetros; g) na faixa de quinhentos metros de cada lado do eixo das vias férreas e rodovias públicas; h) nas áreas destinadas à proteção da fauna, da flora e das belezas naturais; i) nos jardins zoológicos, nos parques e jardins públicos; j) fora do período de permissão de caça, mesmo em propriedades privadas; l) à noite, exceto em casos especiais e no caso de animais nocivos; m) do interior de veículos de qualquer espécie.

Espécies ameaçadas de extinção – O legislador se preocupou em dar um destaque para as espécies ameaçadas de extinção. A Lei nº 9.605/98, em seu art. 15, inciso II, alínea "q", assim prevê:

> Art. 15. São circunstâncias que agravam a pena, quando não constituem ou qualificam o crime: (...) II – ter o agente cometido a infração: (...) q) atingindo espécies ameaçadas, listadas em relatórios oficiais das autoridades competentes (...).

O Decreto nº 6.514/08 igualmente previu agravamento para as infrações administrativas que atentem contra espécies ameaçadas de extinção, como se verifica nos incisos dos artigos 24, 25, 26 e 27.

Ficou evidenciado que tanto o legislador quanto o Executivo deram um maior destaque para as infrações que atinjam espécies constantes de listas oficiais de fauna ameaçadas de extinção. Seja com a agravante da conduta apurada na esfera penal, ou com o aumento de multa no âmbito administrativo.

Importante destacar que a previsão não se limita a uma lista apenas, o texto descreve: "listadas em relatórios oficiais das autoridades competentes" e "espécie constante de listas oficiais de fauna brasileira ameaçada de extinção". Isso nos mostra que se a espécie estiver contida em qualquer lista oficial como espécie ameaçada de extinção terá o agravamento da penalidade, incluindo, e não só, a lista da Convenção sobre o Comércio Internacional das Espécies da Flora e Fauna Selvagens em Perigo de Extinção – CITES.

Dessa forma vamos entender, o Brasil assinou a CITES (Convenção sobre o Comércio Internacional das Espécies da Flora e Fauna Selvagens em Perigo de Extinção, em Washington, em 3 de março de 1973. O acordo foi aprovado pelo Decreto Legislativo nº

---

poderoso Rey D. Joaõ V. Nosso Senhor. Livro Quinto. Lisboa, 1787. No Mosteiro de S. Vicente de Fóra, Camara Real de Sua Magestade. Com as licenças necessarias, e Privilegio Real.

54, de 25 de junho de 1975.[264] Posteriormente houve emenda ao art. XXI da Convenção sobre o Comércio Internacional das Espécies da Fauna e Flora Selvagem em Perigo de Extinção, de 1973 aprovado pela Conferência das Partes, em reunião extraordinária realizada em Gaborone, em 20 de abril de 1983, cujo texto foi aprovado pelo Decreto Legislativo nº 35, de 5 de dezembro de 1985.[265] Em seguida, o Decreto nº 92.446, de 7 de março de 1986, promulgou a Emenda ao Artigo XXI da Convenção sobre o Comércio Internacional das Espécies da Fauna e da Flora em Perigo de Extinção.

Já o Decreto nº 3.607, de 21 de setembro de 2000, dispõe sobre a implementação da Convenção sobre Comércio Internacional das Espécies da Flora e Fauna Selvagem em Perigo de Extinção – CITES, e dá outras providências.[266]

Destaca-se, ainda, que o Ministério do Meio Ambiente editou a Portaria MMA nº 43, de 31 de janeiro de 2014, com o fim de instituir o Programa Nacional de Conservação das Espécies Ameaçadas de Extinção – Pró-Espécies, com o objetivo de adotar ações de prevenção, conservação, manejo e gestão, com vistas a minimizar as ameaças e o risco de extinção de espécies.

Em consequência, o Ministério do Meio Ambiente editou a Portaria MMA nº 444, de 17 de dezembro de 2014, onde reconhece como espécies da fauna brasileira ameaçadas de extinção aquelas constantes da "Lista Nacional Oficial de Espécies da Fauna Ameaçadas de Extinção" – Lista, conforme seu Anexo I, em observância aos arts. 6º e 7º, da Portaria nº 43, de 31 de janeiro de 2014.[267]

Embora a Portaria MMA nº 444/2014, em seu art. 2º, classifique as espécies em categorias como: Extintas na Natureza (EW), Criticamente em Perigo (CR), Em Perigo (EN) e Vulnerável (VU), todas ficam protegidas de modo integral, incluindo, entre outras medidas, a proibição de captura, transporte, armazenamento, guarda, manejo, beneficiamento e comercialização.

Então, temos a lista CITES – Convenção sobre o Comércio Internacional das Espécies da Flora e Fauna Selvagens em Perigo de Extinção, e a Lista Nacional Oficial de Espécies da Fauna Ameaçadas de Extinção. Ambas possuem a identificação de espécies que necessitam de proteção do Estado, motivo pelo qual há a agravante e o aumento de multa para as infrações que afetem seus indivíduos.

---

[264] BRASIL. *Câmara Federal. Decreto Legislativo nº 54, de 1975*. Aprova o texto da Convenção sobre o Comércio Internacional das Espécies da Flora e Fauna Selvagens em Perigo de Extinção, firmada em Washington, a 3 de março de 1973. Brasília, DF: Diário Oficial da União - Seção 1 - 25/6/1975, Página 7577, 1975.

[265] BRASIL. *Câmara Federal. Decreto Legislativo nº 35, de 1985*. Aprova o texto da Emenda ao Art. XXI da Convenção sobre o Comércio Internacional das Espécies da Fauna e Flora Selvagem em Perigo de Extinção, de 1973 aprovado pela Conferência das Partes, em reunião extraordinária realizada em Gaborone, em 20 de abril de 1983. Brasília, DF: Diário do Congresso Nacional - Seção 1 - 6/12/1985, Página 15586, 1985.

[266] BRASIL. *Decreto nº 3.607, de 21 de setembro de 2000*. Dispõe sobre a implementação da Convenção sobre Comércio Internacional das Espécies da Flora e Fauna Selvagem em Perigo de Extinção - CITES, e dá outras providências. Brasília, DF: Diário Oficial da União, 2000.

[267] A lista foi elaborada com a colaboração do IBAMA, Fundação Biodiversitas e da Sociedade Brasileira de Zoologia, com apoio da Conservation International e do Instituto Terra Brasilis e divulgada pelo Ministério do Meio Ambiente, em 22 de maio de 2003 (Dia Internacional da Diversidade Biológica). Substituiu a lista anterior das espécies da fauna ameaçadas de extinção que havia sido baixada pela Portaria n. 1.522, de 19 de dezembro de 1989, e da Portaria n. 45-N, de 27 de abril de 1992, pelo IBAMA. A lista anterior continha 218 espécies ameaçadas de extinção e a nova lista contém 395 espécies. (SIRVINSKAS, Luís Paulo. *Manual de direito ambiental*. 15. ed. São Paulo: Saraiva, 2017. p. 674.)

Podemos, ainda, encontrar listas de espécies ameaçadas de extinção estaduais, a critério dos Conselhos Estaduais do Meio Ambiente ou dos Institutos do Meio Ambiente dos Estados, a exemplo da Resolução nº 002, de 6 de dezembro de 2011, do Conselho Estadual do Meio Ambiente de Santa Catarina, que reconhece a Lista Oficial de Espécies da Fauna Ameaçadas de Extinção no Estado de Santa Catarina e dá outras providências.

Por outro lado, notadamente os crimes contra a fauna não tiveram a devida atenção, como chama a atenção Machado (2017),[268] de nada valeriam as interdições legais se não fossem sancionadas por penalidades. A Lei de Proteção à Fauna de 1967 teve o mérito de a cada descrição outorgar um apoio de sanções penais. Faz-se necessária, contudo, uma revisão das penas, pois, enquanto o homicídio simples é punido com reclusão de 6 a 20 anos, a morte de um animal no máximo poderia ser capitulada como crime de dano, cuja pena corporal varia de 6 meses a 3 anos. Entendendo-se como simples contravenção, então, a pena corporal será de 3 meses a 1 ano de prisão simples. Ainda que haja uma profunda diferença entre a morte de um homem e a morte de um animal, não se pode negar a desproporção abismal no combate penal. O furto qualificado de um toca-fitas de um veículo será punido com 2 anos de reclusão, enquanto que a morte de um animal (às vezes em extinção) receberá o apenamento de 3 meses de prisão simples.

Por fim, como regra geral, a autoridade julgadora poderá, considerando a natureza dos animais, em razão de seu pequeno porte, aplicar multa de R$500,00 (quinhentos reais) a R$100.000,00 (cem mil reais) quando a contagem individual for de difícil execução ou quando, nesta situação, ocorrendo a contagem individual, a multa final restar desproporcional em relação à gravidade da infração e à capacidade econômica do infrator (§9º, do art. 24, do Dec. nº 6.514/08). Esse ponto é comentando por Curt, Terence e Natascha Trennepohl (2019)[269] onde explicam que o art. 24, §9º, introduziu a possibilidade de fixação de multa por estimativa no caso de animais de pequeno porte e difícil contagem. A medida é salutar, considerando que existe previsão de sanção para o comércio de larvas, por exemplo, cuja contagem precisa é extremamente difícil, o que ocorre também com muitos peixes ornamentais, que são transportados aos milhares num mesmo recipiente.

2.1 Das infrações contra a fauna

Nessa fase passaremos a analisar as condutas tipificadas como infrações administrativas, verificar suas particularidades e analisar se há correlação com tipos penais existentes.

Antes disso, é importante analisarmos algumas regras de caráter geral para as infrações administrativas contra a fauna.

Nesse sentido podemos analisar os seguintes conceitos:

---

[268] MACHADO, Paulo Affonso Leme. *Direito ambiental brasileiro*. 25. ed. rev., ampl. e atual. São Paulo: Malheiros, 2017. p. 990.

[269] TRENNEPOHL, Curt; TRENNEPOHL, Terence; TRENNEPOHL, Natascha. *Infrações ambientais*: comentários ao Decreto 6.514/2008. 3. ed. rev., atual. e ampl. São Paulo: Thomson Reuters Brasil, 2019. p. 155.

Permissão, *em sentido amplo, designa o ato administrativo unilateral, discricionário e precário, gratuito ou oneroso, pelo qual a Administração Pública faculta ao particular a execução de serviço público ou a utilização privativa de bem público.*[270]

Licença *é o ato administrativo vinculado e definitivo, pelo qual o Poder Público, verificando que o interessado atendeu a todas as exigências legais, faculta-lhe o desempenho de atividades ou realização de fatos materiais antes vedados ao particular (...) resulta de um direito subjetivo do interessado, razão pela qual a Administração não pode negá-la quando o requerente satisfaz a todos os requisitos legais para sua obtenção, e, uma vez expedida, traz a presunção de definitividade.*[271]

Autorização *é o ato administrativo discricionário, pelo qual se faculta a prática do ato jurídico ou de atividade material, objetivando atender diretamente a interesse público ou privado, respectivamente, de entidade estatal ou de particular, que sem tal outorga seria proibida.*[272]

Atentar para o valor indicativo da multa, principalmente quando envolver espécie constante de listas oficiais de fauna brasileira ameaçada de extinção, inclusive da Convenção de Comércio Internacional das Espécies da Flora e Fauna Selvagens em Perigo de Extinção – CITES.

Como já mencionamos anteriormente, as espécies listadas como ameaçadas de extinção elevará o valor da multa, cuja espécie precisa ser identificada e descrita em auto de avaliação do animal.

Destaca-se o parágrafo primeiro, do art. 24, do Decreto nº 6.514/08, o qual diz: "As multas serão aplicadas em dobro se a infração for praticada com finalidade de obter vantagem pecuniária". E nesse caso Antunes (2017)[273] comenta que o texto do §1º, do artigo 24, do Decreto nº 6.514/2008 reforça a necessidade da caracterização da subjetividade para a aplicação da pena de multa, haja vista que na hipótese em exame, é imperiosa a apuração do objetivo "vantagem pecuniária" por parte do agente. Não possui qualquer correspondência na lei.

Dúvida recorrente surge ao se questionar se há possibilidade da aplicação do princípio da insignificância nos delitos contra a fauna. A respeito do tema, Renato Marcão (2015)[274] citando Maurício Antônio Ribeiro Lopes, afirma que *o conceito de delito de bagatela não está na dogmática jurídica. Nenhum instrumento legislativo ordinário ou constitucional o define ou o acata formalmente, apenas podendo ser inferido na exata proporção em que se aceitam limites para a interpretação constitucional e das leis em geral. É de criação exclusivamente doutrinária e pretoriana, o que se faz justificar estas como autênticas fontes do Direito. Por outro lado, mercê da tônica conservadorista do Direito, afeta seu grau de recepcionalidade no mundo jurídico.*

Para Milaré (2015)[275] *o princípio da insignificância relaciona-se com a subsidiariedade do Direito Penal em relação às demais esferas de responsabilização. Nos dizeres de Vico Mañas, o "princípio da insignificância pode ser definido como instrumento de interpretação restritiva,*

---

[270] DI PIETRO, Maria Sylvia Zanella. *Direito administrativo.* 32. ed. [2. reimpr.]. Rio de Janeiro: Forense, 2019. p. 265.

[271] MEIRELLES, Hely Lopes. *Direito administrativo brasileiro.* 16. ed. São Paulo: Editora RT, 1991. p. 164.

[272] POMPEU, Cid Tomanik. *Autorização administrativa.* São Paulo: Editora RT, 1992. p. 173.

[273] ANTUNES, Paulo de Bessa. *Direito ambiental.* 19. ed. rev. e atual. São Paulo: Atlas, 2017. p. 276.

[274] MARCÃO, Renato. *Crimes ambientais (Anotações e interpretação jurisprudencial da parte criminal da Lei n. 9.605, de 12-2-1998).* 3. ed. rev. e atualizada de acordo com a Lei n. 13.052/2014. São Paulo: Saraiva, 2015. p. 31.

[275] MILARÉ, Édis. *Direito do ambiente.* 10. ed. rev., atual. e ampl. São Paulo: Editora Revista dos Tribunais, 2015. p. 487.

fundado na concepção material do tipo penal, por intermédio do qual é possível alcançar, pela via judicial e sem macular a segurança jurídica do pensamento sistemático, a proposição político-criminal de descriminalização de condutas que, embora formalmente típicas, não atingem de forma socialmente relevante os bens jurídicos protegidos pelo Direito Penal".

O Tribunal Regional Federal da 3ª Região decidiu:

1. O preceito da insignificância, em matéria ambiental, deve ser aplicado com parcimônia, uma vez que a mera retirada de espécie do seu ambiente natural já causa interferência no tênue equilíbrio ecológico, fazendo com que o legislador previsse um tipo classificado como crime de mera conduta. (TRF – 3ª Reg., ApCrim 97030174205, 5ª T., j. 26.09.2000, rel. Juiz Federal convocado Fausto de Sanctis, *DJU* 16.01.2001)

E o Superior Tribunal de Justiça também já se manifestou:

A apanha de apenas quatro minhocuçus não desloca a competência para a Justiça Federal, pois não constitui crime contra a fauna, previsto na Lei nº 5.197/67, em face da aplicação do princípio da insignificância, uma vez que a conduta não tem força para atingir o bem jurídico tutelado. (STJ, CC 20.312/MG, 3ª S., rel. Fernando Gonçalves, 01.07.1999, v.u., p. 72)

Na mesma tônica, o Supremo Tribunal Federal decidiu:

O princípio da insignificância – que deve ser analisado em conexão com os postulados da fragmentariedade e da intervenção mínima do Estado em matéria penal – tem o sentido de excluir ou de afastar a própria tipicidade pena, examinada na perspectiva de seu caráter material. Tal postulado – que considera necessária, na aferição do relevo material da tipicidade penal, a presença de certos vetores, tais como (a) a mínima ofensividade da conduta do agente, (b) a nenhuma periculosidade social da ação, (c) o reduzidíssimo grau de reprovabilidade do comportamento e (d) a inexpressividade da lesão jurídica provocada – apoiou-se, em seu processo de formulação teórica, no reconhecimento de que o caráter subsidiário do sistema penal reclama e impõe, em função dos próprios objetivos por ele visados, a intervenção mínima do Poder Público. O sistema jurídico há de considerar a relevantíssima circunstância de que a privação da liberdade e a restrição de direitos do indivíduo somente se justificam quando estritamente necessárias à própria proteção das pessoas, da sociedade e de outros bens jurídicos que lhes sejam essenciais, notadamente naqueles casos em que os valores penalmente tutelados se exponham a dano, efetivo ou potencial, impregnado de significativa lesividade. O direito social não deve ocupar de condutas que produzam resultado, cujo valor – por não importar em lesão significativa a bens jurídicos relevantes – não represente, por isso mesmo, prejuízo importante, seja ao titular do bem jurídico tutelado, seja à integridade da própria ordem social. (STF, HC 84.412-0/SP, 2ª T., rel. Min. Celso de Mello, j. 19-10-2004, *DJU* de 19-11-2004, *RT* 834/477)

E Marcão (2015)[276] complementa: *É bem verdade que o "preceito da insignificância, em matéria ambiental, deve ser aplicado com parcimônia, uma vez que a mera retirada de espécie do seu ambiente natural já causa interferência no tênue equilíbrio ecológico", mas não há dúvida de*

---

[276] MARCÃO, Renato. *Crimes ambientais (Anotações e interpretação jurisprudencial da parte criminal da Lei n. 9.605, de 12-2-1998).* 3. ed. - revista e atualizada de acordo com a Lei n. 13.052/2014. São Paulo: Saraiva, 2015. p. 35.

que o elevado grau de maturidade e responsabilidade dos magistrados que integram as fileiras do Poder Judiciário brasileiro assegura, sem sombra de dúvida, o cuidado que se espera no manejo de tal "instituto jurídico", que nada tem de "liberal", ao contrário do que muitos sustentam com razoável equívoco e até com um certo insinuar pejorativo.

Auxiliam no debate Luiz Flávio Gomes e Silvio Maciel (2015),[277] os quais dissertam: *o princípio da insignificância, que no Brasil teve suas raízes nos delitos patrimoniais e no crime de lesão corporal, é hoje reconhecido em qualquer espécie de crime (crimes contra a administração pública, crimes militares, crimes contra a ordem tributária etc.). Não teria nenhum sentido excluir a aplicação desse princípio nos delitos ambientais (se ele é admitido até mesmo no delito de lesão corporal de um ser humano). Com o devido respeito, mas a ideia de que qualquer conduta em relação ao meio ambiente, inexoravelmente, afeta o "ecossistema" nos parece um argumento de cunho utilitarista, a exemplo de tantos que são utilizados atualmente no Direito Penal. É óbvio que, v.g., a apanha de dois peixes, a derrubada de uma árvore, o maltrato de uma planta de jardim público, ou a retirada de uma casca de árvore para fazer chá não causará um dano ambiental de forma desencadeada, de forma a desequilibrá-lo globalmente. Da mesma forma que a pesca de três camarões não causará desequilíbrio ecológico algum.*

De outra banda, na impossibilidade de aplicação do critério de unidade por espécime para a fixação da multa, deve ser aplicado ao agente o valor de R$500,00 (quinhentos reais) por quilograma ou fração, nos termos do parágrafo segundo, do art. 24, do Decreto nº 6.514/08.

No tocante aos procedimentos penais, deve-se observar algumas regras gerais. Pois, tratando-se de infrações penais consideradas de menor potencial ofensivo (Lei nº 9.099/95),[278,279] caberá a lavratura de Termo Circunstanciado. Nos termos do art. 69, da Lei nº 9.099/95, "a autoridade policial[280,281,282,283] que tomar conhecimento da ocorrência **lavrará termo circunstanciado** *&* o encaminhará imediatamente ao Juizado, com o autor do fato e a vítima, providenciando-se as requisições dos exames periciais necessários". E, ao autor do fato que, após a lavratura do termo, for imediatamente encaminhado ao juizado ou assumir o compromisso de a ele comparecer, não se imporá prisão em flagrante, nem se exigirá fiança (parágrafo único, do art. 69).

---

[277] GOMES, Luiz Flávio; MACIEL, Silvio Luiz. *Lei de crimes ambientais:* comentários à Lei 9.605/1998. 2. ed. rev., atual. e ampl. Rio de Janeiro: Forense; São Paulo: Método, 2015. p. 125.

[278] BRASIL. *Lei nº 9.099, de 26 de setembro de 1995.* Dispõe sobre os Juizados Especiais Cíveis e Criminais e dá outras providências. Brasília, DF: Diário Oficial da União, 1995.

[279] Art. 61. Consideram-se infrações penais de menor potencial ofensivo, para os efeitos desta Lei, as contravenções penais e os crimes a que a lei comine pena máxima não superior a 2 (dois) anos, cumulada ou não com multa.

[280] Por ocasião de seu XVII Encontro Nacional, no dia 5 de março de 1999, o *Colégio dos Desembargadores Corregedores-Gerais de Justiça do Brasil* editou a "Carta de São Luís do Maranhão" onde se concluiu: "Autoridade policial, na melhor interpretação do art. 69 da Lei n. 9.099/95, é também o policial de rua, o policial militar, não constituindo, portanto, atribuição exclusiva *da polícia judiciária* a lavratura de Termos Circunstanciados. O combate à criminalidade e a impunidade exigem atuação dinâmica de todos os Órgãos da Segurança Pública".

[281] Decisão de Reclamação – Ação Direta de Inconstitucionalidade nº 3.614/PR. Min. Carmén Lúcia. STF/2009.

[282] Ação Direta de Inconstitucionalidade nº 2862/SP – Min. Ellen Gracie.

[283] Nos casos de prática de infração penal de menor potencial ofensivo, a providência prevista no art. 69, da Lei nº 9099/95, é da competência da autoridade policial, não consubstanciando, todavia, ilegalidade a circunstância de utilizar o Estado o contingente da Polícia Militar, em face da deficiência dos quadros da Polícia Civil. –"Habeas corpus" denegado. (STJ - HC: 7199 PR 1998/0019625-0, Rel. Min. Vicente Leal, *DJ*, 01/07/1998, T6 - SEXTA TURMA, Data de Publicação: DJ 28.09.1998, p. 115)

Nos Estados em que a Polícia Militar lavra Termo Circunstanciado, caberá naturalmente esse procedimento, como rotina de suas atuações. Todavia, nos Estados em que não há esse procedimento, os Policiais Militares ou agentes de fiscalização deverão conduzir o infrator até a Delegacia de Polícia e apresentar a Autoridade Policial para a lavratura do Termo Circunstanciado, nos termos da lei.

Ao aplicar as disposições da Lei nº 9.099/95 para as infrações penais ambientais, a proposta de aplicação imediata de pena restritiva de direitos ou multa, prevista no art. 76, daquela lei especial (Transação Penal), somente poderá ser formulada desde que tenha havido a prévia composição do dano ambiental, de que trata o art. 74 da mesma lei, salvo em caso de comprovada impossibilidade (art. 27, da Lei nº 9.605/98).

E ainda, as disposições do art. 89, da Lei nº 9.099/95 (Suspensão Condicional do Processo), aplicam-se aos crimes de menor potencial ofensivo definidos na Lei nº 9.605/08, da seguinte forma: (i) a declaração de extinção de punibilidade, de que trata o §5º, do art. 89, da Lei nº 9.099/95, dependerá de laudo de constatação de reparação do dano ambiental, ressalvada a impossibilidade; (ii) na hipótese de o laudo de constatação comprovar não ter sido completa a reparação, o prazo de suspensão do processo será prorrogado, até o período máximo previsto (quatro anos), acrescido de mais um ano, com suspensão do prazo da prescrição; (iii) no período de prorrogação, não se aplicarão as condições dos incisos II, III e IV do §1º do art. 89, da Lei nº 9.099/95; (iv) findo o prazo de prorrogação, proceder-se-á à lavratura de novo laudo de constatação de reparação do dano ambiental, podendo, conforme seu resultado, ser novamente prorrogado o período de suspensão, ou seja 10 anos, observado o disposto no inciso III; e, (v) esgotado o prazo máximo de prorrogação, a declaração de extinção de punibilidade dependerá de laudo de constatação que comprove ter o acusado tomado as providências necessárias à reparação integral do dano.

No tocante ao laudo de constatação, Machado (2017)[284] explica que *é ato essencial para a aplicação dos benefícios pretendidos. Da atuação capaz e honesta dos especialistas, entre outros, em Ecologia, Biologia, Engenharia Florestal, Bioquímica, Engenharia Ambiental e Sanitária, Patrimônio Histórico e Artístico, dependerá, em parte, a implementação eficaz desse tratamento judicial aos crimes de menor potencial ofensivo na área do meio ambiente.*

Em relação à suspensão condicional do processo, o Supremo Tribunal Federal editou a Súmula 723, com o seguinte enunciado: *"Não se admite a suspensão condicional do processo por crime continuado, se a soma da pena mínima da infração mais grave com o aumento mínimo de um sexto for superior a um ano".*

Na mesma esteira, o Superior Tribunal de Justiça editou a Súmula 243 a seguir: *"O benefício da suspensão do processo não é aplicável em relação às infrações penais cometidas em concurso material, concurso formal ou continuidade delitiva, quando a pena mínima cominada, seja pelo somatório, seja pela incidência da majorante, ultrapassar o limite de um (01) ano"* (Súmula 243, Corte Especial, julgado em 11/12/2000, *DJ* 05/02/2001 p. 157).

O legislador poderia ser mais claro na redação do inciso IV, do art. 28, da Lei nº 9.605/08, a qual traz: "IV – findo o prazo de prorrogação, proceder-se-á à lavratura de novo laudo de constatação de reparação do dano ambiental, podendo, conforme seu

---

[284] MACHADO, Paulo Affonso Leme. *Direito ambiental brasileiro*. 25. ed. rev. ampl. e atual. São Paulo: Malheiros, 2017. p. 899.

resultado, ser novamente prorrogado o período de suspensão, até o máximo previsto no inciso II deste artigo, observado o disposto no inciso III". Pois, ao intérprete pode-se concluir erroneamente o prazo a ser novamente prorrogado para a comprovação da reparação do dano. Poderia definir textualmente um prazo a ser novamente prorrogado, por mais "um ano", "dois anos" etc.

Sobre o direito a suspensão condicional do processo, o Tribunal Regional Federal da 4ª Região assim decidiu:

> A suspensão condicional do processo não constitui direito subjetivo do réu, mas sim uma faculdade do titular da ação penal pública. Ultrapassado o momento processual adequado, sem recurso da parte interessada, não há mais falar em suspensão do processo que não foi ofertada. (TRF, 4ª R., ApCrim 1999.71.03.000858-0-RS, 8ª T., rel. Des. Manoel Lauro Volkmer de Castilho, j. 21-5-2003, *DJ* de 4-6-2003, p. 767; TRF, 4ª R., ApCrim 2001.70.08.002608-0-PR, 8ª T., rel. Des. Luiz Fernando Wowk Penteado, j. 19-11-2003, *DJU* de 14-1-2004, *RT* 822/731)

Alerta Machado (2017)[285] que *a possibilidade de suspender-se o processo penal dos poluidores ou dos degradadores da natureza não pode significar benesses à custa de todo o corpo social. Se não houver uma contrapartida de obrigações para os que transgrediram as leis ambientais penais, a suspensão do processo traduzirá um encorajamento para essas transgressões e não uma medida ressocializadora de efeito imediato.*

Noutro norte, em relação a ação penal Marcão (2015)[286] alerta que, *para ser viável a ação penal, além da regularidade formal da inicial acusatória, que também deverá estar acompanhada de elementos de convicção, é preciso estar demonstrada a ocorrência do ilícito penal imputado, a autoria e a materialidade, em sendo caso. É preciso que estejam presentes as condições da ação. A imputação não pode afastar-se do conteúdo probatório que lhe serve de suporte.*

Pois, "a denúncia se consubstancia em 'peça acusatória iniciadora da ação penal, consistente em uma exposição por escrito de fatos que constituem, em tese, ilícito penal, com a manifestação expressa da vontade de que se aplique a lei penal a quem é presumivelmente seu autor e a indicação das provas em que se alicerça a pretensão punitiva' (CAPEZ, Fernando. *Curso de processo penal*, Ed. Saraiva, 10ª ed., p. 128)" (TRF, 2ª R., HC 2007.02.01.011381-4/RJ, 2ª TEsp, j. 9-10-2007, rel. Convocada Juíza Federal Sandra Meirim Chalu Barbosa de Campus, *DJU* de 17-10-2007, *RT* 871/716-717).

Ao contrário poderemos ter uma denúncia inepta, conforme julgados do Superior Tribunal de Justiça:

> A inexistência absoluta de elementos hábeis a descrever a relação entre os fatos delituosos e a autoria ofende o princípio constitucional da ampla defesa, tornando inepta a denúncia. (STJ, HC 48.276/MT, 5ª T., rel. Min. Gilson Dipp, j. 4-5-2006, *DJ* de 29-5-2006, p. 273)

Lembrando-se que em relação à parte penal, deverá ser observado, também, o disposto no art. 25, acerca da apreensão dos produtos e instrumentos utilizados ou resultantes da infração ambiental, lavrando-se os respectivos autos.

---

[285] Idem, p. 897.

[286] MARCÃO, Renato. *Crimes ambientais (Anotações e interpretação jurisprudencial da parte criminal da Lei n. 9.605, de 12-2-1998)*. 3. ed. rev. e atual. de acordo com a Lei n. 13.052/2014. São Paulo: Saraiva, 2015. p. 42.

Já em relação **a competência,** para processar e julgar as infrações penais ambientais, poderá ser da Justiça Estadual ou Federal, a depender do **lugar** onde os animais vivem. Como destaca Nucci (2016),[287] *se os animais estiverem em área de proteção do Município ou do Estado-membro, cabe o julgamento à Justiça Estadual; se estiverem em área de proteção da União ou autarquia federal, competente é a Justiça Federal.*

Para tanto, o Superior Tribunal de Justiça assim tem julgado:

> O Superior Tribunal de Justiça assentou o entendimento de que, após a revogação do enunciado da Súmula nº 91, compete à Justiça Estadual, de regra, o processamento e o julgamento dos feitos que visem à apuração de crimes ambientais. A competência será da Justiça Federal apenas naqueles casos em que se evidenciar a existência de qualquer lesão a bens, serviços ou interesses da União. (STJ, REsp 499.065/RS, 5ª T., rel. Min. Laurita Vaz, j. 16-9-2003, *DJ* de 13-10-2003, p. 424)
>
> Com o advento da Lei nº 9.605/98, que dispõe sobre os crimes ambientais, mas não estabelece onde tramitarão as respectivas ações penais, a definição da competência se dá com a verificação da existência, na prática tida como delituosa, de lesão a bens, serviço ou interesse da União, com aplicação do contido no artigo 109, IV, da Constituição Federal. (STJ, HC 31.109/MG, 6ª T., rel. Paulo Gallotti, j. 25-6-2004, *DJ* de 26-3-2007, p. 285)
>
> Compete à Justiça Estadual o processo e julgamento de feito que visa à apuração de possível crime ambiental, consistente na prática, em tese, de guarda de animal silvestre previamente abatido, quando não restar demonstrada a existência de eventual lesão a bens, serviços ou interesses da União, a ensejar a competência da Justiça Federal. (STJ, CC 34.730/SP, 3ª T., rel. Gilson Dipp, j. 22-5-2002, *DJU* de 10-5-2004, RT 829/547)
>
> Os crimes ambientais previstos na Lei nº 9605/98 devem ser processados e julgados pela Justiça Federal tão-somente quando se evidenciar a existência de lesão a bens, serviços ou interesses da União (CF, art. 109, IV). (STJ, REsp 437.959/TO, 6ª T., rel. Paulo Medina, j. 9-9-2003, *DJ* de 6-10-2003, p. 336)

Conforme destacam Milaré, Costa Jr. e Costa (2013),[288] *consuma-se o crime quando se aperfeiçoar qualquer uma das modalidades de conduta previstas. Admite-se a tentativa, como quando, preparada a armadilha, o infrator for surpreendido, antes de apanhar qualquer animal.*

Quanto à exigência de perícia, Nucci (2016)[289] destaca que *nos termos do art. 158 do Código de Processo Penal, para as infrações penais que deixarem vestígios materiais (rastros visíveis, após a consumação), deve-se formar a materialidade (prova da existência do crime) por intermédio de exame pericial, direto ou indireto.*

Não se pode olvidar das **causas de aumento de pena**[290] previstas no artigo, 29, da Lei nº 9.605/08:

---

[287] NUCCI, Guilherme de Souza. *Leis penais e processuais penais comentadas.* 9. ed. rev., atual. e ampl. Rio de Janeiro: Forense, 2016. p. 600. v. 2.

[288] MILARÉ, Édis; COSTA JR., Paulo José da; COSTA, Fernando José da. *Direito penal ambiental.* 2. ed. rev., atual. e ampl. São Paulo: Revista dos Tribunais, 2013. p. 84.

[289] NUCCI, Guilherme de Souza. *Leis penais e processuais penais comentadas.* 9. ed. rev., atual. e ampl. Rio de Janeiro: Forense, 2016. p. 599. v. 2.

[290] Significada uma circunstância legal, vinculada à tipicidade, que determina a elevação obrigatória da pena em cotas predeterminadas pelo legislador (NUCCI, Guilherme de Souza. *Leis penais e processuais penais comentadas.* 9. ed. rev., atual. e ampl. Rio de Janeiro: Forense, 2016. p. 603. v. 2.).

§4º A pena é aumentada de metade, se o crime é praticado: I – contra espécie rara ou considerada ameaçada de extinção, ainda que somente no local da infração; II – em período proibido à caça; III – durante a noite; IV – com abuso de licença; V – em unidade de conservação; VI – com emprego de métodos ou instrumentos capazes de provocar destruição em massa. §5º A pena é aumentada até o triplo, se o crime decorre do exercício de caça profissional.

Neste caso, Gomes e Maciel (2015)[291] complementam que *o §4º do art. 29, prevê que a pena será aumentada de metade, ante algumas figuras do caput e do §1º, do art. 29. Apesar do aumento, a infração continua a ser de menor potencial ofensiva, pois mesmo com a incidência do aumento a pena máxima cominada será de 1 ano e 6 meses.*

O legislador ainda previu **situações de excludentes de ilicitude** para as infrações penais contra a fauna. Assim, como explica Milaré (2015),[292] *o fato típico perde a eiva da ilicitude quando presente uma causa excludente de antijuridicidade.* Pois, está previsto no artigo 37, da Lei nº 9.605/08, que não é crime o abate de animal, quando realizado: (i) em estado de necessidade, para saciar a fome do agente ou de sua família; (ii) para proteger lavouras, pomares e rebanhos da ação predatória ou destruidora de animais, desde que legal e expressamente autorizado pela autoridade competente; ou (iii) por ser nocivo o animal, desde que assim caracterizado pelo órgão competente.

Percebe-se, nitidamente, uma crítica da doutrina em relação às excludentes previstas pelo artigo 37, da Lei nº 9.605/08. Pois, Nucci (2016)[293] justifica ser *desnecessário o disposto no art. 37, desta Lei, pois nada mais são que exemplos de excludentes já previstas no art. 23 do Código Penal, aplicáveis, obviamente, a toda legislação especial salvo disposição em contrário.*

Esclarecem Milaré, Costa Jr. e Costa (2013)[294] que "o estado de necessidade para saciar a forme do agente ou de sua família, mostra-se despicienda. Bastaria que o magistrado penal se reportasse ao *status necessitatis* constante do art. 24 do CP. *Necessitas non habet legem,* vale dizer, diante da necessidade não há que falar em lei. Ela é por demais eloquente".

Na mesma esteira Prado (2016)[295] ressalta que *a excludente prevista no art. 37, II, é por sem dúvida, referência meramente simbólica, pois considerar que uma pessoa, cujo patrimônio esteja sendo destruído por animal silvestre, fique inerte até o trâmite de um processo administrativo (que pode demorar meses) é, sem dúvida, irreal. Ademais, a falta de infraestrutura para fiscalizar e apurar essa conduta contribuirá para ineficácia desse dispositivo.*

Em se tratando de abate de animal nocivo (art. 37, IV, da Lei nº 9.605/08), Nucci (2016)[296] adverte que é *outra inovação sem propósito razoável. Outro estado de necessidade*

---

[291] GOMES, Luiz Flávio; MACIEL, Silvio Luiz. *Lei de crimes ambientais*: comentários à Lei 9.605/1998. 2. ed. rev., atual. e ampl. Rio de Janeiro: Forense; São Paulo: Método, 2015. p. 136.

[292] MILARÉ, Édis. *Direito do ambiente*. 10. ed. rev., atual. e ampl. São Paulo: Editora Revista dos Tribunais, 2015. p. 488.

[293] NUCCI, Guilherme de Souza. *Leis penais e processuais penais comentadas*. 9. ed. rev., atual. e ampl. Rio de Janeiro: Forense, 2016. p. 622. v. 2.

[294] MILARÉ, Édis; COSTA JR., Paulo José da; COSTA, Fernando José da. *Direito penal ambiental*. 2. ed. rev., atual. e ampl. São Paulo: Revista dos Tribunais, 2013. p. 102.

[295] PRADO, Luiz Regis. *Direito penal do ambiente*. 6. ed. rev., atual. e ampl. São Paulo: Editora Revista dos Tribunais, 2016. p. 210.

[296] NUCCI, Guilherme de Souza. *Leis penais e processuais penais comentadas*. 9. ed. rev., atual. e ampl. Rio de Janeiro: Forense, 2016. p. 623. v. 2.

dependente de autorização prévia do Estado, o que é ilógico, para dizer o mínimo. Quem se depara com o animal nocivo (potencial causador de dano), encontrando-se em situação de necessidade, deve matá-lo, apanhá-lo ou afugentá-lo, de qualquer modo, sem qualquer tipo de avaliação do tal órgão competente.

De igual forma, o legislador retira o caráter antijurídico do desmatamento, exploração econômica ou a degradação não autorizada de floresta plantada ou nativa, em terras de domínio público ou devolutas, se tais condutas forem necessárias à subsistência imediata pessoal do agente ou de sua família, conforme o §1º, do art. 50-A, da Lei nº 9.605/08.

2.1.1 Matar, perseguir, caçar, apanhar, coletar, utilizar espécimes da fauna silvestre, nativos ou em rota migratória, sem a devida permissão, licença ou autorização da autoridade competente, ou em desacordo com a obtida

A conduta típica descrita no artigo 24, *caput*, do Decreto nº 6.514/08, consiste em *matar* (exterminar, ceifar a vida), *perseguir* (incomodar, ir ao encalço, importunar, seguir de perto, correr atrás, acossar), *caçar* (perseguir animais silvestres a fim de matar ou de os apanhar vivos), *apanhar* (recolher, colher, caçar com armadilhas, redes ou visgos), [*coletar* (reunir)], *utilizar* (servir-se, tirar proveito).[297]

Eventualmente o indivíduo pode estar realizando alguma conduta prevista como infração administrativa, todavia munido de permissão, licença ou autorização para a atividade ora desenvolvida, em tese, o isentaria da irregularidade. Pois, apesar da caça profissional ser proibida no Brasil (art. 2º, da Lei nº 5.197/67), há casos excepcionais em que o IBAMA autoriza, em determinadas situações, a apanha de espécimes da fauna silvestre, ovos e larvas (inciso XX, do art. 7º, da Lei Complementar nº 140/2011), com finalidades bem definidas.[298]

Por conta, Antunes (2017)[299] esclarece que *a prática dos atos mencionados no* caput, *em princípio não é proibida, nem punível, desde que o agente seja dotado da devida permissão administrativa. Observe-se que os animais da fauna silvestre ou nativa são de propriedades do Estado (rectius: União), a autorização deve ser concedida pelo órgão federal, ou pelos dos estados*

---

[297] PRADO, Luiz Regis. *Direito penal do ambiente*. 6. ed. rev., atual. e ampl. São Paulo: Editora Revista dos Tribunais, 2016. p. 201.

[298] Vemos nas *Institutas* de Gaio, Livro Segundo, 66 a 68: "E adquirimos por direito natural não apenas as coisas tornadas nossas por tradição, mas, também, as adquiridas por ocupação, porque a ninguém pertenciam antes, como todas as coisas apanhadas na terra, no mar e no céu. Por conseguinte, se apresarmos um animal bravio, uma ave ou um peixe, o assim apanhado torna-se logo nosso e entende-se nosso enquanto sujeito à nossa guarda; fugindo-lhe, porém, e voltando à liberdade natural, torna-se novamente do ocupante, pois deixou de ser nosso; e entende-se retornando à natural liberdade, quer escapando à nossa vista, quer, embora à vista, sendo de difícil encalço. Quanto aos animais habituados a ir e voltar, como pombas, as abelhas, os veados, que costumam ir aos bosques e voltar, temos a regra tradicional: perdendo o hábito de voltar, deixam de ser nossos, tornando-se do ocupante, e consideram-se como tendo perdido o hábito de voltar perdendo o dito costume". Da mesma forma nas *Institutas* de Justiniano: "Nem importa se alguém apanhou os animais selvagens e as aves no seu ou em terreno alheio; mas, por certo, quem entrar em terreno alheio, com o fito de caçar ou passarinhar, pode ser impedido de entrar pelo dono, se o vir" (MACHADO, Paulo Affonso Leme. *Direito ambiental brasileiro*. 25. ed. rev., ampl. e atual. São Paulo: Malheiros, 2017. p. 977).

[299] ANTUNES, Paulo de Bessa. *Direito ambiental*. 19. ed. rev. e atual. São Paulo: Atlas, 2017. p. 276.

e municípios, desde que exista convênio com a entidade federal responsável pela fauna. Contudo, a simples existência de autorização não é suficiente para impedir a prática da infração.

Vejamos, a infração administrativa se configura ao realizar as condutas previstas no art. 24, *caput*, sem a permissão, licença ou autorização da autoridade competente. Pois, conforme ensina Prado (2016),[300] *os termos "sem a devida permissão, licença ou autorização da autoridade competente" e "em desacordo com a obtida" constituem elementos normativos do tipo, concernentes à ausência de uma causa de exclusão da ilicitude que, presentes, tornam a conduta lícita. Insta assinalar, ademais, que, se a autorização, licença, permissão ou concessão não integrarem o tipo penal, não se opera a exclusão da ilicitude da conduta, que permanece antijurídica.*

Deve-se observar que a coleta de material destinado a fins científicos somente é considerada infração, nos termos deste artigo, quando se caracterizar, pelo seu resultado, como danosa ao meio ambiente (§8º, do art. 24, do Dec. nº 6.514/08).

Flagrada a conduta descrita no artigo 24, do Decreto nº 6.514/08, o agente fiscal precisa adotar as providências legais previstas, a fim de iniciar a apuração da responsabilidade dos envolvidos, oportunizando a ampla defesa e o contraditório, com amparo nos termos do artigo 70, da Lei nº 9.605/98 e art. 96, do Decreto nº 6.514/08. Para tanto, sugere-se:

A descrição do auto de infração: A descrição da conduta precisa ter elementos mínimos que caracterizem a infração, para que a autoridade administrativa julgadora tenha convicção da materialidade (art. 97).

Exemplo de descrição a constar no auto de infração: *"**Matar espécimes da fauna silvestre, sendo...** (definir qual animal abatido e sua espécie, bem como a quantidade), **mediante a utilização de...** (ex.: de cães de caça, armadilhas, armas de fogo, etc.), **sem a devida permissão, licença ou autorização da autoridade competente"*. (Como essa infração administrativa possui seis verbos nucleares – *matar, perseguir, caçar, apanhar, coletar, utilizar* –, importante analisar de fato qual a ação praticada pelo infrator e descrever no auto de infração adequadamente a conduta praticada pelo infrator.)

Resultará em multa simples (art. 24, do Dec. nº 6.514/08) prevista de: R$500,00 (quinhentos reais) por indivíduo de espécie não constante de listas oficiais de risco ou ameaça de extinção (inciso I); ou R$5.000,00 (cinco mil reais), por indivíduo de espécie constante de listas oficiais de fauna brasileira ameaçada de extinção, inclusive da Convenção de Comércio Internacional das Espécies da Flora e Fauna Selvagens em Perigo de Extinção – CITES (inciso II).

Não se pode esquecer da previsão de aumento da multa em dobro se a infração for praticada com finalidade de obter vantagem pecuniária (§1º, do art. 24, do Decreto nº 6.514/08).

Com a mesma importância, na impossibilidade de aplicação do critério de unidade por espécime para a fixação da multa, aplicar-se-á o valor de R$500,00 (quinhentos reais) por quilograma ou fração, conforme prevê o §2º, do art. 24, do Decreto nº 6.514/08.

Observar a causa de aumento de multa prevista no art. 93, do Decreto nº 6.514/08.

---

[300] PRADO, Luiz Regis. *Direito penal do ambiente.* 6. ed. rev., atual. e ampl. São Paulo: Editora Revista dos Tribunais, 2016. p. 202-203.

b) As medidas administrativas adotadas: Como já apresentado anteriormente, o agente autuante, no uso do seu poder de polícia, poderá adotar as medidas administrativas previstas no art. 101, do Decreto nº 6.514/08, bem como os procedimentos descritos nos arts. 102 a 112, lavrando-se os documentos inerentes.

c) Do procedimento penal: Noutro norte, esta conduta está tipificada, também, como crime e com a mesma redação, conforme previsto no art. 29, da Lei nº 9.605/98, com uma pena prevista de "detenção de seis meses a um ano, e multa". Em face disso, necessariamente deve-se observar a aplicação da Lei nº 9.099/95, em especial para a lavratura de Termo Circunstanciado.

Observar se há causas de aumento de pena previstas no art. 29, §§4º e 5º, da Lei nº 9.605/98, sem esquecer do contido no §6º, do mesmo artigo.

Salientam Gomes e Maciel (2015)[301] que *o crime é punido apenas na forma dolosa. Não há a forma culposa do delito, mesmo porque as condutadas previstas (caçar, apanhar, utilizar etc.) pressupõem, necessariamente, atos dolosos.*

2.1.2 Quem impede a procriação da fauna, sem licença, autorização ou em desacordo com a obtida

Impedir a procriação da fauna significa praticar ações ou omissões que, por si só, não permitam que as espécies silvestres se reproduzam.[302]

Inexistindo licença, autorização ou em estando em desacordo com a obtida, haverá, em tese, a configuração da infração administrativa prevista no art. 24, §3º, inciso I, do Decreto nº 6.514/08. Sendo assim, deverá o agente fiscal adotar as providências legais previstas, a fim de iniciar a apuração da responsabilidade dos envolvidos, oportunizando a ampla defesa e o contraditório, com amparo nos termos do artigo 70, da Lei nº 9.605/98 e art. 96, do Decreto nº 6.514/08. Então, sugere-se:

a) A descrição do auto de infração: A descrição da conduta precisa ter elementos mínimos que caracterizem a infração, para que a autoridade administrativa julgadora tenha convicção da materialidade (art. 97).

Exemplo de descrição a constar no auto de infração: *"Impedir a procriação da fauna silvestre, seus ninhos, abrigos e criadouros naturais, (definir qual animal e sua espécie, bem como a quantidade), mediante a utilização de ... (descrever a ação), sem a devida permissão, licença ou autorização da autoridade competente".*

Resultará em multa simples (inciso I, do §3º, do art. 24, do Decreto nº 6.514/08), prevista de: <u>R$500,00 (quinhentos reais) por indivíduo de espécie não constante de listas oficiais de risco ou ameaça de extinção (inciso I); ou R$5.000,00 (cinco mil reais), por indivíduo de espécie constante de listas oficiais de fauna brasileira ameaçada de extinção, inclusive da Convenção de Comércio Internacional das Espécies da Flora e Fauna Selvagens em Perigo de Extinção – CITES (inciso II).</u>

Da mesma forma, há o aumento da multa em dobro se a infração for praticada com finalidade de obter vantagem pecuniária (§1º, do art. 24, do Dec. nº 6.514/08).

---

[301] GOMES, Luiz Flávio; MACIEL, Silvio Luiz. *Lei de crimes ambientais*: comentários à Lei 9.605/1998. 2. ed. rev., atual. e ampl. Rio de Janeiro: Forense; São Paulo: Método, 2015. p. 131.

[302] CONSTANTINO, Carlos Ernani. *Delitos ecológicos*: a lei ambiental comentada: artigo por artigo: aspectos penais e processuais penais. 2. ed. São Paulo: Atlas. 2002. p. 116.

E, na impossibilidade de aplicação do critério de unidade por espécime para a fixação da multa, aplicar-se-á o valor de R$500,00 (quinhentos reais) por quilograma ou fração, conforme prevê o §2º, do art. 24, do Dec. nº 6.514/08.

Observar a causa de aumento de multa prevista no art. 93, do Dec. nº 6.514/08.

b) As medidas administrativas adotadas: O agente autuante, no uso do seu poder de polícia, poderá adotar as medidas administrativas previstas no art. 101, do Dec. nº 6.514/08, bem como os procedimentos descritos nos arts. 102 a 112, lavrando-se os documentos inerentes.

c) Do procedimento penal: Esta conduta está tipificada, também, como crime e com a mesma redação, conforme previsto no art. 29, §1º, inciso I, da Lei nº 9.605/98, com mesma pena prevista para o *caput*, "detenção de seis meses a um ano, e multa". Deve-se, portanto, ser observada a aplicação da Lei nº 9.099/95, no que se refere a lavratura de Termo Circunstanciado, nos termos do art. 69 e seu parágrafo único.

De acordo com o art. 29, §§4º e 5º, da Lei nº 9.605/98, temos as causas de aumento de pena, observado ainda o §6º, do mesmo artigo, como já descrito anteriormente.

Salienta Prado (2016)[303] que *a presente lei não se limita a proteger esses animais quando nativos ou em rota migratória na sua fase adulta, mas estende sua tutela também a todos os períodos de seu desenvolvimento (ovos, filhos, adultos etc.) – visto que pune igualmente quem impede (obsta, impossibilita, obstrui), sem licença, autorização ou em desacordo com a obtida.*

Em relação ao texto da infração penal contido na Lei nº 9.605/98, Gomes e Maciel (2015)[304] analisam que *o legislador não foi feliz ao se referir, genericamente, à fauna, já que esta compreende o conjunto de todos os animais de uma determinada região, deixando a absurda impressão de que o crime somente se configura se a conduta atingir uma fauna inteira. Ao se referir à "procriação da fauna" o legislador quis dizer procriação de espécimes da fauna.*

2.1.3 Quem modifica, danifica ou destrói ninho, abrigo ou criadouro natural

Modificar quer dizer alterar o estado natural das coisas; **danificar** significa estragar, causar dano a; **destruir** tem o sentido de eliminar totalmente. **Ninho** é a habitação das aves, construídas por elas para si e seus filhotes; **abrigo** é o local de refúgio de qualquer animal; **criadouro natural** é o lugar onde as espécies se reproduzem.[305]

A infração administrativa está prevista no artigo 24, §3º, inciso II, do Decreto nº 6.514/08, sujeitando-o às sanções nele previstas.

Sendo assim, deverá o agente fiscal adotar as providências legais previstas, a fim de iniciar a apuração da responsabilidade dos envolvidos, oportunizando a ampla defesa e o contraditório, com amparo nos termos do artigo 70, da Lei nº 9.605/98 e art. 96, do Dec. nº 6.514/08. Para tanto, sugere-se:

a) A descrição do auto de infração: A descrição da conduta precisa ter elementos mínimos que caracterizem a infração, para que a autoridade administrativa julgadora tenha convicção da materialidade (art. 97).

---

[303] PRADO, Luiz Regis. *Direito penal do ambiente*. 6. ed. rev., atual. e ampl. São Paulo: Editora Revista dos Tribunais, 2016. p. 204.

[304] GOMES, Luiz Flávio; MACIEL, Silvio Luiz. *Lei de crimes ambientais*: comentários à Lei 9.605/1998. 2. ed. rev., atual. e ampl. Rio de Janeiro: Forense; São Paulo: Método, 2015. p. 133.

[305] CONSTANTINO, Carlos Ernani. *Delitos ecológicos*: a lei ambiental comentada: artigo por artigo: aspectos penais e processuais penais. 2. ed. São Paulo: Atlas, 2002. p. 118.

Exemplo de descrição a constar no auto de infração: *"Modificar, danificar ou destruir ninho, abrigo ou criadouro natural de espécimes da fauna silvestre (definir qual animal e sua espécie, bem como a quantidade), mediante a utilização de ... (descrever a ação)"*.

Resultará em multa simples (inciso II, do §3º, do art. 24, do Decreto nº 6.514/08), prevista de: R$500,00 (quinhentos reais) por indivíduo de espécie não constante de listas oficiais de risco ou ameaça de extinção (inciso I); ou R$5.000,00 (cinco mil reais), por indivíduo de espécie constante de listas oficiais de fauna brasileira ameaçada de extinção, inclusive da Convenção de Comércio Internacional das Espécies da Flora e Fauna Selvagens em Perigo de Extinção – CITES (inciso II).

Haverá aumento da multa em dobro se a infração for praticada com finalidade de obter vantagem pecuniária (§1º, do art. 24, do Dec. nº 6.514/08).

E, na impossibilidade de aplicação do critério de unidade por espécime para a fixação da multa, aplicar-se-á o valor de R$500,00 (quinhentos reais) por quilograma ou fração, conforme prevê o §2º, do art. 24, do Dec. nº 6.514/08.

Observar a causa de aumento de multa prevista no art. 93, do Dec. nº 6.514/08.

b) As medidas administrativas adotadas: O agente autuante, no uso do seu poder de polícia, poderá adotar as medidas administrativas previstas no art. 101, do Dec. nº 6.514/08, bem como os procedimentos descritos nos arts. 102 a 112, lavrando-se os documentos inerentes.

c) Do procedimento penal: Esta conduta está tipificada, também, como crime e com a mesma redação, conforme previsto no art. 29, §1º, inciso II, da Lei nº 9.605/98, com mesma pena prevista para o *caput*, "detenção de seis meses a um ano, e multa", cabe Termo Circunstanciado.

Observar se há causas de aumento de pena previstas no art. 29, §§4º e 5º, da Lei nº 9.605/98, sem esquecer do contido no §6º, do mesmo artigo.

Buscamos a contribuição de Gomes e Maciel (2015)[306] os quais salientam que, *no inciso II, punem-se as condutas de modificar (causar alteração substancial), danificar (causar danos) ou destruir (aniquilar) ninho (local onde os animais põem seus ovos e abrigam filhotes), abrigo (locais de moradia), ou criadouro natural (banhados, mangues etc.). Não há crime, portanto, se a conduta é praticada em criadouros artificiais (formados pelo homem).*

2.1.4 Quem vende, expõe à venda, exporta ou adquire, guarda, tem em cativeiro ou depósito, utiliza ou transporta ovos, larvas ou espécimes da fauna silvestre, nativa ou em rota migratória, bem como produtos e objetos dela oriundos, provenientes de criadouros não autorizados, sem a devida permissão, licença ou autorização da autoridade ambiental competente ou em desacordo com a obtida

Podemos destacar aqui alguns sinônimos para os núcleos verbais descritos no art. 24, §3º, III, do Decreto Federal nº 6.514/08, conforme palavras de Prado (2016),[307] haja vista que será sancionado quem: **vende** (comercializa, negocia, aliena de forma

---

[306] GOMES, Luiz Flávio; MACIEL, Silvio Luiz. *Lei de crimes ambientais*: comentários à Lei 9.605/1998. 2. ed. rev., atual. e ampl. Rio de Janeiro: Forense; São Paulo: Método, 2015. p. 133.

[307] PRADO, Luiz Regis. *Direito penal do ambiente*. 6. ed. rev., atual. e ampl. São Paulo: Editora Revista dos Tribunais, 2016. p. 205.

onerosa), **expõe à venda** (põe à vista, mostra, apresenta, oferece, exibe para a venda), **exporta** (envia para o exterior) ou **adquire** (compra, obtém, recebe), **guarda** (mantém, oculta, conserva, retém sob seu cuidado em nome de outrem), **tem em cativeiro ou depósito** (mantém fora do hábitat, coloca em lugar seguro, conserva, mantém para si mesmo), **utiliza** (emprega) ou **transporta** (conduz de um lugar a outro) ovos, larvas ou espécimes da fauna silvestre, nativa ou em rota migratória, bem como produtos e objetos de oriundos, provenientes de criadouros não autorizados, sem a devida permissão, licença ou autorização da autoridade ambiental competente ou em desacordo com a obtida. *Exemplos desses produtos ou objetos são as peles, penas, chifres, vestimentas ou objetos decorativos elaborados com subprodutos da fauna etc. É claro que resta proibida a taxidermia, decorrente da naturalização de animais pertencentes à fauna silvestre.*

Não havendo a licença ou autorização da autoridade competente para o exercício daquela prática, ou se estiver em desacordo com a concedida, ou ainda, se os animais, produtos e subprodutos não têm origem legal, através de documento vigente; ou, se os controles das espécies não forem compatíveis com o registro de criadouros, entradas, saídas e óbitos ocorridos na atividade fiscalizada; ou, se as espécies e quantidades, no caso de mantenedouro, não conferirem com as autorizadas; ou ainda, se os animais existentes não estão marcados de acordo com os padrões estabelecidos pelo IBAMA, o responsável incorrerá na infração administrativa prevista no artigo 24, §3º, inciso III, do Decreto nº 6.514/08.

Ao se utilizar a expressão *"sem a devida permissão, licença ou autorização da autoridade competente"*, precisamos analisar quem seria essa autoridade com competência para expedir a licença ou autorização.

A Lei Complementar nº 140, de 8 de dezembro de 2011, estabeleceu as competências dos entes para fins de licenciamento. Dentre as competências da União (art. 7º), estabeleceu que cabe a ela: a) controlar a introdução no País de espécies exóticas potencialmente invasoras que possam ameaçar os ecossistemas, *habitats* e espécies nativas; b) aprovar a liberação de exemplares de espécie exótica da fauna e da flora em ecossistemas naturais frágeis ou protegidos; c) controlar a exportação de componentes da biodiversidade brasileira na forma de espécimes silvestres da flora, micro-organismos e da fauna, partes ou produtos deles derivados; d) controlar a apanha de espécimes da fauna silvestre, ovos e larvas; e) proteger a fauna migratória e as espécies da fauna e da flora ameaçadas de extinção e de espécies sobreexplotadas no território nacional.

No tocante à competência dos Estados, cabe (art. 8º): a) controlar a apanha de espécimes da fauna silvestre, ovos e larvas destinadas à implantação de criadouros e à pesquisa científica; b) aprovar o funcionamento de criadouros da fauna silvestre. Para os Municípios, não houve delegação de competência relativa às questões afetas à fauna.

Outro ponto importante de se avaliar é a possibilidade de a autoridade administrativa julgadora deixar de aplicar a multa, no caso de guarda doméstica de espécime silvestre não considerada ameaçada de extinção (§4º, do art. 24, do Dec. nº 6.514/08). E o §5º, do mesmo artigo, vai além, pois diz que a autoridade competente "**deve**" deixar de aplicar as sanções previstas neste Decreto, quando o agente espontaneamente entregar os animais ao órgão ambiental competente.

Essa situação na prática requer uma atenção e perspicácia um tanto quanto aguçada por parte do agente fiscal. Nesse ponto Curt, Terence e Natascha Trennepohl (2019)[308] alertam que *a intenção do Decreto 6.514/08 não é diferente do objetivo da Lei dos Crimes Ambientais. Não se trata de permitir que o infrator, no ato da fiscalização, opte pela entrega espontânea dos animais, impedindo a autuação administrativa. A finalidade do dispositivo é incentivar o administrado que possui animais em situação irregular que os leve, espontaneamente, aos órgãos ambientais.*

Ademais, vejam, o Decreto define que a *"deve a autoridade competente deixar de aplicar as sanções previstas neste Decreto"*. Evidencia-se, portanto, que haverá a instauração do processo administrativo para apurar as circunstâncias da manutenção dos animais em cativeiro. E após as provas juntadas aos autos e a firme convicção da autoridade administrativa, então, "**deverá**", diante do conjunto probatório, deixar de aplicas as sanções previstas para a infração.

Requer um pouco de cuidado esse tipo de situação, tendo em vista o limite muito tênue entre o direito do administrado e a prevaricação do agente, ou até simulação de que o administrado poderia estar entregando voluntariamente o animal para não sofrer a sanção.

Então, resta claro que, em que pese, o administrado possa voluntariamente entregar o animal que estava sob sua guarda, ao órgão ambiental, deverá ser instaurado o processo administrativo para apurar tais circunstâncias. E ao final, após análise do conjunto probatório colhido nos autos, será possível a autoridade administrativa firmar sua convicção para deixar de aplicar as sanções correspondentes.

Por outro lado, deve-se ficar atento que caso a quantidade ou espécie constatada no ato fiscalizatório esteja em desacordo com o autorizado pela autoridade ambiental competente, o agente autuante promoverá a autuação considerando a totalidade do objeto da fiscalização (§6º, do art. 24, do Dec. nº 6.514/08). Nesse passo, o criador que possuir um total de 80 animais, e destes 5 estiverem irregulares (sem comprovação de origem lícita, por exemplo), a multa deverá ser aplicada pelo total, ou seja, aos 80 animais, pois considerar-se-á todo o plantel irregular.

Então, deverá o agente fiscal adotar as providências legais previstas, a fim de iniciar a apuração da responsabilidade dos envolvidos, oportunizando a ampla defesa e o contraditório, com amparo nos termos do artigo 70, da Lei nº 9.605/98 e art. 96, do Dec. nº 6.514/08. Para tanto, sugere-se:

a) A descrição do auto de infração: A descrição da conduta precisa ter elementos mínimos que caracterizem a infração, para que a autoridade administrativa julgadora tenha convicção da materialidade (art. 97).

Exemplo de descrição a constar no auto de infração: "***Vender espécimes da fauna silvestre, sendo...*** *(definir qual animal vendido e sua espécie, bem como a quantidade)*, ***sem a devida permissão, licença ou autorização da autoridade competente***". (Como essa infração administrativa possui oito verbos nucleares – *vender, expor à venda, exportar, adquirir, guardar, ter em cativeiro ou depósito, utilizar, transportar* –, importante analisar de

---

[308] TRENNEPOHL, Curt; TRENNEPOHL, Terence; TRENNEPOHL, Natascha. *Infrações ambientais:* comentários ao Decreto 6.514/2008. 3. ed. rev., atual. e ampl. São Paulo: Thomson Reuters Brasil, 2019. p. 152.

fato qual a ação praticada pelo infrator e descrever no auto de infração adequadamente a conduta praticada pelo infrator).

Resultará em multa simples (inciso III, do §3º, do art. 24, do Decreto nº 6.514/08), prevista de: R$500,00 (quinhentos reais) por indivíduo de espécie não constante de listas oficiais de risco ou ameaça de extinção (inciso I); ou R$5.000,00 (cinco mil reais), por indivíduo de espécie constante de listas oficiais de fauna brasileira ameaçada de extinção, inclusive da Convenção de Comércio Internacional das Espécies da Flora e Fauna Selvagens em Perigo de Extinção – CITES (inciso II).

Haverá aumento da multa em dobro se a infração for praticada com finalidade de obter vantagem pecuniária (§1º, do art. 24, do Dec. nº 6.514/08).

Na impossibilidade de aplicação do critério de unidade por espécime para a fixação da multa, aplicar-se-á o valor de R$500,00 (quinhentos reais) por quilograma ou fração, conforme prevê o §2º, do art. 24, do Dec. nº 6.514/08.

Observar a causa de aumento de multa prevista no art. 93, do Decreto nº 6.514/08.

b) As medidas administrativas adotadas: O agente autuante, no uso do seu poder de polícia, poderá adotar as medidas administrativas previstas no art. 101, do Dec. nº 6.514/08, bem como os procedimentos descritos nos arts. 102 a 112, lavrando-se os documentos inerentes.

c) Do procedimento penal: Esta conduta está tipificada, também, como crime e com a mesma redação, conforme previsto no art. 29, §1º, inciso III, da Lei nº 9.605/98, com mesma pena prevista para o *caput*, "detenção de seis meses a um ano, e multa", cabe Termo Circunstanciado.

Observar se há causas de aumento de pena previstas no art. 29, §§4º e 5º, da Lei nº 9.605/98, sem esquecer do contido no §6º, do mesmo artigo.

Gomes e Maciel (2015)[309] descrevem que *no inciso III, são previstas oito condutas: vender, expor à venda, exportar, adquirir, guardar, ter em cativeiro ou depósito, utilizar, transportar. Os objetos materiais são os ovos, larvas (primeiro estado do inseto) ou espécimes da fauna silvestre, nativa ou em rota migratória, bem como os produtos (coisas produzidas; transformadas, como por exemplo, bolsas e roupas com couros de jacaré) e objetos (penas, rabos de animais etc.) dela oriundos, provenientes de criadouros não autorizados (ilegais; clandestinos). Trata-se de crime de conteúdo variado (tipo misto alternativo), sendo que a prática de várias condutas, no mesmo contexto fático e em relação aos mesmos objetos constitui crime único. Assim, se a pessoa ilegalmente adquirir, manter em cativeiro e depois vender diversos ovos de espécimes da fauna silvestre estará cometendo um só crime.*

Por outro lado, tem-se que no caso de guarda doméstica de espécie silvestre não considerada ameaçada de extinção, pode o juiz, considerando as circunstâncias, deixar de aplicar a pena (§2º, do art. 29, da Lei nº 9.605/08).

Para Nucci (2016)[310] *o perdão judicial acarreta a extinção da punibilidade, quando o juiz deixa de aplicar a pena aos casos de guarda doméstica (mantença em cativeiro no lar) de espécime silvestre (animal selvagem) não ameaçado de extinção, dependendo das circunstâncias. Salienta*

---

[309] GOMES, Luiz Flávio; MACIEL, Silvio Luiz. *Lei de crimes ambientais*: comentários à Lei 9.605/1998. 2. ed. rev., atual. e ampl. Rio de Janeiro: Forense; São Paulo: Método, 2015. p. 133.

[310] NUCCI, Guilherme de Souza. *Leis penais e processuais penais comentadas*. 9. ed. rev., atual. e ampl. Rio de Janeiro: Forense, 2016. v. 2. p. 603.

Prado (2016)[311] que *se trata de uma norma penal em branco, visto que as espécies silvestres ameaçadas de extinção se encontram enumeradas em norma extrapenal.*

Por isso a necessidade de se providenciar a identificação correta da espécie, para que o magistrado possa formar sua convicção e adotar o melhor posicionamento frente ao caso concreto.

Quanto a essa situação os Tribunais têm assim se manifestado:

No caso de simples guarda doméstica de seis exemplares de canários-da-terra (espécie não ameaçada de extinção), em que não houve nenhuma espécie de maus tratos aos pássaros, correta se mostra a decisão que concede ao agente o perdão judicial. Recurso desprovido. (TJMG – Apelação Criminal 1.0515.05.012049-9/001, Relator(a): Des.(a) Eduardo Brum, 1ª CÂMARA CRIMINAL, julgamento em 25/11/2008, publicação da súmula em 04/12/2008) APELAÇÃO CRIMINAL – POSSE DE ARMA DE FOGO E DE AVE SILVESTRE, MANTIDA EM CATIVEIRO – INCONFORMISMO MINISTERIAL – CONSUMAÇÃO DAS PRÁTICAS DELITIVAS NARRADAS NA DENÚNCIA – NECESSIDADE DE REFORMA DA SENTENÇA ABSOLUTÓRIA – IMPERATIVIDADE DA CONDENAÇÃO DO RÉU – CRIMES DE MERA CONDUTA – CONDUTAS TÍPICAS, ILÍCITAS E CULPÁVEIS – AUTORIA E MATERIALIDADE COMPROVADAS – IRRELEVÂNCIA DO FATO DE ESTAR A ARMA DESMUNICIADA – POTENCIAL LESIVO DO INSTRUMENTO ATESTADO POR LAUDO – PRESUNÇÃO DE PERIGO À COLETIVIDADE – NECESSIDADE DE APLICAÇÃO DO DISPOSTO NO ART. 29, §2º, DA LEI 9.605/98 EM RELAÇÃO AO CRIME AMBIENTAL – CIRCUNSTÂNCIAS QUE DETERMINAM SEJA O RÉU EXIMIDO DA PENA – MANUTENÇÃO DE UM ÚNICO CANÁRIO EM CATIVEIRO POR LAZER – RECURSO CONHECIDO E PARCIALMENTE PROVIDO, COM A CONDENAÇÃO DO RÉU PELA PRÁTICA DOS DOIS DELITOS CAPITULADOS NA DENÚNCIA. AFASTAMENTO DA PUNIBILIDADE NO QUE CONCERNE AO CRIME AMBIENTAL, EM FACE DAS CIRCUNSTÂNCIAS PECULIARES DO CASO CONCRETO E DO DISPOSTO NO ART. 29, §2º, DA LEI 9.605/98. (TJMG – Apelação Criminal 1.0685.05.930318-8/001, Relator(a): Des.(a) Márcia Milanez, 1ª CÂMARA CRIMINAL, julgamento em 19/12/2005, publicação da súmula em 13/01/2006)

Inexiste violação do art. 1º da Lei 5.197/1997 e do art. 25 da Lei 9.605/1998 no caso concreto, pois a legislação deve buscar a efetiva proteção dos animais. Após mais de 20 anos de convivência, sem indício de maltrato, é desarrazoado determinar a apreensão de duas araras para duvidosa reintegração ao seu habitat. Registre-se que, no âmbito criminal, o art. 29, §2º, da Lei 9.065/1998 expressamente prevê que, "no caso de guarda doméstica de espécie silvestre não considerada ameaçada de extinção, pode o juiz, considerando as circunstâncias, deixar de aplicar a pena. (STJ, REsp 1.084.347-RS, Segunda Turma, DJe 30/9/2010. REsp 1.425.943-RN, Rel. Min. Herman Benjamin, julgado em 2/9/2014)

1. Hipótese em que o recorrido impetrou Mandado de Segurança contra a apreensão de dois papagaios que viviam em sua residência havia 25 anos. 2. O Tribunal de origem, após análise da prova dos autos, constatou que os animais foram criados em ambiente doméstico, sem indícios de maus-tratos, tendo consignado não se tratar de espécie em extinção. Dessa forma, concluiu que as aves deveriam continuar sob a guarda do impetrante, pois sua readaptação a outro local lhes seria danosa. 3. Inexiste violação do art. 1º da Lei 5.197/1997 e do art. 25 da Lei 9.605/1998 no caso concreto, pois a legislação deve buscar

---

[311] PRADO, Luiz Regis. *Direito penal do ambiente.* 6. ed. rev., atual. e ampl. São Paulo: Editora Revista dos Tribunais, 2016. p. 205.

a efetiva proteção dos animais. Após 25 anos de convivência, sem indício de terem sido maltratados e afastada a caracterização de espécie em extinção, é desarrazoado determinar a apreensão de dois papagaios para duvidosa reintegração ao seu habitat. 4. Registre-se que, no âmbito criminal, o art. 29, §2º, da Lei 9.065/1998 expressamente prevê que, "no caso de guarda doméstica de espécie silvestre não considerada ameaçada de extinção, pode o juiz, considerando as circunstâncias, deixar de aplicar a pena." 5. Recurso Especial não provido. (STJ, REsp 1.084.347 – RS (2008/0183687-9), Segunda Turma, DJe 30/9/2010. Rel. Min. Herman Benjamin, julgado em 23/6/2009)

2.1.5 Introduzir espécime animal silvestre, nativo ou exótico, no País ou fora de sua área de distribuição natural, sem parecer técnico oficial favorável e licença expedida pela autoridade ambiental competente, quando exigível

Não é demais lembrar que no Brasil possuem centenas de espécies exóticas trazidas, ainda, no tempo das caravelas, e que apesar de serem alheias à nossa fauna, se mesclaram ao cenário natural, a exemplos da lebre e do canário-do-reino, dentre outras.

Portanto, a infração ambiental decorre do ato de **introduzir** (fazer entrar, penetrar ou fixar) espécie animal no território nacional. E Nucci (2016)[312] explica que *introduzir no país é o equivalente a importar, ou seja, trazer algo para dentro do território nacional. O objeto de qualquer espécime animal.*

Nesse passo a jurisprudência decidiu:

1. Constitui crime contra o meio ambiente a introdução no País de pássaros silvestres bem como a prática de maus-tratos contra esses animais (artigos 31 e 32 da Lei 9.605/98). 2. A manutenção em cativeiro de pássaros da fauna silvestre sem autorização do Instituto Brasileiro do Meio Ambiente – IBAMA constitui crime previsto no art. 31 da Lei 9.605. 3. Apelação parcialmente provida. (TRF, 1ª R., Ap. 2008.42.00.001326-4, 3ª T., Rel. Tourinho Neto, j. 21.01.2013)

Nesse contexto, Milaré, Costa Jr. e Costa (2013)[313] descrevem que *Pereira Passos, quando prefeito do Rio, introduziu no país, trazido de Portugal provavelmente como forma de controle do mosquito da febre amarela, o pardal, que se transformou em verdadeira praga, dando cabo do nosso tico-tico.*

Não menos importante, Prado (2016)[314] destaca que *é necessário realçar que o conceito de território nacional, lato sensu, corresponde ao "espaço delimitado sujeito ao poder soberano do Estado". Pode ser: "a) real ou efetivo – a superfície terrestre (solo e subsolo), as águas territoriais (fluviais, lacustres e marítimas) e o espaço aéreo correspondente; b) ficto ou por extensão – as embarcações e as aeronaves, por força de uma ficção jurídica".*

---

[312] NUCCI, Guilherme de Souza. *Leis penais e processuais penais comentadas.* 9. ed. rev., atual. e ampl. Rio de Janeiro: Forense, 2016. p. 605. v. 2.

[313] MILARÉ, Édis; COSTA JR., Paulo José da; COSTA, Fernando José da. *Direito penal ambiental.* 2. ed. rev., atual. e ampl. São Paulo: Revista dos Tribunais, 2013. p. 88.

[314] PRADO, Luiz Regis. *Direito penal do ambiente.* 6. ed. rev., atual. e ampl. São Paulo: Editora Revista dos Tribunais, 2016. p. 213.

Antes de prosseguirmos é salutar ressaltar a tipificação de uma nova conduta no Decreto nº 6.514/08, prevista no *caput* do artigo 25, a qual segue *"introduzir espécime animal (...) fora de sua área de distribuição natural, sem parecer técnico oficial favorável e licença expedida pela autoridade ambiental competente, quando exigível"*.

Dessa forma, o fato de termos a introdução de uma espécie, mesmo que silvestre da fauna nativa do Brasil, contudo que seja de outra área de distribuição natural, o sujeito estará incurso na infração ora descrita. Ex.: introduzir sagui na região sul do país, sem o devido parecer técnico oficial favorável e licença expedida pela autoridade ambiental competente; dentre outras espécies.

O Decreto nº 6.514/08 acrescentou mais uma conduta na infração prevista no *caput* do art. 25, como se observa em seu parágrafo primeiro:

Entende-se por introdução de espécime animal no País, além do ato de ingresso nas fronteiras nacionais, **a guarda e manutenção continuada a qualquer tempo**.

A previsão contida no parágrafo primeiro do art. 25 é muito importante para que se possa controlar espécies exóticas mantidas em cativeiros (guarda e manutenção continuada). A exemplo do javali, cuja espécie, por ser exótica invasora e nociva, está proibida de ser criada no Brasil, conforme previsto na Instrução Normativa nº 03/2013, do IBAMA.

Dessa forma, se o indivíduo estiver criando (guarda e manutenção continuada), configura a infração prevista no art. 25, *caput*, combinada com o seu parágrafo primeiro.

Ocorrendo a infração administrativa, deverá o agente fiscal adotar as providências legais previstas, a fim de iniciar a apuração da responsabilidade dos envolvidos, oportunizando a ampla defesa e o contraditório, com amparo nos termos do artigo 70, da Lei nº 9.605/98 e art. 96, do Dec. nº 6.514/08. Para tanto, sugere-se:

a) A descrição do auto de infração: A descrição da conduta precisa ter elementos mínimos que caracterizem a infração, para que a autoridade administrativa julgadora tenha convicção da materialidade (art. 97).

Exemplo de descrição a constar no auto de infração: *"**Introduzir espécime animal silvestre, nativo ou exótico** (definir o animal e sua espécie), **no País ou fora de sua área de distribuição natural** (indicar o País ou a área de distribuição originária do referido animal), **sem parecer técnico oficial favorável e licença expedida pela autoridade ambiental competente, quando exigível.**"*

Resultará em multa simples (art. 25, do Decreto nº 6.514/08), prevista de: <u>R$2.000,00 (dois mil reais), com acréscimo por exemplar excedente de R$200,00 (duzentos reais), por indivíduo de espécie não constante em listas oficiais de espécies em risco ou ameaçadas de extinção (inciso I); ou R$5.000,00 (cinco mil reais), por indivíduo de espécie constante de listas oficiais de fauna brasileira ameaçada de extinção, inclusive da CITES (inciso II).</u>

Observar a causa de aumento de multa prevista no art. 93, do Decreto nº 6.514/08.

b) As medidas administrativas adotadas: O agente autuante, no uso do seu poder de polícia, poderá adotar as medidas administrativas previstas no art. 101, do Dec. nº 6.514/08, bem como os procedimentos descritos nos arts. 102 a 112, lavrando-se os documentos inerentes.

c) Do procedimento penal: Merece um pouco de atenção a conduta do art. 31, da Lei nº 9.605/98, pois diferentemente do Decreto nº 6.514/08 que prevê outras infrações administrativas equiparadas ao caput (art. 25), no âmbito penal temos apenas uma conduta descrita como crime: "*Introduzir* espécime animal no País, sem parecer técnico oficial favorável e licença expedida por autoridade competente".

Vejamos, o legislador não considerou infração penal "introduzir espécime animal silvestre, nativo ou exótico, fora de sua área de distribuição natural". Também não considerou infração penal *"a guarda e manutenção continuada a qualquer tempo de espécime animal silvestre, nativo ou exótico, sem parecer técnico oficial favorável e licença expedida por autoridade competente".*

Tampouco, considerou infração penal a *"reintrodução na natureza espécime da fauna silvestre sem parecer técnico oficial favorável e licença expedida pela autoridade ambiental competente, quando exigível".*

Então, considerou infração penal apenas *"introduzir* espécime animal no País, sem parecer técnico oficial favorável e licença expedida por autoridade competente", com uma pena prevista de "detenção, de três meses a um ano, e multa". Portanto, cabe Termo Circunstanciado.

Observação em relação à competência para processar e julgar, o Tribunal Regional Federal da 4ª Região assim decidiu:

> A Justiça Federal é competente para processar e julgar o crime de introdução de espécime animal em território brasileiro sem parecer técnico e licença da autoridade competente, uma vez que sua execução inicia-se no exterior e encerra-se no Brasil, afetando os serviços da repartição de alfândega (órgão da União) e interesses ambientais de todo o País. (TRF4, RSE 2005.70.02.010057-7, OITAVA TURMA, Relator LUIZ FERNANDO WOWK PENTEADO, D.E. 17/09/2008)

Na mesma sintonia, o Superior Tribunal de Justiça acompanhou:

> 1. Comprovado pelo laudo de vistoria realizado que nenhum dos animais possuía marcação ou comprovação de origem e sendo esta atividade diretamente relacionada com as atribuições do IBAMA, autarquia federal responsável pela autorização de ingresso e posse de animais exóticos no País, de acordo com Instrução Normativa 02/01 do citado órgão, há indícios de crime perpetrado em desfavor da União. 2. Uma vez que o ingresso de espécimes exóticas no País está condicionado à autorização do IBAMA, firma-se a competência da Justiça Federal, haja vista a existência de interesse de autarquia federal. (STJ, CC 96853-RS, 3ª S., rel. Og Fernandes, 08.10.2008, v.u.)

Portanto, a competência é da Justiça Federal para processar e julgar o crime de introdução de espécime animal em território brasileiro sem parecer técnico e licença da autoridade competente, uma vez que sua execução se inicia no exterior e encerra-se no Brasil, afetando os serviços da repartição de alfândega.

E em relação à tipificação prevista no art. 31, da Lei nº 9.605/98, prevê uma pena de "detenção de três meses a um ano, e multa". Portanto, cabe Termo Circunstanciado.

Observar se há causas de aumento de pena previstas no art. 29, §§4º e 5º, da Lei nº 9.605/98, sem esquecer do contido no §6º, do mesmo artigo.

2.1.6 Reintroduzir na natureza espécime da fauna silvestre sem parecer técnico oficial favorável e licença expedida pela autoridade ambiental competente, quando exigível

O agente que for flagrado praticando a conduta ora descrita, ou seja, no artigo 25, §2º (reintroduzir na natureza espécime da fauna silvestre sem parecer técnico oficial favorável e licença expedida pela autoridade ambiental competente, quando exigível) estará sujeito a reprimenda de uma multa no valor de R$2.000,00 (dois mil reais), com acréscimo por exemplar excedente de R$200,00 (duzentos reais), por indivíduo de espécie não constante em listas oficiais de espécies em risco ou ameaçadas de extinção; ou R$5.000,00 (cinco mil reais), por indivíduo de espécie constante de listas oficiais de fauna brasileira ameaçada de extinção, inclusive da CITES.

O risco de reintrodução de um espécime na natureza sem avaliação técnica adequada poderá colocar em risco todo o equilíbrio natural dos animais silvestres livres. Pois, da mesma forma que os humanos, os animais possuem doenças que ao serem transmitidas podem comprometer a saúde deles levando-os à morte rapidamente.

A avaliação em animais silvestres em cativeiro se faz necessária justamente por isso, verificar se ele tem condições de ser reintroduzido sem risco para os demais silvestres livres.

O parágrafo primeiro, do artigo 25, da Lei nº 9.605/08, faz a prudente ressalva: "*Os animais serão prioritariamente libertados em seu habitat ou, sendo tal medida inviável ou não recomendável por questões sanitárias, entregues a jardins zoológicos, fundações ou entidades assemelhadas, para guarda e cuidados sob a responsabilidade de técnicos habilitados*". Vejam, mesmos os animais apreendidos deverão ser submetidos a uma avaliação a fim de verificar suas reais condições de saúde, pois caso contrário poderá causar, ou contribuir, para um desequilíbrio.

Ocorrendo a infração administrativa, deverá o agente fiscal adotar as providências legais previstas, a fim de iniciar a apuração da responsabilidade dos envolvidos, oportunizando a ampla defesa e o contraditório, com amparo nos termos do artigo 70, da Lei nº 9.605/98 e art. 96, do Dec. nº 6.514/08. Para tanto, sugere-se:

a) A descrição do auto de infração: A descrição da conduta precisa ter elementos mínimos que caracterizem a infração, para que a autoridade administrativa julgadora tenha convicção da materialidade (art. 97).

Exemplo de descrição a constar no auto de infração: "***Reintroduzir na natureza espécime da fauna silvestre*** *(definir a espécie animal)*, ***sem parecer técnico oficial favorável e licença expedida pela autoridade competente***".

Resultará em multa simples (§2º, do art. 25, do Decreto nº 6.514/08), prevista de: R$2.000,00 (dois mil reais), com acréscimo por exemplar excedente de R$200,00 (duzentos reais), por indivíduo de espécie não constante em listas oficiais de espécies em risco ou ameaçadas de extinção (inciso I); ou R$5.000,00 (cinco mil reais), por indivíduo de espécie constante de listas oficiais de fauna brasileira ameaçada de extinção, inclusive da CITES (inciso II).

Observar a causa de aumento de multa prevista no art. 93, do Decreto nº 6.514/08.

b) As medidas administrativas adotadas: O agente autuante, no uso do seu poder de polícia, poderá adotar as medidas administrativas previstas no art. 101, do Dec. nº 6.514/08, bem como os procedimentos descritos nos arts. 102 a 112, lavrando-se os documentos inerentes.

c) Do procedimento penal: Não tem previsão de infração penal para essa conduta na Lei nº 9.605/98. Portanto, atípica a conduta.

2.1.7 Exportar peles e couros de anfíbios e répteis em bruto, sem autorização da autoridade competente

O detentor das peles e couros de anfíbios e répteis em bruto deverá comprovar a origem lícita do produto, que por sua vez dependerá de autorização da autoridade competente para a exportação.

A realização desta minuciosa averiguação pode envolver o IBAMA e Fiscalização da Fazenda Estadual e a Receita Federal, com o fito de concluir se a exportação está sendo regular ou não.

Sobre essa infração administrativa Curt, Terence e Natascha Trennepohl (2019)[315] complementam que *o Decreto 6.514/08, para seguir a redação da Lei nº 9.605/98, repetiu a previsão da irregularidade apenas para as peles e couros in natura, secos ou salgados, sem atingir produtos semiprocessados ou industrializados. Na legislação ambiental brasileira, a definição de bruto (petróleo, produto florestal, etc.) é utilizada sempre no sentido de produto sem nenhum beneficiamento, que necessita de tratamento que transforme suas características para a utilização.*

Ocorrendo a infração administrativa, deverá o agente fiscal adotar as providências legais previstas, a fim de iniciar a apuração da responsabilidade dos envolvidos, oportunizando a ampla defesa e o contraditório, com amparo nos termos do artigo 70, da Lei nº 9.605/98 e art. 96, do Dec. nº 6.514/08. Para tanto, sugere-se:

a) A descrição do auto de infração: A descrição da conduta precisa ter elementos mínimos que caracterizem a infração, para que a autoridade administrativa julgadora tenha convicção da materialidade (art. 97).

Exemplo de descrição a constar no auto de infração: "***Exportar peles e couros de anfíbios e répteis em bruto*** (*descrever o que está sendo exportado*), ***sem autorização da autoridade competente***."

Resultará em multa simples (art. 26, do Decreto nº 6.514/08), prevista de: R$2.000,00 (dois mil reais), com acréscimo de R$200,00 (duzentos reais), por unidade não constante em listas oficiais de espécies em risco ou ameaçadas de extinção (inciso I); ou R$5.000,00 (cinco mil reais), por unidade constante de listas oficiais de fauna brasileira ameaçada de extinção, inclusive da CITES (inciso II).

Observar Parágrafo único, do artigo 26, o qual prevê que caso a quantidade ou espécie constatada no ato fiscalizatório esteja em desacordo com o autorizado pela autoridade ambiental competente, o agente autuante promoverá a autuação considerando a totalidade do objeto da fiscalização.

---

[315] TRENNEPOHL, Curt; TRENNEPOHL, Terence; TRENNEPOHL, Natascha. *Infrações ambientais:* comentários ao Decreto 6.514/2008. 3. ed. rev., atual. e ampl. São Paulo: Thomson Reuters Brasil, 2019. p. 158.

Observar a causa de aumento de multa prevista no art. 93, do Decreto nº 6.514/08.

b) As medidas administrativas adotadas: O agente autuante, no uso do seu poder de polícia, poderá adotar as medidas administrativas previstas no art. 101, do Dec. nº 6.514/08, bem como os procedimentos descritos nos arts. 102 a 112, lavrando-se os documentos inerentes.

c) Do procedimento penal: A presente conduta está prevista como crime, tipificada no art. 30, da Lei nº 9.605/98.

Nesse passo, Nucci (2016)[316] explica que *exportar (enviar algo para fora do território nacional) é a conduta pleonástica prevista. Bastaria ter mencionado o verbo exportar, que, tradicionalmente, em todos os tipos penais incriminadores, editados no Brasil, tem o significado de enviar algo para o estrangeiro, logo, não é simplesmente remeter de um Estado a outro. O objeto da conduta é pele (órgão que cobre o corpo de ser vivo) e couro (pele espessa de animal) de anfíbio (animais que respiram por brânquias e, depois, por pulmão) e répteis (animal que se arrasta pelo chão) em bruto (sem utilização de manufatura ou transformação industrial).*

Complementa Prado (2016),[317] *os anfíbios (amphibia, do grego amphis, duplo, e bios, vida) são vertebrados de dupla vida, ou seja, "uma na água, a larva, e outra, terrestre. Isso significa que não estão inteiramente adaptados ao meio terrestre". Exemplos desses animais são rãs, sapos, salamandras, entre outros. Os répteis (do latim* repere, *rastejar) são vertebrados adaptados à vida terrestre (embora alguns vivam em meio aquático), de pele seca coberta com escamas epidérmicas ou placas". Podem ser citados os jacarés, os lagartos, as cobras, os jabutis, os crocodilos etc. Pele é a camada externa revestidora dos animais vertebrados; couro é a pele espessa e curtida.*

A pena para este caso é de reclusão, de um a três anos, e multa. Portanto, cabível a suspensão condicional do processo, o mínimo abstratamento previsto não ultrapassa um ano (art. 89, da Lei nº 9.099/95).

Observar se há causas de aumento de pena previstas no art. 29, §§4º e 5º, da Lei nº 9.605/98, sem esquecer do contido no §6º, do mesmo artigo.

Em relação a perícia Milaré, Costa Jr. e Costa (2013)[318] destacam que *far-se-á necessária a prova pericial, para certificar-se se trata de réptil ou anfíbio.*

2.1.8 Praticar caça profissional no País

Para praticar a caça no Brasil o indivíduo necessita de permissão, licença ou autorização junto à autoridade competente e em determinadas circunstâncias. E mesmo nas situações em que fora autorizado o indivíduo não poderá exercer a caça de forma profissional, cuja conduta está vedada pela legislação brasileira.

A caça profissional era conceituada pelo Decreto-Lei nº 5.894/43 (Código de Caça), o qual definia que o caçador profissional era aquele que procurava auferir lucros com o produto de sua atividade. Porém, a Lei nº 5.197/67 (Lei de Proteção à Fauna) proibiu

---

[316] NUCCI, Guilherme de Souza. *Leis penais e processuais penais comentadas*. 9. ed. rev., atual. e ampl. Rio de Janeiro: Forense, 2016. p. 604. v. 2.

[317] PRADO, Luiz Regis. *Direito penal do ambiente*. 6. ed. rev., atual. e ampl. São Paulo: Editora Revista dos Tribunais, 2016. p. 211.

[318] MILARÉ, Édis; COSTA JR., Paulo José da; COSTA, Fernando José da. *Direito penal ambiental*. 2. ed. rev., atual. e ampl. São Paulo: Revista dos Tribunais, 2013. p. 88.

a caça profissional, conforme disposto em seu artigo 2º: "(…) É proibido o exercício da caça profissional".

Como já abordado anteriormente, o legislador pecou em não prever o conceito sobre o que se considera como caça profissional ou caçador profissional. Traria mais segurança jurídica aos operadores do direito.

Importante ressaltar as palavras do Professor Celso Antônio Pacheco Fiorillo (2011),[319] *em face da esgotabilidade do bem ambiental fauna silvestre, bem como diante de sua importância no equilíbrio do ecossistema, e tendo em contrapartida os altos níveis de desemprego que assolam os países de terceiro mundo, se admitíssemos ou continuássemos a admitir a caça profissional, isso ocasionaria, por certo, um verdadeiro caos ecológico. Dessa forma, devemos aplaudir a vedação da caça profissional pela Lei de Proteção à Fauna.*

Noutro norte, identificar os petrechos, os utensílios e armamento utilizados nas práticas pode ajudar a caracterizar a prática desta atividade, mas tão importante também será a finalidade para a qual está sendo executada a caça.

Estando praticando caça profissional o indivíduo incorreu, em tese, na infração administrativa, prevista no art. 27, do Dec. nº 6.514/08.

Ocorrendo a infração administrativa, deverá o agente fiscal adotar as providências legais previstas, a fim de iniciar a apuração da responsabilidade dos envolvidos, oportunizando a ampla defesa e o contraditório, com amparo nos termos do artigo 70, da Lei nº 9.605/98 e art. 96, do Dec. nº 6.514/08. Para tanto, sugere-se:

a) A descrição do auto de infração: A descrição da conduta precisa ter elementos mínimos que caracterizem a infração, para que a autoridade administrativa julgadora tenha convicção da materialidade (art. 97).

Exemplo de descrição a constar no auto de infração: "***Praticar caça profissional no País*** *(definir qual animal era alvo da caça, bem como a quantidade),* ***mediante a utilização de...*** *(ex.: de cães de caça, armadilhas, armas de fogo, etc.)".*

Resultará em multa simples (art. 27, do Decreto nº 6.514/08), prevista de: <u>R$5.000,00 (cinco mil reais), com acréscimo de R$500,00 (quinhentos reais), por indivíduo capturado (inciso I); ou R$10.000,00 (dez mil reais), por indivíduo de espécie constante de listas oficiais de fauna brasileira ameaçada de extinção, inclusive da CITES (inciso II).</u>

Observar a causa de aumento de multa prevista no art. 93, do Decreto nº 6.514/08.

b) As medidas administrativas adotadas: O agente autuante, no uso do seu poder de polícia, poderá adotar as medidas administrativas previstas no art. 101, do Dec. nº 6.514/08, bem como os procedimentos descritos nos arts. 102 a 112, lavrando-se os documentos inerentes.

c) Do procedimento penal: A presente conduta está prevista como causa de aumento de pena para o crime tipificado no art. 29, da Lei nº 9.605/98, conforme se verifica no §5º, do mesmo dispositivo: "*A pena é aumentada até o triplo, se o crime decorre do exercício de caça profissional".*

---

[319] FIORILLO, Celso Antônio Pacheco. *Curso de direito ambiental brasileiro.* 12. ed. rev., atual. e ampl. São Paulo: Saraiva, 2011. p. 277.

2.1.9 Comercializar produtos, instrumentos e objetos que impliquem a caça, perseguição, destruição ou apanha de espécimes da fauna silvestre

A conduta ora descrita poderá ser percebida enormemente em lojas especializadas em caça e pesca. Hoje não mais utilizando a palavra "caça", somente pesca. Mas, essencialmente, seriam essas lojas que vendem materiais e equipamentos para pesca, bem como feiras e outros locais com fabricação artesanal de instrumentos e objetos próprios para a caça. São nesses locais onde poderão ocorrer a prática desta infração.

Estando praticando a atividade ora descrita, o indivíduo incorre, em tese, na infração administrativa, prevista no art. 28, do Dec. nº 6.514/08.

Ocorrendo a infração administrativa, deverá o agente fiscal adotar as providências legais previstas, a fim de iniciar a apuração da responsabilidade dos envolvidos, oportunizando a ampla defesa e o contraditório, com amparo nos termos do artigo 70, da Lei nº 9.605/98 e art. 96, do Dec. nº 6.514/08. Para tanto, sugere-se:

a) A descrição do auto de infração: A descrição da conduta precisa ter elementos mínimos que caracterizem a infração, para que a autoridade administrativa julgadora tenha convicção da materialidade (art. 97).

Exemplo de descrição a constar no auto de infração: *"Comercializar produtos, instrumentos e objetos (definir o produto ou objeto), que impliquem a caça, perseguição, destruição ou apanha de espécimes da fauna silvestre)".*

Resultará em multa simples (art. 28, do Decreto nº 6.514/08), prevista de: R$1.000,00 (mil reais), com acréscimo de R$200,00 (duzentos reais), por unidade excedente.

Observar a causa de aumento de multa prevista no art. 93, do Decreto nº 6.514/08.

b) As medidas administrativas adotadas: O agente autuante, no uso do seu poder de polícia, poderá adotar as medidas administrativas previstas no art. 101, do Dec. nº 6.514/08, bem como os procedimentos descritos nos arts. 102 a 112, lavrando-se os documentos inerentes.

c) Do procedimento penal: A presente conduta não está prevista na Lei nº 9.605/98. Portanto, atípica.

2.1.10 Praticar ato de abuso, maus-tratos, ferir ou mutilar animais silvestres, domésticos ou domesticados, nativos ou exóticos

Esta infração é muito frequente, infelizmente. Para tanto, Milaré, Costa Jr. e Costa (2013)[320] explicam que *são quatro as condutas previstas: praticar ato de abuso (ex.: submeter o animal a trabalhos excessivos; transportar o animal de maneira inadequada); maus-tratos (causar sofrimento ao animal, colocando em perigo sua integridade física); ferir (machucar) ou mutilar (cortar membros ou partes do corpo do animal).*

A presente infração administrativa está prevista no art. 29, do Dec. nº 6.514/08.

Ocorrendo a infração administrativa, deverá o agente fiscal adotar as providências legais previstas, a fim de iniciar a apuração da responsabilidade dos envolvidos, oportunizando a ampla defesa e o contraditório, com amparo nos termos do artigo 70, da Lei nº 9.605/98 e art. 96, do Dec. nº 6.514/08. Para tanto, sugere-se:

---

[320] MILARÉ, Édis; COSTA JR., Paulo José da; COSTA, Fernando José da. *Direito penal ambiental.* 2. ed. rev., atual. e ampl. São Paulo: Revista dos Tribunais, 2013. p. 145.

a) A descrição do auto de infração: A descrição da conduta precisa ter elementos mínimos que caracterizem a infração, para que a autoridade administrativa julgadora tenha convicção da materialidade (art. 97).

Exemplo de descrição a constar no auto de infração: *"Praticar ato de abuso, maus-tratos, ferir ou mutilar (definir a ação do infrator) animais silvestres, domésticos ou domesticados, nativos ou exóticos (definir o animal)".*

Resultará em multa simples (art. 29, do Decreto nº 6.514/08), prevista de: R$500,00 (quinhentos reais) a R$3.000,00 (três mil reais) por indivíduo.

Observar os parâmetros adotados pela Instrução Normativa Conjunta nº 2, de 29 de janeiro de 2020, do Ministério do Meio Ambiente,[321] que regulamenta o processo administrativo federal para apuração de infrações administrativas por condutas e atividades lesivas ao meio ambiente.

Observar a causa de aumento de multa prevista no art. 93, do Decreto nº 6.514/08.

b) As medidas administrativas adotadas: O agente autuante, no uso do seu poder de polícia, poderá adotar as medidas administrativas previstas no art. 101, do Dec. nº 6.514/08, bem como os procedimentos descritos nos arts. 102 a 112, lavrando-se os documentos inerentes.

c) Do procedimento penal: *A presente conduta está prevista como crime, tipificada no art. 32,* caput, *da Lei nº 9.605/98, com uma pena prevista de detenção, de três meses a um ano, e multa. Sendo assim, deve-se observar a aplicação da Lei nº 9.099/95 no que tange a lavratura de Termo Circunstanciado.*

Incorre nas mesmas penas quem realiza experiência dolorosa ou cruel em animal vivo, ainda que para fins didáticos ou científicos, quando existirem recursos alternativos (§1º, do art. 32, da Lei nº 9.605/98).

Quando se tratar de cão ou gato, a pena para as condutas descritas no **caput** do art. 32, será de reclusão, de 2 (dois) a 5 (cinco) anos, multa e proibição da guarda (conforme o §1º-A, o qual foi incluído pela Lei nº 14.064/2020).

De qualquer modo, a pena é aumentada de um sexto a um terço, se ocorre morte do animal, nos termos do §2º, do art. 32, da Lei nº 9.605/98.

Neste caso, Prado (2016)[322] explica que as ações típicas alternativamente previstas são: a) praticar ato de abuso (usar mal ou inconvenientemente, exigir trabalho excessivo do animal, extrapolar limites, prevalecer-se; b) maus-tratos (dano, ultraje); c) ferir (ofender, cortar, lesionar); d) mutilar (privar de algum membro ou parte do corpo); e) realizar (pôr em prática, fazer) experiência dolorosa ou cruel em animal vivo, ainda que para fins didáticos ou científicos, quando existirem recursos alternativos.

É importantíssimo frisar algumas situações que podem ser características de abuso ou maus-tratos. Casos como rinha de galo (brigas entre galos), rinhas de canários, rinha de cachorros, farra do boi, gaiolas ou cativeiros inadequados (pequenos e sem ventilação), entre outras, são características da conduta ora mencionada.

---

[321] BRASIL. Ministério do Meio Ambiente. *Instrução Normativa Conjunta nº 2, de 29 de janeiro de 2020.* Regulamenta o processo administrativo federal para apuração de infrações administrativas por condutas e atividades lesivas ao meio ambiente. Brasília, DF: Diário Oficial da União, 2020.

[322] PRADO, Luiz Regis. *Direito penal do ambiente.* 6. ed. rev., atual. e ampl. São Paulo: Editora Revista dos Tribunais, 2016. p. 215-216.

Nucci (2016)[323] esclarece que a *análise do núcleo do tipo é praticar (cometer, executar) ato de abuso (ação injusta) ou maus-tratos (nocivo manuseio ou uso), ferir (lesionar a integridade física) ou mutilar (cortar alguma parte do corpo).*

Complementam, Milaré, Costa Jr. e Costa (2013):[324] *1) Praticar ato de abuso – quando se exige do animal um esforço acima de suas forças, abusando dele, extrapondo limites. (...) 2) Maus-tratos – é o castigo excessivo e desnecessário do animal. É o uso abusivo de relho ou das esporas, castigando demasiado as montarias, sem necessidade. (...) 3) Ferir ou mutilar – ferir é lesionar o animal e mutilar é privá-lo de alguma parte do corpo. Configura o crime o ato de arrancar os dentes ou as garras (unhas) dos animais para exibição, mormente para dar ao expectador a impressão de que tais animais são dóceis.*

Destaca Prado (2016)[325] que *no âmbito da legislação comparada, convém destacar, por exemplo, que o Código Penal Espanhol (1995) prevê (a partir de 2010), de modo detalhado, o delito de maus-tratos a animais domésticos ou domesticados (art. 337) e o delito de abandono de animal (art. 337 bis.) No primeiro caso, o tipo objetivo faz referência inclusive ao grave menoscabo da saúde animal ou ao fato de submetê-lo à exploração sexual (Lei 1/205).*

Em face da ausência de uma descrição mais clara no tipo penal, há uma crítica justificável da doutrina e dos operadores do direito em face da incerteza da caracterização dos maus-tratos. Pois, em face de muitas situações se caracterizarem por simples comportamento do agente, há outros entendimentos de que se faz necessário um laudo médico veterinário ou análise de um profissional da área para caracterizar os maus tratos. Todavia, essa exigência contraria a finalidade preventiva deste tipo penal.

Nesse passo, coaduno com a doutrina que reconhece a vigência do Decreto nº 24.645, de 10 de julho de 1934,[326] que estabelece medidas de proteção aos animais. Para tanto, Curt, Terence e Natascha Trennepohl (2019)[327] esclarecem que *existem controvérsias acerca da vigência deste Decreto 24.645/34. No entanto, partilhamos do entendimento de que se encontra em pleno vigor, pois foi editado no período de excepcionalidade jurídica da era getulista, possuindo, portanto, força de Lei, e não poderia ser revogado pelo Decreto Federal 11/91. Ademais, em 19.02.1993, o Decreto 761 revogou o Decreto 11.* Acompanha essa corrente Luís Paulo Sirvinskas.

Em 2009, o Superior Tribunal de Justiça ao julgar o Recurso Especial nº 1.115.916 – MG – 2009/0005385-2 embasa em parte de seu fundamento no Decreto nº 24.645, de 10 de julho de 1934: *"Em situações extremas, nas quais a medida se torne imprescindível para o resguardo da saúde humana, o extermínio dos animais deve ser permitido. No entanto, nesses casos, é defeso a utilização de métodos cruéis, sob pena de violação do art. 225 da CF, do art. 3º da Declaração Universal dos Direitos dos Animais, dos arts. 1º e 3º, I e VI do Decreto Federal*

---

[323] NUCCI, Guilherme de Souza. *Leis penais e processuais penais comentadas.* 9. ed. rev., atual. e ampl. Rio de Janeiro: Forense, 2016. p. 604. v. 2.

[324] MILARÉ, Édis; COSTA JR., Paulo José da; COSTA, Fernando José da. *Direito penal ambiental.* 2. ed. rev., atual. e ampl. São Paulo: Revista dos Tribunais, 2013. p. 90-91.

[325] PRADO, Luiz Regis. *Direito penal do ambiente.* 6. ed. rev., atual. e ampl. São Paulo: Editora Revista dos Tribunais, 2016. p. 218.

[326] BRASIL. *Decreto nº 24.645, de 10 de julho de 1934.* Estabelece medidas de proteção aos animais. Rio de Janeiro: Diário Oficial da União, 1934.

[327] TRENNEPOHL, Curt; TRENNEPOHL, Terence; TRENNEPOHL, Natascha. *Infrações ambientais:* comentários ao Decreto 6.514/2008. 3. ed. rev., atual. e ampl. São Paulo: Thomson Reuters Brasil, 2019. p. 162.

n. 24.645 e do art. 32 da Lei n. 9.605/1998" (STJ, REsp. 1.115.916 – MG – 2009/0005385-2. 2ª T., Rel. Min. Humberto Martins. *DJ*. 1.09.2009, *DJe*: 18/09/2009).

Em se tratando do Decreto nº 24.645/34, em seu art. 3º, define-se as condutas consideradas "maus tratos" a animais, conforme se aduz:

Art. 3º – Considera-se maus tratos: I – praticar ato de abuso ou crueldade em qualquer animal; II – manter animais em lugares anti-higiênicos ou que lhes impeçam a respiração, o movimento ou o descanso, ou os privem de ar ou luz; III – obrigar animais a trabalhos excessivos ou superiores às suas forças e a todo ato que resulte em sofrimento para deles obter esforços que, razoavelmente, não se lhes possam exigir senão com castigo; IV – golpear, ferir ou mutilar, voluntariamente, qualquer órgão ou tecido de economia, exceto a castração, só para animais domésticos, ou operações outras praticadas em benefício exclusivo do animal e as exigidas para defesa do homem, ou interesse da ciência; V – abandonar animal doente, ferido, extenuado ou mutilado, bem como deixar de ministrar-lhe tudo que humanitariamente se lhe possa prover, inclusive assistência veterinária; VI – não dar morte rápida, livre de sofrimento prolongados, a todo animal cujo extermínio seja necessário para consumo ou não; VII – abater para o consumo ou fazer trabalhar os animais em período adiantado de gestação; VIII – atrelar, no mesmo veículo, instrumento agrícola ou industrial, bovinos com eqüinos, com muares ou com asininos, sendo somente permitido o trabalho em conjunto a animais da mesma espécie; IX – atrelar animais à veículos sem os apetrechos indispensáveis, como sejam balanças, ganchos e lanças ou com arreios incompletos, incômodos ou em mau estado, ou com acréscimo de acessórios que os molestem ou lhes perturbem o funcionamento do organismo; X – utilizar, em serviço, animal cego, ferido, enfermo, extenuado ou desferrado, sendo que este último caso somente se aplica à localidades com ruas calçadas; XI – açoitar, golpear ou castigar por qualquer forma a um animal caído sob o veículo, ou com ele, devendo o condutor desprendê-la do tiro para levantar-se; XII – descer ladeiras com veículos de tração animal sem utilização das respectivas travas, cujo uso é obrigatório; XIII – deixar de revestir com o couro ou material com idêntica qualidade de proteção, as correntes atreladas aos animais de tiro; XIV – conduzir veículo de tração animal, dirigido por condutor sentado, sem que o mesmo tenha boléia fixa e arreios apropriados, com tesouras, pontas de guia e retranca; XV – prender animais atrás dos veículos ou atados a caudas de outros; XVI – fazer viajar um animal a pé, mais de 10 quilômetros, sem lhe dar descanso, ou trabalhar mais de 6 horas contínuas sem lhe dar água e alimento; XVII – conservar animais embarcados por mais de 12 horas, sem água e alimento, devendo as empresas de transportes providenciar, sobre as necessárias modificações no seu material, dentro de 12 meses a partir da publicação desta lei; XVIII- conduzir animais, por qualquer meio de locomoção, colocados de cabeça para baixo, de mãos pés atados, ou de qualquer modo que lhes produza sofrimento; XIX – transportar animais em cestos, gaiolas ou veículos sem as proporções necessárias ao seu tamanho e números de cabeças, e sem que o meio de condução em que estão encerrados esteja protegido por uma rede metálica ou idêntica, que impeça a saída de qualquer membro animal; XX – encerrar em curral ou outros lugares animais em número tal que não seja possível moverem-se livremente, ou deixá-los sem água e alimento por mais de 12 horas; XXI – deixar sem ordenhar as vacas por mais de 24 horas, quando utilizadas na exploração do leite; XXII – ter animais encerrados juntamente com outros que os aterrorizem ou molestem; XXIII – ter animais destinados à venda em locais que não reúnam as condições de higiene e comodidade relativas; XXIV – expor, nos mercados e outros locais de venda, por mais de 12 horas, aves em gaiolas, sem que se faça nestas a devida limpeza e renovação de água e alimento; XXV – engordar aves mecanicamente; XXVI – despelar ou depenar animais vivos ou entregá-los à alimentação de outros; XXVII – ministrar ensino a animais com maus tratos físicos; XXVIII – exercitar tiro ao alvo sobre patos ou qualquer animal selvagem ou sobre pombos, nas cidades, clubes de caça, inscritos no Serviço de Caça e Pesca; XXIX – realizar ou promover lutas entre animais da mesma espécies ou de espécies diferentes, touradas e simulacros de touradas, ainda mesmo em lugar privado; XXX – arrojar aves e outros animais nas casas de espetáculos e exibi-los, para tirar sortes ou realizar acrobacias; XXXI – transportar, negociar ou caçar, em qualquer época do ano, aves insetívoras, pássaros canoros, beija-flores, e outras aves de pequeno porte, exceção feita das autorizações para fins científicos, consignadas em lei anterior.

Ainda em relação ao art. 3º, do Dec. 24.645/34, destaca Sirvinskas (2017)[328] que *este rol, como se vê, não esgota as hipóteses de crueldade ou maus-tratos contra os animais. Cuida-se de um rol meramente exemplificativo, podendo ser incluídas outras modalidades não previstas. Cada caso deverá ser analisado e submetido ao alvedrio judicial.*

Nesse ponto, temos vários julgados a respeito:

Incorre nas penas do art. 32 da Lei n. 9.605/98 o agente que transportava aves de maneira inadequada, causando-lhes ferimentos e mutilações, bem como é surpreendido na posse de petrechos utilizados para promoção de briga de galo. (TACrimSP, ApCrim 1.239.789/1, 15ªCâm., rel. Juiz Carlos Biasotti, j. 22-2-2001, *RT* 790/625)

Comete o delito previsto no art. 32 da Lei n. 9.605/98 o agente que arrasta um cachorro pela corrente e faz o animal ingerir bebida alcoólica. (TJRS, ApCrim 70025673518, 4ª CCrim, rel. Des. Constatino Lisbôa de Azevedo, j. 25-9-2008)

Réu que criava galos chinos (galos de rinha), mantendo-os em pequenos boxes e os incitava à prática violenta da luta de reinha. (ApCrim 71001893411, TRCrim, rel. Juíza Cristina Pereira Gonzales, j. 15-12-2008)

O delito imputado ao réu é o previsto no art. 32 da Lei n. 9.605/98, uma vez que ele teria praticado atos de abuso e maus-tratos contra uma cadela de raça indefinida. Segundo a denúncia, ele teria praticado sexo com o animal, causando-lhess lesões graves na área de sua vagina. (TJRS, ApCrim 71001857457, TRCrim, rel. Juíza Cristina Pereira Gonzales, j. 10-11-2008)

Devidamente comprovada a prática do delito por parte do apelante, consistente em envenenar dois cachorros. (TJRS, ApCrim 71001695337, TRCrim, rel. Juíza Cristina Pereira Gonzales, j. 11-8-2008)

PROVAS SUFICIENTES DOS MAUS-TRATOS SOFRIDOS PELOS ANIMAIS QUE, ABANDONADOS, FORAM DEIXADOS SEM ÁGUA E SEM ALIMENTAÇÃO. DEPOIMENTO TESTEMUNHAL, REGISTROS FOTOGRÁFICOS E INFORMAÇÕES DA DIRETORIA DO BEM-ESTAR ANIMAL QUE CORROBORAM A PRECÁRIA SITUAÇÃO EM QUE OS ANIMAIS SE ENCONTRAVAM. CONDENAÇÃO DO RÉU QUE SE IMPÕE. RECURSO CONHECIDO E PROVIDO. (TJSC, Apelação Criminal n. 2013.021931-7, da Capital, rel. Des. Volnei Celso Tomazini, Segunda Câmara Criminal, j. 08-10-2013)

Prova que se presta para demonstrar a prática de maus-tratos contra o equino, submetendo-o a trabalho penoso na tração de carroça carregada de grande volume e peso. Ausência de adequação social da conduta, que não se reconhece na hipótese. (RC: 71003981123-RS, Turma Crim., rel. Eduardo Ernesto Lucas Almada, 17.12.2012)

---

[328] SIRVINSKAS, Luís Paulo. *Manual de direito ambiental.* 15. ed. São Paulo: Saraiva, 2017. p. 647.

Com grande destaque na mídia nacional temos as ocorrências da farra do boi no Estado de Santa Catarina. Este assunto chegou às vias judiciais e apreciado pelo Supremo Tribunal Federal por meio do Recurso Extraordinário n. 153.531-8-SC:

> A obrigação de o Estado garantir a todos o pleno exercício de direitos culturais, incentivando a valorização e a difusão das manifestações, não prescinde da observância da norma do inciso VII do artigo 225 da Constituição Federal, no que veda prática que acabe por submeter os animais à crueldade. Procedimento discrepante da norma constitucional denominado "farra do boi". (RE 153531, Relator(a): Min. FRANCISCO REZEK, Relator(a) p/ Acórdão: Min. MARCO AURÉLIO, Segunda Turma, julgado em 03/06/1997, DJ 13-03-1998 PP-00013 EMENT VOL-01902-02 PP-00388)

Sobre a farra do boi, José Rubens Morato Leite e Ney de Barros Belo Filho (2004) dissertam que *a farra do boi envolve uma colisão de princípios. De um lado, temos o princípio da proteção das manifestações das culturas populares e, de outro, o princípio da proteção à fauna com a vedação das práticas que submetam os animais à crueldade. De acordo com as circunstâncias do caso concreto, a defesa do animal contra atos cruéis apresenta maior peso que a manutenção da manifestação cultural e, consequentemente, o princípio da proteção à fauna precede ao da proteção das manifestações das culturas.*[329]

Ainda se referindo à crueldade contra animais, Santa Catarina editou a Lei nº 11.366, de 4 de abril de 2000, a qual normatizava a criação, exposição e competições entre aves combatentes da espécie "Galus-Galus" e adota outras providências. A referida norma foi objeto da ADI 2514 no STF que julgou inconstitucional a absurda lei:

> A sujeição da vida animal a experiências de crueldade não é compatível com a Constituição do Brasil. Precedentes da Corte. Pedido de declaração de inconstitucionalidade julgado procedente. (ADI 2514, Relator(a): Min. EROS GRAU, Tribunal Pleno, julgado em 29/06/2005, DJ 09-12-2005 PP-00004 EMENT VOL-02217-01 PP-00163 LEXSTF v. 27, n. 324, 2005, 42-47)

A Lei nº 9.605/98 também prevê crime quem realiza experiência dolorosa ou cruel em animal vivo, ainda que para fins didáticos ou científicos, quando existirem recursos alternativos, nos termos do art. 32, §1º, com a mesma pena do *caput* do art. 32 (detenção, de três meses a um ano, e multa).

Nesse ponto, ressalta-se previsão contida na Lei nº 11.794, de 8 de outubro de 2008, a qual regulamenta o inciso VII, do §1º do art. 225 da Constituição Federal, estabelecendo procedimentos para o uso científico de animais. Todavia, há a exigência de que toda criação ou a utilização de animais para pesquisa ficam restritas, exclusivamente, às instituições credenciadas no Conselho Nacional de Controle de Experimentação Animal – CONCEA (art. 12).

A Lei determinada, também, que qualquer instituição legalmente estabelecida em território nacional que crie ou utilize animais para ensino e pesquisa deverá requerer credenciamento no CONCEA, para uso de animais, desde que, previamente, crie a Comissão de Ética no Uso de Animais – CEUA (art. 13).

---

[329] LEITE, José Rubens Morato; BELLO FILHO, Ney de Barros. *Direito ambiental contemporâneo*. Barueri, SP: Manole, 2004. p. 95.

O animal só poderá ser submetido às intervenções recomendadas nos protocolos dos experimentos que constituem a pesquisa ou programa de aprendizado quando, antes, durante e após o experimento, receber cuidados especiais, conforme estabelecido pelo CONCEA (art. 14, *caput*).

O animal será submetido a eutanásia, sob estrita obediência às prescrições pertinentes a cada espécie, conforme as diretrizes do Ministério da Ciência e Tecnologia, sempre que, encerrado o experimento ou em qualquer de suas fases, for tecnicamente recomendado aquele procedimento ou quando ocorrer intenso sofrimento (§1º, do ar. 14).

Excepcionalmente, quando os animais utilizados em experiências ou demonstrações não forem submetidos a eutanásia, poderão sair do biotério após a intervenção, ouvida a respectiva CEUA quanto aos critérios vigentes de segurança, desde que destinados a pessoas idôneas ou entidades protetoras de animais devidamente legalizadas, que por eles queiram responsabilizar-se (§2º, do art. 14).

Sempre que possível, as práticas de ensino deverão ser fotografadas, filmadas ou gravadas, de forma a permitir sua reprodução para ilustração de práticas futuras, evitando-se a repetição desnecessária de procedimentos didáticos com animais (§3º, do art. 14).

O número de animais a serem utilizados para a execução de um projeto e o tempo de duração de cada experimento será o mínimo indispensável para produzir o resultado conclusivo, poupando-se, ao máximo, o animal de sofrimento (§4º, do art. 14).

Experimentos que possam causar dor ou angústia desenvolver-se-ão sob sedação, analgesia ou anestesia adequadas (§5º, do art. 14). Experimentos cujo objetivo seja o estudo dos processos relacionados à dor e à angústia exigem autorização específica da CEUA, em obediência a normas estabelecidas pelo CONCEA (§6º, do art. 14). É vedado o uso de bloqueadores neuromusculares ou de relaxantes musculares em substituição a substâncias sedativas, analgésicas ou anestésicas (§7º, do art. 14). É vedada a reutilização do mesmo animal depois de alcançado o objetivo principal do projeto de pesquisa (§8º, do art. 14).

Em programa de ensino, sempre que forem empregados procedimentos traumáticos, vários procedimentos poderão ser realizados num mesmo animal, desde que todos sejam executados durante a vigência de um único anestésico e que o animal seja sacrificado antes de recobrar a consciência (§9º, do art. 14).

Para a realização de trabalhos de criação e experimentação de animais em sistemas fechados, serão consideradas as condições e normas de segurança recomendadas pelos organismos internacionais aos quais o Brasil se vincula (§10, do art. 14).

O CONCEA, levando em conta a relação entre o nível de sofrimento para o animal e os resultados práticos que se esperam obter, poderá restringir ou proibir experimentos que importem em elevado grau de agressão (art. 15). E, todo projeto de pesquisa científica ou atividade de ensino será supervisionado por profissional de nível superior, graduado ou pós-graduado na área biomédica, vinculado a entidade de ensino ou pesquisa credenciada pelo CONCEA (art. 16).

Em todos os casos em que houver maus tratos aos animais, a pena é aumentada de um sexto a um terço, se ocorre morte do animal, conforme o §2º, do art. 32. Sobre o aumento de pena Nucci (2016)[330] destaca que, *aliás, é justamente por isso que somente tem sentido enfocar-se o animal silvestre, pois se torna um abalo à proteção destinada à fauna por esta Lei. Se as experiências, com mortes, aumentarem, é viável qualquer alteração do ecossistema, motivo pelo qual a punição é mais severa.*

2.1.11 Molestar de forma intencional qualquer espécie de cetáceo, pinípede ou sirênio em águas jurisdicionais brasileiras

A literatura demonstra que um total de 44 espécies de cetáceos (baleias, botos, toninhas e golfinhos), sendo 8 misticetos (representados pelas grandes baleias, que possuem barbatanas ao invés de dentes) e 36 odontocetos (caracterizados pelos cetáceos com dentes), as quais se encontram oficialmente registradas em águas jurisdicionais brasileiras, representando 51,1% das espécies em âmbito mundial.

Classificam como subtipos de pinípedes: morsa, foca, leão-marinho e elefante-marinho. E como espécie de sirênio o peixe-boi.

De acordo com a pesquisa elaborada por Luena Fernandes, Márcia Helena Engel e Sérgio Cipolitti (2019)[331] *no Brasil, a caça de baleias foi introduzida em 1602, na Bahia, por caçadores Biscainhos,[332] que revelaram seus métodos aos colonos. O principal objetivo da caça era fornecer óleo de baleia para o Recôncavo baiano e o excedente era exportado para Portugal. O óleo era utilizado para iluminação residencial e pública, nos engenhos, nos estaleiros, para calafetagem de barcos, e na construção, como ingrediente da argamassa.*

Em 1986, foi aprovada a primeira norma brasileira especialmente direcionada à proteção dos cetáceos, através da Portaria SUDEPE[333] N-11, de 21 de fevereiro de 1986, a qual, em seu artigo primeiro, resolveu proibir, nas águas sob jurisdição nacional, a perseguição, caça, pesca ou captura de pequenos cetáceos, pinípedes e sirênios.

Posteriormente, foi editada a Lei nº 7.643, de 18 de dezembro de 1987, cuja finalidade foi proibir a pesca de cetáceo nas águas jurisdicionais brasileiras, e definiu, em seu artigo primeiro a proibição da pesca, ou qualquer forma de molestamento intencional, de toda espécie de cetáceo nas águas jurisdicionais brasileiras, garantindo, dessa forma, o fim da caça comercial de baleias em águas brasileiras, sendo o Brasil último país da América do Sul a abandonar essa prática, a qual reduziu drasticamente as populações de baleias em todo o mundo.

---

[330] NUCCI, Guilherme de Souza. *Leis penais e processuais penais comentadas.* 9. ed. rev., atual. e ampl. Rio de Janeiro: Forense, 2016. p. 611. v. 2.

[331] COMERLATO, Fabiana; Daniel Quiroz (org.). *Baleias e baleeiros:* patrimônio cultural e conservação ambiental. 1. ed. Pelotas: Basibooks, 2019. p. 48. *E-book.*

[332] A baía da Biscaia ou golfo da Biscaia (também golfo da Gasconha) é um golfo e uma zona do oceano Atlântico situado entre a costa norte da Espanha e a costa sudoeste da França.

[333] Superintendência do Desenvolvimento da Pesca (Sudepe), criada por meio da Lei Delegada nº 10, de 11 de outubro de 1962, a quem competia: elaborar o Plano Nacional de Desenvolvimento da Pesca (PNDP) e promover a sua execução; prestar assistência técnica e financeira aos empreendimentos de pesca; realizar estudos, em caráter, permanente, que visem à atualização das leis aplicáveis à pesca ou aos recursos pesqueiros, propondo as providências convenientes; aplicar no que couber, o Código de Pesca e a legislação das atividades ligadas à pesca ou aos recursos pesqueiros; pronunciar-se sôbre pedidos de financiamentos destinados à pesca formulados a entidade oficiais de crédito; coordenar programas de assistência técnica nacional ou estrangeira; assistir aos pescadores na solução de seus problemas econômico-sociais.

O Ministério do Meio Ambiente, através da Portaria MMA nº 98, de 14 de abril de 2000, resolveu normatizar a manutenção em cativeiro, o manejo e o uso de mamíferos aquáticos da fauna silvestre brasileira ou exótica. Em seu anexo descreve 38 espécies de cetáceos (Baleia-azul; Baleia-fin; Espadarte, baleia-sei; Espadarte, baleia-de-bryde; Baleia-minke; Jubarte; Baleia-franca-do-sul; Cachalote; Cachalote-anão; Cachalote-pigmeu; Boto-gladiador, baleia-bicuda-de-cabeçaplana; Baleia-bicuda-de-gray; Baleia-bicuda-de-hector; Baleia-bicuda-de-blainville; Baleia-bicuda-de-cuvier; Baleia-bicuda-de-amoux; Golfinho-cabeça-de-melão; Falsa-orca; Orca; Golfinho-de-risso, golfinho cinzento; Baleia-piloto-de-peitorais-longas, Caldeirão; Baleia-piloto-de-peitorais-curtas, Caldeirão; Orca-anã; Golfinho-de-peron; Golfinho-comum; Golfinho-pintado-pantropical; Golfinho-pintado-do-atlântico; Golfinho-rotador; Golfinho-estriado; Golfinho-climene; Golfinho-de-dentes-rugosos; Boto, golfinho-nariz-de-garrafa; Tucuxi, boto comum, boto-cinza; Golfinho de Fraser; Boto, boto-vermelho, boto-amazônico; Boto-de-burmeister, boto-de-dorsal-espinhosa; e Golfinho-de-óculos); 7 espécies de pinípedes (Leão-marinho-do-sul; Lobo-marinho-do-sul; Lobo-marinho-subantártico; Lobo-marinho-antártico; Elefante-marinho-do-sul; Foca-leopardo; e Foca-caranguejeira) e 2 espécies de sirênios (Peixe-boi-marinho; e Peixe-boi-amazônico). A referida Portaria ainda acrescenta o regramento para 2 espécies de mustelídeos (Ariranha, onça d'água; e Lontra, lontrinha).

O IBAMA editou a Portaria nº 2.306, de 22 de novembro de 1990, onde definiu a proibição de qualquer forma de molestamente, intencional a toda espécie de cetáceo, nas águas jurisdicionais brasileiras. Posteriormente, esta Portaria foi revogada pela Portaria IBAMA nº 117, de 26 de dezembro de 1996, a qual definiu um novo regulamento visando prevenir e coibir o molestamento intencional de cetáceos encontrados em águas jurisdicionais brasileiras, de acordo com a Lei nº 7.643, de 18 de dezembro de 1987, conforme se observa:

> Art. 2º É vedado a embarcações que operem em águas jurisdicionais brasileiras: a) aproximar-se de qualquer espécie de baleia (cetáceos da Ordem Mysticeti; cachalote, Physeter macrocephalus, e orca, Orcinus orca) com motor ligado a menos de 100m (cem metros) de distância do animal mais próximo; b) religar o motor antes de avistar claramente a (s) baleia (s) na superfície ou a uma distância de, no mínimo, de 50m (cinqüenta metros) da embarcação; c) perseguir, com motor ligado, qualquer baleia por mais de 30 (trinta) minutos, ainda que respeitadas as distâncias supra estipuladas; d) interromper o curso de deslocamento de cetáceo (s) de qualquer espécie ou tentar alterar ou dirigir esse curso; e) penetrar intencionalmente em grupos de cetáceos de qualquer espécie, dividindo-o ou dispersando-o; f) produzir ruídos excessivos, tais como música, percussão de qualquer tipo, ou outros, além daqueles gerados pela operação normal da embarcação, a menos de 300 (trezentos metros) de qualquer cetáceo; g) despejar qualquer tipo de detrito, substância ou material a menos de 500m (quinhentos metros) de qualquer cetáceo, observadas as demais proibições de despejos de poluentes em Lei. Art. 3º É vedada a prática de mergulho ou natação, com ou sem auxílio de equipamentos, a uma distância inferior a 50m (cinqüenta metros) de baleia de qualquer espécie.

Ocorrendo a infração administrativa, deverá o agente fiscal adotar as providências legais previstas, a fim de iniciar a apuração da responsabilidade dos envolvidos, oportunizando a ampla defesa e o contraditório, com amparo nos termos do artigo 70, da Lei nº 9.605/98 e art. 96, do Dec. nº 6.514/08. Para tanto, sugere-se:

a) A descrição do auto de infração: A descrição da conduta precisa ter elementos mínimos que caracterizem a infração, para que a autoridade administrativa julgadora tenha convicção da materialidade (art. 97).

Exemplo de descrição a constar no auto de infração: *"Molestar de forma intencional qualquer espécie de cetáceo, pinípede ou sirênio (definir a espécie animal) em águas jurisdicionais brasileiras (definir o meio e o local)"*.

Resultará em multa simples (art. 30, do Decreto nº 6.514/08), prevista de: <u>R$2.500,00 (dois mil e quinhentos reais)</u>.

Se o molestamento resultar em ferimentos, em mutilação ou na morte do cetáceo, pinípede ou sirênio, o agente poderá incorrer nas penalidades previstas no art. 29, do Dec. nº 6.514/08.

Observar a causa de aumento de multa prevista no art. 93, do Decreto nº 6.514/08.

b) As medidas administrativas adotadas: O agente autuante, no uso do seu poder de polícia, poderá adotar as medidas administrativas previstas no art. 101, do Dec. nº 6.514/08, bem como os procedimentos descritos nos arts. 102 a 112, lavrando-se os documentos inerentes.

c) Do procedimento penal: Está previsto como ilícito penal, pela Lei nº 7.643/1987, "a pesca, ou qualquer forma de molestamento intencional, de toda espécie de cetáceo nas águas jurisdicionais brasileiras" (art. 1º), cuja infração será punida com a "pena de 2 (dois) a 5 (cinco) anos de reclusão e multa de 50 (cinquenta) a 100 (cem) Obrigações do Tesouro Nacional – OTN, com perda da embarcação em favor da União, em caso de reincidência" (art. 2º).

E assim já se manifestou o STJ:

> I. Pacientes que estariam fazendo filmagem para o programa "Aqui e Agora", quando teriam molestado baleias, visando à gravação de "cenas espetaculares", chegando a provocar uma colisão do barco com os animais. II. Não procede a alegação de nulidade por ausência de exame pericial em fita de vídeo, se evidenciado que a defesa permaneceu inerte durante toda a instrução criminal, quando poderia requerer a perícia no prazo da defesa prévia ou na oportunidade do art. 499 do CPP. III. Ressalva de que o pedido de realização da diligência só foi formulado em sede de recurso de apelação. IV. Material (fita de vídeo) que não era desconhecido pelos pacientes, ao contrário, foi por eles mesmos produzido, motivo pelo qual deveriam ter formulado pedido de realização de perícia durante a instrução do feito, caso considerassem importante para a defesa. V. Ausência de ilegalidade na sentença condenatória, mantida pelo Tribunal de origem, que se baseou em outros elementos existentes nos autos, formando a convicção do d. Julgador pela existência do crime e sua autoria, o que já dispensa o referido exame. VI. Ordem denegada. (STJ-HC: 19279 SC 2001/0162598-8, Rel. Min. Gilson Dipp, DJ: 17.12.2002, T5 – Quinta Turma, Data de Publicação: DJ 10.03.2003 p. 256)

Fica evidenciado que a proteção aos cetáceos está atrelada a uma eficaz fiscalização, bem como à sensibilização necessária de proteção a esses animais.

2.1.12 Deixar o jardim zoológico e os criadouros autorizados de ter o livro de registro do acervo faunístico ou mantê-lo de forma irregular; e deixar de manter registro de acervo faunístico e movimentação de plantel em sistemas informatizados de controle de fauna ou fornecer dados inconsistentes ou fraudados

A infração administrativa prevista no art. 31, do Dec. nº 6.514/08, possui duas situações distintas. A primeira se refere aos jardins zoológicos e a segunda a criadouros de forma em geral.

Em primeiro momento, vamos analisar as questões que envolvem o jardim zoológico. Para tanto, considera-se jardim zoológico qualquer coleção de animais silvestres mantidos vivos em cativeiro ou em semiliberdade e expostos à visitação pública, nos termos do art. 1º, da Lei nº 7.173, de 14 de dezembro de 1983 (a qual dispõe sobre o estabelecimento e funcionamento de jardins zoológicos e dá outras providencias).[334]

A referida norma determina, expressamente, em seu art. 14:

> Os jardins zoológicos terão um livro de registro para seu acervo faunístico, integralmente rubricado pelo IBDF, no qual constarão todas as aquisições, nascimentos, transferências e óbitos dos animais, com anotação da procedência e do destino e que ficará à disposição do poder público para fiscalização.

A infração administrativa buscou manter um controle dos jardins zoológicos, a fim de evitar eventuais distorções quanto a sua finalidade, acertadamente, e inibir eventuais incorreções no seu funcionamento.

A segunda parte da infração administrativa, do art. 31, trata sobre criadouro de maneira em geral. E entenda-se, qualquer criadouro. Esse regramento de animais em cativeiro se faz necessário, como explicam Curt, Terence e Natascha Trennepohl (2019),[335] pois *no caso das espécies exóticas, pela possibilidade de serem potencialmente nocivas à agricultura, à pecuária, aos ecossistemas protegidos e às espécies nativas no caso de fuga para a natureza. No caso das espécies nativas, pela especial proteção dispensada à fauna nacional.*

E, em se tratando de animais em cativeiro, o IBAMA editou a Instrução Normativa IBAMA nº 07, de 30 de abril de 2015, a qual institui e normatiza as categorias de uso e manejo da fauna silvestre em cativeiro, e define, no âmbito do IBAMA, os procedimentos autorizativos para as categorias estabelecidas. Para tanto, definiu:

> Art. 1º Instituir e normatizar as categorias de uso e manejo da fauna silvestre em cativeiro, visando atender às finalidades socioculturais, de pesquisa científica, de conservação, de exposição, de manutenção, de criação, de reprodução, de comercialização, de abate e de beneficiamento de produtos e subprodutos, constantes do Cadastro Técnico Federal de Atividades Potencialmente Poluidoras ou Utilizadoras de Recursos Naturais – CTF. Parágrafo único. Esta Instrução Normativa se aplica aos processos iniciados no Ibama anteriormente à edição da Lei Complementar nº 140, de 08 de dezembro de 2011, nos casos de delegação

---

[334] BRASIL. *Lei nº 7.173 de 14 de dezembro de 1983*. Dispõe sobre o estabelecimento e funcionamento de jardins zoológicos e dá outras providencias. Brasília, DF: Diário Oficial da União, 1983.

[335] TRENNEPOHL, Curt; TRENNEPOHL, Terence; TRENNEPOHL, Natascha. *Infrações ambientais*: comentários ao Decreto 6.514/2008. 3. ed. rev., atual. e ampl. São Paulo: Thomson Reuters Brasil, 2019. p. 169.

previsto no art. 5º, bem como para as hipóteses de supletividade admitidas no art. 15, ambos da Lei Complementar em referência.

O IBAMA editou, também, a Portaria IBAMA nº 117, de 15 de outubro de 1997, normatizando a comercialização de animais vivos, abatidos, partes e produtos da fauna silvestre brasileira provenientes de criadouros com finalidade econômica e industrial e jardins zoológicos registrados junto ao IBAMA. Destaca-se:

> Art. 9º – O produtor rural ou empresa que comercializar animais silvestres vivos, abatidos, partes e produtos deverá possuir Nota Fiscal contendo o número de registro junto ao IBAMA, especificação do produto e espécie comercializada, quantidade, unidade de medida e valor unitário. §1º – Para a comercialização de animais vivos, na Nota Fiscal deverá constar os dados referentes à marcação individual dos espécimes. Art. 10 – Os animais vivos da fauna silvestre brasileira poderão ser comercializados por criadouros comerciais, jardins zoológicos devidamente registrados no IBAMA e por pessoas jurídicas que intencionem adquirir animais e revendê-los a particulares para dar inicio à criação comercial ou conservacionista ou para aqueles que pretendam mantê-los como animais de estimação. §1º – Todos os animais a serem comercializados vivos deverão possuir sistema de marcação aprovado pelo IBAMA e a venda deverá ser acompanhada da Nota Fiscal fornecida pelo criadouro ou comerciante. §2º- O criadouro ou comerciante de animais vivos da fauna silvestre brasileira deverá manter o cadastro atualizado de seus compradores. §3º – O criadouro ou comerciante de animais vivos da fauna silvestre brasileira deverá informar semestralmente à Superintendência do IBAMA no seu Estado a quantidade de animais comercializados por espécie, sexo, idade, marca e destino, além do cadastro de seus compradores. §4º O criadouro ou comerciante deverá manter disponíveis as cópias ou segundas vias das Notas Fiscais para possível fiscalização do IBAMA ou demais Órgãos Públicos.

O art. 18, da Portaria IBAMA nº 117/1997, prevê que o criadouro, comerciante e jardim zoológico que não cumprirem o disposto nesta portaria terão seus animais, objeto de comércio, apreendidos pelo IBAMA e serão impossibilitados de novas aquisições ou transações comerciais com a espécie envolvida.

Em relação a passeriforme, o IBAMA editou a Instrução Normativa IBAMA nº 10, de 19 de setembro de 2011, a qual *dispõe sobre o manejo de passeriformes da fauna silvestre brasileira que será coordenado pelo Instituto Brasileiro do Meio Ambiente e dos Recursos Naturais Renováveis – IBAMA, para todas as etapas relativas às atividades de criação, reprodução, comercialização, manutenção, treinamento, exposição, transporte, transferências, aquisição, guarda, depósito, utilização e realização de torneios, criando o* sistema informatizado de gestão da criação de Passeriformes (SisPass).

O art. 45, da precitada Instrução Normativa, determina que em caso de roubo, furto, fuga ou óbito de pássaro inscrito no SisPass, o criador deverá comunicar o evento ao órgão Ambiental, via SisPass, em 7 (sete) dias (*caput*). Em caso de roubo ou furto, além da providência do *caput* desse artigo, o criador deve lavrar ocorrência policial em 7 (sete) dias desde o conhecimento do evento, informando as marcações e espécies dos animais (§1º). O criador deverá entregar cópia do Boletim de Ocorrência (B.O.) ao IBAMA no prazo de 30 (trinta) dias desde a sua emissão (§2º). Em caso de óbito da ave, a anilha do pássaro deverá ser devolvida em 30 (trinta) dias desde o comunicado do óbito via Sis-Pass (§4º).

Caso os documentos exigidos no artigo 45, da IN nº 10/2011, não sejam entregues ao Órgão Ambiental no prazo de 30 (trinta) dias, será caracterizado o exercício da atividade em desacordo com a autorização concedida pelo IBAMA, sujeitando o Criador à suspensão imediata da autorização para todos os fins, sem prejuízo das demais sanções previstas no Decreto nº 6.514/2008, de 22 de julho de 2008, conforme prevê o §5º, do art. 45, da IN nº 10/2011.

Importante destacar as palavras de Curt, Terence e Natascha Trennepohl (2019),[336] *infelizmente, as fraudes contra o sistema são muito frequentes e, até o advento do Decreto 6.514/08, a inserção de dados falsos no sistema somente podia ser punida pelas normas do Código Penal, sem previsão na legislação ambiental. Atualmente, a inserção de dados falsos ou a omissão de informação necessária está prevista como infração administrativa no art. 82.*

Ocorrendo a infração administrativa, deverá o agente fiscal adotar as providências legais previstas, a fim de iniciar a apuração da responsabilidade dos envolvidos, oportunizando a ampla defesa e o contraditório, com amparo nos termos do artigo 70, da Lei nº 9.605/98 e art. 96, do Dec. nº 6.514/08. Para tanto, sugere-se:

a) A descrição do auto de infração: A descrição da conduta precisa ter elementos mínimos que caracterizem a infração, para que a autoridade administrativa julgadora tenha convicção da materialidade (art. 97).

Exemplo de descrição a constar no auto de infração: *"**Deixar, o jardim zoológico, ou criadouros autorizados, de ter o livro de registro do acervo faunístico ou mantê-lo de forma irregular** (descrever a conduta do autuado)".*

Resultará em multa simples (art. 31, do Decreto nº 6.514/08), prevista de: R$500,00 a R$5.000,00 (mil reais).

Incorre na mesma multa quem deixa de manter registro de acervo faunístico e movimentação de plantel em sistemas informatizados de controle de fauna ou fornece dados inconsistentes ou fraudados (parágrafo único, do art. 31, do Dec. nº 6.514/08). Essa infração será bem aplicada aos criadouros que não manterem seus registros atualizados no SisPass, nos termos da IN nº 10/2011.

Observar os parâmetros adotados pela Instrução Normativa Conjunta nº 2, de 29 de janeiro de 2020, do Ministério do Meio Ambiente, que regulamenta o processo administrativo federal para apuração de infrações administrativas por condutas e atividades lesivas ao meio ambiente.

Observar a causa de aumento de multa prevista no art. 93, do Decreto nº 6.514/08.

b) As medidas administrativas adotadas: O agente autuante, no uso do seu poder de polícia, poderá adotar as medidas administrativas previstas no art. 101, do Dec. nº 6.514/08, bem como os procedimentos descritos nos arts. 102 a 112, lavrando-se os documentos inerentes.

c) Do procedimento penal: A conduta prevista no *caput* do art. 31, do Dec. 6.514/08: *"Deixar, o jardim zoológico e os criadouros autorizados, de ter o livro de registro do*

---

[336] TRENNEPOHL, Curt; TRENNEPOHL, Terence; TRENNEPOHL, Natascha. *Infrações ambientais:* comentários ao Decreto 6.514/2008. 3. ed. rev., atual. e ampl. São Paulo: Thomson Reuters Brasil, 2019. p. 171.

acervo faunístico ou mantê-lo de forma irregular" não está prevista como crime pela Lei nº 9.605/98, sendo atípica.

Destaca-se que a infração administrativa se refere a "sistemas informatizados de controle de fauna", não o sendo documento público. E, em relação a documento público, o Superior Tribunal de Justiça assim considera: "Documentos públicos por equiparação, para fins penais são os previstos nos parágrafos 2º, 3º e 4º, do artigo 297 do Código Penal, não podendo ser ampliado o rol ali existente" (STJ-RHC: 24674 PR 2008/0227983-2, Rel. Min. Celso Limongi – Des. Convocado do TJ/SP-, DJ: 19.02.2009, T6 – Sexta Turma, Data de Publicação: 20090316 – DJe 16/03/2009).

2.1.13 Deixar, o comerciante, de apresentar declaração de estoque e valores oriundos de comércio de animais silvestres

A infração administrativa prevista no art. 32, do Dec. nº 6.514/08, busca inibir a conduta de duas categorias, como explicam Curt, Terence e Natascha Trennepohl (2019),[337] *o criadouro com finalidades comerciais no ato da venda e o comerciante propriamente dito, não obrigatoriamente criador dos animais.*

Reportando-se, novamente, a Instrução Normativa IBAMA nº 07, de 30 de abril de 2015, a qual institui e normatiza as categorias de uso e manejo da fauna silvestre em cativeiro, e define, no âmbito do IBAMA, os procedimentos autorizativos para as categorias estabelecidas, definiu no seu artigo 3º:

> Art. 3º Ficam estabelecidas exclusivamente as seguintes categorias uso e manejo da fauna silvestre em cativeiro para fins desta Instrução Normativa: I – centro de triagem de fauna silvestre: empreendimento de pessoa jurídica de direito público ou privado, com finalidade de receber, identificar, marcar, triar, avaliar, recuperar, reabilitar e destinar fauna silvestres provenientes da ação da fiscalização, resgates ou entrega voluntária de particulares, sendo vedada a comercialização; II – centro de reabilitação da fauna silvestre nativa: empreendimento de pessoa jurídica de direito público ou privado, com finalidade de receber, identificar, marcar, triar, avaliar, recuperar, reabilitar e destinar espécimes da fauna silvestre nativa para fins de reintrodução no ambiente natural, sendo vedada a comercialização; III – comerciante de animais vivos da fauna silvestre: estabelecimento comercial, de pessoa jurídica, com finalidade de alienar animais da fauna silvestre vivos, sendo vedada a reprodução; IV – comerciante de partes produtos e subprodutos da fauna silvestre: estabelecimento comercial varejista, de pessoa jurídica, com finalidade de alienar partes, produtos e subprodutos da fauna silvestre; V – criadouro científico para fins de conservação: empreendimento de pessoa jurídica, ou pessoa física, sem fins lucrativos, vinculado a plano de ação ou de manejo reconhecido, coordenado ou autorizado pelo órgão ambiental competente, com finalidade de criar, recriar, reproduzir e manter espécimes da fauna silvestre nativa em cativeiro para fins de realizar e subsidiar programas de conservação e educação ambiental, sendo vedada a comercialização e exposição; VI – criadouro científico para fins de pesquisa: empreendimento de pessoa jurídica, vinculada ou pertencente a instituição de ensino ou pesquisa, com finalidade de criar, recriar, reproduzir e manter espécimes da fauna silvestre em cativeiro para fins de realizar ou subsidiar pesquisas científicas, ensino

---

[337] TRENNEPOHL, Curt; TRENNEPOHL, Terence; TRENNEPOHL, Natascha. *Infrações ambientais:* comentários ao Decreto 6.514/2008. 3. ed. rev., atual. e ampl. São Paulo: Thomson Reuters Brasil, 2019. p. 172.

e extensão, sendo vedada a exposição e comercialização a qualquer título; VII – criadouro comercial: empreendimento de pessoa jurídica ou produtor rural, com finalidade de criar, recriar, terminar, reproduzir e manter espécimes da fauna silvestre em cativeiro para fins de alienação de espécimes, partes, produtos e subprodutos; VIII – mantenedouro de fauna silvestre: empreendimento de pessoa física ou jurídica, sem fins lucrativos, com a finalidade de criar e manter espécimes da fauna silvestre em cativeiro, sendo proibida a reprodução, exposição e alienação; IX – matadouro, abatedouro, e frigorífico: empreendimento de pessoa jurídica, com a finalidade de abater, beneficiar e alienar partes, produtos e subprodutos de espécimes de espécies da fauna silvestre; X – jardim zoológico: empreendimento de pessoa jurídica, constituído de coleção de animais silvestres mantidos vivos em cativeiro ou em semiliberdade e expostos à visitação pública, para atender a finalidades científicas, conservacionistas, educativas e socioculturais.

A respeito de criadouros, o IBAMA editou a Portaria IBAMA nº 118-N, de 15 de outubro de 1997, dispondo sobre os criadouros comerciais da fauna silvestre brasileira, e prevê:

> Art. 13 – O criadouro deverá remeter anualmente à Superintendência do IBAMA, declaração dos animais vivos mantidos em cativeiro e de animais abatidos, partes e produtos constantes em seu estoque, conforme modelo constante no Anexo II, bem como informar a quantidade de selos/lacres de segurança fornecidos pelo IBAMA. Parágrafo Único – O criadouro deverá manter em seu poder, as cópias ou segundas vias das Notas Fiscais dos animais vivos, abatidos, partes e produtos que foram comercializados, num prazo de 5 (cinco) anos, de conformidade com portaria de comercialização específica.

Será permitido o transporte em todo o Território Brasileiro de animais vivos, partes, produtos e subprodutos originários de criadouros comerciais e jardins zoológicos devidamente legalizados junto ao IBAMA, quando acompanhado da Nota Fiscal que oficializou o comércio e da Guia de Trânsito Animal – GTA do Ministério da Agricultura e do Abastecimento, quando tratar-se de transporte interestadual de animais vivos (art. 21, da Portaria nº 118-B/97).

Ocorrendo a infração administrativa, deverá o agente fiscal adotar as providências legais previstas, a fim de iniciar a apuração da responsabilidade dos envolvidos, oportunizando a ampla defesa e o contraditório, com amparo nos termos do artigo 70, da Lei nº 9.605/98 e art. 96, do Dec. nº 6.514/08. Para tanto, sugere-se:

a) A descrição do auto de infração: A descrição da conduta precisa ter elementos mínimos que caracterizem a infração, para que a autoridade administrativa julgadora tenha convicção da materialidade (art. 97).

Exemplo de descrição a constar no auto de infração: *"**Deixar de manter registro de acervo faunístico e movimentação de plantel em sistemas informatizados de controle de fauna ou fornece dados inconsistentes ou fraudados** (descrever a conduta do autuado)"*.

Resultará em multa simples (art. 32, do Decreto nº 6.514/08), prevista de: <u>R$200,00 (duzentos reais) a R$10.000,00 (dez mil reais)</u>.

Observar os parâmetros adotados pela Instrução Normativa Conjunta nº 2, de 29 de janeiro de 2020, do Ministério do Meio Ambiente, que regulamenta o processo administrativo federal para apuração de infrações administrativas por condutas e atividades lesivas ao meio ambiente.

Observar a causa de aumento de multa prevista no art. 93, do Decreto nº 6.514/08.

b) As medidas administrativas adotadas: O agente autuante, no uso do seu poder de polícia, poderá adotar as medidas administrativas previstas no art. 101, do Dec. nº 6.514/08, bem como os procedimentos descritos nos arts. 102 a 112, lavrando-se os documentos inerentes.

c) Do procedimento penal: A conduta prevista no art. 32, do Dec. 6.514/08 não está prevista como crime pela Lei nº 9.605/98, sendo atípica.

2.1.14 Explorar ou fazer uso comercial de imagem de animal silvestre mantido irregularmente em cativeiro ou em situação de abuso ou maus-tratos

A infração administrativa prevista no art. 33, do Dec. nº 6.514/08, busca inibir a conduta de pessoas que explorem ou façam uso comercial de animais silvestres mantidos irregularmente em cativeiro. Nota-se que infração administrativa decorre da irregularidade do criadouro, pois se o criadouro estiver regularmente constituído junto ao órgão ambiental não há que se falar em infração.

Do mesmo modo, a exploração de imagens de animais em situação de abuso ou maus-tratos foi considerada infração administrativa.

Observar a previsão do parágrafo único, do art. 33, o qual diz que "o disposto no *caput* não se aplica ao uso de imagem para fins jornalísticos, informativos, acadêmicos, de pesquisas científicas e educacionais".

Ocorrendo a infração administrativa, deverá o agente fiscal adotar as providências legais previstas, a fim de iniciar a apuração da responsabilidade dos envolvidos, oportunizando a ampla defesa e o contraditório, com amparo nos termos do artigo 70, da Lei nº 9.605/98 e art. 96, do Dec. nº 6.514/08. Para tanto, sugere-se:

a) A descrição do auto de infração: A descrição da conduta precisa ter elementos mínimos que caracterizem a infração, para que a autoridade administrativa julgadora tenha convicção da materialidade (art. 97).

Exemplo de descrição a constar no auto de infração: *"Explorar ou fazer uso comercial de imagem de animal silvestre mantido irregularmente em cativeiro ou em situação de abuso ou maus-tratos (definir a conduta do agente)"*.

Resultará em multa simples (art. 33, do Dec. nº 6.514/08), prevista de: <u>R$5.000,00 (cinco mil reais) a R$500.000,00 (quinhentos mil reais)</u>.

Observar os parâmetros adotados pela Instrução Normativa Conjunta nº 2, de 29 de janeiro de 2020, do Ministério do Meio Ambiente, que regulamenta o processo administrativo federal para apuração de infrações administrativas por condutas e atividades lesivas ao meio ambiente.

Observar a causa de aumento de multa prevista no art. 93, do Decreto nº 6.514/08.

b) As medidas administrativas adotadas: O agente autuante, no uso do seu poder de polícia, poderá adotar as medidas administrativas previstas no art. 101, do Dec. nº 6.514/08, bem como os procedimentos descritos nos arts. 102 a 112, lavrando-se os documentos inerentes.

c) Do procedimento penal: A conduta prevista no art. 33, do Dec. 6.514/08, não está prevista como crime pela Lei nº 9.605/98, sendo atípica.

3 Fiscalização das atividades aquáticas, marinhas e continentais

Quando tratamos da pesca, essa atividade é disciplinada pela Lei nº 11.959, de 29 de junho de 2009, que dispõe sobre a Política Nacional de Desenvolvimento Sustentável da Aquicultura e da Pesca.

Neste contexto, verifica-se que a Lei nº 11.959/2009[338] definiu em seu art. 2º, os seguintes conceitos:

> **III – águas interiores:** as baías, lagunas, braços de mar, canais, estuários, portos, angras, enseadas, ecossistemas de manguezais, ainda que a comunicação com o mar seja sazonal, e as águas compreendidas entre a costa e a linha de base reta, ressalvado o disposto em acordos e tratados de que o Brasil seja parte; **XIV – águas continentais:** os rios, bacias, ribeirões, lagos, lagoas, açudes ou quaisquer depósitos de água não marinha, naturais ou artificiais, e os canais que não tenham ligação com o mar; **XV – alto-mar:** a porção de água do mar não incluída na zona econômica exclusiva, no mar territorial ou nas águas interiores e continentais de outro Estado, nem nas águas arquipelágicas de Estado arquipélago; **XVI – mar territorial:** faixa de 12 (doze) milhas marítimas de largura, medida a partir da linha de baixa-mar do litoral continental e insular brasileiro, tal como indicada nas cartas náuticas de grande escala, reconhecidas oficialmente pelo Brasil; **XVII – zona econômica exclusiva:** faixa que se estende das 12 (doze) às 200 (duzentas) milhas marítimas, contadas a partir das linhas de base que servem para medir a largura do mar territorial; **XVIII – plataforma continental:** o leito e o subsolo das áreas submarinas que se estendem além do mar territorial, em toda a extensão do prolongamento natural do território terrestre, até o bordo exterior da margem continental, ou até uma distância de 200 (duzentas) milhas marítimas das linhas de base, a partir das quais se mede a largura do mar territorial, nos casos em que o bordo exterior da margem continental não atinja essa distância. (grifei)

A presente norma não alterou em nada a Lei nº 8.617, de 4 de janeiro de 1993, a qual dispõe sobre o mar territorial, a zona contígua, a zona econômica exclusiva e a plataforma continental brasileiros, e dá outras providências.[339]

A referida norma refere-se, também, sobre a soberania do país ao demarcar os limites para uso e proteção dos seus recursos naturais e limites até a plataforma continental, como se extrai a seguir:

> Art. 1º O mar territorial brasileiro compreende uma faixa de doze milhas marítima de largura, medidas a partir da linha de baixa-mar do litoral continental e insular, tal como indicada nas cartas náuticas de grande escala, reconhecidas oficialmente no Brasil. (…) Art. 4º A zona

---

[338] BRASIL. *Lei nº 11.959, de 29 de junho de 2009*. Dispõe sobre a Política Nacional de Desenvolvimento Sustentável da Aquicultura e da Pesca, regula as atividades pesqueiras, revoga a Lei nº 7.679, de 23 de novembro de 1988, e dispositivos do Decreto-Lei nº 221, de 28 de fevereiro de 1967, e dá outras providências. Brasília, DF: Diário Oficial da União, 2009.

[339] BRASIL. *Lei nº 8.617, de 4 de janeiro de 1993*. Dispõe sobre o mar territorial, a zona contígua, a zona econômica exclusiva e a plataforma continental brasileiros, e dá outras providências. Brasília, DF: Diário Oficial da União, 1993.

contígua brasileira compreende uma faixa que se estende das doze às vinte e quatro milhas marítimas, contadas a partir das linhas de base que servem para medir a largura do mar territorial. (...) Art. 6º A zona econômica exclusiva brasileira compreende uma faixa que se estende das doze às duzentas milhas marítimas, contadas a partir das linhas de base que servem para medir a largura do mar territorial. (...) Art. 11. A plataforma continental do Brasil compreende o leito e o subsolo das áreas submarinas que se estendem além do seu mar territorial, em toda a extensão do prolongamento natural de seu território terrestre, até o bordo exterior da margem continental, ou até uma distância de duzentas milhas marítimas das linhas de base, a partir das quais se mede a largura do mar territorial, nos casos em que o bordo exterior da margem continental não atinja essa distância.

O assunto nunca passou despercebido pela doutrina, com destaque por exemplo nas obras de Silva (2013)[340] e Fiorillo (2017),[341] os quais já discorriam sobre o assunto.

Com a nova Política Nacional de Desenvolvimento Sustentável da Aquicultura e da Pesca, buscou-se dar um melhor tratamento ao pescador, o qual passou a ser reconhecido como produtor, nos termos do seu artigo 27: "São considerados produtores rurais e beneficiários da política agrícola de que trata o art. 187 da Constituição Federal as pessoas físicas e jurídicas que desenvolvam atividade pesqueira de captura e criação de pescado nos termos desta Lei".

A Lei nº 11.959/09 classificou a pesca em comercial e não comercial. Sendo que se classifica como pesca comercial: a) artesanal: quando praticada diretamente por pescador profissional, de forma autônoma ou em regime de economia familiar, com meios de produção próprios ou mediante contrato de parceria, desembarcado, podendo utilizar embarcações de pequeno porte; e b) industrial: quando praticada por pessoa física ou jurídica e envolver pescadores profissionais, empregados ou em regime de parceria por cotas-partes, utilizando embarcações de pequeno, médio ou grande porte, com finalidade comercial (inciso I, do art. 8º).

Já a pesca não comercial, considera-se: a) científica: quando praticada por pessoa física ou jurídica, com a finalidade de pesquisa científica; b) amadora: quando praticada por brasileiro ou estrangeiro, com equipamentos ou petrechos previstos em legislação específica, tendo por finalidade o lazer ou o desporto; e, c) de subsistência: quando praticada com fins de consumo doméstico ou escambo sem fins de lucro e utilizando petrechos previstos em legislação específica (inciso II, do art. 8º).

Dessa forma, para o exercício da atividade pesqueira somente poderá ser realizado mediante prévio ato autorizativo emitido pela autoridade competente (art. 5º).

De fato, a atividade pesqueira carece de melhor atenção pelo poder público. Sobre o tema, Sirvinskas (2017)[342] disserta que *o controle da pesca deve ser efetivamente realizado, pois, mediante pesquisa feita em treze regiões do planeta, publicada na revista* Nature, *constatou-se que predadores como o atum e o peixe-espada declinaram em cinquenta anos em decorrência da pesca industrial que eliminou 90% dos grandes peixes.*

---

[340] SILVA, José Afonso da. *Direito ambiental constitucional*. 10. ed. atual. São Paulo: Malheiros, 2013. p. 154.

[341] FIORILLO, Celso Antonio Pacheco. *Curso de direito ambiental brasileiro*. 17. ed. São Paulo: Saraiva, 2017. p. 285 a 286.

[342] SIRVINSKAS, Luís Paulo. *Manual de direito ambiental*. 15. ed. São Paulo: Saraiva, 2017. p. 639.

Outro ponto importante versa sobre o conceito de **ato tendente a pesca**, pois há diferenças em sua aplicação na esfera penal e administrativa.

A Lei nº 9.605/98, considera-se pesca todo ato tendente a retirar, extrair, coletar, apanhar, apreender ou capturar espécimes dos grupos dos peixes, crustáceos, moluscos e vegetais hidróbios, suscetíveis ou não de aproveitamento econômico, ressalvadas as espécies ameaçadas de extinção, constantes nas listas oficiais da fauna e da flora (art. 36).

Para tanto, o Superior Tribunal de Justiça já se manifestou:

> 1. Trata-se, na origem, de ação ajuizada com o objetivo de anular auto de infração lavrado com base nos arts. 34 e 35 da Lei n. 9.605/98, uma vez que o ora recorrido estaria pescando em época de Piracema mediante a utilização de material proibido e predatório. 2. A Administração Pública é regida pelos princípios da legalidade e, em especial no exercício de atividade sancionadora, da tipicidade/taxatividade, de modo que, se ela não comprova, na esfera judicial, que foi correta a qualificação jurídica feita no lançamento, a autuação não pode subsistir. Todavia, no presente caso, a autuação foi correta ao enquadrar a ação do infrator nos arts. 34, 35 e 36 da Lei n. 9.605/98. 3. O próprio legislador cuidou, no art. 36 da Lei n. 9.605/98, de enunciar o que deve ser entendido como pesca, vejamos: "considera-se pesca todo ato tendente a retirar, extrair, coletar, apanhar, apreender ou capturar espécimes dos grupos dos peixes, crustáceos, moluscos e vegetais hidróbios, suscetíveis ou não de aproveitamento econômico, ressalvadas as espécies ameaçadas de extinção, constantes nas listas oficiais da fauna e da flora". 4. Assim, analisando-se as condutas previstas nos artigos 34 e 35 da Lei n 9.605/98 e o conceito de pesca disposto no art. 36 da referida norma, conclui-se que a conduta do ora recorrido que larga uma rede (material proibido e predatório) em um rio, em época de Piracema, praticamente por assustar-se com a presença de agentes fiscalizadores, pescou, uma vez que pela análise de todo o contexto apresentado no acórdão recorrido houve a demonstração de prática de ato tendente a retirar peixe ou qualquer das outras espécies elencadas no art. 36 da Lei n. 9.605 de sua habitat próprio. 5. Recurso especial provido. (REsp 1223132/PR, Rel. Ministro MAURO CAMPBELL MARQUES, SEGUNDA TURMA, julgado em 05/06/2012, DJe 27/06/2012)

Ainda sobre o ato tendente previsto na Lei nº 9.605/08 o Tribunal Regional Federal da 3ª Região decidiu:

> 1. O apelado foi surpreendido no reservatório da Usina Hidrelétrica de Estreito, localizada no Rio Grande, em Pedregulho/SP, com 90 metros de rede de pesca de nylon, com malhas de 80 e 90 mm, sem qualquer documentação, licença ou autorização. 2. O conceito de pesca delineado na Lei de Proteção Ambiental não exige a efetiva apreensão do peixe. Lançar redes nas águas com o propósito de apanhar espécimes da fauna ictiológica em princípio configura a infração do inciso II do artigo 34 da Lei nº 9.605/98. (...) (ACR 200161130005362, JUIZ JOHONSOM DI SALVO, TRF3 – PRIMEIRA TURMA, 18/08/2008)

Já para caracterização de infrações administrativas de pesca, previstas no Decreto nº 6.514/08, considera-se pesca todo ato tendente a extrair, retirar, coletar, apanhar, apreender ou capturar espécimes dos grupos dos peixes, crustáceos, moluscos aquáticos e vegetais hidróbios suscetíveis ou não de aproveitamento econômico, ressalvadas as espécies ameaçadas de extinção, constantes nas listas oficiais da fauna e da flora (art. 42). E ainda, entende-se por ato tendente à pesca aquele em que o infrator esteja munido, equipado ou armado com petrechos de pesca, na área de pesca ou dirigindo-se a ela (parágrafo único do art. 42).

Ainda, dentro de algumas regras gerais sobre a pesca, o art. 24, da Política Nacional de Desenvolvimento Sustentável da Aquicultura e da Pesca, prevê que toda pessoa, física ou jurídica, que exerça atividade pesqueira bem como a embarcação de pesca devem ser previamente inscritas no Registro Geral da Atividade Pesqueira – RGP, bem como no Cadastro Técnico Federal – CTF na forma da legislação específica. Sendo que os critérios para a efetivação do Registro Geral da Atividade Pesqueira foram estabelecidos pelo Decreto Federal nº 8.425, de 31 de março de 2015 (o qual regulamenta o parágrafo único do art. 24 e o art. 25 da Lei nº 11.959, de 29 de junho de 2009, para dispor sobre os critérios para inscrição no Registro Geral da Atividade Pesqueira e para a concessão de autorização, permissão ou licença para o exercício da atividade pesqueira).

Ademais, no art. 25, definiu que a autoridade competente adotará, para o exercício da atividade pesqueira, os seguintes atos administrativos:

I – concessão: para exploração por particular de infraestrutura e de terrenos públicos destinados à exploração de recursos pesqueiros; II – permissão: para transferência de permissão; para importação de espécies aquáticas para fins ornamentais e de aquicultura, em qualquer fase do ciclo vital; para construção, transformação e importação de embarcações de pesca; para arrendamento de embarcação estrangeira de pesca; para pesquisa; para o exercício de aquicultura em águas públicas; para instalação de armadilhas fixas em águas de domínio da União; III – autorização: para operação de embarcação de pesca e para operação de embarcação de esporte e recreio, quando utilizada na pesca esportiva; e para a realização de torneios ou gincanas de pesca amadora; IV – licença: para o pescador profissional e amador ou esportivo; para o aquicultor; para o armador de pesca; para a instalação e operação de empresa pesqueira; V – cessão: para uso de espaços físicos em corpos d'água sob jurisdição da União, dos Estados e do Distrito Federal, para fins de aquicultura.

Nota-se, portanto, que qualquer atividade pesqueira dependerá de um ato administrativo do poder público, para o seu exercício. Ante a sua ausência ensejará, em tese, a apuração de eventual infração administrativa e se, também, previsto de infração penal.

No tocante aos procedimentos penais, as penas cominadas para os crimes tipificados nos artigos 33, 34 e 35 da Lei nº 9.605/98 possuem penas máximas que ultrapassam dois anos, não sendo mais consideradas infrações penais de menor potencial ofensivo (art. 61, da Lei nº 9.099/95).[343] E sendo assim, caberá a prisão em flagrante do indivíduo a devida apresentação à autoridade policial para as providências atinentes a lavratura dos autos de prisão em flagrante.

Durante a apuração da ilicitude, se houver produtos e instrumentos utilizados ou resultantes da infração ambiental, estes devem ser apreendidos, conforme a previsão do art. 25, da Lei nº 9.605/98, como já mencionado antes.

Da mesma forma, quando se refere a **competência,** para processar e julgar as infrações penais ambientais atinentes a ilícitos de pesca, poderá ser da Justiça Estadual

---

[343] Art. 61. Consideram-se infrações penais de menor potencial ofensivo, para os efeitos desta Lei, as contravenções penais e os crimes a que a lei comine pena máxima não superior a 2 (dois) anos, cumulada ou não com multa.

ou Federal, a depender do **lugar** onde ocorreu o fato, como se observa, TRF-4: "O crime de pesca, previsto nos arts. 34 e 36 da Lei nº 9.605/98, praticado em mar territorial (art. 1º da Lei nº 8.617/93), se insere no contexto da competência da Justiça Federal, por lesão a bem da União (art. 109, IV, da Constituição). Precedentes do STJ e desta Corte". (TRF, 4ª R., RSE 2006.72.00.007809-5/SC, 8ª T., re. Des. Luiz Fernando Wowk Penteado, j. 11-6-2008, *DE* 25-6-2008)

Quanto à exigência de perícia, Nucci (2016)[344] destaca que *nos termos do art. 158 do Código de Processo Penal, para as infrações penais que deixarem vestígios materiais (rastros visíveis, após a consumação), deve-se formar a materialidade (prova da existência do crime) por intermédio de exame pericial, direto ou indireto.*

Em relação às excludentes de ilicitudes previstas para os crimes contra a fauna (art. 37, da Lei nº 9.605/98), também se aplicam para os crimes contra pesca.

A respeito da **aplicação do princípio da insignificância**, para o tipo penal previsto no art. 34, da Lei nº 9.605/98, Nucci (2016)[345] sustenta que *é viável na hipótese deste tipo incriminador, assim como em outros. A pesca de pouca monta, mesmo que vedada, não é suficiente para perturbar o ecossistema.* Buscamos a jurisprudência sobre o tema:

TRF-3: "1. É aplicável o princípio da insignificância para o delito tipificado no art. 34 da Lei 9.605/98 quando a quantidade de espécimes pescados é verdadeiramente diminuta, considerando-se que a aplicação de sanção administrativa seria mais proporcional ao delito cometido, substituindo e satisfazendo o escopo retributivo-preventivo da pena que seria infligida no âmbito penal.2. Recurso em sentido estrito desprovido". (TRF-3, RESE 0007977-19.2012.4.03.6106, 2ª T., rel. Cotrim Guimarães, j. 24.09.2013)

STJ: "Considerando-se a inexistência de lesão ao meio ambiente (fauna aquática), tendo em vista que não foi apreendido com o acusado nenhum pescado, deve ser reconhecida a atipicidade material da conduta". (STJ, CC 100.852/RS, Terceira Turma, rel. Min. Jorge Mussi, j. 28-4-2010, *DJe* de 8-9-2010)

STJ: "1. Esta Corte Superior, em precedentes de ambas as Turmas que compõem a sua Terceira Seção, tem admitido a aplicação do princípio da insignificância quando demonstrada, a partir do exame do caso concreto, a ínfima lesividade ao bem ambiental tutelado pela norma. Precedentes. 2. Muito embora a tutela penal ambiental objetive proteger bem jurídico de indiscutível valor social, sabido que toda intervenção estatal deverá ocorrer com estrita observância dos postulados fundamentais do Direito Penal, notadamente dos princípios da fragmentariedade e da intervenção mínima. 3. A aplicação do princípio da insignificância (ou a admissão da ocorrência de um crime de bagatela) reflete o entendimento de que o Direito Penal deve intervir somente nos casos em que a conduta ocasionar lesão jurídica de certa gravidade, permitindo a afirmação da atipicidade material nos casos de perturbações jurídicas mínimas ou leves, consideradas também em razão do grau de afetação da ordem social que ocasionem. 4. No caso, embora a conduta do apenado – pesca em período proibido – atenda tanto à tipicidade formal (pois constatada a subsunção do fato à norma incriminadora) quanto à subjetiva, na medida em que comprovado o dolo do agente, não há como reconhecer presente a tipicidade material, pois em seu poder foram apreendidos apenas seis peixes, devolvidos com vida ao seu habitat, conduta que não é suficiente para

---

[344] NUCCI, Guilherme de Souza. *Leis penais e processuais penais comentadas.* 9. ed. rev., atual. e ampl. Rio de Janeiro: Forense, 2016. p. 599. v. 2.

[345] Idem, p. 617.

desestabilizar o ecossistema". (STJ, AgrRg no REsp 1.320.020/RS, 5ª T., rel. Min. Campos Marques, j. 16-4-2013, *DJe* de 23-5-2013)

STJ: "7. A aplicabilidade do princípio da insignificância deve observar as peculiaridades do caso concreto, de forma a aferir o potencial grau de reprovabilidade da conduta, valendo ressaltar que delitos contra o meio ambiente, a depender da extensão das agressões, têm potencial capacidade de afetar ecossistemas inteiros, podendo gerar dano ambiental irrecuperável, bem como a destruição e até a extinção de espécies da flora e da fauna, a merecer especial atenção do julgador. 8. No caso dos autos, constatou-se que a pesca artesanal de 03 ou 04 peixes não ocasionou expressiva lesão ao bem jurídico tutelado, afastando a incidência da norma penal. 9. Recurso especial conhecido parcialmente e, nessa parte, provido para, cassando o acórdão impugnado e a sentença de primeiro grau, absolver o Recorrente em face da atipicidade da conduta pela incidência do princípio da insignificância". (STJ, REsp 905.864/SC, 5ª T., rela. Mina. Laurita Vaz, j. 11-3-2008, *DJe* de 7-6-2011)

STF: "Verificada a objetiva insignificância jurídica do ato por delituoso, à luz das suas circunstâncias, deve o réu, em recurso de *habeas corpus*, ser absolvido por atipicidade do comportamento". (STF, HC 112.563/SC, 2ª T., rel. Min. Ricardo Lewandowski, rel. p/ o acórdão Min. Cezar Peluso, j. 21-8-2012, *DJe* 241, de 10-12-2012)

Noutro norte, inviabilidade de aplicação:

TRF-3: "2. *No caso em questão, a quantidade de peixes apreendidos é significativa, 25 kg (vinte e cinco quilos), não se destinando a subsistência familiar, razão pela qual não é possível aplicar a causa supralegal de excludente de tipicidade, uma vez que o princípio da bagatela deve-ser aplicado somente nas hipóteses de pesca de irrisória quantidade de espécimes".* (TRF-3, Ap. 0012104-21.2008.4.03.6112, 5ª T., rel. Antônio Cedenho, j. 25.03.2013)

TRF-4: "A pesca predatória (art. 34 da Lei n. 9.605/98) acarreta dano ambiental que não pode ser quantificado, razão pela qual é descabida a pretensão de aplicação do Princípio da Insignificância". (TRF, 4ª R., ApCrim 2002.70.02.000382-0/PR, 8ª T., rel. Des. Luiz Fernando Wowk Penteado, DJU de 19.11.2003)

TRF-4: "O princípio da insignificância não encontra fértil seara em matéria ambiental, porquanto o bem jurídico ostenta titularidade difusa e o dano, cuja relevância não pode ser mensurada, lesiona o ecossistema, pertencente à coletividade". (TRF, 4ª R., ApCrim 2005.72.00.002309-0/SC, 8ª T., rel. Des. Paulo Afonso Brum Vaz, j. 27-8-2008, *DE* de 3-9-2008)

Em posicionamento recente, o Superior Tribunal Federal rejeitou a aplicação do princípio da insignificância em caso de pesca ilegal em praia de Vitória (ES):

DECISÃO HABEAS CORPUS. PROCESSUAL PENAL. PENAL. PRESSUPOSTO DE ADMISSIBILIDADE DE RECURSO ESPECIAL NO SUPERIOR TRIBUNAL DE JUSTIÇA. IMPOSSIBILIDADE DE ANÁLISE DA MATÉRIA PELO SUPREMO TRIBUNAL FEDERAL EM HABEAS CORPUS. CRIME AMBIENTAL (ART. 34 C/C ART. 36 DA LEI N. 9.605/1998). INAPLICABILIDADE DO PRINCÍPIO DA INSIGNIFICÂNCIA. PESCA COM REDE DE ESPERA DE OITOCENTOS METROS. APREENSÃO DE APROXIMADAMENTE OITO QUILOS DE PESCADOS. PEDIDO MANIFESTAMENTE IMPROCEDENTE E CONTRÁRIO À JURISPRUDÊNCIA DO SUPREMO TRIBUNAL FEDERAL. HABEAS CORPUS AO QUAL SE NEGA SEGUIMENTO. (HC 163907, Relator(a): Min. CÁRMEN LÚCIA, julgado em 15/02/2019, publicado em PROCESSO ELETRÔNICO DJe-035 DIVULG 20/02/2019 PUBLIC 21/02/2019)

3.1 Das infrações administrativas ambientais lesivas às atividades de pesca aquática, marinha e continental

Passamos a analisar as condutas previstas como infrações administrativas, bem como se há previsão de igual conduta como ilícito penal.

3.1.1 Causar degradação em viveiros, açudes ou estação de aquicultura de domínio público

Causar degradação em viveiros, açudes ou estações de aquicultura de domínio público, são estabelecimentos instituídos por ato do poder público, seja da administração federal, estadual ou municipal.

Causar degradação, nas palavras de Marcão (2015),[346] significa *provocar dano, produzir estrago, deteriorar*. Como contribuição, buscamos o ensinamento de Nucci (2016)[347] sobre o núcleo do tipo, cuja análise se amolda perfeitamente para a distinção da infração administrativa em estudo, a seguir: *causar (dar causa a algo) degradação (deteriorização) em viveiros (lugares onde se criam peixes e/ou plantas aquáticas), açudes (construções próprias para o represamento de água) ou estações de aquicultura (locais próprios pra a multiplicação de animais e plantas aquáticas), de domínio público (de livre acesso da população).*

Em auxílio, Milaré, Costa Jr. e Costa (2013)[348] explicam que *viveiros são locais destinados a criação e reprodução de animais. Açudes são construções artificiais que represam águas, destinadas à irrigação de peixes e bebedouros de animais. As estações de aquicultura destinam-se à criação de animais ou plantas aquáticas,* e que sejam de domínio público.

Flagrada a conduta descrita no artigo 34, do Dec. nº 6.514/08, o agente fiscal precisa adotar as providências legais previstas, a fim de iniciar a apuração da responsabilidade dos envolvidos, oportunizando a ampla defesa e o contraditório, com amparo nos termos do artigo 70, da Lei nº 9.605/98 e art. 96, do Dec. nº 6.514/08. Para tanto, sugere-se:

a) A descrição do auto de infração: A descrição da conduta precisa ter elementos mínimos que caracterizem a infração, para que a autoridade administrativa julgadora tenha convicção da materialidade (art. 97).

Exemplo de descrição a constar no auto de infração: *"Causar degradação em viveiros, açudes ou estação de aquicultura de domínio público (definir o tipo de degradação, indicando o local onde ocorreu a infração e a quem pertence)"*.

Resultará em multa simples (art. 34, do Dec. nº 6.514/08) prevista de: R$5.000,00 (cinco mil reais) a R$500.000,00 (quinhentos mil reais).

Observar os parâmetros adotados pela Instrução Normativa Conjunta nº 2, de 29 de janeiro de 2020, do Ministério do Meio Ambiente, que regulamenta o processo administrativo federal para apuração de infrações administrativas por condutas e atividades lesivas ao meio ambiente.

Observar a causa de aumento de multa prevista no art. 93, do Decreto nº 6.514/08.

---

[346] MARCÃO, Renato. *Crimes ambientais (Anotações e interpretação jurisprudencial da parte criminal da Lei n. 9.605, de 12-2-1998)*. 3. ed. rev. e atual. de acordo com a Lei n. 13.052/2014. São Paulo: Saraiva, 2015. p. 99.

[347] NUCCI, Guilherme de Souza. *Leis penais e processuais penais comentadas*. 9. ed. rev., atual. e ampl. Rio de Janeiro: Forense, 2016. p. 613. v. 2.

[348] MILARÉ, Édis; COSTA JR., Paulo José da; COSTA, Fernando José da. *Direito penal ambiental*. 2. ed. rev., atual. e ampl. São Paulo: Revista dos Tribunais, 2013. p. 95.

b) As medidas administrativas adotadas: Como já apresentado anteriormente, o agente autuante, no uso do seu poder de polícia, poderá adotar as medidas administrativas previstas no art. 101, do Dec. nº 6.514/08, bem como os procedimentos descritos nos arts. 102 a 112, lavrando-se os documentos inerentes.

c) Do procedimento penal: Noutro norte, esta conduta está tipificada, também, como crime, prevista no art. 33, parágrafo único, inciso I, da Lei nº 9.605/98, cuja pena é de detenção, de um a três anos, ou multa, ou ambas cumulativamente. Diante da previsão da pena máxima ser superior a dois anos, não cabe lavratura de Termo Circunstanciado.

Para tanto, Gomes e Maciel (2015)[349] explicam que o tipo penal do art. 33, da Lei nº 9.605/98, descreve que *degradar (deteriorar) viveiros (criadouros), açudes (vide conceito supra), estações de aquicultura de domínio público (locais de criação de animais ou plantas aquáticas pertencentes ao Poder Público). Se a degradação ocorrer em viveiro, açude ou estação de aquicultura particular, poderá o agente responder pelo crime do art. 29, caput, desta Lei, caso ocorra a morte de espécimes que estejam em tais criadouros privados; ou poderá responder pelo delito de dano (art. 163 do CP) por degradar patrimônio alheio.* E tutela-se, neles, exclusivamente a fauna aquática.

E, nas palavras de Milaré (2007)[350] *a fauna aquática constitui-se da população animal cujo hábitat é o meio líquido (oceânico, fluvial e lacustre), em cuja abrangência encontram-se os peixes, que constituem a ictiofauna.* Porém, Luciana Caetano da Silva (2003)[351] explica que *divide-se em: fauna marinha – conjunto de animais constituído, principalmente, por seres aptos a viver em meio com grande nível de salinidade; estes animais habitam quase todas as áreas do mar, desde as partes mais profundas (fauna bêntica) até a superfície (fauna pelágica); fauna de água doce – coletivo de animais que habitam lagos e riachos de uma região.*

3.1.2 Pescar em período ou local no qual a pesca seja proibida

A proibição de pesca ora prevista como infração administrativa já tinha previsão no Decreto-Lei nº 221/67[352] (art. 35), da mesma forma que a Lei nº 7.679/88 (art. 1º). Destaca-se que a Lei nº 11.959/09 revogou parcialmente dispositivos do Decreto-Lei nº 221/67 e totalmente a Lei nº 7.679/88, porém manteve a proibição vigente, como se verifica a seguir:

> **Art. 6º** O exercício da atividade pesqueira poderá ser proibido transitória, periódica ou permanentemente, nos termos das normas específicas, para proteção: (...) **§1º Sem prejuízo do disposto no caput deste artigo, o exercício da atividade pesqueira é proibido: I – em épocas e nos locais definidos pelo órgão competente.** (grifei)

Com a vigência da nova Lei, ficou estabelecido que a competência para a regulamentação da Política Nacional de Desenvolvimento Sustentável da Atividade Pesqueira

---

[349] GOMES, Luiz Flávio; MACIEL, Silvio Luiz. *Lei de crimes ambientais*: comentários à Lei 9.605/1998. 2. ed. rev., atual. e ampl. Rio de Janeiro: Forense; São Paulo: Método, 2015. p. 156.

[350] MILARÉ, Édis. *Direito do ambiente.* 5. ed. São Paulo: RT, 2007. p. 245.

[351] SILVA, Luciana Caetano da. Reflexões sobre a tutela criminal da fauna aquática na Lei 9.605/98. *Revista dos Tribunais*, São Paulo, ano 92, v. 807, p. 448, jan. 2003.

[352] BRASIL. *Decreto-Lei nº 221, de 28 de fevereiro de 1967.* Dispõe sobre o Sistema Tributário Nacional e institui normas gerais de direito tributário aplicáveis à União, Estados e Municípios. Brasília, DF: Diário Oficial da União, 1965.

compete ao poder público, o qual deverá conciliar o equilíbrio entre o princípio da sustentabilidade dos recursos pesqueiros e a obtenção de melhores resultados econômicos e sociais, calculando, autorizando ou estabelecendo, em cada caso, dentre outros aspectos, os períodos de defeso e as áreas interditadas ou de reservas (art. 3º).

Essa restrição de pesca imposta pela norma se justifica, tendo em vista a necessidade de manter o equilíbrio ecológico e a reprodução natural dos peixes. Todavia, em face das inúmeras espécies diferentes e do período reprodutivo de cada uma ser em épocas diferentes, *cabe ao órgão público a análise desses fenômenos e regrar adequadamente o período de defeso ou os locais onde ocorram a migração.*

Ao se referir em defeso, a Lei nº 11.959/09 definiu o seu conceito, no art. 2º, inciso XIX, como se observa: *"defeso: a paralisação temporária da pesca para a preservação da espécie, tendo como motivação a reprodução e/ou recrutamento, bem como paralisações causadas por fenômenos naturais ou acidentes".*

Nos termos do art. 2º, inciso III, da Lei nº 11.959/09, considera-se pesca "toda operação, ação ou ato tendente a extrair, colher, apanhar, apreender ou capturar recursos pesqueiros". E também, *"a atividade pesqueira compreende todos os processos de pesca, explotação e exploração, cultivo, conservação, processamento, transporte, comercialização e pesquisa dos recursos pesqueiros"* (art. 4º).

Reforçando o que já foi debatido anteriormente, o Dec. nº 6.514/08, para fins de caracterização de infração administrativa, considera-se, ainda, pesca "todo ato tendente a extrair, retirar, coletar, apanhar, apreender ou capturar espécimes dos grupos dos peixes, crustáceos, moluscos aquáticos e vegetais hidróbios suscetíveis ou não de aproveitamento econômico, ressalvadas as espécies ameaçadas de extinção, constantes nas listas oficiais da fauna e da flora", bem como ato tendente a pesca "aquele em que o infrator esteja munido, equipado ou armado com petrechos de pesca, na área de pesca ou dirigindo-se a ela".

Em face da atribuição dada pela Lei nº 11.959/2009, caberá ao órgão público estabelecer as regras de pesca e períodos de defeso. Como exemplo, podemos citar a Instrução Normativa Interministerial nº 12, de 25 de outubro de 2011, editada em conjunto entre o Ministério da Pesca e Aquicultura e o Ministério do Meio Ambiente, cuja norma versa sobre regras gerais à pesca e no período de defeso para a bacia hidrográfica do rio Araguaia, onde se estabelece que o período de defeso na bacia hidrográfica do rio Araguaia será, anualmente, de 1º de novembro a 28 de fevereiro, para todas as categorias de pesca.

No mesmo sentido, temos outras tantas normas relativas à cada bacia hidrográfica do Brasil com os respectivos períodos e locais de defeso. Como outro exemplo, tem-se a Instrução Normativa nº 197, de 2 de outubro de 2008, editada pelo IBAMA, que estabelece normas de pesca para o período de defeso na área de abrangência da bacia hidrográfica do rio Uruguai, nos Estados de Santa Catarina e Rio Grande do Sul, definindo que fica anualmente proibida a pesca, no período de defeso, fixado no interstício de 1º de novembro a 31 de janeiro, naquela área de abrangência definida.

Da mesma forma, quando se trata de defeso da pesca marinha há regramento a respeito dos períodos impeditivos. Exemplo, a Instrução Normativa Interministerial nº 2, de 27 de novembro de 2009, editada em conjunto pelo Ministério da Pesca e

Aquicultura e o Ministério do Meio Ambiente, cuja Instrução Normativa estabelece os critérios para operação de embarcações de pesca na captura da anchova (*Pomatomus saltatrix*), no litoral Sul do país. A referida norma proíbe, anualmente, no período de 1º de dezembro a 31 de março, a captura da anchova no litoral sul do país, sendo que a largada das embarcações devidamente autorizadas será permitida a partir do dia 1º de abril de cada ano.

Nesse sentido, o Superior Tribunal de Justiça decidiu: "A norma que incrimina e apena a pesca em lugar interditado é norma penal em branco, havendo o denunciante, quando do oferecimento da denúncia, de apresentar a norma complementadora" (STJ, HC 42.486/MG, 6ª T., Min. Nilson Naves, j. 16-8-2005, DJU de 22-5-2006, RT 851/499).

Por certo, além de buscar se atualizar das normas existentes, o interessado ainda precisa verificar se localmente não há nenhuma outra restrição que possa inviabilizar a atividade de pesca.

Flagrada a conduta descrita no artigo 35, *caput*, do Dec. nº 6.514/08, o agente fiscal precisa adotar as providências legais previstas, a fim de iniciar a apuração da responsabilidade dos envolvidos, oportunizando a ampla defesa e o contraditório, com amparo nos termos do artigo 70, da Lei nº 9.605/98 e art. 96, do Dec. nº 6.514/08. Para tanto, sugere-se:

a) A descrição do auto de infração: A descrição da conduta precisa ter elementos mínimos que caracterizem a infração, para que a autoridade administrativa julgadora tenha convicção da materialidade (art. 97).

Exemplo de descrição a constar no auto de infração: "***Pescar em período*** (*época de piracema-indicar a Instrução Normativa correspondente*) ***ou local*** (*definir o local, ex.: fica proibido qualquer tipo de pesca praticada e menos de 200 metros à jusante e a montante das barragens, cachoeiras, corredeiras e escadas de peixe*) ***no qual a pesca seja proibida ou em lugares interditados por órgão competente***".

Resultará em multa simples (art. 35, *caput*, do Dec. nº 6.514/08) prevista de: <u>Multa de R$700,00 (setecentos reais) a R$100.000,00 (cem mil reais), com acréscimo de R$20,00 (vinte reais), por quilo ou fração do produto da pescaria, ou por espécime quando se tratar de produto de pesca para uso ornamental.</u>

Observar a previsão descrita no art. 40, do Dec. nº 6.514/08, combinado com a Portaria MMA nº 445, de 17 de dezembro de 2014, a qual reconhece como espécies de peixes e invertebrados aquáticos da fauna brasileira ameaçadas de extinção aquelas constantes da "Lista Nacional Oficial de Espécies da Fauna Ameaçadas de Extinção – Peixes e Invertebrados Aquáticos" – Lista, conforme Anexo I, em observância aos arts. 6º e 7º, da Portaria nº 43, de 31 de janeiro de 2014:

> Art. 40. A comercialização do produto da pesca de que trata esta Subseção agravará a penalidade da respectiva infração quando esta incidir sobre espécies sobreexplotadas ou ameaçadas de sobreexplotação, conforme regulamento do órgão ambiental competente, com o acréscimo de: I – R$40,00 (quarenta reais) por quilo ou fração do produto da pesca de espécie constante das listas oficiais brasileiras de espécies ameaçadas de sobreexplotação; ou II – R$60,00 (sessenta reais) por quilo ou fração do produto da pesca de espécie constante das listas oficiais brasileiras de espécies sobreexplotadas.

Observar os parâmetros adotados pela Instrução Normativa Conjunta nº 2, de 29 de janeiro de 2020, do Ministério do Meio Ambiente, que regulamenta o processo administrativo federal para apuração de infrações administrativas por condutas e atividades lesivas ao meio ambiente.

Observar a causa de aumento de multa prevista no art. 93, do Decreto nº 6.514/08.

b) As medidas administrativas adotadas: Como já apresentado anteriormente, o agente autuante, no uso do seu poder de polícia, poderá adotar as medidas administrativas previstas no art. 101, do Dec. nº 6.514/08, bem como os procedimentos descritos nos arts. 102 a 112, lavrando-se os documentos inerentes.

c) Do procedimento penal: Essa conduta está tipificada, também, como crime, prevista no art. 34, *caput*, da Lei nº 9.605/98, cuja pena é de detenção de um ano a três anos ou multa, ou ambas as penas cumulativamente. Diante da previsão da pena máxima ser superior a dois anos, não cabe lavratura de Termo Circunstanciado.

Em relação ao tipo penal previsto no art. 34, *caput*, da Lei nº 9.605/08, Gomes e Maciel (2015)[353] explicam que *a conduta punível é pescar, cujo conceito está no art. 36 da Lei. A infração consiste em pescar em períodos proibidos ou em locais interditados por órgão competente. Trata-se, portanto, de norma penal em branco, completada por atos normativos que estabelecem quais os períodos e locais proibidos (normas federais, estaduais, distritais ou municipais).*

Em complemento, Milaré, Costa Jr. e Costa (2013)[354] assinalam que *a conduta no caput é a pesca em período proibido ou em lugar interditado, que é aquele onde os espécimes irão reproduzir-se ou desenvolver. Nesse sentido, o art. 7º, II, da Portaria Ibama 92/1995, proibiu a pesca a menos de duzentos metros da confluência do São Francisco com seus afluentes.*

Como vimos anteriormente, o art. 2º, inciso III, da Lei nº 11.959/09, definiu pesca como sendo "toda operação, ação ou ato tendente a extrair, colher, apanhar, apreender ou capturar recursos pesqueiros". E complementa, *"a atividade pesqueira compreende todos os processos de pesca, explotação e exploração, cultivo, conservação, processamento, transporte, comercialização e pesquisa dos recursos pesqueiros"* (art. 4º).

Todavia, para fins de aplicação da Lei nº 9.605/98, considera pesca "todo ato tendente a retirar, extrair, coletar, apanhar, apreender ou capturar espécimes dos grupos dos peixes, crustáceos, moluscos e vegetais hidróbios, suscetíveis ou não de aproveitamento econômico, ressalvadas as espécies ameaçadas de extinção, constantes nas listas oficiais da fauna e da flora" (art. 36).

Em relação a interdição, Nucci (2016)[355] chama atenção sobre o local, que *deve guardar relação com medida de proteção ao meio ambiente. Se tiver outra finalidade, não se pode considerar preenchido o tipo penal do art. 34 desta Lei.* E cita do julgado do Superior Tribunal de Justiça: "1. A interdição da área na qual o denunciado foi abordado, quando do patrulhamento realizado por policiais militares no Rio São Francisco, no dia do fato narrado na denúncia, nada tem com a preservação do meio ambiente, mas apenas com a garantia de funcionamento da barragem de Três Marias, da própria represa e com a

---

[353] GOMES, Luiz Flávio; MACIEL, Silvio Luiz. *Lei de crimes ambientais*: comentários à Lei 9.605/1998. 2. ed. rev., atual. e ampl. Rio de Janeiro: Forense; São Paulo: Método, 2015. p. 158.

[354] MILARÉ, Édis; COSTA JR., Paulo José da; COSTA, Fernando José da. *Direito penal ambiental*. 2. ed. rev., atual. e ampl. São Paulo: Revista dos Tribunais, 2013. p. 96.

[355] NUCCI, Guilherme de Souza. *Leis penais e processuais penais comentadas*. 9. ed. rev., atual. e ampl. Rio de Janeiro: Forense, 2016. p. 616. v. 2.

integridade física de terceiros, traduzindo-se, em suma, numa medida de segurança adotada pela Companhia Energética de Minas Gerais – CEMIG. 2. Assim sendo, não há justa causa para a instauração de ação penal, tendo em vista que o fato narrado na peça acusatória não constitui crime contra o meio ambiente, uma vez que a área não foi interditada por quaisquer dos órgãos a que se refere a Lei nº 9.605/98, ou seja, aqueles que constituem o Sistema Nacional do Meio Ambiente – SISNAMA (Lei nº 6.938/81, art. 6º), configurando constrangimento ilegal, por esse motivo, o recebimento da denúncia ofertada pelo Ministério Público contra o paciente, pela prática, em tese, de delito ambiental" (STJ, HC, 42.528-MG, 5ª T., rel. Laurita Vaz, rel. para o acórdão Arnaldo Esteves Lima, 07.06.2005, m.v., *DJ* 26.09.2005, p. 423). No mesmo sentido o Superior Tribunal de Justiça também decidiu: "Interditada determinada área, tão somente para fins de segurança de terceiros, nada mencionando sobre proteção ambiental, não há como se concluir pela tipicidade da conduta tipificada no art. 34 da Lei n. 9.605/98" (STJ, HC 50.120/MG, 5ª T., rel. Min. Félix Fischer, j. 6-6-2006, DJ de 14-8-2006, p. 306).

3.1.3 Pescar espécies que devam ser preservadas ou espécimes com tamanhos inferiores aos permitidos

Infração administrativa prevista no inciso I, do parágrafo único, do art. 35, do Dec. nº 6.514/08:

> **Art. 35.** Pescar em período ou local no qual a pesca seja proibida: **Multa** de R$700,00 (setecentos reais) a R$100.000,00 (cem mil reais), com acréscimo de R$20,00 (vinte reais), por quilo ou fração do produto da pescaria, ou por espécime quando se tratar de produto de pesca para uso ornamental. **Parágrafo único. Incorre nas mesmas multas quem: I** – pesca espécies que devam ser preservadas ou espécimes com tamanhos inferiores aos permitidos. (grifei)

O cuidado com as espécies protegidas e o tamanho do pescado a ser permitido, também, eram objeto de regramento no Decreto-Lei nº 221/67 (art. 35), da mesma forma que na Lei nº 7.679/88 (art. 1º). Com o advento da Lei nº 11.959/09, manteve-se o mesmo cuidado:

> **Art. 6º** O exercício da atividade pesqueira poderá ser proibido transitória, periódica ou permanentemente, nos termos das normas específicas, para proteção: (...) **§1º Sem prejuízo do disposto no caput deste artigo, o exercício da atividade pesqueira é proibido: (...) II – em relação às espécies que devam ser preservadas ou espécimes com tamanhos não permitidos pelo órgão competente.** (grifei)

Como contribuição, Milaré, Costa Jr. e Costa (2013)[356] assinalam que no inc. I, a conduta vetada foi a pesca de espécimes que devam ser preservados, ou de outras com tamanhos inferiores aos permitidos. Devem ser elas protegidas, para que possam reproduzir e desenvolver. Assim, foi proibida pelo Ibama a pesca do pacu que não tenha

---

[356] MILARÉ, Édis; COSTA JR., Paulo José da; COSTA, Fernando José da. *Direito penal ambiental*. 2. ed. rev., atual. e ampl. São Paulo: Revista dos Tribunais, 2013. p. 96.

se desenvolvido acima de 40 centímetros, nos Estados de Mato Grosso e Mato Grosso do Sul (art. 6º, da Portaria Ibama 22-N/1993).

Flagrada a conduta descrita no artigo 35, parágrafo único, inciso I, do Dec. nº 6.514/08, o agente fiscal precisa adotar as providências legais previstas, a fim de iniciar a apuração da responsabilidade dos envolvidos, oportunizando a ampla defesa e o contraditório, com amparo nos termos do artigo 70, da Lei nº 9.605/98 e art. 96, do Dec. nº 6.514/08. Para tanto, sugere-se:

a) A descrição do auto de infração: A descrição da conduta precisa ter elementos mínimos que caracterizem a infração, para que a autoridade administrativa julgadora tenha convicção da materialidade (art. 97).

Exemplo de descrição a constar no auto de infração: *"Pescar espécies que devam ser preservadas ou espécimes com tamanhos inferiores aos permitidos (definir a conduta do autuado, descrevendo a espécie e a norma violada)"*.

Resultará em multa simples (art. 35, parágrafo único, inciso I, do Dec. nº 6.514/08) prevista de: R$700,00 (setecentos reais) a R$100.000,00 (cem mil reais), com acréscimo de R$20,00 (vinte reais), por quilo ou fração do produto da pescaria, ou por espécime quando se tratar de produto de pesca para uso ornamental.

Observar a previsão descrita no art. 40, do Dec. nº 6.514/08, combinado com a Portaria MMA nº 445, de 17 de dezembro de 2014, a qual reconhece como espécies de peixes e invertebrados aquáticos da fauna brasileira ameaçadas de extinção aquelas constantes da "Lista Nacional Oficial de Espécies da Fauna Ameaçadas de Extinção – Peixes e Invertebrados Aquáticos" – Lista, conforme Anexo I, em observância aos arts. 6º e 7º, da Portaria nº 43, de 31 de janeiro de 2014:

> Art. 40. A comercialização do produto da pesca de que trata esta Subseção agravará a penalidade da respectiva infração quando esta incidir sobre espécies sobreexplotadas ou ameaçadas de sobreexplotação, conforme regulamento do órgão ambiental competente, com o acréscimo de: I – R$40,00 (quarenta reais) por quilo ou fração do produto da pesca de espécie constante das listas oficiais brasileiras de espécies ameaçadas de sobreexplotação; ou II – *R$60,00 (sessenta reais) por quilo ou fração do produto da pesca de espécie constante das listas oficiais brasileiras de espécies sobreexplotadas.*

Observar os parâmetros adotados pela Instrução Normativa Conjunta nº 2, de 29 de janeiro de 2020, do Ministério do Meio Ambiente, que regulamenta o processo administrativo federal para apuração de infrações administrativas por condutas e atividades lesivas ao meio ambiente.

Observar a causa de aumento de multa prevista no art. 93, do Decreto nº 6.514/08.

b) As medidas administrativas adotadas: Como já apresentado anteriormente, o agente autuante, no uso do seu poder de polícia, poderá adotar as medidas administrativas previstas no art. 101, do Dec. nº 6.514/08, bem como os procedimentos descritos nos arts. 102 a 112, lavrando-se os documentos inerentes.

c) Do procedimento penal: Essa conduta está tipificada, também, como crime, prevista no art. 34, parágrafo único, inciso I, da Lei nº 9.605/98, cuja pena é de detenção de um ano a três anos ou multa, ou ambas as penas cumulativamente. Diante da previsão da pena máxima ser superior a dois anos, não cabe lavratura de Termo Circunstanciado.

Em auxílio, Nucci (2016)[357] faz a análise do núcleo do tipo: *pescar (apanhar da água o peixe; é o equivalente a matar o animal terrestre, pois termina eliminando o ser capturado, ou de ser similar à caça, no tocante ao animal, quando se busca apreender peixes, sem matá-los) espécies que devam ser preservadas (protegidas, sob pena de extinção) ou espécimes com tamanhos inferiores ao permitido (busca-se evitar a apreensão de peixe em desenvolvimento, para não prejudicar a reprodução).*

E Marcão (2015)[358] lembra que *para se saber quais são tais espécies preservadas ou com tamanho delimitado pelo Poder Público, haverá sempre necessidade de complementação normativa; integração do art. 34 com normas extrapenais. No primeiro caso, a proteção penal recai sobre espécies ameaçadas de extinção. No segundo, evidencia-se a necessidade de proteção especial a fim de se permitir que os espécimes atinjam idade e, portanto, tamanho para que se possam reproduzir, evitando, também aqui, o risco de extinção.*

3.1.4 Pescar quantidades superiores às permitidas ou mediante a utilização de aparelhos, petrechos, técnicas e métodos não permitidos

Infração administrativa prevista no inciso II, do parágrafo único, do art. 35, do Dec. nº 6.514/08:

> **Art. 35.** Pescar em período ou local no qual a pesca seja proibida: **Multa** de R$700,00 (setecentos reais) a R$100.000,00 (cem mil reais), com acréscimo de R$20,00 (vinte reais), por quilo ou fração do produto da pescaria, ou por espécime quando se tratar de produto de pesca para uso ornamental. **Parágrafo único. Incorre nas mesmas multas quem: (...)** **II** – pesca quantidades superiores às permitidas ou mediante a utilização de aparelhos, petrechos, técnicas e métodos não permitidos. (grifei)

A restrição de quantidade de pescado e a utilização de aparelhos, petrechos, técnicas e métodos não permitidos já eram tratadas no Decreto-Lei nº 221/67 (art. 35), da mesma forma que na Lei nº 7.679/88 (art. 1º). A Lei nº 11.959/09 também disciplinou:

> **Art. 6º** O exercício da atividade pesqueira poderá ser proibido transitória, periódica ou permanentemente, nos termos das normas específicas, para proteção: (...) **§1º Sem prejuízo do disposto no caput deste artigo, o exercício da atividade pesqueira é proibido: (...)** **IV** – em quantidade superior à permitida pelo órgão competente; (...) **VII** – mediante a utilização de: (...) **d)** petrechos, técnicas e métodos não permitidos ou predatórios. (grifei)

Como contribuição, Milaré, Costa Jr. e Costa (2013)[359] assinalam *que o inc. II proíbe tanto a pesca de quantidades superiores às permitidas, como o emprego de aparelhos ou métodos, proibidos. São eles nocivos, causando graves danos às espécies, que são praticamente exterminadas. Enumeram-se a título de exemplos as tarrafas e redes de malha fina, covões, espinhéis, anzóis de*

---

[357] NUCCI, Guilherme de Souza. *Leis penais e processuais penais comentadas*. 9. ed. rev., atual. e ampl. Rio de Janeiro: Forense, 2016. p. 617. v. 2.

[358] MARCÃO, Renato. *Crimes ambientais (Anotações e interpretação jurisprudencial da parte criminal da Lei n. 9.605, de 12-2-1998)*. 3. ed. rev. e atual. de acordo com a Lei n. 13.052/2014. São Paulo: Saraiva, 2015. p. 118.

[359] MILARÉ, Édis; COSTA JR., Paulo José da; COSTA, Fernando José da. *Direito penal ambiental*. 2. ed. rev., atual. e ampliada. São Paulo: Revista dos Tribunais, 2013. p. 98.

galhos e pões lobos, que são armadilhas com boias. O Ibama proibiu a pesca na bacia hidrográfica do rio Paraná com espinhéis que usem cabos metálicos (art. 2º, IV, da Portaria Ibama 21/1993).

Outro exemplo de norma que trata sobre petrechos de pesca está descrito na Instrução Normativa nº 43, de 26 de julho de 2004, do IBAMA, a qual especifica:

> Art. 1º Proibir, no exercício da pesca em águas continentais, o uso dos seguintes aparelhos e métodos: I – redes de arrasto e de lance, de qualquer natureza; II – redes de espera com malhas inferiores a 70 mm, entre ângulos opostos, medidas esticadas e cujo comprimento ultrapasse a 1/3 da largura do ambiente aquático, colocadas a menos de 200m das zonas de confluência de rios, lagoas e corredeiras a uma distância inferior a 100 metros uma da outra; III – tarrafas de qualquer tipo com malhas inferiores a 50 mm, medidas esticadas entre ângulos opostos; IV – covos com malhas inferiores a 50 mm colocados a distância inferior a 200 metros, das cachoeiras, corredeiras, confluência de rios e lagoas; V – fisga e garatéia, pelo processo de lambada; VI – espinhel, cujo comprimento ultrapasse a 1/3 da largura do ambiente aquático e que seja provido de anzóis que possibilitem a captura de espécies imaturas; VII – rede eletrônica ou quaisquer aparelhos que, através de impulsos elétricos, possam impedir a livre movimentação dos peixes, possibilitando sua captura; VIII – explosivos ou substâncias que, em contato com a água produzam efeitos semelhantes; IX – substâncias tóxicas; X – aparelho de mergulho com respirador artificial na pesca subaquática, exceto para pesquisa autorizada pelo IBAMA; Xl – sonoro; XII – luminoso.

Flagrada a conduta descrita no artigo 35, parágrafo único, inciso II, do Dec. nº 6.514/08, o agente fiscal precisa adotar as providências legais previstas, a fim de iniciar a apuração da responsabilidade dos envolvidos, oportunizando a ampla defesa e o contraditório, com amparo nos termos do artigo 70, da Lei nº 9.605/98 e art. 96, do Dec. nº 6.514/08. Para tanto, sugere-se:

a) A descrição do auto de infração: A descrição da conduta precisa ter elementos mínimos que caracterizem a infração, para que a autoridade administrativa julgadora tenha convicção da materialidade (art. 97).

Exemplo de descrição a constar no auto de infração: *"Pescar quantidades superiores às permitidas (definir a quantidade pescada e a permitida); ou Pescar mediante a utilização de aparelhos, petrechos, técnicas e métodos não permitidos (definir o petrecho utilizado)".*

Resultará em multa simples (art. 35, parágrafo único, inciso II, do Dec. nº 6.514/08) prevista de: R$700,00 (setecentos reais) a R$100.000,00 (cem mil reais), com acréscimo de R$20,00 (vinte reais), por quilo ou fração do produto da pescaria, ou por espécime quando se tratar de produto de pesca para uso ornamental.

Observar a previsão descrita no art. 40, do Dec. nº 6.514/08, combinado com a Portaria MMA nº 445, de 17 de dezembro de 2014, a qual reconhece como espécies de peixes e invertebrados aquáticos da fauna brasileira ameaçadas de extinção aquelas constantes da "Lista Nacional Oficial de Espécies da Fauna Ameaçadas de Extinção – Peixes e Invertebrados Aquáticos" – Lista, conforme Anexo I, em observância aos arts. 6º e 7º, da Portaria nº 43, de 31 de janeiro de 2014:

> Art. 40. A comercialização do produto da pesca de que trata esta Subseção agravará a penalidade da respectiva infração quando esta incidir sobre espécies sobreexplotadas ou ameaçadas de sobreexplotação, conforme regulamento do órgão ambiental competente,

com o acréscimo de: I – R$40,00 (quarenta reais) por quilo ou fração do produto da pesca de espécie constante das listas oficiais brasileiras de espécies ameaçadas de sobreexploração; ou II – R$60,00 (sessenta reais) por quilo ou fração do produto da pesca de espécie constante das listas oficiais brasileiras de espécies sobreexplotadas.

Observar os parâmetros adotados pela Instrução Normativa Conjunta nº 2, de 29 de janeiro de 2020, do Ministério do Meio Ambiente, que regulamenta o processo administrativo federal para apuração de infrações administrativas por condutas e atividades lesivas ao meio ambiente.

Observar a causa de aumento de multa prevista no art. 93, do Decreto nº 6.514/08.

b) As medidas administrativas adotadas: Como já apresentado anteriormente, o agente autuante, no uso do seu poder de polícia, poderá adotar as medidas administrativas previstas no art. 101, do Dec. nº 6.514/08, bem como os procedimentos descritos nos arts. 102 a 112, lavrando-se os documentos inerentes.

c) Do procedimento penal: Essa conduta está tipificada, também, como crime, prevista no art. 34, parágrafo único, inciso II, da Lei nº 9.605/98, cuja pena é de detenção de um ano a três anos ou multa, ou ambas as penas cumulativamente. Diante da previsão da pena máxima ser superior a dois anos, não cabe lavratura de Termo Circunstanciado.

Em auxílio, Nucci (2016)[360] faz a análise do núcleo do tipo: *pescar (apanhar da água o peixe; é o equivalente a matar o animal terrestre, pois termina eliminando o ser capturado, ou de ser similar à caça, no tocante ao animal, quando se busca apreender peixes, sem matá-los) quantidades superiores à permitida, bem como valendo-se de aparelhos, petrechos, técnicas e métodos não permitidos. Como explicam Vladimir Passos de Freitas e Gilberto Passos de Freitas "o excesso na captura, por vezes apenas por prazer e sem destinar o produto à alimentação, poderá significar diminuição e até mesmo extermínio das espécies. Por outro lado, métodos nocivos também não podem ser admitidos, eis que causam graves danos ao meio ambiente".*

E Marcão (2015)[361] destaca *que a proibição da pesca em quantidades superiores às permitidas pressupõe a existência de norma extrapenal especificando a quantidade permitida. Também aqui o legislador visa a preservação das espécies, buscando evitar o risco de extinção e os graves danos decorrentes ao meio ambiente.* Em relação aos petrechos proibidos, continua, *a utilização de tais artifícios, além de colocar em risco a sobrevivência de variadas espécies, acarreta considerável dano direto ao meio ambiente, à medida que proporciona a captura de diversas espécies indesejadas pelos pescadores, que por isso são descartadas sem vida ou irremediavelmente feridas, além de ensejar a captura de filhotes, espécies ainda em desenvolvimento, impedindo a reprodução.*

Sobre a necessidade de se indicar a norma regulamentadora da pesca, Gomes e Maciel (2015)[362] reforçam que *nos incisos I e II a conduta é pescar, cujo conceito está no art. 36 da presente Lei. Nesses casos a pesca ocorre em épocas e locais permitidos, mas o agente: a) pesca espécies que devam ser preservadas ou; b) pesca espécies com tamanhos inferiores aos permitidos ou; c) pesca quantidades superiores às permitidas ou; d) utiliza aparelhos, petrechos,*

---

[360] NUCCI, Guilherme de Souza. *Leis penais e processuais penais comentadas.* 9. ed. rev., atual. e ampl. Rio de Janeiro: Forense, 2016. p. 617. v. 2.

[361] MARCÃO, Renato. *Crimes ambientais (Anotações e interpretação jurisprudencial da parte criminal da Lei n. 9.605, de 12-2-1998).* 3. ed. rev. e atual. de acordo com a Lei n. 13.052/2014. São Paulo: Saraiva, 2015. p. 118.

[362] GOMES, Luiz Flávio; MACIEL, Silvio Luiz. *Lei de crimes ambientais:* comentários à Lei 9.605/1998. 2. ed. rev., atual. e ampl. Rio de Janeiro: Forense; São Paulo: Método, 2015. p. 160.

técnicas e métodos não permitidos (ex. redes de malha fina, espinhéis, anzóis de galho etc.). São normas penais em branco, complementadas por leis e atos normativos que estabeleçam quais as espécies que devem ser preservadas, quais os tamanhos de peixes e quantidades que podem ser pescadas e quais os petrechos permitidos e não permitidos.

A ausência da norma regulametadora da pesca na descrição desta infração poderá ensejar a inépcia da denúncia, como se vê, Superior Tribunal de Justiça: "3. Ao denunciar os recorrentes, o órgão ministerial afirmou que os pescados com eles encontrados extrapolariam os limites referidos no parágrafo único do artigo 2º da Resolução SEMAC 22/2010, que se refere a período de pesca posterior à data em que os fatos narrados na vestibular teriam ocorrido. 4. Verifica-se, assim, que a norma legal utilizada para complementar o artigo 34, parágrafo único, inciso II, da Lei 9.605/1998 não guarda correspondência com o caso concreto, o que revela a inaptidão da exordial formulada pelo Ministério Público para a deflagração de uma ação penal condizente com as garantias constitucionais. Precedente. 5. Recurso provido para declarar a inépcia da denúncia ofertada contra os recorrentes nos autos da Ação Penal n. 0002397-67.2011.8.12.0024 (STJ, RHC 40.133/MS. rel. Min. Jorge Mussi, DJe 26.02.2014).

3.1.5 Transportar, comercializar, beneficiar ou industrializar espécimes provenientes da coleta, apanha e pesca proibida

Infração administrativa prevista no inciso III, do parágrafo único, do art. 35, do Dec. nº 6.514/08:

> **Art. 35.** Pescar em período ou local no qual a pesca seja proibida: **Multa** de R$700,00 (setecentos reais) a R$100.000,00 (cem mil reais), com acréscimo de R$20,00 (vinte reais), por quilo ou fração do produto da pescaria, ou por espécime quando se tratar de produto de pesca para uso ornamental. **Parágrafo único. Incorre nas mesmas multas quem: (...)** III – transporta, comercializa, beneficia ou industrializa espécimes provenientes da coleta, apanha e pesca proibida. (grifei)

Não basta proibir a pesca de determinadas espécies em face do defeso, necessário se faz também controlar o transporte e o comércio das espécies protegidas. Essa regra já era estabelecida no Decreto-Lei nº 221/67 (art. 35), e na Lei nº 7.679/88 (art. 1º). A Lei nº 11.959/09 também manteve essa previsão:

> **Art. 6º** O exercício da atividade pesqueira poderá ser proibido transitória, periódica ou permanentemente, nos termos das normas específicas, para proteção: (...) **§2º São vedados o transporte, a comercialização, o processamento e a industrialização de espécimes provenientes da atividade pesqueira proibida.** (grifei)

Como contribuição, Milaré, Costa Jr. e Costa (2013)[363] assinalam que o inc. III impede a conduta de terceiros que transportam, comercializam, beneficiam ou industrializam espécies da pesca proibida. São eles que transportam peixes, para depois comprarem

---

[363] MILARÉ, Édis; COSTA JR., Paulo José da; COSTA, Fernando José da. *Direito penal ambiental.* 2. ed. rev., atual. e ampl. São Paulo: Revista dos Tribunais, 2013. p. 98.

ou venderem. Também procedem à industrialização, transformando a matéria-prima em bem de produção, ou ao seu benefício, preparando-o para que possa ser consumida.

Flagrada a conduta descrita no artigo 35, parágrafo único, inciso III, do Dec. nº 6.514/08, o agente fiscal precisa adotar as providências legais previstas, a fim de iniciar a apuração da responsabilidade dos envolvidos, oportunizando a ampla defesa e o contraditório, com amparo nos termos do artigo 70, da Lei nº 9.605/98 e art. 96, do Dec. nº 6.514/08. Para tanto, sugere-se:

a) A descrição do auto de infração: A descrição da conduta precisa ter elementos mínimos que caracterizem a infração, para que a autoridade administrativa julgadora tenha convicção da materialidade (art. 97).

Exemplo de descrição a constar no auto de infração: *"Transportar, comercializar, beneficiar ou industrializar espécimes provenientes da coleta, apanha e pesca proibida (definir a ação do agente, descrever a espécie e a norma que o proíbe)"*.

Resultará em multa simples (art. 35, parágrafo único, inciso III, do Dec. nº 6.514/08) prevista de: R$700,00 (setecentos reais) a R$100.000,00 (cem mil reais), com acréscimo de R$20,00 (vinte reais), por quilo ou fração do produto da pescaria, ou por espécime quando se tratar de produto de pesca para uso ornamental.

Observar a previsão descrita no art. 40, do Dec. nº 6.514/08, combinado com a Portaria MMA nº 445, de 17 de dezembro de 2014, a qual reconhece como espécies de peixes e invertebrados aquáticos da fauna brasileira ameaçadas de extinção aquelas constantes da "Lista Nacional Oficial de Espécies da Fauna Ameaçadas de Extinção – Peixes e Invertebrados Aquáticos" – Lista, conforme Anexo I, em observância aos arts. 6º e 7º, da Portaria nº 43, de 31 de janeiro de 2014:

> Art. 40. A comercialização do produto da pesca de que trata esta Subseção agravará a penalidade da respectiva infração quando esta incidir sobre espécies sobreexplotadas ou ameaçadas de sobreexplotação, conforme regulamento do órgão ambiental competente, com o acréscimo de: I – R$40,00 (quarenta reais) por quilo ou fração do produto da pesca de espécie constante das listas oficiais brasileiras de espécies ameaçadas de sobreexplotação; ou II – R$60,00 (sessenta reais) por quilo ou fração do produto da pesca de espécie constante das listas oficiais brasileiras de espécies sobreexplotadas.

Observar os parâmetros adotados pela Instrução Normativa Conjunta nº 2, de 29 de janeiro de 2020, do Ministério do Meio Ambiente, que regulamenta o processo administrativo federal para apuração de infrações administrativas por condutas e atividades lesivas ao meio ambiente.

Observar a causa de aumento de multa prevista no art. 93, do Decreto nº 6.514/08.

b) As medidas administrativas adotadas: Como já apresentado anteriormente, o agente autuante, no uso do seu poder de polícia, poderá adotar as medidas administrativas previstas no art. 101, do Dec. nº 6.514/08, bem como os procedimentos descritos nos arts. 102 a 112, lavrando-se os documentos inerentes.

c) Do procedimento penal: Essa conduta está tipificada, também, como crime, prevista no art. 34, parágrafo único, inciso III, da Lei nº 9.605/98, cuja pena é de detenção de um ano a três anos ou multa, ou ambas as penas cumulativamente. Diante da previsão da pena máxima ser superior a dois anos, não cabe lavratura de Termo Circunstanciado.

Em auxílio, Nucci (2016)[364] faz a análise do núcleo do tipo: *transportar (levar de um lugar a outro), comercializar (apresentar algo para ser objeto de negócio), beneficiar (dar condições a consumo) ou industrializar (fazer o aproveitamento como matéria-prima da indústria) espécimes (intragrante da fauna aquática) originários da coleta (recolhimento), apanha (colheita, captura) e pesca (retirar da água) proibidos (vedados por lei). Este tipo, na verdade, é fruto dos demais. Se a pesca é vedada da forma como foi realizada, é natural que a utilização do material coletado também o seja.*

No mesmo sentido Marcão (2015)[365] segue: *consequência dos dispositivos anteriores, era mesmo de se esperar que o legislador tipificasse as condutas consistentes em transportar, comercializar, beneficiar ou industrializar espécimes provenientes da coleta, apanha e pesca proibidas.*

Para Gomes e Maciel (2015)[366] o tipo pena previsto no inciso III, do parágrafo único, do art. 34, da Lei nº 9.605/98, o legislador decidiu punir *a ação de terceiros (não do pescador). A conduta punível não é pescar. São previstas as condutas de transportar (levar por meio de transporte), comercializar (comprar e vender), beneficiar* (escolher, selecionar, preparar o produto) ou industrializar espécimes decorrentes da coleta, apanha e pesca proibida. A nosso ver o inc. III se aplica não só ao *caput*, como também às hipóteses dos incs. I e II deste próprio parágrafo único. Assim, comete o crime, v.g., não só o agente que transporta ou comercializa espécimes pescadas em épocas proibidas ou locais interditados, como também aquele que transporta espécimes que deviam ser preservadas ou que foram pescadas em tamanhos inferiores aos permitidos. É bom ressaltar que embora o transporte de produto de crime configura o delito de receptação, não se aplica aqui o art. 180 do CP, em face do princípio da especialidade.

Sobre o tema, apresenta-se a jurisprudência:

TRF-4: "A simples conduta de transportar pesca proibida é suficiente à incidência do tipo previsto no art. 34 da LCA, sendo despicienda a comprovação da efetiva coleta da espécime por parte do agente". (TRF, 4ª R., ApCrim 2004.70.08.001216-0/PR, 7ªT., rel. Des. Taqaaqui Hirose, j. 14-11-2006, DJ de 29-11-2006)

TRF-4: "Pratica o delito descrito no art. 34, *caput* da Lei nº 9.605/98, aquele que pesca camarão com arrasto motorizado em local e período proibidos para tal atividade, conforme disposto no art. 1º da Portaria nº 74/2001, do Ministério do Meio Ambiente, sendo que incorre nas mesmas penas quem comercializa espécimes provenientes da coleta, apanha e pesca proibidas (art. 34, §único, inc. III da Lei nº 9.605/98)". (TRF, 4ª R., ApCrim 2004.72.01.003418-3/SC, 8ªT., rel. Des. Luiz Fernando Wowk Penteado, j. 11-2-2009, *DE* de 25-2-2009)

TRF-4: "No crime de pesca da Lei Ambiental, o núcleo correspondente ao ato de beneficiar *espécimes provenientes da coleta, apanha e pescas proibidas* pressupõe o anterior recebimento deste material, circunstância que se adequa à figura da progressão criminosa, sendo, portanto antefato impunível". (TRF, 4ª R., ApCrim 2006.71.00.038712-0/RS, 8ªT., rel. Desa. Cláudia Cristina Cristofani, j. 14-1-2009, *DE* de 28-1-2009)

---

[364] NUCCI, Guilherme de Souza. *Leis penais e processuais penais comentadas*. 9. ed. rev., atual. e ampl. Rio de Janeiro: Forense, 2016. p. 619. v. 2.

[365] MARCÃO, Renato. *Crimes ambientais (Anotações e interpretação jurisprudencial da parte criminal da Lei n. 9.605, de 12-2-1998)*. 3. ed. rev. e atual. de acordo com a Lei n. 13.052/2014. São Paulo: Saraiva, 2015. p. 119.

[366] GOMES, Luiz Flávio; MACIEL, Silvio Luiz. *Lei de crimes ambientais*: comentários à Lei 9.605/1998. 2. ed. rev., atual. e ampl. Rio de Janeiro: Forense; São Paulo: Método, 2015. p. 161-162.

CAPÍTULO IV | 177

3.1.6 Transportar, conservar, beneficiar, descaracterizar, industrializar ou comercializar pescados ou produtos originados da pesca, sem comprovante de origem ou autorização do órgão competente

Infração administrativa prevista no inciso IV, do parágrafo único, do art. 35, do Dec. nº 6.514/08:

> **Art. 35.** Pescar em período ou local no qual a pesca seja proibida: **Multa** de R$700,00 (setecentos reais) a R$100.000,00 (cem mil reais), com acréscimo de R$20,00 (vinte reais), por quilo ou fração do produto da pescaria, ou por espécime quando se tratar de produto de pesca para uso ornamental. **Parágrafo único. Incorre nas mesmas multas quem: (...)** **IV** – transporta, conserva, beneficia, descaracteriza, industrializa ou comercializa pescados ou produtos originados da pesca, sem comprovante de origem ou autorização do órgão competente. (grifei)

O Decreto nº 6.514/08 inovou ao criar um novo tipo de infração administrativa. Pois, o Decreto anterior (3.179/99) não previa esse tipo de infração.

Todavia, como é uma situação que depende de norma regulamentadora, o detentor do pescado deverá comprovar a origem lícita do produto, como exemplo a Instrução Normativa IBAMA nº 26, de 2 de setembro de 2009, que estabelece normas gerais de pesca para a bacia hidrográfica do rio Paraná, no seu art. 3º, proíbe "o pescador profissional e amador de armazenar e transportar peixes sem cabeça ou em forma de postas ou filés".

A Instrução Normativa IBAMA nº 201 de 22/10/2008, que proíbe a pesca na bacia hidrográfica do rio Paraguai, nos estados do Mato Grosso e do Mato Grosso do Sul, no período de 5 de novembro ao último dia do mês de fevereiro, anualmente, para proteção à reprodução natural dos peixes, prevê em seu art. 7º que "todo produto de pesca oriundo de outros estados ou países deverá estar acompanhado de comprovante de origem sob pena de multa, perda do pescado e dos petrechos, equipamentos e instrumentos utilizados na pesca".

E a Instrução Normativa Interministerial MPA/MMA nº 09, de 13 de junho de 2012, editada pelo Ministério da Pesca e Aquicultura e o Ministério do Meio Ambiente, que estabelece Normas gerais para o exercício da pesca amadora em todo o território nacional, em seu art. 8º, proibiu "ao pescador amador armazenar ou transportar pescado em condições que dificultem ou impeçam sua inspeção e fiscalização, tais como na forma de postas, filés ou sem cabeça".

Flagrada a conduta descrita no artigo 35, parágrafo único, inciso IV, do Dec. nº 6.514/08, o agente fiscal precisa adotar as providências legais previstas, a fim de iniciar a apuração da responsabilidade dos envolvidos, oportunizando a ampla defesa e o contraditório, com amparo nos termos do artigo 70, da Lei nº 9.605/98 e art. 96, do Dec. nº 6.514/08. Para tanto, sugere-se:

a) A descrição do auto de infração: A descrição da conduta precisa ter elementos mínimos que caracterizem a infração, para que a autoridade administrativa julgadora tenha convicção da materialidade (art. 97).

Exemplo de descrição a constar no auto de infração: *"Transportar, conservar, beneficiar, descaracterizar, industrializar ou comercializar pescados ou produtos originados da pesca, sem comprovante de origem ou autorização do órgão competente (definir o petrecho utilizado e suas quantidades)".*

Resultará em multa simples (art. 35, parágrafo único, inciso IV, do Dec. nº 6.514/08) prevista de: <u>R$700,00 (setecentos reais) a R$100.000,00 (cem mil reais), com acréscimo de R$20,00 (vinte reais), por quilo ou fração do produto da pescaria, ou por espécime quando se tratar de produto de pesca para uso ornamental.</u>

Observar a previsão descrita no art. 40, do Dec. nº 6.514/08, combinado com a Portaria MMA nº 445, de 17 de dezembro de 2014, a qual reconhece como espécies de peixes e invertebrados aquáticos da fauna brasileira ameaçadas de extinção aquelas constantes da "Lista Nacional Oficial de Espécies da Fauna Ameaçadas de Extinção – Peixes e Invertebrados Aquáticos" – Lista, conforme Anexo I, em observância aos arts. 6º e 7º, da Portaria nº 43, de 31 de janeiro de 2014:

> Art. 40. A comercialização do produto da pesca de que trata esta Subseção agravará a penalidade da respectiva infração quando esta incidir sobre espécies sobreexplotadas ou ameaçadas de sobreexplotação, conforme regulamento do órgão ambiental competente, com o acréscimo de: I – R$40,00 (quarenta reais) por quilo ou fração do produto da pesca de espécie constante das listas oficiais brasileiras de espécies ameaçadas de sobreexplotação; ou II – R$60,00 (sessenta reais) por quilo ou fração do produto da pesca de espécie constante das listas oficiais brasileiras de espécies sobreexplotadas.

Observar os parâmetros adotados pela Instrução Normativa Conjunta nº 2, de 29 de janeiro de 2020, do Ministério do Meio Ambiente, que regulamenta o processo administrativo federal para apuração de infrações administrativas por condutas e atividades lesivas ao meio ambiente.

Observar a causa de aumento de multa prevista no art. 93, do Decreto nº 6.514/08.

b) As medidas administrativas adotadas: Como já apresentado anteriormente, o agente autuante, no uso do seu poder de polícia, poderá adotar as medidas administrativas previstas no art. 101, do Dec. nº 6.514/08, bem como os procedimentos descritos nos arts. 102 a 112, lavrando-se os documentos inerentes.

c) Do procedimento penal: Essa conduta não está tipificada como crime na Lei nº 9.605/98, portanto atípica.

3.1.7 Capturar, extrair, coletar, transportar, comercializar ou exportar espécimes de espécies ornamentais oriundos da pesca, sem autorização do órgão competente ou em desacordo com a obtida

Infração administrativa prevista no inciso V, do parágrafo único, do art. 35, do Dec. nº 6.514/08:

> **Art. 35.** Pescar em período ou local no qual a pesca seja proibida: **Multa** de R$700,00 (setecentos reais) a R$100.000,00 (cem mil reais), com acréscimo de R$20,00 (vinte reais), por quilo ou fração do produto da pescaria, ou por espécime quando se tratar de produto de pesca para uso ornamental. **Parágrafo único. Incorre nas mesmas multas quem: (...)**
> **V** – captura, extrai, coleta, transporta, comercializa ou exporta espécimes de espécies

ornamentais oriundos da pesca, sem autorização do órgão competente ou em desacordo com a obtida. (grifei)

O Decreto n⁰ 6.514/08 inovou ao criar um novo tipo de infração administrativa. Pois, o Decreto anterior (3.179/99) não previa esse tipo de infração.

A Lei n⁰ 11.959/2009 define em seu art. 19, inciso V, que aquicultura é classificada, dentre outras, como ornamental "quando praticada para fins de aquariofilia ou de exposição pública, com fins comerciais ou não".

Encontramos no art. 25, da citada Lei a seguinte previsão:

Art. 25. A autoridade competente adotará, para o exercício da atividade pesqueira, os seguintes atos administrativos: (...) II – permissão: para transferência de permissão; **para importação de espécies aquáticas para fins ornamentais** e de aquicultura, em qualquer fase do ciclo vital; para construção, transformação e importação de embarcações de pesca; para arrendamento de embarcação estrangeira de pesca; para pesquisa; para o exercício de aquicultura em águas públicas; para instalação de armadilhas fixas em águas de domínio da União. (grifei)

E o Decreto n⁰ 8.425/2015[367] regulamenta:

Art. 11. Este Decreto não se aplica às seguintes hipóteses previstas no art. 25 da Lei n⁰ 11.959, de 2009: (...) II – permissão: (...) b) para importação de espécies aquáticas para fins ornamentais e de aquicultura, em qualquer fase do ciclo vital. (grifei)

Para tanto, temos a Instrução Normativa IBAMA n⁰ 203, de 22 de outubro de 2008, que dispõe sobre normas, critérios e padrões para a explotação com finalidade ornamental e de aquariofilia de peixes nativos ou exóticos de águas continentais, define:

Art. 6⁰ O transporte interestadual de espécies de peixes de águas continentais para fins ornamentais e de aquariofilia, em todo o seu percurso, deve estar acompanhado da Guia de trânsito de peixes com fins ornamentais e de aquariofilia – GTPON, constante no Anexo V desta Instrução Normativa. (...) §3⁰ As embalagens para transporte de peixes de águas continentais para fins ornamentais e de aquariofilia devem apresentar, em sua área externa e de maneira visível, etiqueta contendo número da caixa, número da GTPON ou R.E., nome científico e quantidade de exemplares de cada espécie. (...) Art. 8⁰ Para o transporte interestadual de até 40 espécimes de peixes de águas continentais com fins ornamentais ou de aquariofilia, por pessoa física, sem objetivo comercial, será dispensada a GTPON. §1⁰ O interessado deve acompanhar a carga em todo o trajeto do transporte.

Flagrada a conduta descrita no artigo 35, parágrafo único, inciso V, do Dec. n⁰ 6.514/08, o agente fiscal precisa adotar as providências legais previstas, a fim de iniciar a apuração da responsabilidade dos envolvidos, oportunizando a ampla defesa e o

---

[367] BRASIL. *Decreto n⁰ 8.425, de 31 de março de 2015*. Regulamenta o parágrafo único do art. 24 e o art. 25 da Lei n⁰ 11.959, de 29 de junho de 2009, para dispor sobre os critérios para inscrição no Registro Geral da Atividade Pesqueira e para a concessão de autorização, permissão ou licença para o exercício da atividade pesqueira. Brasília, DF: Diário Oficial da União, 2015.

contraditório, com amparo nos termos do artigo 70, da Lei nº 9.605/98 e art. 96, do Dec. nº 6.514/08. Para tanto, sugere-se:

a) A descrição do auto de infração: A descrição da conduta precisa ter elementos mínimos que caracterizem a infração, para que a autoridade administrativa julgadora tenha convicção da materialidade (art. 97).

Exemplo de descrição a constar no auto de infração: *"Capturar, extrair, coletar, transportar, comercializar ou exportar espécimes de espécies ornamentais oriundos da pesca, sem autorização do órgão competente ou em desacordo com a obtida* (definir o petrecho utilizado e suas quantidades)".

Resultará em multa simples (art. 35, parágrafo único, inciso V, do Dec. nº 6.514/08) prevista de: R$700,00 (setecentos reais) a R$100.000,00 (cem mil reais), com acréscimo de R$20,00 (vinte reais), por quilo ou fração do produto da pescaria, ou por espécime quando se tratar de produto de pesca para uso ornamental.

Observar a previsão descrita no art. 40, do Dec. nº 6.514/08, combinado com a Portaria MMA nº 445, de 17 de dezembro de 2014, a qual reconhece como espécies de peixes e invertebrados aquáticos da fauna brasileira ameaçadas de extinção aquelas constantes da "Lista Nacional Oficial de Espécies da Fauna Ameaçadas de Extinção – Peixes e Invertebrados Aquáticos" – Lista, conforme Anexo I, em observância aos arts. 6º e 7º, da Portaria nº 43, de 31 de janeiro de 2014:

> Art. 40. A comercialização do produto da pesca de que trata esta Subseção agravará a penalidade da respectiva infração quando esta incidir sobre espécies sobreexplotadas ou ameaçadas de sobreexplotação, conforme regulamento do órgão ambiental competente, com o acréscimo de: I – R$40,00 (quarenta reais) por quilo ou fração do produto da pesca de espécie constante das listas oficiais brasileiras de espécies ameaçadas de sobreexplotação; ou II – R$60,00 (sessenta reais) por quilo ou fração do produto da pesca de espécie constante das listas oficiais brasileiras de espécies sobreexplotadas.

Observar os parâmetros adotados pela Instrução Normativa Conjunta nº 2, de 29 de janeiro de 2020, do Ministério do Meio Ambiente, que regulamenta o processo administrativo federal para apuração de infrações administrativas por condutas e atividades lesivas ao meio ambiente.

Observar a causa de aumento de multa prevista no art. 93, do Decreto nº 6.514/08.

b) As medidas administrativas adotadas: Como já apresentado anteriormente, o agente autuante, no uso do seu poder de polícia, poderá adotar as medidas administrativas previstas no art. 101, do Dec. nº 6.514/08, bem como os procedimentos descritos nos arts. 102 a 112, lavrando-se os documentos inerentes.

c) Do procedimento penal: Essa conduta não está tipificada como crime na Lei nº 9.605/98, portanto atípica.

3.1.8 Deixar de apresentar declaração de estoque

Infração administrativa prevista no inciso VI, do parágrafo único, do art. 35, do Dec. nº 6.514/08:

Art. 35. Pescar em período ou local no qual a pesca seja proibida: **Multa** de R$700,00 (setecentos reais) a R$100.000,00 (cem mil reais), com acréscimo de R$20,00 (vinte reais), por quilo ou fração do produto da pescaria, ou por espécime quando se tratar de produto de pesca para uso ornamental. **Parágrafo único. Incorre nas mesmas multas quem: (...)** **VI** – deixa de apresentar declaração de estoque. (grifei)

O Decreto nº 6.514/08 inovou ao criar um novo tipo de infração administrativa. Pois, o Decreto anterior (3.179/99) não previa esse tipo de infração.

Todavia, essa infração decorre de exigências normativas. Para tanto, temos, como exemplo, a Instrução Normativa IBAMA nº 25, de 1º de setembro de 2009, que estabelece normas de pesca para o período de proteção à reprodução natural dos peixes, anualmente, de 1º de novembro a 28 de fevereiro, na bacia hidrográfica do rio Paraná, define:

Art. 13. Fixar o segundo dia útil após o início do defeso como o prazo máximo para declaração ao IBAMA ou órgão estadual competente, dos estoques de peixes in natura, resfriados ou congelados, provenientes de águas continentais, armazenados por pescadores profissionais e os existentes nas colônias e associações de pescadores, nos frigoríficos, nas peixarias, nos entrepostos, nos postos de venda, nos hotéis, nos restaurantes, nos bares e similares. Parágrafo único. O produto de que trata este artigo deverá estar acompanhado das respectivas notas fiscais.

Ainda, a Instrução Normativa IBAMA nº 193, de 2 de outubro de 2008, que estabelece normas de pesca para o período de defeso na área de abrangência da bacia hidrográfica do rio Uruguai, nos estados de Santa Catarina e Rio Grande do Sul, define:

Art. 10º Fixar o quinto dia útil após o início do período do defeso, como prazo máximo para a declaração ao IBAMA, dos estoques de peixes in natura, resfriados ou congelados, provenientes de águas continentais, existentes nos frigoríficos, peixarias, entrepostos, postos de venda, bares, hotéis, restaurantes e similares. Parágrafo único. A declaração de estoque (Anexo I) deverá ser entregue em duas vias para ser autenticada no IBAMA, permanecendo uma via no local para efeito de controle dos órgãos fiscalizadores.

Outro exemplo, tem-se a Instrução Normativa IBAMA nº 197, de 2 de outubro de 2008, que estabelece normas de pesca para o período de defeso nas áreas de abrangência das bacias hidrográficas dos estados do Rio Grande do Sul e Santa Catarina, define:

Art. 10º Os pescadores profissionais, frigoríficos, peixarias, entrepostos, postos de venda, hotéis, restaurantes, bares e similares devem entregar ao IBAMA declaração dos estoques de peixes in natura, resfriados ou congelados, provenientes de águas continentais, no prazo de cinco dias úteis após a publicação desta Instrução Normativa. Parágrafo único. A declaração de estoque (Anexo I) deverá ser entregue em duas vias para ser autenticada no IBAMA, permanecendo uma via no local para efeito de controle dos órgãos fiscalizadores.

Flagrada a conduta descrita no artigo 35, parágrafo único, inciso VI, do Dec. nº 6.514/08, o agente fiscal precisa adotar as providências legais previstas, a fim de iniciar a apuração da responsabilidade dos envolvidos, oportunizando a ampla defesa e o contraditório, com amparo nos termos do artigo 70, da Lei nº 9.605/98 e art. 96, do Dec. nº 6.514/08. Para tanto, sugere-se:

a) A descrição do auto de infração: A descrição da conduta precisa ter elementos mínimos que caracterizem a infração, para que a autoridade administrativa julgadora tenha convicção da materialidade (art. 97).

Exemplo de descrição a constar no auto de infração: *"Deixar de apresentar declaração de estoque (definir a norma complementar que o obriga)"*.

Resultará em multa simples (art. 35, parágrafo único, inciso VI, do Dec. nº 6.514/08) prevista de: <u>R$700,00 (setecentos reais) a R$100.000,00 (cem mil reais), com acréscimo de R$20,00 (vinte reais), por quilo ou fração do produto da pescaria, ou por espécime quando se tratar de produto de pesca para uso ornamental</u>.

Observar a previsão descrita no art. 40, do Dec. nº 6.514/08, combinado com a Portaria MMA nº 445, de 17 de dezembro de 2014, a qual reconhece como espécies de peixes e invertebrados aquáticos da fauna brasileira ameaçadas de extinção aquelas constantes da "Lista Nacional Oficial de Espécies da Fauna Ameaçadas de Extinção – Peixes e Invertebrados Aquáticos" – Lista, conforme Anexo I, em observância aos arts. 6º e 7º, da Portaria nº 43, de 31 de janeiro de 2014:

> Art. 40. A comercialização do produto da pesca de que trata esta Subseção agravará a penalidade da respectiva infração quando esta incidir sobre espécies sobreexplotadas ou ameaçadas de sobreexplotação, conforme regulamento do órgão ambiental competente, com o acréscimo de: I – R$40,00 (quarenta reais) por quilo ou fração do produto da pesca de espécie constante das listas oficiais brasileiras de espécies ameaçadas de sobreexplotação; ou II – R$60,00 (sessenta reais) por quilo ou fração do produto da pesca de espécie constante das listas oficiais brasileiras de espécies sobreexplotadas.

Observar os parâmetros adotados pela Instrução Normativa Conjunta nº 2, de 29 de janeiro de 2020, do Ministério do Meio Ambiente, que regulamenta o processo administrativo federal para apuração de infrações administrativas por condutas e atividades lesivas ao meio ambiente.

Temos ainda a causa de aumento de multa prevista no art. 93, do Decreto nº 6.514/08.

b) As medidas administrativas adotadas: Como já apresentado anteriormente, o agente autuante, no uso do seu poder de polícia, poderá adotar as medidas administrativas previstas no art. 101, do Dec. nº 6.514/08, bem como os procedimentos descritos nos arts. 102 a 112, lavrando-se os documentos inerentes.

c) Do procedimento penal: Essa conduta não está tipificada como crime na Lei nº 9.605/98, portanto atípica.

3.1.9 Pescar mediante a utilização de explosivos ou substâncias que, em contato com a água, produzam efeitos semelhantes, ou substâncias tóxicas, ou ainda, por outro meio proibido pela autoridade competente

Infração administrativa está prevista no art. 36, do Dec. nº 6.514/08. Tanto o Decreto-Lei nº 221/67, quanto a Lei nº 7.679/88, já previam a proibição da pesca mediante a utilização de explosivos ou substâncias tóxicas. A Lei nº 11.959/09 também manteve essa previsão:

Art. 6º O exercício da atividade pesqueira poderá ser proibido transitória, periódica ou permanentemente, nos termos das normas específicas, para proteção: (...) **§1º Sem prejuízo do disposto no caput deste artigo, o exercício da atividade pesqueira é proibido: (...) VII – mediante a utilização de: a)** explosivos; (...) **c)** substâncias tóxicas ou químicas que alterem as condições naturais da água. (grifei)

Auxilia na descrição da conduta Prado (2016),[368] o qual explica que *a tipicidade proíbe-se a pesca mediante a utilização (emprego, uso) de: a) explosivos (artefatos inflamáveis capazes de produzir explosão, detonação, estouro) ou substâncias que, em contato com a água, produzam efeitos semelhantes (v.g. produtos geradores de ondas sonoras de alta frequência, que deixam os peixes aturdidos; descargas elétricas de alta voltagem, provocando o extermínio imediato da fauna aquática por eletrocussão); b) substâncias tóxicas (veneno, agrotóxicos, linhaça, timbó, tingui etc.), ou outro meio proibido pela autoridade competente (trata-se de norma penal em branco).*

Flagrada a conduta descrita no artigo 36, do Dec. nº 6.514/08, o agente fiscal precisa adotar as providências legais previstas, a fim de iniciar a apuração da responsabilidade dos envolvidos, oportunizando a ampla defesa e o contraditório, com amparo nos termos do artigo 70, da Lei nº 9.605/98 e art. 96, do Dec. nº 6.514/08. Para tanto, sugere-se:

a) A descrição do auto de infração: A descrição da conduta precisa ter elementos mínimos que caracterizem a infração, para que a autoridade administrativa julgadora tenha convicção da materialidade (art. 97).

Exemplo de descrição a constar no auto de infração: *"**Pescar mediante a utilização de explosivos ou substâncias que, em contato com a água, produzam efeitos semelhantes, ou substâncias tóxicas, ou ainda, por outro meio proibido pela autoridade competente** (definir a forma de pesca e o meio utilizado)".*

Resultará em multa simples (art. 36, do Dec. nº 6.514/08) prevista de: <u>R$700,00 (setecentos reais) a R$100.000,00 (cem mil reais), com acréscimo de R$20,00 (vinte reais), por quilo ou fração do produto da pescaria.</u>

Observar a previsão descrita no art. 40, do Dec. nº 6.514/08, combinado com a Portaria MMA nº 445, de 17 de dezembro de 2014, a qual reconhece como espécies de peixes e invertebrados aquáticos da fauna brasileira ameaçadas de extinção aquelas constantes da "Lista Nacional Oficial de Espécies da Fauna Ameaçadas de Extinção – Peixes e Invertebrados Aquáticos" – Lista, conforme Anexo I, em observância aos arts. 6º e 7º, da Portaria nº 43, de 31 de janeiro de 2014:

Art. 40. A comercialização do produto da pesca de que trata esta Subseção agravará a penalidade da respectiva infração quando esta incidir sobre espécies sobreexplotadas ou ameaçadas de sobreexplotação, conforme regulamento do órgão ambiental competente, com o acréscimo de: I – R$40,00 (quarenta reais) por quilo ou fração do produto da pesca de espécie constante das listas oficiais brasileiras de espécies ameaçadas de sobreexplotação; ou II – R$60,00 (sessenta reais) por quilo ou fração do produto da pesca de espécie constante das listas oficiais brasileiras de espécies sobreexplotadas.

---

[368] PRADO, Luiz Regis. *Direito penal do ambiente.* 6. ed. rev., atual. e ampl. São Paulo: Editora Revista dos Tribunais, 2016. p. 226-227.

Observar os parâmetros adotados pela Instrução Normativa Conjunta nº 2, de 29 de janeiro de 2020, do Ministério do Meio Ambiente, que regulamenta o processo administrativo federal para apuração de infrações administrativas por condutas e atividades lesivas ao meio ambiente.

Observar a causa de aumento de multa prevista no art. 93, do Decreto nº 6.514/08.

b) As medidas administrativas adotadas: Como já apresentado anteriormente, o agente autuante, no uso do seu poder de polícia, poderá adotar as medidas administrativas previstas no art. 101, do Dec. nº 6.514/08, bem como os procedimentos descritos nos arts. 102 a 112, lavrando-se os documentos inerentes.

c) Do procedimento penal: Essa conduta está tipificada, também, como crime, prevista no art. 35, incisos I e II, da Lei nº 9.605/98, cuja pena é de reclusão de um ano a cinco anos. Diante da previsão da pena máxima ser superior a dois anos, não cabe lavratura de Termo Circunstanciado.

Chamam a atenção Milaré, Costa Jr. e Costa (2013)[369] que a conduta *é o emprego de explosivos, que são artefatos inflamáveis idôneos a detonar, produzindo a morte de peixes inúmeros, grandes e pequenos. A expressão alternativa substâncias, constante no inc. I, é considerada manifestamente imprópria, sendo preferível empregar meios ou artefatos mecânicos que produzam efeitos semelhantes ao dos explosivos. E complementam, as substâncias empregadas, em contato com a água, produzem consequências similares às dos explosivos. Assim, por exemplo, descargas elétricas de alta tensão, geradores de ondas sonoras de alta frequência, que deixam os peixes completamente aturdidos, sendo facilmente apanhados.*

Em relação à necessidade de se subsidiar de norma complementar, Marcão (2015)[370] disserta que *a compreensão do art. 35 reclama pesquisa em outras normas, para se saber que pode ser considerado "explosivo" (inciso I) ou "substância tóxica" (inciso II). Para a perfeita compreensão do art. 35 da Lei n. 9.605/98, em complemento, temos ainda as disposições contidas no art. 36, onde se extrai o conceito de pesca.*

Ainda sobre a conceituação de substâncias tóxicas e outros meios, Nucci (2016)[371] explica que *substâncias tóxicas (são materiais capazes de gerar a morte ou lesão em organismos vivos), vale dizer, são venenos. Os outros meios proibidos fazem parte de norma penal em branco, devendo ser consultada a legislação extrapenal cabível para sua detecção. Por exemplo, em determinadas regiões é vedada a pesca com o emprego de rede de malha fina.*

Como complemento, Curt, Terence e Natascha Trennepohl (2019)[372] destacam que, *igualmente, o uso de substâncias que em contato com a água matam ou desnorteiam os peixes e de substâncias tóxicas não é tão raro quanto se pensa. A utilização de cal virgem ou de pedras de carbureto para "desentocar" peixes que se abrigam em locas ou sob pedras já foi detectada diversas vezes pela fiscalização ambiental federal. De igual forma, alguns tipos de*

---

[369] MILARÉ, Édis; COSTA JR., Paulo José da; COSTA, Fernando José da. *Direito penal ambiental.* 2. ed. rev., atual. e ampl. São Paulo: Revista dos Tribunais, 2013. p. 100-101.

[370] MARCÃO, Renato. *Crimes ambientais (Anotações e interpretação jurisprudencial da parte criminal da Lei n. 9.605, de 12-2-1998).* 3. ed. rev. e atual. de acordo com a Lei n. 13.052/2014. São Paulo: Saraiva, 2015. p. 142

[371] NUCCI, Guilherme de Souza. *Leis penais e processuais penais comentadas.* 9. ed. rev., atual. e ampl. Rio de Janeiro: Forense, 2016. p. 620. v. 2.

[372] TRENNEPOHL, Curt; TRENNEPOHL, Terence; TRENNEPOHL, Natascha. *Infrações ambientais:* comentários ao Decreto 6.514/2008. 3. ed. rev., atual. e ampl. São Paulo: Thomson Reuters Brasil, 2019. p. 179.

CAPÍTULO IV | 185

carrapaticidas, em contato com a água, faz com que os peixes fiquem desnorteados e procurem a superfície, facilitando sua captura.

3.1.10 Exercer a pesca sem prévio cadastro, inscrição, autorização, licença, permissão ou registro do órgão competente, ou em desacordo com o obtido

Infração administrativa está prevista no art. 37, do Dec. nº 6.514/08. A Lei nº 11.959/09, que dispõe sobre a Política Nacional de Desenvolvimento Sustentável da Aquicultura e da Pesca, define:

> Art. 4º A atividade pesqueira compreende todos os processos de pesca, explotação e exploração, cultivo, conservação, processamento, transporte, comercialização e pesquisa dos recursos pesqueiros. Parágrafo único. Consideram-se atividade pesqueira artesanal, para os efeitos desta Lei, os trabalhos de confecção e de reparos de artes e petrechos de pesca, os reparos realizados em embarcações de pequeno porte e o processamento do produto da pesca artesanal. Art. 5º O exercício da atividade pesqueira somente poderá ser realizado mediante prévio ato autorizativo emitido pela autoridade competente, asseguradas: I – a proteção dos ecossistemas e a manutenção do equilíbrio ecológico, observados os princípios de preservação da biodiversidade e o uso sustentável dos recursos naturais; II – a busca de mecanismos para a garantia da proteção e da seguridade do trabalhador e das populações com saberes tradicionais; III – a busca da segurança alimentar e a sanidade dos alimentos produzidos. (...) **Art. 24. Toda pessoa, física ou jurídica, que exerça atividade pesqueira bem como a embarcação de pesca devem ser previamente inscritas no Registro Geral da Atividade Pesqueira – RGP, bem como no Cadastro Técnico Federal – CTF na forma da legislação específica.** (...) Art. 25. A autoridade competente adotará, para o exercício da atividade pesqueira, os seguintes atos administrativos: I – concessão: para exploração por particular de infraestrutura e de terrenos públicos destinados à exploração de recursos pesqueiros; II – permissão: para transferência de permissão; para importação de espécies aquáticas para fins ornamentais e de aquicultura, em qualquer fase do ciclo vital; para construção, transformação e importação de embarcações de pesca; para arrendamento de embarcação estrangeira de pesca; para pesquisa; para o exercício de aquicultura em águas públicas; para instalação de armadilhas fixas em águas de domínio da União; III – autorização: para operação de embarcação de pesca e para operação de embarcação de esporte e recreio, quando utilizada na pesca esportiva; e para a realização de torneios ou gincanas de pesca amadora; IV – licença: para o pescador profissional e amador ou esportivo; para o aquicultor; para o armador de pesca; para a instalação e operação de empresa pesqueira; V – cessão: para uso de espaços físicos em corpos d'água sob jurisdição da União, dos Estados e do Distrito Federal, para fins de aquicultura. (grifei)

O Decreto nº 8.425/2015, que regulamenta disposições da Lei nº 11.959/09, define:

> Art. 1º Este Decreto dispõe sobre os critérios para inscrição no Registro Geral da Atividade Pesqueira – RGP e para a concessão de autorização, permissão ou licença para o exercício da atividade pesqueira, nos termos do parágrafo único do art. 24 e do art. 25 da Lei nº 11.959, de 29 de junho de 2009. §1º O RGP é o instrumento prévio que habilita a pessoa física ou jurídica e a embarcação de pesca ao exercício da atividade pesqueira no Brasil. **§2º A atividade pesqueira no Brasil só poderá ser exercida por pessoa física, jurídica e**

embarcação de pesca inscrita no RGP e que detenha autorização, permissão ou licença para o exercício da atividade pesqueira. (grifei)

Flagrada a conduta descrita no artigo 37, do Dec. nº 6.514/08, o agente fiscal precisa adotar as providências legais previstas, a fim de iniciar a apuração da responsabilidade dos envolvidos, oportunizando a ampla defesa e o contraditório, com amparo nos termos do artigo 70, da Lei nº 9.605/98 e art. 96, do Dec. nº 6.514/08. Para tanto, sugere-se:

a) A descrição do auto de infração: A descrição da conduta precisa ter elementos mínimos que caracterizem a infração, para que a autoridade administrativa julgadora tenha convicção da materialidade (art. 97).

Exemplo de descrição a constar no auto de infração: *"Exercer a pesca sem prévio cadastro, inscrição, autorização, licença, permissão ou registro do órgão competente, ou em desacordo com o obtido (descrever o petrecho utilizado pelo infrator, ex.: mediante redes de espera, tarrafa etc.)"*.

Resultará em multa simples (art. 37, do Dec. nº 6.514/08) prevista de: R$300,00 (trezentos reais) a R$10.000,00 (dez mil reais), com acréscimo de R$20,00 (vinte reais) por quilo ou fração do produto da pesca, ou por espécime quando se tratar de produto de pesca para ornamentação.

Observar a previsão do parágrafo único: *"Caso a quantidade ou espécie constatada no ato fiscalizatório esteja em desacordo com o autorizado pela autoridade ambiental competente, o agente autuante promoverá a autuação considerando a totalidade do objeto da fiscalização"*.

Observar a previsão descrita no art. 40, do Dec. nº 6.514/08, combinado com a Portaria MMA nº 445, de 17 de dezembro de 2014, a qual reconhece como espécies de peixes e invertebrados aquáticos da fauna brasileira ameaçadas de extinção aquelas constantes da "Lista Nacional Oficial de Espécies da Fauna Ameaçadas de Extinção – Peixes e Invertebrados Aquáticos" – Lista, conforme Anexo I, em observância aos arts. 6º e 7º, da Portaria nº 43, de 31 de janeiro de 2014:

> Art. 40. A comercialização do produto da pesca de que trata esta Subseção agravará a penalidade da respectiva infração quando esta incidir sobre espécies sobreexplotadas ou ameaçadas de sobreexplotação, conforme regulamento do órgão ambiental competente, com o acréscimo de: I – R$40,00 (quarenta reais) por quilo ou fração do produto da pesca de espécie constante das listas oficiais brasileiras de espécies ameaçadas de sobreexplotação; ou II – R$60,00 (sessenta reais) por quilo ou fração do produto da pesca de espécie constante das listas oficiais brasileiras de espécies sobreexplotadas.

Observar os parâmetros adotados pela Instrução Normativa Conjunta nº 2, de 29 de janeiro de 2020, do Ministério do Meio Ambiente, que regulamenta o processo administrativo federal para apuração de infrações administrativas por condutas e atividades lesivas ao meio ambiente.

Observar a causa de aumento de multa prevista no art. 93, do Decreto nº 6.514/08.

b) As medidas administrativas adotadas: Como já apresentado anteriormente, o agente autuante, no uso do seu poder de polícia, poderá adotar as medidas administrativas previstas no art. 101, do Dec. nº 6.514/08, bem como os procedimentos descritos nos arts. 102 a 112, lavrando-se os documentos inerentes.

c) Do procedimento penal: Essa conduta não está tipificada como crime na Lei nº 9.605/98, portanto, atípica.

3.1.11 Importar ou exportar quaisquer espécies aquáticas, em qualquer estágio de desenvolvimento, bem como introduzir espécies nativas, exóticas ou não autóctones em águas jurisdicionais brasileiras, sem autorização ou licença do órgão competente, ou em desacordo com a obtida

Infração administrativa está prevista no art. 38, *caput*, do Dec. nº 6.514/08.

Sobre o tema Curt, Terence e Natascha Trennepohl (2019)[373] explicam que o dispositivo *se refere à importação ou exportação de espécies aquáticas, demonstrando uma evidente preocupação com a possibilidade de entrada no país de organismos que têm no meio aquático seu habita natural ou a saída de representantes de nossa fauna e flora aquáticas sem o controle do Estado. (...) A proibição de importação de organismos aquáticos sem o conhecimento e controle do Poder Público justifica-se plenamente pelo risco de introdução no país de espécies indesejáveis ou perigosas, pelos seus hábitos ou características.*

A Lei nº 11.959/09, que dispõe sobre a Política Nacional de Desenvolvimento Sustentável da Aquicultura e da Pesca, define:

> **Art. 25. A autoridade competente adotará, para o exercício da atividade pesqueira, os seguintes atos administrativos:** (...) **II – permissão:** para transferência de permissão; **para importação de espécies aquáticas para fins ornamentais e de aquicultura, em qualquer fase do ciclo vital;** para construção, transformação e importação de embarcações de pesca; para arrendamento de embarcação estrangeira de pesca; para pesquisa; para o exercício de aquicultura em águas públicas; para instalação de armadilhas fixas em águas de domínio da União. (grifei)

O Decreto nº 8.425/2015, que regulamenta disposições da Lei nº 11.959/09, define:

> Art. 11. Este Decreto não se aplica às seguintes hipóteses previstas no art. 25 da Lei nº 11.959, de 2009: (...) **II – permissão:** (...) **b) para importação de espécies aquáticas para fins** ornamentais **e de aquicultura, em qualquer fase do ciclo vital**. (grifei)

Flagrada a conduta descrita no artigo 38, *caput*, do Dec. nº 6.514/08, o agente fiscal precisa adotar as providências legais previstas, a fim de iniciar a apuração da responsabilidade dos envolvidos, oportunizando a ampla defesa e o contraditório, com amparo nos termos do artigo 70, da Lei nº 9.605/98 e art. 96, do Dec. nº 6.514/08. Para tanto, sugere-se:

a) A descrição do auto de infração: A descrição da conduta precisa ter elementos mínimos que caracterizem a infração, para que a autoridade administrativa julgadora tenha convicção da materialidade (art. 97).

---

[373] TRENNEPOHL, Curt; TRENNEPOHL, Terence; TRENNEPOHL, Natascha. *Infrações ambientais:* comentários ao Decreto 6.514/2008. 3. ed. rev., atual. e ampl. São Paulo: Thomson Reuters Brasil, 2019. p. 181-182.

Exemplo de descrição a constar no auto de infração: "*Importar ou exportar quaisquer espécies aquáticas, em qualquer estágio de desenvolvimento, bem como introduzir espécies nativas, exóticas ou não autóctones em águas jurisdicionais brasileiras, sem autorização ou licença do órgão competente, ou em desacordo com a obtida* (definir a espécie e a quantidade)".

Resultará em multa simples (art. 38, *caput*, do Dec. nº 6.514/08) prevista de: R$3.000,00 (três mil reais) a R$50.000,00 (cinquenta mil reais), com acréscimo de R$20,00 (vinte reais) por quilo ou fração do produto da pescaria, ou por espécime quando se tratar de espécies aquáticas, oriundas de produto de pesca para ornamentação.

A multa de que trata o *caput* será aplicada em dobro se houver dano ou destruição de recife de coral (§2º, do art. 38, Dec nº 6.514/08).

Observar a previsão descrita no art. 40, do Dec. nº 6.514/08, combinado com a Portaria MMA nº 445, de 17 de dezembro de 2014, a qual reconhece como espécies de peixes e invertebrados aquáticos da fauna brasileira ameaçadas de extinção aquelas constantes da "Lista Nacional Oficial de Espécies da Fauna Ameaçadas de Extinção – Peixes e Invertebrados Aquáticos" – Lista, conforme Anexo I, em observância aos arts. 6º e 7º, da Portaria nº 43, de 31 de janeiro de 2014:

> Art. 40. A comercialização do produto da pesca de que trata esta Subseção agravará a penalidade da respectiva infração quando esta incidir sobre espécies sobreexplotadas ou ameaçadas de sobreexplotação, conforme regulamento do órgão ambiental competente, com o acréscimo de: I – R$40,00 (quarenta reais) por quilo ou fração do produto da pesca de espécie constante das listas oficiais brasileiras de espécies ameaçadas de sobreexplotação; ou II – R$60,00 (sessenta reais) por quilo ou fração do produto da pesca de espécie constante das listas oficiais brasileiras de espécies sobreexplotadas.

Observar os parâmetros adotados pela Instrução Normativa Conjunta nº 2, de 29 de janeiro de 2020, do Ministério do Meio Ambiente, que regulamenta o processo administrativo federal para apuração de infrações administrativas por condutas e atividades lesivas ao meio ambiente.

Observar a causa de aumento de multa prevista no art. 93, do Decreto nº 6.514/08.

b) As medidas administrativas adotadas: Como já apresentado anteriormente, o agente autuante, no uso do seu poder de polícia, poderá adotar as medidas administrativas previstas no art. 101, do Dec. nº 6.514/08, bem como os procedimentos descritos nos arts. 102 a 112, lavrando-se os documentos inerentes.

c) Do procedimento penal: Essa conduta não está tipificada como crime na Lei nº 9.605/98, portanto, atípica.

3.1.12 Introduzir espécies nativas ou exóticas em águas jurisdicionais brasileiras, sem autorização do órgão competente, ou em desacordo com a obtida

Infração administrativa está prevista no art. 38, §1º, do Dec. nº 6.514/08. A esse respeito Curt, Terence e Natascha Trennepohl (2019)[374] asseveram que *a introdução*

---

[374] Idem, p. 181-182.

de espécies nativas (mas não originárias do mesmo ecossistema) ou exóticas em ambientes naturais, quais seja, as águas sob jurisdição nacional aí compreendidas o mar territorial, as águas continentais, as águas interioranas e as águas estuarinas. (...) No que diz respeito à introdução de espécies estranhas ao ambiente, o controle é necessário pelo desequilíbrio que pode ser causado pela presença de predadores ou competidores que podem modificar completamente o meio circundante.

A Lei nº 11.959/09, que dispõe sobre a Política Nacional de Desenvolvimento Sustentável da Aquicultura e da Pesca, define:

Art. 25. A autoridade competente adotará, para o exercício da atividade pesqueira, os seguintes atos administrativos: (...) **II – permissão:** para transferência de permissão; **para importação de espécies aquáticas para fins ornamentais e de aquicultura, em qualquer fase do ciclo vital**; para construção, transformação e importação de embarcações de pesca; para arrendamento de embarcação estrangeira de pesca; para pesquisa; para o exercício de aquicultura em águas públicas; para instalação de armadilhas fixas em águas de domínio da União. (grifei)

O Decreto nº 8.425/2015, que regulamenta disposições da Lei nº 11.959/09, define:

Art. 11. Este Decreto não se aplica às seguintes hipóteses previstas no art. 25 da Lei nº 11.959, de 2009: (...) **II – permissão:** (...) **b) para importação de espécies aquáticas para fins** ornamentais **e de aquicultura, em qualquer fase do ciclo vital**. (grifei)

O IBAMA editou a Portaria IBAMA nº 145-N, de 29 de outubro de 1998, a qual estabelece normas para a introdução, reintrodução e transferência de peixes, crustáceos, moluscos e macrófitas aquáticas para fins de aquicultura, excluindo-se as espécies animais ornamentais, conceituou:

Art. 2º Para efeito da presente Portaria entende-se por: (...) **Espécie nativa** – espécie de origem e ocorrência natural nas águas brasileiras. **Espécie exótica** – espécie de origem e ocorrência natural somente em águas de outros países, quer tenha ou não já sido introduzida em águas brasileiras. **Espécie autóctone** – espécie de origem e ocorrência natural em águas da UGR considerada. **Espécie alóctone** – espécie de origem e ocorrência natural em águas de UGR que não a considerada. (grifei)

Flagrada a conduta descrita no artigo 38, §1º, do Dec. nº 6.514/08, o agente fiscal precisa adotar as providências legais previstas, a fim de iniciar a apuração da responsabilidade dos envolvidos, oportunizando a ampla defesa e o contraditório, com amparo nos termos do artigo 70, da Lei nº 9.605/98 e art. 96, do Dec. nº 6.514/08. Para tanto, sugere-se:

a) A descrição do auto de infração: A descrição da conduta precisa ter elementos mínimos que caracterizem a infração, para que a autoridade administrativa julgadora tenha convicção da materialidade (art. 97).

Exemplo de descrição a constar no auto de infração: *"Introduzir espécies nativas ou exóticas (definir a espécie) em águas jurisdicionais brasileiras (indicar o local), sem autorização do órgão competente, ou em desacordo com a obtida".*

Resultará em multa simples (art. 38, §1º, do Dec. nº 6.514/08) prevista de: R$3.000,00 (três mil reais) a R$50.000,00 (cinquenta mil reais), com acréscimo de R$20,00 (vinte reais) por quilo ou fração do produto da pescaria, ou por espécime quando se tratar de espécies aquáticas, oriundas de produto de pesca para ornamentação.

A multa de que trata o *caput* será aplicada em dobro se houver dano ou destruição de recife de coral (§2º, do art. 38, Dec nº 6.514/08).

Observar a previsão descrita no art. 40, do Dec. nº 6.514/08, combinado com a Portaria MMA nº 445, de 17 de dezembro de 2014, a qual reconhece como espécies de peixes e invertebrados aquáticos da fauna brasileira ameaçadas de extinção aquelas constantes da "Lista Nacional Oficial de Espécies da Fauna Ameaçadas de Extinção – Peixes e Invertebrados Aquáticos" – Lista, conforme Anexo I, em observância aos arts. 6º e 7º, da Portaria nº 43, de 31 de janeiro de 2014:

> Art. 40. A comercialização do produto da pesca de que trata esta Subseção agravará a penalidade da respectiva infração quando esta incidir sobre espécies sobreexplotadas ou ameaçadas de sobreexplotação, conforme regulamento do órgão ambiental competente, com o acréscimo de: I – R$40,00 (quarenta reais) por quilo ou fração do produto da pesca de espécie constante das listas oficiais brasileiras de espécies ameaçadas de sobreexplotação; ou II – R$60,00 (sessenta reais) por quilo ou fração do produto da pesca de espécie constante das listas oficiais brasileiras de espécies sobreexplotadas.

Observar os parâmetros adotados pela Instrução Normativa Conjunta nº 2, de 29 de janeiro de 2020, do Ministério do Meio Ambiente, que regulamenta o processo administrativo federal para apuração de infrações administrativas por condutas e atividades lesivas ao meio ambiente.

Observar a causa de aumento de multa prevista no art. 93, do Decreto nº 6.514/08.

b) As medidas administrativas adotadas: Como já apresentado anteriormente, o agente autuante, no uso do seu poder de polícia, poderá adotar as medidas administrativas previstas no art. 101, do Dec. nº 6.514/08, bem como os procedimentos descritos nos arts. 102 a 112, lavrando-se os documentos inerentes.

c) Do procedimento penal: Essa conduta não está tipificada como crime na Lei nº 9.605/98, portanto, atípica.

3.1.13 Explorar campos naturais de invertebrados aquáticos e algas, bem como recifes de coral sem autorização do órgão ambiental competente ou em desacordo com a obtida; utiliza, comercializa ou armazena invertebrados aquáticos, algas, ou recifes de coral ou subprodutos destes sem autorização do órgão competente ou em desacordo com a obtida; ou, fundeia embarcações ou lança detritos de qualquer natureza sobre bancos de moluscos ou corais, devidamente demarcados em carta náutica

Infrações administrativas previstas no art. 39, e parágrafo único, incisos I e II, do Dec. nº 6.514/08. Sobre essa conduta Curt, Terence e Natascha Trennepohl (2019)[375]

---

[375] Idem, p. 184.

explicam que *a exploração de campos naturais de invertebrados aquáticos é uma atividade voltada basicamente para aquariofilia no Brasil, diferentemente da coleta de algas, praticadas por muitas comunidades praianas, destinada a abastecer o mercado de cosméticos. Não se trata, via de regra, de uma exploração racional, mas de coleta indiscriminada e sazonal.*

Ainda em análise à conduta, Prado (2016)[376] descreve que *explora campos naturais de invertebrados aquáticos (animais destituídos de vértebras, tais como esponjas, hidras, corais, anêmonas, águas-vivas, medusas, moluscos, estrelas-do-mar etc.) e algas (vegetais cujo corpo se resume a um talo, daí serem denominadas "talófitos", encontrados em ambientes aquáticos ou terrestres húmidos), sem licença, permissão ou autorização da autoridade competente (elemento normativo do tipo, relativo à ausência de causa de justificação).*

Flagrada a conduta descrita no artigo 39, do Dec. nº 6.514/08, o agente fiscal precisa adotar as providências legais previstas, a fim de iniciar a apuração da responsabilidade dos envolvidos, oportunizando a ampla defesa e o contraditório, com amparo nos termos do artigo 70, da Lei nº 9.605/98 e art. 96, do Dec. nº 6.514/08. Para tanto, sugere-se:

a) A descrição do auto de infração: A descrição da conduta precisa ter elementos mínimos que caracterizem a infração, para que a autoridade administrativa julgadora tenha convicção da materialidade (art. 97).

Exemplo de descrição a constar no auto de infração: **"*Explorar campos naturais de invertebrados aquáticos e algas, bem como recifes de coral sem autorização do órgão ambiental competente ou em desacordo com a obtida (definir a espécie, a forma e o local); ou Utilizar, comercializar ou armazenar invertebrados aquáticos, algas, ou recifes de coral ou subprodutos destes sem autorização do órgão competente ou em desacordo com a obtida (definir a espécie, a forma e o local); ou Fundeia embarcações ou lança detritos de qualquer natureza sobre bancos de moluscos ou corais, devidamente demarcados em carta náutica (definir a conduta do agente, a forma e o local)".***

Resultará em multa simples (art. 39, e parágrafo único, incisos I e II, do Dec. nº 6.514/08) prevista de: R$500,00 (quinhentos reais) a R$50.000,00 (cinquenta mil reais), com acréscimo de R$20,00 (vinte reais) por quilo ou espécime do produto.

Observar a previsão descrita no art. 40, do Dec. nº 6.514/08, combinado com a Portaria MMA nº 445, de 17 de dezembro de 2014, a qual reconhece como espécies de peixes e invertebrados aquáticos da fauna brasileira ameaçadas de extinção aquelas constantes da "Lista Nacional Oficial de Espécies da Fauna Ameaçadas de Extinção – Peixes e Invertebrados Aquáticos" – Lista, conforme Anexo I, em observância aos arts. 6º e 7º, da Portaria nº 43, de 31 de janeiro de 2014:

> Art. 40. A comercialização do produto da pesca de que trata esta Subseção agravará a penalidade da respectiva infração quando esta incidir sobre espécies sobreexplotadas ou ameaçadas de sobreexplotação, conforme regulamento do órgão ambiental competente, com o acréscimo de: I – R$40,00 (quarenta reais) por quilo ou fração do produto da pesca de espécie constante das listas oficiais brasileiras de espécies ameaçadas de sobreexplotação; ou II – R$60,00 (sessenta reais) por quilo ou fração do produto da pesca de espécie constante das listas oficiais brasileiras de espécies sobreexplotadas.

---

[376] PRADO, Luiz Regis. *Direito penal do ambiente*. 6. ed. rev., atual. e ampl. São Paulo: Editora Revista dos Tribunais, 2016. p. 222.

Observar os parâmetros adotados pela Instrução Normativa Conjunta nº 2, de 29 de janeiro de 2020, do Ministério do Meio Ambiente, que regulamenta o processo administrativo federal para apuração de infrações administrativas por condutas e atividades lesivas ao meio ambiente.

Observar a causa de aumento de multa prevista no art. 93, do Decreto nº 6.514/08.

b) As medidas administrativas adotadas: Como já apresentado anteriormente, o agente autuante, no uso do seu poder de polícia, poderá adotar as medidas administrativas previstas no art. 101, do Dec. nº 6.514/08, bem como os procedimentos descritos nos arts. 102 a 112, lavrando-se os documentos inerentes.

c) Do procedimento penal: A Lei nº 9.605/98 prevê como crimes as seguintes condutas:

> Art. 33. (...) **Pena** – detenção, de um a três anos, ou multa, ou ambas cumulativamente. **Parágrafo único. Incorre nas mesmas penas: (...) II – quem explora campos naturais de invertebrados aquáticos e algas, sem licença, permissão ou autorização da autoridade competente; III – quem fundeia embarcações ou lança detritos de qualquer natureza sobre bancos de moluscos ou corais, devidamente demarcados em carta náutica.** (grifei)

As condutas descritas têm pena previstas de detenção, de um a três anos, ou multa, ou ambas cumulativamente. Diante da previsão da pena máxima ser superior a dois anos, não cabe lavratura de Termo Circunstanciado.

Em complemento Milaré, Costa Jr. e Costa (2013)[377] descrevem que *o inciso II cuida da exploração, sem permissão ou autorização, de campos desprovidos de invertebrados aquáticos e algas. Os primeiros são animais desprovidos de vértebras, como as esponjas, anêmonas, águas-vivas, hidras, medusas, moluscos, estrela do mar. As algas são vegetais que vivem em ambientes aquáticos, cujo corpo se reduz a um talo (daí serem chamados de talófitos). O elemento normativo do tipo, representado pela licença, permissão ou autorização, desde que presente, elide o caráter ilícito da conduta. III. O derradeiro inciso abrange duas hipóteses diversas: fundear embarcações, que é ancorar, aportar; e lançar detritos. O que a lei proíbe é o fundear a embarcação em bancos de moluscos e corais, desde que demarcados em cartas náuticas. Os detritos que não podem ser lançados em tais locais são substâncias tóxicas, lixo, dejetos industriais, etc.*

Em análise do núcleo do tipo, Nucci (2016)[378] explica: *explorar (tirar proveito de algo) campos naturais (áreas produzidas pela natureza) de invertebrados (animal desprovido de espinha ou coluna) aquático (viventes em água) e algas (espécies de vegetais que vivem na água). E, fundear (colocar âncora) embarcações (transporte que flutua sobre a água) ou lançar (atirar) detritos (restos de algo) de qualquer natureza sobre bancos (assentos) de moluscos (espécimes da fauna aquática, que possuem corpo mole e mucoso, bem como concha, respirando através de brânquias ou pulmões) ou corais (animais celenterados que vivem em água quentes, a pouca profundidade, formando recifes).*

---

[377] MILARÉ, Édis; COSTA JR., Paulo José da; COSTA, Fernando José da. *Direito penal ambiental*. 2. ed. rev., atual. e ampl. São Paulo: Revista dos Tribunais, 2013. p. 95-96.

[378] NUCCI, Guilherme de Souza. *Leis penais e processuais penais comentadas*. 9. ed. rev., atual. e ampl. Rio de Janeiro: Forense, 2016. p. 613-614. v. 2.

CAPÍTULO IV | 193

Ainda, em relação aos tipos penais previstos nos incisos II e III, do parágrafo único, do art. 33, da Lei nº 9.605/98, Gomes e (2015)[379] assinalam que *no inc. II é punida a conduta de explorar (economicamente) campos naturais de invertebrados e algas. O dispositivo contém, entretanto, um elemento normativo do tipo, contido na expressão sem licença, permissão, ou autorização da autoridade competente. No inc. III a lei pune quem fundeia embarcações (ancora, aporta) ou lança detritos (resíduo, sobra de qualquer substância) em bancos de moluscos ou corais, devidamente demarcados em carta náutica. Só haverá este crime, portanto, se os bancos de moluscos ou corais estiverem demarcados (identificados) em carta náutica. "A carta náutica é documento que mapeia os mares e do qual se servem os navegantes. Sem ela não se pode exigir dos que comandam embarcações o conhecimento dos bancos. Nesta hipótese a conduta é atípica."*

3.1.14 Deixar, os comandantes de embarcações destinadas à pesca, de preencher e entregar, ao fim de cada viagem ou semanalmente, os mapas fornecidos pelo órgão competente

Infrações administrativas previstas no art. 41, do Dec. nº 6.514/08. A Lei nº 11.959/2009, em seu art. 2º, inciso III, considera pesca "toda operação, ação ou ato tendente a extrair, colher, apanhar, apreender ou capturar recursos pesqueiros". No mesmo modo, estabelece que a atividade pesqueira compreende todos os processos de pesca, explotação e exploração, cultivo, conservação, processamento, transporte, comercialização e pesquisa dos recursos pesqueiros (art. 4º).

E a autoridade competente poderá determinar a utilização de mapa de bordo e dispositivo de rastreamento por satélite, bem como de qualquer outro dispositivo ou procedimento que possibilite o monitoramento a distância e permita o acompanhamento, de forma automática e em tempo real, da posição geográfica e da profundidade do local de pesca da embarcação, nos termos de regulamento específico (art. 32).

Objetivando regulamentar a necessidade do uso de mapas de bordo, o Ministério da Pesca e Aquicultura editou a Instrução Normativa MPA nº 18, de 25 de agosto de 2014, a qual estabelece critérios e procedimentos para preenchimento e entrega de Mapas de Bordo das embarcações registradas e autorizadas no âmbito do Registro Geral da Atividade Pesqueira – RGP, e disciplina:

> Art. 1º Estabelecer critérios e procedimentos para preenchimento e entrega de Mapas de Bordo das embarcações registradas e autorizadas no âmbito do Registro Geral da Atividade Pesqueira – RGP. Art. 2º Para efeitos desta Instrução Normativa, entende-se por: I – Formulário de Mapa de Bordo – FMB: Formulário, conforme modelo definido em ato normativo específico, que possibilite a declaração da atividade e a obtenção de dados sobre esforço de pesca e capturas efetuadas em um cruzeiro realizado por uma embarcação; (…) Art. 3º A utilização de Mapa de Bordo é obrigatória para as embarcações registradas e autorizadas no âmbito do RGP, conforme Modalidades de Permissionamento relacionadas no Anexo I desta Instrução Normativa. §1º É facultativo o preenchimento e entrega de Mapas de Bordo das embarcações de pesca artesanais autorizadas a atuar em frota sem controle de esforço e com Arqueação Bruta igual ou inferior a 10 (dez). §2º A exigência de entrega de Mapas de Bordo para outras embarcações poderá ser estabelecida em ato normativo

---

[379] GOMES, Luiz Flávio; MACIEL, Silvio Luiz. *Lei de crimes ambientais*: comentários à Lei 9.605/1998. 2. ed. rev., atual. e ampl. Rio de Janeiro: Forense; São Paulo: Método, 2015. p. 156.

específico do MPA. (...) Art. 8º O FMB poderá ser entregue nas seguintes formas: I – em meio físico, nas Superintendências Federais de Pesca e Aquicultura – SFPA's ou em seus Escritórios Regionais – ER's, cujos endereços estão disponíveis no sítio eletrônico do MPA; ou II – via internet, com preenchimento on-line das informações, por meio de acesso restrito ao Sistema de Informação de Mapas de Bordo a ser disponibilizado pelo MPA. Parágrafo único. As Unidades Descentralizadas do MPA deverão encaminhar à SEMOC, até o quinto dia útil do mês subsequente, todos os FMB's recebidos relativos ao mês corrente. Art. 9º A entrega do FMB é de responsabilidade do Responsável Legal da embarcação, não cabendo o repasse a terceiros. Art. 10. O prazo de entrega do FMB é de 15 (quinze) dias corridos contados do término do cruzeiro de pesca.

No que tange à fiscalização da atividade pesqueira, esta abrangerá as fases de pesca, cultivo, desembarque, conservação, transporte, processamento, armazenamento e comercialização dos recursos pesqueiros, bem como o monitoramento ambiental dos ecossistemas aquáticos (art. 31, da Lei nº 11.959/09).

Flagrada a conduta descrita no artigo 41, do Dec. nº 6.514/08, o agente fiscal precisa adotar as providências legais previstas, a fim de iniciar a apuração da responsabilidade dos envolvidos, oportunizando a ampla defesa e o contraditório, com amparo nos termos do artigo 70, da Lei nº 9.605/98 e art. 96, do Dec. nº 6.514/08. Para tanto, sugere-se:

a) A descrição do auto de infração:

A descrição da conduta precisa ter elementos mínimos que caracterizem a infração, para que a autoridade administrativa julgadora tenha convicção da materialidade (art. 97).

Exemplo de descrição a constar no auto de infração: *"**Deixar, os comandantes de embarcações destinadas à pesca, de preencher e entregar, ao fim de cada viagem ou semanalmente, os mapas fornecidos pelo órgão competente** (definir a conduta do agente, indicando a norma complementar que exige a entrega do Mapa, e apontar o prazo ignorado)".*

Resultará em multa simples (art. 41, do Dec. nº 6.514/08) prevista de: <u>R$1.000,00 (mil reais)</u>.

Observar os parâmetros adotados pela Instrução Normativa Conjunta nº 2, de 29 de janeiro de 2020, do Ministério do Meio Ambiente, que regulamenta o processo administrativo federal para apuração de infrações administrativas por condutas e atividades lesivas ao meio ambiente.

Observar a causa de aumento de multa prevista no art. 93, do Decreto nº 6.514/08.

b) As medidas administrativas adotadas: Como já apresentado anteriormente, o agente autuante, no uso do seu poder de polícia, poderá adotar as medidas administrativas previstas no art. 101, do Dec. nº 6.514/08, bem como os procedimentos descritos nos arts. 102 a 112, lavrando-se os documentos inerentes.

c) Do procedimento penal: A Lei nº 9.605/98 não prevê essa conduta como crime, portanto, atípica.

4 Fiscalização de atividades voltadas à proteção a flora

4.1 Conceituação

Ao abordarmos as questões de proteção a flora, necessitamos distinguir alguns conceitos essenciais que distinguem bens jurídicos diversos, sob pena de gerar confusões desnecessárias, a iniciar pela própria Constituição.

Em auxílio, buscamos os ensinamos de Silva (2013),[380] o qual explica que *a Constituição distingue entre flora e floresta. Menciona-as em um único dispositivo apenas uma vez, quando prevê a competência comum da União, Estados, Distrito Federal e Município para preservar as florestas, a fauna e a flora (art. 23, VII). Quando trata da legislação concorrente entre União e Estados apenas menciona as florestas, não fala na flora. Já, no art. 225, §1º, VII, incumbe ao Poder Público proteger a fauna e a flora, não se refere destacadamente à floresta. Nota-se, por importante à compreensão conceitual, que "flora" é termo sempre empregado no singular, enquanto "floresta" está sempre no plural. Vem daí a ideia de que flora é um coletivo que se refere ao conjunto das espécies vegetais do país ou de determinada localidade. A flora brasileira compõe-se, assim, de todas as formas de vegetação úteis à terra que revestem, o que inclui as florestas, cerrados, caatingas, brejos e mesmo as forrageiras nativas que cobrem os nossos campos naturais.*

Notadamente, a Constituição destacou os dois bens jurídicos a serem analisados, em face da competência dos entes federados.

Dessa forma, podemos analisar o conceito de "flora", "floresta" e "vegetação". Conforme Milaré (2015),[381] *a flora é entendida com a totalidade de espécies que compreende a vegetação de uma determinada região, sem qualquer expressão de importância individual dos elementos que a compõem. Essas espécies podem pertencer a grupos botânicos os mais diversos, desde que esses grupos tenham exigências semelhantes quanto aos fatores ambientais, por exemplo, os fatores biológicos, os do solo e do clima. É relevante observar que a flora compreende, também, bactérias, fungos e fitoplânctons marinhos.*

Na mesma senda, Sirvinskas (2017)[382] acompanha e afirma que *flora é o conjunto de plantas de uma região, de um país ou de um continente. A flora não vive isoladamente, mas depende da interação constante entre outros seres vivos, assim como micro-organismos e outros animais.*

Noutro norte, podemos compreender o conceito de floresta. De acordo com Milaré (2015),[383] *o termo floresta, linguagem corrente, evoca uma formação vegetal de proporções e densidades maiores. Mata, selva, grandes extensões cobertas de arvoredo silvestre e espesso, bosques frondosos e denominações semelhantes sempre acorrem à memória ou à imaginação.*

As ressalvas apontadas por Silva (2013)[384] são relevantes. Então, *floresta é um tipo de flora. Já foi conceituada como toda a vegetação alta e densa cobrindo uma área de grande extensão. Mas esse conceito não satisfaz, porque o fato de cobrir área de grande extensão não é característica essencial da floresta. E complementa que, por certo, floresta é um conjunto de vegetação razoavelmente densa e elevada, compreendendo matas e bosques, ou seja, formações de grande ou de pequena extensão.*

---

[380] SILVA, José Afonso da. *Direito ambiental constitucional*. 10. ed. Atualizada. São Paulo: Malheiros, 2013. p. 175-176.

[381] MILARÉ, Édis. *Direito do ambiente*. 10. ed. rev., atual. e ampl. São Paulo: Editora Revista dos Tribunais, 2015, p. 549.

[382] SIRVINSKAS, Luís Paulo. *Manual de direito ambiental*. 15. ed. São Paulo: Saraiva, 2017. p. 547-548.

[383] MILARÉ, Édis. *Direito do ambiente*. 10. ed. rev., atual. e ampl. São Paulo: Editora Revista dos Tribunais, 2015, p. 550.

[384] SILVA, José Afonso da. *Direito ambiental constitucional*. 10. ed. atual. São Paulo: Malheiros, 2013. p. 176.

No mesmo sentido, segue Prado (2016)[385] explica que *em uma floresta se encontram elementos outros, também integrantes da flora lato sensu considerada, mas que, isoladamente, não caracterizam uma paisagem florestal. Ou seja, uma floresta é um ecossistema dotado de elevada complexidade, em cujo cenário vicejam numerosos vegetais, todos eles imbricados em cadeias interdependentes.*

Por muito tempo a doutrina e a jurisprudência se utilizaram do conceito de floresta como *"a formação arbórea densa, de alto porte, que recobre área de terra mais ou menos extensa"* (item 18 do Anexo I da Portaria 486-P, de 28 de outubro de 1986).[386] Todavia, esse conceito foi vencido, porque *desconsidera a enorme e complexa teia de seres vivos situados em um ecossistema florestal* (CARVALHO, 1999).[387]

O Ministério do Meio Ambiente considera o conceito de floresta aquele apresentado no documento da FAO – Organização das Nações Unidas para a Agricultura e Alimentação Termos e definições, utilizados na Avaliação Global dos Recursos Florestais (FRA-2015): "Floresta – área medindo mais de 0,5 ha com árvores maiores que 5 m de altura e cobertura de copa superior a 10%, ou árvores capazes de alcançar estes parâmetros *in situ*. Isso não inclui terra que está predominantemente sob uso agrícola ou urbano".[388]

Portanto, há diferenças elementares entre *flora* e *floresta*. A fim de concluir, Sirvinskas (2017)[389] explica que *a flora abrange as florestas (Floresta Amazônica, Mata Atlântica etc.) e quaisquer tipos de vegetação (cerrado, caatinga, restinga, manguezais, matas ciliares, pampas, pradarias, campos etc.).*

Não menos importante, se faz pertinente abordar que há também um conceito a ser discutido, qual seja de "vegetação". Nesse passo, Milaré (2015)[390] explica que *por vegetação se entende a cobertura vegetal de certa área, região, país. O que hoje podemos observar resulta de um longo desenvolvimento das espécies através das diferentes épocas geológicas. A vegetação constitui objeto de estudo de várias ciências ou ramos de ciências, da Paleobotânica à Taxonomia. E continua, a vegetação se organiza em estratos diferentes, como o arbóreo, o arbustivo, o herbáceo e outros, alcançando até mesmo camadas em que não chega a luz. Formando-se, ainda, conjuntos específicos de vegetação, como florestas, pradarias, savanas, pântanos e outros.*

4.2 A fragmentação da floresta e seus impactos na biodiversidade

A floresta nativa é essencial para manter a biodiversidade, pois ela fornece alimentos, abrigo à fauna e presta vários serviços ambientais, como sequestro de carbono

---

[385] PRADO, Luiz Regis. *Direito penal do ambiente.* 6. ed. rev., atual. e ampl. São Paulo: Editora Revista dos Tribunais, 2016. p. 235.

[386] A Portaria IBDF nº 486/86-P, de 28 de outubro de 1986, regulamentou o Manejo Florestal previsto pela Lei nº 7.511, de 7 de julho de 1986. A Portaria determinava normas administrativas e técnicas a fim de fixar "(...) conceitos e procedimentos a serem observados para exploração florestal". Por sua vez, a Portaria, 486/86-P/1988 foi revogada pela Portaria Normativa nº 39/88-P, de 04/02/1988, a qual disciplinava as autorizações de desmatamento para uso alternativo do solo, na exploração de qualquer tipo de florestas nas Regiões Nordeste, Centro-Oeste, Sudeste e Sul. Essa, por sua vez foi substituída pelas Portaria nº 113/95, em 1996, e Portaria nº 114, de 29/12/1995.

[387] CARVALHO, Érika Mendes de. *Tutela Penal do patrimônio florestal brasileiro.* São Paulo: Editora RT, 1999. p. 136.

[388] FOREST. Land spanning more than 0.5 hectares with trees higher than 5 meters and a canopy cover of more than 10 percent, or trees able to reach these thresholds *in situ*. It does not include land that is predominantly under agricultural or urban land use.

[389] SIRVINSKAS, Luís Paulo. *Manual de direito ambiental.* 15. ed. São Paulo: Saraiva, 2017. p. 548.

[390] MILARÉ, Édis. *Direito do ambiente.* 10. ed. rev., atual. e ampl. São Paulo: Editora Revista dos Tribunais, 2015, p. 550.

e regulação climática (SPAROVEK *et al.*, 2011).[391] O Ministério do Meio Ambiente estima que o desmatamento, fragmentação de hábitat, introdução de espécies exóticas e práticas agrícolas são as principais causas da perda da biodiversidade.

A fragmentação da floresta introduz uma série de novos fatores na história evolutiva de populações naturais de plantas e animais. Essas mudanças afetam os parâmetros demográficos de mortalidade e natalidade de diferentes espécies e, portanto, a estrutura e dinâmica de ecossistemas. Também limita a migração e a colonização de espécies, necessárias para a persistência das populações a longo prazo, contribuindo diretamente para o aumento de espécies ameaçadas de extinção (TABARELLI *et al.*, 2005).[392] No caso de espécies arbóreas, a alteração na abundância de polinizadores, dispersores, predadores e patógenos alteram as taxas de recrutamento de plântulas; e os incêndios e mudanças microclimáticas, que atingem de forma mais intensa as bordas dos fragmentos e alteram as taxas de mortalidade de árvores (VIANA; PINHEIRO, 1998).[393]

4.3 A ordem econômica e a função social da propriedade

Inimaginável falar de direito ambiental sem abordar as questões que envolvem a ordem econômica e a função social da propriedade. Pois, esses direitos se entrelaçam e caminham juntos, forçando a uma interpretação sistêmica dos bens jurídicos tutelados.

A Constituição Federal, em seu art. 5º, incisos XXII e XXIII, estabelece, respectivamente, que *"é garantido o direito de propriedade"* e *"a propriedade atenderá a sua função social"*. O art. 170 prevê que *"a ordem econômica, fundada na valorização do trabalho humano e na livre iniciativa, tem por fim assegurar a todos existência digna, conforme os ditames da justiça social, observados os seguintes princípios"*: a propriedade privada (inciso II); a função social da propriedade (inciso III); e a defesa do meio ambiente, inclusive mediante tratamento diferenciado conforme o impacto ambiental dos produtos e serviços e de seus processos de elaboração e prestação (inciso IV).

A propriedade rural cumprirá sua função social, quando atender simultaneamente, segundo critérios e graus de exigência estabelecidos em lei, aos seguintes requisitos (art. 186, CF/88): I – aproveitamento racional e adequado; II – utilização adequada dos recursos naturais disponíveis e preservação do meio ambiente; III – observância das disposições que regulam as relações de trabalho; IV – exploração que favoreça o bem-estar dos proprietários e dos trabalhadores.

E ainda, neste contexto, o art. 225, da CF/88, traz o consagrado direito ao meio ambiente ecologicamente equilibrado, bem de uso comum do povo e essencial à sadia qualidade de vida, impondo-se ao Poder Público e à coletividade o dever de defendê-lo e preservá-lo para as presentes e futuras gerações.

Inegável que há um aparente conflito. Pois, se o cidadão tem o direito de propriedade, como não pode dispor de seus recursos naturais, ou usar o solo como bem lhe aprouver?

---

[391] SPAROVEK, Gerd *et al*. A revisão do código florestal brasileiro. *Novos Estudos-CEBRAP*, n. 89, p. 111-135, 2011.

[392] TABARELLI, Marcelo *et al*. Desafios e oportunidades para a conservação da biodiversidade na Mata Atlântica brasileira. *Megadiversidade*, v. 1, n. 1, p. 132-138, 2005.

[393] VIANA, Virgilio Mauricio; PINHEIRO, Leandro. Conservação da biodiversidade em fragmentos florestais. *Série técnica IPEF*, v. 12, n. 32, p. 25-42, 1998.

Todavia, esclarece Roxana Cardoso B. Borges (1999),[394] citada por Machado (2017),[395] que *não existe um conflito entre o direito de propriedade e a proteção jurídica do meio ambiente. Os direitos de propriedade e do meio ambiente, desde que se tenha uma compreensão sistemática do ordenamento jurídico brasileiro, são compatíveis.* Essa premissa é verdadeira, tanto que o Supremo Tribunal Federal assim se manifestou: "O direito de propriedade não se revela absoluto. Está relativizado pela Carta da República" (STF, MS 25.284, rel. Min. Marco Aurélio, j. 17.06.2010).

Por isso que a ordem econômica (art. 170, CF/88) deve observar, além dos demais princípios previstos, "a defesa do meio ambiente, inclusive mediante tratamento diferenciado conforme o impacto ambiental dos produtos e serviços e de seus processos de elaboração e prestação". E Sirvinskas (2017)[396] acrescenta que, dessa forma, *a ordem econômica deve ser interpretada mediante exegese construtiva,* (e cita TÁCITO, 1997)[397] *integrando a livre iniciativa com a valorização do trabalho, as noções de planejamento estatal e da liberdade de mercado, visando o equilíbrio harmônico entre a liberdade da empresa e a regulamentação da atividade econômica. À luz dessa ambivalência devem ser entendidas e interpretadas as linhas mestras da ordem econômica na vigente Constituição.*

A Constituição Federal, afirma José Miguel Garcia Medina (2019),[398] *adota as mesmas fórmulas do capitalismo social, em que o lucro é parte importante do sistema econômico, mas não seu o seu fim. Nesse contexto, a ordem econômica tem, concomitantemente, focos econômico, social e ambiental, sendo esse o modelo adota pela Constituição.* E Medina chama a atenção para uma nova concepção ao dizer que *segundo o modelo constitucional, a ideia de "desenvolvimento sustentável" mostra-se ultrapassada: a Constituição não se contenta com o crescimento econômico com o mínimo sacrifício social e ambiental, mas, mais que isso, vê a ordem econômica como meio para o ser humano existir e evoluir com dignidade em um ambiente sadio.*

Então, assinala Machado (2017),[399] *reconhecer que a propriedade tem, também, uma função social é não tratar a propriedade como um ente isolado na sociedade. Afirmar que a propriedade tem uma função social não é transformá-la em vítima da sociedade. A fruição da propriedade não pode legitimar a emissão de poluentes que vão invadir a propriedade de outros indivíduos. O conteúdo da propriedade não reside num só elemento. Há o elemento individual, que possibilita o gozo e o lucro para o proprietário. Mas outros elementos aglutinam-se a esse: além do fator social, há o componente ambiental.*

No mesmo tom, a Constituição Federal estabelece, simultaneamente, critérios e graus de exigência, a serem estabelecidos em lei, para que a propriedade rural atenda sua função social (art. 186). Dentre os critérios previstos está o aproveitamento racional e adequado (inciso I); a utilização adequada dos recursos naturais disponíveis e preservação do meio ambiente (inciso II); a observância das disposições que regulam as relações de

---

[394] BORGES, Roxana Cardoso B. *Função ambiental da propriedade rural*. São Paulo: LTr, 1999. p. 204.

[395] MACHADO, Paulo Affonso Leme. *Direito ambiental brasileiro*. 25. ed. rev. ampl. e atual. São Paulo: Malheiros, 2017. p. 184.

[396] SIRVINSKAS, Luís Paulo. *Manual de direito ambiental*. 15. ed. São Paulo: Saraiva, 2017. p. 186.

[397] TÁCITO, Caio. *Temas de direito público*: estudos e pareceres. Rio de Janeiro: Renovar, 1997. v. 2. p.1135.

[398] MEDINA, José Miguel Garcia. *Constituição Federal comentada. Com jurisprudência selecionada do STF e de outros Tribunais*. 4. ed. rev., ampl. e atual. São Paulo: Revista dos Tribunais, 2019. p. 816.

[399] MACHADO, Paulo Affonso Leme. *Direito ambiental brasileiro*. 25. ed. rev. ampl. e atual. São Paulo: Malheiros, 2017. p. 185.

trabalho (inciso III); e a exploração que favoreça o bem-estar dos proprietários e dos trabalhadores (inciso IV).

Bom lembrar que a Lei n° 4.504, de 30 de novembro de 1964 (que dispõe sobre o Estatuto da Terra, e dá outras providências), assegura, em seu art. 2°, a oportunidade de acesso à propriedade da terra, condicionada pela sua função social. E o parágrafo primeiro do mencionado artigo define que a propriedade da terra desempenha integralmente a sua função social quando, simultaneamente: a) favorece o bem-estar dos proprietários e dos trabalhadores que nela labutam, assim como de suas famílias; b) mantém níveis satisfatórios de produtividade; c) assegura a conservação dos recursos naturais; d) observa as disposições legais que regulam as justas relações de trabalho entre os que a possuem e a cultivem.

A função social da propriedade rural impõe ao proprietário um direito relativo à sua faculdade de usar, gozar e dispor da coisa (art. 1.228, CC/2002). Pois, as restrições impostas pela Constituição Federal o limitam a respeitar os critérios previstos no art. 186. E se assim não o fazendo, poderá dar azo a desapropriação, pela União, por interesse social, para fins de reforma agrária, o imóvel rural que não esteja cumprindo sua função social, mediante prévia e justa indenização em títulos da dívida agrária, com cláusula de preservação do valor real, resgatáveis no prazo de até vinte anos, a partir do segundo ano de sua emissão, e cuja utilização será definida em lei (art. 184).

Lei n° 8.629, de 25 de fevereiro de 1993 (que dispõe sobre a regulamentação dos dispositivos constitucionais relativos à reforma agrária),[400] estabelece, no seu art. 2°, que a propriedade rural que não cumprir a função social prevista na lei será passível de desapropriação, respeitados os dispositivos constitucionais (os critérios definidos no art. 186, da CF/88, e repetidos no art. 9°, da citada Lei). Os critérios e graus de exigência estão estabelecidos no art. 6°. Os §§1° ao 5°, do art. 9°, da Lei n° 8.629/93 esclarecem os requisitos a serem observados, em especial os §§2° e 3°:

> §2° Considera-se adequada a utilização dos recursos naturais disponíveis quando a exploração se faz respeitando a vocação natural da terra, de modo a manter o potencial produtivo da propriedade. §3° Considera-se preservação do meio ambiente a manutenção das características próprias do meio natural e da qualidade dos recursos ambientais, na medida adequada à manutenção do equilíbrio ecológico da propriedade e da saúde e qualidade de vida das comunidades vizinhas.

O Supremo Tribunal Federal já se manifestou a respeito da violação da função social da propriedade no MS 22.164-0-SP,[401] no voto do Min. Celso de Mello: "*A defesa da integridade do meio ambiente, quando venha este a constituir objeto de atividade predatória, pode justificar reação estatal veiculada de medidas – como a desapropriação-sanção – que atinjam o próprio direito de propriedade, pois o imóvel rural que não se ajuste, em seu processo de exploração econômica, aos fins elencados no art. 186 da Constituição claramente descumpre o princípio da função social inerente à propriedade...*".

---

[400] BRASIL. *Lei n° 8.629, de 25 de fevereiro de 1993*. Dispõe sobre a regulamentação dos dispositivos constitucionais relativos à reforma agrária, previstos no Capítulo III, Título VII, da Constituição Federal. Brasília, DF: Diário Oficial da União, 1993.

[401] STF, MS 22.164-0-SP, j. 30.10.1995, *DJU* 17.11.1995.

Para tanto, a Lei nº 8.171, de 17 de janeiro de 1991 (que dispõe sobre a política agrícola),[402] estabelece pressupostos (art. 2º), objetivos (art. 3º), ações e instrumentos (art. 4º), visando a proteção do meio ambiente, conservação e recuperação dos recursos naturais. Tudo para que no exercício das atividades econômicas da propriedade rural, cumpram a sua função social.

Sobre o direito de propriedade e a função social, Medina (2019)[403] assevera que *a propriedade que exerce sua função social (art. 5º, XXIII) é a propriedade privada garantida (art. 5º, XXII). A previsão constitucional, assim, envolve a proteção à propriedade privada (o que é manifestação do direito fundamental à liberdade), mas também a sujeição da propriedade privada a uma destinação social. Evidentemente, dizer que deve haver o cumprimento da função social não significa retirar do proprietário o direito de exercer a propriedade – fosse assim, a propriedade restaria deturpada, pois o direito correspondente inexistiria.*

Ainda sobre a função social da propriedade rural, Machado (2017),[404] com muita sapiência, se posiciona afirmando que *é um princípio que, de forma operante e contínua, emite sua mensagem para os juízes, legisladores e órgãos da Administração, além de ser dirigido aos próprios proprietários.*

E para concluir, Silva (2013)[405] descreve com muita propriedade o ensinamento de Diogo de Figueiredo Moreira Neto (1992),[406] que *a Política Agrícola há de conjugar-se, cada vez mais, com a Política Fundiária; e, em consequência, o Direito Agrário com o Direito Ambiental. Pois, o tratamento de um, sem considerar o outro, estará incompleto. A terra é o traço comum entre ambas as preocupações juspolíticas; para a agricultura é a fonte de riqueza e para a ecologia é a fonte da vida. A ninguém interessa a preservação sem progresso, mas, tampouco, a ninguém pode interessar o progresso sem futuro.*

4.4 Normas de uso e proteção da flora

A Constituição Federal atribuiu competência (administrativa) comum à União, aos Estados, ao Distrito Federal e aos Municípios para preservar as florestas, a fauna e a flora (art. 23, VII, da CF). Também, a União, os Estados e o Distrito Federal têm competência concorrente para legislar sobre as florestas, caça, pesca, fauna, conservação da natureza, defesa do solo e dos recursos naturais, proteção do meio ambiente e controle da poluição (art. 24, VI, da CF). E para completar, a competência municipal para legislar está prevista no art. 30, incisos I e II, da CF, sendo que os municípios poderão legislar sobre assuntos de interesse local e suplementar a legislação federal e a estadual no que couber.

Visto isto, é importante destacar que a norma que possui caráter geral sobre a proteção da vegetação nativa é a Lei nº 12.651, de 25 de maio de 2012 (Código Florestal). Precederam a este Código, outras duas leis que regulamentavam o uso e a proteção das

---

[402] BRASIL. *Lei nº 8.171, de 17 de janeiro de 1991*. Dispõe sobre a política agrícola. Brasília, DF: Diário Oficial da União, 1991.

[403] MEDINA, José Miguel Garcia. *Constituição Federal comentada. Com jurisprudência selecionada do STF e de outros Tribunais*. 4. ed. rev., ampl. e atual. São Paulo: Revista dos Tribunais, 2019. p. 132.

[404] MACHADO, Paulo Affonso Leme. *Direito ambiental brasileiro*. 25. ed. rev. ampl. e atual. São Paulo: Malheiros, 2017. p. 185.

[405] SILVA, José Afonso da. *Direito ambiental constitucional*. 10. ed. Atualizada. São Paulo: Malheiros, 2013. p. 244.

[406] MOREIRA NETO, Diogo de Figueiredo. *Política agrícola e fundiária e ecologia*. RF317/77. Rio de Janeiro: Forense, jan./mar. 1992.

floestas. O Decreto nº 23.793, de 23 de janeiro de 1934, denominado Código Florestal, cuja preocupação corrente na época era disciplinar e criar mecanismos de controle e fiscalização da exploração desordenada das reservas florestais existentes. E, a Lei nº 4.771, de 15 de setembro de 1965 (também denominada de Código Florestal).

Entre o Código Florestal de 1934 e o de 1965, ocorreu na cidade Curitiba, PR, o 1º Congresso Florestal Brasileiro,[407] motivado pela preocupação da exploração desordenada dos maciços florestais. Diante disso, iniciaram-se alguns estudos (inventários e censos), com o escopo de catalogar as informações, para planejar ações voltadas à proteção das florestas, bem como em relação ao reflorestamento das áreas exploradas e, em muitos casos, como base de matéria prima para indústrias de celulose e indústrias de madeira beneficiada.

Então o 1º Congresso Florestal Brasileiro foi promovido com o objetivo de examinar os principais problemas que afetavam os trabalhos florestais no Brasil, as dificuldades da classe madeireira, a fim de sugerir medidas e diretrizes capazes de solverem e melhorarem as condições da época.

De acordo com os *Anais* daquele Congresso, a principal espécie explorada era o pinheiro-brasileiro ou araucária, muito utilizado como matéria-prima na exportação de madeira serrada e laminada para vários países, cujo processo se intensificou a partir de 1934. Isso fez com que as reservas naturais daquela espécie fossem exauridas do Estado de São Paulo entre 1930 e 1940. Várias empresas estrangeiras, aproveitando-se da farta matéria-prima disponível bem como dos incentivos dos governos para a exploração florestal, realizam as atividades de extração em larga escala, deixando para trás somente o vazio em meio à floresta, sem nenhum critério técnico, projeto ou outro estudo de condução responsável dos trabalhos extrativistas.

Já em seu discurso de abertura, o Sr. Pedro Salles dos Santos, Presidente do Instituto Nacional do Pinho, declinou sua real preocupação do modelo de exploração florestal, então utilizado na época, asseverou:

> É nesse teatro de condições propícias que se realiza o 1º Congresso Florestal Brasileiro. Quadricentenariamente desfalcadas as nossas florestas, através de uma exploração indiscriminada e intensa, somente nos últimos tempos, abrimos os olhos para a extensão desse mal. Conforta-nos, entretanto saber que, embora, apenas dentro de duas décadas, dois acontecimentos de invulgar relevo ocorreram na vida nacional, como início de uma nova fase promissora, tendo por objetivo a reconstituição e a preservação das nossas reservas florestais.[408]

As conclusões do 1º Congresso Florestal Brasileiro foram de suma importância para o planejamento futuro do Brasil, seja ele científico, técnico, político ou jurídico. Recomendava, no **Setor da Ciência Florestal**, que todas as Câmaras Municipais brasileiras cooperassem na grande campanha de proteção às matas, como fator fundamental de equilíbrio climático, conservador de solos, preservando a fauna, controlador de mananciais e regulador de cursos d'água.

---

[407] CONGRESSO FLORESTAL BRASILEIRO, 1., 1953, Curitiba. *Anais* […]. Curitiba, 1953.
[408] Idem.

A recomendação seguiu-se pelo estudo, afirmando que, de todas as espécies florestais nacionais, a araucária acusava o maior consumo, perfazendo 75% do comércio de madeira, na época, razão pela qual estava ocorrendo uma diminuição drástica das reservas daquela espécie, tornando-se necessária algumas medidas de proteção, sendo elas: diminuir o corte para um máximo de 1.000.000m³ por ano e os cortes deveriam ser fiscalizados pelos Serviços Florestais Estaduais, entre outras recomendações.

No **Setor da Política Florestal**, como recomendação, foi solicitada ao Governo a revisão do Código Florestal, com o fito de esclarecer as dúvidas quanto a dispositivos do mesmo, colocando em harmonia com estado social e econômico e as necessidades do desenvolvimento do país, bem assim situá-lo, como um quadro de âmbito regional, de acordo com as necessidades peculiares de cada região.

Como visto, o 1º Congresso Florestal Brasileiro foi fundamental para a aprovação de uma nova legislação que atendesse os interesses de controle, uso e proteção das florestas, o que culminou com a aprovação da Lei nº 4.771/65, revogando-se o Decreto nº 23.793/34.

O Código Florestal de 1965, em seu artigo 16, originariamente antes da alteração dada pela Medida Provisória nº 2.166-67, de 2001, definiu que as florestas de domínio privado, exceto as de localizadas em áreas de preservação permanente, eram suscetíveis de exploração, obedecidas as seguintes restrições:

a) nas regiões Leste Meridional, Sul e Centro-Oeste, esta na parte sul, as derrubadas de florestas nativas, primitivas ou regeneradas, só serão permitidas, desde que seja, em qualquer caso, respeitado o limite mínimo de 20% da área de cada propriedade com cobertura arbórea localizada, a critério da autoridade competente; b) nas regiões citadas na letra anterior, nas áreas já desbravadas e previamente delimitadas pela autoridade competente, ficam proibidas as derrubadas de florestas primitivas, quando feitas para ocupação do solo com cultura e pastagens, permitindo-se, nesses casos, apenas a extração de árvores para produção de madeira. Nas áreas ainda incultas, sujeitas a formas de desbravamento, as derrubadas de florestas primitivas, nos trabalhos de instalação de novas propriedades agrícolas, só serão toleradas até o máximo de 30% da área da propriedade; c) na região Sul as áreas atualmente revestidas de formações florestais em que ocorre o pinheiro brasileiro, "Araucaria angustifolia" (Bert – O. Ktze), não poderão ser desflorestadas de forma a provocar a eliminação permanente das florestas, tolerando-se, somente a exploração racional destas, observadas as prescrições ditadas pela técnica, com a garantia de permanência dos maciços em boas condições de desenvolvimento e produção; d) nas regiões Nordeste e Leste Setentrional, inclusive nos Estados do Maranhão e Piauí, o corte de árvores e a exploração de florestas só será permitida com observância de normas técnicas a serem estabelecidas por ato do Poder Público, na forma do art. 15.

Posteriormente, o Código Florestal sofreu novas alterações, em especial pela Lei nº 7.511/1986, foi novamente alterado pela Lei nº 7.803, de 18.7.1989, em especial o seu artigo 19, definindo que caberia ao IBAMA a atribuição para analisar e aprovar os pedidos para exploração florestal em todo país, como se vê:

Art. 19. A exploração de florestas e de formações sucessoras, tanto de domínio público como de domínio privado, dependerá de aprovação prévia do Instituto Brasileiro do

Meio Ambiente e dos Recursos Naturais Renováveis – IBAMA, bem como da adoção de técnicas de condução, exploração, reposição florestal e manejo compatíveis com os variados ecossistemas que a cobertura arbórea forme.

Em face do país continental apresentar peculiaridades regionais, no tocante às formações vegetais, nos Estados, a Lei nº 11.284/2006[409] alterou o artigo 19, do Código Florestal (Lei nº 4.771/65), passando as atribuições da análise dos pedidos para exploração florestal para os Estados, através dos órgãos integrantes do SISNAMA, como podemos observar:

> Art. 83. O art. 19 da Lei nº 4.771, de 15 de setembro de 1965, passa a vigorar com a seguinte redação: *"Art. 19. A exploração de florestas e formações sucessoras, tanto de domínio público como de domínio privado, dependerá de prévia aprovação pelo órgão estadual competente do Sistema Nacional do Meio Ambiente – SISNAMA, bem como da adoção de técnicas de condução, exploração, reposição florestal e manejo compatíveis com os variados ecossistemas que a cobertura arbórea forme".*

Esta alteração era anseio dos Estados, os quais pleiteavam junto ao governo federal a autonomia para gerenciar a respectiva cobertura florestal existente. Com a alteração, coube ao órgão estadual licenciador a análise de todos os requerimentos para a exploração de florestas, bem como exploração, reposição florestal e manejo compatível com distintos ecossistemas existentes.

O modelo de gestão de florestas definidos pela Lei nº 4.771/65 (Código Florestal revogado) se manteve através da Lei nº 12.651/2012,[410] como se observa:

> Art. 31. A exploração de florestas nativas e formações sucessoras, de domínio público ou privado, ressalvados os casos previstos nos arts. 21, 23 e 24, dependerá de licenciamento pelo órgão competente do Sisnama, mediante aprovação prévia de Plano de Manejo Florestal Sustentável – PMFS que contemple técnicas de condução, exploração, reposição florestal e manejo compatíveis com os variados ecossistemas que a cobertura arbórea forme.

Dessa forma, as regras gerais para exploração de florestas nativas e formações sucessoras, de domínio público ou privado, foram disciplinadas pela Lei nº 12.651/2012 (atual Código Florestal). Sendo que devem ser observadas as normas específicas existentes: Lei nº 11.284/06 (que dispõe sobre a gestão de florestas públicas para a produção sustentável) e Lei nº 11.428/06 (que dispõe sobre a utilização e proteção da vegetação nativa do Bioma Mata Atlântica),[411] como exemplos.

---

[409] BRASIL. *Lei nº 11.284, de 2 de março de 2006*. Dispõe sobre a gestão de florestas públicas para a produção sustentável; institui, na estrutura do Ministério do Meio Ambiente, o Serviço Florestal Brasileiro - SFB; cria o Fundo Nacional de Desenvolvimento Florestal - FNDF; altera as Leis nºs 10.683, de 28 de maio de 2003, 5.868, de 12 de dezembro de 1972, 9.605, de 12 de fevereiro de 1998, 4.771, de 15 de setembro de 1965, 6.938, de 31 de agosto de 1981, e 6.015, de 31 de dezembro de 1973; e dá outras providências. Brasília, DF: Diário Oficial da União, 2003.

[410] BRASIL. *Lei nº 12.651, de 25 de maio de 2012*. Dispõe sobre a proteção da vegetação nativa; altera as Leis nos 6.938, de 31 de agosto de 1981, 9.393, de 19 de dezembro de 1996, e 11.428, de 22 de dezembro de 2006; revoga as Leis nos 4.771, de 15 de setembro de 1965, e 7.754, de 14 de abril de 1989, e a Medida Provisória nº 2.166-67, de 24 de agosto de 2001; e dá outras providências. Brasília, DF: Diário Oficial da União, 2012.

[411] BRASIL. *Lei nº 11.428, de 22 de dezembro de 2006*. Dispõe sobre a utilização e proteção da vegetação nativa do Bioma Mata Atlântica, e dá outras providências. Brasília, DF: Diário Oficial da União, 2006.

4.5 A lei de proteção ao Bioma Mata Atlântica

A Constituição Federal de 1988 assegurou um grau de importância incomparável ao explicitar no §4º, do artigo 225 que a "Floresta Amazônica brasileira, a Mata Atlântica, a Serra do Mar, o Pantanal Mato-Grossense e a Zona Costeira são patrimônio nacional, e sua utilização deve ser na forma da lei, dentro de condições que assegurem a preservação do meio ambiente, inclusive quanto ao uso dos recursos naturais".

De acordo com dados do Ministério do Meio Ambiente,[412] o Brasil possui seis biomas definidos, incluindo a Mata Atlântica. A Mata Atlântica é formada por um conjunto de formações florestais (Florestas: Ombrófila Densa, Ombrófila Mista, Estacional Semidecidual, Estacional Decidual e Ombrófila Aberta) e ecossistemas associados como as restingas, manguezais e campos de altitude, que se estendiam originalmente por aproximadamente 1.300.000 km^2 em 17 estados do território brasileiro.

Ainda, conforme dados do Ministério do Meio Ambiente, hoje os remanescentes de vegetação nativa estão reduzidos a cerca de 22% de sua cobertura original e encontram-se em diferentes estágios de regeneração. Apenas cerca de 7% estão bem conservados em fragmentos acima de 100 hectares. Mesmo reduzida e muito fragmentada, estima-se que na Mata Atlântica existam cerca de 20.000 espécies vegetais (cerca de 35% das espécies existentes no Brasil), incluindo diversas espécies endêmicas e ameaçadas de extinção.

A Mata Atlântica é considerada um dos 25 *hotspots* mundiais de biodiversidade, caracterizado pela alta diversidade de espécies, grande número de espécies endêmicas e elevada vulnerabilidade (MYERS *et al.*, 2000).[413] A riqueza é maior que a de alguns continentes (17.000 espécies na América do Norte e 12.500 na Europa) e por isso a região de Mata Atlântica é prioritária para a conservação da biodiversidade mundial. Segundo dados do Ministério do Meio Ambiente, a importância do Bioma Mata Atlântica no tocante à fauna silvestre abriga cerca de 250 espécies de mamíferos (55 deles endêmicos), 340 de anfíbios (87 endêmicos), 197 de répteis (60 endêmicos), 1.023 de aves (188 endêmicas), além de, aproximadamente, 350 espécies de peixes, destas 133 endêmicas (VARJABEDIAN, 2010).[414] Isso sem falar de insetos e demais invertebrados e das espécies que ainda nem foram descobertas pela ciência.

Apesar de uma definição legal sobre a Mata Atlântica, há divergências quanto a sua real classificação. Para alguns, apesar das formações florestais distintas, é pertinente adotar o termo Mata Atlântica em uma concepção mais abrangente, capaz de englobar o conjunto dessas múltiplas formações. Para outros, o termo Mata Atlântica não é adequado para classificar formações florestais não uniformes e descontínuas, pois provoca um falso entendimento de homogeneidade. Para eles, a Mata Atlântica seria constituída apenas por três formações: as matas de planícies litorâneas, as matas de encosta e as matas de altitude (STEIBERGER; RODRIGUES, 2010).[415]

Como forma de regulamentar o dispositivo da Constituição Federal de 1988, em face da inércia do Congresso, o Executivo editou o Decreto nº 750/93. Havia grande

---

[412] BRASIL. *Mata Atlântica*. Brasília, DF: Ministério do Meio Ambiente, 2015.

[413] MYERS, Norman *et al.* Biodiversity hotspots for conservation priorities. *Nature*, v. 403, n. 6772, p. 853-858, 2000.

[414] VARJABEDIAN, Roberto. Lei da Mata Atlântica: Retrocesso ambiental. *Estudos Avançados,* v. 24, p. 147-160, 2010.

[415] STEINBERGER, Marília; RODRIGUES, Rafael Jacques. Conflitos na delimitação territorial do Bioma Mata Atlântica. *Geografias (UFMG),* v. 6, n. 2, p. 37-48, 2010.

crítica em relação as disposições contidas nesse Decreto em comparação com a nova lei que trata sobre a matéria, devido o retrocesso na proteção e flexibilização dos elementos contidos na norma anterior, sem que tenham ocorrido grandes alterações no quadro nefasto de ameaça que continuava pairando, de forma agravada, sobre esse bioma (VARJABEDIAN, 2010).[416]

A tramitação da Lei da Mata Atlântica durou mais de quinze anos no Congresso Nacional, com envolvimento de diversos agentes sociais e com os mais diversos interesses. Um levantamento sobre os debates nas inúmeras sessões da Câmara e do Senado permitiu identificar três grupos de agentes cujo poder estava colocado na mesa de negociação. O primeiro grupo foi composto por produtores rurais nos quais se incluíam os agropecuaristas ou ruralistas. Outro grupo compreendeu os industrialistas que exploravam e exploram os recursos naturais, a exemplo dos vinculados ao setor madeireiro, de papel e celulose e de carvão vegetal. Por fim, o terceiro grupo foi o dos ambientalistas que, em princípio, se caracterizam por serem defensores do meio ambiente. Entre eles estão intelectuais e cientistas, além de ativistas de movimentos sociais e técnicos governamentais. Sem contar a existência de um grupo ligado aos interesses urbanos do setor imobiliário (STEINBERGER; RODRIGUES, 2010).[417]

Diante de interesses tão diversos, a criação da norma não seria plena para nenhum dos lados. Com a tentativa de agradar todos os interessados a Lei nº 11.428/06 deixou muito a desejar em relação a sua efetiva proteção.

As novas regras de uso e conservação do Bioma Mata Atlântica foi um esforço conjunto da sociedade e do poder público, visando a sustentabilidade e a perpetuação das espécies. Todo esse aparato legal criou um contexto que restringiu, em tese, fortemente o uso direto dos recursos dos ecossistemas naturais da região, particularmente a supressão da vegetação (SIMINSKI; FANTINI; REIS, 2010).[418]

A Lei do Bioma Mata Atlântica traz a preocupação do legislador em assegurar a subsistência digna ao pequeno proprietário rural, o qual depende em sua maioria dos produtos oferecidos naturalmente pelo bioma, dispensando-o de licença ou autorização junto ao órgão licenciador. Contudo, ressalva que tão somente sem propósito comercial direto ou indireto, para consumo nas propriedades. Por outro lado, a exploração da vegetação secundária em estágio médio ou avançado de regeneração do bioma possui restrições previstas em seu instituto.

Sobre essa última abordagem é que se faz necessária uma análise pormenorizada. Consideram-se integrantes do Bioma Mata Atlântica as seguintes formações florestais nativas e ecossistemas associados, com as respectivas delimitações estabelecidas em mapa do Instituto Brasileiro de Geografia e Estatística – IBGE, conforme regulamento: Floresta Ombrófila Densa; Floresta Ombrófila Mista, também denominada de Mata de Araucárias; Floresta Ombrófila Aberta; Floresta Estacional Semidecidual; e Floresta

---

[416] VARJABEDIAN, Roberto. Lei da Mata Atlântica: retrocesso ambiental. *Estudos Avançados*, v. 24, p. 147-160, 2010.

[417] STEINBERGER, Marília; RODRIGUES, Rafael Jacques. Conflitos na delimitação territorial do Bioma Mata Atlântica. *Geografias (UFMG)*, v. 6, n. 2, p. 37-48, 2010.

[418] SIMINSKI, Alexandre; FANTINI, Alfredo Celso; REIS, Mauricio Sedrez. Classificação da vegetação secundária em estágios de regeneração da Mata Atlântica em Santa Catarina. *Ciência Florestal*, v. 23, n. 3, p. 369-378, 2013.

Estacional Decidual, bem como os manguezais, as vegetações de restingas, campos de altitude, brejos interioranos e encraves florestais do Nordeste (art. 2º, da Lei nº 11.428/06).

Para tanto, a metodologia e os parâmetros a serem utilizados para a definição da vegetação primária e de vegetação secundária nos estágios avançado, médio e inicial de regeneração do Bioma Mata Atlântica estão previstos no art. 4º, da Lei nº 11.428/06, como se verifica:

> Art. 4º A definição de vegetação primária e de vegetação secundária nos estágios avançado, médio e inicial de regeneração do Bioma Mata Atlântica, nas hipóteses de vegetação nativa localizada, será de iniciativa do Conselho Nacional do Meio Ambiente. §1º O Conselho Nacional do Meio Ambiente terá prazo de 180 (cento e oitenta) dias para estabelecer o que dispõe o caput deste artigo, sendo que qualquer intervenção na vegetação primária ou secundária nos estágios avançado e médio de regeneração somente poderá ocorrer após atendido o disposto neste artigo. §2º Na definição referida no caput deste artigo, serão observados os seguintes parâmetros básicos: I – **fisionomia**; II – **estratos predominantes**; III – **distribuição diamétrica** e **altura**; IV – **existência, diversidade** e **quantidade de epífitas**; V – **existência, diversidade** e **quantidade de trepadeiras**; VI – **presença, ausência** e **características da serapilheira**; VII – **sub-bosque**; VIII – **diversidade** e **dominância de espécies**; IX – **espécies vegetais indicadoras**. (grifei)

Destaca-se que o Conselho Nacional do Meio Ambiente – CONAMA, ao regulamentar as disposições contidas no Decreto Federal nº 750/1993 (que dispunha sobre o corte, a exploração e a supressão de vegetação primária ou nos estágios avançado e médio de regeneração da Mata Atlântica, e dá outras providências), editou várias Resoluções estabelecendo parâmetros para análise da vegetação primária e de vegetação secundária nos estágios avançado, médio e inicial de regeneração do Bioma Mata Atlântica.

Em face das peculiaridades de cada Estado, o CONAMA se preocupou em editar uma Resolução para cada ente federado com abrangência no Bioma Mata Atlântica, como se verifica a seguir: Resolução nº 10, de 1º de outubro de 1993 (que estabelece os parâmetros para análise dos estágios de sucessão da Mata Atlântica); Resolução nº 1, de 31 de janeiro de 1994 (que define vegetação primária e secundária nos estágios pioneiro, inicial, médio e avançado de regeneração da Mata Atlântica, a fim de orientar os procedimentos de licenciamento de exploração da vegetação nativa no Estado de São Paulo); Resolução nº 2, de 18 de março de 1994 (que define formações vegetais primárias e estágios sucessionais de vegetação secundária, com finalidade de orientar os procedimentos de licenciamento de exploração da vegetação nativa no Estado do Paraná); Resolução nº 4, de 4 de maio de 1994 (que define vegetação primária e secundária nos estágios inicial, médio e avançado de regeneração da Mata Atlântica, a fim de orientar os procedimentos de licenciamento de atividades florestais no Estado de Santa Catarina); Resolução nº 5, de 4 de maio de 1994 (que define vegetação primária e secundária nos estágios inicial, médio e avançado de regeneração da Mata Atlântica, a fim de orientar os procedimentos de licenciamento de atividades florestais no Estado da Bahia); Resolução nº 6, de 4 de maio de 1994 (que estabelece definições e parâmetros mensuráveis para análise de sucessão ecológica da Mata Atlântica no Estado do Rio de Janeiro); Resolução nº 25, de 7 de dezembro de 1994 (que define vegetação primária e secundária nos estágios inicial, médio e avançado de regeneração da Mata Atlântica, a fim de orientar os procedimentos de licenciamento de atividades florestais no Estado do Ceará); Resolução nº 26, de 7 de dezembro de 1994 – que define vegetação primária e secundária nos estágios inicial, médio e avançado de regeneração da Mata Atlântica, a fim de orientar os procedimentos de licenciamento de atividades florestais no Estado do Piauí); Resolução nº 28, de 07 de dezembro de 1994 (que define vegetação primária e secundária nos estágios inicial, médio e avançado de regeneração da Mata Atlântica, a fim de orientar os procedimentos de licenciamento de atividades florestais no Estado de Alagoas); Resolução nº 29, de 7 de dezembro de 1994 (que define vegetação primária e secundária nos estágios inicial, médio e avançado de regeneração da Mata Atlântica, considerando a necessidade de definir o corte, a exploração e a supressão da vegetação secundária no estágio inicial de regeneração no Estado do Espírito Santo); Resolução nº 30, de 7 de dezembro de 1994 (que define vegetação primária e secundária nos estágios inicial, médio e avançado de regeneração da Mata Atlântica, a fim de orientar os procedimentos de licenciamento de atividades florestais no Estado do Mato Grosso do Sul); Resolução nº 31, de 7 de dezembro de 1994 (que define vegetação primária e secundária nos estágios inicial, médio e avançado de regeneração da Mata Atlântica, a fim de orientar os procedimentos de licenciamento de atividades florestais no Estado de Pernambuco); Resolução nº 32, de 7 de dezembro de 1994 (que define vegetação primária e secundária nos estágios inicial, médio e avançado de regeneração da Mata Atlântica, a fim de orientar os procedimentos de licenciamento de atividades florestais no Estado do Rio Grande do Norte); Resolução nº 33, de 7 de dezembro de 1994 (que define estágios sucessionais das formações vegetais que ocorrem na região de Mata Atlântica no Estado do Rio Grande do Sul, visando viabilizar critérios, normas e procedimentos para o manejo, utilização racional e conservação da vegetação natural); Resolução nº 34, de 7 de dezembro de 1994 (que define vegetação primária e secundária nos estágios inicial, médio e avançado de regeneração da Mata Atlântica, a fim de orientar os procedimentos de licenciamento de atividades florestais no Estado de Sergipe); Resolução nº 7, de 23 de julho de 1996 – que aprova os parâmetros básicos para análise da vegetação de restingas no Estado de São Paulo); e, Resolução nº 261, de 30 de junho de 1999 (que aprova parâmetro básico para análise dos estágios sucessivos de vegetação de restinga para o Estado de Santa Catarina).

Posteriormente, com a vigência da Lei nº 11.428/06, o CONAMA editou a Resolução nº 388, de 23 de fevereiro de 2007, convalidando as Resoluções que já definiam a vegetação primária e secundária nos estágios inicial, médio e avançado de regeneração da Mata Atlântica, não alterando em nada a metodologia existente.

Ressalta-se que a aplicação da metodologia defina nas Resoluções do CONAMA para a definição da vegetação primária e secundária nos estágios inicial, médio e avançado de regeneração da Mata Atlântica é requisito formal. Pois, a definição da vegetação determinará o grau de uso, proteção e conservação deste Bioma, ao ponto de, em caso de violação as regras de uso, proteção e conservação, ensejar o indivíduo a uma reprimenda penal, civil e administrativa.

Nesse ponto, lembramos que o art. 43, da Lei nº 11.428/06, criou um novo tipo penal, acrescido a Lei nº 9.605/98, como se vê:

Art. 43. A Lei nº 9.605, de 12 de fevereiro de 1998, passa a vigorar acrescida do seguinte art. 38-A: *"Art. 38-A. Destruir ou danificar **vegetação primária ou secundária, em estágio avançado ou médio de regeneração, do Bioma Mata Atlântica**, ou utilizá-la com infringência das normas de proteção: Pena – detenção, de 1 (um) a 3 (três) anos, ou multa, ou ambas as penas cumulativamente. Parágrafo único. Se o crime for culposo, a pena será reduzida à metade"*. (grifei)

Ao mesmo passo, o Decreto nº 6.514/08 tipificou duas condutas como infrações administrativas específicas para as situações que afetem o Bioma Mata Atlântica:

Art. 49. Destruir ou danificar florestas ou qualquer tipo de vegetação nativa, objeto de especial preservação, não passíveis de autorização para exploração ou supressão: Multa de R$6.000,00 (seis mil reis) por hectare ou fração. Parágrafo único. A multa será acrescida de R$1.000,00 (mil reais) por hectare ou fração **quando a situação prevista no caput se der em detrimento de vegetação primária ou secundária no estágio avançado ou médio de regeneração do bioma Mata Atlântica**.

Art. 50. Destruir ou danificar florestas ou qualquer tipo de vegetação nativa ou de espécies nativas plantadas, objeto de especial preservação, sem autorização ou licença da autoridade ambiental competente: Multa de R$5.000,00 (cinco mil reais) por hectare ou fração. §1º A multa será acrescida de R$500,00 (quinhentos reais) por hectare ou fração **quando a situação prevista no caput se der em detrimento de vegetação secundária no estágio inicial de regeneração do bioma Mata Atlântica**. §2º Para os fins dispostos no art. 49 e no caput deste artigo, são consideradas de especial preservação as florestas e demais formas de vegetação nativa que tenham regime jurídico próprio e especial de conservação ou preservação definido pela legislação. (grifei)

Então, tanto o tipo penal previsto no art. 38-A, da Lei nº 9.605/98, quanto os tipos descritos como infrações administrativas (art. 49, combinado com o parágrafo único; e art. 50, combinado com o seu §1º), do Decreto nº 6.514/08, necessitam do emprego de uma metodologia para a definição da vegetação primária e secundária nos estágios inicial, médio e avançado de regeneração da Mata Atlântica.

4.6 Das áreas de preservação permanente

Como vimos anteriormente, as Ordenações do Reino já abordavam sobre a necessidade de proteção de determinadas áreas com rios e nascentes, a exemplo das Sesmarias.

O primeiro Código Florestal do Brasil, editado pelo Decreto nº 23.793, de 23 de janeiro de 1934, definiu como "preservação permanente" as florestas que estivessem situadas em determinados locais e tivessem a finalidade de: conservar os regimes das águas; evitar a erosão das terras pela ação dos agentes naturais; fixar dunas; auxiliar a defesa das fronteiras, se fosse julgado necessário pelas autoridades militares; assegurar condições de salubridade pública; proteger sítios que por sua beleza mereçam ser conservados; e, asilar espécimes raros de fauna indígena (art. 4º, do Dec. nº 23.793/34).

Com a aprovação do Código Florestal de 1965 (Lei nº 4.771), o conceito de preservação permanente continuou restrito as florestas, como se vê no seu texto original:

Art. 2º Consideram-se de preservação permanente, pelo só efeito desta Lei, as florestas e demais formas de vegetação natural situadas: a) ao longo dos rios ou de outro qualquer curso d'água, em faixa marginal cuja largura mínima será: 1 – de 5 (cinco) metros para os rios de menos de 10 (dez) metros de largura: 2 – igual à metade da largura dos cursos que meçam de 10 (dez) a 200 (duzentos) metros de distância entre as margens; 3 – de 100 (cem) metros para todos os cursos cuja largura seja superior a 200 (duzentos) metros. b) ao redor das lagoas, lagos ou reservatórios d'água naturais ou artificiais; c) nas nascentes, mesmo nos chamados "olhos d'água", seja qual for a sua situação topográfica; d) no topo de morros, montes, montanhas e serras; e) nas encostas ou partes destas, com declividade superior a 45º, equivalente a 100% na linha de maior declive; f) nas restingas, como fixadoras de dunas ou estabilizadoras de mangues; g) nas bordas dos taboleiros ou chapadas; h) em altitude superior a 1.800 (mil e oitocentos) metros, nos campos naturais ou artificiais, as florestas nativas e as vegetações campestres.

A Lei nº 4.771/65 sofreu várias alterações. Em 1986, a Lei nº 7.511, de 7 de julho, alterou, em especial, a redação do artigo 2º:

Art. 2º (...) a) (...) 1. de 30 (trinta) metros para os rios de menos de 10 (dez) metros de largura; 2. de 50 (cinqüenta) metros para os cursos d'água que tenham de 10 (dez) a 50 (cinqüenta) metros de largura; 3. de 100 (cem) metros para os cursos d'água que meçam entre 50 (cinqüenta) e 100 (cem) metros de largura; 4. de 150 (cento e cinqüenta) metros para os cursos d'água que possuam entre 100 (cem) e 200 (duzentos) metros de largura; igual à distância entre as margens para os cursos d'água com largura superior a 200 (duzentos) metros.

Nova alteração da Lei nº 4.771/65 veio através da Lei nº 7.803, de 18 de julho de 1989, dando nova redação, em especial, ao artigo 2º, como se vê:

Art. 2º (...) a) ao longo dos rios ou de qualquer curso d'água desde o seu nível mais alto em faixa marginal cuja largura mínima seja: 1) de 30 (trinta) metros para os cursos d'água de menos de 10 (dez) metros de largura; 2) de 50 (cinqüenta) metros para os cursos d'água que tenham de 10 (dez) a 50 (cinqüenta) metros de largura; 3) de 100 (cem) metros para os cursos d'água que tenham de 50 (cinqüenta) a 200 (duzentos) metros de largura; 4) de 200 (duzentos) metros para os cursos d'água que tenham de 200 (duzentos) a 600 (seiscentos) metros de largura; 5) de 500 (quinhentos) metros para os cursos d'água que tenham largura superior a 600 (seiscentos) metros; (...) c) nas nascentes, ainda que intermitentes e nos chamados "olhos d'água", qualquer que seja a sua situação topográfica, num raio mínimo de 50 (cinqüenta) metros de largura; g) nas bordas dos tabuleiros ou chapadas, a partir da linha de ruptura do relevo, em faixa nunca inferior a 100 (cem) metros em projeções horizontais; h) em altitude superior a 1.800 (mil e oitocentos) metros, qualquer que seja a vegetação. Parágrafo único. No caso de áreas urbanas, assim entendidas as compreendidas nos perímetros urbanos definidos por lei municipal, e nas regiões metropolitanas e aglomerações urbanas, em todo o território abrangido, observar-se-á o disposto nos respectivos planos diretores e leis de uso do solo, respeitados os princípios e limites a que se refere este artigo.

Nota-se que todas as alterações dadas ao art. 2º, da Lei nº 4.771/65, não alteraram o *caput*, o qual continha a redação: "Art. 2º Consideram-se de preservação permanente,

pelo só efeito desta Lei, **as florestas e demais formas de vegetação natural situadas**"
(grifei). Ou seja, para os efeitos do Código Florestal de 1965, considerava-se tão somente
de preservação permanente as florestas e demais formas de vegetação que se situassem
em algum dos locais descrito no art. 2º. Porém, a inovação surgiu na diferenciação entre
área de preservação urbana e rural (parágrafo único, do art. 2º).

Vendo o grande equívoco legislativo em relação à lacuna das áreas sem florestas
ou vegetação, foi edidata a Medida Provisória nº 2.166-67, de 24 de agosto de 2001, a
qual alterou a Lei nº 4.771/65, acrescentando uma nova redação ao inciso II, do §2º, do
art. 1º, conceituando assim "área de preservação permanente":

> II – área de preservação permanente:[419] área protegida nos termos dos arts. 2º e 3º desta
> Lei, coberta ou não por vegetação nativa, com a função ambiental de preservar os recursos
> hídricos, a paisagem, a estabilidade geológica, a biodiversidade, o fluxo gênico de fauna e
> flora, proteger o solo e assegurar o bem-estar das populações humanas.

Passamos então a ter um novo conceito, agora "área de preservação permanente",
e não mais, somente, "floresta de preservação permanente". Porém, o legislador
exagerou ao querer ser explícito demais. Pois, colocou uma condição no conceito: "(...)
com a função ambiental de preservar os recursos hídricos, a paisagem, a estabilidade
geológica, a biodiversidade, o fluxo gênico de fauna e flora, proteger o solo e assegurar
o bem-estar das populações humanas".

O atual Código Florestal (Lei nº 12.651/12) manteve essa conceituação normativa,
em seu art. 3º, inciso II: como se vê: *"Área de Preservação Permanente – APP: área*
protegida, coberta ou não por vegetação nativa, com a função ambiental de preservar
os recursos hídricos, a paisagem, a estabilidade geológica e a biodiversidade, facilitar
o fluxo gênico de fauna e flora, proteger o solo e assegurar o bem-estar das populações
humanas".

E no artigo 4º, da Lei nº 12.651/12, encontramos as delimitações das Áreas de
Preservação Permanente, como se verifica:

> Art. 4º Considera-se Área de Preservação Permanente, em zonas rurais ou urbanas, para
> os efeitos desta Lei: I – as faixas marginais de qualquer curso d'água natural perene e
> intermitente, excluídos os efêmeros, desde a borda da calha do leito regular, em largura
> mínima de: a) 30 (trinta) metros, para os cursos d'água de menos de 10 (dez) metros de
> largura; b) 50 (cinquenta) metros, para os cursos d'água que tenham de 10 (dez) a 50
> (cinquenta) metros de largura; c) 100 (cem) metros, para os cursos d'água que tenham
> de 50 (cinquenta) a 200 (duzentos) metros de largura; d) 200 (duzentos) metros, para os
> cursos d'água que tenham de 200 (duzentos) a 600 (seiscentos) metros de largura; e) 500
> (quinhentos) metros, para os cursos d'água que tenham largura superior a 600 (seiscentos)
> metros; II – as áreas no entorno dos lagos e lagoas naturais, em faixa com largura mínima
> de: a) 100 (cem) metros, em zonas rurais, exceto para o corpo d'água com até 20 (vinte)
> hectares de superfície, cuja faixa marginal será de 50 (cinquenta) metros; b) 30 (trinta)
> metros, em zonas urbanas; III – as áreas no entorno dos reservatórios d'água artificiais,
> decorrentes de barramento ou represamento de cursos d'água naturais, na faixa definida

---

[419] Art. 1º, §2º, II, da Lei nº 4.771/65, com redação dada pela Medida Provisória nº 2.166-67/2001.

na licença ambiental do empreendimento; IV – as áreas no entorno das nascentes e dos olhos d'água perenes, qualquer que seja sua situação topográfica, no raio mínimo de 50 (cinquenta) metros; V – as encostas ou partes destas com declividade superior a 45º, equivalente a 100% (cem por cento) na linha de maior declive; VI – as restingas, como fixadoras de dunas ou estabilizadoras de mangues; VII – os manguezais, em toda a sua extensão; VIII – as bordas dos tabuleiros ou chapadas, até a linha de ruptura do relevo, em faixa nunca inferior a 100 (cem) metros em projeções horizontais; IX – no topo de morros, montes, montanhas e serras, com altura mínima de 100 (cem) metros e inclinação média maior que 25º, as áreas delimitadas a partir da curva de nível correspondente a 2/3 (dois terços) da altura mínima da elevação sempre em relação à base, sendo esta definida pelo plano horizontal determinado por planície ou espelho d'água adjacente ou, nos relevos ondulados, pela cota do ponto de sela mais próximo da elevação; X – as áreas em altitude superior a 1.800 (mil e oitocentos) metros, qualquer que seja a vegetação; XI – em veredas, a faixa marginal, em projeção horizontal, com largura mínima de 50 (cinquenta) metros, a partir do espaço permanentemente brejoso e encharcado.

Porém, nem tudo é perfeito. A Lei nº 12.651/12 dá os efeitos para "área de preservação permanente" tanto para as zonas rurais, quanto urbanas. E esse é um grande equívoco. A proteção dada para as áreas de preservação permanente nas áreas rurais tem um viés ecológico, de equilíbrio, de manutenção de espécies, proteção das águas, plantas e animais. Na área urbana, a proteção deve ser dada às pessoas, ao ser humano, em face das áreas consideradas de risco. As áreas a serem preservadas no meio urbano deve atender os protocolos de defesa civil. Pois, inimaginável edificar uma cidade sem alterar o meio ambiente, com a projeção de estradas, pontes, viadutos etc. Todavia, a ocupação humana deverá ter restrições em face do risco iminente, seja de inundações, deslizamentos, alterações de marés etc.

A problemática é tão grave que pequenas cidades estão ameaçadas por inúmeros embargos de construções. Pois, os municípios que possuem rios ou córregos no meio do aglomerado urbano não podem ter mais edificações nessas áreas, sob pena do agente público que concedeu o alvará de construção ser responsabilizado penal, civil e administrativamente.

A Lei nº 12.651/12, em seu projeto de lei aprovado no Congresso, continha a previsão da seguinte redação revogada, no §8º, do art. 4º: "*§8º No caso de áreas urbanas e regiões metropolitanas, observar-se-á o disposto nos respectivos Planos Diretores e Leis Municipais de Uso do Solo*".

A justificativa do veto dos §§7º e 8º, do art. 4º, da Lei 12.651/12, foi a seguinte: "*Conforme aprovados pelo Congresso Nacional, tais dispositivos permitem que a definição da largura da faixa de passagem de inundação, em áreas urbanas e regiões metropolitanas, bem como as áreas de preservação permanente, sejam estabelecidas pelos planos diretores e leis municipais de uso do solo, ouvidos os conselhos estaduais e municipais de meio ambiente. Trata-se de grave retrocesso à luz da legislação em vigor, ao dispensar, em regra, a necessidade da observância dos critérios mínimos de proteção, que são essenciais para a prevenção de desastres naturais e proteção da infraestrutura*" (Mensagem de veto de dispositivos da Lei nº 12.651/12).

Mesmo após o veto do §8º, do art. 4º, da Lei nº 12.651/12, tentou-se delegar aos municípios a competência para se definir quais seriam as áreas consideradas de preservação permanente no meio urbano. Foi através da Medida Provisória nº 571, de 25 de maio de 2012. A MP nº 571/2012 acrescentou nova redação ao art. 4º, da Lei nº 12.651/12, o qual passaria a vigorar acrescido os §§9º e 10:

> §9º Em áreas urbanas, assim entendidas as áreas compreendidas nos perímetros urbanos definidos por lei municipal, e nas regiões metropolitanas e aglomerações urbanas, as faixas marginais de qualquer curso d'água natural que delimitem as áreas da faixa de passagem de inundação terão sua largura determinada pelos respectivos Planos Diretores e Leis de Uso do Solo, ouvidos os Conselhos Estaduais e Municipais de Meio Ambiente, sem prejuízo dos limites estabelecidos pelo inciso I do **caput**.
>
> §10. No caso de áreas urbanas, assim entendidas as compreendidas nos perímetros urbanos definidos por lei municipal, e nas regiões metropolitanas e aglomerações urbanas, observar-se-á o disposto nos respectivos Planos Diretores e Leis Municipais de Uso do Solo, sem prejuízo do disposto nos incisos do **caput**.

Todavia, a Medida Provisória nº 571/2012 foi convertida na Lei nº 12.727, de 17 de outubro de 2012, e durante o processo legislativo, sofreu novas alterações, vetando-se o §9º, do art. 4º, da Lei nº 12.651/12.[420]

O problema das áreas de preservação permanente chegou ao Superior Tribunal de Justiça, no julgamento do Recurso Especial 1.518.490/SC, cuja ementa segue:

> A proteção ao meio ambiente integra axiologicamente o ordenamento jurídico brasileiro, sua preservação pelas normas infraconstitucionais deve respeitar a teleologia da Constituição Federal. Dessa forma, o ordenamento jurídico deve ser interpretado de forma sistêmica e harmônica, por meio da técnica da interpretação corretiva, conciliando os institutos em busca do interesse público primário. 3. Na espécie, a antinomia entre a Lei de Parcelamento do Solo Urbano (Lei n. 6.766/1979) e o Código Florestal (Lei n. 4.771/1965) é apenas aparente, pois a primeira impinge um reforço normativo à segunda, intensificando o mínimo protetivo às margens dos cursos de água. 5. A Lei n. 4.771/1965, ao excepcionar os casos de construções em área urbana (art. 2º, parágrafo único), condiciona a hipótese de exceção a escorreita observância dos princípios e limites insculpidos no Código. 6. A proteção marginal dos cursos de água, em toda sua extensão, possui importante papel de proteção contra o assoreamento. O Código Florestal (Lei n. 4.771/1965) tutela em maior extensão e profundidade o bem jurídico do meio ambiente, logo, é a norma específica a ser observada na espécie. (STJ, REsp 1.518.490 – SC (2015/0047822-0), 2ª T. Rel. Min. Og Fernandes, *DJe* 15/10/2018)

---

[420] É proposta, ainda, no art. 4º, a inclusão dos parágrafos 9º e 10, com a finalidade de garantir que os Planos Diretores e Leis de Uso do Solo em áreas urbanas respeitem os limites de proteção às margens dos cursos d'água, reduzindo o potencial de conflito entre a legislação municipal e a federal. Tais dispositivos visam a suprir vetos aos §§7º e 8º do texto aprovado pelo Congresso, cujo conteúdo se mostrava excessivamente permissivo e capaz de gerar grave retrocesso à luz da legislação em vigor, ao dispensar, em regra, a necessidade da observância dos critérios mínimos de proteção, que são, ademais, essenciais para a prevenção de desastres naturais e proteção da infraestrutura. Sem a observância dos limites estabelecidos no art. 4º, cada ente municipal poderia vir a adotar um critério diferente para definição da largura da faixa de passagem de inundação ou de APP, o que poderia ser inadequado ao permitir a manutenção e ampliação de áreas de risco. EMI nº 0018/2012 MMA/MDA/MAPA/MP/MCTI/MCIDADES/AGU. Brasília, 25 de maio de 2012.

CAPÍTULO IV | 213

Como ponto de partida, o referido julgamento discutiu se caberia ao Código Florestal, norma federal, regular as áreas de preservação permanente (APP) localizadas em áreas urbanas.

Em seu voto, o Ministro Og Fernandes assim fundamentou:

(...) Mediante análise teleológica, compreendo que a Lei de Parcelamento Urbano impingiu reforço normativo à proibição de construção nas margens dos cursos de água, uma vez que indica uma mínima proteção à margem imediata, delegando a legislação específica a possibilidade de ampliar os limites de proteção. Ademais, sob o vértice da especificidade, percebo que a própria Lei n. 6.766/1979 – cuja finalidade é estabelecer critérios para o loteamento urbano – reconhece não ser a sua especificidade a proteção ambiental dos cursos de água, razão pela qual indica a possibilidade da legislação específica impor maior restrição do que a referida norma. (...) Dessa forma, considero que o Código Florestal é mais específico, no que atine à proteção dos cursos de água, do que a Lei de Parcelamento de Solo Urbano. Assim sendo, restou interpretar o parágrafo único do art. 2º do referido Código Florestal. É inegável que o dispositivo supracitado indica, nos casos de áreas urbanas, a observância das leis de uso do solo. Entretanto, mediante leitura atenta do diploma legal percebe-se que, ao excepcionar a tutela das edificações, a norma impôs essencial observância aos princípios e limites insculpidos no Código Florestal. Logo, cuida-se de permissão para impor mais restrições ambientais, jamais de salvo-conduto para redução do patamar protetivo. (...) reduzir o tamanho da área de preservação permanente, com base na Lei de Parcelamento do Solo Urbano, afastando a aplicação do Código Florestal, implicaria verdadeiro retrocesso em matéria ambiental. (...)

Em resumo, no acórdão, a 2ª Turma do Superior Tribunal de Justiça deu parcial provimento ao recurso interposto pelo Instituto Brasileiro do Meio Ambiente e dos Recursos Naturais Renováveis (IBAMA) para que fosse respeitado o limite de 50 m de APP previsto no antigo Código Florestal (Lei nº 4.771/65), vigente à época dos fatos, objetivando recuperar uma área de Mata Atlântica ocupada ilegalmente. O acórdão reformou a decisão do Tribunal Regional Federal da 4ª Região, que havia mantido a sentença de origem, a qual delimitava a recuperação da APP ao limite de 15 m, a contar do curso de água, justificando a metragem com base na Lei de Uso e Parcelamento do Solo Urbano (Lei nº 6.766/79).

Em fevereiro de 2018, o Supremo Tribunal Federal[421] retomou o julgamento conjunto das cinco ações que discutiam dispositivos do novo Código Florestal (Lei 12.651/2012): a Ação Declaratória de Constitucionalidade (ADC) 42 e as Ações Diretas de Inconstitucionalidade (ADIs) 4901, 4902, 4903 e 4937. A análise foi reiniciada com o voto do ministro Alexandre de Moraes, que acompanhou o relator, ministro Luiz Fux, nos pontos por ele considerados constitucionais, entre eles o mecanismo da Cota de Reserva Ambiental (CRA) e da regra que admite o cômputo das Áreas de Preservação Permanente (APP) no cálculo da Reserva Legal do imóvel. Moraes divergiu, porém,

---

[421] Disponível no *site* do Supremo Tribunal Federal, para consulta e *download*, na aba Boletim Acórdãos Publicados, agosto de 2019. A publicação apresenta as principais teses e fundamentos firmados pela Corte quando do julgamento do Código Florestal. O tema foi abordado no julgamento conjunto da Ação Declaratória de Constitucionalidade (ADC) 42 e das Ações Diretas de Inconstitucionalidade (ADIs) 4901, 4902, 4903 e 4937, concluído em fevereiro de 2018.

em quatro pontos considerados inconstitucionais por Fux ou aos quais o relator deu interpretação conforme a Constituição Federal.

O debate não se esgota aqui, longe disso. A própria doutrina é divergente quanto à aplicabilidade das regras de delimitação das áreas de preservação permanente previstas no art. 4º, da Lei nº 12.651/12 para as áreas urbanas. Esse tema é de fundamental importância para ser discutido no Congresso Nacional, juntamente com os gestores municipais, urbanistas, membros da sociedade civil, e todos aqueles que tenham interesse na solução do problema para encontrar um caminho viável para essa problemática. Há que se discutir no mínimo se a existência de áreas consolidadas, onde se possa construir ou reconstruir edificações, a fim de dar segurança jurídica aos afetados diretamente pelas APP urbanas.

Em rápida digressão, vimos que o Código Florestal de 1934 (Decreto nº 23.793/34) não apresentou delimitações das áreas de preservação permanente. Somente definiu que determinadas florestas poderiam ser consideradas de preservação permanente. Posteriormente, o Código Florestal de 1965 (Lei nº 4.771/65), pela primeira vez, delimitou as áreas de preservação permanente, no seu artigo 2º, sendo consideradas APP a faixa marginal ao longo dos rios ou de qualquer outro curso d'água de 5 (cinco) metros para os rios de menos de 10 (dez) metros de largura, ou igual à metade da largura dos cursos que meçam de 10 (dez) a 200 (duzentos) metros de distância entre as margens.

Todos os municípios que tiveram crescimento populacional e foram planejados para a expansão urbana se ativeram às regras da lei vigente a época. Ou seja, os municípios que tiveram loteamento ou empreendimentos habitacionais antes de 1965 respeitaram os respectivos planos diretores. Os municípios que foram planejados com empreendimentos depois de 1965 respeitaram as regras do art. 2º da Lei nº 4.771/65.

Destaca-se que entre 1965 e 1986, ocorreu a edição da Lei nº 6.766, de 19 de dezembro de 1979 (a qual dispõe sobre o Parcelamento do Solo Urbano e dá outras providências), a qual definiu em seu art. 4º, inciso III, que nos novos loteamentos, ao longo das águas correntes e dormentes e das faixas de domínio público das rodovias, ferrovias e dutos, seria obrigatória a reserva de uma faixa *non aedificandi* de 15 (quinze) metros de cada lado, salvo maiores exigências da legislação específica.

A delimitação inicial do Código Florestal permaneceu até 1986, quando então o art. 2º, da Lei nº 4.771/65, recebeu alteração da Lei nº 7.511/86, delimitando as áreas de preservação permanente, a faixa marginal ao longo dos rios ou de outro qualquer curso d'água de 30 (trinta) metros para os rios de menos de 10 (dez) metros de largura, ou de 50 (cinquenta) metros para os cursos d'água que tenham de 10 (dez) a 50 (cinquenta) metros de largura.

Norma/Ano	Largura do curso d'água	Faixa Marginal
Dec. nº 23.793/1934	Não definiu	Não definiu
Lei nº 4.771/1965	Até 5m	10m
Lei nº 6.766/1979	Não atribuiu	15m
Lei nº 7.511/1986	Até 10m	30m
Lei nº 7.803/1989	Até 10m	30m
Lei nº 12.651/2012	Até 10m	30m

Portanto, não se pode pensar na urbanização de uma cidade sem olhar de forma sistêmica e harmônica paras as normas que regem não só a proteção do meio ambiente, mas também as que afetam as pessoas. O grande impacto em relação à aplicação cega das delimitações das áreas de preservação permanente previstas no art. 4º, da Lei nº 12.651/12, nas áreas urbanas, sem realizar um estudo histórico de ocupação, é um verdadeiro desrespeito às pessoas que confiaram na lei, principalmente por não respeitar as áreas urbanas já consolidadas.

Por sinal, as áreas de preservação permanente rurais tiveram uma regra de transição e se respeitou a consolidação das já ocupadas antes da vigência do Decreto nº 6.514/08, com as adequações previstas nos arts. 66, 67 e 68, da Lei nº 12.651/12. Por isso a necessidade de se manter o debate aberto, a fim de buscar a adequação da norma à realidade social.

A doutrina é convergente em alguns pontos. Na visão de Antunes (2017)[422] caberia ao município, através de seu plano diretor, delimitar as áreas de preservação permanente, tendo por base a competência atribuída pela Carta Magna, pois segundo ele *é por meio de normas urbanísticas que se protege o meio ambiente urbano, como se pode inferir das disposições contidas na Constituição Federal. Compete à União estabelecer normas gerais sobre urbanismo e política urbana, tal como definido pelos artigos 182 e 183 da Constituição Federal. No uso de suas competências constitucionais, o legislador ordinário editou a Lei nº 10.257, de 10 de julho de 2001, conhecida como Estatuto das Cidades, a qual é norma geral aplicável aos Municípios, que deverão observá-la quando da elaboração e implementação de suas normas próprias.*

Nesse sentido, após tramitar no Senado Federal o Projeto de Lei n. 1869/2021, este foi aprovado e convertido na **Lei nº 14.285, de 29 de dezembro de 2021**.

Dentre as alterações, a nova lei acrescenta o conceito de área urbana consolidada, acrescendo, para tanto, o inciso XXVI, no art. 3º, da Lei nº 12.651/2012, a saber:

Art. 2º A Lei nº 12.651, de 25 de maio de 2012, passa a vigorar com as seguintes alterações: 'Art. 3º (...) **XXVI – área urbana consolidada: aquela que atende os seguintes critérios:** a) estar incluída no perímetro urbano ou em zona urbana pelo plano diretor ou por lei municipal específica; b) dispor de sistema viário implantado; c) estar organizada em quadras e lotes predominantemente edificados; d) apresentar uso predominantemente urbano, caracterizado pela existência de edificações residenciais, comerciais, industriais, institucionais, mistas ou direcionadas à prestação de serviços; e) dispor de, no mínimo, 2 (dois) dos seguintes equipamentos de infraestrutura urbana implantados: 1. drenagem de águas pluviais; 2. esgotamento sanitário; 3. abastecimento de água potável; 4. distribuição de energia elétrica e iluminação pública; e 5. limpeza urbana, coleta e manejo de resíduos sólidos'. (grifei).

No mesmo sentido, dá nova redação ao §10, do art. 4º, da Lei nº 12.651/2012, conforme se observa:

Art. 4º (...) §10. **Em áreas urbanas consolidadas**, ouvidos os conselhos estaduais, municipais ou distrital de meio ambiente, lei municipal ou distrital poderá definir faixas marginais

---

[422] ANTUNES, Paulo de Bessa. *Direito ambiental*. 19. ed. rev. e atual. São Paulo: Atlas, 2017. p. 703.

distintas daquelas estabelecidas no inciso I do **caput** deste artigo, com regras que estabeleçam: I – a não ocupação de áreas com risco de desastres; II – a observância das diretrizes do plano de recursos hídricos, do plano de bacia, do plano de drenagem ou do plano de saneamento básico, se houver; e III – a previsão de que as atividades ou os empreendimentos a serem instalados nas áreas de preservação permanente urbanas devem observar os casos de utilidade pública, de interesse social ou de baixo impacto ambiental fixados nesta Lei. (NR) (grifei)

Verifica-se que a nova lei visa respeitar as áreas urbanas consolidadas pela ocupação urbana, que ora muito preocupam gestores, proprietários, empreendedores e órgãos de licenciamento e fiscalização. A segurança jurídica é essencial para pacificar esses conflitos atinentes às áreas de preservação permanentes urbanas.

Ademais, não podemos esquecer que a ocupação urbana desordenada inegavelmente causará descaracterização dos cursos d'águas. E assim, observa com cautela Yara Maria Gomide Gouvêa (2013,[423] p. 74, *apud* MILARÉ, 2015[424]): *"evidentemente, considerando as disposições da Lei Florestal, há uma presunção legal de que as faixas ou locais que se constituem em Áreas de Preservação Permanente elencadas no art. 4º se destinam a garantir o cumprimento da função ambiental estabelecida. Entretanto, a partir da inclusão, na lei, da definição da função a que se destina a APP, seu objetivo não pode mais ser ignorado. É princípio elementar de hermenêutica que a lei não contém palavras desnecessárias e que não se deve interpretar isoladamente os dispositivos de uma norma legal. Não bastaria, portanto, a mera constatação da obediência à metragem de uma faixa, ou da localização de um imóvel para comprovação do cumprimento da lei, mas se faz necessária, também, a existência da possibilidade do desempenho da função ambiental estabelecida para APP e seu efetivo cumprimento, quando possível"*.

Portanto, seguimos o entendimento de Antunes (2017),[425] o qual disserta que *parece evidente que o Código Florestal tem uma destinação específica, que é de servir para regular as atividades florestais e rurais, não se destinando às áreas urbanas.*

4.7 Das espécies protegidas

Como vimos anteriormente o Brasil é signatário da Convenção sobre o Comércio Internacional das Espécies da Flora e Fauna Selvagens em Perigo de Extinção – CITES. O acordo foi aprovado pelo Decreto Legislativo nº 54, de 25 de junho de 1975, com as alterações dadas pela emenda ao art. XXI da Convenção sobre o Comércio Internacional das Espécies da Fauna e Flora Selvagem em Perigo de Extinção, de 1973 (cujo texto foi aprovado pelo Decreto Legislativo nº 35, de 5 de dezembro de 1985). O Decreto nº 92.446/1986 promulgou a Emenda ao Artigo XXI da Convenção sobre o Comércio Internacional das Espécies da Fauna e da Flora em Perigo de Extinção. E o Decreto nº 3.607/2000 dispõe sobre a implementação da Convenção sobre Comércio Internacional das Espécies da Flora e Fauna Selvagens em Perigo de Extinção – CITES, e dá outras providências.

---

[423] Comentários ao art. 3º, II da Lei nº 12.651/2012. *In*: MILARÉ, Édis; MACHADO, Paulo Affonso Leme (coords.). *Novo Código Florestal*: comentários à Lei 12.651, de 25 de maio de 2012, à Lei 12.727, de 17 de outubro de 2012 e do Decreto 7.830, de 17 de outubro de 2012. 2. ed. São Paulo: Ed. RT, 2013. p. 74.

[424] MILARÉ, Édis. *Direito do ambiente*. 10. ed. rev., atual. e ampl. São Paulo: Editora Revista dos Tribunais, 2015. p. 1324.

[425] ANTUNES, Paulo de Bessa. *Direito ambiental*. 19. ed. rev. e atual. São Paulo: Atlas, 2017. p. 706.

Por tudo isso, o Ministério do Meio Ambiente editou a Portaria MMA nº 43, de 31 de janeiro de 2014, com o fim de instituir o Programa Nacional de Conservação das Espécies Ameaçadas de Extinção – Pró-Espécies, com o objetivo de adotar ações de prevenção, conservação, manejo e gestão, com vistas a minimizar as ameaças e o risco de extinção de espécies.

Em consequência, o Ministério do Meio Ambiente editou a Portaria MMA nº 443, de 17 de dezembro de 2014, onde reconhece como espécies da flora brasileira ameaçadas de extinção aquelas constantes da "Lista Nacional Oficial de Espécies da Flora Ameaçadas de Extinção" – Lista, conforme Anexo à presente Portaria, que inclui o grau de risco de extinção de cada espécie, em observância aos arts. 6º e 7º, da Portaria nº 43, de 31 de janeiro de 2014.

Nota-se que, embora a Portaria MMA nº 443/2014, em seu art. 2º, classifique as espécies constantes da Lista classificadas nas categorias Extintas na Natureza (EW), Criticamente em Perigo (CR), Em Perigo (EN) e Vulnerável (VU) ficam protegidas de modo integral, incluindo a proibição de coleta, corte, transporte, armazenamento, manejo, beneficiamento e comercialização.

Então, temos a lista da Convenção sobre o Comércio Internacional das Espécies da Flora e Fauna Selvagens em Perigo de Extinção – CITES, e a Lista Nacional Oficial de Espécies da Fauna Ameaçadas de Extinção. Ambas possuem a identificação de espécies que necessitam de proteção do Estado, motivo pelo qual há a agravante (art. 15, II, alínea "q", da Lei nº 9.605/98) e o aumento de multa (art. 60, inciso II, do Decreto nº 6.514/08), para as infrações que afetem seus indivíduos.

4.8 Medição de produtos da flora nativa426

O artigo 25, da Lei nº 9.605/98, prevê que, ao se verificar a infração penal, serão apreendidos seus produtos e instrumentos, lavrando-se os respectivos autos. Sendo específico no seu parágrafo terceiro, que se tratando de produtos perecíveis ou madeiras, serão estes avaliados e doados a instituições científicas, hospitalares, penais e outras com fins beneficentes.

Como se verifica, o volume dos produtos florestais nativos apreendidos se constitui materialidade da infração penal, e, portanto, necessária à sua aferição. E ao ser apreendido, o volume correto deverá ser destinado, nos termos da lei. A aferição neste caso serve, também, para oportunizar o contraditório e a ampla defesa, pois pode haver produtos florestais nativos com origem lícita e que em tese podem estar alheios a infração penal em apuração.

No âmbito administrativo, o Decreto nº 6.514/08 prevê que multa terá por base a unidade, hectare, metro cúbico, quilograma, metro de carvão-mdc, estéreo, metro quadrado, dúzia, estipe, cento, milheiros ou outra medida pertinente, de acordo com o objeto jurídico lesado (art. 8º).

Como exemplo de infrações administrativas aplicáveis tendo por base o metro cúbico do produto florestal nativo lesado, temos:

---

[426] INSTITUTO BRASILEIRO DO MEIO AMBIENTE E DOS RECURSOS NATURAIS RENOVÁVEIS – IBAMA. *Manual de Fiscalização*. 2. ed. Brasília: Coordenação Geral de Fiscalização Ambiental (CGFIS), 2007. p. 124-136.

Art. 44. Cortar árvores em área considerada de preservação permanente ou cuja espécie seja especialmente protegida, sem permissão da autoridade competente: Multa de R$5.000,00 (cinco mil reais) a R$20.000,00 (vinte mil reais) por hectare ou fração, ou **R$500,00 (quinhentos reais) por** árvore, **metro cúbico** ou fração.

Art. 47. Receber ou adquirir, para fins comerciais ou industriais, madeira serrada ou em tora, lenha, carvão ou outros produtos de origem vegetal, sem exigir a exibição de licença do vendedor, outorgada pela autoridade competente, e sem munir-se da via que deverá acompanhar o produto até final beneficiamento: **Multa de R$300,00 (trezentos reais) por** unidade, estéreo, quilo, mdc ou **metro cúbico aferido pelo método geométrico**.

Art. 53. Explorar ou danificar floresta ou qualquer tipo de vegetação nativa ou de espécies nativas plantadas, localizada fora de área de reserva legal averbada, de domínio público ou privado, sem aprovação prévia do órgão ambiental competente ou em desacordo com a concedida: **Multa de R$300,00 (trezentos reais), por** hectare ou fração, ou por unidade, estéreo, quilo, mdc ou **metro cúbico**. (grifei)

Como vimos, o volume aferido importará diretamente no valor final da multa administrativa. Para tanto, entender como são aferidos os volumes de produtos florestais nativos é de fundamental importância, sejam brutos ou processados, tais como: madeira em tora; torete; poste não imunizado; escoramento; estaca e mourão; acha e lasca nas fases de extração/fornecimento; lenha; palmito; xaxim; entre outros.

O Decreto Federal nº 6.514/08, em seu art. 47, determina que o método de aferição dos produtos florestais nativos seja o geométrico.

4.8.1 Método geométrico

a. Cubagem de madeira em tora

Na sequência, apresentaremos o método geométrico utilizado pelo IBAMA, para se obter o volume real da madeira, quer seja em toras regulares, quer seja irregulares, utilizando a fórmula de Smalian.

b. Volume de tora regular

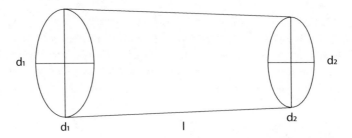

Fórmula: $V = \frac{\pi}{4} \times d^2 \times l$

Onde:
V = Volume de madeira expresso em metros cúbicos
d_1 = Diâmetro da base (extremidade mais grossa)
d_2 = Diâmetro do topo (extremidade mais fina)
l = Comprimento da tora

0,7854   constante = $\frac{\pi}{4}$

dm² = Diâmetro médio ao quadrado = d^2
Exemplo de cubagem de uma tora regular
d_1 (diâmetro da base) = 57 cm
d_2 (diâmetro do topo) = 35 cm
dm (diâmetro médio) = $\frac{d1 + d2}{2}$
l (comprimento)   = 7 m

dm = $\frac{57 + 35}{2}$ = $\frac{92}{2}$ = 46 cm

dm = 0,46 m

Aplicando a fórmula, temos:

V = 0,7854 × (0,46)2 × 7
V = 0,7854 × 0,211 m × 7,00 m   V = 1,160 m³

O volume da tora cubada é de 1,160 m³.

c. Volume de tora irregular

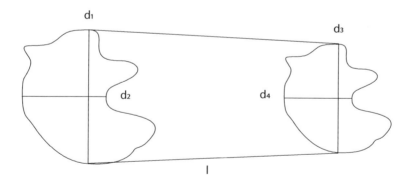

Exemplo:

d1 = 55 cm d4 = 25 cm
d2 = 35 cm l = 6,00 m
d3 = 32 cm
dm = $\frac{55 + 35 + 32 + 25}{4}$ = $\frac{147}{4}$ = 36,75 cm = 0,367 m
V = 0,7854 × (0,367)² × 6,00
V = 0,7854 × (0,367 × 0,367) × 6,00

$V = 0,7854 \times 0,134 \text{ m}^2 \times 6,00$
$V = 0,631 \text{ m}^3$

O volume da tora é de 0,631 m³

4.8.2 Método Frankon ou cubagem ao quarto

É o método utilizado no comércio brasileiro para se obter o volume da madeira.

Fórmula:

$$V = \frac{c^2}{16} \times l$$

Onde:
V = Volume de madeira expresso em metros cúbicos
c = Circunferência medida no meio do comprimento da tora
l = Comprimento da tora

O Método Geométrico pode ser transformado em Frankon e vice-versa, utilizando-se os seguintes procedimentos:

GEOMÉTRICO para FRANKON: multiplica-se pela constante 0,7854
FRANKON para GEOMÉTRICO: multiplica-se pela constante 1,2736

A diferença entre os dois métodos é de, aproximadamente, 20% (vinte por cento). Exemplo:
Uma tora cubada pelo método geométrico, cujo volume seja de 1,160 m³, quando multiplicado pela constante 0,7854 (Frankon) o volume será de, aproximadamente, 0,911 m³ que corresponde ao volume da tora cubada pelo método Frankon.

Ressalva: O volume de madeira encontrado no método Frankon não corresponde ao volume real da tora cubada, ou seja, é menor. Este método não é adotado pelo IBAMA, tendo em vista que o volume cubado é menor do que o volume encontrado pelo método geométrico. A cubagem pelo Método Frankon só é possível se a tora estiver em local/posição em que possa ser medida a circunferência na sua parte central do comprimento.

4.8.3 Cubagem de madeira serrada ou laminada

O volume de uma tábua é encontrado utilizando-se os seguintes procedimentos:

Fórmula:
$V = e \times lg \times l$

Onde:
e = espessura
lg = largura
l = comprimento

Exemplo:

e = 2,54 cm = 0,0254 m
lg = 17,0 cm = 0,17 m
l = 4,20 m

Utilizando a fórmula:

V = 0,0254 × 0,17 × 4,20
V = 0,018 m³

O volume da tábua é de 0,018 m³.

4.8.4 Cubagem de lenha

a. Medida da lenha

A Unidade de medida utilizada para estes produtos é sempre o estéreo (st). Estéreo (st) é uma unidade de volume obtida por um sistema simples de empilhamento de madeira, com vãos, decorrentes da tortuosidade das peças.

O volume de lenha é encontrado medindo-se a altura, o comprimento e a altura, multiplicando-se o valor entre si.

Fórmula:
$$V = l \times lg \times h$$

Onde:

l = comprimento
lg = largura
h = altura

Exemplo:

l = 1 m
lg = 1 m
h = 1 m
V = 1 m × 1 m × 1 m = 1,00 m³.

Considerando que o volume de lenha encontrado não é exatamente em metro cúbico e sim igual a 1,0 estéreo (st), devido aos espaços vazios entre os toretes, usa-se um percentual de 30% (trinta por cento) para estabelecer a cubagem de metro cúbico para estéreo, assim 1,0st = 0,70 m³.

b. Cubagem de lenha em caminhão

Fórmula:
$$V = l \times lg \times h$$

Onde:
l = comprimento da carroceria
lg = largura da carroceria
h = altura da lenha

Exemplo:

l = 6,00 m
lg = 2,30 m
h = 2,50 m

Aplicando a fórmula, temos: V = 5,30 × 2,40 × 1,8   V = 22,89 st

O volume da lenha é de 22,89 st.

COEFICIENTE DE CONVERSÃO: lenha 1st = 0,70 m³
De estéreo para metro cúbico = multiplicar por 0,7.
De metro cúbico para estéreo = dividir por 0,7.

c. Carvão Vegetal

Para se determinar o volume de carvão vegetal nativo, utiliza-se as seguintes constantes:
1 Mdc = 255 kg
1 Mdc = 7 sacos
1 Mdc = 3,05 estéreos de carvão
1 Mdc = 1 m³

5   Das infrações contra a flora

Inicialmente, antes de adentrar nas infrações administrativas propriamente, é importante destacar alguns temas de caráter geral que influem na caracterização das infrações contra a flora:

a. Permissão, *"em sentido amplo, designa o ato administrativo unilateral, discricionário e precário, gratuito ou oneroso, pelo qual a Administração Pública faculta ao particular a execução de serviço público ou a utilização privativa de bem público"*.[427]

---

[427] DI PIETRO, Maria Sylvia Zanella. *Direito administrativo*. 32. ed. [2. reimpr.]. Rio de Janeiro: Forense, 2019, p. 265.

b. Licença *"é o ato administrativo vinculado e definitivo, pelo qual o Poder Público, verificando que o interessado atendeu a todas as exigências legais, faculta-lhe o desempenho de atividades ou realização de fatos materiais antes vedados ao particular (...) resulta de um direito subjetivo do interessado, razão pela qual a Administração não pode negá-la quando o requerente satisfaz a todos os requisitos legais para sua obtenção, e, uma vez expedida, traz a presunção de definitividade"*.[428]

c. Autorização é o *"ato administrativo discricionário, pelo qual se faculta a prática do ato jurídico ou de atividade material, objetivando atender diretamente a interesse público ou privado, respectivamente, de entidade estatal ou de particular, que sem tal outorga seria proibida"*.[429]

d. Princípio da insignificância: para Marcão (2015)[430] o princípio da insignificância *decorre da natureza fragmentária do Direito Penal e do princípio da intervenção mínima que a lei penal somente deverá ser movimentada em face de conduta que proporcionem lesão significativa, de molde a se revelar indispensável a efetiva proteção dos bens juridicamente tutelados. A tipicidade pressupõe lesão efetiva e relevante ao bem jurídico tutelado.*

E o Supremo Tribunal Federal decidiu:

> O princípio da insignificância, vetor interpretativo do tipo penal, é de ser aplicado tendo em conta a realidade brasileira, de modo a evitar que a proteção penal se restrinja aos bens patrimoniais mais valiosos, ordinariamente pertencentes a uma pequena camada da população. A aplicação criteriosa do postulado da insignificância contribui, por um lado, para impedir que a atuação estatal vá além dos limites do razoável no atendimento do interesse público. De outro lado, evita que condutas atentatórias a bens juridicamente protegidos, possivelmente tolerados pelo Estado, afetem a viabilidade da vida em sociedade. (STF, HC 84.424/SP, 1ª T., rel. Min. Carlos Ayres Britto, j. 7-12-2004, *DJU* de 19-11-2004, *RT* 834/477)

Para Milaré (2015)[431] o princípio da insignificância está relacionado *com a necessidade de o julgador, em cada caso, realizar um juízo de ponderação entre o dano causado pelo agente e a pena que lhe será imposta como consequência da intervenção penal do Estado. A análise da questão, tendo em vista o princípio da proporcionalidade, pode justificar a ilegitimidade da intervenção estatal por meio do processo penal.*

Descreve, ainda, Marcão (2015,[432] *apud* LOPES, 2000[433]), que *o princípio da insignificância se ajusta à equidade e correta interpretação do Direito. Por aquela acolhe-se um sentimento de justiça, inspirado nos valores vigentes em uma sociedade, liberando-se o agente, cuja ação, por sua inexpressividade, não chega a atentar contra os valores tutelados pelo Direito Penal. Por esta, se exige uma hermenêutica mais condizente do Direito, que não pode se ater a critérios inflexíveis de exegese, sob pena de se desvirtuar o sentido da própria norma e conduzir a graves injustiças.*

---

[428] MEIRELLES, Hely Lopes. *Direito administrativo brasileiro*. 16. ed. São Paulo: Editora RT, 1991. p. 164.

[429] POMPEU, Cid Tomanik. *Autorização administrativa*. São Paulo: Editora RT, 1992. p. 173.

[430] MARCÃO, Renato. *Crimes ambientais (Anotações e interpretação jurisprudencial da parte criminal da Lei n. 9.605, de 12-2-1998)*. 3. ed. rev. e atual. de acordo com a Lei n. 13.052/2014. São Paulo: Saraiva, 2015. p. 170.

[431] MILARÉ, Édis. *Direito do ambiente*. 10. ed. rev., atual. e ampl. São Paulo: Editora Revista dos Tribunais, 2015. p. 487.

[432] MARCÃO, Renato. *Crimes ambientais (Anotações e interpretação jurisprudencial da parte criminal da Lei n. 9.605, de 12-2-1998)*. 3. ed. rev. e atual. de acordo com a Lei n. 13.052/2014. São Paulo: Saraiva, 2015. p. 170.

[433] LOPES, Maurício Antonio Ribeiro. *Princípio da insignificância do direito penal*. 2. ed. São Paulo: Revista dos Tribunais, 2000. p. 55.

e. Dos procedimentos penais: deve-se observar as infrações penais consideradas de menor potencial ofensivo (art. 61, da Lei nº 9.099/95), onde caberá a lavratura de Termo Circunstanciado. E, como já abordado anteriormente, nos termos do art. 69, da Lei nº 9.099/95, "a autoridade policial que tomar conhecimento da ocorrência **lavrará termo circunstanciado** e o encaminhará imediatamente ao Juizado, com o autor do fato e a vítima, providenciando-se as requisições dos exames periciais necessários". E, ao autor do fato que, após a lavratura do termo, for imediatamente encaminhado ao juizado ou assumir o compromisso de a ele comparecer, não se imporá prisão em flagrante, nem se exigirá fiança (parágrafo único, do art. 69).

Ao aplicar as disposições da Lei nº 9.099/95 para as infrações penais ambientais, a proposta de aplicação imediata de pena restritiva de direitos ou multa, prevista no art. 76, daquela lei especial (Transação Penal), somente poderá ser formulada desde que tenha havido a prévia composição do dano ambiental, de que trata o art. 74 da mesma lei, salvo em caso de comprovada impossibilidade (art. 27, da Lei nº 9.605/98).

E ainda, as disposições do art. 89, da Lei nº 9.099/95 (Suspensão Condicional do Processo), aplicam-se aos crimes de menor potencial ofensivo definidos na Lei nº 9.605/08, da seguinte forma: (i) a declaração de extinção de punibilidade, de que trata o §5º, do art. 89, da Lei nº 9.099/95, dependerá de laudo de constatação de reparação do dano ambiental, ressalvada a impossibilidade; (ii) na hipótese de o laudo de constatação comprovar não ter sido completa a reparação, o prazo de suspensão do processo será prorrogado, até o período máximo previsto (quatro anos), acrescido de mais um ano, com suspensão do prazo da prescrição; (iii) no período de prorrogação, não se aplicarão as condições dos incisos II, III e IV do §1º do art. 89, da Lei nº 9.099/95; (iv) findo o prazo de prorrogação, proceder-se-á à lavratura de novo laudo de constatação de reparação do dano ambiental, podendo, conforme seu resultado, ser novamente prorrogado o período de suspensão, ou seja 10 anos, observado o disposto no inciso III; e, (v) esgotado o prazo máximo de prorrogação, a declaração de extinção de punibilidade dependerá de laudo de constatação que comprove ter o acusado tomado as providências necessárias à reparação integral do dano.

f. Da reparação do dano: no tocante ao laudo de constatação, Machado (2017)[434] explica que *é ato essencial para a aplicação dos benefícios pretendidos. Da atuação capaz e honesta dos especialistas, entre outros, em Ecologia, Biologia, Engenharia Florestal, Bioquímica, Engenharia Ambiental e Sanitária, Patrimônio Histórico e Artístico, dependerá, em parte, a implementação eficaz desse tratamento judicial aos crimes de menor potencial ofensivo na área do meio ambiente.*

O legislador poderia ser mais claro na redação do inciso IV, do art. 28, da Lei nº 9.605/08, a qual traz: "IV – findo o prazo de prorrogação, proceder-se-á à lavratura de novo laudo de constatação de reparação do dano ambiental, podendo, conforme seu resultado, ser novamente prorrogado o período de suspensão, até o máximo previsto no inciso II deste artigo, observado o disposto no inciso III". Pois, ao intérprete pode-se concluir erroneamente que o prazo pode ser novamente prorrogado para a comprovação

---

[434] MACHADO, Paulo Affonso Leme. *Direito ambiental brasileiro.* 25. ed. rev. ampl. e atual. São Paulo: Malheiros, 2017. p. 899.

da reparação do dano. Poderia definir textualmente um prazo a ser novamente prorrogado, por mais "um ano", "dois anos" etc.

g. Da denúncia e a ação penal: "A inexistência absoluta de elementos hábeis a descrever a relação entre os fatos delituosos e a autoria ofende o princípio constitucional da ampla defesa, tornando inepta a denúncia" (STJ, HC 48.276/MT, 5ª T., rel. Min. Gilson Dipp, j. 4-5-2006, *DJ* de 29-5-2006, p. 273).

"Ocorre a inépcia da denúncia se não restou claro de sua narração a prática de crime. Admissível o trancamento da ação penal, se ficou evidenciada que a denúncia era inepta" (TJMG, HC 1.0000.08.469668-1/000, 2ª CCrim, rel. Des. José Antonino Baía Borges, j. 3-4-2008).

"É inepta a exordial acusatória que não permite a necessária adequação típica de imputação fática" (STJ, Resp. 331.929/SP, 5ª T., rel. Min. Félix Fischer, j. 17-9-2002, DJ de 14-10-2002, p. 250).

h. Da competência: seguindo o ensinamento de Nucci (2016),[435] a competência para processar e julgar as infrações penais ambientais contra a flora *pode ser da Justiça Estadual ou Federal. Depende de qual ente estatal administra a Unidade de Conservação ou é o responsável por determinada área ocupada pela flora. Se for o Município ou o Estado-membro e suas autarquias ou fundações, a competência é da Justiça Estadual. Caso seja a União, suas autarquias ou fundações públicas, cabe à Justiça Federal.*

Com o advento da Lei nº 9.605/98, que dispõe sobre os crimes ambientais, mas não estabelece onde tramitarão as respectivas ações penais, a definição da competência se dá com a verificação da existência, na prática tida como delituosa, de lesão a bens, serviço ou interesse da União, com aplicação do contido no artigo 109, IV, da Constituição Federal. (STJ, HC 31.109/MG, 6ª T., rel. Paulo Gallotti, j. 25-6-2004, *DJ* de 26-3-2007, p. 285)

O critério de definição da competência da Justiça Federal está ligado a questões que poderiam afetar interesses federais, englobando, neste conceito, o estabelecido pela Constituição Federal, no art. 109, inciso IV, competindo-lhe, assim, o julgamento das infrações penais perpetradas em detrimento de bens, serviços ou interesse da União ou de suas entidades autárquicas ou empresas públicas. (STJ, HC 47.364/SC, 6ª T., rel. Min. Hélio Quaglia Barbosa, j. 4-4-2006, DJ de 4-9-2006, p. 331)

O fato de os delitos compreenderem lesão à vegetação de Mata Atlântica não torna a demanda afeita à Justiça Federal. Não havendo lesão de bens, serviços ou interesses da União ou das suas autarquias ou empresas públicas, compete à Justiça Estadual a apreciação dos crimes ambientais. (TRF, 4ª R., RSE 2007.72.08.002328-0/SC, 8ª T., rel. Des. Paulo Afonso Brum Vaz, j. 18-6-2008, *DE* de 2-7-2008)

Consoante remanosa jurisprudência, a circunstância de integrar a flores atingida a Mata Atlântica, e de caber ao IBAMA a fiscalização dos recursos naturais, não tem o condão de atrair a competência da Justiça Federal, nos termos preconizados pelo art. 109, IV, da CF/88. (TRF, 4ª R., ApCrim 2005.71.00.045327-6/RS, 8ª T., rel. Des. Élcio Pinheiro de Castro, j. 22-4-2009, *DE* de 29-4-2009)

---

[435] NUCCI, Guilherme de Souza. *Leis penais e processuais penais comentadas.* 9. ed. rev., atual. e ampl. Rio de Janeiro: Forense, 2016. p. 624. v. 2.

5.1 Das infrações administrativas contra a flora em espécie

A seguir debateremos as infrações administrativas contra a flora em espécie, bem como verificaremos a sua correlação com os tipos penais existentes.

5.1.1 Destruir ou danificar florestas ou demais formas de vegetação natural ou utilizá-las com infringência das normas de proteção em área considerada de preservação permanente, sem autorização do órgão competente, quando exigível, ou em desacordo com a obtida

A conduta típica descrita no artigo 43, *caput*, do Decreto nº 6.514/08 e seguindo os conceitos de Carlos Ernani Constantino (2002),[436] *destruir significa eliminar (por completo), devastar, desintegrar, arruinar totalmente, fazer com que o bem deixe de existir em sua individualidade substancial. Danificar quer dizer causar um dano ou estrago parcial. Utilizar é fazer uso ou emprego de.*

Destaca-se que esta infração se refere às situações em que se permite a supressão de vegetação nativa em área de preservação permanente, nos termos do art. 8º, da Lei nº 12.651/12 (Código Florestal),[437] e não atendidas suas exigências.

Sobre o conceito e caracterização de área de preservação permanente vide o item 4.6. E, para rever o conceito e caracterização de floresta vide o item 4.1.

A infração administrativa se configura ao realizar as condutas previstas no art. 43, "destruir ou danificar", ou "utilizá-las com infringência das normas de proteção", que podem estar contidas no Código Florestal ou em outras leis ou regulamentos. E sendo assim, Prado (2016)[438] explica que *"por destruir entende-se fazer desaparecer, aniquilar, desfazer; danificar significa deteriorar, produzir dano, inutilizar"*. E a utilização a que se refere tal conduta consiste *"no ato de servir-se ou tirar proveito da floresta considerada de preservação permanente de forma indevida, em desconformidade com os preceitos protetivos (norma penal em branco)"*.

Flagrada a conduta descrita no artigo 43, do Dec. nº 6.514/08, o agente fiscal precisa adotar as providências legais previstas, a fim de iniciar a apuração da responsabilidade dos envolvidos, oportunizando a ampla defesa e o contraditório, com amparo nos termos do artigo 70, da Lei nº 9.605/98 e art. 96, do Dec. nº 6.514/08. Para tanto, sugere-se:

a) A descrição do auto de infração: A descrição da conduta precisa ter elementos mínimos que caracterizem a infração, para que a autoridade administrativa julgadora tenha convicção da materialidade (art. 97).

Exemplo de descrição a constar no auto de infração: *"**Destruir ou danificar florestas ou demais formas de vegetação natural ou utilizá-las com infringência das normas de proteção,** (definir a forma, ex.: mediante o corte raso, seletivo de xx árvores, com uso de trator de esteira, etc.), **em área considerada de preservação permanente...** (definir a APP, ex.: estando a floresta em área de nascentes, margem de curso d'água, etc.), **numa área...** (indicar a área*

---

[436] CONSTANTINO, Carlos Ernani. *Delitos ecológicos*: a lei ambiental comentada: artigo por artigo: aspectos penais e processuais penais. 2. ed. São Paulo: Atlas. 2002. p. 143.

[437] Art. 8º A intervenção ou a supressão de vegetação nativa em Área de Preservação Permanente somente ocorrerá nas hipóteses de utilidade pública, de interesse social ou de baixo impacto ambiental previstas nesta Lei.

[438] PRADO, Luiz Regis. *Direito penal do ambiente*. 6. ed. rev., atual. e ampl. São Paulo: Editora Revista dos Tribunais, 2016. p. 236.

em hectare), **sem autorização do órgão competente, quando exigível, ou em desacordo com a obtida** *(definir a situação)"*. Deve-se ter atenção com os verbos nucleares – *destruir, danificar e inutilizar,* importante analisar de fato qual a ação praticada pelo infrator e descrever no auto de infração adequadamente a conduta praticada pelo infrator).

Resultará em multa simples (art. 43, do Dec. nº 6.514/08) prevista de: <u>R$5.000,00 (cinco mil reais) a R$50.000,00 (cinquenta mil reais), por hectare ou fração.</u>

Observar a previsão de aumento da multa a metade, caso a infração seja praticada nas situações previstas no artigo 60, e seus incisos, do Dec. nº 6.514/08.

Para rever o conceito de espécies protegidas vide o *item 4.7.*

Observar os parâmetros adotados pela Instrução Normativa Conjunta nº 2, de 29 de janeiro de 2020, do Ministério do Meio Ambiente, que regulamenta o processo administrativo federal para apuração de infrações administrativas por condutas e atividades lesivas ao meio ambiente.

Observar a causa de aumento de multa prevista no art. 93, do Decreto nº 6.514/08.

b) As medidas administrativas adotadas: Como já apresentado anteriormente, o agente autuante, no uso do seu poder de polícia, poderá adotar as medidas administrativas previstas no art. 101, do Dec. nº 6.514/08, bem como os procedimentos descritos nos arts. 102 a 112, lavrando-se os documentos inerentes.

Havendo produtos florestais para apreender, proceder a medição conforme indicado no item 4.8.

Do procedimento penal: Noutro norte, a Lei nº 9.605/98 tipificou uma conduta muito próxima da situação prevista no Decreto nº 6.514/08. No art. 38, encontramos a seguinte descrição:

> Art. 38. Destruir ou danificar **floresta** considerada de preservação permanente, mesmo que em formação, ou utilizá-la com infringência das normas de proteção: Pena – detenção, de um a três anos, ou multa, ou ambas as penas cumulativamente. Parágrafo único. Se o crime for culposo, a pena será reduzida à metade. (grifei)

Observa-se que o bem jurídico protegido no tipo penal previsto no art. 38, da Lei nº 9.605/98 é a *"floresta considerada de preservação permanente"*. *Enquanto que no art. 43, do Decreto nº 6.514/08 é a "área considerada de preservação permanente".*

Portanto, deve-se ter o cuidado ao caracterizar as condutas e deixá-las muito bem evidenciadas. Pois, nem sempre a infração penal descrita no art. 38, da Lei nº 9.605/98, ensejará o cometimento da infração administrativa prevista no art. 43, do Dec. 6.514/08, e vice-versa.

O art. 38, da Lei n. 9.605/98, *caput,* tem uma pena prevista de "detenção, de um a três anos, ou multa, ou ambas as penas cumulativamente". Em face disso, necessariamente deve-se observar a aplicação da Lei nº 9.099/95, em especial para a lavratura de Termo Circunstanciado.

Todavia, o parágrafo único prevê a modalidade culposa da conduta, e neste caso, a pena será reduzida à metade. Portanto, sendo o crime culposo, é cabível a lavratura de Termo Circunstanciado em atenção a Lei nº 9.099/95.

Observar as causas de aumento de pena, previstas no art. 53, da Lei nº 9.605/98.

Sobre a prova pericial, Marcão (2015)[439] destaca o seguinte julgado: "Deve ser absolvido o agente acusado de praticar o crime previsto no art. 38 da Lei n. 9.605/98, consistente em destruir e danificar floresta considerada de preservação permanente, se inexistente prova pericial que possa tornar viável o reconhecimento da materialidade do delito, pois conforme o art. 158 do CPP o exame de corpo de delito é imprescindível quando se trata de crime que deixa vestígios" (TJSP, ApCrim 01.060.901.3/4-0000-000, 1ª C. do 1º GsCrim, rel. Des. Mário Devienne Ferraz, j. 21-8-2007, RT 867/600)".

A respeito da expressão "infringência das normas de proteção, dada pelo art. 38, da Lei nº 9.605/98, Machado (2017)[440] descreve que *esta parte do artigo é norma penal em branco, "portanto o operador necessita de outra definição normativa atinente às Florestas de Preservação Permanente", como assinala Nicolao Dino C. Costa Neto (2000, p. 2007).*

5.1.2 Cortar árvores em área considerada de preservação permanente ou cuja espécie seja especialmente protegida, sem permissão da autoridade competente

A infração ora descrita refere-se ao corte eventual de uma ou outra árvore em *área considerada de preservação permanente*, ou ainda de espécie especialmente protegida, sem permissão da autoridade competente.

Sobre as espécies protegidas vide o item 4.7. Para rever as informações sobre **áreas de preservação permanente** vide o item 4.6.

Flagrada a conduta descrita no artigo 44, do Dec. nº 6.514/08, o agente fiscal precisa adotar as providências legais previstas, a fim de iniciar a apuração da responsabilidade dos envolvidos, oportunizando a ampla defesa e o contraditório, com amparo nos termos do artigo 70, da Lei nº 9.605/98 e art. 96, do Dec. nº 6.514/08. Para tanto, sugere-se:

a) A descrição do auto de infração: A descrição da conduta precisa ter elementos mínimos que caracterizem a infração, para que a autoridade administrativa julgadora tenha convicção da materialidade (art. 97).

Exemplo de descrição a constar no auto de infração: *"**Cortar árvores...** (definir a forma, ex.: mediante o corte seletivo de xx árvores da espécie tal, etc.), **estando em área considerada de preservação permanente...** (definir a APP, ex.: estando a floresta em área de nascentes, margem de curso d'água, etc.), **numa área de** (indicar a área em hectare), **ou cuja espécie seja especialmente protegida** (definir a espécie e o ato do poder público que a protegeu), **sem permissão da autoridade competente sem permissão da autoridade competente".***

Resultará em multa simples (art. 44, do Dec. nº 6.514/08) prevista de: R$5.000,00 (cinco mil reais) a R$20.000,00 (vinte mil reais) por hectare ou fração, ou R$500,00 (quinhentos reais) por árvore, metro cúbico ou fração.

Observar a previsão de aumento da multa a metade, caso a infração seja praticada nas situações previstas no artigo 60, e seus incisos, do Dec. nº 6.514/08.

Para rever o conceito de espécies protegidas vide o item 4.7.

---

[439] MARCÃO, Renato. *Crimes ambientais (Anotações e interpretação jurisprudencial da parte criminal da Lei n. 9.605, de 12-2-1998).* 3. ed. rev. e atual. de acordo com a Lei n. 13.052/2014. São Paulo: Saraiva, 2015. p. 160.

[440] MACHADO, Paulo Affonso Leme. *Direito ambiental brasileiro.* 25. ed. rev. ampl. e atual. São Paulo: Malheiros, 2017. p. 936.

Observar os parâmetros adotados pela Instrução Normativa Conjunta nº 2, de 29 de janeiro de 2020, do Ministério do Meio Ambiente, que regulamenta o processo administrativo federal para apuração de infrações administrativas por condutas e atividades lesivas ao meio ambiente.

Ao mesmo tempo, cuida-se, neste caso, que a norma não exclui o aumento de multa para a infração administrativa prevista no art. 44, tendo em vista não incluir tal ressalva no art. 60, todos do Dec. 6.514/08.

Observar a causa de aumento de multa prevista no art. 93, do Decreto nº 6.514/08.

Acompanha esse raciocínio Curt, Terence e Natascha Trennepohl (2019)[441] onde subscrevem: "nos demais casos de dano à flora, enumerados do art. 43 até o art. 59, as sanções administrativas são aumentadas da metade se a prática infracional foi realizada mediante a utilização do fogo. De igual sorte, a multa é acrescida da metade se a área atingida contiver espécies ameaçadas de extinção".

Não menos importante, destacamos novamente que os conceitos de espécie protegida e espécie ameaçada não são sinônimos, como se verifica na Lei nº 12.651/12, em seu artigo 70 e incisos I e II:

> Art. 70. Além do disposto nesta Lei e sem prejuízo da criação de unidades de conservação da natureza, na forma da Lei nº 9.985, de 18 de julho de 2000, e de outras ações cabíveis voltadas à proteção das florestas e outras formas de vegetação, o poder público federal, estadual ou municipal poderá: **I – proibir ou limitar o corte das espécies da flora raras, endêmicas, em perigo ou ameaçadas de extinção,** bem como das espécies necessárias à subsistência das populações tradicionais, delimitando as áreas compreendidas no ato, fazendo depender de autorização prévia, nessas áreas, o corte de outras espécies; **II – declarar qualquer árvore imune de corte, por motivo de sua localização, raridade, beleza ou condição de porta-sementes;** III – estabelecer exigências administrativas sobre o registro e outras formas de controle de pessoas físicas ou jurídicas que se dedicam à extração, indústria ou comércio de produtos ou subprodutos florestais. (grifei)

De fácil compreensão, temos categorias de vegetação a ser protegidas pelo poder público, conforme a necessidade que se julgar pertinente. Assim, uma árvore pode ser especialmente protegida, porém não necessariamente figurar na listagem de ameaçadas de extinção.

Dessa forma, ao ser considerada uma espécie especialmente protegida e ainda figurar na listagem de espécies ameaçadas de extinção, é perfeitamente aplicável a causa de aumento de multa, tendo em vista não haver a excludente de aplicabilidade dessa causa de aumento de multa no art. 60, do Decreto nº 6.514/08.

b) As medidas administrativas adotadas: Como já apresentado anteriormente, o agente autuante, no uso do seu poder de polícia, poderá adotar as medidas administrativas previstas no art. 101, do Dec. nº 6.514/08, bem como os procedimentos descritos nos arts. 102 a 112, lavrando-se os documentos inerentes.

---

[441] TRENNEPOHL, Curt; TRENNEPOHL, Terence; TRENNEPOHL, Natascha. *Infrações ambientais:* comentários ao Decreto 6.514/2008. 3. ed. rev., atual. ampl. São Paulo: Thomson Reuters Brasil, 2019. p. 273.

Havendo produtos florestais para apreender, proceder a medição conforme indicado no item 4.8.

c) Do procedimento penal: A conduta descrita no art. 44, do Decreto nº 6.514/08 não possui tipificação como crime na Lei nº 9.605/98.

5.1.3 Extrair de florestas de domínio público ou áreas de preservação permanente, sem prévia autorização, pedra, areia, cal ou qualquer espécie de minerais

A conduta típica descrita no artigo 45, *caput*, do Decreto nº 6.514/08 e seguindo os conceitos de Prado (2016),[442] explica que extrair significa *"trazer para fora, arrancar".* E continua, *"o objeto material é representado pelos minerais, importantes para a qualidade dos ambientes florestais. Sua ausência ou retirada predatória ocasionam danos quase irreversíveis, como a erosão dos solos e o empobrecimento da vegetação. A lei, exemplificativamente, cita pedras, cal e areia".*

Ressalta, também, Antunes (2017)[443] que *o bem jurídico tutelado é a riqueza mineral do subsolo e do solo das florestas de domínio público. Note que a norma não protege Unidade de Conservação, mas floresta de domínio público, que é conceito mais amplo. A atividade proibida é a extração mineral que está submetida, no caso em tela, à dupla regulamentação; (i) da autoridade mineral e (ii) da autoridade ambiental.*

A exploração do subsolo somente poderá ocorrer licitamente com a necessária autorização da Agência Nacional de Mineração (ANM), integrante da Administração Pública federal indireta, submetida ao regime autárquico especial e vinculada ao Ministério de Minas e Energia (Lei nº 13.575/2017).[444]

Sobre o conceito e caracterização de área de preservação permanente vide o item 4.6.

Flagrada a conduta descrita no artigo 45, do Dec. nº 6.514/08, o agente fiscal precisa adotar as providências legais previstas, a fim de iniciar a apuração da responsabilidade dos envolvidos, oportunizando a ampla defesa e o contraditório, com amparo nos termos do artigo 70, da Lei nº 9.605/98 e art. 96, do Dec. nº 6.514/08. Para tanto, sugere-se:

a) A descrição do auto de infração: A descrição da conduta precisa ter elementos mínimos que caracterizem a infração, para que a autoridade administrativa julgadora tenha convicção da materialidade (art. 97).

Exemplo de descrição a constar no auto de infração: *"**Extrair de florestas de domínio público ou áreas de preservação permanente...** (definir o local da extração), **sem prévia autorização, pedra, areia, cal ou qualquer espécie de minerais** (descrever o tipo de minério extraído)".*

Resultará em multa simples (art. 45, do Dec. nº 6.514/08) prevista de: <u>R$5.000,00 (cinco mil reais) a R$50.000,00 (cinquenta mil reais) por hectare ou fração.</u>

---

[442] PRADO, Luiz Regis. *Direito penal do ambiente.* 6. ed. rev., atual. e ampl. São Paulo: Editora Revista dos Tribunais, 2016. p. 259.

[443] ANTUNES, Paulo de Bessa. *Direito ambiental.* 19. ed. rev. e atual. São Paulo: Atlas, 2017. p. 316.

[444] BRASIL. *Lei nº13.575, de 26 de dezembro de 2017.* Cria a Agência Nacional de Mineração (ANM); extingue o Departamento Nacional de Produção Mineral (DNPM); altera as Leis n nos 11.046, de 27 de dezembro de 2004, e 10.826, de 22 de dezembro de os 2003; e revoga a Lei nº 8.876, de 2 de maio de 1994, e dispositivos do Decreto-Lei nº 227, de 28 de fevereiro de 1967 (Código de Mineração). Brasília, DF: Diário Oficial da União, 2017.

CAPÍTULO IV | 231

Observar a previsão de aumento da multa a metade, caso a infração seja praticada nas situações previstas no artigo 60, e seus incisos, do Dec. n° 6.514/08.

Para rever o conceito de espécies protegidas vide o item 4.7.

Observar os parâmetros adotados pela Instrução Normativa Conjunta n° 2, de 29 de janeiro de 2020, do Ministério do Meio Ambiente, que regulamenta o processo administrativo federal para apuração de infrações administrativas por condutas e atividades lesivas ao meio ambiente.

Observar a causa de aumento de multa prevista no art. 93, do Decreto n° 6.514/08.

b) As medidas administrativas adotadas: Como já apresentado anteriormente, o agente autuante, no uso do seu poder de polícia, poderá adotar as medidas administrativas previstas no art. 101, do Dec. n° 6.514/08, bem como os procedimentos descritos nos arts. 102 a 112, lavrando-se os documentos inerentes.

Havendo produtos florestais para apreender, proceder a medição conforme indicado no item 4.8.

c) Do procedimento penal: Noutro norte, a Lei n° 9.605/98 tipificou no art. 44 a seguinte descrição:

> Art. 44. Extrair de florestas de domínio público ou consideradas de preservação permanente, sem prévia autorização, pedra, areia, cal ou qualquer espécie de minerais: Pena – detenção, de seis meses a um ano, e multa.

Salienta Marcão (2015),[445] *"extrair significa retirar. A extração que tipifica a conduta deve recair sobre pedra, areia, cal ou qualquer espécie de minerais".*

O art. 44, da Lei n. 9.605/98, tem uma pena prevista de "detenção, de seis meses a um ano, e multa". Portanto, cabível a lavratura de Termo Circunstanciado nos termos da Lei n° 9.099/95.

Observar as causas de aumento de pena, previstas no art. 53, da Lei n° 9.605/98.

5.1.4 Transformar madeira oriunda de floresta ou demais formas de vegetação nativa em carvão, para fins industriais, energéticos ou para qualquer outra exploração, econômica ou não, sem licença ou em desacordo com as determinações legais

O Decreto n° 6.514/08 ao definir as infrações administrativas sujeitas a apuração de sua autoria, caracterização da materialidade e posterior responsabilidade do autor, corrigiu algumas situações inusitadas previstas no Decreto 3.179/99.

Pois, o revogado Decreto n° 3.179/99 previa a seguinte redação no art. 31:

> Art. 31. Cortar ou transformar em carvão **madeira de lei, assim classificada em ato do Poder Público,** para fins industriais, energéticos ou para qualquer outra exploração, econômica ou não, em desacordo com as determinações legais: Multa de R$500,00 (quinhentos reais), por metro cúbico. (grifei)

---

[445] MARCÃO, Renato. *Crimes ambientais (Anotações e interpretação jurisprudencial da parte criminal da Lei n. 9.605, de 12-2-1998).* 3. ed. rev. e atual. de acordo com a Lei n. 13.052/2014. São Paulo: Saraiva, 2015. p. 274.

E então instalou-se uma enorme celeuma em relação a expressão *"madeira de lei"*. Pois, como o próprio texto da infração se referia, somente aquelas espécies vegetais declaradas expressamente como madeira de lei não podiam ser cortadas ou transformadas em carvão.

Resolvida a questão envolvendo a tipificação da infração administrativa, com a nova redação, o Decreto nº 6.514/08 visa proteger as matas e florestas nativas no sentido de coibir a sua transformação em *"carvão para fins industriais, energéticos ou para qualquer outra exploração, econômica ou não"*.

Flagrada a conduta descrita no artigo 46, do Dec. nº 6.514/08, o agente fiscal precisa adotar as providências legais previstas, a fim de iniciar a apuração da responsabilidade dos envolvidos, oportunizando a ampla defesa e o contraditório, com amparo nos termos do artigo 70, da Lei nº 9.605/98 e art. 96, do Dec. nº 6.514/08. Para tanto, sugere-se:

a) A descrição do auto de infração: A descrição da conduta precisa ter elementos mínimos que caracterizem a infração, para que a autoridade administrativa julgadora tenha convicção da materialidade (art. 97).

Exemplo de descrição a constar no auto de infração: *"**Transformar madeira** (indicar o volume e as espécies nativas) **oriunda de floresta ou demais formas de vegetação nativa** (indicar o local de origem da madeira) **em carvão, para fins industriais, energéticos ou para qualquer outra exploração, econômica ou não, sem licença ou em desacordo com as determinações legais"*.

Resultará em multa simples (art. 46, do Dec. nº 6.514/08) prevista de: <u>R$500,00 (quinhentos reais), por metro cúbico de carvão-mdc</u>.

Observar a previsão de aumento da multa a metade, caso a infração seja praticada nas situações previstas no artigo 60, e seus incisos, do Dec. nº 6.514/08.

Para rever o conceito de espécies protegidas vide o item 4.7.

Observar os parâmetros adotados pela Instrução Normativa Conjunta nº 2, de 29 de janeiro de 2020, do Ministério do Meio Ambiente, que regulamenta o processo administrativo federal para apuração de infrações administrativas por condutas e atividades lesivas ao meio ambiente.

Observar a causa de aumento de multa prevista no art. 93, do Decreto nº 6.514/08.

b) As medidas administrativas adotadas: Como já apresentado anteriormente, o agente autuante, no uso do seu poder de polícia, poderá adotar as medidas administrativas previstas no art. 101, do Dec. nº 6.514/08, bem como os procedimentos descritos nos arts. 102 a 112, lavrando-se os documentos inerentes.

Havendo produtos florestais para apreender, proceder a medição conforme indicado no item 4.8.

c) Do procedimento penal: Tendo em vista que a Lei nº 9.605 foi sancionada em 1998, a descrição do art. 45 manteve-se conforme a redação original, como se observa a seguir:

> Art. 45. Cortar ou transformar em carvão madeira de lei, assim classificada por ato do Poder Público, para fins industriais, energéticos ou para qualquer outra exploração, econômica ou não, em desacordo com as determinações legais: Pena – reclusão, de um a dois anos, e multa.

Como já iniciada a abordagem anteriormente, a expressão madeira de lei carece de uma regulamentação específica por parte do poder público.

E isso já ocorreu. Apesar de o Brasil ser alvo de exploração florestal desde os tempos do período colonial e de termos normas regulando tal atividade, com o passar dos tempos, houve inúmeras inovações normativas regulando a exploração das matas e florestas. Porém, a expressão madeira de lei caiu em desuso ao ponto de ficar sem regulamentação específica, sem definir o que se considera madeira de lei, ou quais espécies podem ser consideradas.

Destaca-se que logo de início da colonização do Brasil, por parte de Portugal, já existiam normas que regulavam as atividades do reino. E as capitanias hereditárias estavam na transição das Ordenações Afonsinas (1446-1521) e Manoelinas (1521-1603). Motivo que devido o interesse de exploração econômica, o pau-brasil se tornou atrativo para o reino, com alto grau de importância a ponto de se criar o primeiro tributo sobre essa "mercadoria", como demonstra Ubaldo Cesar Balthazar (2005):[446] *"Logo de início notou-se a presença de uma madeira nobre e muito utilizada na Europa como corante de tecidos, o pau-brasil. Iniciada a exploração, esta se fez por meio de concessões da Coroa portuguesa. Os interessados deviam atender às seguintes exigências: iniciar a colonização através da construção de fortes ao longo do litoral, e pagar o quinto do pau-brasil. Foi o primeiro imposto introduzido no Brasil (...)".*

Conforme descreve Ann Helen Wainer, em seu artigo intitulado "Legislação ambiental brasileira: Evolução histórica do direito ambiental" (1993),[447] *a partir de 1580, o Brasil passa para o domínio espanhol sob Felipe II, que começou a reinar em Portugal sob o nome de Filipe I. Em junho de 1595, o monarca espanhol expede um alvará mandando compilar todas as leis de Portugal. Pouco antes do término das novas Ordenações, falece o rei, tendo sido seu sucessor o seu filho de igual nome que, em janeiro de 1603, expedia a lei pela qual ficavam aprovadas as Ordenações Filipinas. Esta codificação torou-se obrigatória no Reino e nas colônias portuguesas, tendo vigorado em parte no Brasil, até o advento do Código Civil"* (de 1916).[448]

Ann Helen Wainer ainda explica que apesar das Ordenações do Reino, ainda era prática a expedição de outras normas. Especificamente para *"proteger a exploração e regulamentar o comércio das riquezas naturais e o trabalho da mão-de-obra escrava de índios e negros no Brasil-Colônia, foram sendo editadas leis suplementares, conhecidas por legislação extravagante, às Ordenações Filipinas e aos forais. Nela destacavam-se, além dos regimentos, as cartas de leis, alvarás, cartas régias, provisões e avisos reais. As cartas de leis, ou simplesmente leis, eram de caráter geral, por tempo indeterminado, muitas vezes confundidas com os alvarás, que deveriam ter eficácia por um ao ano".*

---

[446] BALTHAZAR, Ubaldo Cesar. *História do tributo no Brasil*. Florianópolis: Fundação Boiteux, 2005. p. 36.

[447] WAINER, Ann Helen. Legislação ambiental brasileira: evolução histórica do direito ambiental. *Revista de Informação Legislativa*, v. 30, n. 118, p. 191-206, abr./jun. 1993.

[448] Art. 1.807. Ficam revogadas as Ordenações, Alvarás, Leis, Decretos, Resoluções, Usos e Costumes concernentes às matérias de direito civil reguladas neste Código. (Código Civil, 1916).

Em 1605 foi editado pela Coroa o "Regimento do pau-brasil",[449] que proibia o corte dessa espécie florestal sem a autorização expressa. Destaca Alexandre Gaio (2014)[450] que *além de regular a forma de sua exploração com o intuito de possibilitar a regeneração da floresta, o que incluía a proibição de utilização do fogo e a previsão de guardas florestais, além de licença com a indicação da quantidade máxima para exploração e o seu registro em livro próprio.*

Por certo se explica a origem da expressão madeiras de lei, por estarem, determinadas espécies, descritas em **Cartas de Lei**, que eventualmente trata-se de um regramento específico, como foi o caso do "pau-brasil".

Como exemplo de uma "lei especial" a época tem-se a "Carta de Lei de 15 de outubro de 1827",[451] a qual prevê no §12, do art. 5º, que incumbia aos juízes de paz das províncias a fiscalização das matas e zelar pela interdição do corte das madeiras de construção em geral.

Na mesma linha o artigo 27, da "Lei nº 317, de 21 de outubro de 1843",[452] o qual foi posteriormente foi regulamentado pelo "Decreto nº 363, de 20 de junho de 1844",[453] se referem especificamente a proibição do contrabando do "pau-brasil", prevendo a aplicação de multas pesadas ao infrator.

E ainda, a "Circular nº 26, *de 26 de janeiro de 1858*" (apesar de não ser lei, no sentido estrito), *declara que a multa do art. 27, da Lei de 21 de outubro de 1843 e Regulamento de 20 de junho de 1844 não he applicavel ao contrabando das madeiras de Lei ou reservadas, por ser especial para o de páu-brazil,* como se vê na transcrição a seguir:

Bernardo de Souza Franco, Presidente do Tribunal do Thesouro Nacional, declara ao Sr. Inspector da Thesouraria de Fazenda das Alagôas, em resposta ao seu officio de 17 de Dezembro ultimo, sob n. 93, que sejão quaes forem as circumstancias da apprehensão da

---

[449] Regimento sobre o pau-brasil. Eu El-Rei faço saber aos que este meu regimento virem que sendo informado das muitas desordens que há no sertão do pau-brasil em conservação dele de que se tem seguido haver já hoje muita falta e ir-se buscar muitas léguas pelo sertão dentro, cada vez será o dano maior se se não atalhar e der nisso a ordem conveniente, e necessária como em cousa de tanta importância a minha Fazenda, tomando informações de pessoas de experiência das principais do Brasil e comunicando-as com as do meu Conselho; mandei fazer este Regimento que hei por bem e mando se guarde daqui em diante inviolavelmente. 1 - Primeiramente hei por bem e mando que nenhuma pessoa possa cortar nem mandar cortar o dito pau-brasil por si ou seus escravos ou feitores seus sem especial licença ou escrito do provedor de minha Fazenda de cada uma das capitanias em cujo distrito estiver a mata em que se houver de cortar, e o que o contrário fizer incorrerá em pena de confiscação de toda sua fazenda. (...) 4 - E toda pessoa quê tomar mais quantidade de pau do que lhe fôr dado licença, além de o perder para minha Fazenda se o mais que cortar passar de dez quintais incorrerá em pena de cem cruzados e se passar de cinqüenta quintais, sendo pião, será açoulado e degredado por dez anos para Angola, e passando de cem quintais morrerá por êle e perderá toda sua fazenda. (...) 11 - O qual Regimento mando se cumpra e guarde como nele se contém e ao governador do dito Estado e ao provedor-mor de minha Fazenda e aos provedores das capitanias e a todas as justiças delas que assim o cumpram e guardem e façam cumprir e guardar sob as penas nele conteudas, a qual se registará nos livres de minha Fazenda do dito Estado e nas Câmaras das capitanias aonde houver matas do dito pau e valerá, posto que não passe por carta em meu nome e o efeito haja de durar mais de um ano, sem embargo da ordem do 2.º livro, título 39 que o contrário dispõe. Francisco Ferreira o fêz a doze de dezembro de mil seiscentos e cinco e eu o secretário Pedro da Costa o fiz escrever. Rei. Transcrição parcial do REGIMENTO sobre o pau-brasil. Documentos Históricos da Biblioteca Nacional. Livro 1 de regimentos 1548 – 1653. v. LXXVIII. p. 269-273.

[450] GAIO, Alexandre. *Lei da Mata Atlântica comentada*. São Paulo: Almedina, 2014. p. 20 e 21.

[451] Lei de 15 de outubro de 1827. Crêa em cada uma das freguezias e das capellas curadas um Juiz de Paz e suplente. Disponível em: http://www.planalto.gov.br/ccivil_03/leis/lim/LIM.-15-10-1827.htm.

[452] Lei nº 317, de 21 de outubro de 1843. Fixando a Despeza e orçando a Receita para os exercicios de 1843 – 1844, e 1844 – 1845. Disponível em: http://www.planalto.gov.br/ccivil_03/leis/lim/lim317.htm.

[453] Decreto nº 363, de 20 de junho de 1844. Manda executar o Regulamento sobre o contrabando de Páo-brasil. Disponível em: https://legis.senado.leg.br/norma/387249/publicacao/15634223.

madeira de Lei por embarcar e já embarcada na Sumaca «Laurentina 3ª» com destino para a Bahia, não cabe no presente caso a imposição da multa do art. 27 da Lei de 21 de Outubro de 1843 e Regulamento de 20 de Junho de 1844, especial para o contrabando de páo-brazil, e que por tanto não póde por analogia tornar-se extensiva ao contrabando de qualquer outro genero, ainda que seja madeira reservada.

Dessa forma, a expressão "madeiras de lei" surge por ter a Coroa editado "Cartas de Lei" com o cunho específico de vedar o corte, transporte ou o contrabando de determinadas espécies, por serem de interesse da Coroa. Todavia, com o passar do tempo caiu em desuso, sendo que não encontramos esse tido de norma no período do Brasil-Império, e muito menos no Brasil-República, tendo em vista que as normas foram adquirindo outra natureza jurídica.

Após a edição da Lei nº 9.605/98 tipificar a conduta que viole as regras de proteção da "madeira de lei", o problema persistiu, a ponto de o Deputado Federal João Campos (2004)[454] encaminhar um requerimento ao Sr. Presidente da Câmara Federal a fim de "Requer o envio de Indicação ao Poder Executivo relativa à publicação de ato normativo pelo Ministério do Meio Ambiente que classifique as espécies consideradas como "madeiras de lei", conforme o art. 45 da Lei nº 9.605, de 1998".

Na justificativa no seu requerimento, em 10 de novembro de 2004, ele afirma:

> (…) como a expressão já está há mais de um século incorporada à legislação pátria, o melhor é esclarecer de uma vez por todas o seu significado para os fins legais, permitindo que a norma penal em branco do art. 45 da Lei de Crimes Ambientais possa ser aplicada.

Apesar desse expediente, até a presente data o Ministério do Meio Ambiente ainda não *classificou* a madeira (ou espécies) consideras de lei.

Todavia, já tivemos normas que continham a expressão madeira de lei, a exemplo da Instrução Normativa IBDF nº 001, de 11 de abril de 1980, que em seu parágrafo único trazia:

> Art. 1º – A exploração de florestas e de outras formações arbóreas depende de autorização prévia do IBDF e obriga a reposição com espécies florestais adequadas, observadas as disposições da legislação pertinente, as pecualiaridades regionais e de determinações das respectivas Delegacias. §1º – A utilização das espécies de pinho brasileiro (Araucária angustifolia), Pinho Bravo (Podocarpus ssp), Canela Preta (Nectandra mollis), Canela Sassafrás (Ocotea pretiosa), Copaíba (Copaífera ssp), Guatambu ou Pua Marfim (Balfourodendron riedelianun), Imbuia (Phoebe porosa), Maçaranduba (Manilkara ssp), Pau Rosa (Aniba ssp), Mogno (Swietenia macrophylla), **e outras espécies de madeiras de lei** que a juízo das Delegacias Estaduais, sejam julgadas convenientes, a reposição florestal deverá ser mediante o plantio da mesma espécie. (grifei)

É de se destacar que a Portaria Normativa nº 302-P/IBDF, de 03 de julho de 1984, considerando a necessidade de sistematizar a reposição florestal a que estão obrigados

---

[454] Disponível em: https://www.camara.leg.br/proposicoesWeb/prop_mostrarintegra;jsessionid=64365DA49A1630 F2834BA52B7B3689A8.proposicoesWebExterno1?codteor=249662&filename=INC+4118/2004.

os consumidores de matéria-prima de origem florestal, exigido pela legislação à época, trazia o conceito de madeira de lei, previsto no "Anexo I – CONCEITUAÇÃO DA TERMINOLOGIA UTILIZADA", a saber:

> MADEIRA DE LEI – entende-se por madeira de lei aquelas, espécies de valor comercial, as quais são utilizadas principalmente em indústrias tais como serraria, fábricas de móveis, compensados, laminados, etc.

Apesar do conceito, ainda se demonstrou genérico não listando as espécies a ser consideradas madeira de lei. A citada Portaria já se encontra revogada por outras normas supervenientes.

Nesse passo, em face da lacuna da lei, a doutrina passou a considerar determinadas espécies passivas de classificação como madeiras de lei.

Para Nicolao Dino Neto, Ney Bello Filho e Flávio Dino (2011),[455] afirmam que:

> O dispositivo procura coibir a utilização de madeira de árvores consideradas nobres na produção do carvão vegetal. São as madeiras duras, mais rijas, resistentes ao cupim e às intempéries. Integram a classe das dicotiledôneas, entre as quais se destacam o carvalho, o cedro, o jacarandá, o mogno, a sucupira, a peroba, o ipê (pau d'arco), etc.
> A expressão "madeira de lei" decorreu de preocupação existente desde o período colonial com a derrubada indiscriminada das florestas no Brasil, o que, ao final acabou por conduzir à extinção do pau-brasil.

Marcão (2015)[456] explica que o objeto sobre o qual recai a proteção jurídica é *"a madeira nobre (aroeira; mogno; pau-brasil, dentre outras); a madeira de lei, assim considerada por ato do Poder Público"*.

Para Gomes e Maciel (2015),[457] *"madeira de lei é a madeira nobre, mais forte e resistente, sujeitas às intempéries, utilizadas em construções e outras obras que exijam esse tipo de material. São exemplos de madeira de lei a araucária, o mogno, o pau-brasil e o jacarandá"*.

Em complemento, para Prado (2016)[458] *"são chamadas 'madeiras de lei', assim entendidas as madeiras resistentes, duras rijas, próprias para construção e trabalhos expostos a intempéries"*.

Nota-se, portanto, o esforço da doutrina em esclarecer aquilo que o Poder Público deve "classificar" as espécies a serem consideradas "madeira de lei".

Por outro, em análise ao tipo penal previsto no artigo 45, da Lei nº 9.605/98, Nucci (2016)[459] explica que a análise do núcleo do tipo: *"cortar (derrubar pelo corte, separar uma parte de outra) ou transformar (alterar, modificar) são as condutas, que têm por objeto a madeira de lei (madeira dura, própria para construções). Pune-se a transformação de material nobre em*

---

[455] DINO NETO, Nicolao; BELLO FILHO, Ney; DINO, Flávio. *Crimes e infrações administrativas ambientais*. 3. ed. rev. e atual. Belo Horizonte: Del Rey, 2011. p. 272-273.

[456] MARCÃO, Renato. *Crimes ambientais (Anotações e interpretação jurisprudencial da parte criminal da Lei n. 9.605, de 12-2-1998)*. 3. ed. rev. e atual. de acordo com a Lei n. 13.052/2014. São Paulo: Saraiva, 2015. p. 289.

[457] GOMES, Luiz Flávio; MACIEL, Silvio Luiz. *Lei de crimes ambientais*: comentários à Lei 9.605/1998. 2. ed. rev., atual. e ampl. Rio de Janeiro: Forense; São Paulo: Método, 2015. p. 198.

[458] PRADO, Luiz Regis. *Direito penal do ambiente*. 6. ed. rev., atual. e ampl. São Paulo: Editora Revista dos Tribunais, 2016. p. 260.

[459] NUCCI, Guilherme de Souza. *Leis penais e processuais penais comentadas*. 9. ed. rev., atual. e ampl. Rio de Janeiro: Forense, 2016. p. 639. v. 2.

carvão (substância proveniente, neste caso, de vegetal, por meio da carbonização de madeira, servindo para produzir combustão".

O art. 45, da Lei n. 9.605/98, tem uma pena prevista de "reclusão, de um a dois anos, e multa". Portanto, cabível a lavratura de Termo Circunstanciado nos termos da Lei nº 9.099/95.

Observar as causas de aumento de pena, previstas no art. 53, da Lei nº 9.605/98.

5.1.5 Receber ou adquirir, para fins comerciais ou industriais, madeira serrada ou em tora, lenha, carvão ou outros produtos de origem vegetal, sem exigir a exibição de licença do vendedor, outorgada pela autoridade competente, e sem munir-se da via que deverá acompanhar o produto até final beneficiamento

O Código Florestal (Lei nº 12.651/12), em seus artigos 35 a 37, disciplina o "controle da origem dos produtos florestais". E, o artigo 35, *caput*, da referida norma, determina:

> Art. 35. O controle da origem da madeira, do carvão e de outros produtos ou subprodutos florestais incluirá sistema nacional que integre os dados dos diferentes entes federativos, coordenado, fiscalizado e regulamentado pelo órgão federal competente do Sisnama.

Sendo que o art. 36, *caput*, da Lei nº 12.651/2012, determina:

> Art. 36. O transporte, por qualquer meio, e o armazenamento de madeira, lenha, carvão e outros produtos ou subprodutos florestais oriundos de florestas de espécies nativas, para fins comerciais ou industriais, requerem licença do órgão competente do Sisnama, observado o disposto no art. 35.

Destaca-se que mesmo antes da Lei nº 12.651/2012 exigir um sistema para controle da origem dos produtos florestais, já tínhamos outras normas com igual conteúdo.

O antigo Código Florestal, Lei nº 4.771/65 (revogado pela Lei nº 12.651/12), tipificava como contravenção penal, no seu art. 26, as situações que envolvessem a não comprovação lícita da origem de produtos florestais, como se verifica:

> Art. 26. Constituem contravenções penais, puníveis com três meses a um ano de prisão simples ou multa de uma a cem vezes o salário-mínimo mensal, do lugar e da data da infração ou ambas as penas cumulativamente: (...) h) receber madeira, lenha, carvão e outros produtos procedentes de florestas, **sem exigir a exibição de licença do vendedor, outorgada pela autoridade competente e sem munir-se da via que deverá acompanhar o produto, até final beneficiamento;** i) transportar ou guardar madeiras, lenha, carvão e outros produtos procedentes de florestas, **sem licença válida para todo o tempo da viagem ou do armazenamento, outorgada pela autoridade competente;** j) deixar de restituir à autoridade, **licenças extintas** pelo decurso do prazo ou pela entrega ao consumidor dos produtos procedentes de florestas. (grifei)

Como forma de especificar a licença exigida pela Lei nº 4.771/65, o extinto Instituto Brasileiro de Desenvolvimento Florestal – IBDF (o qual viria a ser transformado no

IBAMA) editou várias normas para regular a origem lícita dos produtos florestais. Inclusive elencando quais produtos florestais deveriam estar sujeitos ao controle, através da: Portaria nº 550-P, de 23/12/74; Portaria nº DC-18, de 02/07/1976; da Portaria nº DC-21, de 14/10/76; da Portaria nº DC-23, de 10/01/77; da Portaria nº DC-24, de 21/11/77; da Portaria nº DC-26, de 12/09/1977 e da Portaria nº DC-29, de 24/10/1978, sendo que todas essas foram revogadas num único ato pela Instrução Normativa IBDF nº 001, de 11 de abril de 1980.

A Instrução Normativa IBDF nº 001, de 11 de abril de 1980, assim regulamentou:

> Art. 56 – A coleta, o comércio e o transporte de plantas ornamentais oriundas de florestas naturais, dependem de autorização prévia do IBDF, mediante o recolhimento de importância equivalente a 10% (dez por cento) do valor de referência regional. (...) Art. 66 – O IBDF fornecerá Guia Florestal a quem comercializar, consumir, transportar, armazenar, exportar, comprar, vender ou utilizar matérias-primas procedente de florestas, observadas as disposições desta Instrução.

Posteriormente a Portaria nº 139, de 5 de junho de 1992, da Secretaria do Meio Ambiente da Presidência da República, com a necessidade de aperfeiçoar a sistemática de controle da exploração florestal objetivando o desenvolvimento sustentado e em face da necessidade de adotar procedimentos mais eficazes de controle da exploração e transporte de produto de origem florestal, instituiu, a nível nacional, o instrumento de controle, "**Autorização para Transporte de Produto Florestal – ATPF**", como documento obrigatório para as pessoas físicas ou jurídicas que transportassem produtos florestais de origem nativa, bem como o carvão vegetal nativo.

Para tanto, a citada Portaria que instituiu a ATPF elencou quais produtos estavam sujeitos ao controle, conforme previa o seu parágrafo único, do art. 1º, a saber: *"Parágrafo único. Entende-se por produtos florestais aqueles que se encontram no seu estado bruto ou in natura, abaixo relacionados: a) madeira em toras b) toretes c) postes não imunizados d) escoramentos e) palanques roliços f) dormentes nas fases de extração/fornecimento g) mourões ou moirões h) achas e lascas i) pranchões desdobrados com motosserra j) lenha l) palmito m) xaxim n) óleos essenciais"*.

No ano seguinte, o IBAMA editou a Portaria nº 44-N, de 06 de abril de 1993, objetivando aprimorar uma nova sistemática de controle de transporte de produto florestal, bem como a necessidade de se ter um efetivo controle da extração e coleta de plantas ornamentais, medicinais e aromáticas, mudas, raízes, bulbos, cipó e folhas de origem nativa, a necessidade de se aprimorar os procedimentos com relação ao transporte de produtos florestais oriundos de áreas plantadas, transferência de depósitos, inclusive entre unidades industriais da própria empresa, bem como o transporte de subprodutos florestais nativo ou plantado, estabeleceu que **Autorização para Transporte de Produto Florestal – ATPF** representava a licença indispensável para o transporte de produto florestal de origem nativa, inclusive o carvão vegetal nativo.

No parágrafo primeiro, do artigo 1º, da Portaria nº 44-N/1993, foi mantida a listagem de produtos florestais nativos sujeitos ao controle: *"§1.º – Entende-se por produto florestal aquele que se encontra no seu estado bruto ou "in natura" abaixo relacionado: a) madeira em toras; b) toretes; c) postes não imunizados; d) escorametos; e) palanques roliços; f) dormentes nas fases de extração/fornecimento; g) mourões ou moirões; h) achas e lascas; i) pranchões desdobrado com motosserra; j) lenha; l) palmito; m) xaxim; n) óleos essenciais. o)[460] bloco ou filé, tora em formato poligonal, obtida a partir da retirada de costaneiras"*.

Com o passar do tempo, houve necessidade de se melhorar o sistema de controle de produtos de origem florestal nativo, que seguidamente apresentava problemas de toda ordem, como: fraudes, falsificações, rasuras e ainda registros de corrupção de agentes responsáveis pela emissão e fiscalização das ATPFs.

O Ministério do Meio Ambiente apostando numa nova política de proteção dos recursos florestais nativos, além de outras medidas, editou a Portaria nº 253, de 18 de agosto de 2006, onde instituiu o **Documento de Origem Florestal – DOF**, em substituição à Autorização para Transporte de Produtos Florestais – ATPF, a partir de 1º de setembro de 2006. No mesmo ato, revogou a Portaria no 139, de 5 de junho de 1992.

A Portaria nº 253/2006 do MMA definiu que *"entende-se por DOF a licença obrigatória para o transporte e armazenamento de produtos e subprodutos florestais de origem nativa, contendo as informações sobre a procedência desses produtos, gerado pelo sistema eletrônico denominado Sistema-DOF"* (art. 1º, §1º). E estabeleceu que *"o controle do DOF dar-se-á por meio do Sistema-DOF, disponibilizado no endereço eletrônico do IBAMA, na Rede Mundial de Computadores – Internet"* (art. 1º, §2º).

Nesse passo, a fim de regulamentar a instituição do Documento de Origem Florestal – DOF, previsto na Portaria 253/2006 do MMA, o IBAMA editou a Instrução Normativa nº 112, de 21 de agosto de 2006, e em seu primeiro artigo, assim definiu:

> Art. 1º O Documento de Origem Florestal – DOF, instituído pela Portaria/MMA/ nº 253, de 18 de agosto de 2006 constitui-se licença obrigatória para o controle do transporte e armazenamento de produtos e subprodutos florestais de origem nativa, inclusive o carvão vegetal nativo, contendo as informações sobre a procedência desses produtos e subprodutos, gerado pelo sistema eletrônico denominado Sistema DOF, na forma do Anexo I desta Instrução Normativa.

Além de definir o modelo de documento e estruturar o sistema de controle dos produtos naturais de origem florestal, criou dois grupos de produtos florestais, a saber:

> Art. 2º Para os efeitos desta Instrução Normativa entende-se por: I – **produto florestal:** aquele que se encontra no seu estado bruto ou in natura, na forma abaixo: a) – madeira em toras; b) – toretes; c) – postes não imunizados; d) – escoramentos; e) – palanques roliços; f) – dormentes nas fases de extração/fornecimento; g) – estacas e moirões; h) – achas e lascas; i) – pranchões desdobrados com motosserra; j) – bloco ou filé, tora em formato poligonal, obtida a partir da retirada de costaneiras; k) – lenha; l) – palmito; m) – xaxim; e n) – óleos essenciais. Parágrafo único. Considera-se, ainda, produto florestal, referido neste artigo, as plantas ornamentais, medicinais e aromáticas, mudas, raízes, bulbos, cipós e folhas de origem nativa ou plantada das espécies constantes da lista oficial de flora brasileira ameaçada de extinção e dos anexos da CITES, para efeito de transporte com DOF. II – **subproduto florestal:** aquele que passou por processo de beneficiamento na forma relacionada: a) madeira serrada sob qualquer forma, lâmina torneada e lâmina faqueada, incluindo pisos,

---

[460] Alínea "o" acrescentada pela Port. 79-N de 15/07/97.

tacos e decking.[461] b)resíduos da indústria madeireira (aparas, costaneiras, cavacos e demais restos de beneficiamento e de industrialização de madeira);[462] c) – dormentes e postes na fase de saída da indústria; d) – carvão de resíduos da indústria madeireira; e) – carvão vegetal nativo empacotado, na fase posterior à exploração e produção. f) – xaxim e seus artefatos na fase de saída da indústria.

Com a passar do tempo, foi necessário novamente aprimorar o sistema e o IBAMA editou uma nova norma, Instrução Normativa nº 21, de 26 de dezembro de 2013, revogando a IN nº 112/2006, com a justificativa que os sistemas informatizados de emissão de documentos, controle, atividades e estatísticas operados via Rede Mundial de Computadores – Internet são a tecnologia presente mais confiável, bem como facilitam o atendimento aos administrados, pessoas físicas e jurídicas públicas ou privadas. E, considerando, ainda, a necessidade de aperfeiçoar e informatizar os procedimentos relativos ao controle da exploração, comercialização, exportação e uso dos produtos florestais nativos em todo território nacional, cujos fatos foram os motivadores para a edição de uma norma mais atual.

Todavia, no ano seguinte, novamente o IBAMA editou Instrução Normativa nº 21, de 24 de dezembro de 2014, revogando a IN nº 21/2013, estabelecendo um regramento mais atualizado com o sistema informatizado. Na oportunidade, a IN nº 21/2014 inovou ao apresentar dois subtipos de produtos florestais:

Art. 32. Para os efeitos desta Instrução Normativa, entende-se por produto florestal a matéria-prima proveniente da exploração de florestas ou outras formas de vegetação, classificado da seguinte forma: **I – produto florestal bruto: aquele que se encontra no seu estado bruto ou** *in natura,* **nas formas abaixo:** a) madeira em tora; b) torete; c) poste não imunizado; d) escoramento; e) estaca e mourão; f) acha e lasca nas fases de extração/fornecimento; g) (Revogado pela Instrução Normativa nº 9, de 12/12/2016) h) (Revogado pela Instrução Normativa nº 9, de 12/12/2016) i) lenha; j) palmito; k) xaxim; l) (Revogado pela Instrução Normativa nº 9, de 12/12/2016) **II – produto florestal processado: aquele que, tendo passado por atividade de processamento, obteve a seguinte forma:** a) madeira serrada devidamente classificada conforme Glossário do Anexo III desta Instrução Normativa; b) piso, forro (lambril) e porta lisa feitos de madeira maciça conforme Glossário do Anexo III desta Instrução Normativa; c) rodapé, portal ou batente, alisar, tacos e decking feitos de madeira maciça e de perfil reto, e madeiras aplainadas em 2 ou 4 faces (S2S e S4S) conforme Glossário do Anexo III desta Instrução Normativa; (Redação dada pela Instrução Normativa nº 9, de 12/12/2016) d) lâmina torneada e lâmina faqueada; e) madeira serrada curta classificada conforme Glossário do Anexo III desta Instrução Normativa, obtida por meio do aproveitamento de resíduos provenientes do processamento de peças de madeira categorizadas na alínea "a"; f) resíduos da indústria madeireira para fins energéticos ou para fins de aproveitamento industrial conforme Glossário do Anexo III desta Instrução Normativa, exceto serragem; (Redação dada pela Instrução Normativa nº 9, de 12/12/2016) g) dormentes; h) carvão de resíduos da indústria madeireira; i) carvão vegetal nativo, inclusive o empacotado na fase de saída do local da exploração florestal e/ou produção; (Redação dada pela Instrução Normativa nº 9, de 12/12/2016) j) artefatos de xaxim na fase

---

[461] Nova Redação dada pela Instrução Normativa IBAMA nº 187 de 2008.
[462] Idem.

de saída da indústria; k) cavacos em geral; l) bolacha de madeira. (Incluído pela Instrução Normativa nº 9, de 12/12/2016) Parágrafo único. Considera-se também produto florestal, para os fins do controle a que se refere o art. 31, as plantas vivas coletadas na natureza e os óleos essenciais da flora nativa brasileira, constantes em lista federal de espécies ameaçadas de extinção ou nos Anexos da Convenção sobre o Comércio Internacional das Espécies da Flora e Fauna Selvagens em Perigo de Extinção – Cites. (Redação dada pela Instrução Normativa no 9, de 12/12/2016) (grifei)

Nota-se que a Instrução Normativa nº 21/2014 substitui as nomenclaturas até então empregadas pelas outras normas, denominados de "produto florestal" e de "subproduto florestal", por "produto florestal bruto" e "produto florestal acabado".

Em nenhuma norma anterior e inclusive na atual, não está previsto a semente como produto florestal sujeito a controle por parte do IBAMA. E sabemos que inúmeras espécies possuem rendimento econômico tendo por base a sua semente, como é o caso da semente do pinheiro-brasileiro (*Araucaria angustifolia*), popularmente conhecida por "pinhão". A falta de uma regulamentação sobre o controle da exploração de sementes de espécies nativas propicia a retirada maciça de importante fonte de regeneração natural das florestas e de alimentação dos animais.

A norma proibitiva que limita o período de aproveitamento do pinhão não é suficiente para atender toda a funcionalidade ecológica da reprodução natural das florestas. A Portaria Normativa nº DC-20, de 27 de setembro de 1976, do IBDF, traz a seguinte regulamentação:

Art. 1º – Fica terminantemente proibido o abate de pinheiros adultos (*Araucaria Angustifolia*), portadores de pinhas, na época da queda de sementes, ou seja, nos meses de abril, maio e junho. Art. 2º Fica igualmente proibida a colheita de pinhão, por derrubada de pinhas imaturas, antes do dia 15 de abril, data em que tem início o desprendimento das sementes. Art. 3º Fixar a data de 15 de abril para o início da colheita, transporte e comercialização do pinhão, quer para uso em sementeiras, quer para ser usado como alimento.

Nota-se que após o prazo proibitivo de exploração da semente, o pinhão fica sem regramento: o controle, a quantidade e o local de extração. Podendo o proprietário rural extrair quantas toneladas que bem puder aproveitar, retirando a fonte de alimentação de várias espécies de animais nativos, dificultando, também, a regeneração natural das florestas.

Em várias cidades da região Sul do país, o pinhão é uma grande fonte de renda para as famílias que vivem em pequenas propriedades rurais. Destaca-se que em face da grande exploração da semente do pinheiro, no período de safra, o pinhão é utilizado na gastronomia da região Sul, onde até existe o evento realizado na cidade de Lages/SC, conhecido como a Festa Nacional do Pinhão.

Por certo, o pinhão utilizado no período da festa não é oriundo somente daquela cidade, mas em grande parte de cidades vizinhas e até de outros Estados, como o Paraná e Minas Gerais.

Ainda, sobre o Sistema DOF, a Instrução Normativa nº 21/2014 prevê os casos de dispensa de DOF, para os seguintes casos:

Art. 39. Ficam dispensados de emissão de DOF e inclusão do saldo correspondente no sistema os produtos florestais oriundos de corte ou exploração de espécies nativas em imóveis particulares e áreas de supressão de vegetação inseridas no âmbito do licenciamento ambiental federal ou concessão florestal federal cuja utilização seja integralmente dentro da mesma propriedade ou da área objeto da licença ambiental. (Redação dada pela Instrução Normativa nº 9, de 12/12/2016) §1º O disposto no caput não desobriga o interessado do cumprimento das exigências legais referentes à autorização de corte ou exploração dos produtos florestais. (Incluído pela Instrução Normativa nº 9, de 12/12/2016) §2º No caso de licenciamento ambiental federal deverão ser observadas as exigências estabelecidas quanto ao transporte dos produtos dentro dos limites do empreendimento. (Incluído pela Instrução Normativa nº 9, de 12/12/2016)

Após as informações a respeito do Documento de Origem Florestal – DOF, a conduta típica descrita no artigo 47, *caput*, do Decreto nº 6.514/08, busca aplicar a sanção ao descumprimento da sua exigência.

O art. 47 possui vários parágrafos, com situações de destaque. Por isso, é importante fazermos uma avaliação em separado, a começar pelo próprio *caput*, cuja transcrição segue:

Art. 47. Receber ou adquirir, **para fins comerciais ou industriais,** madeira serrada ou em tora, lenha, carvão ou outros produtos de origem vegetal, **sem exigir a exibição de licença do vendedor, outorgada pela autoridade competente, e sem munir-se da via que deverá acompanhar o produto até final beneficiamento.** (grifei)

Ao extrairmos os elementos normativos do tipo, percebemos que o sujeito ativo da infração é quem recebe ou adquire (pessoa física ou jurídica), **para fins comerciais ou industriais**. Sendo assim, se o sujeito ativo recebe para fins de consumo próprio, afasta-se aqui a incidência da infração administrativa.

Em relação aos produtos florestais destacados no artigo 47 (madeira serrada ou em toras, lenha, carvão ou outros produtos de origem vegetal), são aqueles sujeitos ao controle do Estado. No art. 32, da Instrução Normativa nº 021/2014, estão previstos os produtos florestais submetidos ao sistema DOF. E por sua vez, a licença exigida é o DOF.

Já o parágrafo primeiro, do art. 47, do Dec. nº 6.514/08, traz uma nova conduta, a saber:

§1º Incorre nas mesmas multas quem vende, expõe à venda, tem em depósito, transporta ou guarda madeira, lenha, carvão ou outros produtos de origem vegetal, sem licença válida para todo o tempo da viagem ou do armazenamento, outorgada pela autoridade competente ou em desacordo com a obtida.

O citado parágrafo define uma infração para o *vendedor*, o *expositor à venda*, *aquele que tem em depósito* (com ou sem fins comerciais), *guarda* (com ou sem fins comerciais), os produtos florestais destacados (madeira, lenha, carvão ou outros produtos de origem vegetal), sendo que outros produtos de origem vegetal são aqueles listados no art. 32, da IN nº 21/2014. E a licença válida exigida é o DOF.

Por estranha definição das condutas, hipoteticamente, numa situação em que alguém está recebendo produto florestal para uso doméstico (não sendo fins comerciais ou industriais), não cometeria a infração prevista no art. 47, *caput*. Para tanto, somente após receber todo o produto florestal, estaria sujeito à infração prevista no parágrafo primeiro, ao concluir a conduta de "ter em depósito" ou "guardar" o referido produto florestal nativo, sem DOF.

Flagrada a conduta descrita no artigo 47, *caput*, ou seu §1º, do Dec. nº 6.514/08, o agente fiscal precisa adotar as providências legais previstas, a fim de iniciar a apuração da responsabilidade dos envolvidos, oportunizando a ampla defesa e o contraditório, com amparo nos termos do artigo 70, da Lei nº 9.605/98 e art. 96, do Dec. nº 6.514/08. Para tanto, sugere-se:

a) A descrição do auto de infração: A descrição da conduta precisa ter elementos mínimos que caracterizem a infração, para que a autoridade administrativa julgadora tenha convicção da materialidade (art. 97).

Exemplo de descrição a constar no auto de infração: "***Receber ou adquirir*** (*definir a conduta*), ***para fins comerciais ou industriais*** (*definir os fins*), ***madeira serrada ou em tora, lenha, carvão ou outros produtos de origem vegetal*** (*especificar a espécie e quantidade...*), ***sem exigir a exibição de licença do vendedor, outorgada pela autoridade competente, e sem munir-se da via que deverá acompanhar o produto até final beneficiamento (DOF)***".

Ou, "***Vender, expor à venda, ter em depósito, transportar ou guardar*** (*definir a conduta*) ***madeira, lenha, carvão ou outros produtos de origem vegetal*** (*especificar a espécie e quantidade...*), ***sem licença válida para todo o tempo da viagem ou do armazenamento, outorgada pela autoridade competente ou em desacordo com a obtida (DOF)***".

Resultará em multa simples (art. 47, *caput*, e seu §1º, do Dec. nº 6.514/08) prevista de: R$300,00 (trezentos reais) por unidade, estéreo, quilo, mdc ou metro cúbico aferido pelo método geométrico.

Outra especial atenção diz respeito ao previsto nos §§3º e 4º, do art. 47, do Dec. nº 6.514/08, onde acrescentam:

> §3º Nas infrações de transporte, caso a quantidade ou espécie constatada no ato fiscalizatório esteja em desacordo com o autorizado pela autoridade ambiental competente, o agente autuante promoverá a autuação considerando a totalidade do objeto da fiscalização. §4º Para as demais infrações previstas neste artigo, o agente autuante promoverá a autuação considerando o volume integral de madeira, lenha, carvão ou outros produtos de origem vegetal que não guarde correspondência com aquele autorizado pela autoridade ambiental competente, em razão da quantidade ou espécie.

Na primeira situação (§3º, art, 47, do Dec. nº 6.514/08), a determinação é que durante a fiscalização de transporte de produtos florestais nativos e encontrando divergências quanto a quantidade ou espécie constatada no ato fiscalizatório, estejam essas informações em desacordo com o autorizado pela autoridade ambiental competente, o agente autuante promoverá a autuação considerando a totalidade do objeto da fiscalização.

Para a segunda situação (§4º, art, 47, do Dec. nº 6.514/08), a determinação é que, na fiscalização diversa do transporte, se considere a autuação considerando o volume integral de madeira, lenha, carvão ou outros produtos de origem vegetal que não guarde correspondência com aquele autorizado pela autoridade ambiental competente, em razão da quantidade ou espécie. Ou seja, autua-se somente o volume não autorizado pela autoridade competente (volume e espécie não constantes no DOF).

Observar a previsão de aumento da multa a metade, caso a infração seja praticada nas situações previstas no artigo 60, e seus incisos, do Dec. nº 6.514/08.

Para rever o conceito de espécies protegidas vide o item 4.7.

Observar os parâmetros adotados pela Instrução Normativa Conjunta nº 2, de 29 de janeiro de 2020, do Ministério do Meio Ambiente, que regulamenta o processo administrativo federal para apuração de infrações administrativas por condutas e atividades lesivas ao meio ambiente.

Observar a causa de aumento de multa prevista no art. 93, do Decreto nº 6.514/08.

b) As medidas administrativas adotadas: Como já apresentado anteriormente, o agente autuante, no uso do seu poder de polícia, poderá adotar as medidas administrativas previstas no art. 101, do Dec. nº 6.514/08, bem como os procedimentos descritos nos arts. 102 a 112, lavrando-se os documentos inerentes.

Havendo produtos florestais para apreender, proceder a medição conforme indicado no item 4.8.

c) Do procedimento penal: Noutro norte, a Lei nº 9.605/98 tipificou no art. 46 e seu parágrafo único as seguintes condutas:

> Art. 46. Receber ou adquirir, para fins comerciais ou industriais, madeira, lenha, carvão e outros produtos de origem vegetal, sem exigir a exibição de licença do vendedor, outorgada pela autoridade competente, e sem munir-se da via que deverá acompanhar o produto até final beneficiamento: Pena – detenção, de seis meses a um ano, e multa. Parágrafo único. Incorre nas mesmas penas quem vende, expõe à venda, tem em depósito, transporta ou guarda madeira, lenha, carvão e outros produtos de origem vegetal, sem licença válida para todo o tempo da viagem ou do armazenamento, outorgada pela autoridade competente.

Nucci (2016)[463] faz *a análise do núcleo do tipo: receber (aceita algo, acolher) ou adquirir (obter mediante pagamento de certo preço) são condutas, que têm por objetos a madeira, a lenha, o carvão e outros produtos de origem vegetal.*

E Prado (2016)[464] contribui igualmente, esclarecendo que *os núcleos do tipo são os verbos receber, que significa aceitar, admitir, e adquirir, que supõe aquisição mediante compra, troca, doação etc. Objetos materiais são a madeira (cerne rijo e lenhoso da árvore), lenha (porção de ramos ou fragmentos de troncos de árvores), carvão (substância obtida pela carbonização ou queima de madeira) e outros produtos de origem vegetal (resinas, folhas, raízes etc.).*

Em relação ao parágrafo único, Prado continua, *quem vende (comercializa, negocia, aliena de forma onerosa), expõe à venda (põe à vista, mostra, apresenta, oferece, exibe para a venda), tem em depósito (põe em lugar seguro, retém, conserva, mantém para si mesmo), transporta (conduz de um lugar para outro) madeira lenha, carvão e outros produtos de origem*

---

[463] NUCCI, Guilherme de Souza. *Leis penais e processuais penais comentadas*. 9. ed. rev., atual. e ampl. Rio de Janeiro: Forense, 2016. p. 640. v. 2.

[464] PRADO, Luiz Regis. *Direito penal do ambiente*. 6. ed. rev., atual. e ampl. São Paulo: Editora Revista dos Tribunais, 2016. p. 263.

vegetal sem licença válida para todo o tempo de viagem, ou do armazenamento, outorgada pela autoridade competente.

Ainda esclarecem Gomes e Maciel (2015),[465] *o delito só existirá se o agente adquirir a madeira para fins comerciais ou industriais, ou seja, para beneficiar e/ou revender a madeira, carvão, lenha etc. Entendemos que se o agente adquirir tais vegetais como consumidor final, não haverá o crime, ainda que seja um comerciante ou industrial. Assim, v.g., o agente que adquire lenhas para abastecer os fornos de sua rede de pizzas não comete o delito.*

O art. 46 e seu parágrafo único da Lei n. 9.605/98 possuem uma pena prevista de "detenção, de seis meses a um ano, e multa". Portanto, cabível a lavratura de Termo Circunstanciado nos termos da Lei nº 9.099/95.

Observar as causas de aumento de pena, previstas no art. 53, da Lei nº 9.605/98.

5.1.6 Impedir ou dificultar a regeneração natural de florestas ou demais formas de vegetação nativa em unidades de conservação ou outras áreas especialmente protegidas, quando couber, área de preservação permanente, reserva legal ou demais locais cuja regeneração tenha sido indicada pela autoridade ambiental competente

O Decreto nº 6.514/08, ao tipificar a conduta prevista no art. 48, preocupou-se em proteger determinados espaços geográficos: *"florestas ou demais formas de vegetação nativa em unidades de conservação ou outras áreas especialmente protegidas, quando couber, área de preservação permanente, reserva legal ou demais locais cuja regeneração tenha sido indicada pela autoridade ambiental competente".*

Inicialmente protege a regeneração natural das **"florestas ou demais formas de vegetação nativa"** que se encontrem **"em unidades de conservação"**. Desnecessária essa conduta, pois ocorrendo qualquer dano à unidade de conservação, a infração será punida com a multa prevista pelo art. 91, do mesmo Decreto Federal.

Ao limitar a aplicação do art. 48, nos espaços geográficos por ele definidos, condicionou a observância de **outras áreas especialmente protegidas, quando couber**, ou seja, essas áreas especialmente protegidas ainda assim devem ter uma regulamentação que impeça a supressão de vegetação inicial, a fim de caracterizar a conduta lesiva.

Ainda, restringe o cuidado em **área de preservação permanente, reserva legal ou demais locais cuja regeneração tenha sido indicada pela autoridade ambiental competente.** Pois, o seu parágrafo único determina que *o disposto no **caput** não se aplica para o uso permitido das áreas de preservação permanente* (em atenção ao §5º, do art. 4º, da Lei nº 12.651/12).

Dessa forma, não será em qualquer área de preservação permanente que se caracterizará a infração ora descrita, somente naquelas onde o uso não seja permitido.

Para rever os comentários acerca de área de preservação permanente vide o item 4.6.

Flagrada a conduta descrita no artigo 48, *caput*, do Dec. nº 6.514/08, o agente fiscal precisa adotar as providências legais previstas, a fim de iniciar a apuração da responsabilidade dos envolvidos, oportunizando a ampla defesa e o contraditório,

---

[465] GOMES, Luiz Flávio; MACIEL, Silvio Luiz. *Lei de crimes ambientais*: comentários à Lei 9.605/1998. 2. ed. rev., atual. e ampl. Rio de Janeiro: Forense; São Paulo: Método, 2015. p. 201.

com amparo nos termos do artigo 70, da Lei nº 9.605/98 e art. 96, do Dec. nº 6.514/08. Para tanto, sugere-se:

a) A descrição do auto de infração: A descrição da conduta precisa ter elementos mínimos que caracterizem a infração, para que a autoridade administrativa julgadora tenha convicção da materialidade (art. 97).

Exemplo de descrição a constar no auto de infração: *"Impedir ou dificultar (definir a conduta) a regeneração natural de florestas ou demais formas de vegetação nativa (definir o tipo de floresta ou vegetação) em unidades de conservação ou outras áreas especialmente protegidas, quando couber, área de preservação permanente, reserva legal ou demais locais cuja regeneração tenha sido indicada pela autoridade ambiental competente (definir o local, descrendo detalhes)"*.

Resultará em multa simples (art. 48, do Dec. nº 6.514/08) prevista de: <u>R$5.000,00 (cinco mil reais), por hectare ou fração</u>.

Observar a previsão de aumento da multa a metade, caso a infração seja praticada nas situações previstas no artigo 60, e seus incisos, do Dec. nº 6.514/08.

Para rever o conceito de espécies protegidas vide o item 4.7.

Observar a causa de aumento de multa prevista no art. 93, do Decreto nº 6.514/08.

b) As medidas administrativas adotadas: Como já apresentado anteriormente, o agente autuante, no uso do seu poder de polícia, poderá adotar as medidas administrativas previstas no art. 101, do Dec. nº 6.514/08, bem como os procedimentos descritos nos arts. 102 a 112, lavrando-se os documentos inerentes.

Havendo produtos florestais para apreender, proceder a medição conforme indicado no item 4.8.

c) Do procedimento penal: Não há um tipo penal previsto na Lei nº 9.605/98 correlato a descrição dada pelo art. 48, do Decreto nº 6.514/08.

5.1.7 Destruir ou danificar florestas ou qualquer tipo de vegetação nativa, objeto de especial preservação, não passíveis de autorização para exploração ou supressão

Neste subtópico temos, novamente, uma situação em que o Decreto nº 6.514/08 tipificou duas situações no mesmo artigo, como se verifica no art. 49:

> Art. 49. **Destruir** ou **danificar florestas** ou qualquer tipo de vegetação nativa, objeto de especial preservação, **não passíveis de autorização para exploração ou supressão**:
> Parágrafo único. A multa será acrescida de R$1.000,00 (mil reais) por hectare ou fração **quando a situação prevista no caput se der em detrimento de vegetação primária ou secundária no estágio avançado ou médio de regeneração do bioma Mata Atlântica.**

A conduta descrita como infração administrativa no art. 49, *caput*, do Decreto nº 6.514/08 (*destruir ou danificar florestas ou qualquer tipo de vegetação nativa, objeto de especial preservação, não passíveis de autorização para exploração ou supressão*) possui a elementar do tipo: *"florestas ou qualquer tipo de vegetação nativa, objeto de especial preservação (…) não passíveis de autorização para exploração ou supressão"*. Ou seja, deste modo, precisamos analisar o caso em concreto e verificar se o local atingido pelo dano se enquadra no

CAPÍTULO IV | 247

conceito de floresta (vide item 4.1), ou se, ainda, o dano atingiu *"qualquer tipo de vegetação nativa" não passíveis de autorização para exploração ou supressão* e que sejam de especial preservação (determinada por lei).

Assim, analisamos algumas situações que se amoldam à categoria de "especial preservação", a saber: os arts. 4º e 6º, da Lei nº 12.651/2012 (Código Florestal) que versam sobre área de preservação permanente; as árvores imunes de corte, por motivo de sua localização, raridade, beleza ou condição de porta-sementes, nos termos do art. 70, do Código Florestal.

E, o art. 14, da Lei nº 11.428/2006,[466] por prever que a supressão de vegetação primária e secundária no estágio avançado de regeneração somente poderá ser autorizada em caso de utilidade pública e interesse social, em todos os casos devidamente caracterizados e motivados em procedimento administrativo próprio.

Ademais, a Lei nº 11.428/06 previu que somente será permitido o corte, a supressão e a exploração da vegetação secundária em estágio médio de regeneração do Bioma Mata Atlântica, nos termos do artigo 23. Portanto, fora os casos nele previstos não são passíveis de autorização.

Então, não sendo caso de utilidade pública e interesse social, em todos os casos devidamente caracterizados e motivados em procedimento administrativo próprio, a supressão não é passível de autorização, sujeitando o infrator as sanções previstas.

Não é demais lembrar como que o Código Florestal definiu: utilidade pública, interesse social e atividades eventuais ou de baixo impacto ambiental, como se vê a seguir:

Art. 3º Para os efeitos desta Lei, entende-se por: (…) **VIII – utilidade pública:**[467] a) as atividades de segurança nacional e proteção sanitária; b) as obras de infraestrutura destinadas às concessões e aos serviços públicos de transporte, sistema viário, inclusive aquele necessário aos parcelamentos de solo urbano aprovados pelos Municípios, saneamento, gestão de resíduos , energia, telecomunicações, radiodifusão, instalações necessárias à realização de competições esportivas estaduais, nacionais ou internacionais, bem como mineração, exceto, neste último caso, a extração de areia, argila, saibro e cascalho;[468] c) atividades e obras de defesa civil; d) atividades que comprovadamente proporcionem melhorias na proteção das funções ambientais referidas no inciso II deste artigo; e) outras atividades similares devidamente caracterizadas e motivadas em procedimento administrativo próprio, quando inexistir alternativa técnica e locacional ao empreendimento proposto, definidas em ato do Chefe do Poder Executivo federal; **IX – interesse social:**[469] a) as atividades imprescindíveis à proteção da integridade da vegetação nativa, tais como prevenção, combate e controle do fogo, controle da erosão, erradicação de invasoras e proteção de plantios com espécies nativas; b) a exploração agroflorestal sustentável praticada na pequena propriedade ou posse rural familiar ou por povos e comunidades tradicionais, desde que não descaracterize a cobertura vegetal existente e não prejudique a função ambiental da área; c) a implantação

---

[466] Art. 14. A supressão de vegetação primária e secundária no estágio avançado de regeneração somente poderá ser autorizada em caso de utilidade pública, sendo que a vegetação secundária em estágio médio de regeneração poderá ser suprimida nos casos de utilidade pública e interesse social, em todos os casos devidamente caracterizados e motivados em procedimento administrativo próprio, quando inexistir alternativa técnica e locacional ao empreendimento proposto, ressalvado o disposto no inciso I do art. 30 e nos §§1º e 2º do art. 31 desta Lei.

[467] Vide ADC nº 42 e ADIN º nº 4.903.

[468] Idem.

[469] Idem.

de infraestrutura pública destinada a esportes, lazer e atividades educacionais e culturais ao ar livre em áreas urbanas e rurais consolidadas, observadas as condições estabelecidas nesta Lei; d) a regularização fundiária de assentamentos humanos ocupados predominantemente por população de baixa renda em áreas urbanas consolidadas, observadas as condições estabelecidas na Lei nº 11.977, de 7 de julho de 2009; e) implantação de instalações necessárias à captação e condução de água e de efluentes tratados para projetos cujos recursos hídricos são partes integrantes e essenciais da atividade; f) as atividades de pesquisa e extração de areia, argila, saibro e cascalho, outorgadas pela autoridade competente; g) outras atividades similares devidamente caracterizadas e motivadas em procedimento administrativo próprio, quando inexistir alternativa técnica e locacional à atividade proposta, definidas em ato do Chefe do Poder Executivo federal; **X – atividades eventuais ou de baixo impacto ambiental:** a) abertura de pequenas vias de acesso interno e suas pontes e pontilhões, quando necessárias à travessia de um curso d'água, ao acesso de pessoas e animais para a obtenção de água ou à retirada de produtos oriundos das atividades de manejo agroflorestal sustentável; b) implantação de instalações necessárias à captação e condução de água e efluentes tratados, desde que comprovada a outorga do direito de uso da água, quando couber; c) implantação de trilhas para o desenvolvimento do ecoturismo; d) construção de rampa de lançamento de barcos e pequeno ancoradouro; e) construção de moradia de agricultores familiares, remanescentes de comunidades quilombolas e outras populações extrativistas e tradicionais em áreas rurais, onde o abastecimento de água se dê pelo esforço próprio dos moradores; f) construção e manutenção de cercas na propriedade; g) pesquisa científica relativa a recursos ambientais, respeitados outros requisitos previstos na legislação aplicável; h) coleta de produtos não madeireiros para fins de subsistência e produção de mudas, como sementes, castanhas e frutos, respeitada a legislação específica de acesso a recursos genéticos; i) plantio de espécies nativas produtoras de frutos, sementes, castanhas e outros produtos vegetais, desde que não implique supressão da vegetação existente nem prejudique a função ambiental da área; j) exploração agroflorestal e manejo florestal sustentável, comunitário e familiar, incluindo a extração de produtos florestais não madeireiros, desde que não descaracterizem a cobertura vegetal nativa existente nem prejudiquem a função ambiental da área; k) outras ações ou atividades similares, reconhecidas como eventuais e de baixo impacto ambiental em ato do Conselho Nacional do Meio Ambiente – CONAMA ou dos Conselhos Estaduais de Meio Ambiente. (grifei)

Desta forma, fica muito evidente que a infração prevista no art. 49, *caput*, do Dec. nº 6.514/08, visa aplicar sanção àquele que comete a destruição ou dano de vegetação ou qualquer tipo de vegetação nativa, **objeto de especial preservação, não passíveis de autorização para exploração ou supressão**.

No segundo momento, desta análise, se observa que o Decreto nº 6.514/08 acrescentou uma condicionante no parágrafo único, do artigo 49, que aumenta o valor da multa quando o fato danoso descrito no *caput* do artigo, **se der em detrimento de vegetação primária ou secundária no estágio avançado ou médio de regeneração do bioma Mata Atlântica.**

E nesse caso deverá ser caracterizada a vegetação (se primária ou secundária) e sendo vegetação secundária definir o estágio (avançado ou médio), utilizando-se a metodologia prevista nas Resoluções do CONAMA, já abordadas anteriormente (vide item 4.5).

CAPÍTULO IV | 249

Importante alerta de Antunes (2017)[470] quando descreve que *inicialmente, cumpre registrar que o decreto não possui uma definição de preservação, ou de especial preservação. Em norma de direito sancionatório, cuida-se de problema relevante, pois não se pode dar aos termos um grau de elasticidade com tanta amplitude que o cidadão não saiba exatamente qual é a conduta vedada. O termo especial preservação é claramente inadequado, pois o que o poder regulamentar quis dizer foi especial proteção.*

Flagrada a conduta descrita no artigo 49, *caput*, ou seu parágrafo único, do Dec. nº 6.514/08, o agente fiscal precisa adotar as providências legais previstas, a fim de iniciar a apuração da responsabilidade dos envolvidos, oportunizando a ampla defesa e o contraditório, com amparo nos termos do artigo 70, da Lei nº 9.605/98 e art. 96, do Dec. nº 6.514/08. Para tanto, sugere-se:

a) A descrição do auto de infração: A descrição da conduta precisa ter elementos mínimos que caracterizem a infração, para que a autoridade administrativa julgadora tenha convicção da materialidade (art. 97).

Exemplo de descrição a constar no auto de infração: "***Destruir ou danificar*** *(definir a conduta, ou um ou outro verbo)* ***florestas ou qualquer tipo de vegetação nativa*** *(definir a floresta ou a vegetação atingida, exemplo vegetação primária ou secundária em estágio avançado)* ***de regeneração, mediante...*** *(definir a forma, ex.: mediante o corte raso, seletivo de xx árvores das espécies, ex.: pinheiro-brasileiro, carne-de-vaca, bugreiro, bracatinga, leiteiro, fumo-bravo, pinho-bravo, vassoura-lageana, guaicá, ente outras),* ***objeto de especial preservação, numa área de*** *(indicar a área em hectare),* ***não passíveis de autorização para exploração ou supressão***".

Ou, "***Destruir ou danificar*** *(definir a conduta, ou um ou outro verbo)* ***florestas ou qualquer tipo de vegetação nativa*** *(definir a floresta ou a vegetação atingida, exemplo vegetação primária ou secundária em estágio avançado)* ***de regeneração, mediante...*** *(definir a forma, ex.: mediante o corte raso, seletivo de xx árvores das espécies, ex.: pinheiro-brasileiro, carne-de-vaca, bugreiro, bracatinga, leiteiro, fumo-bravo, pinho-bravo, vassoura-lageana, guaicá, ente outras),* ***objeto de especial preservação, numa área de*** *(indicar a área em hectare),* ***estando inserida no Bioma Mata Atlântica, objeto de especial preservação, não passíveis de autorização para exploração ou supressão***".

Resultará em multa simples (art. 49, *caput*, e seu parágrafo único, do Dec. nº 6.514/08) prevista de: R$6.000,00 (seis mil reis) por hectare ou fração.

A multa será acrescida de R$1.000,00 (mil reais) por hectare ou fração quando a situação prevista no *caput* se der em detrimento de vegetação primária ou secundária no estágio avançado ou médio de regeneração do bioma Mata Atlântica (parágrafo único, do art. 49).

Observar a previsão de aumento da multa a metade, caso a infração seja praticada nas situações previstas no artigo 60, e seus incisos, do Dec. nº 6.514/08.

Para rever o conceito de espécies protegidas vide o item 4.7.

Observar a causa de aumento de multa prevista no art. 93, do Decreto nº 6.514/08.

b) As medidas administrativas adotadas: Como já apresentado anteriormente, o agente autuante, no uso do seu poder de polícia, poderá adotar as medidas administrativas

---

[470] ANTUNES, Paulo de Bessa. *Direito ambiental*. 19. ed. rev. e atual. São Paulo: Atlas, 2017. p. 321.

previstas no art. 101, do Dec. n⁰ 6.514/08, bem como os procedimentos descritos nos arts. 102 a 112, lavrando-se os documentos inerentes.

Havendo produtos florestais para apreender, proceder a medição conforme indicado no item 4.8.

c) Do procedimento penal: Para o *caput* não tem previsão especificamente com a mesma descrição. Todavia, a depender do caso em concreto, pode ser enquadrada a situação no tipo penal previsto no art. 38, da Lei n⁰ 9.605/98, já visto anteriormente:

> Art. 38. Destruir ou danificar floresta considerada de preservação permanente, mesmo que em formação, ou utilizá-la com infringência das normas de proteção: Pena – detenção, de um a três anos, ou multa, ou ambas as penas cumulativamente. Parágrafo único. Se o crime for culposo, a pena será reduzida à metade.

Ou, o art. 50, da mesma norma penal especial:

> Art. 50. Destruir ou danificar florestas nativas ou plantadas ou vegetação fixadora de dunas, protetora de mangues, objeto de especial preservação: Pena – detenção, de três meses a um ano, e multa.

Já em relação o art. 38-A da Lei n⁰ 9.605-98, traz a seguinte tipificação:

> Art. 38-A. Destruir ou danificar vegetação primária ou secundária, em estágio avançado ou médio de regeneração, do Bioma Mata Atlântica, ou utilizá-la com infringência das normas de proteção: Pena – detenção, de 1 (um) a 3 (três) anos, ou multa, ou ambas as penas cumulativamente. Parágrafo único. Se o crime for culposo, a pena será reduzida à metade.

Nesse sentido, buscamos o ensinamento de Nucci (2016),[471] onde na *análise do núcleo do tipo explica: destruir (eliminar), danificar (estragar, deteriorar) ou utilizar (fazer uso, tirar proveito de algo) são condutas visadas de forma alternativa. Logo, pode o agente destruir e danificar e utilizar parcelas do objeto tutelado e haverá a constituição de crime único, desde que no mesmo contexto.*

Para rever os comentários sobre o Bioma Mata Atlântica vide item 4.5.

O art. 38-A, da Lei n. 9.605/98, possui uma pena prevista de "detenção, de 1 (um) a 3 (três) anos, ou multa, ou ambas as penas cumulativamente". E sendo assim, não cabe a lavratura de Termo Circunstanciado nos termos da Lei n⁰ 9.099/95.

Observar as causas de aumento de pena, previstas no art. 53, da Lei n⁰ 9.605/98.

5.1.8 Destruir ou danificar florestas ou qualquer tipo de vegetação nativa ou de espécies nativas plantadas, objeto de especial preservação, sem autorização ou licença da autoridade ambiental competente

Neste subtópico temos a situação infração prevista no art. 50, do Decreto n⁰ 6.514/08:

---

[471] NUCCI, Guilherme de Souza. *Leis penais e processuais penais comentadas.* 9. ed. rev., atual. e ampl. Rio de Janeiro: Forense, 2016. p. 626. v. 2.

CAPÍTULO IV | 251

Art. 50. Destruir ou danificar florestas ou qualquer tipo de vegetação nativa ou de espécies nativas plantadas, objeto de especial preservação, **sem autorização ou licença da autoridade ambiental competente:** Multa de R$5.000,00 (cinco mil reais) por hectare ou fração.

§1º A multa será acrescida de R$500,00 (quinhentos reais) por hectare ou fração **quando a situação prevista no caput se der em detrimento de vegetação secundária no estágio inicial de regeneração do bioma Mata Atlântica.**

§2º Para os fins dispostos no art. 49 e no caput deste artigo, são consideradas de especial preservação as florestas e demais formas de vegetação nativa que tenham regime jurídico próprio e especial de conservação ou preservação definido pela legislação. (grifei)

A conduta descrita como infração administrativa no art. 50, *caput*, do Decreto nº 6.514/08, da mesma forma que o art. 49 (estudado anteriormente), possui a elementar do tipo: *"florestas ou qualquer tipo de vegetação nativa, objeto de especial preservação (…)"*. Todavia, nesta prevê a expressão *"…sem autorização ou licença da autoridade ambiental competente"*. Assim, vamos precisar analisar o caso em concreto e verificar se o local atingido pelo dano se enquadra no conceito de floresta (vide item 4.1), ou se, ainda, o dano atingiu *"qualquer tipo de vegetação nativa"* sujeitas a autorização ou licença de corte dadas pela autoridade competente.

Para Antunes (2017),[472] *o artigo 50 inaugura uma sequência de artigos cujo objeto é a proteção das florestas, em suas diferentes formas, tais artigos são repetitivos e redundantes, pois partem do conceito de que são capazes de prever todas as hipóteses de danos às florestas e demais formas de vegetação.*

Lembremos agora as intervenções em *florestas ou qualquer tipo de vegetação nativa ou de espécies nativas plantadas, objeto de especial preservação* sujeitas a autorização ou licença da autoridade ambiental competente.

Como vimos anteriormente, no subtópico anterior, que as áreas de preservação permanente estão na categoria de "especial preservação", nos termos dos arts. 4º e 6º, da Lei nº 12.651/2012 (Código Florestal).

E dentre as possibilidades de intervenção e não estando acobertado por licença ou autorização da autoridade competente estará sujeito ao cometimento da infração prevista no art. 50, *caput*, do Decreto nº 6.514/08.

No mesmo sentido as árvores imunes de corte, por motivo de sua localização, raridade, beleza ou condição de porta-sementes, nos termos do art. 70, do Código Florestal.

Da mesma forma as situações previstas no art. 14, da Lei nº 11.428/2006 (já descrito anteriormente), por prever que a supressão de vegetação primária e secundária no estágio avançado de regeneração, em caso de utilidade pública e interesse social, em todos os casos devidamente caracterizados e motivados em procedimento administrativo próprio, venham a ocorrer sem a devida licença ou autorização da autoridade competente.

Ainda, a Lei nº 11.428/2006 prevê que o corte, a supressão e a exploração da vegetação secundária em estágio médio e inicial de regeneração do Bioma Mata Atlântica, conforme se observa:

---

[472] ANTUNES, Paulo de Bessa. *Direito ambiental.* 19. ed. rev. e atual. São Paulo: Atlas, 2017. p. 328.

Art. 23. O corte, a supressão e a exploração da vegetação secundária em estágio médio de regeneração do Bioma Mata Atlântica somente serão autorizados: I – em caráter excepcional, quando necessários à execução de obras, atividades ou projetos de utilidade pública ou de interesse social, pesquisa científica e práticas preservacionistas; II – (VETADO) III – quando necessários ao pequeno produtor rural e populações tradicionais para o exercício de atividades ou usos agrícolas, pecuários ou silviculturais imprescindíveis à sua subsistência e de sua família, ressalvadas as áreas de preservação permanente e, quando for o caso, após averbação da reserva legal, nos termos da Lei nº 4.771, de 15 de setembro de 1965 ; IV – nos casos previstos nos §§1º e 2º do art. 31 desta Lei. (...) Art. 25. O corte, a supressão e a exploração da vegetação secundária em estágio inicial de regeneração do Bioma Mata Atlântica serão autorizados pelo órgão estadual competente. Parágrafo único. O corte, a supressão e a exploração de que trata este artigo, nos Estados em que a vegetação primária e secundária remanescente do Bioma Mata Atlântica for inferior a 5% (cinco por cento) da área original, submeter-se-ão ao regime jurídico aplicável à vegetação secundária em estágio médio de regeneração, ressalvadas as áreas urbanas e regiões metropolitanas.

Então, nos casos de utilidade pública e interesse social, em todos os casos devidamente caracterizados e motivados em procedimento administrativo próprio, em que a supressão é passível de autorização, e ocorrer a atividade sem licença ou autorização da autoridade competente, sujeitará o infrator as sanções previstas no art. 50, *caput*, do Dec. nº 6.514/08.

Num segundo momento, se observa que o Decreto nº 6.514/08 acrescentou uma condicionante no parágrafo primeiro, do artigo 50, que aumenta o valor da multa quando o fato danoso, descrito no *caput* do citado artigo, **se der em detrimento de vegetação secundária no estágio inicial de regeneração do bioma Mata Atlântica.**

E nesse caso deverá ser caracterizada a vegetação e sendo vegetação secundária definir o estágio (inicial), utilizando-se a metodologia prevista nas Resoluções do CONAMA, já abordadas anteriormente (vide item 4.5).

Flagrada a conduta descrita no artigo 50, *caput*, ou seu em parágrafo primeiro, do Dec. nº 6.514/08, o agente fiscal precisa adotar as providências legais previstas, a fim de iniciar a apuração da responsabilidade dos envolvidos, oportunizando a ampla defesa e o contraditório, com amparo nos termos do artigo 70, da Lei nº 9.605/98 e art. 96, do Dec. nº 6.514/08. Para tanto, sugere-se:

a) A descrição do auto de infração: A descrição da conduta precisa ter elementos mínimos que caracterizem a infração, para que a autoridade administrativa julgadora tenha convicção da materialidade (art. 97).

Exemplo de descrição a constar no auto de infração: *"**Destruir ou danificar florestas ou qualquer tipo de vegetação nativa ou de espécies nativas plantadas, em estágio médio de regeneração, mediante...** (definir a forma, ex.: mediante o corte raso, seletivo de xx árvores das espécies, ex.: pinheiro-brasileiro, carne-de-vaca, bugreiro, bracatinga, leiteiro, fumo-bravo, pinho-bravo, vassoura-lageana, guaicá, ente outras), **objeto de especial preservação, numa área de** (indicar a área em hectare), **sem autorização ou licença da autoridade ambiental competente"**.*

Ou, *"**Destruir ou danificar florestas ou qualquer tipo de vegetação nativa ou de espécies nativas plantadas em estágio inicial de regeneração, mediante...** (definir a forma, ex.: mediante o corte raso, seletivo de xx árvores das espécies, ex.: pinheiro-brasileiro,* *carne-de-vaca, bugreiro, bracatinga, leiteiro, fumo-bravo, pinho-bravo, vassoura-lageana, guaicá, ente outras),* **estando inserida no Bioma Mata Atlântica, objeto de especial preservação, numa área de** *(indicar a área em hectare),* **sem autorização ou licença da autoridade ambiental competente".**

Resultará em multa simples (art. 50, *caput*, e seu §1º, do Dec. nº 6.514/08) prevista de: R$5.000,00 (cinco mil reais) por hectare ou fração.

A multa será acrescida de R$500,00 (quinhentos reais) por hectare ou fração quando a situação prevista no *caput* se der em detrimento de vegetação secundária no estágio inicial de regeneração do Bioma Mata Atlântica (§1º, do art. 50, do Dec. 6.514/08).

Observar a previsão de aumento da multa a metade, caso a infração seja praticada nas situações previstas no artigo 60, e seus incisos, do Dec. nº 6.514/08.

Para rever o conceito de espécies protegidas vide o item 4.7.

Observar a causa de aumento de multa prevista no art. 93, do Decreto nº 6.514/08.

b) As medidas administrativas adotadas: Como já apresentado anteriormente, o agente autuante, no uso do seu poder de polícia, poderá adotar as medidas administrativas previstas no art. 101, do Dec. nº 6.514/08, bem como os procedimentos descritos nos arts. 102 a 112, lavrando-se os documentos inerentes.

Havendo produtos florestais para apreender, proceder a medição conforme indicado no item 4.8.

Do procedimento penal: Para o *caput* não tem previsão especificamente com a mesma descrição. Todavia, a depender do caso em concreto, pode ser enquadrada a situação no tipo penal previsto no art. 38, da Lei nº 9.605/98, já visto anteriormente:

Art. 38. Destruir ou danificar floresta considerada de preservação permanente, mesmo que em formação, ou utilizá-la com infringência das normas de proteção: Pena – detenção, de um a três anos, ou multa, ou ambas as penas cumulativamente. Parágrafo único. Se o crime for culposo, a pena será reduzida à metade.

Ou, o art. 50, da mesma norma penal especial:

Art. 50. Destruir ou danificar florestas nativas ou plantadas ou vegetação fixadora de dunas, protetora de mangues, objeto de especial preservação: Pena – detenção, de três meses a um ano, e multa.

Já em relação o art. 38-A da Lei nº 9.605-98 traz a seguinte tipificação:

Art. 38-A. Destruir ou danificar vegetação primária ou secundária, em estágio avançado ou médio de regeneração, do Bioma Mata Atlântica, ou utilizá-la com infringência das normas de proteção: Pena – detenção, de 1 (um) a 3 (três) anos, ou multa, ou ambas as penas cumulativamente. Parágrafo único. Se o crime for culposo, a pena será reduzida à metade.

Nesse sentido, buscamos o ensinamento de Nucci (2016),[473] onde na análise do núcleo do tipo explica: destruir (eliminar), danificar (estragar, deteriorar) ou utilizar

---

[473] NUCCI, Guilherme de Souza. *Leis penais e processuais penais comentadas.* 9. ed. rev., atual. e ampl. Rio de Janeiro: Forense, 2016. p. 626. v. 2.

(fazer uso, tirar proveito de algo) são condutas visadas de forma alternativa. Logo, pode o agente destruir e danificar e utilizar parcelas do objeto tutelado e haverá a constituição de crime único, desde que no mesmo contexto.

Para rever os comentários sobre o Bioma Mata Atlântica vide item 4.5.

O art. 38-A, da Lei n. 9.605/98, possui uma pena prevista de "detenção, de 1 (um) a 3 (três) anos, ou multa, ou ambas as penas cumulativamente". E sendo assim, não cabe a lavratura de Termo Circunstanciado nos termos da Lei nº 9.099/95.

Observar as causas de aumento de pena, previstas no art. 53, da Lei nº 9.605/98.

5.1.9 Destruir, desmatar, danificar ou explorar floresta ou qualquer tipo de vegetação nativa ou de espécies nativas plantadas, em área de reserva legal ou servidão florestal, de domínio público ou privado, sem autorização prévia do órgão ambiental competente ou em desacordo com a concedida

A conduta descrita como infração administrativa no art. 51, do Decreto nº 6.514/08, da mesma forma que os anteriores, possui a elementar do tipo: *"em área de reserva legal ou servidão florestal, de domínio público ou privado (...)"*.

Assim, vamos precisar analisar o caso em concreto e verificar se o local atingido pelo dano se situa *em área de reserva legal ou servidão florestal, de domínio público ou privado*. O Código Florestal traz o conceito de reserva legal, como se verifica a seguir:

> Art. 3º Para os efeitos desta Lei, entende-se por: (...) III – Reserva Legal: área localizada no interior de uma propriedade ou posse rural, delimitada nos termos do art. 12, com a função de assegurar o uso econômico de modo sustentável dos recursos naturais do imóvel rural, auxiliar a conservação e a reabilitação dos processos ecológicos e promover a conservação da biodiversidade, bem como o abrigo e a proteção de fauna silvestre e da flora nativa.

Ainda, o artigo 78, da Lei nº 12.651/12 (Código Florestal), acrescentou o art. 9º-A, na Lei nº 6.938/81, disciplinando a respeito da servidão ambiental:

> Art. 9º-A. O proprietário ou possuidor de imóvel, pessoa natural ou jurídica, pode, por instrumento público ou particular ou por termo administrativo firmado perante órgão integrante do Sisnama, limitar o uso de toda a sua propriedade ou de parte dela para preservar, conservar ou recuperar os recursos ambientais existentes, instituindo servidão ambiental. §1º O instrumento ou termo de instituição da servidão ambiental deve incluir, no mínimo, os seguintes itens: I – memorial descritivo da área da servidão ambiental, contendo pelo menos um ponto de amarração georreferenciado; II – objeto da servidão ambiental; III – direitos e deveres do proprietário ou possuidor instituidor; IV – prazo durante o qual a área permanecerá como servidão ambiental. §2º A servidão ambiental não se aplica às Áreas de Preservação Permanente e à Reserva Legal mínima exigida. §3º A restrição ao uso ou à exploração da vegetação da área sob servidão ambiental deve ser, no mínimo, a mesma estabelecida para a Reserva Legal. §4º Devem ser objeto de averbação na matrícula do imóvel no registro de imóveis competente: I – o instrumento ou termo de instituição da servidão ambiental; II – o contrato de alienação, cessão ou transferência da servidão ambiental. §5º Na hipótese de compensação de Reserva Legal, a servidão ambiental deve ser averbada na matrícula de todos os imóveis envolvidos. §6º É vedada, durante o prazo de

vigência da servidão ambiental, a alteração da destinação da área, nos casos de transmissão do imóvel a qualquer título, de desmembramento ou de retificação dos limites do imóvel. §7º As áreas que tenham sido instituídas na forma de servidão florestal, nos termos do art. 44-A da Lei nº 4.771, de 15 de setembro de 1965, passam a ser consideradas, pelo efeito desta Lei, como de servidão ambiental.

Observar em especial o §7º, do art. 9º-A, da Lei nº 6.938/81, o qual determina que todas as servidões florestais instituídas sob a égide da Lei nº 4.771/65, passam a ser servidão ambiental.

O Código Florestal define a delimitação da Área de Reserva Legal, nos artigos 12 ao 16, definindo que todo imóvel rural deve manter área com cobertura de vegetação nativa, a título de Reserva Legal, sem prejuízo da aplicação das normas sobre as Áreas de Preservação Permanente, observando percentuais mínimos em relação à área do imóvel, conforme a sua situação geográfica.

Conforme previsto no §1º, do art. 17, da Lei nº 12.651/12, admite-se a exploração econômica da Reserva Legal mediante manejo sustentável, previamente aprovado pelo órgão competente do Sisnama, cujo disciplinamento está previsto entre os artigos 17 ao 24.

Destaca a importância do referido artigo Antunes (2017),[474] *a exploração de florestas sucessoras de origem nativa, de domínio público ou privado, tanto pode ser efetuada seletivamente, com propósito comercial das espécies retiradas, como pode também ser feita indiscriminadamente, suprimindo a vegetação para o uso alternativo do solo. Se a retirada de espécimes aproveitáveis sem autorização é penalizada pela norma, mais ainda é a supressão de toda a vegetação, com o objetivo de aproveitar a terra para outras atividades quando realizada sem autorização.*

Flagrada a conduta descrita no artigo 51, do Dec. nº 6.514/08, o agente fiscal precisa adotar as providências legais previstas, a fim de iniciar a apuração da responsabilidade dos envolvidos, oportunizando a ampla defesa e o contraditório, com amparo nos termos do artigo 70, da Lei nº 9.605/98 e art. 96, do Dec. nº 6.514/08. Para tanto, sugere-se:

a) A descrição do auto de infração: A descrição da conduta precisa ter elementos mínimos que caracterizem a infração, para que a autoridade administrativa julgadora tenha convicção da materialidade (art. 97).

Exemplo de descrição a constar no auto de infração: **"Destruir, desmatar, danificar ou explorar floresta ou qualquer tipo de vegetação nativa ou de espécies nativas plantadas...** *(definir a forma, ex.: mediante o corte raso, seletivo de xx árvores das espécies, ex.: pinheiro-brasileiro, carne-de-vaca, bugreiro, bracatinga, leiteiro, fumo-bravo, pinho-bravo, vassoura-lageana, guaicá, ente outras),* **em área de reserva legal ou servidão florestal, de domínio público ou privado...** *(definir o local),* **sem aprovação prévia do órgão ambiental competente ou em desacordo com a aprovação concedida, numa área de...** *(indicar a área aferida.)".*

Resultará em multa simples (art. 51, do Dec. nº 6.514/08) prevista de: R$5.000,00 (cinco mil reais) por hectare ou fração.

Observar a previsão de aumento da multa a metade, caso a infração seja praticada nas situações previstas no artigo 60, e seus incisos, do Dec. nº 6.514/08.

Para rever o conceito de espécies protegidas vide o item 4.7.

---

[474] ANTUNES, Paulo de Bessa. *Direito ambiental.* 19. ed. rev. e atual. São Paulo: Atlas, 2017. p. 342.

Observar a causa de aumento de multa prevista no art. 93, do Decreto nº 6.514/08.

b) As medidas administrativas adotadas: Como já apresentado anteriormente, o agente autuante, no uso do seu poder de polícia, poderá adotar as medidas administrativas previstas no art. 101, do Dec. nº 6.514/08, bem como os procedimentos descritos nos arts. 102 a 112, lavrando-se os documentos inerentes.

Havendo produtos florestais para apreender, proceder a medição conforme indicado no item 4.8.

c) Do procedimento penal: A conduta descrita como infração administrativa no art. 51, do Decreto nº 6.514/08, não encontra tipo penal análogo.

Todavia, para Marcão (2015)[475] se a destruição, desmatamento, dano ou exploração de floresta ou qualquer tipo de vegetação nativa ou de espécies nativas plantadas, em área de reserva legal ou servidão florestal, de domínio público ou privado, pode ser enquadrado no art. 50, da Lei nº 9.605/98. Justifica-se porque o tipo penal previsto no art. 50 traz a seguinte descrição:

> Art. 50. Destruir ou danificar florestas nativas ou plantadas ou vegetação fixadora de dunas, protetora de mangues, objeto de especial preservação: Pena – detenção, de três meses a um ano, e multa.

E sendo o fato danoso ocorrido dentro de reserva legal ou em servidão ambiental, as *florestas nativas ou plantadas* tornam-se *objeto de especial preservação,* nos termos dos arts. 17 a 24 da Lei nº 12.651/12 e do art. 9º-A, da Lei nº 6.938/81.

O art. 50, da Lei nº 9.605/98, possui uma pena de *"detenção, de três meses a um ano, e multa"*. Portanto, cabível a lavratura de Termo Circunstanciado nos termos da Lei nº 9.099/95.

Observar as causas de aumento de pena, previstas no art. 53, da Lei nº 9.605/98.

5.1.10 Executar manejo florestal sem autorização prévia do órgão ambiental competente, sem observar os requisitos técnicos estabelecidos em PMFS ou em desacordo com a autorização concedida

O artigo 31, do Código Florestal, prevê a possibilidade de executar manejo florestal em florestas nativas e formações sucessoras, de domínio público ou privado, como se observa:

> Art. 31. **A exploração de florestas nativas e formações sucessoras, de domínio público ou privado,** ressalvados os casos previstos nos arts. 21, 23 e 24, dependerá de licenciamento pelo órgão competente do Sisnama, **mediante aprovação prévia de Plano de Manejo Florestal Sustentável – PMFS** que contemple técnicas de condução, exploração, reposição florestal e manejo compatíveis com os variados ecossistemas que a cobertura arbórea forme. (grifei)

E a Lei nº 11.284/2006, que dispõe sobre a gestão de florestas públicas para a produção sustentável, assim prevê:

---

[475] MARCÃO, Renato. *Crimes ambientais (Anotações e interpretação jurisprudencial da parte criminal da Lei n. 9.605, de 12-2-1998).* 3. ed. rev. e atual. de acordo com a Lei n. 13.052/2014. São Paulo: Saraiva, 2015. p. 345.

Art. 3º Para os fins do disposto nesta Lei, consideram-se: (...) VI – manejo florestal sustentável: administração da floresta para a obtenção de benefícios econômicos, sociais e ambientais, respeitando-se os mecanismos de sustentação do ecossistema objeto do manejo e considerando-se, cumulativa ou alternativamente, a utilização de múltiplas espécies madeireiras, de múltiplos produtos e subprodutos não madeireiros, bem como a utilização de outros bens e serviços de natureza florestal.

Como visto, as regras sobre manejo florestal estão previstas e cabe ao órgão ambiental licenciador avaliar a pertinência da exploração florestal requerida. No mesmo sentido, cabível a fiscalização nos termos da aprovação do PMFS.

Flagrada a conduta descrita no artigo 51-A, do Dec. nº 6.514/08, o agente fiscal precisa adotar as providências legais previstas, a fim de iniciar a apuração da responsabilidade dos envolvidos, oportunizando a ampla defesa e o contraditório, com amparo nos termos do artigo 70, da Lei nº 9.605/98 e art. 96, do Dec. nº 6.514/08. Para tanto, sugere-se:

a) A descrição do auto de infração: A descrição da conduta precisa ter elementos mínimos que caracterizem a infração, para que a autoridade administrativa julgadora tenha convicção da materialidade (art. 97).

Exemplo de descrição a constar no auto de infração: *"Executar manejo florestal sem autorização prévia do órgão ambiental competente, sem observar os requisitos técnicos estabelecidos em PMFS (.... indicar quais divergências no PMFS) ou em desacordo com a autorização concedida... (indicar a discordância prevista no PMFS e descrever a área aferida)"*.

Resultará em multa simples (art. 51-A, do Dec. nº 6.514/08) prevista de: <u>R$1.000,00 (mil reais) por hectare ou fração.</u>

Observar a previsão de aumento da multa a metade, caso a infração seja praticada nas situações previstas no artigo 60, e seus incisos, do Dec. nº 6.514/08.

Para rever o conceito de espécies protegidas vide o item 4.7.

Observar a causa de aumento de multa prevista no art. 93, do Decreto nº 6.514/08.

b) As medidas administrativas adotadas: Como já apresentado anteriormente, o agente autuante, no uso do seu poder de polícia, poderá adotar as medidas administrativas previstas no art. 101, do Dec. nº 6.514/08, bem como os procedimentos descritos nos arts. 102 a 112, lavrando-se os documentos inerentes.

Havendo produtos florestais para apreender, proceder a medição conforme indicado no item 4.8.

c) Do procedimento penal: A conduta descrita como infração administrativa no art. 51-A, do Decreto nº 6.514/08, não encontra tipo penal análogo.

5.1.11 Desmatar, a corte raso, florestas ou demais formações nativas, fora da reserva legal, sem autorização da autoridade competente

Vimos anteriormente que os artigos 48 e 51, do Decreto nº 6.514/08, possuem na descrição da infração administrativa a expressão "área de reserva legal", visando punir quem viole as regras de proteção, uso e exploração, também, da reserva legal.

O art. 52, do Dec. nº 6.514/08, cuida do desmatamento, a corte raso, de florestas ou demais formações nativas, **fora da reserva legal,** sem autorização da autoridade competente, ou ainda, **fora das áreas de preservação permanente**.

Fora os bens jurídicos com regime jurídico próprios (área de preservação permanente, Bioma Mata Atlântica etc.), o Código Florestal previu a necessidade de se ter autorização do órgão ambiental para a exploração de florestas nativas e formações sucessoras, de domínio público ou privado, nos termos do art. 31:

> Art. 31. A exploração de florestas nativas e formações sucessoras, de domínio público ou privado, ressalvados os casos previstos nos arts. 21, 23 e 24, dependerá de licenciamento pelo órgão competente do Sisnama, mediante aprovação prévia de Plano de Manejo Florestal Sustentável – PMFS que contemple técnicas de condução, exploração, reposição florestal e manejo compatíveis com os variados ecossistemas que a cobertura arbórea forme.

Por isso que a infração prevista no art. 52, do Dec. nº 6.514/08, possui um caráter genérico, pois poderá ser empregado em qualquer situação, excluindo aqueles casos em que se tem regime jurídico próprios, já analisados.

O núcleo da ação, explica Antunes (2017),[476] *é o desmatar mediante a utilização de corte raso. Segundo o Instituto Ambiental do Paraná, corte raso é a eliminação de toda e qualquer vegetação existente sobre uma área. Normalmente um corte raso é feito para plantar outra cultura, seja agrícola ou florestal ao que chamamos de conversão, ou seja, estamos fazendo uma conversão de uma área que tinha floresta para plantar nela, soja, milho, reflorestamento etc. Sinônimos: supressão, roçada.*

Flagrada a conduta descrita no artigo 52, do Dec. nº 6.514/08, o agente fiscal precisa adotar as providências legais previstas, a fim de iniciar a apuração da responsabilidade dos envolvidos, oportunizando a ampla defesa e o contraditório, com amparo nos termos do artigo 70, da Lei nº 9.605/98 e art. 96, do Dec. nº 6.514/08. Para tanto, sugere-se:

a) A descrição do auto de infração: A descrição da conduta precisa ter elementos mínimos que caracterizem a infração, para que a autoridade administrativa julgadora tenha convicção da materialidade (art. 97).

Exemplo de descrição a constar no auto de infração: *"**Desmatar, a corte raso,** **florestas ou demais formações nativas, fora da reserva legal...** (definir a forma, ex.: mediante o corte raso, seletivo de xx árvores das espécies, ex.: pinheiro-brasileiro, carne-de-vaca, bugreiro, bracatinga, leiteiro, fumo-bravo, pinho-bravo, vassoura-lageana, guaicá, ente outras), **sem autorização da autoridade competente, numa área de...** (definir a área aferida)"*.

Resultará em multa simples (art. 52, do Dec. nº 6.514/08) prevista de: <u>R$1.000,00 (mil reais) por hectare ou fração.</u>

Observar a previsão de aumento da multa a metade, caso a infração seja praticada nas situações previstas no artigo 60, e seus incisos, do Dec. nº 6.514/08.

Para rever o conceito de espécies protegidas vide o item 4.7.

Observar a causa de aumento de multa prevista no art. 93, do Decreto nº 6.514/08.

b) As medidas administrativas adotadas: Como já apresentado anteriormente, o agente autuante, no uso do seu poder de polícia, poderá adotar as medidas administrativas previstas no art. 101, do Dec. nº 6.514/08, bem como os procedimentos descritos nos arts. 102 a 112, lavrando-se os documentos inerentes.

---

[476] ANTUNES, Paulo de Bessa. *Direito ambiental.* 19. ed. rev. e atual. São Paulo: Atlas, 2017. p. 334.

Havendo produtos florestais para apreender, proceder a medição conforme indicado no item 4.8.

c) Do procedimento penal: A conduta descrita como infração administrativa no art. 52, do Decreto nº 6.514/08, não encontra tipo penal análogo.

5.1.12 Explorar ou danificar floresta ou qualquer tipo de vegetação nativa ou de espécies nativas plantadas, localizada fora de área de reserva legal averbada, de domínio público ou privado, sem aprovação prévia do órgão ambiental competente ou em desacordo com a concedida; ou deixar de cumprir a reposição florestal obrigatória

Novamente temos uma infração que cuida de atos lesivos contra floresta ou qualquer tipo de vegetação nativa ou de espécies nativas plantadas, localizada fora de área de reserva legal averbada, de domínio público ou privado.

Como explicam Curt, Terence e Natascha Trennepohl (2019),[477] *o que diferencia esse dispositivo das sanções previstas nos arts. 49 a 51 é o objeto jurídico tutelado. Este se destina a proteger qualquer tipo de vegetação nativa ou de espécies plantadas, independentemente de sua localização, enquanto aqueles se referem à vegetação situada em áreas especialmente protegidas.*

O antigo Código Florestal (Lei nº 4.771/65) exigia a averbação da área da reserva legal, nos termos do art. 16, §8º, a saber:

> Art. 16. (…) 8º A área de reserva legal deve ser averbada à margem da inscrição de matrícula do imóvel, no registro de imóveis competente, sendo vedada a alteração de sua destinação, nos casos de transmissão, a qualquer título, de desmembramento ou de retificação da área, com as exceções previstas neste Código.

Com a edição no novo Código Florestal, dado pela Lei nº 12.651/12, a averbação da área de reserva legal deixou de ser exigida na matrícula do imóvel, para ser registrada junto ao órgão ambiental competente, como se observa:

> Art. 18. A área de Reserva Legal deverá ser registrada no órgão ambiental competente por meio de inscrição no CAR de que trata o art. 29, sendo vedada a alteração de sua destinação, nos casos de transmissão, a qualquer título, ou de desmembramento, com as exceções previstas nesta Lei. (…) §4º O registro da Reserva Legal no CAR desobriga a averbação no Cartório de Registro de Imóveis, sendo que, no período entre a data da publicação desta Lei e o registro no CAR, o proprietário ou possuidor rural que desejar fazer a averbação terá direito à gratuidade deste ato.

Nesse sentido, a redação do art. 53, do Dec. nº 6.514/08, não foi atualizada após a edição da Lei nº 12.651/12. Nesse sentido, Antunes (2017)[478] comenta: *não se discute que a reserva legal é uma obrigação propter rem e, portanto, parte integrante da própria propriedade florestal. Contudo, é igualmente indiscutível que ela necessita estar averbada no registro geral de*

---

[477] TRENNEPOHL, Curt; TRENNEPOHL, Terence; TRENNEPOHL, Natascha. *Infrações ambientais:* comentários ao Decreto 6.514/2008. 3. ed. rev., atual. e ampl. São Paulo: Thomson Reuters Brasil, 2019. p. 245.

[478] ANTUNES, Paulo de Bessa. *Direito ambiental.* 19. ed. rev. e atual. São Paulo: Atlas, 2017. p. 335.

imóveis, haja vista que não se pode presumir a sua localização no interior da área de determinado imóvel rural. Assim, não havendo averbação, não há reserva legal. Há, isto sim, a necessidade de que o proprietário averbe-a.

Como visto, a área de reserva legal deixou de ser exigida sua averbação na matrícula do imóvel. Tão somente, agora, no órgão ambiental competente.

Comete, também, infração **quem deixa de cumprir a reposição florestal obrigatória** (parágrafo único, do art. 53, do Dec. nº 6.514/08).

O art. 33, §1º, da Lei nº 12.651/12 assim define:

> Art. 33. As pessoas físicas ou jurídicas que utilizam matéria-prima florestal em suas atividades devem suprir-se de recursos oriundos de: I – florestas plantadas; II – PMFS de floresta nativa aprovado pelo órgão competente do Sisnama; III – supressão de vegetação nativa autorizada pelo órgão competente do Sisnama; IV – outras formas de biomassa florestal definidas pelo órgão competente do Sisnama. **§1º São obrigadas à reposição florestal** as pessoas físicas ou jurídicas que utilizam matéria-prima florestal oriunda de supressão de vegetação nativa ou que detenham autorização para supressão de vegetação nativa. (...) §4º A reposição florestal será efetivada no Estado de origem da matéria-prima utilizada, mediante o plantio de espécies preferencialmente nativas, conforme determinações do órgão competente do Sisnama. (grifei)

Ainda, sobre a reposição florestal obrigatória, a Lei nº 11.428/06 condiciona:

> Art. 17. O corte ou a supressão de vegetação primária ou secundária nos estágios médio ou avançado de regeneração do Bioma Mata Atlântica, autorizados por esta Lei, ficam condicionados à compensação ambiental, na forma da destinação de área equivalente à extensão da área desmatada, com as mesmas características ecológicas, na mesma bacia hidrográfica, sempre que possível na mesma microbacia hidrográfica, e, nos casos previstos nos arts. 30 e 31, ambos desta Lei, em áreas localizadas no mesmo Município ou região metropolitana. §1º Verificada pelo órgão ambiental a impossibilidade da compensação ambiental prevista no caput deste artigo, **será exigida a reposição florestal,** com espécies nativas, em área equivalente à desmatada, na mesma bacia hidrográfica, sempre que possível na mesma microbacia hidrográfica. (grifei)

Flagrada a conduta descrita no artigo 53, ou seu parágrafo único, do Dec. nº 6.514/08, o agente fiscal precisa adotar as providências legais previstas, a fim de iniciar a apuração da responsabilidade dos envolvidos, oportunizando a ampla defesa e o contraditório, com amparo nos termos do artigo 70, da Lei nº 9.605/98 e art. 96, do Dec. nº 6.514/08. Para tanto, sugere-se:

a) A descrição do auto de infração: A descrição da conduta precisa ter elementos mínimos que caracterizem a infração, para que a autoridade administrativa julgadora tenha convicção da materialidade (art. 97).

Exemplo de descrição a constar no auto de infração: *"Explorar ou danificar floresta ou qualquer tipo de vegetação nativa ou de espécies nativas plantadas, localizada fora de área de reserva legal averbada, de domínio público ou privado... (definir a forma, ex.: mediante o corte raso, seletivo de xx árvores das espécies, ex.: pinheiro-brasileiro, carne-de-vaca, bugreiro, bracatinga, leiteiro, fumo-bravo, pinho-bravo, vassoura-lageana, guaicá, ente outras), sem aprovação prévia do órgão ambiental competente ou em desacordo com a concedida, numa área de... (indicar a área aferida)".*

Ou, **"Deixa de cumprir a reposição florestal obrigatória,...** *(descrever a obrigação imposta e por qual autoridade ambiental, fazendo referência ao processo administrativo, processo de licenciamento ou outro ato administrativo atrelado a imposição)".*

Resultará em multa simples (art. 53, ou seu parágrafo único, do Dec. nº 6.514/08) prevista de: R$300,00 (trezentos reais), por hectare ou fração, ou por unidade, estéreo, quilo, mdc ou metro cúbico.

Observar a previsão de aumento da multa a metade, caso a infração seja praticada nas situações previstas no artigo 60, e seus incisos, do Dec. nº 6.514/08.

Para rever o conceito de espécies protegidas vide o item 4.7.

Observar a causa de aumento de multa prevista no art. 93, do Decreto nº 6.514/08.

b) As medidas administrativas adotadas: Como já apresentado anteriormente, o agente autuante, no uso do seu poder de polícia, poderá adotar as medidas administrativas previstas no art. 101, do Dec. nº 6.514/08, bem como os procedimentos descritos nos arts. 102 a 112, lavrando-se os documentos inerentes.

Havendo produtos florestais para apreender, proceder a medição conforme indicado no item 4.8.

c) Do procedimento penal: A conduta descrita como infração administrativa no art. 53, do Decreto nº 6.514/08, não encontra tipo penal análogo.

5.1.13 Adquirir, intermediar, transportar ou comercializar produto ou subproduto de origem animal ou vegetal produzido sobre área objeto de embargo

Em primeira análise, deve-se ter o cuidado de observar o previsto no parágrafo único, do art. 54, do Dec. nº 6.514/08:

Parágrafo único. A aplicação do disposto neste artigo dependerá de prévia divulgação dos dados do imóvel rural, da área ou local embargado e do respectivo titular de que trata o §1º do art. 18 e estará limitada à área onde efetivamente ocorreu o ilícito.

Para tanto, destaca-se o art. 18, §1º, do Dec. nº 6.514/08:

Art. 18. O descumprimento total ou parcial de embargo, sem prejuízo do disposto no art. 79, ensejará a aplicação cumulativa das seguintes sanções: (...) §1º O órgão ou entidade ambiental promoverá a divulgação dos dados do imóvel rural, da área ou local embargado e do respectivo titular em lista oficial, resguardados os dados protegidos por legislação específica para efeitos do disposto no inciso III do art. 4º da Lei nº 10.650, de 16 de abril de 2003, especificando o exato local da área embargada e informando que o auto de infração encontra-se julgado ou pendente de julgamento.

Nesse sentido, o parágrafo único, do art. 54, do mencionado decreto, cuida em fazer a ressalva de que somente haverá se comprovada a formalidade de divulgação do embargo da área objeto de autuação.

Prudência que evita que o Estado, inadvertidamente, emita autos de infração indiscriminadamente para toda a pessoa que adquira produto ou subproduto de origem animal ou vegetal produzido sobre área objeto de embargo sem conhecimento dos atos de embargo.

Flagrada a conduta descrita no artigo 54, do Dec. nº 6.514/08, o agente fiscal precisa adotar as providências legais previstas, a fim de iniciar a apuração da responsabilidade dos envolvidos, oportunizando a ampla defesa e o contraditório, com amparo nos termos do artigo 70, da Lei nº 9.605/98 e art. 96, do Dec. nº 6.514/08. Para tanto, sugere-se:

a) A descrição do auto de infração: A descrição da conduta precisa ter elementos mínimos que caracterizem a infração, para que a autoridade administrativa julgadora tenha convicção da materialidade (art. 97).

Exemplo de descrição a constar no auto de infração: *"Adquirir, intermediar, transportar ou comercializar produto ou subproduto de origem animal ou vegetal (definir a conduta e o que) produzido sobre área objeto de embargo... (indicar o local com coordenadas geográficas)"*.

Resultará em multa simples (art. 54, do Dec. nº 6.514/08) prevista de: R$500,00 (quinhentos reais) por quilograma ou unidade.

Observar a previsão de aumento da multa a metade, caso a infração seja praticada nas situações previstas no artigo 60, e seus incisos, do Dec. nº 6.514/08.

Para rever o conceito de espécies protegidas vide o item 4.7.

Observar a causa de aumento de multa prevista no art. 93, do Decreto nº 6.514/08.

b) As medidas administrativas adotadas: Como já apresentado anteriormente, o agente autuante, no uso do seu poder de polícia, poderá adotar as medidas administrativas previstas no art. 101, do Dec. nº 6.514/08, bem como os procedimentos descritos nos arts. 102 a 112, lavrando-se os documentos inerentes.

Havendo produtos florestais para apreender, proceder a medição conforme indicado no item 4.8.

c) Do procedimento penal: A conduta descrita como infração administrativa no art. 54, do Decreto nº 6.514/08, não encontra tipo penal análogo.

5.1.14 Deixar de averbar a reserva legal

A preocupação aqui nada mais é do que obrigar o proprietário rural cumprir as disposições previstas no Código Florestal acerca da reserva legal.

Como já comentado anteriormente, enquanto o antigo Código Florestal (Lei nº 4.771/65) exigia a averbação da área da reserva legal, na matrícula do imóvel (art. 16, §8º), o novo Código Florestal (Lei nº 12.651/12) exige que a averbação da área de reserva legal seja registrada junto ao órgão ambiental competente, nos termos do art. 18 e seus parágrafos.

Ademais, foi repetidamente prorrogado o prazo para que houvesse o cumprimento voluntário por parte dos proprietários rurais, sem serem penalizados, como podemos observar as alterações sucessivas dos parágrafos do art. 55, a seguir:

> §1º O autuado será advertido para que, no prazo de cento e oitenta dias, apresente termo de compromisso de regularização da reserva legal na forma das alternativas previstas na

Lei nº 4.771, de 15 de setembro de 1965. §2º Durante o período previsto no §1º, a multa diária será suspensa. §3º Caso o autuado não apresente o termo de compromisso previsto no §1º nos cento e vinte dias assinalados, deverá a autoridade ambiental cobrar a multa diária desde o dia da lavratura do auto de infração, na forma estipulada neste Decreto. §4º As sanções previstas neste artigo não serão aplicadas quando o prazo previsto não for cumprido por culpa imputável exclusivamente ao órgão ambiental. **§5º O proprietário ou possuidor terá prazo de cento e vinte dias para averbar a localização, compensação ou desoneração da reserva legal, contados da emissão dos documentos por parte do órgão ambiental competente ou instituição habilitada.** §6º No prazo a que se refere o §5º, as sanções previstas neste artigo não serão aplicadas. (grifei)

Constatada a conduta descrita no artigo 55, do Dec. nº 6.514/08, o agente fiscal precisa adotar as providências legais previstas, a fim de iniciar a apuração da responsabilidade dos envolvidos, oportunizando a ampla defesa e o contraditório, com amparo nos termos do artigo 70, da Lei nº 9.605/98 e art. 96, do Dec. nº 6.514/08. Para tanto, sugere-se:

a) A descrição do auto de infração: A descrição da conduta precisa ter elementos mínimos que caracterizem a infração, para que a autoridade administrativa julgadora tenha convicção da materialidade (art. 97).

Exemplo de descrição a constar no auto de infração: *"**Deixar de averbar a reserva legal** (observar o prazo legal concedido para averbação)"*.

Nos termos do art. 55, do Dec. nº 6.514/08, a penalidade será de: <u>advertência e multa diária de R$50,00 (cinquenta reais) a R$500,00 (quinhentos reais) por hectare ou fração da área de reserva legal</u>.

Observar os parâmetros adotados pela Instrução Normativa Conjunta nº 2, de 29 de janeiro de 2020, do Ministério do Meio Ambiente, que regulamenta o processo administrativo federal para apuração de infrações administrativas por condutas e atividades lesivas ao meio ambiente.

Observar a causa de aumento de multa prevista no art. 93, do Decreto nº 6.514/08.

b) As medidas administrativas adotadas: Como já apresentado anteriormente, o agente autuante, no uso do seu poder de polícia, poderá adotar as medidas administrativas previstas no art. 101, do Dec. nº 6.514/08, bem como os procedimentos descritos nos arts. 102 a 112, lavrando-se os documentos inerentes.

c) Do procedimento penal: A conduta descrita como infração administrativa no art. 55, do Decreto nº 6.514/08, não encontra tipo penal análogo.

5.1.15 Destruir, danificar, lesar ou maltratar, por qualquer modo ou meio, plantas de ornamentação de logradouros públicos ou em propriedade privada alheia

A infração administrativa descrita no art. 56, do Dec. nº 6.514/08, necessita de alguns apontamentos.

Verifica-se que a doutrina aponta as críticas para a abrangência da infração "em propriedade privada alheia". Pois, o bem jurídico protegido deveria ser, somente, "as plantas de ornamentação de logradouros públicos".

Em relação a essa infração, acompanhamos Antunes (2017)[479] que enfatiza: *"cuida-se de mais uma das normas inacreditáveis de nossa legislação de proteção ao meio ambiente. Não há a menor dúvida que falece ao Poder Executivo Federal a competência para a definição de ilícito administrativo em logradouro público, pois como se sabe, cabe ao Município zelar pela ordem urbana, dentre a qual, certamente, se encontra a proteção dos logradouros públicos; por outro lado, não há qualquer sentido, bom-senso ou juridicidade em transformar em infração administrativa danos à propriedade privada, pois as normas administrativas existem para proteger o bem público e à coletividade, jamais o bem privado que merece proteção ampla em nossos direitos penal e civil"*.

Cuidado deve-se ter em relação às plantas, por não ser qualquer planta. O tipo da infração exige que sejam de "ornamentação". Para tanto, pode ser espécie exótica, inclusive. Pois, basta ser de ornamentação e tenha sido destruída, danificada, lesada ou maltratada para caracterizar a infração administrativa.

Flagrada a conduta descrita no artigo 56, do Dec. nº 6.514/08, o agente fiscal precisa adotar as providências legais previstas, a fim de iniciar a apuração da responsabilidade dos envolvidos, oportunizando a ampla defesa e o contraditório, com amparo nos termos do artigo 70, da Lei nº 9.605/98 e art. 96, do Dec. nº 6.514/08. Para tanto, sugere-se:

a) A descrição do auto de infração: A descrição da conduta precisa ter elementos mínimos que caracterizem a infração, para que a autoridade administrativa julgadora tenha convicção da materialidade (art. 97).

Exemplo de descrição a constar no auto de infração: *"**Destruir, danificar, lesar ou maltratar** (definir a ação), **por qualquer modo ou meio** (especificar o meio), **plantas de ornamentação** (identificar a espécie de planta ornamental) **de logradouros públicos ou em propriedade privada alheia** (definir o local)"*.

Resultará em multa simples (art. 56, do Dec. nº 6.514/08) prevista de: <u>R$100,00 (cem reais) a R$1.000,00 (mil reais) por unidade ou metro quadrado</u>.

Observar a previsão de aumento da multa a metade, caso a infração seja praticada nas situações previstas no artigo 60, e seus incisos, do Dec. nº 6.514/08.

Para rever o conceito de espécies protegidas vide o item 4.7.

Observar os parâmetros adotados pela Instrução Normativa Conjunta nº 2, de 29 de janeiro de 2020, do Ministério do Meio Ambiente, que regulamenta o processo administrativo federal para apuração de infrações administrativas por condutas e atividades lesivas ao meio ambiente.

Observar a causa de aumento de multa prevista no art. 93, do Decreto nº 6.514/08.

b) As medidas administrativas adotadas: Como já apresentado anteriormente, o agente autuante, no uso do seu poder de polícia, poderá adotar as medidas administrativas previstas no art. 101, do Dec. nº 6.514/08, bem como os procedimentos descritos nos arts. 102 a 112, lavrando-se os documentos inerentes.

Havendo produtos florestais para apreender, proceder a medição conforme indicado no item 4.8.

c) Do procedimento penal: A conduta descrita como infração administrativa no art. 56, do Decreto nº 6.514/08, possui tipo penal descrito no art. 49, da Lei nº 9.605/98.

---

[479] ANTUNES, Paulo de Bessa. *Direito ambiental*. 19. ed. rev. e atual. São Paulo: Atlas, 2017. p. 337.

A infração ambiental ora descrita não é pacífica entre os doutrinadores. Num dos vértices encontra-se Prado (2016),[480] o qual apresenta a seguinte arguição: *"protege-se o meio ambiente, notadamente no que toca à espécie vegetal de ornamentação situada em logradouros públicos ou em propriedade privada alheia. Todavia, impede ressaltar que não há na hipótese em exame nenhum atentado ao bem jurídico ambiente. Tem-se, portanto, uma vez mais, flagrante violação de princípio penal fundamental da exclusiva proteção de bens jurídicos, sendo, portanto, o artigo 49 inconstitucional"*. E continua, *"por plantas ornamentais entendem-se as que decoram, adornam, embelezam ou enfeitam um local, como begônias, lírios, tulipas, orquídeas, samambaias, entre outras. Essa incriminação (inclusive com a forma culposa) não deveria passar – quando muito – de infração administrativa. Há evidente e inconcebível exagero do legislador, que chega a ponto de criminalizar, por exemplo, o dano culposo, por imprudência, de uma orquídea em lugar público ou privado"*.

Na linha da inconstitucionalidade do art. 49, da Lei nº 9.605/98, Nucci (2016)[481] fundamenta, *"inconstitucionalidade: em função do princípio da intervenção mínima não se pode admitir um tipo penal incriminador que diga respeito a, por exemplo, maltratar plantas ornamentais de forma culposa, sem qualquer intenção, mas em virtude de pura negligência. Seria o ápice do abuso do Estado no intervencionismo na vida privada de cada um. Diz Miguel Reale Júnior que 'para total espanto, admite-se também a forma culposa. Assim, tropeçar e pisar por imprudência numa begônia do jardim do vizinho é crime'"*.

Ainda esclarecendo sobre o delito, Constantino (2002)[482] assevera: *"1. Objeto Jurídico do Delito: é o equilíbrio ecológico advindo da necessária preservação da flora, especialmente das plantas ornamentais existentes em logradouros públicos ou em propriedades privadas alheias. 2. O Objeto Material do Delito: são as plantas de ornamentação existentes em logradouros públicos, ou em propriedades privadas alheias"*.

Destacam Gomes e Maciel (2015)[483] que *"as plantas podem estar em logradouros públicos (ruas, alamedas, praças, parques, jardins públicos etc.) ou em propriedade privada alheia, urbana (casas, edifícios) ou rural (chácaras, sítios etc.). Não comete este crime o agente que danifica ou destrói plantas ornamentais de sua própria propriedade, já que o tipo se refere à propriedade alheia. Por outro lado, não importa se a propriedade alheia é habitada ou não. O crime ocorrerá mesmo na propriedade desabitada"*.

A conduta tipificada no art. 49, da Lei nº 9.605/98, prevê: "Pena – detenção, de três meses a um ano, ou multa, ou ambas as penas cumulativamente. Parágrafo único. No crime culposo, a pena é de um a seis meses, ou multa".

Diante da previsão da pena máxima ser não ser superior a dois anos, cabe lavratura de Termo Circunstanciado, nos termos da Lei nº 9.099/95.

Observar as causas de aumento de pena, previstas no art. 53, da Lei nº 9.605/98.

---

[480] PRADO, Luiz Regis. *Direito penal do ambiente*. 6. ed. rev., atual. e ampl. São Paulo: Editora Revista dos Tribunais, 2016. p. 267-268.

[481] NUCCI, Guilherme de Souza. *Leis penais e processuais penais comentadas*. 9. ed. rev., atual. e ampl. Rio de Janeiro: Forense, 2016. p. 644. v. 2.

[482] CONSTANTINO, Carlos Ernani. *Delitos ecológicos*: a lei ambiental comentada: artigo por artigo: aspectos penais e processuais penais. 2. ed. São Paulo: Atlas. 2002. p. 171.

[483] GOMES, Luiz Flávio; MACIEL, Silvio Luiz. *Lei de crimes ambientais*: comentários à Lei 9.605/1998. 2. ed. rev., atual. e ampl. Rio de Janeiro: Forense; São Paulo: Método, 2015. p. 209.

5.1.16 Comercializar, portar ou utilizar em floresta ou demais formas de vegetação, motosserra sem licença ou registro da autoridade ambiental competente

A exigência de regularidade para a comercialização, porte e uso de motosserras já vem de longa data.

Nesse sentido, podemos citar o que estava previsto na Lei nº 7.803/1989, que acrescentou o art. 45, na Lei nº 4.771/65 (antigo Código Florestal), em destaque a seguir:

> Art. 45. Ficam obrigados ao registro no Instituto Brasileiro do Meio Ambiente e dos Recursos Naturais Renováveis – IBAMA os estabelecimentos comerciais responsáveis pela comercialização de moto-serras, bem como aqueles que adquirirem este equipamento. §1º A licença para o porte e uso de moto-serras será renovada a cada 2 (dois) anos perante o Instituto Brasileiro do Meio Ambiente e dos Recursos Naturais Renováveis – IBAMA. §2º Os fabricantes de moto-serras ficam obrigados, a partir de 180 (cento e oitenta) dias da publicação desta Lei, a imprimir, em local visível deste equipamento, numeração cuja seqüência será encaminhada ao Instituto Brasileiro do Meio Ambiente e dos Recursos Naturais Renováveis – IBAMA e constará das correspondentes notas fiscais. §3º A comercialização ou utilização de moto-serras sem a licença a que se refere este artigo constitui crime contra o meio ambiente, sujeito à pena de detenção de 1 (um) a 3 (três) meses e multa de 1 (um) a 10 (dez) salários mínimos de referência e a apreensão da moto-serra, sem prejuízo da responsabilidade pela reparação dos danos causados.

O novo Código Florestal (Lei nº 12.651/12) manteve a exigência, como se verifica em seu art. 69, em destaque:

> Art. 69. São obrigados a registro no órgão federal competente do Sisnama os estabelecimentos comerciais responsáveis pela comercialização de motosserras, bem como aqueles que as adquirirem. §1º A licença para o porte e uso de motosserras será renovada a cada 2 (dois) anos. §2º Os fabricantes de motosserras são obrigados a imprimir, em local visível do equipamento, numeração cuja sequência será encaminhada ao órgão federal competente do Sisnama e constará nas correspondentes notas fiscais.

Como forma de regulamentar tais dispositivos, o IBAMA editou a Portaria Normativa nº 149-P, de 30 de dezembro de 1992, onde em seu art. 1º, assim prevê:

> Art. 1º – Ficam obrigados ao registro no IBAMA, os estabelecimentos comerciais responsáveis pela comercialização de MOTO-SERRAS, bem como aqueles, que, sob qualquer forma, adquirirem este equipamento.

E a mesma Portaria Normativa conceitua motosserra:

> Art. 1º – (...) §1º – Para os efeitos desta Portaria, entende-se por MOTO-SERRA todo e qualquer equipamento utilizado para o corte de árvore e/ou madeira em geral, constituído de motor de combustão interna, sabre e corrente.

O Anexo da Lei nº 6.938/81 (que dispõe sobre a Política Nacional do Meio Ambiente) prevê a tabela de preços dos serviços e produtos cobrados pelo IBAMA. E em se tratando de motosserra, assim prevê:

"II – FLORA
1. LICENÇA E RENOVAÇÃO
1.6. Licença para porte e uso de motosserra – anual – R$30,00
...
4. REGISTRO
4.1. Proprietário e comerciante de motosserra – ISENTO"

Ressalta-se que o ato consiste em comercializar (negociar, ter comércio, alienar onerosamente) ou utilizar (empregar, servir-se de) motosserras (serra motorizada a gasolina) em florestas e demais formas de vegetação sem licença ou registro fornecidos pela autoridade competente, no caso em tela, o IBAMA.

Flagrada a conduta descrita no artigo 57, do Dec. nº 6.514/08, o agente fiscal precisa adotar as providências legais previstas, a fim de iniciar a apuração da responsabilidade dos envolvidos, oportunizando a ampla defesa e o contraditório, com amparo nos termos do artigo 70, da Lei nº 9.605/98 e art. 96, do Dec. nº 6.514/08. Para tanto, sugere-se:

a) A descrição do auto de infração: A descrição da conduta precisa ter elementos mínimos que caracterizem a infração, para que a autoridade administrativa julgadora tenha convicção da materialidade (art. 97).

Exemplo de descrição a constar no auto de infração: *"Comercializar, portar ou utilizar em floresta ou demais formas de vegetação, motosserra (definir a ação do infrator), sem licença ou registro da autoridade ambiental competente"*.

Resultará em multa simples (art. 57, do Dec. nº 6.514/08) prevista de: R$1.000,00 (mil reais), por unidade.

Observar a previsão de aumento da multa a metade, caso a infração seja praticada nas situações previstas no artigo 60, e seus incisos, do Dec. nº 6.514/08.

Para rever o conceito de espécies protegidas vide o item 4.7.

Observar a causa de aumento de multa prevista no art. 93, do Decreto nº 6.514/08.

b) As medidas administrativas adotadas: Como já apresentado anteriormente, o agente autuante, no uso do seu poder de polícia, poderá adotar as medidas administrativas previstas no art. 101, do Dec. nº 6.514/08, bem como os procedimentos descritos nos arts. 102 a 112, lavrando-se os documentos inerentes.

c) Do procedimento penal: A conduta prevista como infração administrativa no art. 57, do Decreto nº 6.514/08, possui tipo penal descrito no art. 51, da Lei nº 9.605/98, com a seguinte descrição:

Art. 51. Comercializar motosserra ou utilizá-la em florestas e nas demais formas de vegetação, sem licença ou registro da autoridade competente.

Sobre essa infração penal Prado (2016)[484] comenta que *"busca o delito em tela resguardar a integridade das formações florestais, ameaçadas pelo desmatamento originado da utilização abusiva de motosserras. O desmatamento é um dos fatores responsáveis pela deterioração gradual da camada protetora do solo, devido à retirada da vegetação responsável pelo equilíbrio*

---

[484] PRADO, Luiz Regis. *Direito penal do ambiente*. 6. ed. rev., atual. e ampl. São Paulo: Editora Revista dos Tribunais, 2016. p. 273.

dos ecossistemas. A recomposição das áreas destruídas pelo desmatamento, frequentemente feita por meio de espécies exóticas ou não aclimatáveis, dificilmente cede lugar à diversidade genética primitiva".

Marcão (2015)[485] chama a atenção que *não se exige que a conduta recaia sobre floresta ou vegetação especialmente protegida ou localizada em área de preservação permanente.*

Outra observação é apontada por Gomes e Maciel (2015),[486] onde salientam que *"essa licença para uso de motosserra, não se confunde com a licença ou autorização necessária para realizar o corte ou desmatamento de florestas e demais formas de vegetação. Por exemplo, se o agente tem licença para uso de motosserra, mas efetua o corte de árvores em floresta de preservação permanente, sem permissão da autoridade, não responderá por este crime do art. 51, mas responderá pela infração do art. 39".*

A conduta tipificada no art. 51, da Lei nº 9.605/98, prevê uma pena – detenção, de três meses a um ano, e multa.

Diante da previsão da pena máxima ser não ser superior a dois anos, cabe lavratura de Termo Circunstanciado, nos termos da Lei nº 9.099/95.

Observar as causas de aumento de pena, previstas no art. 53, da Lei nº 9.605/98.

5.1.17 Fazer uso de fogo em áreas agropastoris sem autorização do órgão competente ou em desacordo com a obtida

A Lei nº 4.771/65 (antigo Código Florestal) já previa uma atenção especial quanto ao uso do fogo, como se observa:

> Art. 27. É proibido o uso de fogo nas florestas e demais formas de vegetação. Parágrafo único. Se peculiaridades locais ou regionais justificarem o emprego do fogo em práticas agropastoris ou florestais, a permissão será estabelecida em ato do Poder Público, circunscrevendo as áreas e estabelecendo normas de precaução.

A proibição do uso do fogo previa uma exceção, quando as peculiaridades locais ou regionais justificassem o emprego do fogo em práticas agropastoris ou florestais, então a permissão deveria ser estabelecida em ato do Poder Público (ou autorização para queima controlada).

Desta forma o Decreto nº 97.635/1989 regulamentou o artigo 27 do Código Florestal e dispõe sobre a prevenção e combate a incêndio florestal (revogado posteriormente pelo Dec. nº 2.661/98), e em seu art. 1º, assim previa:

> Art. 1º Incêndio florestal é fogo sem controle em qualquer forma de vegetação. §1º É proibido o uso do fogo sem controle nas florestas e demais formas de vegetação, bem assim qualquer ato ou omissão que possa ocasionar incêndio florestal. §2º Quando peculiaridades locais ou regionais justificarem, o emprego do fogo, na forma de queima controlada, em práticas agropastoris ou florestais, poderá ser permitido, circunscrevendo as áreas estabelecidas

---

[485] MARCÃO, Renato. *Crimes ambientais (Anotações e interpretação jurisprudencial da parte criminal da Lei n. 9.605, de 12-2-1998).* 3. ed. rev. e atual. de acordo com a Lei n. 13.052/2014. São Paulo: Saraiva, 2015. p. 372.

[486] GOMES, Luiz Flávio; MACIEL, Silvio Luiz. *Lei de crimes ambientais:* comentários à Lei 9.605/1998. 2. ed. rev., atual. e ampl. Rio de Janeiro: Forense; São Paulo: Método, 2015. p. 218.

as normas de precaução. §3º Compete ao Instituto Brasileiro do Meio Ambiente e dos Recursos Naturais Renováveis estabelecer as condições de uso do fogo, sob a forma de queima controlada.

Posteriormente, o Decreto nº 2.661/98, objetivando atualizar as normas referentes ao uso do fogo, regulamentou o parágrafo único do art. 27 da Lei nº 4.771, de 15 de setembro de 1965 (Código Florestal), mediante o estabelecimento de normas de precaução relativas ao emprego do fogo em práticas agropastoris e florestais, e revogou o Dec. nº 97.635/1989, onde estabelece:

Art. 2º Observadas as normas e condições estabelecidas por este Decreto, é permitido o emprego do fogo em práticas agropastoris e florestais, mediante Queima Controlada. Parágrafo único. Considera-se Queima Controlada o emprego do fogo como fator de produção e manejo em atividades agropastoris ou florestais, e para fins de pesquisa científica e tecnológica, em áreas com limites físicos previamente definidos. Art. 3º O emprego do fogo mediante Queima Controlada depende de prévia autorização, a ser obtida pelo interessado junto ao órgão do Sistema Nacional do Meio Ambiente – SISNAMA, com atuação na área onde se realizará a operação.

Na sequência foi editado também o Decreto nº 2.662/98, que dispõe sobre medidas a serem implementadas na Amazônia Legal, para monitoramento, prevenção, educação ambiental e combate a incêndios florestais, criando a Força-Tarefa para Combate a Incêndios Florestais na Amazônia Legal, a ser coordenada pela Secretaria Especial de Políticas Regionais, com a participação dos Ministérios da Aeronáutica, do Exército, o do Meio Ambiente, dos Recursos Hídricos e da Amazônia Legal.

Por sua vez, quando se referia a aplicação de multas pelo uso do fogo, o Decreto nº 3.179/99 previa as seguintes infrações administrativas:

Art. 28. Provocar incêndio em mata ou floresta: Multa de R$1.500,00 (mil e quinhentos reais), por hectare ou fração queimada. (...)
Art. 40. Fazer uso de fogo em áreas agropastoris sem autorização do órgão competente ou em desacordo com a obtida: Multa de R$1.000,00 (mil reais), por hectare ou fração.

Por muito tempo os órgãos de fiscalização ambiental se utilizavam desses dispositivos a fim de coibir as práticas lesivas ao meio ambiente, quando da utilização do fogo de forma indevida.

Com a edição do novo Código Florestal, dada pela Lei nº 12.651/12, trouxe um capítulo exclusivo sobre o uso do fogo, com a regras previstas nos artigos, 38, 39 e 40, a seguir:

Art. 38. É proibido o uso de fogo na vegetação, exceto nas seguintes situações: I – em locais ou regiões cujas peculiaridades justifiquem o emprego do fogo em práticas agropastoris ou florestais, mediante prévia aprovação do órgão estadual ambiental competente do Sisnama, para cada imóvel rural ou de forma regionalizada, que estabelecerá os critérios de monitoramento e controle; II – emprego da queima controlada em Unidades de Conservação, em conformidade com o respectivo plano de manejo e mediante prévia aprovação do órgão gestor da Unidade de Conservação, visando ao manejo conservacionista da vegetação nativa, cujas características ecológicas estejam associadas evolutivamente à ocorrência do fogo; III – atividades de pesquisa científica vinculada a projeto de pesquisa devidamente aprovado pelos órgãos competentes e realizada por instituição de pesquisa reconhecida, mediante prévia aprovação do órgão ambiental competente do Sisnama. (...) Art. 39. Os órgãos ambientais do Sisnama, bem como todo e qualquer órgão público ou privado responsável pela gestão de áreas com vegetação nativa ou plantios florestais, deverão elaborar, atualizar e implantar planos de contingência para o combate aos incêndios florestais.

Sobre as exceções do uso do fogo, Luís Carlos Silva de Moraes (2002)[487] comenta: *"A proibição do uso do fogo não é absoluta, mas é sua regra. A utilização do fogo é proibida, salvo as hipóteses permitidas pela lei. A vedação está em seu uso sem motivação. Utilizado como instrumento de trabalho, nos termos do parágrafo único do artigo ora comentado, será permitido, após procedimento de outorga de licença de queima controlada. O ato administrativo é vinculado, com regulamentação dada pelo Decreto nº 2.661/98, sendo competência do IBAMA ou do órgão estadual ambiental estabelecer as condições de uso do fogo, sob a forma de queima controlada (art. 1º, §3º)".*

Em relação a queimada, Sirvinskas (2017)[488] descreve que *"é a forma mais rudimentar e arcaica para a realização da limpeza do solo. No entanto, ainda hoje é uma prática muito comum. Isso causa um transtorno muito grande à população que mora nas imediações, o empobrecimento do solo, prejuízo à saúde humana e a destruição da fauna. Essa prática alavanca a poluição e agrava o aquecimento global. A queimada ocorre mais comumente por ocasião do desmatamento de florestas para a criação de gado ou a plantação de soja e também antes da colheita da cana-de-açúcar".*

Fazer fogo significa atear, propagar o fogo, sem a tomada das precauções devidas. O incêndio florestal é definido pelo Dec. nº 2.661/98 como:

Art. 20. Para os efeitos deste Decreto, **entende-se como incêndio florestal o fogo não controlado em floresta ou qualquer outra forma de vegetação.** (grifei)

E para queima controlada, o Decreto 2.661/98 define:

Art. 2º Observadas as normas e condições estabelecidas por este Decreto, é permitido o emprego do fogo em práticas agropastoris e florestais, mediante Queima Controlada. Parágrafo único. **Considera-se Queima Controlada** o emprego do fogo como fator de produção e manejo em atividades agropastoris ou florestais, e para fins de pesquisa científica e tecnológica, em áreas com limites físicos previamente definidos. (grifei)

Com a edição do Decreto nº 6.514/08 as duas infrações administrativas previstas no Decreto nº 3.179/99 (arts. 28 e 40) foram condensadas em apenas uma, no art. 58, sendo que nos demais casos, passou a ser considerada causa de aumento de multa, nos termos do art. 60, I:

---

[487] MORAES, Luís Carlos Silva de. *Código florestal comentado: com as alterações da lei de crimes ambientais, Lei nº 9.605/98.* 3. ed. São Paulo: Atlas, 2002. p. 201.

[488] SIRVINSKAS, Luís Paulo. *Manual de direito ambiental.* 15. ed. São Paulo: Saraiva, 2017. p. 363.

Art. 58. Fazer uso de fogo em áreas agropastoris sem autorização do órgão competente ou em desacordo com a obtida: Multa de R$1.000,00 (mil reais), por hectare ou fração.
Art. 60. As sanções administrativas previstas nesta Subseção serão aumentadas pela metade quando: I – ressalvados os casos previstos nos arts. 46 e 58, a infração for consumada mediante uso de fogo ou provocação de incêndio.

Outra questão importante a ser analisada é a apuração da responsabilidade do agente. Pois, a Lei nº 12.651/12 (Código Florestal), em seu art. 38, §§3º e 4º, exige a comprovação de nexo de causalidade, como se verifica:

Art. 38 (...) §3º Na apuração da responsabilidade pelo uso irregular do fogo em terras públicas ou particulares, a autoridade competente para fiscalização e autuação deverá comprovar o nexo de causalidade entre a ação do proprietário ou qualquer preposto e o dano efetivamente causado. §4º É necessário o estabelecimento de nexo causal na verificação das responsabilidades por infração pelo uso irregular do fogo em terras públicas ou particulares.

Nesse sentido, o Código Florestal afastou a utilização do princípio da responsabilidade objetiva para a aplicação de sanções pelo uso de fogo. Coadunamos com esse entendimento.

Na mesma toada, Curt, Terence e Natascha Trennepohl (2019)[489] explicam que *"mesmo que a mensuração das sanções administrativas tenha sido detalhada no Decreto 6.514/08, essas normas apenas o fizeram por força do referido Capítulo VI da Lei dos Crimes Ambientais. Somente Lei, no sentido estrito, pode legislar sobre a matéria sancionatória. Nesse caso, a norma complementar decorre diretamente da lei, que em última instância, é quem lhe dá o suporte jurídico e condiciona sua aplicação".*

Flagrada a conduta descrita no artigo 58, do Dec. nº 6.514/08, o agente fiscal precisa adotar as providências legais previstas, a fim de iniciar a apuração da responsabilidade dos envolvidos, oportunizando a ampla defesa e o contraditório, com amparo nos termos do artigo 70, da Lei nº 9.605/98 e art. 96, do Dec. nº 6.514/08. Para tanto, sugere-se:

a) A descrição do auto de infração: A descrição da conduta precisa ter elementos mínimos que caracterizem a infração, para que a autoridade administrativa julgadora tenha convicção da materialidade (art. 97).

Exemplo de descrição a constar no auto de infração: *"**Fazer uso do fogo em áreas agropastoris sem autorização do órgão competente ou em desacordo com a obtida** (definir a ação do infrator), **numa área de** (indicar a área em hectare)".*

Resultará em multa simples (art. 58, do Dec. nº 6.514/08) prevista de: R$1.000,00 (mil reais), por hectare ou fração.

Observar a previsão de aumento da multa a metade, caso a infração seja praticada nas situações previstas no artigo 60, e seus incisos, do Dec. nº 6.514/08.

Para rever o conceito de espécies protegidas vide o item 4.7.

Observar a causa de aumento de multa prevista no art. 93, do Decreto nº 6.514/08.

---

[489] TRENNEPOHL, Curt; TRENNEPOHL, Terence; TRENNEPOHL, Natascha. *Infrações ambientais:* comentários ao Decreto 6.514/2008. 3. ed. rev., atual. e ampl. São Paulo: Thomson Reuters Brasil, 2019. p. 268.

b) As medidas administrativas adotadas: Como já apresentado anteriormente, o agente autuante, no uso do seu poder de polícia, poderá adotar as medidas administrativas previstas no art. 101, do Dec. n? 6.514/08, bem como os procedimentos descritos nos arts. 102 a 112, lavrando-se os documentos inerentes.

c) Do procedimento penal: Sobre a apuração de responsabilidade penal sobre o uso do fogo precisamos fazer algumas considerações.

O antigo Código Florestal (Lei n? 4.771/65) previa como contravenção penal a seguinte conduta:

> Art. 26. Constituem contravenções penais, puníveis com três meses a um ano de prisão simples ou multa de uma a cem vezes o salário-mínimo mensal, do lugar e da data da infração ou ambas as penas cumulativamente: (...) e) fazer fogo, por qualquer modo, em florestas e demais formas de vegetação, sem tomar as precauções adequadas.

A Lei n? 12.651/12 (novo Código Florestal), ao revogar a Lei n? 4.771/65, igualmente revogou as contravenções penais existentes, e não tipificou novas condutas como crimes ou contravenções penais, por entender o legislador que as normas penais existentes já atenderiam essa necessidade.

Assim, a Lei n? 9.605/98 prevê o seguinte tipo penal:

> Art. 41. Provocar incêndio **em mata ou floresta**: Pena – reclusão, de dois a quatro anos, e multa. Parágrafo único. Se o crime é culposo, a pena é de detenção de seis meses a um ano, e multa. (grifei)

Observar as causas de aumento de pena, previstas no art. 53, da Lei n? 9.605/98. E o Código Penal ainda possui o seguinte tipo penal:

> Incêndio. Art. 250 – Causar incêndio, expondo a perigo a vida, a integridade física ou o patrimônio de outrem: Pena – reclusão, de três a seis anos, e multa.
> Aumento de pena.
> §1º – As penas aumentam-se de um terço: I – se o crime é cometido com intuito de obter vantagem pecuniária em proveito próprio ou alheio; **II – se o incêndio é:** a) em casa habitada ou destinada a habitação; b) em edifício público ou destinado a uso público ou a obra de assistência social ou de cultura; c) em embarcação, aeronave, comboio ou veículo de transporte coletivo; d) em estação ferroviária ou aeródromo; e) em estaleiro, fábrica ou oficina; f) em depósito de explosivo, combustível ou inflamável; g) em poço petrolífico ou galeria de mineração; **h) em lavoura, pastagem,** mata ou floresta. Incêndio culposo.
> §2º – **Se culposo o incêndio, é pena de detenção, de seis meses a dois anos.** (grifei)

Sobre essa infração penal Prado (2016)[490] comenta que *"a conduta típica consiste em provocar (dar causa, produzir, ensejar) incêndio, que aqui deve ser entendido como o fogo perigoso, potencialmente lesivo à integridade das matas e florestas. Trata-se, portanto, do 'fogo não controlado em floresta ou qualquer outra forma de vegetação'. (...) Se o agente faz fogo, por*

---

[490] PRADO, Luiz Regis. *Direito penal do ambiente.* 6. ed. rev., atual. e ampl. São Paulo: Editora Revista dos Tribunais, 2016. p. 255.

qualquer modo, em lavoura ou pastagem, sem tomar as precauções adequadas, responde pelo delito ancorado no art. 250, §1º, II, h, do Código Penal, visto que o art. 41 da Lei 9.605/1998, ora em comento, versa apenas sobre mata ou floresta".

A doutrina dominante assegura que se o uso do fogo for em *"lavoura"* ou *"pastagens"*, deve-se utilizar o art. 250, §1º, II, alínea "h", do Código Penal. Nesse passo Marcão (2015)[491] assevera que *"pune o art. 41 da Lei n. 9.605/98 a conduta consistente em provocar incêndio em mata ou floresta. O art. 250 do CP tipifica como crime causar incêndio, expondo a perigo a vida, a integridade física ou o patrimônio de outrem, e estabelece causa de aumento de pena nas hipóteses em que ocorrer em lavoura, pastagens, mata ou floresta (§1º, II, h). (...) De tal sorte, o art. 250 do CP foi derrogado em razão do princípio da especialidade, de maneira que, nas hipóteses em comento, somente será aplicado quando se tratar de incêndio em lavoura ou pastagens. Se o incêndio for em mata ou floresta, aplica-se o art. 41 da Lei n. 9.605/98".*

Segue na mesma linha Nucci (2016),[492] como se destaca: *"o novo Código Florestal (Lei 12.651/2012) extirpou a contravenção relativa a quem faz fogo, em floresta, sem tomar as precauções devidas. Remanece somente o crime do art. 41 desta Lei, quando o agente desencadeia um incêndio (fogo em largas proporções, com ampla possibilidade de causar prejuízos de monta). (...) aplica-se o disposto no art. 41 desta Lei, em respeito ao princípio da especialidade, cuidando-se de mata ou floresta. Resta a aplicação do tipo referido do Código Penal quanto à lavoura e pastagem".*

E Gomes e Maciel (2015)[493] destacam que *"o art. 250, §1º, II, h, do CP prevê como crime de dano majorado o incêndio em lavoura, pastagem, mata ou floresta. A doutrina entende que este dispositivo não está revogado, pois o crime de dano do CP tem por objetividade jurídica a incolumidade pública, sendo necessário que o delito exponha a perigo a vida, a integridade física ou o patrimônio de outrem. (...) Se o incêndio for provocado em mata ou floresta, haverá o crime do art. 41 da Lei 9.605/98, ainda que dele resultar, além dos danos ambientais, também perigo para a incolumidade pública. Se o agente provocar incêndio em lavoura ou pastagem, sem as cautelas devidas, haverá o crime do art. 250, §1º, II, h, do CP, ou art. 250, §2º, do CP, se for incêndio culposo".*

Então, a conduta tipificada no art. 41, da Lei nº 9.605/98, prevê uma pena de reclusão, de dois a quatro anos, e multa. Se o crime for culposo, a pena é de detenção de seis meses a um ano, e multa (Parágrafo único, do art. 41, da Lei nº 9.605/98).

Diante da previsão da pena prevista no *caput* do art. 41, ser superior a dois anos, não cabe lavratura de Termo Circunstanciado, nos termos da Lei nº 9.099/95. Se for culposo, cabe Termo Circunstanciado.

Em análise ao art. 250, §1º, II, *h*, do CP, tem uma pena prevista de reclusão, de três a seis anos, e multa, com o aumento de pena de um terço. Se for culposo o incêndio, a pena prevista é de detenção, de seis meses a dois anos (art. 250, §2º, do CP).

---

[491] MARCÃO, Renato. *Crimes ambientais (Anotações e interpretação jurisprudencial da parte criminal da Lei n. 9.605, de 12-2-1998).* 3. ed. rev. e atual. de acordo com a Lei n. 13.052/2014. São Paulo: Saraiva, 2015. p. 372.

[492] NUCCI, Guilherme de Souza. *Leis penais e processuais penais comentadas.* 9. ed. rev., atual. e ampl. Rio de Janeiro: Forense, 2016. p. 636. v. 2.

[493] GOMES, Luiz Flávio; MACIEL, Silvio Luiz. *Lei de crimes ambientais*: comentários à Lei 9.605/1998. 2. ed. rev., atual. e ampl. Rio de Janeiro: Forense; São Paulo: Método, 2015. p. 190-191.

5.1.18 Fabricar, vender, transportar ou soltar balões que possam provocar incêndios nas florestas e demais formas de vegetação, em áreas urbanas ou qualquer tipo de assentamento humano

O combate de incêndios sempre foi uma preocupação do legislador. Pois, como visto anteriormente no comentário a respeito da infração administrativa anterior, e a respeito da infração penal, que envolvem uso do fogo, o uso de balões desde foi motivo de normas proibitivas.

A Lei nº 4.771/65 já previa a contravenção penal no art. 26, alínea "f", conforme segue:

> Art. 26. Constituem contravenções penais, puníveis com três meses a um ano de prisão simples ou multa de uma a cem vezes o salário-mínimo mensal, do lugar e da data da infração ou ambas as penas cumulativamente: (...) f) fabricar, vender, transportar ou soltar balões que possam provocar incêndios nas florestas e demais formas de vegetação.

E o Decreto nº 3.179/99 previa a infração administrativa com a seguinte descrição:

> Art. 29. Fabricar, vender, transportar ou soltar balões que possam provocar incêndios nas florestas e demais formas de vegetação, em áreas urbanas ou qualquer tipo de assentamento humano: Multa de R$1.000,00 (mil reais) a R$10.000,00 (dez mil reais), por unidade.

O fogo sempre foi e sempre será um motivo de preocupação dos gestores e de toda a sociedade. A devastação provocada por incêndios é irreparável, podendo atingir vidas humanas, patrimônios e o meio ambiente.

Nesse sentido, o regramento para o uso do fogo deve ser muito bem analisado e a utilização de fogo sem o acautelamento necessário deve ser punido com rigor.

Por isso, soltar balões que possam provocar incêndios nas florestas e demais formas de vegetação, em áreas urbanas ou qualquer tipo de assentamento humano, é considerado infração ambiental. Do mesmo modo que fabricar, vender, transportar balões.

Assim, Antunes (2017)[494] complementa "*o balão cuja produção, venda, transporte ou soltura é interditada é aquele apto a provocar incêndio. Em tese, todo balão, por ter bucha inflamável, é capaz de provocar incêndio; contudo, parece que a intenção do legislador, no caso seguida pelo poder regulamentar, foi reprimir os balões de grande porte. De qualquer forma, há necessidade de uma opinião técnica para que se possa determinar a capacidade do balão provocar incêndio*".

Flagrada a conduta descrita no artigo 59, do Dec. nº 6.514/08, o agente fiscal precisa adotar as providências legais previstas, a fim de iniciar a apuração da responsabilidade dos envolvidos, oportunizando a ampla defesa e o contraditório, com amparo nos termos do artigo 70, da Lei nº 9.605/98 e art. 96, do Dec. nº 6.514/08. Para tanto, sugere-se:

a) A descrição do auto de infração: A descrição da conduta precisa ter elementos mínimos que caracterizem a infração, para que a autoridade administrativa julgadora tenha convicção da materialidade (art. 97).

---

[494] ANTUNES, Paulo de Bessa. *Direito ambiental*. 19. ed. rev. e atual. São Paulo: Atlas, 2017. p. 344.

Exemplo de descrição a constar no auto de infração: *"**Fabricar, vender, transportar ou soltar balões que possam provocar incêndios nas florestas e demais formas de vegetação, em áreas urbanas ou qualquer tipo de assentamento humano** (definir a ação do infrator)"*.

Resultará em multa simples (art. 59, do Dec. nº 6.514/08) prevista de: R$1.000,00 (mil reais) a R$10.000,00 (dez mil reais), por unidade.

Observar a previsão de aumento da multa a metade, caso a infração seja praticada nas situações previstas no artigo 60, e seus incisos, do Dec. nº 6.514/08.

Para rever o conceito de espécies protegidas vide o item 4.7.

Observar os parâmetros adotados pela Instrução Normativa Conjunta nº 2, de 29 de janeiro de 2020, do Ministério do Meio Ambiente, que regulamenta o processo administrativo federal para apuração de infrações administrativas por condutas e atividades lesivas ao meio ambiente.

Observar a causa de aumento de multa prevista no art. 93, do Decreto nº 6.514/08.

b) As medidas administrativas adotadas: Como já apresentado anteriormente, o agente autuante, no uso do seu poder de polícia, poderá adotar as medidas administrativas previstas no art. 101, do Dec. nº 6.514/08, bem como os procedimentos descritos nos arts. 102 a 112, lavrando-se os documentos inerentes.

c) Do procedimento penal: A Lei nº 9.605/98 tipificou em seu art. 42, o seguinte crime:

> Art. 42. Fabricar, vender, transportar ou soltar balões que possam provocar incêndios nas florestas e demais formas de vegetação, em áreas urbanas ou qualquer tipo de assentamento humano: Pena – detenção de um a três anos ou multa, ou ambas as penas cumulativamente.

Em análise a esse tipo penal, Gomes e Maciel (2015)[495] colaboram: *"o objeto material não é qualquer balão, mas apenas os balões capazes de provocar incêndios. Imprescindível, portanto, a realização de exame pericial, para verificar se o balão é ou não apto a provocar incêndios, exceto se o vestígio (o balão) desapareceu"*.

Nucci (2016)[496] assevera que *"a referência feita no tipo em relação aos balões que possam provocar incêndios tem por fim evidenciar justamente os artefatos, pela maneira como são constituídos, que fogem ao controle de quem os solta e possuem labaredas fortes o suficiente para dar início a um fogo intenso em qualquer lugar onde caia e tenha a potencialidade para detonar um processo de combustão. Ademais, existe o balão a gás (bexiga) que flutua e, caindo, não provoca dano algum"*.

Ainda, sobre essa infração penal Prado (2016)[497] comenta que *"punem-se alternativamente as condutas de fabricar (produzir, manufaturar), vender (negociar, alienar, comerciar), transportar (conduzir, levar de um lugar para o outro) ou soltar (desprender, deixar livres) balões que possam provocar incêndios nas florestas e demais formas de vegetação, nas áreas*

---

[495] GOMES, Luiz Flávio; MACIEL, Silvio Luiz. *Lei de crimes ambientais*: comentários à Lei 9.605/1998. 2. ed. rev., atual. e ampl. Rio de Janeiro: Forense; São Paulo: Método, 2015. p. 190-194.

[496] NUCCI, Guilherme de Souza. *Leis penais e processuais penais comentadas*. 9. ed. rev., atual. e ampl. Rio de Janeiro: Forense, 2016. p. 637. v. 2.

[497] PRADO, Luiz Regis. *Direito penal do ambiente*. 6. ed. rev., atual. e ampl. São Paulo: Editora Revista dos Tribunais, 2016. p. 257.

urbanas ou em qualquer tipo de assentamento humano (vilarejos, favelas, cortiços etc.). Balão é o artefato de papel fino, colado de maneira que imite formas variadas, em geral de fabricação caseira, lançado ao ar e apto a subir em razão do ar quente produzido em seu interior. Cabe dizer que é preciso que o balão seja capaz de provocar incêndio, analisada a proximidade de seu lançamento em relação às florestas e demais formações vegetais protegidas, às áreas urbanas ou aos assentamentos humanos. Em se tratando de balões de pequena mecha (lanternas japonesas), isto é, de artefato que não utilizam líquidos combustíveis e se apagam instantaneamente, não se caracteriza o delito em análise, visto que ausente está a potencialidade lesiva".

Marcão (2015)[498] complementa que *"o art. 42 se refere a floresta e demais formas de vegetação (qualquer outra forma de vegetação), o que aumenta consideravelmente o alcance da moldura típica, ainda mais ampliada quando se refere a áreas urbanas (cidades) ou qualquer outro tipo de assentamento urbano".*

E Gomes e Maciel (2015)[499] concluem que *"se o balão efetivamente causar incêndio, haverá concurso entre este crime e o crime do art. 41 da Lei 9.605/98, caso o fogo atinja floresta, ou o crime de incêndio doloso ou culposo do Código Penal (art. 250), se o fogo ocorrer nas demais formas de vegetação ou em áreas urbanas ou assentamentos humanos. Este crime do art. 42 não poderá ser absorvido porque já terá se consumado quando ocorrer o incêndio. Além disso, no caso de incêndio culposo, as penas dos crimes do art. 41 desta Lei e do art. 250 do CP são menores do que a pena cominada pelo art. 42, não podendo o delito menos grave absorver o mais grave".*

Então, a conduta tipificada no art. 42, da Lei nº 9.605/98, prevê uma pena de detenção de um a três anos ou multa, ou ambas as penas cumulativamente.

Diante de a previsão da pena prevista no art. 42 ser superior a dois anos, não cabe lavratura de Termo Circunstanciado, nos termos da Lei nº 9.099/95.

Observar as causas de aumento de pena, previstas no art. 53, da Lei nº 9.605/98.

6 Das infrações relativas à poluição e outras infrações ambientais

A seguir debateremos as infrações administrativas relativas à poluição e outras infrações ambientais, bem como verificaremos a sua correlação com os tipos penais existentes.

Ao se referir em poluição, a Lei nº 6.938/81, que dispõe sobre a Política Nacional do Meio Ambiente, define poluição como sendo a degradação da qualidade ambiental resultante de atividades que direta ou indiretamente prejudiquem a saúde, a segurança e o bem-estar da população, criem condições adversas às atividades sociais e econômicas, afetem desfavoravelmente a biota, afetem as condições estéticas ou sanitárias do meio ambiente, e lancem matérias ou energia em desacordo com os padrões ambientais estabelecidos (art. 3º, III).

No conceito, explica Machado (2017),[500] *"são protegidos o homem e sua comunidade, o patrimônio público e privado, o lazer e o desenvolvimento econômico através das diferentes*

---

[498] MARCÃO, Renato. *Crimes ambientais (Anotações e interpretação jurisprudencial da parte criminal da Lei n. 9.605, de 12-2-1998).* 3. ed. rev. e atual. de acordo com a Lei n. 13.052/2014. São Paulo: Saraiva, 2015. p. 264.

[499] GOMES, Luiz Flávio; MACIEL, Silvio Luiz. *Lei de crimes ambientais*: comentários à Lei 9.605/1998. 2. ed. rev., atual. e ampl. Rio de Janeiro: Forense; São Paulo: Método, 2015. p. 190-195.

[500] MACHADO, Paulo Affonso Leme. *Direito ambiental brasileiro.* 25. ed. rev. ampl. e atual. São Paulo: Malheiros, 2017. p. 627.

atividades (alínea 'b'), a flora e a fauna (biota), a paisagem e os monumentos naturais, inclusive os arredores naturais desses monumentos – que encontram também proteção constitucional (arts. 216 e 225 da CF/88). Destaca-se que os locais de valor histórico ou artístico podem ser enquadrados nos valores estéticos em geral, cuja degradação afeta também a qualidade ambiental".

Ao estabelecer padrões de qualidade ambiental, a Política Nacional do Meio Ambiente (art. 9º, I, da Lei nº 6.938/81) visa definir os limites de poluentes no ar, nas águas e a emissão de ruídos sem causar danos ao meio ambiente ou colocar em perigo a saúde humana, a qualidade de vida e os ecossistemas.

Sobre os padrões de qualidade ambiental Sirvinskas (2017)[501] esclarece que *"são as normas baixadas pelos órgãos competentes que irão estabelecer os padrões de qualidade do ar, das águas e das emissões de ruídos no meio ambiente, além dos padrões de qualidade relacionados à poluição do solo e à poluição visual. (…) Esses critérios são estabelecidos por meio de pesquisas e análises da qualidade ambiental. Trata-se de uma necessidade imprescindível para a compatibilização das atividades do homem com a sustentabilidade. Tais condutas são as responsáveis pela degradação dos recursos naturais essenciais à sobrevivência do homem na Terra".*

6.1 Causar poluição de qualquer natureza em níveis tais que resultem ou possam resultar em danos à saúde humana, ou que provoquem a mortandade de animais ou a destruição significativa da biodiversidade

A infração administrativa prevista no art. 61, do Decreto nº 6.514/08 visa responsabilizar (pessoa física ou jurídica) os causadores de poluição. Todavia, Antunes (2017)[502] alerta que *"há necessidade de que a poluição a ser combatida tenha origem em uma ação antrópica, vinculada por nexo de causalidade a determinado autor, não se admitindo que alterações adversas anteriores ao fato em questão sejam esgrimidas em desfavor do eventual réu ou autuado".*

Importante observação de Curt, Terence e Natascha Trennepohl (2019),[503] *"temos, pois, inúmeras possibilidades de ocorrer poluição mediante a desobediência aos parâmetros estabelecidos. Não significa, no entanto, que somente nesses casos a atividade danosa pode ser penalizada, pois a redação do caput é bastante clara no sentido de que basta qualquer dano ou risco, desde que, evidentemente, lastreado em laudo técnico que os mensure".*

O poder regulamentar, com muita cautela, exigiu que as multas e demais penalidades de que trata o art. 61, do Decreto 6.514/08, só serão aplicadas após laudo técnico elaborado pelo órgão ambiental competente, identificando a dimensão do dano decorrente da infração e em conformidade com a gradação do impacto.

Nesse ponto Antunes (2017)[504] esclarece que *"a expressão órgão ambiental, no caso concreto, deve ser entendida em termos, haja vista que os laudos devem ser produzidos por profissionais com a qualificação necessária para identificar e quantificar a poluição ilícita. Assim, caso a matéria diga respeito, por exemplo, a poluição por óleo, o laudo não poderá ser produzido por advogado ou contador. Este fato é importante pois os órgãos ambientais, em geral, organizam os seus servidores em cargos de carreira compostos por técnicos ou analistas ambientais, o que*

---

[501] SIRVINSKAS, Luís Paulo. *Manual de direito ambiental.* 15. ed. São Paulo: Saraiva, 2017. p. 214.

[502] ANTUNES, Paulo de Bessa. *Direito ambiental.* 19. ed. rev. e atual. São Paulo: Atlas, 2017. p. 350.

[503] TRENNEPOHL, Curt; TRENNEPOHL, Terence; TRENNEPOHL, Natascha. *Infrações ambientais:* comentários ao Decreto 6.514/2008. 3. ed. rev., atual. e ampl. São Paulo: Thomson Reuters Brasil, 2019. p. 277.

[504] ANTUNES, Paulo de Bessa. *Direito ambiental.* 19. ed. rev. e atual. São Paulo: Atlas, 2017. p. 353-354.

não lhes atribui competência para o exercício das profissões regulamentadas, por exemplo, de Biólogo, Engenheiro, Químico ou outras. A qualificação profissional do agente público que tenha lavrado o Auto de Infração é uma condição de sua validade jurídica".

Constatada a conduta descrita no artigo 61, do Dec. nº 6.514/08, o agente fiscal precisa adotar as providências legais previstas, a fim de iniciar a apuração da responsabilidade dos envolvidos, oportunizando a ampla defesa e o contraditório, com amparo nos termos do artigo 70, da Lei nº 9.605/98 e art. 96, do Dec. nº 6.514/08. Para tanto, sugere-se:

A descrição do auto de infração: A descrição da conduta precisa ter elementos mínimos que caracterizem a infração, para que a autoridade administrativa julgadora tenha convicção da materialidade (art. 97).

Exemplo de descrição a constar no auto de infração: *"Causar poluição de qualquer natureza (definir o tipo de poluição) em níveis tais (descriminar o nível de poluição) que resultem ou possam resultar em danos à saúde humana, ou que provoquem a mortandade de animais ou a destruição significativa da biodiversidade".*

Resultará em multa simples (art. 61, do Dec. nº 6.514/08) prevista de: <u>R$5.000,00 (cinco mil reais) a R$50.000.000,00 (cinquenta milhões de reais)</u>.

Observar os parâmetros adotados pela Instrução Normativa Conjunta nº 2, de 29 de janeiro de 2020, do Ministério do Meio Ambiente, que regulamenta o processo administrativo federal para apuração de infrações administrativas por condutas e atividades lesivas ao meio ambiente.

Observar a causa de aumento de multa prevista no art. 93, do Decreto nº 6.514/08.

b) As medidas administrativas adotadas: Como já apresentado anteriormente, o agente autuante, no uso do seu poder de polícia, poderá adotar as medidas administrativas previstas no art. 101, do Dec. nº 6.514/08, bem como os procedimentos descritos nos arts. 102 a 112, lavrando-se os documentos inerentes.

c) Do procedimento penal: No âmbito penal, a Lei nº 9.605/98 tipifica a infração penal de poluição, com a seguinte descrição:

> Art. 54. Causar poluição de qualquer natureza em níveis tais que resultem ou possam resultar em danos à saúde humana, ou que provoquem a mortandade de animais ou a destruição significativa da flora: Pena – reclusão, de um a quatro anos, e multa. §1º Se o crime é culposo: Pena – detenção, de seis meses a um ano, e multa.

Observar as causas de aumento de pena, previstas no art. 58, da Lei nº 9.605/98:

> Art. 58. Nos crimes dolosos previstos nesta Seção, as penas serão aumentadas: I – de um sexto a um terço, se resulta dano irreversível à flora ou ao meio ambiente em geral; II – de um terço até a metade, se resulta lesão corporal de natureza grave em outrem; III – até o dobro, se resultar a morte de outrem. Parágrafo único. As penalidades previstas neste artigo somente serão aplicadas se do fato não resultar crime mais grave.

A caracterização da poluição não nos parece matéria fácil. E Marcão (2015)[505] assevera que *"é imprescindível para a conformação típica que a poluição causada atinja níveis*

---

[505] MARCÃO, Renato. *Crimes ambientais (Anotações e interpretação jurisprudencial da parte criminal da Lei n. 9.605, de 12-2-1998)*. 3. ed. rev. e atual. de acordo com a Lei n. 13.052/2014. São Paulo: Saraiva, 2015. p. 407.

que resultem ou possam resultar em danos à saúde humana ou que provoquem a mortandade de animais ou a destruição significativa da flora".

E Nucci (2016)[506] contribui: *"embora pareça desnecessário o tipo dizer que a poluição seja em níveis que possam resultar em danos à saúde humana, já que toda forma de poluição é um prejuízo natural à saúde de seres vivos, quer-se demonstrar que a conduta penalmente relevante relaciona-se com níveis insuportáveis, inclusive aptos a gerar a morte de animais e a destruição de vegetais. Quanto a pessoas, a poluição precisa apenas ser capaz de causar danos à saúde; em relação a animais ou vegetais, é fundamental chegar à mortandade ou destruição".*

Já Gomes e Maciel (2015)[507] descrevem que *"o tipo penal ainda contém um elemento normativo do tipo, constante na expressão em níveis tais. Isso significa que só haverá o delito se ocorrer poluição em níveis elevados, que resultem (crime de dano) ou possam resultar (crime de perigo concreto) danos à saúde humana, mortandade de animais (silvestres, domésticos ou domesticados), ou destruição significativa da flora. Não é qualquer poluição, portanto, que enseja a aplicação deste dispositivo penal".*

Nessa ótica, o Superior Tribunal de Justiça já decidiu:

I. Hipótese na qual os recorrentes, processados pela suposta prática de crime contra o meio ambiente, alegam falta de justa causa para a ação penal, sustentando a atipicidade da conduta praticada pelos pacientes, pela não caracterização do perigo ou dano à saúde humana, à fauna ou à flora. II. A falta de justa causa para a ação penal só pode ser reconhecida quando, de pronto, sem a necessidade de exame valorativo do conjunto fático ou probatório, evidenciar-se a atipicidade do fato, a ausência de indícios a fundamentarem a acusação ou, ainda, a extinção da punibilidade. III. Só é punível a emissão de poluentes efetivamente perigosa ou danosa para a saúde humana, ou que provoque a matança de animais ou a destruição significativa da flora, não se adequando ao tipo penal a conduta de poluir, em níveis incapazes de gerar prejuízos aos bens juridicamente tutelados, como no presente caso. IV. Não resta configurada a poluição hídrica, pois mesmo que o rompimento do talude da lagoa de decantação tenha gerado a poluição dos córregos referidos na denúncia, não se pode ter como ilícita a conduta praticada, pois o ato não foi capaz de gerar efetivo perigo ou dano para a saúde humana, ou provocar a matança de animais ou a destruição significativa da flora, elementos essenciais ao tipo penal. V. Deve ser cassado o acórdão recorrido, determinando-se o trancamento da ação penal instaurada em desfavor dos pacientes VI. Recurso provido, nos termos do voto do Relator. (STJ, RHC 17.429/GO, rel. Min. Gilson Gipp, *DJU* 01.08.2005, p. 476)

Dessa forma, é imprescindível a elaboração de análise pericial no local sinistrado, com o escopo de indicar o grau de lesividade do dano, bem como os seus componentes.

Não podemos olvidar a interpretação de Prado (2016),[508] o qual explica que em relação ao tipo penal do art. 54, da Lei 9.605/98, *"não se pune toda emissão de poluentes, mas tão somente aquela efetivamente danosa ou perigosa para a saúde humana, ou aquela que*

---

[506] NUCCI, Guilherme de Souza. *Leis penais e processuais penais comentadas.* 9. ed. rev., atual. e ampl. Rio de Janeiro: Forense, 2016. p. 650. v. 2.

[507] GOMES, Luiz Flávio; MACIEL, Silvio Luiz. *Lei de crimes ambientais:* comentários à Lei 9.605/1998. 2. ed. rev., atual. e ampl. Rio de Janeiro: Forense; São Paulo: Método, 2015. p. 228-229.

[508] PRADO, Luiz Regis. *Direito penal do ambiente.* 6. ed. rev., atual. e ampl. São Paulo: Editora Revista dos Tribunais, 2016. p. 285-287.

provoque a matança de animais ou destruição (desaparecimento, extermínio) significativa da flora. Exige-se então a real lesão ou o risco provável de dano à saúde humana, extermínio de exemplares da fauna local ou destruição expressiva da parcela representativa do conjunto de vegetais de uma determinada região. Nesse sentido, afirma-se que apenas devem ser consideradas como poluentes as substâncias presentes em concentrações bastantes para produzir um efeito mensurável sobre o homem, os animais, os vegetais ou os materiais". E continua, "o tipo é extremamente amplo e vago, com cláusulas normativas, de cunho valorativo, que estão muito aquém das exigências do princípio da legalidade em sua vertente de taxatividade-determinação da lei penal. A expressão de qualquer natureza, reveladora de um objeto indeterminado, abrange sema quais forem a espécie e a forma de poluição, independentemente de seus elementos constitutivos (atmosfera, hídrica, sonora, térmica, por resíduos sólidos, radioativa etc.)".

A pena prevista no art. 54, da Lei nº 9.605/98, é de reclusão, de um a quatro anos, e multa. Se o crime é culposo (§1º, do art. 54), a pena será de detenção, de seis meses a um ano, e multa.

Desta somente caberia Termo Circunstanciado na modalidade culposa, nos termos da Lei nº 9.099/95.

6.2 Tornar uma área, urbana ou rural, imprópria para ocupação humana; ou causar poluição atmosférica que provoque a retirada, ainda que momentânea, dos habitantes das áreas afetadas ou que provoque, de forma recorrente, significativo desconforto respiratório ou olfativo devidamente atestado pelo agente autuante; ou causar poluição hídrica que torne necessária a interrupção do abastecimento público de água de uma comunidade; ou dificultar ou impedir o uso público das praias pelo lançamento de substâncias, efluentes, carreamento de materiais ou uso indevido dos recursos naturais; ou lançar resíduos sólidos, líquidos ou gasosos ou detritos, óleos ou substâncias oleosas em desacordo com as exigências estabelecidas em leis ou atos normativos; ou deixar, aquele que tem obrigação, de dar destinação ambientalmente adequada a produtos, subprodutos, embalagens, resíduos ou substâncias quando assim determinar a lei ou ato normativo; ou deixar de adotar, quando assim o exigir a autoridade competente, medidas de precaução ou contenção em caso de risco ou de dano ambiental grave ou irreversível; ou provocar pela emissão de efluentes ou carreamento de materiais o perecimento de espécimes da biodiversidade; ou lançar resíduos sólidos ou rejeitos em praias, no mar ou em quaisquer recursos hídricos; ou lançar resíduos sólidos ou rejeitos *in natura* a céu aberto, excetuados os resíduos de mineração, ou depositá-los em unidades inadequadas, não licenciadas para a atividade; ou queimar resíduos sólidos ou rejeitos a céu aberto ou em recipientes, instalações e equipamentos não licenciados para a atividade; ou descumprir obrigação prevista no sistema de logística reversa implementado nos termos do disposto na Lei nº 12.305, de 2010, em conformidade com as responsabilidades específicas estabelecidas para o referido sistema; ou deixar de segregar resíduos sólidos na forma estabelecida para a coleta seletiva, quando a referida coleta for instituída pelo titular do serviço público de limpeza urbana e manejo de resíduos sólidos; ou destinar resíduos sólidos urbanos à recuperação energética em desconformidade com o disposto no §1º do art. 9º da Lei nº 12.305, de 2010, e no seu regulamento; ou deixar de atualizar e disponibilizar ao órgão municipal competente e a outras autoridades informações completas sobre a execução das ações do sistema de logística reversa sobre sua responsabilidade; ou deixar de atualizar e disponibilizar ao órgão municipal competente, ao órgão licenciador do Sisnama e a outras autoridades informações completas sobre a implementação e a operacionalização do plano de gerenciamento de resíduos sólidos sob a sua responsabilidade; ou deixar de cumprir as regras sobre registro, gerenciamento e informação de que trata o §2º do art. 39 da Lei nº 12.305, de 2010509

O art. 62, do Decreto nº 6.514/08, prevê outras séries de infrações administrativas, elencadas nos incisos I ao XVII. Sendo que de igual forma, as multas e demais penalidades previstas para o art. 62 só serão aplicadas após laudo de constatação, conforme previsão do parágrafo primeiro daquele artigo.

Para Antunes (2017)[510] *"o artigo 62 estabelece uma lista de condutas consideradas nocivas ao meio ambiente para as quais serão aplicadas penalidades iguais àquelas contempladas no artigo 61, o que demonstra a pobreza da técnica redacional, indica situações específicas de poluição as quais se constituem em subtipos do caput do artigo 61"*.

Constatada uma das condutas descritas no artigo 62, do Dec. nº 6.514/08, o agente fiscal precisa adotar as providências legais previstas, a fim de iniciar a apuração da responsabilidade dos envolvidos, oportunizando a ampla defesa e o contraditório, com amparo nos termos do artigo 70, da Lei nº 9.605/98, e art. 96, do Dec. nº 6.514/08. Para tanto, sugere-se:

a) A descrição do auto de infração: A descrição da conduta precisa ter elementos mínimos que caracterizem a infração, para que a autoridade administrativa julgadora tenha convicção da materialidade (art. 97).

Na descrição de alguma das infrações administrativas previstas no art. 62, do Decreto nº 6.514/08, precisa ser definido o tipo de poluição e descriminar o nível de poluição encontrado.

A infração também resultará em multa simples (art. 62, do Dec. nº 6.514/08) prevista de: R$5.000,00 (cinco mil reais) a R$50.000.000,00 (cinquenta milhões de reais).

Importantes acréscimos trazidos pelo Decreto nº 10.936, de 12 de janeiro de 2022, a saber:

Art. 90. O Decreto nº 6.514, de 22 de julho de 2008, passa a vigorar com as seguintes alterações: 'Art. 62. (…) §2º Os consumidores que descumprirem as obrigações previstas nos sistemas de logística reversa e de coleta seletiva ficarão sujeitos à penalidade de advertência. §3ºNa

---

[509] Com as alterações dadas pelo Decreto nº 10.936, de 12 de janeiro de 2022, que regulamenta a Lei nº 12.305, de 2 de agosto de 2010, que institui a Política Nacional de Resíduos Sólidos.

[510] ANTUNES, Paulo de Bessa. *Direito ambiental*. 19. ed. rev. e atual. São Paulo: Atlas, 2017. p. 356.

hipótese de reincidência no cometimento da infração prevista no § 2º, poderá ser aplicada a penalidade de multa no valor de R$50,00 (cinquenta reais) a R$500,00 (quinhentos reais). §4º A multa a que se refere o §3º poderá ser convertida em serviços de preservação, melhoria e recuperação da qualidade do meio ambiente. §5º Não estão compreendidas na infração de que trata o inciso IX do **caput** as atividades de deslocamento de material do leito de corpos d'água por meio de dragagem, devidamente licenciado ou aprovado. §6º As bacias de decantação de resíduos ou rejeitos industriais ou de mineração, devidamente licenciadas pelo órgão competente do Sisnama, não serão consideradas corpos hídricos para fins do disposto no inciso IX do **caput**'. (NR)

Observar os parâmetros adotados pela Instrução Normativa Conjunta nº 2, de 29 de janeiro de 2020, do Ministério do Meio Ambiente, que regulamenta o processo administrativo federal para apuração de infrações administrativas por condutas e atividades lesivas ao meio ambiente.

Observar a causa de aumento de multa prevista no art. 93, do Decreto nº 6.514/08.

b) As medidas administrativas adotadas: Como já apresentado anteriormente, o agente autuante, no uso do seu poder de polícia, poderá adotar as medidas administrativas previstas no art. 101, do Dec. nº 6.514/08, bem como os procedimentos descritos nos arts. 102 a 112, lavrando-se os documentos inerentes.

c) Do procedimento penal: No âmbito penal, a Lei nº 9.605/98 prevê no §2º, do art. 54, as causas de aumento de pena, para as práticas de poluição:

2º Se o crime: I – tornar uma área, urbana ou rural, imprópria para a ocupação humana; II – causar poluição atmosférica que provoque a retirada, ainda que momentânea, dos habitantes das áreas afetadas, ou que cause danos diretos à saúde da população; III – causar poluição hídrica que torne necessária a interrupção do abastecimento público de água de uma comunidade; IV – dificultar ou impedir o uso público das praias; V – ocorrer por lançamento de resíduos sólidos, líquidos ou gasosos, ou detritos, óleos ou substâncias oleosas, em desacordo com as exigências estabelecidas em leis ou regulamentos: Pena – reclusão, de um a cinco anos.

Já no §3º, do art. 54, da Lei nº 9.605/98, temos o seguinte tipo penal:

§3º Incorre nas mesmas penas previstas no parágrafo anterior quem deixar de adotar, quando assim o exigir a autoridade competente, medidas de precaução em caso de risco de dano ambiental grave ou irreversível.

Observar as causas de aumento de pena, previstas no art. 58, da Lei nº 9.605/98.

A análise do núcleo do tipo previsto no §3º, do art. 54, é explicada por Nucci (2016),[511] *"deixar de adotar (não pôr em prática) medidas de precaução (atitudes acautelatórias) em situação de risco de dano ambiental grave ou preocupação exposta pelo tipo penal de natureza acautelatória, ou seja, é um delito de perigo abstrato, que se perfaz independentemente da prova de qualquer prejuízo ou potencialidade lesiva concreta. O objetivo é evitar que as medidas de*

---

[511] NUCCI, Guilherme de Souza. *Leis penais e processuais penais comentadas.* 9. ed. rev., atual. e ampl. Rio de Janeiro: Forense, 2016. p. 653. v. 2.

precaução, em virtude de risco ambiental grave ou irreversível, sejam preteridas. Cuida-se de um dever imposto por lei, configurando, quando não cumprido, uma infração de mera conduta".

Para todos os casos, se faz necessário o exame pericial e Prado (2016)[512] complementa: *"a pena cominada é de reclusão, de um a quatro anos, e multa (caput). Se o crime for culposo, a pena prevista é de detenção, de seis meses a um ano, e multa (§1º). Às figuras qualificadas ínsitas nos §§2º e 3º, comina-se pena de reclusão, de um a cinco anos. Faz-se imprescindível o exame pericial".*

O Superior Tribunal de Justiça tem vários precedentes em relação a caracterização da poluição:

> Para a caracterização do delito previsto no art. 54 da Lei nº 9.605/98, a poluição gerada deve ter o condão de, ao menos, poder causar danos à saúde humana, fato inocorrente na espécie. (STJ, HC 54.536/MS, 5ª T., rel. Min. Félix Fischer, j. 6-6-2006, *DJ* de 1º-8-2006, p. 490)
> Só é punível a emissão de poluentes efetivamente perigosa ou danosa para a saúde humana, ou que provoque a matança de animais ou a destruição significativa da flora, não se adequando ao tipo penal a conduta de poluir, em níveis incapazes de gerar prejuízos aos bens juridicamente tutelados, como no presente caso. (STJ, RHC 17.429/GO, 5ª T., rel. Min. Gilson Gipp, j. 28-6-2005, *DJ* de 1º-8-2006, p. 476)

A pena prevista no art. 54, §§2º e 3º, da Lei nº 9.605/98, é de reclusão, de um a cinco anos. Diante de tal previsão, não é cabível aplicação de Termo Circunstanciado, nos termos da Lei nº 9.099/95.

6.3 Executar pesquisa, lavra ou extração de minerais sem a competente autorização, permissão, concessão ou licença da autoridade ambiental competente ou em desacordo com a obtida

O art. 63, do Decreto nº 6.514/08, ficou perdido em meio às demais infrações que se referem a poluição. Pois, a infração é referente a atividade minerária. Em que pese possa gerar efluentes pelo uso de metal pesado, seria mais adequado estar localizado em outra parte do decreto.

Em relação aos minerais, a Constituição Federal, em seu art. 20, IX, determina quais são os bens da União, e os recursos minerais, inclusive os do subsolo fazem parte.

Os bens minerais produzidos no Brasil, como destaca Fiorillo (2017),[513] são: *"os metais (bauxita, chumbo, cobre, cromo, estanho, ferro, nióbio, cobalto, ouro, titânio, tungstênio, zinco, manganês e zircônio), os minerais industriais (amianto, argila, barita, bentônia, calcário, caulim, diamante, feldspato, fluorita, fosfato, grafita, magnesita, potássio, vermiculita), as gemas e pedras preciosas (esmeralda, diamante, água-marinha, ametista, opala, alexandrita, turmalina, topázio, granada, berilo, morganita, citrino), as rochas ornamentais (granitos, mármores, quartzitos, arenitos) e principalmente os combustíveis e energéticos (turfas, carvão, gás, petróleo e urânio), com o advento da Constituição Federal de 1988, vieram a merecer proteção destacada, adotando a Carta Magna critérios específicos em face de alguns dos recursos minerais antes referidos".*

---

[512] PRADO, Luiz Regis. *Direito penal do ambiente*. 6. ed. rev., atual. e ampl. São Paulo: Editora Revista dos Tribunais, 2016. p. 296.

[513] FIORILLO, Celso Antonio Pacheco. *Curso de direito ambiental brasileiro*. 17. ed. São Paulo: Saraiva, 2017. p. 604-605.

Quando nos referimos aos recursos minerais, vamos encontrar uma área muito específica do direito, com normas muito peculiares que regem a matéria, como as seguintes normas: Decreto-Lei nº 1.985, de 29 de janeiro de 1940 (Código de Minas); Decreto-Lei nº 227, de 28 de fevereiro de 1967, que dá nova redação ao Decreto-lei nº 1.985, de 29 de janeiro de 1940. (Código de Minas); Lei nº 6.567, de 24 de setembro de 1978, que dispõe sobre regime especial para exploração e o aproveitamento das substâncias minerais que especifica e dá outras providências; Lei nº 7.805, de 18 de julho de 1989, que altera o Decreto-Lei nº 227, de 28 de fevereiro de 1967, cria o regime de permissão de lavra garimpeira, extingue o regime de matrícula, e dá outras providências; Lei nº 9.055, de 1 de junho de 1995, disciplina a extração, industrialização, utilização, comercialização e transporte do asbesto/amianto e dos produtos que o contenham, bem como das fibras naturais e artificiais, de qualquer origem, utilizadas para o mesmo fim e dá outras providências; Lei nº 9.314, de 14 de novembro de 1996, altera dispositivos do Decreto-lei nº 227, de 28 de fevereiro de 1967, e dá outras providências; Lei nº 13.575, de 26 de dezembro de 2017, que cria a Agência Nacional de Mineração (ANM), extingue o Departamento Nacional de Produção Mineral (DNPM); Decreto nº 2.350, de 15 de outubro de 1997, que regulamenta a Lei nº 9.055, de 1º de junho de 1995; Decreto nº 9.406, de 12 de junho de 2018, que regulamenta o Decreto-Lei nº 227, de 28 de fevereiro de 1967, a Lei nº 6.567, de 24 de setembro de 1978, a Lei nº 7.805, de 18 de julho de 1989, e a Lei nº 13.575, de 26 de dezembro de 2017; Decreto nº 9.587, de 27 de novembro de 2018, que instala a Agência Nacional de Mineração e aprova a sua Estrutura Regimental e o seu Quadro Demonstrativo dos Cargos em Comissão.

O art. 4º, do Dec-Lei nº 227/67, assim prevê:

Art. 4º Considera-se jazida toda massa individualizada de substância mineral ou fóssil, aflorando à superfície ou existente no interior da terra, e que tenha valor econômico; e mina, a jazida em lavra, ainda que suspensa.

E o §1º, do art. 3º, do Dec.-Lei nº 227/67, assegura:

Art. 3º (...) §1º. Não estão sujeitos aos preceitos deste Código os trabalhos de movimentação de terras e de desmonte de materiais *in natura*, que se fizerem necessários à abertura de vias de transporte, obras gerais de terraplenagem e de edificações, desde que não haja comercialização das terras e dos materiais resultantes dos referidos trabalhos e ficando o seu aproveitamento restrito à utilização na própria obra.

Entende-se por pesquisa mineral a execução dos trabalhos necessários à definição da jazida, sua avaliação e a determinação da exequibilidade do seu aproveitamento econômico (art. 14, do Dec.-Lei nº 227/67).

Para a pesquisa será concedida autorização, e será outorgada pela Agência Nacional de Mineração (ANM). A área objetivada em requerimento de autorização e pesquisa ou de registro de licença será considerada livre.

Já por lavra, entende-se o conjunto de operações coordenadas objetivando o aproveitamento industrial da jazida, desde a extração das substâncias minerais úteis que contiver, até o beneficiamento das mesmas (art. 36, do Dec-Lei nº 227/67). O requerimento de autorização de lavra será dirigido ao Ministro das Minas e Energia, pelo titular da autorização de pesquisa, ou seu sucessor.

O Decreto nº 9.406, de 12 de junho de 2018,[514] assim regulamenta:

Art. 6º Para fins do disposto neste Decreto, considera-se: I – **jazida** – toda massa individualizada de substância mineral ou fóssil, que aflore à superfície ou que já exista no solo, no subsolo, no leito ou no subsolo do mar territorial, da zona econômica exclusiva ou da plataforma continental e que tenha valor econômico; e II – **mina** – a jazida em lavra, ainda que suspensa. (…) Art. 9º Para fins do disposto neste Decreto, considera-se pesquisa mineral a execução dos trabalhos necessários à definição da jazida, à sua avaliação e à determinação da exequibilidade de seu aproveitamento econômico. §1º A pesquisa mineral compreende, entre outros, os seguintes trabalhos de campo e de laboratório: I – levantamentos geológicos pormenorizados da área a ser pesquisada, em escala conveniente; II – estudos dos afloramentos e suas correlações; III – levantamentos geofísicos e geoquímicos; IV – aberturas de escavações visitáveis e execução de sondagens no corpo mineral; V – amostragens sistemáticas; VI – análises físicas e químicas das amostras e dos testemunhos de sondagens; e VII – ensaios de beneficiamento dos minérios ou das substâncias minerais úteis, para obtenção de concentrados de acordo com as especificações do mercado ou para aproveitamento industrial. (…) Art. 10. Considera-se lavra o conjunto de operações coordenadas com o objetivo de aproveitamento da jazida, desde a extração das substâncias minerais úteis que contiver até o beneficiamento destas. (…) Art. 11. Considera-se lavra garimpeira o aproveitamento imediato de substância mineral garimpável, compreendido o material inconsolidado, exclusivamente nas formas aluvionar, eluvionar e coluvial, que, por sua natureza, seu limite espacial, sua localização e sua utilização econômica, possa ser lavrado, independentemente de trabalhos prévios de pesquisa, segundo os critérios estabelecidos pela ANM. Art. 12. Considera-se licenciamento o aproveitamento das substâncias minerais a que se refere o art. 1º da Lei nº 6.567, de 1978, que, por sua natureza, seu limite espacial e sua utilização econômica, possa ser lavrado, independentemente de trabalhos prévios de pesquisa.

O Decreto nº 10.965, de 11 de fevereiro de 2022,[515] altera o Decreto nº 9.406, de 12 de junho de 2018, em especial os inciso I, II, III, e IV, do art. 13, e inciso II, do seu parágrafo único, como se vê a seguir:

Art. 13. Os regimes de aproveitamento de recursos minerais são: I – **regime de concessão**, destinado às atividades de lavra mineral precedidas de pesquisa, outorgada por ato do Ministro de Estado de Minas e Energia, ou da ANM, na hipótese de a concessão ter por objeto as substâncias minerais de que trata o art. 1º da Lei nº 6.567, de 1978; II – **regime de autorização**, destinado às atividades de pesquisa mineral, outorgada por ato da ANM; III – **regime de licenciamento**, destinado às atividades de lavra das substâncias minerais de que trata o art. 1º da Lei nº 6.567, de 1978, outorgado por licença expedida em conformidade com regulamentos administrativos locais e por registro da licença na ANM; IV – **regime de**

---

[514] Decreto nº 9.406, de 12 de junho de 2008. Regulamenta o Decreto-Lei nº 227, de 28 de fevereiro de 1967, a Lei nº 6.567, de 24 de setembro de 1978, a Lei nº 7.805, de 18 de julho de 1989, e a Lei nº 13.575, de 26 de dezembro de 2017.

[515] Decreto nº 10.965, de 11 de fevereiro de 2022. Altera o Decreto nº 9.406, de 12 de junho de 2018, que regulamenta o Decreto-Lei nº 227, de 28 de fevereiro de 1967, a Lei nº 6.567, de 24 de setembro de 1978, a Lei nº 7.805, de 18 de julho de 1989, e a Lei nº 13.575, de 26 de dezembro de 2017.

permissão de lavra garimpeira, destinado à atividade de lavra mineral prevista na Lei nº 7.805, de 1989, outorgada por título expedido pela ANM; e **V – regime de monopolização,** quando, em decorrência de lei especial, depender de execução direta ou indireta do Poder Executivo federal.

Parágrafo único. O disposto neste artigo não se aplica aos: I – órgãos da administração direta e autárquica da União, dos Estados, do Distrito Federal e dos Municípios, sendo-lhes permitida, por meio de registro de extração, a ser disciplinado em Resolução da ANM, a extração de substâncias minerais de emprego imediato na construção civil, definidas em Portaria do Ministro de Estado de Minas e Energia, para uso exclusivo em obras públicas por eles executadas diretamente, respeitados os direitos minerários em vigor nas áreas onde devam ser executadas as obras e vedada a comercialização; e II – trabalhos de movimentação de terras e de desmonte de materiais **in natura** que se fizerem necessários à abertura de vias de transporte e a obras gerais de terraplenagem e de edificações, desde que não haja comercialização das terras e dos materiais resultantes dos referidos trabalhos e ficando o seu aproveitamento restrito à utilização na própria obra, conforme disciplinado em Resolução da ANM. (grifei)

A Lei nº 6.567/1978[516] prevê a seguinte situação:

Art. 1º Poderão ser aproveitados pelo regime de licenciamento, ou de autorização e concessão, na forma da lei: I – areias, cascalhos e saibros para utilização imediata na construção civil, no preparo de agregados e argamassas, desde que não sejam submetidos a processo industrial de beneficiamento, nem se destinem como matéria-prima à indústria de transformação; II – rochas e outras substâncias minerais, quando aparelhadas para paralelepípedos, guias, sarjetas, moirões e afins; III – argilas para indústrias diversas; IV – rochas, quando britadas para uso imediato na construção civil e os calcários empregados como corretivo de solo na agricultura. V – rochas ornamentais e de revestimento; VI – carbonatos de cálcio e de magnésio empregados em indústrias diversas. Parágrafo único. O aproveitamento das substâncias minerais referidas neste artigo fica adstrito à área máxima de cinqüenta hectares.

O parágrafo único, do art. 63, do Decreto nº 6.514/08, prevê que incorre nas mesmas multas, definidas no *caput* daquele artigo, quem deixa de recuperar a área pesquisada ou explorada, nos termos da autorização, permissão, licença, concessão ou determinação do órgão ambiental competente.

A Constituição Federal, em seu art. 225, §2º, assim exigiu: "Aquele que explorar recursos minerais fica obrigado a recuperar o meio ambiente degradado, de acordo com solução técnica exigida pelo órgão público competente, na forma da lei".

Então, em obediência a Constituição Federal, as normas relativas à exploração mineral possuem dispositivos impositivos para os interessados nessa atividade, que em contrapartida devem recuperar a áreas degradada: art. 6º-A, parágrafo único, IV, do Decreto-Lei nº 227/67; art. 5º, §2º, §3º, I, do Decreto nº 9.406/2018.

---

[516] Lei nº 6.567, de 24 de setembro de 1978. Dispõe sobre regime especial para exploração e o aproveitamento das substâncias minerais que especifica e dá outras providências.

Muito se justifica a exigência da recuperação, como comenta Machado (2017),[517] *"há impactos ambientais significativos causados pelas atividades de mineração, entre os quais se acentuam: desmatamento nas áreas de operações, abrangendo núcleo de mineração constituído pela mina, bancadas de estéril, deposição de rejeitos, estradas de serviços, usinas e áreas de apoio social e infraestrutura; alteração do padrão topográfico consequente da deposição de estéril; alteração do padrão topográfico na abertura da cava de exaustão".*

E Sirvinskas (2017)[518] complementa, *"a exploração desses minérios causa impactos negativos significativos ao meio ambiente, especialmente no Brasil, onde o método de extração é ainda rudimentar. São os seguintes impactos negativos da extração de minério do solo: a) desmatamento da área explorada; b) impedimento da regeneração da vegetação pela decomposição do minério às margens dos cursos d'água; c) poluição e assoreamento do curso d'água; d) comprometimento dos taludes etc. Como se vê, a exploração inadequada pode causar poluição do solo, do subsolo, do lençol freático, poluição dos cursos d'água, poluição do ar e poluição sonora. No entanto, a exploração de minérios causa danos mais intensos ao solo".*

Ocorrendo a infração administrativa prevista no art. 63, e seu parágrafo único, deverá o agente fiscal adotar as providências legais previstas, a fim de iniciar a apuração da responsabilidade dos envolvidos, oportunizando a ampla defesa e o contraditório, com amparo nos termos do artigo 70, da Lei nº 9.605/98 e art. 96, do Dec. nº 6.514/08. Para tanto, sugere-se:

a) A descrição do auto de infração: A descrição da conduta precisa ter elementos mínimos que caracterizem a infração, para que a autoridade administrativa julgadora tenha convicção da materialidade (art. 97).

Exemplo de descrição a constar no auto de infração: *"**Executar pesquisa, lavra ou extração de minerais** (definir a atividade, bem como o tipo de minério extraído), **em uma área de...** (indicar a área em hectares), **sem a competente autorização, permissão, concessão ou licença da autoridade ambiental competente** (descrer o ato administrativo inexistente), **ou em desacordo com a obtida** (se tiver a LAO e o registro, observar as condicionantes e indicar a irregularidade encontrada)".*

Ou, *"**Deixar de recuperar a área pesquisada ou explorada** (definir a atividade), **sendo a área a ser recuperada de...** (indicar a área em hectares), **nos termos da autorização, permissão, licença, concessão ou determinação do órgão ambiental competente** (indicar o documento como referência, ex.: nos termos da LAO)".*

Resultará em multa simples (art. 63 e seu parágrafo único, do Decreto nº 6.514/08), prevista de: <u>R$1.500,00 (mil e quinhentos reais) a R$3.000,00 (três mil reais), por hectare ou fração</u>.

Observar os parâmetros adotados pela Instrução Normativa Conjunta nº 2, de 29 de janeiro de 2020, do Ministério do Meio Ambiente, que regulamenta o processo administrativo federal para apuração de infrações administrativas por condutas e atividades lesivas ao meio ambiente.

Observar a causa de aumento de multa prevista no art. 93, do Decreto nº 6.514/08.

---

[517] MACHADO, Paulo Affonso Leme. *Direito ambiental brasileiro*. 25. ed. rev. ampl. e atual. São Paulo: Malheiros, 2017. p. 839.

[518] SIRVINSKAS, Luís Paulo. *Manual de direito ambiental*. 15. ed. São Paulo: Saraiva, 2017. p. 530.

b) As medidas administrativas adotadas: O agente autuante, no uso do seu poder de polícia, poderá adotar as medidas administrativas previstas no art. 101, do Dec. nº 6.514/08, bem como os procedimentos descritos nos arts. 102 a 112, lavrando-se os documentos inerentes.

c) Do procedimento penal: A Lei nº 9.605/98 assim tipifica:

> Art. 55. Executar pesquisa, lavra ou extração de recursos minerais sem a competente autorização, permissão, concessão ou licença, ou em desacordo com a obtida: Pena – detenção, de seis meses a um ano, e multa.
>
> Parágrafo único. Nas mesmas penas incorre quem deixa de recuperar a área pesquisada ou explorada, nos termos da autorização, permissão, licença, concessão ou determinação do órgão competente.

Nucci (2016)[519] chama a atenção que *"para se chegar à exata compreensão do tipo penal, é preciso conhecer a legislação extrapenal, em relação à concessão de autorização, permissão, concessão ou licença para a exploração de recursos minerais (ou proceder-se em desacordo com o que foi obtido)"*.

Somente haverá o crime, explicam Gomes e Maciel (2015),[520] *se a conduta for realizada sem a competente autorização, permissão, concessão ou licença, ou em desacordo com a obtida. Se houver abuso na utilização da autorização, permissão, concessão ou licença haverá o crime, com a agravante do art. 15, II, o. Também haverá o crime se o agente, por exemplo, tiver apenas autorização de pesquisa e estiver executando a lavra ou a extração do mineral"*.

Como a pena prevista para o art. 55 e seu parágrafo único é de detenção, de seis meses a um ano, e multa, perfeitamente cabível o Termo Circunstanciado nos termos da Lei nº 9.099/95.

Observar as causas de aumento de pena, previstas no art. 58, da Lei nº 9.605/98.

6.4 Produzir, processar, embalar, importar, exportar, comercializar, fornecer, transportar, armazenar, guardar, ter em depósito ou usar produto ou substância tóxica, perigosa ou nociva à saúde humana ou ao meio ambiente, em desacordo com as exigências estabelecidas em leis ou em seus regulamentos

Ao nos referirmos a substância tóxica, perigosa ou nociva à saúde humana ou ao meio ambiente, buscamos na Constituição Federal o zelo para com a saúde humana ou ambiental. O art. 225, §1º, V, determina:

> Art. 225 (...) §1º Para assegurar a efetividade desse direito, incumbe ao Poder Público: (...)
> V – controlar a produção, a comercialização e o emprego de técnicas, métodos e substâncias que comportem risco para a vida, a qualidade de vida e o meio ambiente.

---

[519] NUCCI, Guilherme de Souza. *Leis penais e processuais penais comentadas.* 9. ed. rev., atual. e ampl. Rio de Janeiro: Forense, 2016. p. 654. v. 2.

[520] GOMES, Luiz Flávio; MACIEL, Silvio Luiz. *Lei de crimes ambientais:* comentários à Lei 9.605/1998. 2. ed. rev., atual. e ampl. Rio de Janeiro: Forense; São Paulo: Método, 2015. p. 235.

Nesse ponto Machado (2017)[521] sintetiza que *"a Constituição Federal não se omitiu no prever a obrigatoriedade para o Poder Público no controle dos agrotóxicos, tendo sido mais abrangente ao não mencionar expressamente o termo 'agrotóxico', mas 'substâncias que comportem risco para a vida, a qualidade de vida e o meio ambiente' (art. 225, §1º, V, da CF)"*.

A Lei nº 7.802/1989 define o conceito de "agrotóxicos, seus componentes afins", como vemos a seguir:

> Art. 2º Para os efeitos desta Lei, consideram-se: **I – agrotóxicos e afins:** a) os produtos e os agentes de processos físicos, químicos ou biológicos, destinados ao uso nos setores de produção, no armazenamento e beneficiamento de produtos agrícolas, nas pastagens, na proteção de florestas, nativas ou implantadas, e de outros ecossistemas e também de ambientes urbanos, hídricos e industriais, cuja finalidade seja alterar a composição da flora ou da fauna, a fim de preservá-las da ação danosa de seres vivos considerados nocivos; b) substâncias e produtos, empregados como desfolhantes, dessecantes, estimuladores e inibidores de crescimento; **II – componentes:** os princípios ativos, os produtos técnicos, suas matérias-primas, os ingredientes inertes e aditivos usados na fabricação de agrotóxicos e afins. (grifei)

Então, os agrotóxicos, seus componentes e afins, de acordo com definição do art. 2º, da Lei nº 7.802/89, só poderão ser produzidos, exportados, importados, comercializados e utilizados, se previamente registrados em órgão federal, de acordo com as diretrizes e exigências dos órgãos federais responsáveis pelos setores da saúde, do meio ambiente e da agricultura (art. 3º, da Lei nº 7.802/89).

Regulamenta a citada lei o Decreto nº 4.074, de 4 de janeiro de 2002. E Fiorillo (2017)[522] destaca a importância dessa regulamentação, afirmando que *"esse decreto cuida tanto da competência particular como conjunta vinculada aos Ministérios da Agricultura, Pecuária e Abastecimento, Meio Ambiente e Saúde. Estabeleceu (art. 95) o denominado Comitê Técnico de Assessoramento para Agrotóxicos, viabilizando a atuação harmônica dos órgãos encarregados de avaliar todas as questões vinculadas aos agrotóxicos"*.

O art. 64, do Dec. nº 6.514/08, possui dois parágrafos complementares, os quais preveem:

> §1º Incorre nas mesmas penas quem abandona os produtos ou substâncias referidas no caput, descarta de forma irregular ou os utiliza em desacordo com as normas de segurança.
> §2º Se o produto ou a substância for nuclear ou radioativa, a multa é aumentada ao quíntuplo.

Sobre a destinação das embalagens o CONAMA editou a Resolução nº 465/2014, a qual dispõe sobre os requisitos e critérios técnicos mínimos necessários para o licenciamento ambiental de estabelecimentos destinados ao recebimento de embalagens de agrotóxicos e afins, vazias ou contendo resíduos.

Em relação às questões nucleares a Constituição Federal assim define:

---

[521] MACHADO, Paulo Affonso Leme. *Direito ambiental brasileiro*. 25. ed. rev. ampl. e atual. São Paulo: Malheiros, 2017. p. 761.

[522] FIORILLO, Celso Antonio Pacheco. *Curso de direito ambiental brasileiro*. 17. ed. São Paulo: Saraiva, 2017. p. 383.

Art. 21. Compete à União: (…) XXIII – explorar os serviços e instalações nucleares de qualquer natureza e exercer monopólio estatal sobre a pesquisa, a lavra, o enriquecimento e reprocessamento, a industrialização e o comércio de minérios nucleares e seus derivados, atendidos os seguintes princípios e condições: a) toda atividade nuclear em território nacional somente será admitida para fins pacíficos e mediante aprovação do Congresso Nacional; b) sob regime de permissão, são autorizadas a comercialização e a utilização de radioisótopos para a pesquisa e usos médicos, agrícolas e industriais; c) sob regime de permissão, são autorizadas a produção, comercialização e utilização de radioisótopos de meia-vida igual ou inferior a duas horas; d) a responsabilidade civil por danos nucleares independe da existência de culpa; (…)

Art. 22. Compete privativamente à União legislar sobre: (…) XXVI – atividades nucleares de qualquer natureza; (…)

Art. 177. Constituem monopólio da União: (…) V – a pesquisa, a lavra, o enriquecimento, o reprocessamento, a industrialização e o comércio de minérios e minerais nucleares e seus derivados, com exceção dos radioisótopos cuja produção, comercialização e utilização poderão ser autorizadas sob regime de permissão, conforme as alíneas b e c do inciso XXIII do caput do art. 21 desta Constituição Federal.

O órgão do governo federal responsável pela política nuclear é o Ministério da Ciência e Tecnologia, conforme previsão da MP 2.216-37, de 31 de agosto de 2001, a qual altera dispositivos da Lei nº 9.649, de 27 de maio de 1998, que dispõe sobre a organização da Presidência da República e dos Ministérios, e dá outras providências, alterando o art. 14, II, f, como se observa:

Art. 1º A Lei nº 9.649, de 27 de maio de 1998, passa a vigorar com as seguintes alterações: (…) Art. 14. Os assuntos que constituem área de competência de cada Ministério são os seguintes: (…) II – Ministério da Ciência e Tecnologia: (…) f) política nuclear.

No Brasil temos, ainda, a Comissão Nacional de Energia Nuclear-CNEN, que foi criada pela Lei nº. 4.118, de 27 de agosto de 1962 (Dispõe sobre a política nacional de energia nuclear, cria a Comissão Nacional de Energia Nuclear, e dá outras providências), e tem como regulamentação as disposições do Decreto nº 8.886, de 24 de outubro de 2016 (aprova a Estrutura Regimental e o Quadro Demonstrativo dos Cargos em Comissão e das Funções de Confiança da Comissão Nacional de Energia Nuclear – CNEN, remaneja cargos em comissão e substitui cargos em comissão do Grupo Direção e Assessoramento Superiores – DAS por Funções Comissionadas do Poder Executivo – FCPE).

A Comissão Nacional de Energia Nuclear – CNEN é uma autarquia federal, vinculada, portanto, ao Ministério da Ciência, Tecnologia, Inovações e Comunicações, com autonomia administrativa e financeira, dotada de personalidade jurídica de direito público, com sede e foro no Rio de Janeiro, e é dirigida por um Presidente e três Diretores, indicados pelo Ministro de Estado da Ciência, Tecnologia, Inovações e Comunicações e nomeados na forma da legislação vigente.

Sem esquecer da Lei nº 6.189, de 16 de dezembro de 1974, que altera a Lei nº 4.118, de 27 de agosto de 1962, e a Lei nº 5.740, de 1 de dezembro de 1971, que criaram, respectivamente, a Comissão Nacional de Energia Nuclear – CNEN e a Companhia Brasileira de Tecnologia Nuclear – CBTN, que passa a denominar-se Empresas Nucleares

Brasileiras Sociedade Anônima – NUCLEBRÁS, e dá outras providências, recém alterada pela Medida Provisória nº 1.049, de 14 de maio de 2021, que cria a Autoridade Nacional de Segurança Nuclear e altera a Lei nº 4.118, de 27 de agosto de 1962, a Lei nº 6.189, de 16 de dezembro de 1974, a Lei nº 8.691, de 28 de julho de 1993, a Lei nº 9.765, de 17 de dezembro de 1998, a Lei nº 6.453, de 17 de outubro de 1977, e a Lei nº 10.308, de 20 de novembro de 2001.

Temos a Lei nº 6.453, de 17 de outubro de 1977, a qual dispõe sobre a responsabilidade civil por danos nucleares e a responsabilidade criminal por atos relacionados com atividades nucleares e dá outras providências.

Ocorrendo a infração administrativa prevista no art. 64, e seus parágrafos, deverá o agente fiscal adotar as providências legais previstas, a fim de iniciar a apuração da responsabilidade dos envolvidos, oportunizando a ampla defesa e o contraditório, com amparo nos termos do artigo 70, da Lei nº 9.605/98 e art. 96, do Dec. nº 6.514/08. Para tanto, sugere-se:

a) A descrição do auto de infração: A descrição da conduta precisa ter elementos mínimos que caracterizem a infração, para que a autoridade administrativa julgadora tenha convicção da materialidade (art. 97).

Exemplo de descrição a constar no auto de infração: "***Produzir, processar, embalar, importar, exportar, comercializar, fornecer, transportar, armazenar, guardar, ter em depósito ou usar produto ou substância tóxica, perigosa ou nociva*** *(definir produto ou substância tóxica, perigosa ou nociva)* **à saúde humana ou ao meio ambiente, em desacordo com as exigências estabelecidas em leis ou em seus regulamentos** *(descriminar a norma pertinente)*".

Ou, "***Abandonar os produtos ou substâncias tóxica, perigosa ou nociva*** *(definir produto ou substância tóxica, perigosa ou nociva)* **à saúde humana ou ao meio ambiente, descarta de forma irregular ou os utiliza em desacordo com as normas de segurança** *(descriminar a norma pertinente)*".

Resultará em multa simples (art. 64 e seus parágrafos, do Decreto nº 6.514/08), prevista de: R$500,00 (quinhentos reais) a R$2.000.000,00 (dois milhões de reais).

Se o produto ou a substância for nuclear ou radioativa, a multa é aumentada ao quíntuplo (§2º, do art. 64, do Dec. nº 6.514/08).

Observar os parâmetros adotados pela Instrução Normativa Conjunta nº 2, de 29 de janeiro de 2020, do Ministério do Meio Ambiente, que regulamenta o processo administrativo federal para apuração de infrações administrativas por condutas e atividades lesivas ao meio ambiente.

Observar a causa de aumento de multa prevista no art. 93, do Decreto nº 6.514/08.

b) As medidas administrativas adotadas: O agente autuante, no uso do seu poder de polícia, poderá adotar as medidas administrativas previstas no art. 101, do Dec. nº 6.514/08, bem como os procedimentos descritos nos arts. 102 a 112, lavrando-se os documentos inerentes.

c) Do procedimento penal: A Lei nº 9.605/98 assim tipifica:

Art. 56. Produzir, processar, embalar, importar, exportar, comercializar, fornecer, transportar, armazenar, guardar, ter em depósito ou usar produto ou substância tóxica, perigosa ou nociva à saúde humana ou ao meio ambiente, em desacordo com as exigências estabelecidas em leis ou nos seus regulamentos: Pena – reclusão, de um a quatro anos, e multa. §1º Nas mesmas penas incorre quem: I – abandona os produtos ou substâncias referidos no **caput** ou os utiliza em desacordo com as normas ambientais ou de segurança; II – manipula, acondiciona, armazena, coleta, transporta, reutiliza, recicla ou dá destinação final a resíduos perigosos de forma diversa da estabelecida em lei ou regulamento. §2º Se o produto ou a substância for nuclear ou radioativa, a pena é aumentada de um sexto a um terço. §3º Se o crime é culposo: Pena – detenção, de seis meses a um ano, e multa.

Para Gomes e Maciel (2015)[523] *"tais produtos e substâncias, no nosso entender, devem estar relacionados em leis ou atos normativos. Assim, mesmo que se possa comprovar pericialmente a toxidade, nocividade ou periculosidade de uma substância ou produto, não haverá crime se ela não estiver classificada como tal em alguma norma. Assim deve ser para que obedeça aos princípios da legalidade e da segurança jurídica".*

É o que já decidiu o Superior Tribunal de Justiça:

Em Direito Penal tem vigência o princípio da reserva legal, princípio este que, na ordem jurídica brasileira, tem status constitucional (c. f art. 5º, XXXIX, da Constituição): "não há crime sem lei anterior que o defina, nem pena sem prévia cominação legal". A fortiori, não há como considerar criminosa a ausência de registro do Glifosato Ácido, junto ao Ministério da Agricultura, em razão da inexistência, reconhecida pelo próprio Ministério e IBAMA, de legislação específica a determinar tal procedimento. Aliás, ressalte-se, por oportuno, que o v. acórdão atacado reconheceu a ausência de regulamentação da correta classificação do produto. Desta forma, observo a ausência de justa causa a ensejar a instauração de inquérito policial. Os princípios de garantia e da legalidade estrita em matéria criminal exigem adequação específica da conduta proibida, sob pena de se atentar contra a segurança jurídica. Ordem concedida para determinar o trancamento dos inquéritos policiais (186/00 e 294/00) instaurados contra o paciente. (STJ, HC 18.836/PR, rel. Min. Jorge Scartezzini, *DJ* 03.06.2002, p. 223)

A pena prevista para o art. 56, *caput*, e seu §1º, todos da Lei nº 9.605/98, é de reclusão, de um a quatro anos, e multa. Se o produto ou a substância for nuclear ou radioativa, a pena é aumentada de um sexto a um terço (§2º). Portanto, não cabe a lavratura de Termo Circunstanciado.

Agora, se o crime é culposo, a pena será de detenção, de seis meses a um ano, e multa (§3º, do 56, da Lei nº 9.605/98), e neste caso é cabível o Termo Circunstanciado, nos termos da Lei nº 9.099/95.

Observar as causas de aumento de pena, previstas no art. 58, da Lei nº 9.605/98.

6.5 Deixar, o fabricante de veículos ou motores, de cumprir os requisitos de garantia ao atendimento dos limites vigentes de emissão de poluentes atmosféricos e de ruído, durante os prazos e quilometragens previstos na legislação

O poder regulamentar criou vários tipos de infrações administrativas questionáveis. O art. 65, do Dec. nº 6.514/08, é mais um deles.

---

[523] GOMES, Luiz Flávio; MACIEL, Silvio Luiz. *Lei de crimes ambientais*: comentários à Lei 9.605/1998. 2. ed. rev., atual. e ampl. Rio de Janeiro: Forense; São Paulo: Método, 2015. p. 242.

Dessa forma Antunes (2017)[524] assevera: *"esta é mais uma norma inteiramente deslocada do contexto do decreto, pois é norma cuja finalidade é a proteção do consumidor que adquiriu veículo ou motor dotado de equipamento de controle de ruídos ou de emissões. A garantia é matéria de direito civil ou o do consumidor e, data vênia, nada tem a ver com a tutela do meio ambiente"*.

Eis a grande dificuldade da caracterização da infração, pois quem praticará a infração será o "fabricante de veículos ou motores".

Todavia, temos a Lei nº 8.723, de 28 de outubro de 1993, a qual dispõe sobre a redução de emissão de poluentes por veículos automotores e dá outras providências, determina que os fabricantes de motores e veículos automotores e os fabricantes de combustíveis ficam obrigados a tomar as providências necessárias para reduzir os níveis de emissão de monóxido de carbono, óxido de nitrogênio, hidrocarbonetos, álcoois, aldeídos, fuligem, material particulado e outros compostos poluentes nos veículos comercializados no País, enquadrando-se aos limites fixados nesta lei e respeitando, ainda, os prazos nela estabelecidos.

A descrita norma também estabeleceu que os órgãos competentes para estabelecer procedimentos de ensaio, medição, certificação, licenciamento e avaliação dos níveis de emissão dos veículos, bem como todas as medidas complementares relativas ao controle de poluentes por veículos automotores, são o Conselho Nacional do Meio Ambiente (CONAMA) e o Instituto Brasileiro do Meio Ambiente e dos Recursos Naturais Renováveis (IBAMA), em consonância com o Programa Nacional de Controle de Poluição por Veículos Automotores (PROCONVE), respeitado o sistema metrológico em vigor no País.

Por sua vez, o Conselho Nacional do Meio Ambiente editou as seguintes Resoluções:

- n. 18/1986 – Institui, em caráter nacional, o Programa de Controle da Poluição do Ar por Veículos Automotores – PROCONVE;
- n. 001/1993 – Estabelece, para os veículos automotores nacionais e importados, exceto motocicleta, motonetas, ciclomotores, bicicletas com motor auxiliar e veículos assemelhados, limites máximos de ruído com o veículo em aceleração e na condição parado;
- n. 8/1993 – Complementa a Resolução no 18/86, que institui, em caráter nacional, o Programa de Controle da Poluição do Ar por Veículos Automotores – PROCONVE, estabelecendo limites máximos de emissão de poluentes para os motores destinados a veículos pesados novos, nacionais e importados;
- n. 297/2002 – Estabelece os limites para emissões de gases poluentes por ciclomotores, motociclos e veículos similares novos;
- n. 432/2011 – Estabelece novas fases de controle de emissões de gases poluentes por ciclomotores, motociclos e veículos similares novos, e dá outras providências;
- n. 493/2019 – Estabelece a Fase PROMOT M5 de exigências do Programa de Controle da Poluição do Ar por Motociclos e Veículos similares – PROMOT para controle de emissões de gases poluentes e de ruído por ciclomotores, motociclos e veículos similares novos, altera as Resoluções CONAMA nºs 297/2002 e 432/2011, e dá outras providências.

Ocorrendo a infração administrativa prevista no art. 65, deverá o agente fiscal adotar as providências legais previstas, a fim de iniciar a apuração da responsabilidade dos

---

[524] ANTUNES, Paulo de Bessa. *Direito ambiental*. 19. ed. rev. e atual. São Paulo: Atlas, 2017. p. 366.

envolvidos, oportunizando a ampla defesa e o contraditório, com amparo nos termos do artigo 70, da Lei nº 9.605/98 e art. 96, do Dec. nº 6.514/08. Para tanto, sugere-se:

a) A descrição do auto de infração: A descrição da conduta precisa ter elementos mínimos que caracterizem a infração, para que a autoridade administrativa julgadora tenha convicção da materialidade (art. 97).

Exemplo de descrição a constar no auto de infração: *"**Deixar, o fabricante de veículos ou motores, de cumprir os requisitos de garantia ao atendimento dos limites vigentes de emissão de poluentes atmosféricos e de ruído, durante os prazos e quilometragens previstos na legislação** (descriminar os requisitos de garantias violados e a norma que o regulamenta)"*.

Resultará em multa simples (art. 65, do Decreto nº 6.514/08), prevista de: R$100.000,00 (cem mil reais) a R$1.000.000,00 (um milhão de reais).

Observar os parâmetros adotados pela Instrução Normativa Conjunta nº 2, de 29 de janeiro de 2020, do Ministério do Meio Ambiente, que regulamenta o processo administrativo federal para apuração de infrações administrativas por condutas e atividades lesivas ao meio ambiente.

Observar a causa de aumento de multa prevista no art. 93, do Decreto nº 6.514/08.

b) As medidas administrativas adotadas: O agente autuante, no uso do seu poder de polícia, poderá adotar as medidas administrativas previstas no art. 101, do Dec. nº 6.514/08, bem como os procedimentos descritos nos arts. 102 a 112, lavrando-se os documentos inerentes.

c) Do procedimento penal: Não há previsão de tipo penal para a conduta descrita como infração administrativa do art. 65, do Decreto nº 6.514/08.

6.6 Construir, reformar, ampliar, instalar ou fazer funcionar estabelecimentos, atividades, obras ou serviços utilizadores de recursos ambientais, considerados efetiva ou potencialmente poluidores, sem licença ou autorização dos órgãos ambientais competentes, em desacordo com a licença obtida ou contrariando as normas legais e regulamentos pertinentes

Importante iniciar nossa abordagem trazendo a previsão constitucional da exigência de licença ou autorização para as atividades potencialmente poluidoras. O art. 225, §1º, V, determina:

Art. 225 (...) §1º Para assegurar a efetividade desse direito, incumbe ao Poder Público: (...) IV – exigir, na forma da lei, para instalação de obra ou atividade potencialmente causadora de significativa degradação do meio ambiente, estudo prévio de impacto ambiental, a que se dará publicidade.

Para tanto, a Lei nº 6.938/81, que dispõe sobre a Política Nacional do Meio Ambiente, seus fins e mecanismos de formulação e aplicação, e dá outras providências, estabelece:

Art. 10. A construção, instalação, ampliação e funcionamento de estabelecimentos e atividades utilizadores de recursos ambientais, efetiva ou potencialmente poluidores ou capazes, sob qualquer forma, de causar degradação ambiental dependerão de prévio licenciamento ambiental.

No trato das competências para licenciar, deve-se verificar as disposições da Lei Complementar nº 140/2011, em seus arts. 7º, 8º e 9º, que definem as competências dos entes da Federação, dentre as quais podemos destacar:

Art. 7º São ações administrativas da União: (…) XIII – exercer o controle e fiscalizar as atividades e empreendimentos cuja atribuição para licenciar ou autorizar, ambientalmente, for cometida à União; XIV – promover o licenciamento ambiental de empreendimentos e atividades: a) localizados ou desenvolvidos conjuntamente no Brasil e em país limítrofe; b) localizados ou desenvolvidos no mar territorial, na plataforma continental ou na zona econômica exclusiva; c) localizados ou desenvolvidos em terras indígenas; d) localizados ou desenvolvidos em unidades de conservação instituídas pela União, exceto em Áreas de Proteção Ambiental (APAs); e) localizados ou desenvolvidos em 2 (dois) ou mais Estados; f) de caráter militar, excetuando-se do licenciamento ambiental, nos termos de ato do Poder Executivo, aqueles previstos no preparo e emprego das Forças Armadas, conforme disposto na Lei Complementar nº 97, de 9 de junho de 1999; g) destinados a pesquisar, lavrar, produzir, beneficiar, transportar, armazenar e dispor material radioativo, em qualquer estágio, ou que utilizem energia nuclear em qualquer de suas formas e aplicações, mediante parecer da Comissão Nacional de Energia Nuclear (Cnen); ou h) que atendam tipologia estabelecida por ato do Poder Executivo, a partir de proposição da Comissão Tripartite Nacional, assegurada a participação de um membro do Conselho Nacional do Meio Ambiente (Conama), e considerados os critérios de porte, potencial poluidor e natureza da atividade ou empreendimento; XV – aprovar o manejo e a supressão de vegetação, de florestas e formações sucessoras em: a) florestas públicas federais, terras devolutas federais ou unidades de conservação instituídas pela União, exceto em APAs; e b) atividades ou empreendimentos licenciados ou autorizados, ambientalmente, pela União; (…) Parágrafo único. O licenciamento dos empreendimentos cuja localização compreenda concomitantemente áreas das faixas terrestre e marítima da zona costeira será de atribuição da União exclusivamente nos casos previstos em tipologia estabelecida por ato do Poder Executivo, a partir de proposição da Comissão Tripartite Nacional, assegurada a participação de um membro do Conselho Nacional do Meio Ambiente (Conama) e considerados os critérios de porte, potencial poluidor e natureza da atividade ou empreendimento. Art. 8º São ações administrativas dos Estados: (…) XIV – promover o licenciamento ambiental de atividades ou empreendimentos utilizadores de recursos ambientais, efetiva ou potencialmente poluidores ou capazes, sob qualquer forma, de causar degradação ambiental, ressalvado o disposto nos arts. 7º e 9º; XV – promover o licenciamento ambiental de atividades ou empreendimentos localizados ou desenvolvidos em unidades de conservação instituídas pelo Estado, exceto em Áreas de Proteção Ambiental (APAs); XVI – aprovar o manejo e a supressão de vegetação, de florestas e formações sucessoras em: a) florestas públicas estaduais ou unidades de conservação do Estado, exceto em Áreas de Proteção Ambiental (APAs); b) imóveis rurais, observadas as atribuições previstas no inciso XV do art. 7º; e c) atividades ou empreendimentos licenciados ou autorizados, ambientalmente, pelo Estado; (…) Art. 9º São ações administrativas dos Municípios: (…) XIV – observadas as atribuições dos demais entes federativos previstas nesta Lei Complementar, promover o licenciamento ambiental das atividades ou empreendimentos: a) que causem ou possam causar impacto ambiental de âmbito local, conforme tipologia definida pelos respectivos Conselhos Estaduais de Meio

Ambiente, considerados os critérios de porte, potencial poluidor e natureza da atividade; ou b) localizados em unidades de conservação instituídas pelo Município, exceto em Áreas de Proteção Ambiental (APAs); XV – observadas as atribuições dos demais entes federativos previstas nesta Lei Complementar, aprovar: a) a supressão e o manejo de vegetação, de florestas e formações sucessoras em florestas públicas municipais e unidades de conservação instituídas pelo Município, exceto em Áreas de Proteção Ambiental (APAs); e b) a supressão e o manejo de vegetação, de florestas e formações sucessoras em empreendimentos licenciados ou autorizados, ambientalmente, pelo Município.

O Conselho Nacional do Meio Ambiente – CONAMA editou a Resolução nº 237/1997, a qual dispõe sobre a revisão e complementação dos procedimentos e critérios utilizados para o licenciamento ambiental, além de outras justificativas, em face da necessidade de ser estabelecido critério para exercício da competência para o licenciamento a que se refere o artigo 10 da Lei no 6.938, de 31 de agosto de 1981, e, ainda, considerando a necessidade de se integrar a atuação dos órgãos competentes do Sistema Nacional de Meio Ambiente – SISNAMA na execução da Política Nacional do Meio Ambiente, em conformidade com as respectivas competências.

Outro ponto importante dessa abordagem diz respeito às diferenças de "licença" e "licenciamento". Para tanto, Fiorillo (2017)[525] comenta: "*sob a ótica do direito administrativo, a licença é espécie de ato administrativo 'unilateral e vinculado, pelo qual a Administração faculta àquele que preencha os requisitos legais o exercício de uma atividade'. Com isso, a licença é vista como ato declaratório e vinculado. O licenciamento ambiental, por sua vez, é o complexo de etapas que compõe o procedimento administrativo, o qual objetiva a concessão de licença ambiental. Dessa forma, não é possível identificar isoladamente a licença ambiental, porquanto esta é uma das fases do procedimento*".

A Resolução nº 237/97 do CONAMA assim define Licenciamento e Licença:

Art. 1º Para efeito desta Resolução são adotadas as seguintes definições: **I – Licenciamento Ambiental:** procedimento administrativo pelo qual o órgão ambiental competente licencia a localização, instalação, ampliação e a operação de empreendimentos e atividades utilizadoras de recursos ambientais, consideradas efetiva ou potencialmente poluidoras ou daquelas que, sob qualquer forma, possam causar degradação ambiental, considerando as disposições legais e regulamentares e as normas técnicas aplicáveis ao caso. **II – Licença Ambiental:** ato administrativo pelo qual o órgão ambiental competente, estabelece as condições, restrições e medidas de controle ambiental que deverão ser obedecidas pelo empreendedor, pessoa física ou jurídica, para localizar, instalar, ampliar e operar empreendimentos ou atividades utilizadoras dos recursos ambientais consideradas efetiva ou potencialmente poluidoras ou aquelas que, sob qualquer forma, possam causar degradação ambiental. (grifei)

E a Lei Complementar nº 140/2011 define licenciamento ambiental:

Art. 2º Para os fins desta Lei Complementar, consideram-se: **I – licenciamento ambiental**: o procedimento administrativo destinado a licenciar atividades ou empreendimentos

---

[525] FIORILLO, Celso Antonio Pacheco. *Curso de direito ambiental brasileiro*. 17. ed. São Paulo: Saraiva, 2017. p. 195.

utilizadores de recursos ambientais, efetiva ou potencialmente poluidores ou capazes, sob qualquer forma, de causar degradação ambiental. (grifei)

Nesse ponto, o que mais importa é a competência do ente federativo para licenciar o empreendimento sujeito ao licenciamento. Por isso a necessidade de ser observar o regramento previsto pela Lei Complementar nº 140/11.

Destaca Sirvinskas (2017)[526] que *"a competência, em geral, é do órgão público estadual. Contudo, o Poder Público federal, por meio do CONAMA, tem competência para fixar normas gerais para a concessão das licenças. Tais normas poderão ser regulamentadas ou alteradas pelo Poder Público estadual para ase adequarem às peculiaridades locais"*.

A listagem de atividades consideradas potencialmente poluidoras e passíveis de licenciamento ambiental estão previstas no Anexo I, da Resolução nº 237/97, do CONAMA.

Como visto anteriormente, nada impede que os Conselhos Estaduais do Meio Ambiente ampliem a listagem, com a devida justificativa.

Ao mesmo tempo, caberá aos Conselhos Estaduais de Meio Ambiente definir as atividades que causem ou possam causar impacto ambiental de âmbito local, conforme tipologia, considerados os critérios de porte, potencial poluidor e natureza da atividade, sujeitas ao licenciamento por órgão ambiental municipal (art. 9º, XIV, "a", da Lei Complementar nº 140/2011).

Outro ponto importante diz respeito a competência para autuar. Tendo em vista que existem vários órgãos ambientais, nas três esferas da administração pública, a Lei Complementar nº 140/2011 pacificou o entendimento da competência para autuação ao definir que compete ao órgão responsável pelo licenciamento ou autorização, conforme o caso, de um empreendimento ou atividade, lavrar auto de infração ambiental e instaurar processo administrativo para a apuração de infrações à legislação ambiental cometidas pelo empreendimento ou atividade licenciada ou autorizada (art. 17).

A previsão contida no *caput* do art. 17, da LC n. 140/2011, não impede a atuação imediata dos demais órgãos ambientais, como bem prevê o §2º, do mesmo artigo: "Nos casos de iminência ou ocorrência de degradação da qualidade ambiental, o ente federativo que tiver conhecimento do fato deverá determinar medidas para evitá-la, fazer cessá-la ou mitigá-la, comunicando imediatamente ao órgão competente para as providências cabíveis".

E o ponto polêmico está no §3º, do art. 17, da LC n. 140/2011, o qual prevê:

§3º O disposto no **caput** deste artigo não impede o exercício pelos entes federativos da atribuição comum de fiscalização da conformidade de empreendimentos e atividades efetiva ou potencialmente poluidores ou utilizadores de recursos naturais com a legislação ambiental em vigor, prevalecendo o auto de infração ambiental lavrado por órgão que detenha a atribuição de licenciamento ou autorização a que se refere o **caput**.

Então, o art. 17, da LC 140/11, determina que "compete ao órgão responsável pelo licenciamento ou autorização, conforme o caso, de um empreendimento ou atividade, lavrar auto de infração ambiental e instaurar processo administrativo para a apuração

---

[526] SIRVINSKAS, Luís Paulo. *Manual de direito ambiental*. 15. ed. São Paulo: Saraiva, 2017. p. 236.

de infrações à legislação ambiental cometidas pelo empreendimento ou atividade licenciada ou autorizada".

O seu §2º, desnecessário, mas previu que qualquer em "casos de iminência ou ocorrência de degradação da qualidade ambiental, o ente federativo que tiver conhecimento do fato deverá determinar medidas para evitá-la, fazer cessá-la ou mitigá-la, comunicando imediatamente ao órgão competente para as providências cabíveis", incluindo-se como medidas a autuação, lavratura de termo de interdição ou embargo, etc.

E o §3º determina que em casos de múltiplas autuações prevalecerá o auto de infração ambiental lavrado por órgão que detenha a atribuição de licenciamento ou autorização do empreendimento fiscalizado.

Em que pese possa suscitar violação de competência dos entes da federação ao limitar o direito de punir, acreditamos que essa regra pacifica qualquer dúvida sobre a competência de quem deve julgar. Evitando-se, assim, questionamentos judiciais quando envolviam inúmeras autuações por diversos órgãos ambientais.

O art. 66, do Dec. nº 6.514/08, possui um parágrafo único, com a seguinte previsão:

> Parágrafo único. Incorre nas mesmas multas quem: I – constrói, reforma, amplia, instala ou faz funcionar estabelecimento, obra ou serviço sujeito a licenciamento ambiental localizado em unidade de conservação ou em sua zona de amortecimento, ou em áreas de proteção de mananciais legalmente estabelecidas, sem anuência do respectivo órgão gestor; e II – deixa de atender a condicionantes estabelecidas na licença ambiental.

Ocorrendo a infração administrativa prevista no art. 66, ou em seu parágrafo único, deverá o agente fiscal adotar as providências legais previstas, a fim de iniciar a apuração da responsabilidade dos envolvidos, oportunizando a ampla defesa e o contraditório, com amparo nos termos do artigo 70, da Lei nº 9.605/98 e art. 96, do Dec. nº 6.514/08. Para tanto, sugere-se:

a) A descrição do auto de infração: A descrição da conduta precisa ter elementos mínimos que caracterizem a infração, para que a autoridade administrativa julgadora tenha convicção da materialidade (art. 97).

Exemplo de descrição a constar no auto de infração: "*Construir, reformar, ampliar, instalar ou fazer funcionar estabelecimentos, atividades, obras ou serviços utilizadores de recursos ambientais, considerados efetiva ou potencialmente poluidores (definir a atividade conforme a listagem prevista na Resolução n. 297/97 do CONAMA ou Resolução do Conselho Estadual de Meio Ambiente), sem licença ou autorização dos órgãos ambientais competentes (informar se é sem Licença ou Autorização Ambiental, conforme o caso), ou em desacordo com a licença obtida ou contrariando as normas legais e regulamentos pertinentes (as condicionantes da LA, descrever)*".

Ou, "*Construir, reformar, amplia, instalar ou faz funcionar estabelecimento, obra ou serviço sujeito a licenciamento ambiental (definir a atividade conforme a listagem prevista na Resolução n. 297/97 do CONAMA ou Resolução do Conselho Estadual de Meio Ambiente), localizado em unidade de conservação ou em sua zona de amortecimento, ou em áreas de proteção de mananciais legalmente estabelecidas, sem anuência do respectivo órgão gestor*".

*Ou, "**Deixar de atender a condicionantes estabelecidas na licença ambiental** (observar as condicionantes na LA e descrever o que está irregular)".*

Resultará em multa simples (art. 66 e seu parágrafo único, do Decreto nº 6.514/08), prevista de: R$500,00 (quinhentos reais) a R$10.000.000,00 (dez milhões de reais).

Observar os parâmetros adotados pela Instrução Normativa Conjunta nº 2, de 29 de janeiro de 2020, do Ministério do Meio Ambiente, que regulamenta o processo administrativo federal para apuração de infrações administrativas por condutas e atividades lesivas ao meio ambiente.

Observar a causa de aumento de multa prevista no art. 93, do Decreto nº 6.514/08.

b) As medidas administrativas adotadas: O agente autuante, no uso do seu poder de polícia, poderá adotar as medidas administrativas previstas no art. 101, do Dec. nº 6.514/08, bem como os procedimentos descritos nos arts. 102 a 112, lavrando-se os documentos inerentes.

c) Do procedimento penal: A Lei nº 9.605/98 assim tipifica:

Art. 60. Construir, reformar, ampliar, instalar ou fazer funcionar, em qualquer parte do território nacional, estabelecimentos, obras ou serviços potencialmente poluidores, sem licença ou autorização dos órgãos ambientais competentes, ou contrariando as normas legais e regulamentares pertinentes.

A pena prevista para o art. 60, da Lei nº 9.605/98, é de detenção, de um a seis meses, ou multa, ou ambas as penas cumulativamente, e neste caso é cabível o Termo Circunstanciado, nos termos da Lei nº 9.099/95.

6.7 Disseminar doença ou praga ou espécies que possam causar dano à fauna, à flora ou aos ecossistemas

De acordo com o novo texto da Convenção Internacional para a Proteção dos Vegetais, promulgado pelo Decreto nº 318, de 31 de outubro de 1991, "praga" significa *qualquer forma de vida vegetal ou animal, ou qualquer agente patogênico daninho ou potencialmente daninho para os vegetais ou produtos vegetais.*

Para tanto, será imprescindível um laudo para identificar a doença ou a praga disseminada, para caracterizar a infração em referência.

Ocorrendo a infração administrativa prevista no art. 67, deverá o agente fiscal adotar as providências legais previstas, a fim de iniciar a apuração da responsabilidade dos envolvidos, oportunizando a ampla defesa e o contraditório, com amparo nos termos do artigo 70, da Lei nº 9.605/98 e art. 96, do Dec. nº 6.514/08. Para tanto, sugere-se:

a) A descrição do auto de infração: A descrição da conduta precisa ter elementos mínimos que caracterizem a infração, para que a autoridade administrativa julgadora tenha convicção da materialidade (art. 97).

Exemplo de descrição a constar no auto de infração: "**Disseminar doença ou praga ou espécies que possam causar dano à fauna, à flora ou aos ecossistemas** *(identificar o que foi disseminado, bem como o bem atingido)".*

Resultará em multa simples (art. 67, do Decreto nº 6.514/08), prevista de: R$5.000,00 (cinco mil reais) a R$5.000.000,00 (cinco milhões de reais).

Observar os parâmetros adotados pela Instrução Normativa Conjunta nº 2, de 29 de janeiro de 2020, do Ministério do Meio Ambiente, que regulamenta o processo administrativo federal para apuração de infrações administrativas por condutas e atividades lesivas ao meio ambiente.

Observar a causa de aumento de multa prevista no art. 93, do Decreto nº 6.514/08.

b) As medidas administrativas adotadas: O agente autuante, no uso do seu poder de polícia, poderá adotar as medidas administrativas previstas no art. 101, do Dec. nº 6.514/08, bem como os procedimentos descritos nos arts. 102 a 112, lavrando-se os documentos inerentes.

c) Do procedimento penal: A Lei nº 9.605/98 assim tipifica:

> Art. 61. Disseminar doença ou praga ou espécies que possam causar dano à agricultura, à pecuária, à fauna, à flora ou aos ecossistemas.

A pena prevista para o art. 61, da Lei nº 9.605/98, é de reclusão, de um a quatro anos, e multa. Portanto, não cabe a lavratura de Termo Circunstanciado.

6.8 Conduzir, permitir ou autorizar a condução de veículo automotor em desacordo com os limites e exigências ambientais previstos na legislação

O Decreto nº 6.514/08 previu essa infração no seu art. 68. E merecem a crítica da doutrina, como esclarece Antunes (2017),[527] *"o artigo é mais um daqueles inteiramente apartados das normas legais e evidentemente, eivados de subjetivismo incompatível com a aplicação de normas sancionatórias em regime democrático. A redação é péssima, sob qualquer ângulo que seja examinada. Pode-se inferir que o decreto pretende impedir a circulação de veículo automotor que não esteja em acordo com as exigências ambientais. O que são exigências ambientais? Exigências legais previstas na legislação ambiental? Qual é legislação ambiental? A de proteção à qualidade do ar e relativa aos padrões de emissão?".*

O melhor para o caso em questão seria trabalhar em outras políticas públicas que evitassem a poluição do ar, como consideram Curt, Terence e Natascha Trennepohl (2019),[528] *"melhor para a sociedade que se coíba a alteração das características dos veículos e se impeça a venda de combustíveis adulterado, reconhecidos fatores de agravamento da poluição atmosférica, do que penalizá-la com rodízios e outras iniciativas tendentes a melhorar a qualidade do ar".*

Ocorrendo a infração administrativa prevista no art. 68, deverá o agente fiscal adotar as providências legais previstas, a fim de iniciar a apuração da responsabilidade dos envolvidos, oportunizando a ampla defesa e o contraditório, com amparo nos termos do artigo 70, da Lei nº 9.605/98 e art. 96, do Dec. nº 6.514/08. Para tanto, sugere-se:

a) A descrição do auto de infração: A descrição da conduta precisa ter elementos mínimos que caracterizem a infração, para que a autoridade administrativa julgadora tenha convicção da materialidade (art. 97).

---

[527] ANTUNES, Paulo de Bessa. *Direito ambiental*. 19. ed. rev. e atual. São Paulo: Atlas, 2017. p. 369.

[528] TRENNEPOHL, Curt; TRENNEPOHL, Terence; TRENNEPOHL, Natascha. *Infrações ambientais*: comentários ao Decreto 6.514/2008. 3. ed. rev., atual. e ampl. São Paulo: Thomson Reuters Brasil, 2019. p. 317.

CAPÍTULO IV | 301

Exemplo de descrição a constar no auto de infração: *"Conduzir, permitir ou autorizar a condução de veículo automotor em desacordo com os limites e exigências ambientais previstos na legislação (descrever o veículo automotor e os limites excedentes conforme a norma correlata)"*.

Resultará em multa simples (art. 68, do Decreto nº 6.514/08), prevista de: R$1.000,00 (mil reais) a R$10.000,00 (dez mil reais).

Observar os parâmetros adotados pela Instrução Normativa Conjunta nº 2, de 29 de janeiro de 2020, do Ministério do Meio Ambiente, que regulamenta o processo administrativo federal para apuração de infrações administrativas por condutas e atividades lesivas ao meio ambiente.

Observar a causa de aumento de multa prevista no art. 93, do Decreto nº 6.514/08.

b) As medidas administrativas adotadas: O agente autuante, no uso do seu poder de polícia, poderá adotar as medidas administrativas previstas no art. 101, do Dec. nº 6.514/08, bem como os procedimentos descritos nos arts. 102 a 112, lavrando-se os documentos inerentes.

c) Do procedimento penal: A Lei nº 9.605/98 não prevê tipo penal com a descrição da conduta prevista no art. 68, do Dec. nº 6.514/08, ou assemelhada.

6.9 Importar ou comercializar veículo automotor sem Licença para Uso da Configuração de Veículos ou Motor – LCVM expedida pela autoridade competente

Conforme previsto no art. 1º, da Portaria nº 086, de 17 de outubro de 1996, do IBAMA, os veículos automotores importados são obrigados a atender os mesmos limites de emissão de poluentes e níveis de ruído estabelecidos para os veículos nacionais, mediante a obtenção, pelo importador, pessoa física ou jurídica, junto ao Instituto Brasileiro do Meio Ambiente e dos Recursos Naturais Renováveis – IBAMA, da Licença para Uso da Configuração do Veículo ou Motor – LCVM, conforme determinam os artigos 4º e 5º, da Lei nº 8.723, de 28 de outubro de 1993.

Portanto, evidencia-se que a referida infração administrativa visa coibir o descumprimento das exigências estabelecidas pela Portaria nº 086/96 do IBAMA.

Ocorrendo a infração administrativa prevista no art. 69, deverá o agente fiscal adotar as providências legais previstas, a fim de iniciar a apuração da responsabilidade dos envolvidos, oportunizando a ampla defesa e o contraditório, com amparo nos termos do artigo 70, da Lei nº 9.605/98 e art. 96, do Dec. nº 6.514/08. Para tanto, sugere-se:

a) A descrição do auto de infração: A descrição da conduta precisa ter elementos mínimos que caracterizem a infração, para que a autoridade administrativa julgadora tenha convicção da materialidade (art. 97).

Exemplo de descrição a constar no auto de infração: *"Importar ou comercializar veículo automotor sem Licença para Uso da Configuração de Veículos ou Motor – LCVM expedida pela autoridade competente (descrever o veículo automotor)"*.

Resultará em multa simples (art. 69, do Decreto nº 6.514/08), prevista de: R$1.000,00 (mil reais) a R$10.000.000,00 (dez milhões de reais) e correção de todas as unidades de veículo ou motor que sofrerem alterações.

Observar os parâmetros adotados pela Instrução Normativa Conjunta nº 2, de 29 de janeiro de 2020, do Ministério do Meio Ambiente, que regulamenta o processo administrativo federal para apuração de infrações administrativas por condutas e atividades lesivas ao meio ambiente.

Observar a causa de aumento de multa prevista no art. 93, do Decreto nº 6.514/08.

b) As medidas administrativas adotadas: O agente autuante, no uso do seu poder de polícia, poderá adotar as medidas administrativas previstas no art. 101, do Dec. nº 6.514/08, bem como os procedimentos descritos nos arts. 102 a 112, lavrando-se os documentos inerentes.

c) Do procedimento penal: A Lei nº 9.605/98 não prevê tipo penal com a descrição da conduta prevista no art. 69, do Dec. nº 6.514/08, ou assemelhada.

6.10 Importar pneu usado ou reformado em desacordo com a legislação

Para que possamos ter um norte a respeito da matéria, importante trazer a lume a Resolução nº 452/2012 do CONAMA, que dispõe sobre os procedimentos de controle da importação de resíduos, conforme as normas adotadas pela Convenção da Basiléia sobre o Controle de Movimentos Transfronteiriços de Resíduos Perigosos e seu Depósito.

E a Resolução nº 416/2009 dispõe sobre a prevenção à degradação ambiental causada por pneus inservíveis e sua destinação ambientalmente adequada, e dá outras providências. A referida Resolução traz a diferença de conceito entre pneu usado e pneu inservível, como sendo, pneu usado: pneu que foi submetido a qualquer tipo de uso e/ou desgaste, classificado na posição 40.12 da NCM, englobando os pneus reformados e os inservíveis (art. 2º, III); e, pneu inservível: pneu usado que apresente danos irreparáveis em sua estrutura não se prestando mais à rodagem ou à reforma (art. 2º, V).

Ocorrendo a infração administrativa prevista no art. 70, deverá o agente fiscal adotar as providências legais previstas, a fim de iniciar a apuração da responsabilidade dos envolvidos, oportunizando a ampla defesa e o contraditório, com amparo nos termos do artigo 70, da Lei nº 9.605/98 e art. 96, do Dec. nº 6.514/08. Para tanto, sugere-se:

a) A descrição do auto de infração: A descrição da conduta precisa ter elementos mínimos que caracterizem a infração, para que a autoridade administrativa julgadora tenha convicção da materialidade (art. 97).

Exemplo de descrição a constar no auto de infração: *"Importar pneu usado ou reformado em desacordo com a legislação (descrever os pneus e a quantidade, bem como indicar a sua origem)"*.

Resultará em multa simples (art. 70, do Decreto nº 6.514/08), prevista de: <u>R$400,00 (quatrocentos reais), por unidade.</u>

<u>Incorre na mesma multa quem comercializa, transporta, armazena, guarda ou mantém em depósito pneu usado ou reformado, importado nessas condições</u> (§1º, do art. 70).

Ficam isentas do pagamento da multa a que se refere este artigo as importações de pneumáticos reformados classificados nas NCM 4012.1100, 4012.1200, 4012.1300 e 4012.1900, procedentes dos Estados Partes do MERCOSUL, ao amparo do Acordo de Complementação Econômica nº 18 (§2º, do art. 70).

b) As medidas administrativas adotadas: O agente autuante, no uso do seu poder de polícia, poderá adotar as medidas administrativas previstas no art. 101, do Dec. nº 6.514/08, bem como os procedimentos descritos nos arts. 102 a 112, lavrando-se os documentos inerentes.

c) Do procedimento penal: A Lei nº 9.605/98 não prevê tipo penal com a descrição da conduta prevista no art. 70, do Dec. nº 6.514/08, ou assemelhada.

6.11 Alterar ou promover a conversão de qualquer item em veículos ou motores novos ou usados que provoque alterações nos limites e exigências ambientais previstas na legislação

A presente infração administrativa poderia ser absorvida pela infração prevista no art. 68, do Decreto nº 6.514/08. O poder regulamentar tenta prever todas as possibilidades de condutas possíveis contra o meio ambiente e cai na armadilha do descrédito.

Porém, neste caso, a fim de poder aplicar a penalidade prevista, se faz necessário ter um laudo de vistoria no veículo, apontando as alterações nos limites e nas exigências ambientais previstas na legislação.

Outro exemplo recorrente na doutrina versa sobre a instalação de conversor de combustível (para uso de gás natural veicular). Os componentes do sistema para gás natural veicular de fabricação nacional ou importados, para comercialização no País, deverão ser compulsoriamente certificados no âmbito do Sistema Brasileiro de Avaliação da Conformidade – SBAC, nos termos da Portaria nº 257 de 30 de dezembro de 2002, do INMETRO, necessitando de laudo para a constatação da alteração.

Ocorrendo a infração administrativa prevista no art. 71, deverá o agente fiscal adotar as providências legais previstas, a fim de iniciar a apuração da responsabilidade dos envolvidos, oportunizando a ampla defesa e o contraditório, com amparo nos termos do artigo 70, da Lei nº 9.605/98 e art. 96, do Dec. nº 6.514/08. Para tanto, sugere-se:

a) A descrição do auto de infração: A descrição da conduta precisa ter elementos mínimos que caracterizem a infração, para que a autoridade administrativa julgadora tenha convicção da materialidade (art. 97).

Exemplo de descrição a constar no auto de infração: *"Alterar ou promover a conversão de qualquer item em veículos ou motores novos ou usados que provoque alterações nos limites e exigências ambientais previstas na legislação* (descrever a alteração e as norma pertinente)".

Resultará em multa simples (art. 71, do Decreto nº 6.514/08), prevista de: R$500,00 (quinhentos reais) a R$10.000,00 (dez mil reais), por veículo, e correção da irregularidade.

Observar os parâmetros adotados pela Instrução Normativa Conjunta nº 2, de 29 de janeiro de 2020, do Ministério do Meio Ambiente, que regulamenta o processo administrativo federal para apuração de infrações administrativas por condutas e atividades lesivas ao meio ambiente.

Observar a causa de aumento de multa prevista no art. 93, do Decreto nº 6.514/08.

b) As medidas administrativas adotadas: O agente autuante, no uso do seu poder de polícia, poderá adotar as medidas administrativas previstas no art. 101, do Dec. nº 6.514/08, bem como os procedimentos descritos nos arts. 102 a 112, lavrando-se os documentos inerentes.

c) Do procedimento penal: A Lei nº 9.605/98 não prevê tipo penal com a descrição da conduta prevista no art. 71, do Dec. nº 6.514/08, ou assemelhada.

6.12 Importar resíduos sólidos perigosos e rejeitos, bem como resíduos sólidos cujas características causem dano ao meio ambiente, à saúde pública e animal e à sanidade vegetal, ainda que para tratamento, reforma, reúso, reutilização ou recuperação[529]

A Lei nº 12.305, de 2 de agosto de 2010, institui a Política Nacional de Resíduos Sólidos; altera a Lei nº 9.605, de 12 de fevereiro de 1998; e dá outras providências.

Por sua vez, o Decreto nº 10.936, de 12 de janeiro de 2022, regulamenta a Lei nº 12.305, de 2 de agosto de 2010, que institui a Política Nacional de Resíduos Sólidos, revoga os Decretos nº 5.940/2006, 7.404/2010, 9.177/2017, o inciso IV do **caput** do art. 5º do Decreto nº 10.240/2020, e dá nova redação ao art. 71-A, no Decreto nº 6.514/08.

E, em se tratando de conceitos, a Lei nº 12.305/2010 define:

> Art. 3º Para os efeitos desta Lei, entende-se por: (...) **XV – rejeitos:** resíduos sólidos que, depois de esgotadas todas as possibilidades de tratamento e recuperação por processos tecnológicos disponíveis e economicamente viáveis, não apresentem outra possibilidade que não a disposição final ambientalmente adequada; **XVI – resíduos sólidos:** material, substância, objeto ou bem descartado resultante de atividades humanas em sociedade, a cuja destinação final se procede, se propõe proceder ou se está obrigado a proceder, nos estados sólido ou semissólido, bem como gases contidos em recipientes e líquidos cujas particularidades tornem inviável o seu lançamento na rede pública de esgotos ou em corpos d'água, ou exijam para isso soluções técnica ou economicamente inviáveis em face da melhor tecnologia disponível; (...) Art. 13. Para os efeitos desta Lei, os resíduos sólidos têm a seguinte classificação: (...) **II – quanto à periculosidade: a) resíduos perigosos:** aqueles que, em razão de suas características de inflamabilidade, corrosividade, reatividade, toxicidade, patogenicidade, carcinogenicidade, teratogenicidade e mutagenicidade, apresentam significativo risco à saúde pública ou à qualidade ambiental, de acordo com lei, regulamento ou norma técnica; **b) resíduos não perigosos:** aqueles não enquadrados na alínea "a". (grifei)

Mostra-se natural a exigência de laudo pericial para identificar o resíduo ou o rejeito e a sua periculosidade.

Ocorrendo a infração administrativa prevista no art. 71-A, deverá o agente fiscal adotar as providências legais previstas, a fim de iniciar a apuração da responsabilidade dos envolvidos, oportunizando a ampla defesa e o contraditório, com amparo nos termos do artigo 70, da Lei nº 9.605/98, e art. 96, do Dec. nº 6.514/08. Para tanto, sugere-se:

a) A descrição do auto de infração: A descrição da conduta precisa ter elementos mínimos que caracterizem a infração, para que a autoridade administrativa julgadora tenha convicção da materialidade (art. 97).

---

[529] Redação dada pelo Decreto nº 10.936, de 12 de janeiro de 2022, que regulamenta a Lei nº 12.305, de 2 de agosto de 2010, que institui a Política Nacional de Resíduos Sólidos.

Exemplo de descrição a constar no auto de infração: *"Importar resíduos sólidos perigosos e rejeitos, bem como resíduos sólidos cujas características causem dano ao meio ambiente, à saúde pública e animal e à sanidade vegetal, ainda que para tratamento, reforma, reúso, reutilização ou recuperação* (descrever a alteração e as norma pertinente)".

Resultará em multa simples (art. 71-A, do Decreto nº 6.514/08), prevista de: R$500,00 (quinhentos reais) a R$10.000.000,00 (dez milhões de reais).

Observar os parâmetros adotados pela Instrução Normativa Conjunta nº 2, de 29 de janeiro de 2020, do Ministério do Meio Ambiente, que regulamenta o processo administrativo federal para apuração de infrações administrativas por condutas e atividades lesivas ao meio ambiente.

Observar a causa de aumento de multa prevista no art. 93, do Decreto nº 6.514/08.

b) As medidas administrativas adotadas: O agente autuante, no uso do seu poder de polícia, poderá adotar as medidas administrativas previstas no art. 101, do Dec. nº 6.514/08, bem como os procedimentos descritos nos arts. 102 a 112, lavrando-se os documentos inerentes.

c) Do procedimento penal: A Lei nº 9.605/98 não prevê tipo penal com a descrição da conduta prevista no art. 71-A, do Dec. nº 6.514/08, ou assemelhada.

7 Das infrações administrativas ambientais contra o ordenamento urbano e o patrimônio cultural

É importante trazer à baila as palavras do Professor Henrique Savonitti Miranda (2007):[530] *"A proteção fornecida à cultura pela Constituição Federal atinge duas modalidades fundamentais: a liberdade ampla, conferida a todos de pleno exercício e o acesso às fontes, dessa cultura. Além disso, tem-se a proteção que o Poder Público deve exercer sobre o chamado patrimônio cultural público, como: a) as formas de expressão; b) os modos de criar, fazer e viver; c) as criações científicas, artísticas e tecnológicas; d) **as obras, objetos, documentos, edificações e demais espaços destinados às manifestações artístico-culturais, e; e) os conjuntos urbanos e sítios de valor histórico, paisagístico, artístico, arqueológico, palenteológico, ecológico e científico"*. (grifei)

E Fiorillo (2011)[531] relembra que *"um dos primeiros conceitos de patrimônio cultural foi trazido pelo art. 1º, do Decreto-Lei nº 25/37, que determinava constituir patrimônio histórico e artístico nacional o conjunto dos bens móveis e imóveis existentes no País, cuja conservação seja de interesse público, quer por vinculação a fatos memoráveis da história do Brasil, quer por seu excepcional valor arqueológico ou etnográfico, bibliográfico ou artístico"*.

Para tanto, segue destacado o artigo 216, da CRFB/88:

> **Art. 216. Constituem patrimônio cultural brasileiro os bens de natureza material e imaterial, tomados individualmente ou em conjunto, portadores de referência à identidade, à ação, à memória dos diferentes grupos formadores da sociedade brasileira, nos quais se incluem:**
> I – as formas de expressão; II – os modos de criar, fazer e viver; III – as criações científicas,

---

[530] MIRANDA, Henrique Savonitti. *Curso de direito constitucional*. 5. ed. Brasília: Senado Federal, 2007. p. 736.

[531] FIORILLO, Celso Antônio Pacheco. *Curso de direito ambiental brasileiro*. 12. ed. rev., atual. e ampl. São Paulo: Saraiva, 2011. p. 406.

artísticas e tecnológicas; **IV – as obras, objetos, documentos, edificações e demais espaços destinados às manifestações artístico-culturais; V – os conjuntos urbanos e sítios de valor histórico, paisagístico, artístico, arqueológico, paleontológico, ecológico e científico. §1º – O Poder Público, com a colaboração da comunidade, promoverá e protegerá o patrimônio cultural brasileiro, por meio de inventários, registros, vigilância, tombamento e desapropriação, e de outras formas de acautelamento e preservação.** (...) **§5º – Ficam tombados todos os documentos e os sítios detentores de reminiscências históricas dos antigos quilombos...** (grifos não originais)

Em relação à competência legislativa para a proteção do patrimônio cultural, turístico e paisagístico é do tipo concorrente, já que prevista no art. 24, VII, da Constituição Federal, e suplementarmente naquilo que for de seu interesse local:

Art. 24. Compete à União, aos Estados e ao Distrito Federal legislar concorrentemente sobre: (...) VII – proteção ao patrimônio histórico, cultural, artístico, turístico e paisagístico; (...) Art. 30. Compete aos Municípios: I – legislar sobre assuntos de interesse local; II – suplementar a legislação federal e a estadual no que couber.

No que concerne a competência material, a Constituição Federal determinada no art. 23, III, IV e V, ser comum a todos os entes federados:

Art. 23. É competência comum da União, dos Estados, do Distrito Federal e dos Municípios: (...) III – proteger os documentos, as obras e outros bens de valor histórico, artístico e cultural, os monumentos, as paisagens naturais notáveis e os sítios arqueológicos; IV – impedir a evasão, a destruição e a descaracterização de obras de arte e de outros bens de valor histórico, artístico ou cultural; V – proporcionar os meios de acesso à cultura, à educação, à ciência, à tecnologia, à pesquisa e à inovação.

Importante observar as disposições contidas no Decreto-Lei nº 25, de 30 de novembro de 1937, o qual organiza a proteção do patrimônio histórico e artístico nacional. Dentre outras disposições, o seu art. 4º assim prevê:

Art. 4º O Serviço do Patrimônio Histórico e Artístico Nacional possuirá quatro Livros do Tombo, nos quais serão inscritas as obras a que se refere o art. 1º desta lei, a saber: **1) no Livro do Tombo Arqueológico, Etnográfico e Paisagístico**, as coisas pertencentes às categorias de arte arqueológica, etnográfica, ameríndia e popular, e bem assim as mencionadas no §2º do citado art. 1º. **2) no Livro do Tombo Histórico,** as coisas de interêsse histórico e as obras de arte histórica; **3) no Livro do Tombo das Belas Artes,** as coisas de arte erudita, nacional ou estrangeira; **4) no Livro do Tombo das Artes Aplicadas,** as obras que se incluírem na categoria das artes aplicadas, nacionais ou estrangeiras. (grifei)

Já a Lei nº 3.924, de 26 de julho de 1961, que dispõe sobre os monumentos arqueológicos e pré-históricos, assim define:

Art. 1º Os monumentos arqueológicos ou pré-históricos de qualquer natureza existentes no território nacional e todos os elementos que nêles se encontram ficam sob a guarda e proteção do Poder Público, de acôrdo com o que estabelece o art. 175 da Constituição

Federal. (…) Art. 2º Consideram-se monumentos arqueológicos ou pré-históricos: a) as jazidas de qualquer natureza, origem ou finalidade, que representem testemunhos de cultura dos paleoameríndios do Brasil, tais como sambaquis, montes artificiais ou tesos, poços sepulcrais, jazigos, aterrados, estearias e quaisquer outras não espeficadas aqui, mas de significado idêntico a juízo da autoridade competente. b) os sítios nos quais se encontram vestígios positivos de ocupação pelos paleoameríndios tais como grutas, lapas e abrigos sob rocha; c) os sítios identificados como cemitérios, sepulturas ou locais de pouso prolongado ou de aldeiamento, "estações" e "cerâmios", nos quais se encontram vestígios humanos de interêsse arqueológico ou paleoetnográfico; d) as inscrições rupestres ou locais como sulcos de polimentos de utensílios e outros vestígios de atividade de paleoameríndios.

O Brasil também é signatário da Convenção Relativa à Proteção do Patrimônio Mundial, Cultural e Natural, adotada em Paris a 23 de novembro de 1972, durante a XVII Sessão da Conferência Geral da Organização das Nações Unidas para Educação, a Ciência e a Cultura, promulgada pelo Decreto nº 80.978, de 12 de dezembro de 1977.

E sobre patrimônio, Machado (2017)[532] preleciona que *"'patrimônio' é um termo que vem do Latim **patrimonium**. Seu primeiro significado é 'herança paterna', pois está ligado a **pater** – pai; ou de forma um pouco mais ampla, 'bem de família', ou 'herança comum'. O conceito de **patrimônio** está ligado a um conjunto de bens que foi transmitido para a geração presente. O **patrimônio cultural** representa o trabalho, a criatividade, a espiritualidade e as crenças, o cotidiano e o extraordinário de gerações anteriores, diante do qual a geração presente terá que emitir um juízo de valor, dizendo o que quererá conservar, modificar ou até demolir. Esse patrimônio é recebido sem mérito da geração que o recebe, mas não continuará a existir sem seu apoio. O patrimônio cultural deve ser fruído pela geração presente, sem prejudicar a possibilidade de fruição da geração futura".*

É importante verificar junto à secretaria Municipal ou Estadual de Cultura para saber quais os monumentos existentes e os patrimônios tombados, e especialmente protegidos, solicitando cópia do ato do Poder Público que assim o definiu, a fim de instruir eventual procedimento.

7.1 Destruir, inutilizar ou deteriorar bem especialmente protegido por lei, ato administrativo ou decisão judicial; ou arquivo, registro, museu, biblioteca, pinacoteca, instalação científica ou similar protegido por lei, ato administrativo ou decisão judicial

Protege-se o patrimônio cultural, abarcando em sua conceituação o patrimônio histórico, artístico e arqueológico, com ênfase conferida aos arquivos, registros museus, bibliotecas, pinacotecas, instalações científicas e outros bens especialmente tutelados em lei, ato administrativo ou decisão judicial.

A Lei nº 3.924, de 26 de julho de 1961, que dispõe sobre os monumentos arqueológicos e pré-históricos, assim define:

---

[532] MACHADO, Paulo Affonso Leme. *Direito ambiental brasileiro*. 25. ed. rev. ampl. e atual. São Paulo: Malheiros, 2017. p. 1131-1132.

Art. 3º São proibidos em todo o território nacional, o aproveitamento econômico, a destruição ou mutilação, para qualquer fim, das jazidas arqueológicas ou pré-históricas conhecidas como sambaquis, casqueiros, concheiros, birbigueiras ou sernambis, e bem assim dos sítios, inscrições e objetos enumerados nas alíneas *b, c* e *d* do artigo anterior, antes de serem devidamente pesquisados, respeitadas as concessões anteriores e não caducas.

Dependendo do dano e do bem tombado, se faz necessária a elaboração de um laudo técnico ou pericial, com o escopo de atestar os danos, e se possível indicar as causas, instruindo dessa forma o processo administrativo.

Ocorrendo a infração administrativa prevista no art. 72, deverá o agente fiscal adotar as providências legais previstas, a fim de iniciar a apuração da responsabilidade dos envolvidos, oportunizando a ampla defesa e o contraditório, com amparo nos termos do artigo 70, da Lei nº 9.605/98 e art. 96, do Dec. nº 6.514/08. Para tanto, sugere-se:

a) A descrição do auto de infração: A descrição da conduta precisa ter elementos mínimos que caracterizem a infração, para que a autoridade administrativa julgadora tenha convicção da materialidade (art. 97).

Exemplo de descrição a constar no auto de infração: *"Destruir, inutilizar ou deteriorar bem especialmente protegido por lei (identificar o bem protegido), ato administrativo ou decisão judicial (citar o ato administrativo que o protege)"*.

Resultará em multa simples (art. 72, do Decreto nº 6.514/08), prevista de: R$10.000,00 (dez mil reais) a R$500.000,00 (quinhentos mil reais).

Observar os parâmetros adotados pela Instrução Normativa Conjunta nº 2, de 29 de janeiro de 2020, do Ministério do Meio Ambiente, que regulamenta o processo administrativo federal para apuração de infrações administrativas por condutas e atividades lesivas ao meio ambiente.

Observar a causa de aumento de multa prevista no art. 93, do Decreto nº 6.514/08.

b) As medidas administrativas adotadas: O agente autuante, no uso do seu poder de polícia, poderá adotar as medidas administrativas previstas no art. 101, do Dec. nº 6.514/08, bem como os procedimentos descritos nos arts. 102 a 112, lavrando-se os documentos inerentes.

c) Do procedimento penal: A Lei nº 9.605/98 tipificou assim a conduta:

> Art. 62. Destruir, inutilizar ou deteriorar: I – bem especialmente protegido por lei, ato administrativo ou decisão judicial; II – arquivo, registro, museu, biblioteca, pinacoteca, instalação científica ou similar protegido por lei, ato administrativo ou decisão judicial: Pena – reclusão, de um a três anos, e multa. Parágrafo único. Se o crime for culposo, a pena é de seis meses a um ano de detenção, sem prejuízo da multa.

Chamam a atenção Gomes e Maciel (2015)[533] que *"a acusação deverá mencionar na denúncia qual a decisão, ato administrativo ou lei que protege o bem, sob pena de inépcia da inicial (RT 542/305). No caso de ato normativo ou de lei estadual ou municipal, deverá ainda*

---

[533] GOMES, Luiz Flávio; MACIEL, Silvio Luiz. *Lei de crimes ambientais*: comentários à Lei 9.605/1998. 2. ed. rev., atual. e ampl. Rio de Janeiro: Forense; São Paulo: Método, 2015. p. 258.

a acusação comprovar a vigência e o teor da norma, ex vi do disposto no art. 337 do CPC c/c o art. 3º do CPP".

Machado (2017)[534] esclarece que *"para caracterizar crime, o ato de destruir, inutilizar ou deteriorar o bem protegido não necessita estar sem autorização da autoridade competente ou em desacordo com a mesma, como no art. 63 da mesma lei. Bastam a ação ou omissão do agente e que este saiba ou possa saber que o bem é protegido por lei, ato administrativo ou decisão judicial".*

E Milaré (2015)[535] complementa: *"como se vê, consagra-se, de uma vez por todas, o conceito de que o patrimônio cultural brasileiro não é apenas o tombado. A consumação do delito exige apenas que a existência de alguma forma de proteção, seja ela decorrente de ato administrativo (entre os quais está o tombamento), seja de lei ou de decisão judicial. Por outro lado, admite-se também a forma culposa inscrita no §único, quando a destruição, inutilização ou deteriorização do bem cultural resultarem de negligência, imprudência ou imperícia do agente".*

A pena prevista para a infração penal prevista no art. 62, e incisos I e II, da Lei nº 9.605/98 é de reclusão, de um a três anos, e multa. Portanto, não cabível lavratura de Termo Circunstanciado. Por outro lado, se o crime for culposo, a pena é de seis meses a um ano de detenção, sem prejuízo da multa, conforme previsto no parágrafo único do mesmo artigo, e por isso cabe a lavratura de Termo Circunstanciado, nos termos da Lei nº 9.099/95.

7.2 Alterar o aspecto ou estrutura de edificação ou local especialmente protegido por lei, ato administrativo ou decisão judicial, em razão de seu valor paisagístico, ecológico, turístico, artístico, histórico, cultural, religioso, arqueológico, etnográfico ou monumental, sem autorização da autoridade competente ou em desacordo com a concedida

O objeto material, conforme explica Marcão (2015),[536] *"é a edificação ou local especialmente protegido por lei, ato administrativo ou decisão judicial, em razão de seu valor paisagístico, ecológico, turístico, artístico, histórico, cultural, religioso, arqueológico, etnográfico ou monumental, sem autorização da autoridade competente ou em desacordo com a concedida".*

Dependendo do dano e do local especialmente protegido por lei, ato administrativo ou decisão judicial, se faz necessária a elaboração de um laudo técnico ou pericial, com o escopo de atestar os danos, e se possível indicar as causas, instruindo dessa forma o processo administrativo.

Ocorrendo a infração administrativa prevista no art. 73, deverá o agente fiscal adotar as providências legais previstas, a fim de iniciar a apuração da responsabilidade dos envolvidos, oportunizando a ampla defesa e o contraditório, com amparo nos termos do artigo 70, da Lei nº 9.605/98 e art. 96, do Dec. nº 6.514/08. Para tanto, sugere-se:

---

[534] MACHADO, Paulo Affonso Leme. *Direito ambiental brasileiro.* 25. ed. rev. ampl. e atual. São Paulo: Malheiros, 2017. p. 1187.

[535] MILARÉ, Édis. *Direito do ambiente.* 10. ed. rev., atual. e ampl. São Paulo: Editora Revista dos Tribunais, 2015. p. 592.

[536] MARCÃO, Renato. *Crimes ambientais (Anotações e interpretação jurisprudencial da parte criminal da Lei n. 9.605, de 12-2-1998).* 3. ed. rev. e atual. de acordo com a Lei n. 13.052/2014. São Paulo: Saraiva, 2015. p. 532.

a) A descrição do auto de infração: A descrição da conduta precisa ter elementos mínimos que caracterizem a infração, para que a autoridade administrativa julgadora tenha convicção da materialidade (art. 97).

Exemplo de descrição a constar no auto de infração: *"Alterar o aspecto ou estrutura de edificação ou local (identificar o bem protegido) especialmente protegido por lei, ato administrativo ou decisão judicial (citar o ato administrativo que o protege), em razão de seu valor paisagístico, ecológico, turístico, artístico, histórico, cultural, religioso, arqueológico, etnográfico ou monumental, sem autorização da autoridade competente ou em desacordo com a concedida".*

Resultará em multa simples (art. 73, do Decreto nº 6.514/08), prevista de: R$10.000,00 (dez mil reais) a R$200.000,00 (duzentos mil reais).

Observar os parâmetros adotados pela Instrução Normativa Conjunta nº 2, de 29 de janeiro de 2020, do Ministério do Meio Ambiente, que regulamenta o processo administrativo federal para apuração de infrações administrativas por condutas e atividades lesivas ao meio ambiente.

Observar a causa de aumento de multa prevista no art. 93, do Decreto nº 6.514/08.

b) As medidas administrativas adotadas: O agente autuante, no uso do seu poder de polícia, poderá adotar as medidas administrativas previstas no art. 101, do Dec. nº 6.514/08, bem como os procedimentos descritos nos arts. 102 a 112, lavrando-se os documentos inerentes.

c) Do procedimento penal: A Lei nº 9.605/98 tipificou assim a conduta:

> Art. 63. Alterar o aspecto ou estrutura de edificação ou local especialmente protegido por lei, ato administrativo ou decisão judicial, em razão de seu valor paisagístico, ecológico, turístico, artístico, histórico, cultural, religioso, arqueológico, etnográfico ou monumental, sem autorização da autoridade competente ou em desacordo com a concedida: Pena – reclusão, de um a três anos, e multa.

Conforme descreve Prado (2016),[537] *"salienta-se que 'esses locais especialmente protegidos, cuja alteração de aspecto é incriminada, podem ser os bens imóveis tombados, mencionados no Decreto-lei 25/1937, mas também os sítios arqueológicos ou pré-históricos considerados 'monumentos' pela Lei 3.924/1961, (…). Incluem-se no presente dispositivo, dessa forma: os monumentos naturais, bem como os sítios e paisagens que importe conservar e proteger pela feição notável com que tenham sido dotados pela natureza ou agenciados pela indústria humana (art. 1º, §2º, Dec.-lei 25/1937)".*

Ainda, o Decreto-Lei nº 25/1937 assim prevê:

> Art. 2º Consideram-se monumentos arqueológicos ou pré-históricos: a) as jazidas de qualquer natureza, origem ou finalidade, que representem testemunhos de cultura dos paleoameríndios do Brasil, tais como sambaquis, montes artificiais ou tesos, poços sepulcrais, jazigos, aterrados, estearias e quaisquer outras não especificadas aqui, mas de significado idêntico a juízo da autoridade competente. b) os sítios nos quais se encontram vestígios positivos de ocupação pelos paleoameríndios tais como grutas, lapas e abrigos sob rocha;

---

[537] PRADO, Luiz Regis. *Direito penal do ambiente*. 6. ed. rev., atual. e ampl. São Paulo: Editora Revista dos Tribunais, 2016. p. 340-341.

CAPÍTULO IV | 311

c) os sítios identificados como cemitérios, sepulturas ou locais de pouso prolongado ou de aldeiamento, "estações" e "cerâmios", nos quais se encontram vestígios humanos de interêsse arqueológico ou paleoetnográfico; d) as inscrições rupestres ou locais como sulcos de polimentos de utensílios e outros vestígios de atividade de paleoameríndios.

Preleciona Machado (2017)[538] que *"alterar é modificar. A alteração pode ser para melhorar a edificação ou o local, mas o crime fica materializado se não houver autorização da autoridade ou se a modificação não obedecer aos limites da autorização. O crime configura-se quando a alteração é realizada no aspecto ou na aparência de edificação ou de local e na estrutura de edificação ou de local protegidos por lei, ato administrativo ou decisão judicial"*.

Para Milaré (2015),[539] *"este delito aplica-se aos casos de realização de obras não autorizadas, ou em desacordo com a autorização concedida, em bens culturais imóveis ou no seu entorno. Aplica-se também, especialmente, no caso de alteração de sítios arqueológicos, paleontológicos (bens de valor cultural, de acordo como o inc. V, do art. 216 da CF/1988) e de grutas, cavernas[540] e outras cavidades naturais (bens de valor ecológico)"*.

A pena prevista para a infração penal prevista no art. 63, da Lei nº 9.605/98 é de reclusão, de um a três anos, e multa. Portanto, não cabível lavratura de Termo Circunstanciado.

7.3 Promover construção em solo não edificável, ou no seu entorno, assim considerado em razão de seu valor paisagístico, ecológico, artístico, turístico, histórico, cultural, religioso, arqueológico, etnográfico ou monumental, sem autorização da autoridade competente ou em desacordo com a concedida

O conceito para a expressão "não edificável" cerca um bom debate sobre sua abrangência. Nesse ponto Antunes (2017)[541] nos esclarece, *"promover a construção em solo não edificável significa construir ou fornecer meios ou estímulo para que alguém construa em solo não edificável, ou seja, em área na qual não é permitida a edificação, seja por força de restrição legal ou administrativa, seja por força de dificuldades construtivas. O artigo, contudo, não tutela todo e qualquer solo não edificável; ao contrário, o seu objeto de tutela é bastante específico. A limitação é de construção em solo não edificável em razão de seu valor artístico, paisagístico, ecológico, turístico, cultural, religioso, etnográfico ou seu entorno sem autorização da autoridade competente ou em desacordo com a autorização; desnecessário dizer que deve haver um reconhecimento formal e oficial da existência dos valores presentes na norma. Sem o reconhecimento formal o tipo não se aperfeiçoa"*.

Nesse passo, os artigos 17 e 18, do Decreto-Lei nº 25/1937 preveem que as coisas tombadas não poderão, em caso nenhum ser destruídas, demolidas ou mutiladas, nem, sem prévia autorização especial, ser reparadas, pintadas ou restauradas, sob pena de

---

[538] MACHADO, Paulo Affonso Leme. *Direito ambiental brasileiro*. 25. ed. rev. ampl. e atual. São Paulo: Malheiros, 2017. p. 1188.

[539] MILARÉ, Édis. *Direito do ambiente*. 10. ed. rev., atual. e ampl. São Paulo: Editora Revista dos Tribunais, 2015. p. 593.

[540] Observar o disposto no Decreto nº 10.935, de 12 de janeiro de 2022, que dispõe sobre a proteção das cavidades naturais subterrâneas existentes no território nacional.

[541] ANTUNES, Paulo de Bessa. *Direito ambiental*. 19. ed. rev. e atual. São Paulo: Atlas, 2017. p. 381.

multa de cinquenta por cento do dano causado. E, sem prévia autorização, não se poderá, na vizinhança da coisa tombada, fazer construção que lhe impeça ou reduza a visibilidade, nem nela colocar anúncios ou cartazes, sob pena de ser mandada destruir a obra ou retirar o objeto, impondo-se neste caso a multa de cinquenta por cento do valor do mesmo objeto.

Curt, Terence e Natascha Trennepohl (2019)[542] discorrem que *"vê-se, pela redação do dispositivo, que se pretende impedir que edificações ou construções prejudiquem a visibilidade de bens tombados (monumentos, prédios históricos, sítios de excepcional beleza cênica etc.), independentemente de serem realizadas em terrenos que não integrem o patrimônio protegido em si, bastando que interferissem com os atributos que determinam a declaração de especial proteção. Há que se atentar que a finalidade do dispositivo não é sua aplicação nos casos de descumprimento das normas gerais de parcelamento e utilização do solo urbano, mas de resguardas sítios especialmente protegidos"*.

Ocorrendo a infração administrativa prevista no art. 74, deverá o agente fiscal adotar as providências legais previstas, a fim de iniciar a apuração da responsabilidade dos envolvidos, oportunizando a ampla defesa e o contraditório, com amparo nos termos do artigo 70, da Lei nº 9.605/98 e art. 96, do Dec. nº 6.514/08. Para tanto, sugere-se:

a) A descrição do auto de infração: A descrição da conduta precisa ter elementos mínimos que caracterizem a infração, para que a autoridade administrativa julgadora tenha convicção da materialidade (art. 97).

Exemplo de descrição a constar no auto de infração: *"**Promover construção** (definir a obra, ex.: muro, casa, barracão, etc.) **em solo não edificável** (descrever o porquê de não ser edificável)**, ou no seu entorno, assim considerado em razão de seu valor paisagístico, ecológico, artístico, turístico, histórico, cultural, religioso, arqueológico, etnográfico ou monumental, sem autorização da autoridade competente ou em desacordo com a concedida"*.

Resultará em multa simples (art. 74, do Decreto nº 6.514/08), prevista de: <u>R$10.000,00 (dez mil reais) a R$100.000,00 (cem mil reais)</u>.

Observar os parâmetros adotados pela Instrução Normativa Conjunta nº 2, de 29 de janeiro de 2020, do Ministério do Meio Ambiente, que regulamenta o processo administrativo federal para apuração de infrações administrativas por condutas e atividades lesivas ao meio ambiente.

Observar a causa de aumento de multa prevista no art. 93, do Decreto nº 6.514/08.

b) As medidas administrativas adotadas: O agente autuante, no uso do seu poder de polícia, poderá adotar as medidas administrativas previstas no art. 101, do Dec. nº 6.514/08, bem como os procedimentos descritos nos arts. 102 a 112, lavrando-se os documentos inerentes.

c) Do procedimento penal: A Lei nº 9.605/98 tipificou assim a conduta:

Art. 64. Promover construção em solo não edificável, ou no seu entorno, assim considerado em razão de seu valor paisagístico, ecológico, artístico, turístico, histórico, cultural, religioso,

---

[542] TRENNEPOHL, Curt; TRENNEPOHL, Terence; TRENNEPOHL, Natascha. *Infrações ambientais:* comentários ao Decreto 6.514/2008. 3. ed. rev., atual. e ampl. São Paulo: Thomson Reuters Brasil, 2019. p. 328.

CAPÍTULO IV | 313

arqueológico, etnográfico ou monumental, sem autorização da autoridade competente ou em desacordo com a concedida: Pena – detenção, de seis meses a um ano, e multa.

Prado (2016)[543] acrescenta que *"o objeto material da ação – o solo – deve ter, ainda, uma qualidade especial: ser não edificável. Esta última característica do solo deve ser determinada por lei, ato administrativo ou decisão judicial (se for o caso). Trata-se, portanto, do elemento que integra a norma penal em branco em questão"*.

Milaré (2015)[544] nos chama a atenção ao analisar o tipo penal previsto no art. 64, da Lei nº 9.605/98, o qual explica: "esse tipo, muito parecido com o do artigo anterior (art. 63), padece de falha séria em sua redação, já que não menciona expressamente que a não edificabilidade decorre de 'lei, ato administrativo ou decisão judicial', como nos dois dispositivos anteriores".

E Machado (2017)[545] complementa, "todos os monumentos estão protegidos, independentemente de seu tombamento. As coisas que não sejam monumentos, para serem objeto da tutela do art. 64 da Lei 9.605/1998, precisam estar tombadas. Essa interpretação baseia-se no fato de que os monumentos não costumam ser tombados. Estamos convencidos de que o legislador teve a intenção de proteger a higidez de todos os monumentos, conservando a estética dos locais, geralmente públicos, em que eles estiverem".

A pena prevista para a infração penal prevista no art. 64, da Lei nº 9.605/98 é de detenção, de seis meses a um ano, e multa. Portanto, cabível lavratura de Termo Circunstanciado nos termos da Lei nº 9.099/95.

Ainda em relação ao tipo penal previsto no art. 64, da Lei nº 9.605/98, o Superior Tribunal de Justiça assim já decidiu:

> Além se ser responsável pela construção em solo não edificável (art. 64 da lei Ambiental), a manutenção da referida edificação ilegalmente construída ainda impede a regeneração da vegetação natural, conduta na qual incide no tipo penal insculpido no art. 48 da Lei nº 9.605/98, que se trata de delito permanente e não pode ser absorvido pelo disposto no art. 64 da mesma lei, que é instantâneo. A manutenção de construção impedindo a regeneração da vegetação é um novo crime, diverso e autônomo em relação ao tipo do artigo 64 da Lei 9.605/98. (STJ, REsp 1.125.374/SC, 5ª T., rel. Min. Gilson Dipp, p. 2-8-2011, *Dje* de 17-8-2011)

> Vislumbrando-se a existência de três condutas distintas, três ações autônomas de destruir vegetação nativa, de construir em solo não edificável e de impedir a regeneração natural da vegetação, através das quais três crimes diferentes foram praticados, deve ser reconhecida a hipótese de concurso material descrita no art. 69 do Código Penal, no qual é prevista a cumulatividade das penas. (STJ, REsp 846.453/SC, 5ª T., rel. Min. Gilson Dipp, p. 14-4-2007, *Dj* de 4-6-2007, p. 419)

---

[543] PRADO, Luiz Regis. *Direito penal do ambiente*. 6. ed. rev., atual. e ampl. São Paulo: Editora Revista dos Tribunais, 2016. p. 353.

[544] MILARÉ, Édis. *Direito do ambiente*. 10. ed. rev., atual. e ampl. São Paulo: Editora Revista dos Tribunais, 2015. p. 593.

[545] MACHADO, Paulo Affonso Leme. *Direito ambiental brasileiro*. 25. ed. rev. ampl. e atual. São Paulo: Malheiros, 2017. p. 1188.

7.4 Pichar, grafitar ou por outro meio conspurcar edificação alheia ou monumento urbano

A infração administrativa prevista no art. 75, do Decreto nº 6.514/08, abrange a proteção de edificação alheia, além de monumento urbano. Dessa forma visa reprimir o ataque dos prédios privados.

Para Antunes (2017):[546] *"Nos dias atuais a grafitagem é considerada expressão artística tipicamente urbana e, de fato, não merecia estar enquadrada como crime. Da mesma forma, deve ser retirada do rol dos ilícitos administrativos".*

Ocorrendo a infração administrativa prevista no art. 75, deverá o agente fiscal adotar as providências legais previstas, a fim de iniciar a apuração da responsabilidade dos envolvidos, oportunizando a ampla defesa e o contraditório, com amparo nos termos do artigo 70, da Lei nº 9.605/98 e art. 96, do Dec. nº 6.514/08. Para tanto, sugere-se:

a) A descrição do auto de infração: A descrição da conduta precisa ter elementos mínimos que caracterizem a infração, para que a autoridade administrativa julgadora tenha convicção da materialidade (art. 97).

Exemplo de descrição a constar no auto de infração: *"Pichar, grafitar ou por outro meio conspurcar (descrever a ação do agente) edificação alheia ou monumento urbano, se for monumento ou coisa tombada (identificar o bem protegido)".*

Resultará em multa simples (art. 75, do Decreto nº 6.514/08), prevista de: R$1.000,00 (mil reais) a R$50.000,00 (cinquenta mil reais).

Se o ato for realizado em monumento ou coisa tombada, a multa é aplicada em dobro (Parágrafo único, do art. 75).

Observar os parâmetros adotados pela Instrução Normativa Conjunta nº 2, de 29 de janeiro de 2020, do Ministério do Meio Ambiente, que regulamenta o processo administrativo federal para apuração de infrações administrativas por condutas e atividades lesivas ao meio ambiente.

Observar a causa de aumento de multa prevista no art. 93, do Decreto nº 6.514/08.

b) As medidas administrativas adotadas: O agente autuante, no uso do seu poder de polícia, poderá adotar as medidas administrativas previstas no art. 101, do Dec. nº 6.514/08, bem como os procedimentos descritos nos arts. 102 a 112, lavrando-se os documentos inerentes.

c) Do procedimento penal: A Lei nº 9.605/98 tipificou assim a conduta:

Art. 65. Pichar ou por outro meio conspurcar edificação ou monumento urbano: Pena – detenção, de 3 (três) meses a 1 (um) ano, e multa. §1º Se o ato for realizado em monumento ou coisa tombada em virtude do seu valor artístico, arqueológico ou histórico, a pena é de 6 (seis) meses a 1 (um) ano de detenção e multa. §2º Não constitui crime a prática de grafite realizada com o objetivo de valorizar o patrimônio público ou privado mediante manifestação artística, desde que consentida pelo proprietário e, quando couber, pelo locatário ou arrendatário do bem privado e, no caso de bem público, com a autorização do órgão competente e a observância das posturas municipais e das normas editadas pelos órgãos governamentais responsáveis pela preservação e conservação do patrimônio histórico e artístico nacional.

---

[546] ANTUNES, Paulo de Bessa. *Direito ambiental*. 19. ed. rev. e atual. São Paulo: Atlas, 2017. p. 383.

Machado (2017)[547] assevera que "'pichar' é 'escrever (dizeres políticos, mensagens cifradas de gangues etc.) em muros ou paredes'. A pichachão, inegavelmente, deteriora o local onde se aplica o grafite ou o piche. Não elidem o crime a beleza ou o conteúdo do que for escrito ou desenhado. O termo 'grafitar' parece ter sido empregado em sentido semelhante ao de 'pichar'".

Gomes e Maciel (2015)[548] contribuem ao analisar o tipo objetivo, "o crime consiste em pichar (escrever em muros, paredes etc.) ou por outro meio conspurcar (sujar), edificação (construção) ou monumento urbano (obra artística de grande vulto, por exemplo, utilizada para homenagear heróis ou para perpetuar a memória de fatos históricos relevantes)".

A pena prevista para a infração penal prevista no art. 65, caput, da Lei nº 9.605/98 é de detenção, de 3 (três) meses a 1 (um) ano, e multa. Portanto, cabível lavratura de Termo Circunstanciado nos termos da Lei nº 9.099/95.

Se o ato for realizado em monumento ou coisa tombada em virtude do seu valor artístico, arqueológico ou histórico, a pena é de 6 (seis) meses a 1 (um) ano de detenção e multa (§1º, do art. 65, da Lei nº 9.605/98), igualmente aplicável o Termo Circunstanciado nos termos da Lei nº 9.099/95.

E não constitui crime a prática de grafite realizada com o objetivo de valorizar o patrimônio público ou privado mediante manifestação artística, desde que consentida pelo proprietário e, quando couber, pelo locatário ou arrendatário do bem privado e, no caso de bem público, com a autorização do órgão competente e a observância das posturas municipais e das normas editadas pelos órgãos governamentais responsáveis pela preservação e conservação do patrimônio histórico e artístico nacional, conforme previsto no §2º, do art. 65, da Lei nº 9.605/98.

8 Das infrações administrativas ambientais contra a administração ambiental

O poder regulamentar preferiu dar uma melhor segurança e respaldo aos seus agentes responsáveis pela fiscalização ambiental e assim tipificou várias condutas passíveis de sanções administrativas.

No âmbito penal a Lei nº 9.605/98 igualmente tipificou condutas passíveis de sanções. Nesse aspecto Prado (2016)[549] comenta: "os tipos de injusto previsto neste tópico são caracterizados como sendo de estrutura funcional e portadores de determinada especificidade (ambiente, bem jurídico difuso) em relação aos demais delitos contra a administração pública. Em realidade, são delitos especiais (próprios) que agasalham determinadas formas de prevaricação do funcionário público, em razão do dever legal de se pautar, no exercício de suas funções, sempre conforme a lei e a veracidade dos fatos (afirmar e não omitir a verdade, informar corretamente, fiscalizar e controlar a atividade administrativa inerente à sua função)".

---

[547] MACHADO, Paulo Affonso Leme. Direito ambiental brasileiro. 25. ed. rev. ampl. e atual. São Paulo: Malheiros, 2017. p. 1189.

[548] GOMES, Luiz Flávio; MACIEL, Silvio Luiz. Lei de crimes ambientais: comentários à Lei 9.605/1998. 2. ed. rev., atual. e ampl. Rio de Janeiro: Forense; São Paulo: Método, 2015. p. 267.

[549] PRADO, Luiz Regis. Direito penal do ambiente. 6. ed. rev., atual. e ampl. São Paulo: Editora Revista dos Tribunais, 2016. p. 364.

8.1 Deixar de inscrever-se no Cadastro Técnico Federal de que trata o art. 17 da Lei 6.938, de 1981

A Lei nº 6.938/81, que dispõe sobre a Política Nacional do Meio Ambiente, instituiu o Cadastro Técnico Federal de Atividades e Instrumentos de Defesa Ambiental e o Cadastro Técnico Federal de Atividades Potencialmente Poluidoras ou Utilizadoras de Recursos Ambientais, como se observa:

> Art. 17. Fica instituído, sob a administração do Instituto Brasileiro do Meio Ambiente e Recursos Naturais Renováveis – IBAMA: I – Cadastro Técnico Federal de Atividades e Instrumentos de Defesa Ambiental, para registro obrigatório de pessoas físicas ou jurídicas que se dedicam a consultoria técnica sobre problemas ecológicos e ambientais e à indústria e comércio de equipamentos, aparelhos e instrumentos destinados ao controle de atividades efetiva ou potencialmente poluidoras; II – Cadastro Técnico Federal de Atividades Potencialmente Poluidoras ou Utilizadoras de Recursos Ambientais, para registro obrigatório de pessoas físicas ou jurídicas que se dedicam a atividades potencialmente poluidoras e/ou à extração, produção, transporte e comercialização de produtos potencialmente perigosos ao meio ambiente, assim como de produtos e subprodutos da fauna e flora.

Assim, o IBAMA editou a Instrução Normativa nº 12, de 20 de agosto de 2021, regulamentando a obrigação de inscrição no Cadastro Técnico Federal de Atividades e Instrumentos de Defesa Ambiental, revoga os atos normativos consolidados, em atendimento ao Decreto nº 10.139, de 28 de novembro de 2019, e atualiza o rol de ocupações, considerando os profissionais sob fiscalização do Conselho Federal dos Técnicos Agrícolas e do Conselho Federal dos Técnicos Industriais, cujo objetivo está previsto no seu art. 1º:

> Art. 1º. Esta Instrução Normativa regulamenta a obrigação de inscrição no **Cadastro Técnico Federal de Atividades e Instrumentos de Defesa Ambiental a que se refere o inciso I do art. 17 da Lei nº 6.938**, de 31 de agosto de 1981. (grifei)

Editou também a Instrução Normativa nº 13, de 23 de agosto de 2021, regulamentando a obrigação de inscrição no Cadastro Técnico Federal de Atividades Potencialmente Poluidoras e Utilizadoras de Recursos Ambientais e revoga os atos normativos consolidados, em atendimento ao Decreto nº 10.139, de 28 de novembro de 2019, cujo objetivo está previsto no seu art. 1º:

> Art. 1º Esta Instrução Normativa regulamenta a obrigação de inscrição no **Cadastro Técnico Federal de Atividades Potencialmente Poluidoras e Utilizadoras de Recursos Ambientais a que se refere o inciso II do art. 17 da Lei nº 6.938**, de 31 de agosto de 1981. (grifei)

Importante observação trazem Curt, Terence e Natascha Trennepohl (2019)[550] quando destacam que "*não se trata de licenciamento ambiental e o cadastro é autodeclaratório.*

---

[550] TRENNEPOHL, Curt; TRENNEPOHL, Terence; TRENNEPOHL, Natascha. *Infrações ambientais:* comentários ao Decreto 6.514/2008. 3. ed. rev., atual. e ampl. São Paulo: Thomson Reuters Brasil, 2019. p. 333.

O empreendimento ou a atividade pode estar licenciados pelo órgão ambiental competente, mas a ausência do registro no Castro Técnico Federal sujeita o responsável à sanção prevista nesse dispositivo. Deixar de inscrever-se no Cadastro Técnico Federal é uma infração contra a administração ambiental, não contra os recursos ambientais".

Ocorrendo a infração administrativa prevista no art. 76, deverá o agente fiscal adotar as providências legais previstas, a fim de iniciar a apuração da responsabilidade dos envolvidos, oportunizando a ampla defesa e o contraditório, com amparo nos termos do artigo 70, da Lei nº 9.605/98, e art. 96, do Dec. nº 6.514/08. Para tanto, sugere-se:

a) A descrição do auto de infração: A descrição da conduta precisa ter elementos mínimos que caracterizem a infração, para que a autoridade administrativa julgadora tenha convicção da materialidade (art. 97).

Exemplo de descrição a constar no auto de infração: *"**Deixar de inscrever-se no Cadastro Técnico Federal de que trata o art. 17 da Lei 6.938, de 1981** (definir a atividade desenvolvida pela pessoa física ou jurídica, e qual dos incisos violados)".*

Resultará em multa simples (art. 76, do Decreto nº 6.514/08), prevista de:

Art. 76. Deixar de inscrever-se no Cadastro Técnico Federal de que trata o art.17 da Lei 6.938, de 1981: Multa de: I – R$50,00 (cinqüenta reais), se pessoa física; II – R$150,00 (cento e cinqüenta reais), se microempresa; III – R$900,00 (novecentos reais), se empresa de pequeno porte; IV – R$1.800,00 (mil e oitocentos reais), se empresa de médio porte; e V – R$9.000,00 (nove mil reais), se empresa de grande porte.

Observar a causa de aumento de multa prevista no art. 93, do Decreto nº 6.514/08.

b) As medidas administrativas adotadas: O agente autuante, no uso do seu poder de polícia, poderá adotar as medidas administrativas previstas no art. 101, do Dec. nº 6.514/08, bem como os procedimentos descritos nos arts. 102 a 112, lavrando-se os documentos inerentes.

c) Do procedimento penal: Não previsão de tipo penal análogo na Lei nº 9.605/98.

8.2 Obstar ou dificultar a ação do Poder Público no exercício de atividades de fiscalização ambiental

Sobre essa infração administrativa, precisamos fazer algumas observações. Para tanto, buscamos as palavras de Antunes (2017),[551] que explica: *"obstar é impedir que a Ação fiscalizatória se realize plenamente, que verifique in loco a existência ou não se ilícitos ambientais. Contudo, existe uma enorme zona de incerteza no que diz respeito aos limites da atividade de fiscalização, todamente quando se trata de fiscalização em domicílio do particular".* E continua, *"a ação de obstar a fiscalização somente pode ser considerada ilícito administrativo nos casos em que a autoridade ambiental pretenda realizar a atividade de fiscalização (i) mediante prévia notícia ao fiscalizado, (ii) mediante a existência de uma ordem judicial, (iii) para evitar a prática de um crime ou (iv) diante de perigo iminente".*

---

[551] ANTUNES, Paulo de Bessa. *Direito ambiental*. 19. ed. rev. e atual. São Paulo: Atlas, 2017. p. 392 e 395.

Precedentes:

- Tribunal Regional Federal da 2ª Região, AG 200602010045075, AG – Agravo de instrumento – 146210 – 7ª Turma Especializada, *DJU* 24/10/2007, p. 122.
- Supremo Tribunal Federal, HC 82788, HC – Habeas Corpus, 2ª Turma, 12/4/2005.

Ao se referir a dificultar, entendemos que se refere a atrapalhar, prejudicar a atividade legal de fiscalização, estabelecendo embaraços.

Outro cuidado que se deve ter é em relação a competência do órgão para exercer a fiscalização, tendo em vista que não seria razoável querer impor ao administrado o franqueamento de pessoas não investidas de autoridade em fiscalizar determinadas atividades específicas.

Ocorrendo a infração administrativa prevista no art. 77, deverá o agente fiscal adotar as providências legais previstas, a fim de iniciar a apuração da responsabilidade dos envolvidos, oportunizando a ampla defesa e o contraditório, com amparo nos termos do artigo 70, da Lei nº 9.605/98, e art. 96, do Dec. nº 6.514/08. Para tanto, sugere-se:

a) A descrição do auto de infração: A descrição da conduta precisa ter elementos mínimos que caracterizem a infração, para que a autoridade administrativa julgadora tenha convicção da materialidade (art. 97).

Exemplo de descrição a constar no auto de infração: *"**Obstar ou dificultar a ação do Poder Público no exercício de atividades de fiscalização ambiental** (definir o tipo de obstrução ou dificuldade imposta pelo autuado, bem como o local onde ocorreu o fato)"*.

Resultará em multa simples (art. 77, do Decreto nº 6.514/08), prevista de: <u>R$500,00 (quinhentos reais) a R$100.000,00 (cem mil reais)</u>.

Observar os parâmetros adotados pela Instrução Normativa Conjunta nº 2, de 29 de janeiro de 2020, do Ministério do Meio Ambiente, que regulamenta o processo administrativo federal para apuração de infrações administrativas por condutas e atividades lesivas ao meio ambiente.

Observar a causa de aumento de multa prevista no art. 93, do Decreto nº 6.514/08.

b) As medidas administrativas adotadas: O agente autuante, no uso do seu poder de polícia, poderá adotar as medidas administrativas previstas no art. 101, do Dec. nº 6.514/08, bem como os procedimentos descritos nos arts. 102 a 112, lavrando-se os documentos inerentes.

c) Do procedimento penal: A Lei nº 9.605/98 assim tipificou em seu art. 69:

Art. 69. Obstar ou dificultar a ação fiscalizadora do Poder Público no trato de questões ambientais: Pena – detenção, de um a três anos, e multa.

Marcão (2015)[552] esclarece que *"não cuida o tipo penal de embaraço que possa o agente impor a qualquer forma de atuação do Poder Público. Para a conformação típica é imprescindível que a atividade pública a que se tenha imposto empecilho esteja relacionada com o trato de questões ambientais de qualquer espécie. Pode atingir a atividade preventiva ou repressiva exercida pelo*

---

[552] MARCÃO, Renato. *Crimes ambientais (Anotações e interpretação jurisprudencial da parte criminal da Lei n. 9.605, de 12-2-1998).* 3. ed. rev. e atual. de acordo com a Lei n. 13.052/2014. São Paulo: Saraiva, 2015. p. 607.

Poder Público, e relacionar-se com a atuação dos órgãos administrativos na fiscalização de questões ambientais e mesmo com a atuação das polícias. O óbice pode ser interposto de qualquer maneira, não sendo exigido o emprego de força física, ameaça ou violência de qualquer natureza".

A pena prevista para a infração penal prevista no art. 69, da Lei nº 9.605/98, é de detenção, de um a três anos, e multa. Sendo assim, não cabível lavratura de Termo Circunstanciado nos termos da Lei nº 9.099/95.

8.3 Obstar ou dificultar a ação do órgão ambiental, ou de terceiro por ele encarregado, na coleta de dados para a execução de georreferenciamento de imóveis rurais para fins de fiscalização

A Lei nº 10.650, de 16 de abril de 2003, que dispõe sobre o acesso público aos dados e informações existentes nos órgãos e entidades integrantes do SISNAMA, estabelece eu seu artigo 1º, o acesso público aos dados e informações ambientais existentes nos órgãos e entidades integrantes do Sistema Nacional do Meio Ambiente – SISNAMA, instituído pela Lei nº 6.938, de 31 de agosto de 1981.

Já no seu art. 4º, da Lei nº 10.650/2003, determina:

> Art. 4º Deverão ser publicados em Diário Oficial e ficar disponíveis, no respectivo órgão, em local de fácil acesso ao público, listagens e relações contendo os dados referentes aos seguintes assuntos: I – pedidos de licenciamento, sua renovação e a respectiva concessão; II – pedidos e licenças para supressão de vegetação; III – autos de infrações e respectivas penalidades impostas pelos órgãos ambientais; IV – lavratura de termos de compromisso de ajustamento de conduta; V – reincidências em infrações ambientais; VI – recursos interpostos em processo administrativo ambiental e respectivas decisões; VII – registro de apresentação de estudos de impacto ambiental e sua aprovação ou rejeição. ·

O Código Florestal (Lei nº 12.651/12) assim estabelece:

> Art. 51. O órgão ambiental competente, ao tomar conhecimento do desmatamento em desacordo com o disposto nesta Lei, deverá embargar a obra ou atividade que deu causa ao uso alternativo do solo, como medida administrativa voltada a impedir a continuidade do dano ambiental, propiciar a regeneração do meio ambiente e dar viabilidade à recuperação da área degradada. §1º O embargo restringe-se aos locais onde efetivamente ocorreu o desmatamento ilegal, não alcançando as atividades de subsistência ou as demais atividades realizadas no imóvel não relacionadas com a infração. §2º O órgão ambiental responsável deverá disponibilizar publicamente as informações sobre o imóvel embargado, inclusive por meio da rede mundial de computadores, resguardados os dados protegidos por legislação específica, caracterizando o exato local da área embargada e informando em que estágio se encontra o respectivo procedimento administrativo. §3º A pedido do interessado, o órgão ambiental responsável emitirá certidão em que conste a atividade, a obra e a parte da área do imóvel que são objetos do embargo, conforme o caso.

Na busca pela materialidade da infração, o órgão ambiental deverá apresentar os elementos mínimos do ilícito praticado, visando inclusive atender o direito de defesa do administrado. Em se tratando de desmatamento, o local e a área aferida são elementos fundamentais para a constituição do auto de infração.

Diante das mais modernas tecnologias disponíveis para se identificar as áreas desmatadas temos o georreferenciamento. E a infração em tela diz respeito a obstar ou dificultar a ação na coleta de dados para a execução de georreferenciamento de imóveis rurais para fins de fiscalização.

Ocorrendo a infração administrativa prevista no art. 78, deverá o agente fiscal adotar as providências legais previstas, a fim de iniciar a apuração da responsabilidade dos envolvidos, oportunizando a ampla defesa e o contraditório, com amparo nos termos do artigo 70, da Lei nº 9.605/98, e art. 96, do Dec. nº 6.514/08. Para tanto, sugere-se:

a) A descrição do auto de infração: A descrição da conduta precisa ter elementos mínimos que caracterizem a infração, para que a autoridade administrativa julgadora tenha convicção da materialidade (art. 97).

Exemplo de descrição a constar no auto de infração: *"Obstar ou dificultar a ação do órgão ambiental, ou de terceiro por ele encarregado, na coleta de dados para a execução de georreferenciamento de imóveis rurais para fins de fiscalização* (definir o tipo de obstrução ou dificuldade imposta pelo autuado, bem como o local onde ocorreu o fato)".

Resultará em multa simples (art. 78, do Decreto nº 6.514/08), prevista de: R$100,00 (cem reais) a R$300,00 (trezentos reais) por hectare do imóvel.

Observar os parâmetros adotados pela Instrução Normativa Conjunta nº 2, de 29 de janeiro de 2020, do Ministério do Meio Ambiente, que regulamenta o processo administrativo federal para apuração de infrações administrativas por condutas e atividades lesivas ao meio ambiente.

Observar a causa de aumento de multa prevista no art. 93, do Decreto nº 6.514/08.

b) As medidas administrativas adotadas: O agente autuante, no uso do seu poder de polícia, poderá adotar as medidas administrativas previstas no art. 101, do Dec. nº 6.514/08, bem como os procedimentos descritos nos arts. 102 a 112, lavrando-se os documentos inerentes.

c) Do procedimento penal: A Lei nº 9.605/98 não tipificou nenhuma conduta análoga como crime.

8.4 Descumprir embargo de obra ou atividade e suas respectivas áreas

Vimos anteriormente que o Código Florestal (Lei nº 12.651/12) assim estabelece:

Art. 51. O órgão ambiental competente, ao tomar conhecimento do desmatamento em desacordo com o disposto nesta Lei, deverá embargar a obra ou atividade que deu causa ao uso alternativo do solo, como medida administrativa voltada a impedir a continuidade do dano ambiental, propiciar a regeneração do meio ambiente e dar viabilidade à recuperação da área degradada. §1º O embargo restringe-se aos locais onde efetivamente ocorreu o desmatamento ilegal, não alcançando as atividades de subsistência ou as demais atividades realizadas no imóvel não relacionadas com a infração. §2º O órgão ambiental responsável deverá disponibilizar publicamente as informações sobre o imóvel embargado, inclusive por meio da rede mundial de computadores, resguardados os dados protegidos por legislação específica, caracterizando o exato local da área embargada e informando em que estágio se encontra o respectivo procedimento administrativo. §3º A pedido do interessado, o órgão ambiental responsável emitirá certidão em que conste a atividade, a obra e a parte da área do imóvel que são objetos do embargo, conforme o caso.

Ainda sobre o embargo, o Decreto nº 6.514/08 assim dispõe:

Art. 15-A. O embargo de obra ou atividade restringe-se aos locais onde efetivamente caracterizou-se a infração ambiental, não alcançando as demais atividades realizadas em áreas não embargadas da propriedade ou posse ou não correlacionadas com a infração.
Art. 15-B. A cessação das penalidades de suspensão e embargo dependerá de decisão da autoridade ambiental após a apresentação, por parte do autuado, de documentação que regularize a obra ou atividade.
Art. 16. No caso de áreas irregularmente desmatadas ou queimadas, o agente autuante embargará quaisquer obras ou atividades nelas localizadas ou desenvolvidas, excetuando as atividades de subsistência. §1º O agente autuante deverá colher todas as provas possíveis de autoria e materialidade, bem como da extensão do dano, apoiando-se em documentos, fotos e dados de localização, incluindo as coordenadas geográficas da área embargada, que deverão constar do respectivo auto de infração para posterior georreferenciamento. §2º Não se aplicará a penalidade de embargo de obra ou atividade, ou de área, nos casos em que a infração de que trata o **caput** se der fora da área de preservação permanente ou reserva legal, salvo quando se tratar de desmatamento não autorizado de mata nativa.
Art. 17. O embargo de área irregularmente explorada e objeto do Plano de Manejo Florestal Sustentável – PMFS não exonera seu detentor da execução de atividades de manutenção ou recuperação da floresta, na forma e prazos fixados no PMFS e no termo de responsabilidade de manutenção da floresta.
Art. 18. O descumprimento total ou parcial de embargo, sem prejuízo do disposto no art. 79, ensejará a aplicação cumulativa das seguintes sanções: I – suspensão da atividade que originou a infração e da venda de produtos ou subprodutos criados ou produzidos na área ou local objeto do embargo infringido; e II – cancelamento de registros, licenças ou autorizações de funcionamento da atividade econômica junto aos órgãos ambientais e de fiscalização. §1º O órgão ou entidade ambiental promoverá a divulgação dos dados do imóvel rural, da área ou local embargado e do respectivo titular em lista oficial, resguardados os dados protegidos por legislação específica para efeitos do disposto no inciso III do art. 4º da Lei nº 10.650, de 16 de abril de 2003, especificando o exato local da área embargada e informando que o auto de infração encontra-se julgado ou pendente de julgamento. §2º A pedido do interessado, o órgão ambiental autuante emitirá certidão em que conste a atividade, a obra e a parte da área do imóvel que são objetos do embargo, conforme o caso.

E por sua vez o art. 4º, da Lei nº 10.650/2003, determina:

Art. 4º Deverão ser publicados em Diário Oficial e ficar disponíveis, no respectivo órgão, em local de fácil acesso ao público, listagens e relações contendo os dados referentes aos seguintes assuntos: (...) III – autos de infrações e respectivas penalidades impostas pelos órgãos ambientais; (...)

Curt, Terence e Natascha Trennepohl (2019)[553] comentam, "*com a disposição desse art. 79, torna-se mais fácil sancionar o desrespeito ao embargo imposto pelo agente fiscalizador, devendo-se observar, no entanto, que o Termo de Embargo ou Interdição deve consignar que*

---

[553] TRENNEPOHL, Curt; TRENNEPOHL, Terence; TRENNEPOHL, Natascha. *Infrações ambientais:* comentários ao Decreto 6.514/2008. 3. ed. rev., atual. e ampl. São Paulo: Thomson Reuters Brasil, 2019. p. 338.

a proibição imposta atinge somente a atividade ilícita (o desmatamento, por exemplo), pois a utilização da área afetada para práticas econômicas somente pode ser proibida quando aplicado como sanção, após o devido processo legal".

Sobre a eventual incidência de crime de desobediência, chama-nos a atenção Antunes (2017)[554] que *"a decretação do embargo, quando competente o fiscal, tem efeito imediato, devendo ser observado pelo embargado. Há que se registrar, todavia, que o embargo pode ter caráter de medida cautelar, com vistas a impedir que, no que na visão da autoridade ambiental".* Assim entendeu o Superior Tribunal de Justiça:

> 1. A mesma conduta ilícita foi objeto de duas sanções administrativas distintas infligidas pelo IBAMA: o Termo de Embargo, que pretendeu suspender a atividade empresarial envolvida no manuseio de produtos químicos tóxicos, por falta de autorização legal do órgão competente; e o Auto de Infração, que impôs multa pela conduta de "funcionar, ter em depósito, produtos químicos (...) sem inscrição no cadastro técnico federal e sem licença ou autorização do órgão administrativo competente". 2. Inexiste o crime de desobediência se para o descumprimento da ordem legal há previsão legislativa de sanção civil ou administrativa, salvo se há expressa admissibilidade da cumulação das sanções extrapenal e penal. Precedentes. 3. Pelo descumprimento do embargo à atividade irregular, afora o sancionamento administrativo, também respondem os agentes penalmente pelo crime do art. 56 da Lei nº 9.605/98, constituindo indevido bis in idem a imputação cumulativa do crime de desobediência. 4. A persecução penal foi instaurada com base na constatação de que os ora Pacientes, sem autorização do IBAMA e em desrespeito ao embargo implementado, estavam exercendo atividades nocivas ao meio ambiente, infringindo interesse direito da Autarquia Federal, o que atrai a competência da Justiça Federal. 5. Recurso ordinário parcialmente provido tão-somente para afastar a persecução penal dos ora Recorrentes pelo crime de desobediência. (STJ, RHC 200300539707, RHC – Recurso Ordinário em Habeas Corpus – 14341, rel. Min. Laurita Vaz, 5ª Turma, *DJU* 29/11/2004, p. 349)

Ocorrendo a infração administrativa prevista no art. 79, deverá o agente fiscal adotar as providências legais previstas, a fim de iniciar a apuração da responsabilidade dos envolvidos, oportunizando a ampla defesa e o contraditório, com amparo nos termos do artigo 70, da Lei nº 9.605/98, e art. 96, do Dec. nº 6.514/08. Para tanto, sugere-se:

a) A descrição do auto de infração: A descrição da conduta precisa ter elementos mínimos que caracterizem a infração, para que a autoridade administrativa julgadora tenha convicção da materialidade (art. 97).

Exemplo de descrição a constar no auto de infração: *"**Descumprir embargo de obra ou atividade e suas respectivas áreas** (definir a forma do não cumprimento do embargo)".*

Resultará em multa simples (art. 79, do Decreto nº 6.514/08), prevista de: R$10.000,00 (dez mil reais) a R$1.000.000,00 (um milhão de reais).

Observar os parâmetros adotados pela Instrução Normativa Conjunta nº 2, de 29 de janeiro de 2020, do Ministério do Meio Ambiente, que regulamenta o processo administrativo federal para apuração de infrações administrativas por condutas e atividades lesivas ao meio ambiente.

Observar a causa de aumento de multa prevista no art. 93, do Decreto nº 6.514/08.

---

[554] ANTUNES, Paulo de Bessa. *Direito ambiental*. 19. ed. rev. e atual. São Paulo: Atlas, 2017. p. 392 e 399.

b) As medidas administrativas adotadas: O agente autuante, no uso do seu poder de polícia, poderá adotar as medidas administrativas previstas no art. 101, do Dec. nº 6.514/08, bem como os procedimentos descritos nos arts. 102 a 112, lavrando-se os documentos inerentes.

c) Do procedimento penal: A Lei nº 9.605/98 não previu tipo penal análogo para a infração administrativa descrita no art. 79, do Decreto nº 6.514/08.

8.5 Deixar de atender a exigências legais ou regulamentares quando devidamente notificado pela autoridade ambiental competente no prazo concedido, visando à regularização, correção ou adoção de medidas de controle para cessar a degradação ambiental

As exigências legais previstas no tipo da infração administrativa do art. 80, do Decreto nº 6.514/08, não podem ser vistas de forma isoladas pelo agente fiscal.

O princípio da legalidade é o postulado basilar dos Estados de direito. A rigor, é dele que decorre a própria qualificação de um Estado como "de direito": todos, sem exceção, estão sujeitos ao "império da lei", ninguém – nem os particulares, nem os agentes públicos – pode agir de modo a contrariar o ordenamento jurídico.

A Constituição Federal traz, no inciso II, do art. 5º, a formulação mais genérica do princípio da legalidade: "*ninguém será obrigado a fazer ou deixar de fazer alguma coisa senão em virtude de lei*".

Nesse sentido, tem-se a máxima que aos particulares é lícito fazer tudo aquilo que a lei não proíba. E, ao contrário, o administrador público só é possível fazer aquilo previsto em lei.

Destacam Scatolino e Trindade (2019)[555] que *o princípio da legalidade não afasta a atuação discricionária do agente público, na medida em que a lei não poderá prever todos os casos da atuação administrativa. Assim, é possível, em determinadas situações, a realização de uma análise de conveniência e oportunidade a fim de escolher a conduta mais adequada ao caso concreto; observando, é claro, os demais princípios administrativos, em especial a razoabilidade e proporcionalidade.*

Nesse passo, Curt, Terence e Natascha Trennepohl (2019)[556] salientam que "*a sanção somente pode ser aplicada se as exigências tratarem de regularizar, corrigir ou adotar medidas de controle para cessar alguma degradação do meio ambiente. Portanto, essas exigências não podem versar medidas preventivas*".

Ocorrendo a infração administrativa prevista no art. 80, deverá o agente fiscal adotar as providências legais previstas, a fim de iniciar a apuração da responsabilidade dos envolvidos, oportunizando a ampla defesa e o contraditório, com amparo nos termos do artigo 70, da Lei nº 9.605/98, e art. 96, do Dec. nº 6.514/08. Para tanto, sugere-se:

a) A descrição do auto de infração: A descrição da conduta precisa ter elementos mínimos que caracterizem a infração, para que a autoridade administrativa julgadora tenha convicção da materialidade (art. 97).

---

[555] SCATOLINO, Gustavo; TRINDADE, João. *Manual didático de direito administrativo*. 7. ed. rev., ampl. e atual. Salvador: Juspodivm, 2019. p. 58.

[556] TRENNEPOHL, Curt; TRENNEPOHL, Terence; TRENNEPOHL, Natascha. *Infrações ambientais*: comentários ao Decreto 6.514/2008. 3. ed. rev., atual. e ampl. São Paulo: Thomson Reuters Brasil, 2019. p. 338.

Exemplo de descrição a constar no auto de infração: *"Deixar de atender exigências legais ou regulamentares quando devidamente notificado pela autoridade ambiental competente no prazo concedido, visando à regularização, correção ou adoção de medidas de controle para cessar a degradação ambiental (descrever a conduta do autuado)"*.

Resultará em multa simples (art. 80, do Decreto nº 6.514/08), prevista de: R$1.000,00 (mil reais) a R$1.000.000,00 (um milhão de reais).

Observar os parâmetros adotados pela Instrução Normativa Conjunta nº 2, de 29 de janeiro de 2020, do Ministério do Meio Ambiente, que regulamenta o processo administrativo federal para apuração de infrações administrativas por condutas e atividades lesivas ao meio ambiente.

Observar a causa de aumento de multa prevista no art. 93, do Decreto nº 6.514/08.

b) As medidas administrativas adotadas: O agente autuante, no uso do seu poder de polícia, poderá adotar as medidas administrativas previstas no art. 101, do Dec. nº 6.514/08, bem como os procedimentos descritos nos arts. 102 a 112, lavrando-se os documentos inerentes.

c) Do procedimento penal: A Lei nº 9.605/98 não previu tipo penal análogo para a infração administrativa descrita no art. 80, do Decreto nº 6.514/08.

8.6 Deixar de apresentar relatórios ou informações ambientais nos prazos exigidos pela legislação ou, quando aplicável, naquele determinado pela autoridade ambiental

Novamente aqui, na infração administrativa do art. 81, do Decreto nº 6.514/08, deve-se observar a exigência prevista em lei, sob pena da autuação ser em excesso. Como exemplo da possibilidade do cometimento dessa infração Curt, Terence e Natascha Trennepohl (2019)[557] destacam *"os relatórios das embarcações de pesca ou as prestações de conta da movimentação de produtos florestais (...) nos casos da falta de apresentação de relatório ou informações sobre o cumprimento de condicionantes das licenças ambientais, podendo, nesses casos, ser cumulada com a suspensão dessas licenças até a satisfação da exigência"*.

Ocorrendo a infração administrativa prevista no art. 81, deverá o agente fiscal adotar as providências legais previstas, a fim de iniciar a apuração da responsabilidade dos envolvidos, oportunizando a ampla defesa e o contraditório, com amparo nos termos do artigo 70, da Lei nº 9.605/98, e art. 96, do Dec. nº 6.514/08. Para tanto, sugere-se:

a) A descrição do auto de infração: A descrição da conduta precisa ter elementos mínimos que caracterizem a infração, para que a autoridade administrativa julgadora tenha convicção da materialidade (art. 97).

Exemplo de descrição a constar no auto de infração: *"Deixar de apresentar relatórios ou informações ambientais nos prazos exigidos pela legislação ou, quando aplicável, naquele determinado pela autoridade ambiental (descrever a conduta do autuado)"*.

Resultará em multa simples (art. 81, do Decreto nº 6.514/08), prevista de: R$1.000,00 (mil reais) a R$100.000,00 (cem mil reais).

---

[557] TRENNEPOHL, Curt; TRENNEPOHL, Terence; TRENNEPOHL, Natascha. *Infrações ambientais:* comentários ao Decreto 6.514/2008. 3. ed. rev., atual. e ampl. São Paulo: Thomson Reuters Brasil, 2019. p. 339.

Observar os parâmetros adotados pela Instrução Normativa Conjunta nº 2, de 29 de janeiro de 2020, do Ministério do Meio Ambiente, que regulamenta o processo administrativo federal para apuração de infrações administrativas por condutas e atividades lesivas ao meio ambiente.

Observar a causa de aumento de multa prevista no art. 93, do Decreto nº 6.514/08.

b) As medidas administrativas adotadas: O agente autuante, no uso do seu poder de polícia, poderá adotar as medidas administrativas previstas no art. 101, do Dec. nº 6.514/08, bem como os procedimentos descritos nos arts. 102 a 112, lavrando-se os documentos inerentes.

c) Do procedimento penal: A Lei nº 9.605/98 não previu tipo penal análogo para a infração administrativa descrita no art. 81, do Decreto nº 6.514/08.

8.7 Elaborar ou apresentar informação, estudo, laudo ou relatório ambiental total ou parcialmente falso, enganoso ou omisso, seja nos sistemas oficiais de controle, seja no licenciamento, na concessão florestal ou em qualquer outro procedimento administrativo ambiental

Essa infração visa punir as pessoas físicas ou jurídicas que de algum modo tentam engar o órgão ambiental licenciador de algum pedido a ele formulado.

Como já vimos anteriormente, em dado momento, o licenciamento é um instrumento da Política Nacional do Meio Ambiente (art. 9º, IV, da Lei nº 6.938/81). E a Lei Complementar nº 140/2011 define licenciamento, como sendo:

> Art. 2º Para os fins desta Lei Complementar, consideram-se: I – licenciamento ambiental: o procedimento administrativo destinado a licenciar atividades ou empreendimentos utilizadores de recursos ambientais, efetiva ou potencialmente poluidores ou capazes, sob qualquer forma, de causar degradação ambiental.

A Resolução nº 237/1997 do CONAMA que dispõe sobre a revisão e complementação dos procedimentos e critérios utilizados para o licenciamento ambiental, assim estabelece:

> Art. 10. O procedimento de licenciamento ambiental obedecerá às seguintes etapas: I – Definição pelo órgão ambiental competente, com a participação do empreendedor, dos documentos, projetos e estudos ambientais, necessários ao início do processo de licenciamento correspondente à licença a ser requerida; II – Requerimento da licença ambiental pelo empreendedor, acompanhado dos documentos, projetos e estudos ambientais pertinentes, dando-se a devida publicidade; III – Análise pelo órgão ambiental competente, integrante do SISNAMA, dos documentos, projetos e estudos ambientais apresentados e a realização de vistorias técnicas, quando necessárias; IV – Solicitação de esclarecimentos e complementações pelo órgão ambiental competente integrante do SISNAMA, uma única vez, em decorrência da análise dos documentos, projetos e estudos ambientais apresentados, quando couber, podendo haver a reiteração da mesma solicitação caso os esclarecimentos e complementações não tenham sido satisfatórios; V – Audiência pública, quando couber, de acordo com a regulamentação pertinente; VI – Solicitação de esclarecimentos e complementações pelo órgão ambiental competente, decorrentes de audiências públicas, quando couber, podendo haver reiteração da solicitação quando os esclarecimentos e complementações não tenham

sido satisfatórios; VII – Emissão de parecer técnico conclusivo e, quando couber, parecer jurídico; VIII – Deferimento ou indeferimento do pedido de licença, dando-se a devida publicidade.

Outro exemplo, a exigência contida na Lei nº 12.651/12 (Código Florestal) para a concessão de plano de manejo florestal sustentável:

> Art. 31. A exploração de florestas nativas e formações sucessoras, de domínio público ou privado, ressalvados os casos previstos nos arts. 21, 23 e 24, dependerá de licenciamento pelo órgão competente do Sisnama, mediante aprovação prévia de Plano de Manejo Florestal Sustentável – PMFS que contemple técnicas de condução, exploração, reposição florestal e manejo compatíveis com os variados ecossistemas que a cobertura arbórea forme. §1º O PMFS atenderá os seguintes fundamentos técnicos e científicos: I – caracterização dos meios físico e biológico; II – determinação do estoque existente; III – intensidade de exploração compatível com a capacidade de suporte ambiental da floresta; IV – ciclo de corte compatível com o tempo de restabelecimento do volume de produto extraído da floresta; V – promoção da regeneração natural da floresta; VI – adoção de sistema silvicultural adequado; VII – adoção de sistema de exploração adequado; VIII – monitoramento do desenvolvimento da floresta remanescente; IX – adoção de medidas mitigadoras dos impactos ambientais e sociais.

Portanto, a infração aqui em apreço visa punir a elaboração ou apresentação de informação, estudo, laudo ou relatório ambiental total ou parcialmente falso, enganoso ou omisso, seja nos sistemas oficiais de controle, seja no licenciamento, na concessão florestal ou em qualquer outro procedimento administrativo ambiental.

Ocorrendo a infração administrativa prevista no art. 82, deverá o agente fiscal adotar as providências legais previstas, a fim de iniciar a apuração da responsabilidade dos envolvidos, oportunizando a ampla defesa e o contraditório, com amparo nos termos do artigo 70, da Lei nº 9.605/98, e art. 96, do Dec. nº 6.514/08. Para tanto, sugere-se:

a) A descrição do auto de infração: A descrição da conduta precisa ter elementos mínimos que caracterizem a infração, para que a autoridade administrativa julgadora tenha convicção da materialidade (art. 97).

Exemplo de descrição a constar no auto de infração: *"Elaborar ou apresentar informação, estudo, laudo ou relatório ambiental total ou parcialmente falso, enganoso ou omisso, seja nos sistemas oficiais de controle, seja no licenciamento, na concessão florestal ou em qualquer outro procedimento administrativo ambiental* (descrever a conduta do agente, bem como o documento elaborado fraudulentamente)".

Resultará em multa simples (art. 82, do Decreto nº 6.514/08), prevista de: <u>R$1.500,00 (mil e quinhentos reais) a R$1.000.000,00 (um milhão de reais)</u>.

Observar os parâmetros adotados pela Instrução Normativa Conjunta nº 2, de 29 de janeiro de 2020, do Ministério do Meio Ambiente, que regulamenta o processo administrativo federal para apuração de infrações administrativas por condutas e atividades lesivas ao meio ambiente.

Observar a causa de aumento de multa prevista no art. 93, do Decreto nº 6.514/08.

b) As medidas administrativas adotadas: O agente autuante, no uso do seu poder de polícia, poderá adotar as medidas administrativas previstas no art. 101, do Dec.

n° 6.514/08, bem como os procedimentos descritos nos arts. 102 a 112, lavrando-se os documentos inerentes.

c) Do procedimento penal: A Lei n° 9.605/98 tipificou no seu art. 69-A como crime:

> Art. 69-A. Elaborar ou apresentar, no licenciamento, concessão florestal ou qualquer outro procedimento administrativo, estudo, laudo ou relatório ambiental total ou parcialmente falso ou enganoso, inclusive por omissão: Pena – reclusão, de 3 (três) a 6 (seis) anos, e multa.
> §1° Se o crime é culposo: Pena – detenção, de 1 (um) a 3 (três) anos.
> §2° A pena é aumentada de 1/3 (um terço) a 2/3 (dois terços), se há dano significativo ao meio ambiente, em decorrência do uso da informação falsa, incompleta ou enganosa.

Nucci (2016)[558] faz a seguinte análise do núcleo do tipo: *"elaborar (constituir em formato de trabalho a ser apresentado) ou apresentar (exibir, passar a terceiros) são as condutas alternativas deste tipo misto, que têm por objeto estudo (trabalho específico sobre determinado assunto), laudo (parecer técnico) ou relatório (narração ordenada e minuciosa sobre certo fato). Essas peças devem ser constituídas, no todo ou em parte, de modo falso (não correspondente à realidade) ou enganoso (pronto a ludibriar terceiros). Cuida-se, na realidade, de um delito semelhante à falsa perícia (art. 342, CP)"*.

Marcão (2015)[559] vai além: *"não raras vezes haverá dolo no elaborar criminoso do estudo, laudo ou relatório ambiental, nos moldes da tipificação sob análise, tanto quanto no ato da apresentação/entrega do mesmo, por pessoa diversa daquela que elaborou o trabalho técnico, junto ao órgão da Administração Pública competente, visando licenciamento, concessão florestal ou qualquer outro procedimento administrativo, de forma a evidenciar inescondível possibilidade de concurso de agentes; crimes, ou de ambos"*.

A pena prevista para a infração penal prevista no art. 69-A, da Lei n° 9.605/98, é de reclusão, de 3 (três) a 6 (seis) anos, e multa (art. 69-A, *caput*). Todavia, se o crime é culposo, a pena é detenção, de 1 (um) a 3 (três) anos (art. 69-A, §1°). Em qualquer caso, a pena é aumentada de 1/3 (um terço) a 2/3 (dois terços), se há dano significativo ao meio ambiente, em decorrência do uso da informação falsa, incompleta ou enganosa (art. 69-A, §2°). Sendo assim, não cabível lavratura de Termo Circunstanciado nos termos da Lei n° 9.099/95.

8.8 Deixar de cumprir compensação ambiental determinada por lei, na forma e no prazo exigidos pela autoridade ambiental

A Lei n° 9.985/2000, regulamenta o art. 225, §1°, incisos I, II, III e VII da Constituição Federal, institui o Sistema Nacional de Unidades de Conservação da Natureza e dá outras providências, assim exige:

> Art. 36. Nos casos de licenciamento ambiental de empreendimentos de significativo impacto ambiental, assim considerado pelo órgão ambiental competente, com fundamento em estudo

---

[558] NUCCI, Guilherme de Souza. *Leis penais e processuais penais comentadas*. 9. ed. rev., atual. e ampl. Rio de Janeiro: Forense, 2016. p. 676. v. 2.

[559] MARCÃO, Renato. *Crimes ambientais (Anotações e interpretação jurisprudencial da parte criminal da Lei n. 9.605, de 12-2-1998)*. 3. ed. rev. e atual. de acordo com a Lei n. 13.052/2014. São Paulo: Saraiva, 2015. p. 617.

de impacto ambiental e respectivo relatório – EIA/RIMA, o empreendedor é obrigado a apoiar a implantação e manutenção de unidade de conservação do Grupo de Proteção Integral, de acordo com o disposto neste artigo e no regulamento desta Lei.

A Lei nº 11.428/2006, que dispõe sobre a utilização e proteção da vegetação nativa do Bioma Mata Atlântica, e dá outras providências, também estabelece a exigência de compensação:

> Art. 17. O corte ou a supressão de vegetação primária ou secundária nos estágios médio ou avançado de regeneração do Bioma Mata Atlântica, autorizados por esta Lei, ficam condicionados à compensação ambiental, na forma da destinação de área equivalente à extensão da área desmatada, com as mesmas características ecológicas, na mesma bacia hidrográfica, sempre que possível na mesma microbacia hidrográfica, e, nos casos previstos nos arts. 30 e 31, ambos desta Lei, em áreas localizadas no mesmo Município ou região metropolitana.

Não diferente, o Código Florestal (Lei nº 12.651/12) também prevê:

> Art. 27. Nas áreas passíveis de uso alternativo do solo, a supressão de vegetação que abrigue espécie da flora ou da fauna ameaçada de extinção, segundo lista oficial publicada pelos órgãos federal ou estadual ou municipal do Sisnama, ou espécies migratórias, dependerá da adoção de medidas compensatórias e mitigadoras que assegurem a conservação da espécie.

Portanto, evidencia-se aqui que a exigência de compensação ambiental está determinada por lei. O descumprimento imotivado por parte do administrado ensejará a aplicação da multa prevista no art. 83, do Decreto nº 6.514/08.

Ocorrendo a infração administrativa prevista no art. 83, deverá o agente fiscal adotar as providências legais previstas, a fim de iniciar a apuração da responsabilidade dos envolvidos, oportunizando a ampla defesa e o contraditório, com amparo nos termos do artigo 70, da Lei nº 9.605/98, e art. 96, do Dec. nº 6.514/08. Para tanto, sugere-se:

a) A descrição do auto de infração: A descrição da conduta precisa ter elementos mínimos que caracterizem a infração, para que a autoridade administrativa julgadora tenha convicção da materialidade (art. 97).

Exemplo de descrição a constar no auto de infração: *"Deixar de cumprir compensação ambiental determinada por lei, na forma e no prazo exigidos pela autoridade ambiental (descrever qual compensação foi deixada de cumprir e a lei que a impões)"*.

Resultará em multa simples (art. 83, do Decreto nº 6.514/08), prevista de: <u>R$10.000,00 (dez mil reais) a R$1.000.000,00 (um milhão de reais)</u>.

Observar os parâmetros adotados pela Instrução Normativa Conjunta nº 2, de 29 de janeiro de 2020, do Ministério do Meio Ambiente, que regulamenta o processo administrativo federal para apuração de infrações administrativas por condutas e atividades lesivas ao meio ambiente.

Observar a causa de aumento de multa prevista no art. 93, do Decreto nº 6.514/08.

b) As medidas administrativas adotadas: O agente autuante, no uso do seu poder de polícia, poderá adotar as medidas administrativas previstas no art. 101, do Dec.

CAPÍTULO IV | 329

nº 6.514/08, bem como os procedimentos descritos nos arts. 102 a 112, lavrando-se os documentos inerentes.

c) Do procedimento penal: A Lei nº 9.605/98 não previu infração penal análoga a infração administrativa descrita no art. 83, do Decreto nº 6.514/08.

9 Das infrações administrativas ambientais cometidas exclusivamente em Unidades de Conservação

A Constituição Federal determina em seu art. 225, §1º, inciso III, que incumbe ao Poder Público definir, em todas as unidades da Federação, espaços territoriais e seus componentes a serem especialmente protegidos, sendo a alteração e a supressão permitidas somente através de lei, vedada qualquer utilização que comprometa a integridade dos atributos que justifiquem sua proteção.

Nesse sentido, o art. 9º, inciso VI, da Lei nº 6.938/81, que dispõe sobre a Política Nacional do Meio Ambiente, prevê que os espaços territoriais especialmente protegidos pelo Poder Público federal, estadual e municipal, tais como áreas de proteção ambiental, de relevante interesse ecológico e reservas extrativistas, são considerados instrumentos da Política Nacional do Meio Ambiente.

Desse modo, a Lei nº 9.985, de 18 de julho de 2000, que regulamenta o art. 225, §1º, incisos I, II, III e VII da Constituição Federal, institui o Sistema Nacional de Unidades de Conservação da Natureza e dá outras providências, conceitua, em seu art. 2º, inciso I, unidade de conservação, como sendo *espaço territorial e seus recursos ambientais, incluindo as águas jurisdicionais, com características naturais relevantes, legalmente instituído pelo Poder Público, com objetivos de conservação e limites definidos, sob regime especial de administração, ao qual se aplicam garantias adequadas de proteção.*

As Unidades de Conservação, criadas por ato do Poder Público, fazem parte do Sistema Nacional de Unidades de Conservação da Natureza – SNUC, o qual é constituído pelo conjunto das unidades de conservação federais, estaduais e municipais, de acordo com o disposto na Lei nº 9.985/2000.

As unidades de conservação integrantes do SNUC dividem-se em dois grupos, com características específicas (conforme previsto no art. 7º, da Lei nº 9.985/2000): *Unidades de Proteção Integral* e *Unidades de Uso Sustentável*. O objetivo básico das Unidades de Proteção Integral é preservar a natureza, sendo admitido apenas o uso indireto dos seus recursos naturais, com exceção dos casos previstos na Lei nº 9.985/2000. Já o objetivo básico das Unidades de Uso Sustentável é compatibilizar a conservação da natureza com o uso sustentável de parcela dos seus recursos naturais.

Ao distinguir os dois grupos de Unidades de Conservação, a Lei nº 9.985/2000 assim classificou em categorias as Unidades de Proteção Integral (art. 8º), conforme podemos acompanhar:

a. Estação Ecológica (arts. 8º, I, e 9º) – tem como objetivo a preservação da natureza e a realização de pesquisas científicas. É de posse e domínio públicos, sendo que as áreas particulares incluídas em seus limites serão desapropriadas, de acordo com o que dispõe a lei. E é proibida a visitação pública, exceto quando com objetivo educacional, de acordo com o que dispuser o Plano de Manejo da unidade ou regulamento específico.

b. Reserva Biológica (arts. 8º, II, e 10) – tem como objetivo a preservação integral da biota e demais atributos naturais existentes em seus limites, sem interferência humana direta ou modificações ambientais, excetuando-se as medidas de recuperação de seus ecossistemas alterados e as ações de manejo necessárias para recuperar e preservar o equilíbrio natural, a diversidade biológica e os processos ecológicos naturais.

c. Parque Nacional (arts. 8º, III, e 11) – tem como objetivo básico a preservação de ecossistemas naturais de grande relevância ecológica e beleza cênica, possibilitando a realização de pesquisas científicas e o desenvolvimento de atividades de educação e interpretação ambiental, de recreação em contato com a natureza e de turismo ecológico.

d. Monumento Natural (arts. 8º, IV, e 12) – em como objetivo básico preservar sítios naturais raros, singulares ou de grande beleza cênica.

e. Refúgio de Vida Silvestre (arts. 8º, V, e 13) – em como objetivo proteger ambientes naturais onde se asseguram condições para a existência ou reprodução de espécies ou comunidades da flora local e da fauna residente ou migratória.

E no art. 14, a Lei nº 9.985/2000 definiu o Grupo das Unidades de Uso Sustentável, a seguir em destaque:

a. Área de Proteção Ambiental (arts. 14, I, e 15)[560] – é uma área em geral extensa, com um certo grau de ocupação humana, dotada de atributos abióticos, bióticos, estéticos ou culturais especialmente importantes para a qualidade de vida e o bem-estar das populações humanas, e tem como objetivos básicos proteger a diversidade biológica, disciplinar o processo de ocupação e assegurar a sustentabilidade do uso dos recursos naturais.

b. Área de Relevante Interesse Ecológico (arts. 14, II, e 16) – é uma área em geral de pequena extensão, com pouca ou nenhuma ocupação humana, com características naturais extraordinárias ou que abriga exemplares raros da biota regional, e tem como objetivo manter os ecossistemas naturais de importância regional ou local e regular o uso admissível dessas áreas, de modo a compatibilizá-lo com os objetivos de conservação da natureza.

c. Floresta Nacional (arts. 14, III, e 17)[561] – é uma área com cobertura florestal de espécies predominantemente nativas e tem como objetivo básico o uso múltiplo sustentável dos recursos florestais e a pesquisa científica, com ênfase em métodos para exploração sustentável de florestas nativas.

d. Reserva Extrativista (arts. 14, IV, e 18)[562] – é uma área utilizada por populações extrativistas tradicionais, cuja subsistência baseia-se no extrativismo e, complementarmente, na agricultura de subsistência e na criação de animais de pequeno porte, e tem como objetivos básicos proteger os meios de vida e a cultura dessas populações, e assegurar o uso sustentável dos recursos naturais da unidade.

e. Reserva de Fauna (arts. 14, V, e 19) – é uma área natural com populações animais de espécies nativas, terrestres ou aquáticas, residentes ou migratórias, adequadas para estudos técnico-científicos sobre o manejo econômico sustentável de recursos faunísticos.

---

[560] Decreto nº 4.340, de 22 de agosto de 2002. Regulamenta artigos da Lei nº 9.985, de 18 de julho de 2000, que dispõe sobre o Sistema Nacional de Unidades de Conservação da Natureza - SNUC, e dá outras providências.

[561] Idem, Decreto nº 4.340/2002.

[562] Idem, Decreto nº 4.340/2002.

f. Reserva de Desenvolvimento Sustentável (arts. 14, VI, e 20)[563] – é uma área natural que abriga populações tradicionais, cuja existência baseia-se em sistemas sustentáveis de exploração dos recursos naturais, desenvolvidos ao longo de gerações e adaptados às condições ecológicas locais e que desempenham um papel fundamental na proteção da natureza e na manutenção da diversidade biológica.

g. Reserva Particular do Patrimônio Natural (arts. 14, VII, e 21)[564] – é uma área privada, gravada com perpetuidade, com o objetivo de conservar a diversidade biológica.

Assim, as Unidades de Conservação ganham relevância e devem ser protegidas, como explica Sirvinskas (2017):[565] *"Unidade de Conservação são espaços territoriais especialmente protegidos, sob domínio atual ou iminente do Poder Público, cujo espaço é o de proteger e preservar os ecossistemas em seus dados naturais e primitivos ou recuperá-los, sendo os recursos naturais passíveis de uso indireto, sem que tal implique consumo".*

E Milaré[566] complementa: *"até a promulgação da Lei do SNUC não existia, no ordenamento jurídico, qualquer preceito que estabelecesse, com precisão, o conceito de Unidade de Conservação, o que prejudicava a tutela que tais áreas reclamavam. No teor do art. 2º da Lei 9.985/2000, unidade de conservação vem a ser o 'espaço territorial e seus recursos ambientais, incluindo as águas jurisdicionais, com características naturais relevantes, legalmente instituído pelo Poder Público, com objetivos de conservação e limites definidos, sob regime especial de administração, ao qual se aplicam garantias adequadas de proteção.' Portanto, para a configuração jurídico-ecológica de uma unidade de conservação deve haver: a relevância natural; o caráter oficial; a delimitação territorial; o objetivo conservacionista; e o regime especial de proteção e administração".*

9.1 Introduzir em unidade de conservação espécies alóctones

No que tange a ação fiscalizatória da atividade descrita no artigo 84, deve-se realizar uma minuciosa averiguação do histórico da espécie, das circunstâncias em que a mesmo se encontra, bem como todas as informações necessárias relativas à sua espécie e hábitat para que ao final possam ser adotadas as medidas previstas em lei.

É importante fazer contato com o administrador da Unidade de Conservação, a fim de averiguar se há licença ou autorização para o referido manejo da espécie alóctone.

Esclarecem-nos Curt, Terence e Natascha Trennepohl (2019)[567] que *"alóctones são espécies não naturais no meio em questão, podendo ser originárias de outro ecossistema brasileiro, não sendo obrigatoriamente espécies exóticas, com origem fora do País".*

O IBAMA editou a Portaria nº 145, de 29 de outubro de 1998, a fim de estabelecer normas para a introdução, reintrodução e transferência de peixes, crustáceos, moluscos, e macrófitas aquáticas para fins de aquicultura, excluindo-se as espécies animais ornamentais.

---

[563] Idem, Decreto nº 4.340/2002.

[564] Decreto nº 5.746, de 5 de abril de 2006. Regulamenta o art. 21 da Lei nº 9.985, de 18 de julho de 2000, que dispõe sobre o Sistema Nacional de Unidades de Conservação da Natureza.

[565] SIRVINSKAS, Luís Paulo. *Manual de direito ambiental.* 15. ed. São Paulo: Saraiva, 2017. p. 547-548.

[566] MILARÉ, Édis. *Direito do ambiente.* 10. ed. rev., atual. e ampl. São Paulo: Editora Revista dos Tribunais, 2015. p. 1264.

[567] TRENNEPOHL, Curt; TRENNEPOHL, Terence; TRENNEPOHL, Natascha. *Infrações ambientais:* comentários ao Decreto 6.514/2008. 3. ed. rev., atual. e ampl. São Paulo: Thomson Reuters Brasil, 2019. p. 346.

O art. 84, do Decreto nº 6.514/08, faz uma ressalva:

> Art. 84 (...) 1º Excetuam-se do disposto neste artigo as áreas de proteção ambiental, as florestas nacionais, as reservas extrativistas e as reservas de desenvolvimento sustentável, bem como os animais e plantas necessários à administração e às atividades das demais categorias de unidades de conservação, de acordo com o que se dispuser em regulamento e no plano de manejo da unidade.§2º Nas áreas particulares localizadas em refúgios de vida silvestre, monumentos naturais e reservas particulares do patrimônio natural podem ser criados animais domésticos e cultivadas plantas considerados compatíveis com as finalidades da unidade, de acordo com o que dispuser o seu plano de manejo.

Ocorrendo a infração administrativa prevista no art. 84, *caput*, deverá o agente fiscal adotar as providências legais previstas, a fim de iniciar a apuração da responsabilidade dos envolvidos, oportunizando a ampla defesa e o contraditório, com amparo nos termos do artigo 70, da Lei nº 9.605/98, e art. 96, do Dec. nº 6.514/08. Para tanto, sugere-se:

a) A descrição do auto de infração: A descrição da conduta precisa ter elementos mínimos que caracterizem a infração, para que a autoridade administrativa julgadora tenha convicção da materialidade (art. 97).

Exemplo de descrição a constar no auto de infração: *"**Introduzir em unidade de conservação espécies alóctones** (definir a espécie alóctone)"*.

Resultará em multa simples (art. 84, do Decreto nº 6.514/08), prevista de: R$2.000,00 (dois mil reais) a R$100.000,00 (cem mil reais).

Observar os parâmetros adotados pela Instrução Normativa Conjunta nº 2, de 29 de janeiro de 2020, do Ministério do Meio Ambiente, que regulamenta o processo administrativo federal para apuração de infrações administrativas por condutas e atividades lesivas ao meio ambiente.

b) As medidas administrativas adotadas: O agente autuante, no uso do seu poder de polícia, poderá adotar as medidas administrativas previstas no art. 101, do Dec. nº 6.514/08, bem como os procedimentos descritos nos arts. 102 a 112, lavrando-se os documentos inerentes.

c) Do procedimento penal: A Lei nº 9.605/98 não previu infração penal análoga a infração administrativa descrita no art. 84, do Decreto nº 6.514/08.

9.2 Violar as limitações administrativas provisórias impostas às atividades efetiva ou potencialmente causadoras de degradação ambiental nas áreas delimitadas para realização de estudos com vistas à criação de unidade de conservação; ou explorar a corte raso a floresta ou outras formas de vegetação nativa nas áreas definidas neste caso

Para compreender o alcance da infração administrativa prevista no art. 85, do Decreto nº 6.514/08, precisamos analisar o art. 22-A, da Lei nº 9.985/2000, acrescido pela Lei nº 11.132/2005, onde prevê:

> Art. 22-A. O Poder Público poderá, ressalvadas as atividades agropecuárias e outras atividades econômicas em andamento e obras públicas licenciadas, na forma da lei, decretar limitações administrativas provisórias ao exercício de atividades e empreendimentos efetiva

ou potencialmente causadores de degradação ambiental, para a realização de estudos com vistas na criação de Unidade de Conservação, quando, a critério do órgão ambiental competente, houver risco de dano grave aos recursos naturais ali existentes.

Em complemento Curt, Terence e Natascha Trennepohl (2019)[568] asseveram: *"essa limitação tem por finalidade impedir dano grave aos recursos naturais que justificaram a criação da unidade de conservação e tem caráter provisório, podendo ser impostas por seis meses, prorrogáveis por igual período"*.

Ocorrendo a infração administrativa prevista no art. 85, deverá o agente fiscal adotar as providências legais previstas, a fim de iniciar a apuração da responsabilidade dos envolvidos, oportunizando a ampla defesa e o contraditório, com amparo nos termos do artigo 70, da Lei nº 9.605/98, e art. 96, do Dec. nº 6.514/08. Para tanto, sugere-se:

a) A descrição do auto de infração: A descrição da conduta precisa ter elementos mínimos que caracterizem a infração, para que a autoridade administrativa julgadora tenha convicção da materialidade (art. 97).

Exemplo de descrição a constar no auto de infração: *"Violar as limitações administrativas provisórias impostas às atividades efetiva ou potencialmente causadoras de degradação ambiental nas áreas delimitadas para realização de estudos com vistas à criação de unidade de conservação (descrever quais violações ocorreram)"*.

Resultará em multa simples (art. 85, do Decreto nº 6.514/08), prevista de: R$1.500,00 (mil e quinhentos reais) a R$1.000.000,00 (um milhão de reais).

Observar os parâmetros adotados pela Instrução Normativa Conjunta nº 2, de 29 de janeiro de 2020, do Ministério do Meio Ambiente, que regulamenta o processo administrativo federal para apuração de infrações administrativas por condutas e atividades lesivas ao meio ambiente.

b) As medidas administrativas adotadas: O agente autuante, no uso do seu poder de polícia, poderá adotar as medidas administrativas previstas no art. 101, do Dec. nº 6.514/08, bem como os procedimentos descritos nos arts. 102 a 112, lavrando-se os documentos inerentes.

c) Do procedimento penal: A Lei nº 9.605/98 não previu infração penal análoga a infração administrativa descrita no art. 85, do Decreto nº 6.514/08.

9.3 Realizar pesquisa científica, envolvendo ou não coleta de material biológico, em unidade de conservação sem a devida autorização, quando esta for exigível

A pesquisa científica depende de autorização prévia do órgão responsável, conforme estabelecido pela Lei nº 9.985/2000.

Ademais a Lei nº 13.123, de 20 de maio de 2015, que regulamenta o inciso II do §1º e o §4º do art. 225 da Constituição Federal, o Artigo 1, a alínea *j* do Artigo 8, a alínea *c* do Artigo 10, o Artigo 15 e os §§3º e 4º do Artigo 16 da Convenção sobre Diversidade Biológica, promulgada pelo Decreto nº 2.519, de 16 de março de 1998; dispõe sobre o

---

[568] TRENNEPOHL, Curt; TRENNEPOHL, Terence; TRENNEPOHL, Natascha. *Infrações ambientais:* comentários ao Decreto 6.514/2008. 3. ed. rev., atual. e ampl. São Paulo: Thomson Reuters Brasil, 2019. p. 355.

acesso ao patrimônio genético, sobre a proteção e o acesso ao conhecimento tradicional associado e sobre a repartição de benefícios para conservação e uso sustentável da biodiversidade, determina:

> Art. 3º O acesso ao patrimônio genético existente no País ou ao conhecimento tradicional associado para fins de pesquisa ou desenvolvimento tecnológico e a exploração econômica de produto acabado ou material reprodutivo oriundo desse acesso somente serão realizados mediante cadastro, autorização ou notificação, e serão submetidos a fiscalização, restrições e repartição de benefícios nos termos e nas condições estabelecidos nesta Lei e no seu regulamento. Parágrafo único. São de competência da União a gestão, o controle e a fiscalização das atividades descritas no **caput**, nos termos do disposto no inciso XXIII do **caput** do art. 7º da Lei Complementar nº 140, de 8 de dezembro de 2011.

Por sua vez a Lei Complementar nº 140/2011 prevê:

> Art. 7º São ações administrativas da União: (...) XXIII – gerir o patrimônio genético e o acesso ao conhecimento tradicional associado, respeitadas as atribuições setoriais.

A Lei nº 13.123/15 criou o âmbito do Ministério do Meio Ambiente, o Conselho de Gestão do Patrimônio Genético – CGen, órgão colegiado de caráter deliberativo, normativo, consultivo e recursal, responsável por coordenar a elaboração e a implementação de políticas para a gestão do acesso ao patrimônio genético e ao conhecimento tradicional associado e da repartição de benefícios, formado por representação de órgãos e entidades da administração pública federal que detêm competência sobre as diversas ações de que trata a referida lei.

O Decreto nº 8.772, de 11 de maio de 2016, regulamenta a Lei nº 13.123, de 20 de maio de 2015, que dispõe sobre o acesso ao patrimônio genético, sobre a proteção e o acesso ao conhecimento tradicional associado e sobre a repartição de benefícios para conservação e uso sustentável da biodiversidade, e estabelece as infrações contra o patrimônio genético e conhecimento tradicional associado (arts. 78 a 91). E no seu art. 93 estabelece a competência dos órgãos encarregados de aplicar as multas:

> Art. 93. São competentes para fiscalizar e apurar o cometimento das infrações administrativas previstas neste Decreto: I – o Ibama; II – o Comando da Marinha, no âmbito de águas jurisdicionais e da plataforma continental brasileiras; e III – o Ministério da Agricultura, Pecuária e Abastecimento, no âmbito d o acesso ao patrimônio genético para atividades agrícolas, nos termos do que dispõe o art. 3º da Lei nº 10.883, de 16 de junho de 2004.

Ocorrendo a infração administrativa prevista no art. 86, deverá o agente fiscal adotar as providências legais previstas, a fim de iniciar a apuração da responsabilidade dos envolvidos, oportunizando a ampla defesa e o contraditório, com amparo nos termos do artigo 70, da Lei nº 9.605/98, e art. 96, do Dec. nº 6.514/08. Para tanto, sugere-se:

a) A descrição do auto de infração: A descrição da conduta precisa ter elementos mínimos que caracterizem a infração, para que a autoridade administrativa julgadora tenha convicção da materialidade (art. 97).

Exemplo de descrição a constar no auto de infração: *"Realizar pesquisa científica, envolvendo ou não coleta de material biológico, em unidade de conservação sem a devida autorização, quando esta for exigível (descrever a conduta praticada)"*.

Resultará em multa simples (art. 86, do Decreto nº 6.514/08), prevista de:

Multa de R$500,00 (quinhentos reais) a R$10.000,00 (dez mil reais). §1º A multa será aplicada em dobro caso as atividades de pesquisa coloquem em risco demográfico as espécies integrantes dos ecossistemas protegidos. §2º Excetuam-se do disposto neste artigo as áreas de proteção ambiental e reservas particulares do patrimônio natural, quando as atividades de pesquisa científica não envolverem a coleta de material biológico.

Observar os parâmetros adotados pela Instrução Normativa Conjunta nº 2, de 29 de janeiro de 2020, do Ministério do Meio Ambiente, que regulamenta o processo administrativo federal para apuração de infrações administrativas por condutas e atividades lesivas ao meio ambiente.

b) As medidas administrativas adotadas: O agente autuante, no uso do seu poder de polícia, poderá adotar as medidas administrativas previstas no art. 101, do Dec. nº 6.514/08, bem como os procedimentos descritos nos arts. 102 a 112, lavrando-se os documentos inerentes.

c) Do procedimento penal: A Lei nº 9.605/98 não previu infração penal análoga a infração administrativa descrita no art. 86, do Decreto nº 6.514/08.

9.4 Explorar comercialmente produtos ou subprodutos não madeireiros, ou ainda serviços obtidos ou desenvolvidos a partir de recursos naturais, biológicos, cênicos ou culturais em unidade de conservação sem autorização ou permissão do órgão gestor da unidade ou em desacordo com a obtida, quando esta for exigível

O art. 33, da Lei nº 9.985/2000, assim prevê:

Art. 33. A exploração comercial de produtos, subprodutos ou serviços obtidos ou desenvolvidos a partir dos recursos naturais, biológicos, cênicos ou culturais ou da exploração da imagem de unidade de conservação, exceto Área de Proteção Ambiental e Reserva Particular do Patrimônio Natural, dependerá de prévia autorização e sujeitará o explorador a pagamento, conforme disposto em regulamento.

O Decreto nº 4.340, de 22 de agosto de 2002, que regulamenta artigos da Lei nº 9.985, de 18 de julho de 2000, que dispõe sobre o Sistema Nacional de Unidades de Conservação da Natureza – SNUC, e dá outras providências, define:

Art. 25. É passível de autorização a exploração de produtos, sub-produtos ou serviços inerentes às unidades de conservação, de acordo com os objetivos de cada categoria de unidade. Parágrafo único. Para os fins deste Decreto, entende-se por produtos, sub-produtos ou serviços inerentes à unidade de conservação: I – aqueles destinados a dar suporte físico e logístico à sua administração e à implementação das atividades de uso comum do público, tais como visitação, recreação e turismo; II – a exploração de recursos florestais e outros recursos naturais em Unidades de Conservação de Uso Sustentável, nos limites estabelecidos em lei.

Art. 26. A partir da publicação deste Decreto, novas autorizações para a exploração comercial de produtos, sub-produtos ou serviços em unidade de conservação de domínio público só serão permitidas se previstas no Plano de Manejo, mediante decisão do órgão executor, ouvido o conselho da unidade de conservação.

Art. 27. O uso de imagens de unidade de conservação com finalidade comercial será cobrado conforme estabelecido em ato administrativo pelo órgão executor. Parágrafo único. Quando a finalidade do uso de imagem da unidade de conservação for preponderantemente científica, educativa ou cultural, o uso será gratuito.

Art. 28. No processo de autorização da exploração comercial de produtos, sub-produtos ou serviços de unidade de conservação, o órgão executor deve viabilizar a participação de pessoas físicas ou jurídicas, observando-se os limites estabelecidos pela legislação vigente sobre licitações públicas e demais normas em vigor.

Art. 29. A autorização para exploração comercial de produto, sub-produto ou serviço de unidade de conservação deve estar fundamentada em estudos de viabilidade econômica e investimentos elaborados pelo órgão executor, ouvido o conselho da unidade.

Art. 30. Fica proibida a construção e ampliação de benfeitoria sem autorização do órgão gestor da unidade de conservação.

Ocorrendo a infração administrativa prevista no art. 87, deverá o agente fiscal adotar as providências legais previstas, a fim de iniciar a apuração da responsabilidade dos envolvidos, oportunizando a ampla defesa e o contraditório, com amparo nos termos do artigo 70, da Lei nº 9.605/98, e art. 96, do Dec. nº 6.514/08. Para tanto, sugere-se:

a) A descrição do auto de infração: A descrição da conduta precisa ter elementos mínimos que caracterizem a infração, para que a autoridade administrativa julgadora tenha convicção da materialidade (art. 97).

Exemplo de descrição a constar no auto de infração: *"**Explorar comercialmente produtos ou subprodutos não madeireiros, ou ainda serviços obtidos ou desenvolvidos a partir de recursos naturais, biológicos, cênicos ou culturais em unidade de conservação sem autorização ou permissão do órgão gestor da unidade ou em desacordo com a obtida, quando esta for exigível** (descrever a atividade desenvolvida pelo agente)"*.

Resultará em multa simples (art. 87, do Decreto nº 6.514/08), prevista de: <u>R$1.500,00 (mil e quinhentos reais) a R$100.000,00 (cem mil reais)</u>.

Excetuam-se do disposto neste artigo as áreas de proteção ambiental e reservas particulares do patrimônio natural (Parágrafo único, do art. 87).

Observar os parâmetros adotados pela Instrução Normativa Conjunta nº 2, de 29 de janeiro de 2020, do Ministério do Meio Ambiente, que regulamenta o processo administrativo federal para apuração de infrações administrativas por condutas e atividades lesivas ao meio ambiente.

b) As medidas administrativas adotadas: O agente autuante, no uso do seu poder de polícia, poderá adotar as medidas administrativas previstas no art. 101, do Dec. nº 6.514/08, bem como os procedimentos descritos nos arts. 102 a 112, lavrando-se os documentos inerentes.

c) Do procedimento penal: A Lei nº 9.605/98 não previu infração penal análoga a infração administrativa descrita no art. 87, do Decreto nº 6.514/08.

CAPÍTULO IV | 337

9.5 Explorar ou fazer uso comercial de imagem de unidade de conservação sem autorização do órgão gestor da unidade ou em desacordo com a recebida

O art. 33, da Lei nº 9.985/2000, assim prevê:

> Art. 33. A exploração comercial de produtos, subprodutos ou serviços obtidos ou desenvolvidos a partir dos recursos naturais, biológicos, cênicos ou culturais ou da exploração da imagem de unidade de conservação, exceto Área de Proteção Ambiental e Reserva Particular do Patrimônio Natural, dependerá de prévia autorização e sujeitará o explorador a pagamento, conforme disposto em regulamento.

O Decreto nº 4.340, de 22 de agosto de 2002, que regulamenta artigos da Lei nº 9.985, de 18 de julho de 2000, que dispõe sobre o Sistema Nacional de Unidades de Conservação da Natureza – SNUC, e dá outras providências, define:

> Art. 27. O uso de imagens de unidade de conservação com finalidade comercial será cobrado conforme estabelecido em ato administrativo pelo órgão executor. Parágrafo único. Quando a finalidade do uso de imagem da unidade de conservação for preponderantemente científica, educativa ou cultural, o uso será gratuito.

Ocorrendo a infração administrativa prevista no art. 88, deverá o agente fiscal adotar as providências legais previstas, a fim de iniciar a apuração da responsabilidade dos envolvidos, oportunizando a ampla defesa e o contraditório, com amparo nos termos do artigo 70, da Lei nº 9.605/98, e art. 96, do Dec. nº 6.514/08. Para tanto, sugere-se:

a) A descrição do auto de infração: A descrição da conduta precisa ter elementos mínimos que caracterizem a infração, para que a autoridade administrativa julgadora tenha convicção da materialidade (art. 97).

Exemplo de descrição a constar no auto de infração: *"Explorar ou fazer uso comercial de imagem de unidade de conservação sem autorização do órgão gestor da unidade ou em desacordo com a recebida (descrever a atividade desenvolvida pelo agente)"*.

Resultará em multa simples (art. 88, do Decreto nº 6.514/08), prevista de: R$5.000,00 (cinco mil reais) a R$2.000.000,00 (dois milhões de reais).

Excetuam-se do disposto neste artigo as áreas de proteção ambiental e reservas particulares do patrimônio natural (Parágrafo único, do art. 88).

Observar os parâmetros adotados pela Instrução Normativa Conjunta nº 2, de 29 de janeiro de 2020, do Ministério do Meio Ambiente, que regulamenta o processo administrativo federal para apuração de infrações administrativas por condutas e atividades lesivas ao meio ambiente.

b) As medidas administrativas adotadas: O agente autuante, no uso do seu poder de polícia, poderá adotar as medidas administrativas previstas no art. 101, do Dec. nº 6.514/08, bem como os procedimentos descritos nos arts. 102 a 112, lavrando-se os documentos inerentes.

c) Do procedimento penal: A Lei nº 9.605/98 não previu infração penal análoga a infração administrativa descrita no art. 88, do Decreto nº 6.514/08.

9.6 Realizar liberação planejada ou cultivo de organismos geneticamente modificados em áreas de proteção ambiental, ou zonas de amortecimento das demais categorias de unidades de conservação, em desacordo com o estabelecido em seus respectivos planos de manejo, regulamentos ou recomendações da Comissão Técnica Nacional de Biossegurança – CTNBio

Precisamos analisar as disposições da Lei nº 11.105,[569] de 24 de março de 2005, a qual regulamenta os incisos II, IV e V do §1º do art. 225 da Constituição Federal, estabelece normas de segurança e mecanismos de fiscalização de atividades que envolvam organismos geneticamente modificados – OGM e seus derivados, cria o Conselho Nacional de Biossegurança – CNBS, reestrutura a Comissão Técnica Nacional de Biossegurança – CTNBio, dispõe sobre a Política Nacional de Biossegurança – PNB, e define organismo geneticamente modificado – OGM como sendo: organismo cujo material genético – ADN/ARN tenha sido modificado por qualquer técnica de engenharia genética (art. 3º, V).

Chamam a atenção para a infração administrativa em tela Curt, Terence e Natascha Trennepohl (2019):[570] *"o artigo deve ser analisado de forma fragmentada para melhor entendimento. Inicialmente, caracteriza a infração e possibilita a aplicação da sanção, a liberação planejada de organismos geneticamente modificados em Áreas de Proteção Ambiental ou em zonas de amortecimento de unidades de conservação. É necessário, portanto, que se caracterize a vontade do agente. Em seguida, nos casos de cultivo em zonas de amortecimento das unidades de conservação que disponham de plano de manejo, o cultivo deve contrariar as disposições dele ou as normas aplicáveis ao tipo da unidade. Mesmo que não haja previsão dessa infração nas normas aplicáveis à unidade de conservação, ocorrendo desobediência às recomendações da Comissão Técnica de Biossegurança – CTBio, também cabe aplicação da multa".*

Ocorrendo a infração administrativa prevista no art. 89, deverá o agente fiscal adotar as providências legais previstas, a fim de iniciar a apuração da responsabilidade dos envolvidos, oportunizando a ampla defesa e o contraditório, com amparo nos termos do artigo 70, da Lei nº 9.605/98, e art. 96, do Dec. nº 6.514/08. Para tanto, sugere-se:

a) A descrição do auto de infração: A descrição da conduta precisa ter elementos mínimos que caracterizem a infração, para que a autoridade administrativa julgadora tenha convicção da materialidade (art. 97).

Exemplo de descrição a constar no auto de infração: *"Realizar liberação planejada ou cultivo de organismos geneticamente modificados em áreas de proteção ambiental, ou zonas de amortecimento das demais categorias de unidades de conservação, em desacordo com o estabelecido em seus respectivos planos de manejo, regulamentos ou recomendações da Comissão Técnica Nacional de Biossegurança – CTNBio* (descrever a atividade desenvolvida pelo agente)".

---

[569] Decreto nº 5.591, de 22 de novembro de 2005. Regulamenta dispositivos da Lei nº 11.105, de 24 de março de 2005, que regulamenta os incisos II, IV e V do §1º do art. 225 da Constituição, e dá outras providências.

[570] TRENNEPOHL, Curt; TRENNEPOHL, Terence; TRENNEPOHL, Natascha. *Infrações ambientais:* comentários ao Decreto 6.514/2008. 3. ed. rev., atual. e ampl. São Paulo: Thomson Reuters Brasil, 2019. p. 360-361.

CAPÍTULO IV | 339

Resultará em multa simples (art. 89, do Decreto nº 6.514/08), prevista de:

Multa de R$1.500,00 (mil e quinhentos reais) a R$1.000.000,00 (um milhão de reais). §1º A multa será aumentada ao triplo se o ato ocorrer no interior de unidade de conservação de proteção integral. §2º A multa será aumentado ao quádruplo se o organismo geneticamente modificado, liberado ou cultivado irregularmente em unidade de conservação, possuir na área ancestral direto ou parente silvestre ou se representar risco à biodiversidade. §3º O Poder Executivo estabelecerá os limites para o plantio de organismos geneticamente modificados nas áreas que circundam as unidades de conservação até que seja fixada sua zona de amortecimento e aprovado o seu respectivo plano de manejo.

Observar os parâmetros adotados pela Instrução Normativa Conjunta nº 2, de 29 de janeiro de 2020, do Ministério do Meio Ambiente, que regulamenta o processo administrativo federal para apuração de infrações administrativas por condutas e atividades lesivas ao meio ambiente.

b) As medidas administrativas adotadas: O agente autuante, no uso do seu poder de polícia, poderá adotar as medidas administrativas previstas no art. 101, do Dec. nº 6.514/08, bem como os procedimentos descritos nos arts. 102 a 112, lavrando-se os documentos inerentes.

c) Do procedimento penal: A Lei nº 9.605/98 não previu infração penal análoga a infração administrativa descrita no art. 89, do Decreto nº 6.514/08.

9.7 Realizar quaisquer atividades ou adotar conduta em desacordo com os objetivos da unidade de conservação, o seu plano de manejo e regulamentos

Já estudamos anteriormente que a Lei nº 9.985/2000, ao definir as características das unidades de conservação integrantes do SNUC, igualmente definiu seus objetivos (arts. 9º ao 21).

A infração administrativa prevista no art. 90, do Decreto nº 6.514/08, demonstra ser um tanto quanto genérico, pois quaisquer atividades ou adoção de condutas em desacordo com os objetivos da unidade de conservação, ou seu plano de manejo e regulamentos, podem ser enquadradas como infração.

Ocorrendo a infração administrativa prevista no art. 90, deverá o agente fiscal adotar as providências legais previstas, a fim de iniciar a apuração da responsabilidade dos envolvidos, oportunizando a ampla defesa e o contraditório, com amparo nos termos do artigo 70, da Lei nº 9.605/98, e art. 96, do Dec. nº 6.514/08. Para tanto, sugere-se:

a) A descrição do auto de infração: A descrição da conduta precisa ter elementos mínimos que caracterizem a infração, para que a autoridade administrativa julgadora tenha convicção da materialidade (art. 97).

Exemplo de descrição a constar no auto de infração: *"Realizar quaisquer atividades ou adotar conduta em desacordo com os objetivos da unidade de conservação, o seu plano de manejo e regulamentos (descrever a atividade desenvolvida pelo agente, observando o plano de manejo da Unidade de Conservação)"*.

Resultará em multa simples (art. 90, do Decreto nº 6.514/08), prevista de: <u>R$500,00 (quinhentos reais) a R$10.000,00 (dez mil reais)</u>.

Observar os parâmetros adotados pela Instrução Normativa Conjunta nº 2, de 29 de janeiro de 2020, do Ministério do Meio Ambiente, que regulamenta o processo administrativo federal para apuração de infrações administrativas por condutas e atividades lesivas ao meio ambiente.

b) As medidas administrativas adotadas: O agente autuante, no uso do seu poder de polícia, poderá adotar as medidas administrativas previstas no art. 101, do Dec. nº 6.514/08, bem como os procedimentos descritos nos arts. 102 a 112, lavrando-se os documentos inerentes.

c) Do procedimento penal: A Lei nº 9.605/98 não previu infração penal análoga a infração administrativa descrita no art. 90, do Decreto nº 6.514/08.

9.8 Causar dano à unidade de conservação

Conforme já analisamos anteriormente, a Lei nº 9.985/2000 definiu as características das unidades de conservação integrantes do SNUC e igualmente definiu seus objetivos (arts. 9º ao 21).

Então, as atividades que não estejam devidamente amparadas por lei ou seus regulamentos podem caracterizar o dano à unidade de conservação. O dano, como já foi estudado anteriormente, precisa ser muito bem circunstanciado.

Por sua vez, com muita propriedade, Antunes (2017)[571] chama a atenção: *"dano, como se sabe, é o ato ilícito capaz de gerar prejuízo injusto, devendo, pois ser reparado pelo seu causador. Penso que o dano deva ser compreendido como o ato ilícito capaz de pôr em risco ou debilitar gravemente os atributos que deram origem à instituição da Unidade de Conservação concretamente considerada. Não deve ser considerado dano à unidade de conservação aquele causado às instalações utilizadas como meio para o funcionamento da referida unidade. O dano causado ao estacionamento da unidade de um Parque Nacional é dano ao patrimônio público, e não dano à unidade de conservação".*

Ocorrendo a infração administrativa prevista no art. 91, deverá o agente fiscal adotar as providências legais previstas, a fim de iniciar a apuração da responsabilidade dos envolvidos, oportunizando a ampla defesa e o contraditório, com amparo nos termos do artigo 70, da Lei nº 9.605/98, e art. 96, do Dec. nº 6.514/08. Para tanto, sugere-se:

a) A descrição do auto de infração: A descrição da conduta precisa ter elementos mínimos que caracterizem a infração, para que a autoridade administrativa julgadora tenha convicção da materialidade (art. 97).

Exemplo de descrição a constar no auto de infração: *"**Causar dano à unidade de conservação** (descrever a atividade desenvolvida pelo agente)".*

Resultará em multa simples (art. 91, do Decreto nº 6.514/08), prevista de: R$200,00 (duzentos reais) a R$100.000,00 (cem mil reais).

Observar os parâmetros adotados pela Instrução Normativa Conjunta nº 2, de 29 de janeiro de 2020, do Ministério do Meio Ambiente, que regulamenta o processo administrativo federal para apuração de infrações administrativas por condutas e atividades lesivas ao meio ambiente.

---

[571] ANTUNES, Paulo de Bessa. *Direito ambiental.* 19. ed. rev. e atual. São Paulo: Atlas, 2017. p. 404-405.

b) As medidas administrativas adotadas: O agente autuante, no uso do seu poder de polícia, poderá adotar as medidas administrativas previstas no art. 101, do Dec. nº 6.514/08, bem como os procedimentos descritos nos arts. 102 a 112, lavrando-se os documentos inerentes.

c) Do procedimento penal: A Lei nº 9.605/98 possui o art. 40, com a seguinte previsão:

> Art. 40. Causar dano direto ou indireto às Unidades de Conservação e às áreas de que trata o art. 27 do Decreto nº 99.274, de 6 de junho de 1990, independentemente de sua localização: Pena – reclusão, de um a cinco anos. (...) §2º A ocorrência de dano afetando espécies ameaçadas de extinção no interior das Unidades de Conservação de Proteção Integral será considerada circunstância agravante para a fixação da pena. §3º Se o crime for culposo, a pena será reduzida à metade.

Sobre esse tipo penal é importante acompanhar o raciocínio de Prado (2016),[572] o qual descreve: *"causar dano significa originar, produzir, ocasionar, dar lugar a prejuízos, deteriorações, de qualquer ordem, contra a flora ou a fauna locais, de forma direta ou indireta. A descrição da conduta típica é especialmente abstrata, para não dizer inexistente (...) O que vem a ser dano direito ou indireto? Este último seria o dano realizado através ou por intermédio de, por meio de subterfúgio, mediato, derivado, oblíquo ou remoto? Pense-se em dano indireto culposo? Quid inde? Trata-se de norma inconstitucional? A produção do dano diz respeito à relação material e ao modo de executá-la (imediato ou mediato). Os objetos materiais são as Unidades de Conservação e as áreas que as circundam, num raio de dez quilômetros (art. 27, Dec. 99.274/1990). Trata-se de norma penal em branco (e às áreas de que trata o art. 27 Dec. 99.274 de 06.06.1990".*

Por outro lado, em contraponto, Marcão (2015)[573] assim argumenta: *"muito embora se possa identificar alguma dificuldade na adequação típica em se tratando de dano indiretamente provocado, tal complexidade não autoriza concluir seja a previsão inconstitucional. Nem mesmo a amplitude que se pode visualizar no alcance do preceito punitivo é motivo ensejador de inconstitucionalidade por violação do princípio da taxatividade. Contra tais dificuldades e eventuais excessos na interpretação haverá sempre que imperar o bom senso, a lógica jurídica e a experiência daqueles que integram as fileiras do Poder Judiciário".*

O Decreto nº 99.274, de 6 de junho de 1990, que regulamenta a Lei nº 6.902, de 27 de abril de 1981 (que trata sobre a criação de Estações Ecológicas e Áreas de Proteção Ambiental), e igualmente regulamenta a Lei nº 6.938, de 31 de agosto de 1981 (que trata sobre a Política Nacional do Meio Ambiente), prevê em seu art. 27:

> Art. 27. Nas áreas circundantes das Unidades de Conservação, num raio de dez quilômetros, qualquer atividade que possa afetar a biota ficará subordinada às normas editadas pelo Conama.

---

[572] PRADO, Luiz Regis. *Direito penal do ambiente.* 6. ed. rev., atual. e ampl. São Paulo: Editora Revista dos Tribunais, 2016. p. 247.

[573] MARCÃO, Renato. *Crimes ambientais (Anotações e interpretação jurisprudencial da parte criminal da Lei n. 9.605, de 12-2-1998).* 3. ed. rev. e atual. de acordo com a Lei n. 13.052/2014. São Paulo: Saraiva, 2015. p. 230.

Por sua vez, o Conselho Nacional do Meio Ambiente – CONAMA editou a Resolução nº 428, de 17 de dezembro de 2010, que dispõe, no âmbito do licenciamento ambiental, sobre a autorização do órgão responsável pela administração da Unidade de Conservação (UC), de que trata o §3º do artigo 36 da Lei nº 9.985 de 18 de julho de 2000, bem como sobre a ciência do órgão responsável pela administração da UC no caso de licenciamento ambiental de empreendimentos não sujeitos a EIA-RIMA e dá outras providências, onde altera a zona de amortecimento para 3.000m (três mil metros), conforme se observa:

> Art. 1º O licenciamento de empreendimentos de significativo impacto ambiental que possam afetar Unidade de Conservação (UC) específica ou sua Zona de Amortecimento (ZA), assim considerados pelo órgão ambiental licenciador, com fundamento em Estudo de Impacto Ambiental e respectivo Relatório de Impacto Ambiental (EIA/RIMA), só poderá ser concedido após autorização do órgão responsável pela administração da UC ou, no caso das Reservas Particulares de Patrimônio Natural (RPPN), pelo órgão responsável pela sua criação. §1º Para efeitos desta Resolução, entende-se por órgão responsável pela administração da UC, os órgãos executores do Sistema Nacional de Unidade de Conservação (SNUC), conforme definido no inciso III, art. 6º da Lei nº 9.985 de 18 de julho de 2000. §2º Durante o prazo de 5 anos, contados a partir da publicação da Resolução nº 473, de 11 de dezembro de 2015, **o licenciamento de empreendimento de significativo impacto ambiental, localizados numa faixa de 3 mil metros a partir do limite da UC, cuja ZA não esteja estabelecida,** sujeitar-se-á ao procedimento previsto no caput, com exceção de RPPNs, Áreas de Proteção Ambiental (APAs) e Áreas Urbanas Consolidadas. (redação dada pela Resolução nº 473/2015). (grifei)

A pena prevista para a infração penal do art. 40, *caput*, da Lei nº 9.605/98 é de reclusão, de um a cinco anos. Todavia, se o crime é culposo, a pena será reduzida à metade (art. 40, §3º). Em qualquer caso, não é cabível lavratura de Termo Circunstanciado nos termos da Lei nº 9.099/95.

9.9 Penetrar em unidade de conservação conduzindo substâncias ou instrumentos próprios para caça, pesca ou para exploração de produtos ou subprodutos florestais e minerais, sem licença da autoridade competente, quando esta for exigível

Conforme já analisamos anteriormente, a Lei nº 9.985/2000 definiu as unidades de conservação integrantes do Sistema Nacional de Unidades de Conservação – SNUC, apresentando o conceito no art. 2º, I, a saber:

> Art. 2º Para os fins previstos nesta Lei, entende-se por: I – unidade de conservação: espaço territorial e seus recursos ambientais, incluindo as águas jurisdicionais, com características naturais relevantes, legalmente instituído pelo Poder Público, com objetivos de conservação e limites definidos, sob regime especial de administração, ao qual se aplicam garantias adequadas de proteção.

Sendo assim, a infração administrativa se caracteriza por penetrar em unidade de conservação conduzindo substâncias ou instrumentos próprios para caça, pesca ou para exploração de produtos ou subprodutos florestais e minerais, sem licença da autoridade competente, quando esta for exigível. A simples ação de adentrar munido de tais instrumentos sem licença já se enquadra na conduta.

Adverte, no entanto, Antunes (2017)[574] que: "*neste particular duas questões devem ser observadas (i) a Unidade de Conservação deve estar demarcada e os seus limites devem ser acessíveis ao público em geral que deverá ter meios de saber se está ou não 'penetrando' em uma Unidade de Conservação. Caso assim ocorra, estará havendo uma aplicação de responsabilidade objetiva e, no particular, como a pena é de multa, o §2º do art. 3º do decreto determina que ela somente seja aplicada após a advertência do infrator para cessar a atividade e que se apure a 'negligência ou o dolo', em outras palavras, a culpabilidade e, ainda (ii) que a Unidade de Conservação seja daquelas de proteção integral, pois nas de uso sustentável, muitas vezes a pesca, por exemplo, é permitida. Note-se que a ausência de licença para porte dos equipamentos mencionados no artigo já é, em si mesma, uma infração administrativa*".

Ocorrendo a infração administrativa prevista no art. 92, deverá o agente fiscal adotar as providências legais previstas, a fim de iniciar a apuração da responsabilidade dos envolvidos, oportunizando a ampla defesa e o contraditório, com amparo nos termos do artigo 70, da Lei nº 9.605/98, e art. 96, do Dec. nº 6.514/08. Para tanto, sugere-se:

a) A descrição do auto de infração: A descrição da conduta precisa ter elementos mínimos que caracterizem a infração, para que a autoridade administrativa julgadora tenha convicção da materialidade (art. 97).

Exemplo de descrição a constar no auto de infração: "**Penetrar em unidade de conservação conduzindo substâncias ou instrumentos próprios para caça, pesca ou para exploração de produtos ou subprodutos florestais e minerais, sem licença da autoridade competente, quando esta for exigível** (*descrever a atividade desenvolvida pelo agente, bem como os petrechos utilizados por ele)*".

Resultará em multa simples (art. 92, do Decreto nº 6.514/08), prevista de: <u>R$1.000,00 (mil reais) a R$10.000,00 (dez mil reais)</u>.

<u>Incorre nas mesmas multas quem penetrar em unidade de conservação cuja visitação pública ou permanência sejam vedadas pelas normas aplicáveis ou ocorram em desacordo com a licença da autoridade competente</u> (Parágrafo único, do art. 92).

Observar os parâmetros adotados pela Instrução Normativa Conjunta nº 2, de 29 de janeiro de 2020, do Ministério do Meio Ambiente, que regulamenta o processo administrativo federal para apuração de infrações administrativas por condutas e atividades lesivas ao meio ambiente.

b) As medidas administrativas adotadas: O agente autuante, no uso do seu poder de polícia, poderá adotar as medidas administrativas previstas no art. 101, do Dec. nº 6.514/08, bem como os procedimentos descritos nos arts. 102 a 112, lavrando-se os documentos inerentes.

c) Do procedimento penal: A Lei nº 9.605/98 possui o art. 52, com a seguinte previsão:

Art. 52. Penetrar em Unidades de Conservação conduzindo substâncias ou instrumentos próprios para caça ou para exploração de produtos ou subprodutos florestais, sem licença da autoridade competente: Pena – detenção, de seis meses a um ano, e multa.

---

[574] ANTUNES, Paulo de Bessa. *Direito ambiental*. 19. ed. rev. e atual. São Paulo: Atlas, 2017. p. 405.

Marcão (2015)[575] assevera: *"instrumentos próprios são aqueles fabricados com a destinação específica para determinada finalidade, o que exclui do rol os instrumentos impróprios, que eventualmente podem ser improvisados na caça ou na exploração de produtos ou subprodutos florestais. Exemplos de instrumentos próprios para a caça: arma de fogo; arco e fecha; gaiola; armadilha; alçapão; apito de caça"*.

E Prado (2016)[576] contribui: *"a lei não exige a caça ou a exploração de produtos ou subprodutos florestais, satisfazendo-se com a mera ação de penetrar conduzindo substâncias ou instrumentos. Trata-se, pois, de infração de perigo, não se exigindo nenhum resultado material. Estampa-se uma vez mais o exagero do legislador, sob pretexto de proteger o ambiente"*.

Alertam Gomes e Maciel (2015)[577] que *"o tipo penal não se refere a instrumentos de pesca, de tal forma que a penetração em Unidades de Conservação na posse de tais objetos é fato atípico"*.

E por derradeiro, buscamos mais uma vez o ensinamento de Nucci (2016),[578] que aduz: *"cuida-se de tipo penal que pune a preparação do delito, como, no mesmo enfoque, faz o art. 253 do Código Penal, em relação ao art. 251"*.

A pena prevista para a infração penal do art. 52, da Lei nº 9.605/98, é de detenção, de seis meses a um ano, e multa. Portanto, cabível lavratura de Termo Circunstanciado nos termos da Lei nº 9.099/95.

---

[575] MARCÃO, Renato. *Crimes ambientais (Anotações e interpretação jurisprudencial da parte criminal da Lei n. 9.605, de 12-2-1998).* 3. ed. rev. e atual. de acordo com a Lei n. 13.052/2014. São Paulo: Saraiva, 2015. p. 385.

[576] PRADO, Luiz Regis. *Direito penal do ambiente.* 6. ed. rev., atual. e ampl. São Paulo: Editora Revista dos Tribunais, 2016. p. 274-275.

[577] GOMES, Luiz Flávio; MACIEL, Silvio Luiz. *Lei de crimes ambientais*: comentários à Lei 9.605/1998. 2. ed. rev., atual. e ampl. Rio de Janeiro: Forense; São Paulo: Método, 2015. p. 220.

[578] NUCCI, Guilherme de Souza. *Leis penais e processuais penais comentadas.* 9. ed. rev., atual. e ampl. Rio de Janeiro: Forense, 2016. p. 600. v. 2.

REFERÊNCIAS

AMORIM, Jorge Schorne de. *Sistema nacional de segurança pública*: livro didático / Jorge Schorne de Amorim; design instrucional Daniela Erani Monteiro Will, Silvana Souza da Cruz Clasen. Palhoça: UnisulVirtual, 2009.

ANTUNES, Paulo de Bessa. *Direito ambiental*. 19. ed. rev. e atual. São Paulo: Atlas, 2017.

ANTUNES, Paulo de Bessa. *Dano ambiental*: uma abordagem conceitual. 2. ed. São Paulo: Atlas, 2015. p. 64 e 65.

BALEEIRO, Aliomar. *Coleção*: Constituições brasileiras, 1891. 3. ed. Brasília: Senado Federal, Subsecretaria de Edições Técnicas, 2012. (Coleção Constituições brasileiras, v. 2).

BALTHAZAR, Ubaldo Cesar. *História do tributo no Brasil*. Florianópolis: Fundação Boiteux, 2005.

BITTENCOURT, Sidney. *Comentários à lei de crimes contra o meio ambiente e suas infrações administrativas*. 4. ed. Leme, SP: JH Mizuno, 2016.

BONAVIDES, Paulo. *Curso de direito constitucional*. 9. ed. São Paulo: Melhoramentos, 2000.

BRASIL. *Mata Atlântica*. Brasília, DF: Ministério do Meio Ambiente, 2015.

BUENO, Francisco da Silva. *Grande dicionário etimológico-prosódico da língua portuguesa*. São Paulo: Lisa S. A., 1988. v. 6. p. 3.104-3.105.

CARVALHO, Érika Mendes de. *Tutela Penal do patrimônio florestal brasileiro*. São Paulo: Editora RT, 1999.

CAVAILERI FILHO, Sérgio. *Programa de responsabilidade civil*. 11. ed. São Paulo: Atlas, 2014.

CAVALCANTI, Themístocles Brandão; BRITO, Luiz Navarro de; BALEEIRO, Aliomar. *Coleção*: Constituições brasileiras, 196 3. ed. Brasília: Senado Federal, Subsecretaria de Edições Técnicas, 2012. (Coleção Constituições brasileiras, v. 6).

COMERLATO, Fabiana; Daniel Quiroz (org.). *Baleias e baleeiros*: patrimônio cultural e conservação ambiental. 1. ed. Pelotas: Basibooks, 2019. *E-book*.

CONGRESSO FLORESTAL BRASILEIRO, 1., 1953, Curitiba. *Anais* […]. Curitiba, 1953.

CONSTANTINO, Carlos Ernani. *Delitos ecológicos*: a lei ambiental comentada: artigo por artigo: aspectos penais e processuais penais. 2. ed. São Paulo: Atlas, 2002.

CRETELLA JÚNIOR, José. *Dicionário de direito administrativo*. 3. ed. Rio de Janeiro: Forense, 1978.

CUNHA, Rogério Sanches. *Manual de direito penal*: parte geral (arts. 1º ao 120). 7. ed. rev., ampl. e atual. Salvador: Juspodivm, 2019.

DE PLÁCIDO E SILVA, Oscar Joseph. *Vocábulo jurídico conciso*. Atual. Nagib Slaibi e Gláucia Carvalho. 2. ed. Rio de Janeiro: Forense, 2010. p. 588.

DI PIETRO, Maria Sylvia Zanella. *Direito administrativo*. 32. ed. [2. reimpr.]. Rio de Janeiro: Forense, 2019.

DINO NETO, Nicolao; BELLO FILHO, Ney; DINO, Flávio. *Crimes e infrações administrativas ambientais*. 3. ed. rev. e atual. Belo Horizonte: Del Rey, 2011.

FARIAS, Talden; COUTINHO, Francisco Seráphico da Nóbrega; MELO, Geórgia Karênia R. M. M. *Direito ambiental*. 3. ed. rev. ampl. e atual. Salvador: Juspodivm, 2015. (Coleção Sinopses para concurso).

FERRAZ JR., Tercio Sampaio. *Introdução ao estudo do direito*: técnica, decisão, dominação. 11. ed. São Paulo: Atlas, 2019.

FIORILLO, Celso Antonio Pacheco. *Curso de direito ambiental brasileiro*. 17. ed. São Paulo: Saraiva, 2017.

FREITAS, Vladimir Passos de; FREITAS, Mariana Almeida Passos de. *Direito administrativo e meio ambiente*. 5. ed. rev. e ampl. Curitiba: Juruá Editora, 2014.

GAIO, Alexandre. *Lei da Mata Atlântica comentada*. São Paulo: Almedina, 2014.

GOMES, Alessandro. Legislação ambiental e direito: um olhar sobre o artigo 225 da constituição da república federativa do Brasil. *Revista Científica Eletrônica de Administração*, v. 14, 2008.

GOMES, Luiz Flávio; MACIEL, Silvio Luiz. *Lei de crimes ambientais*: comentários à Lei 9.605/1998. 2. ed. rev., atual. e ampl. Rio de Janeiro: Forense; São Paulo: Método, 2015.

INSTITUTO BRASILEIRO DO MEIO AMBIENTE E DOS RECURSOS NATURAIS RENOVÁVEIS (IBAMA). *Manual de fiscalização*. 2. ed. Brasília: Coordenação Geral de Fiscalização Ambiental (CGFIS), 2007.

JESUS, Damásio de. *Direito penal*, v. 1: Parte geral. 32. ed. São Paulo: Saraiva, 2011.

LAZZARINI, Álvaro. Limites do poder de polícia. *Revista de Direito Administrativo*, Rio de Janeiro, n. 198, out./dez. 1994.

LEITE, José Rubens Morato; BELLO FILHO, Ney de Barros. *Direito ambiental contemporâneo*. Barueri, SP: Manole, 2004.

LOPES, Maurício Antonio Ribeiro. *Princípio da insignificância do direito penal*. 2. ed. São Paulo: Revistas dos Tribunais, 2000.

MACHADO, Paulo Affonso Leme. *Direito ambiental brasileiro*. 25. ed. rev. ampl. e atual. São Paulo: Malheiros, 2017.

MARCÃO, Renato. *Crimes ambientais (Anotações e interpretação jurisprudencial da parte criminal da Lei n. 9.605, de 12-2-1998)*. 3. ed. rev. e atual. de acordo com a Lei n. 13.052/2014. São Paulo: Saraiva, 2015.

MARTINS, João Mário. *Instituição Policial Militar e Segurança Pública*: análise à luz da política jurídica. 2008. 138 f. Dissertação (Mestrado em Ciência Jurídica) – Universidade do Vale do Itajaí, Itajaí, 2008.

MEDINA, José Miguel Garcia. *Constituição Federal comentada*. Com jurisprudência selecionada do STF e de outros Tribunais. 4. ed. rev., ampl. e atual. São Paulo: Revista dos Tribunais, 2019.

MEIRELLES, Hely Lopes. *Direito administrativo brasileiro*. 16. ed. São Paulo: RT, 1991.

MEIRELLES, Hely Lopes. *Direito administrativo brasileiro*. 36. ed. São Paulo: Malheiros, 2010.

MELLO, Rafael Munhoz de. *Princípios constitucionais de direito administrativo Sancionador*: as sanções administrativas à luz da Constituição Federal de 1988. São Paulo: Malheiros, 2007.

MILARÉ, Édis. *Direito do ambiente*. 10. ed. rev., atual. e ampl. São Paulo: Editora Revista dos Tribunais, 2015.

MILARÉ, Édis; COSTA JR., Paulo José da; COSTA, Fernando José da. *Direito penal ambiental*. 2. ed. rev., atual. e ampl. São Paulo: Revista dos Tribunais, 2013.

MIRABETE, Julio Fabbrini; FABBRINI, Renato N. *Manual de direito penal, volume 1*: parte geral, arts. 1º a 120 do CP. 27. ed. rev. e atual. até 4 de janeiro de 2011. São Paulo: Atlas, 2011.

MIRANDA, Henrique Savonitti. *Curso de direito constitucional*. 5. ed. Brasília: Senado Federal, 2007.

MONET, Jean-Claude. *Polícias e sociedades na Europa*. Tradução de Mary Amazonas Leite de Barros. 2. ed. São Paulo: Editora da Universidade de São Paulo, 2002. (Polícia e Sociedade, n. 3).

MORAES, Luís Carlos Silva de. *Código florestal comentado: com as alterações da lei de crimes ambientais, Lei nº 9.605/98*. 3. ed. São Paulo: Atlas, 2002.

MOREIRA NETO, Diogo de Figueiredo. *Política agrícola e fundiária e ecologia*. RF317/77. Rio de Janeiro: Forense, jan.-mar. 1992.

MOREIRA NETO, Diogo de Figueiredo. Considerações sobre os limites da discricionariedade do poder de polícia de segurança pública. Intervenção em painel sobre o tema. CONGRESSO BRASILEIRO DE SEGURANÇA PÚBLICA, 1., Fortaleza, maio 1990.

MYERS, Norman *et al.* Biodiversity hotspots for conservation priorities. *Nature*, v. 403, n. 6772, p. 853-858, 2000.

NOGUEIRA, Octaciano. *Coleção*: Constituições brasileiras, 1824. 3. ed. Brasília: Senado Federal, Subsecretaria de Edições Técnicas, 2012. (Coleção Constituições brasileiras, v. 1).

NOHARA, Irene Patrícia. *Direito administrativo*. 9. ed. São Paulo: Atlas, 2019.

NUCCI, Guilherme de Souza. *Leis penais e processuais penais comentadas*. 9. ed. rev., atual. e ampl. Rio de Janeiro: Forense, 2016. v. 2.

OSÓRIO, Fábio Medina. *Direito administrativo sancionador*. 6. ed. rev. e atual. São Paulo: Thompson Reuters Brasil, 2019.

PELETTI, Ronaldo. *Coleção*: Constituições brasileiras, 1934 3. ed. Brasília: Senado Federal, Subsecretaria de Edições Técnicas, 2012. (Coleção Constituições brasileiras, v. 3).

POMPEU, Cid Tomanik. *Autorização administrativa*. São Paulo: Editora RT, 1992.

PORTO, Walter Costa. *Coleção*: Constituições brasileiras, 1937. 3. ed. Brasília: Senado Federal, Subsecretaria de Edições Técnicas, 2012. (Coleção Constituições brasileiras, v. 4).

PRADO, Luiz Regis. *Direito penal do ambiente*. 6. ed. rev., atual. e ampl. São Paulo: Editora Revista dos Tribunais, 2016.

QUEIROZ, Luiz Viana. O Direito no Brasil colônia. *Revista Jurídica da Unifacs*, maio 2002.

QUEIROZ, Paulo. *Curso de direito penal*: Parte geral. 10. ed. rev. amp. e atual. Salvador: Juspodivm, 2014.

REALE, Miguel. *Filosofia do direito*. 15. ed. São Paulo: Saraiva, 1993.

REALE, Miguel. *Filosofia do direito*. 19. ed. São Paulo: Saraiva, 1999.

SANTOS, Marcos André Couto. Responsabilidade penal das pessoas jurídicas de direito público por dano ambiental. *Revista de Direito Ambiental*. São Paulo: Revista dos Tribunais, v. 24, 2001.

SCATOLINO, Gustavo; TRINDADE, João. Manual didático de direito administrativo. 7. ed. rev., ampl. e atual. Salvador: Juspodivm, 2019.

SILVA, José Afonso da. *Direito ambiental constitucional*. 10. ed. atual. São Paulo: Malheiros, 2013.

SILVA, Luciana Caetano da. Reflexões sobre a tutela criminal da fauna aquática na Lei 9.605/98. *Revista dos Tribunais*, São Paulo, ano 92, v. 807, p. 448, jan. 2003.

SILVA, Romeu Faria Thomé da; GARCIA, Leonardo de Medeiros. *Direito ambiental*: princípios e competências constitucionais. 8. ed. rev., amp. e atual. Salvador: Juspodivm, 2015.

SILVA, Solange Teles da. Direito fundamental ao meio ambiente ecologicamente equilibrado avanços e desafios. *Cadernos do programa de pós-graduação em direito –PPGDir./UFRGS*, n. 6, 2007.

SIMINSKI, Alexandre; FANTINI, Alfredo Celso; REIS, Mauricio Sedrez. Classificação da vegetação secundária em estágios de regeneração da Mata Atlântica em Santa Catarina. *Ciência Florestal*, v. 23, n. 3, p. 369-378, 2013.

SPAROVEK, Gerd *et al*. A revisão do código florestal brasileiro. *Novos Estudos –CEBRAP*, n. 89, p. 111-135, 2011.

SIRVINSKAS, Luís Paulo. *Manual de direito ambiental*. 15. ed. São Paulo: Saraiva, 2017.

STEINBERGER, Marília; RODRIGUES, Rafael Jacques. Conflitos na delimitação territorial do Bioma Mata Atlântica. *Geografias (UFMG)*, v. 6, n. 2, p. 37-48, 2010.

TABARELLI, Marcelo *et al*. Desafios e oportunidades para a conservação da biodiversidade na Mata Atlântica brasileira. *Megadiversidade*, v. 1, n. 1, p. 132-138, 2005.

TÁCITO, Caio. *Temas de direito público*: estudos e pareceres. Rio de Janeiro: Renovar, 1997. v. 2.

TRENNEPOHL, Curt; TRENNEPOHL, Terence; TRENNEPOHL, Natascha. *Infrações ambientais*: comentários ao Decreto 6.514/2008. 3. ed. rev., atual. e ampl. São Paulo: Thomson Reuters Brasil, 2019.

TRENNEPOHL, Terence. *Manual de direito ambiental*. 7. ed. São Paulo: Saraiva Educação, 2019.

VARJABEDIAN, Roberto. Lei da Mata Atlântica: retrocesso ambiental. *Estudos Avançados*, v. 24, p. 147-160, 2010.

VEDEL, Georges, *apud* CRETELLA JÚNIOR, José. *Dicionário de direito administrativo*. 3. ed. Rio de Janeiro: Forense, 1978.

VIANA, Virgilio Mauricio; PINHEIRO, Leandro. Conservação da biodiversidade em fragmentos florestais. *Série Técnica IPEF*, v. 12, n. 32, p. 25-42, 1998.

VITTA, Heraldo Garcia. *A sanção no direito administrativo*. São Paulo: Malheiros, 2003.

WAINER, Ann Helen. Legislação ambiental brasileira: evolução histórica do direito ambiental. *Revista de Informação Legislativa*, v. 30, n. 118, p. 191-206, abr./jun. 1993.

Esta obra foi composta em fonte Palatino Linotype, corpo 10
e impressa em papel Offset 75g (miolo) e Supremo 250g (capa)
pela Gráfica Formato.